《江苏省志》丛书

银行志（1978~2008）

江苏省地方志编纂委员会 编

江苏人民出版社

图书在版编目(CIP)数据

江苏省志丛书.1978～2008.银行志/中国人民银
行南京分行编.一南京:江苏人民出版社,2017.12
ISBN 978 - 7 - 214 - 21564 - 2

Ⅰ.①江…　Ⅱ.①中…　Ⅲ.①江苏-地方志②银行史
一江苏－1978－2008　Ⅳ.①K295.3

中国版本图书馆 CIP 数据核字(2017)第 297321 号

书　　　名	《江苏省志》丛书(1978～2008)·银行志
编　　　者	江苏省地方志编纂委员会
分 册 主 编	中国人民银行南京分行
出 版 统 筹	韩　鑫　朱晓莹
责 任 编 辑	朱　超
责 任 监 制	王列丹
出 版 发 行	江苏人民出版社
出版社地址	南京市湖南路 1 号 A 楼,邮编:210009
出版社网址	http://www.jspph.com
照　　　排	江苏凤凰制版有限公司
印　　　刷	江苏凤凰新华印务有限公司
开　　　本	889 毫米×1 194 毫米　1/16
印　　　张	19.25　插页 12
字　　　数	547 千字
版　　　次	2018 年 3 月第 1 版　2018 年 3 月第 1 次印刷
标 准 书 号	ISBN 978 - 7 - 214 - 21564 - 2
定　　　价	140.00 元(精)

(江苏人民出版社图书凡印装错误可向承印厂调换)

中国银行业监督管理委员会
江苏监管局

江苏银监局监管例会

江苏银监局小企业贷款培训班

① 中国银行业监督管理委员会江苏监管
局（南京市建邺路90号）

② 2004年，江苏银监局建立监管季度例
会制度。图为2004年4月20日召开的
第一次监管季度例会

③ 2007年6月，江苏银监局面向银行业
金融机构举办小企业贷款培训班，搭
建小企业贷款业务学习和交流平台

① 1997年5月中国建设银行江苏省分行与省重点企业（集团）举行银企合作协议签约仪式

② 2006年10月30日，中国农业银行江苏省分行在南京举行银企南北合作融资洽谈会，江苏省人民政府省长梁保华、中国农业银行行长杨明生出席会议

③ 2008年8月17日，国家开发银行江苏省分行、中国农业发展银行江苏省分行与东海县人民政府、泗阳县人民政府、如皋市人民政府在南京举行《联合创建新农村建设示范县合作协议》签字仪式

① 1979年中国农业银行江苏省分行恢复成立后，加强机构网点建设，建立金融工作制度，切实推进农村金融工作。图为20世纪80年代的无锡分行营业部工作景象

② 1985年与中国人民银行江苏省分行分设后，中国工商银行江苏省分行加强储蓄网点建设，开展储蓄业务宣传，积极发展城乡储蓄事业。图为中国工商银行首届"十佳储蓄所"之一的南京山西路储蓄所

③ 2008年1月中国邮储银行江苏省分行成立后，转变经营理念，深化机构改革，加快推动由单一储汇机构向全功能商业银行的转型。图为2008年6月13日在扬州召开的全省邮政金融转变发展方式推进会

1

① 1991年后，中国工商银行江苏省分行贯彻国家和江苏省关于搞活国营大中型企业的方针，加大对省内国营大中型企业的信贷投入。图为1992年9月18日中国工商银行与仪征化纤公司举行贷款签字仪式，中国工商银行常务副行长黄玉峻出席签字仪式

② 1996年，中国建行银行开始实施"双大"战略，支持大企业、大行业的发展。图为1996年11月中国建设银行江苏省分行与江苏省交通厅举行"九五"交通建设合作协议签字仪式，江苏省人民政府常务副省长季允石出席签字仪式

③ 1999年，中国银行总行、江苏省分行支持"九五"国家重点工程——连云港田湾核电站建设，时为中俄两国最大的技术经济合作项目

2

3

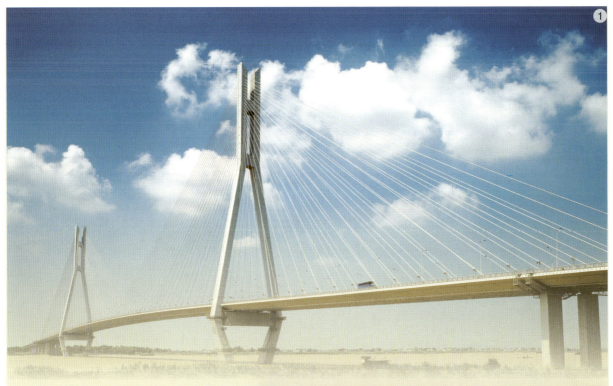

① 1998年，交通银行南京分行以总分行联动贷款的形式支持"九五"国家重点工程——南京长江二桥建设。图为建成通车后的南京长江二桥

② 2007年度中国银行江苏省分行国际贸易结算量成功突破1 000亿美元，为国内省级分行第一家，中国银行行长李礼辉致信祝贺，江苏省人民政府常务副省长赵克志出席庆典仪式

③ 2008年3月7日，中国进出口银行南京分行牵头省内6家银行在北京与江苏新时代造船有限公司签订30亿美元保函银团协议，中国进出口银行董事长兼行长李若谷、江苏省人民政府副省长张卫国出席签约仪式

① 2007年1月江苏银行成立后，得到省委省政府领导的关心与支持。图为2007年3月26日江苏省人民政府省长梁保华视察江苏银行

② 2007年7月19日，南京银行在上海证券交易所成功上市，成为国内第一家在主板上市的城市商业银行

③ 2007年8月银监会副主席蒋定之在张家港农村商业银行调研，强调银监会支持符合条件的农村商业银行上市

① 中国工商银行江苏省分行（南京市中山南路408号）

② 中国农业银行江苏省分行（南京市洪武路357号）

③ 中国银行江苏省分行（南京市中山南路148号）

④ 中国建设银行江苏省分行（南京市洪武路188号）

① 国家开发银行江苏省分行（南京市江东中路232号）

② 中国进出口银行江苏省分行（南京市中山南路49号商茂世纪广场）

③ 中国农业发展银行江苏省分行（南京市汉中路120号青华大厦）

④ 交通银行江苏省分行（南京市庐山路218号）

① 中信银行南京分行（南京市中山路348号中信大厦）

② 华夏银行南京分行（南京市中山路81号华夏大厦）

③ 上海浦东发展银行南京分行（南京中山东路90号）

④ 招商银行南京分行（南京市汉中路1号）

① 广发银行南京分行（南京市江东中路238号广发银行大厦）

② 中国光大银行南京分行（南京市汉中路120号）

③ 中国民生银行南京分行（南京市洪武北路20号）

④ 深圳发展银行南京分行（南京市山西路128号和泰国际大厦）

① 兴业银行南京分行（南京市长江路2号）

② 恒丰银行南京分行（南京市长江路188号德基大厦）

③ 浙商银行南京分行（南京市中山北路9号）

④ 中国邮政储蓄银行江苏省分行（南京市中山北路212–8号同达大厦）

⑤ 上海银行南京分行（南京市北京东路22号和平大厦）

⑥ 宁波银行南京分行（南京市汉中路120号青华大厦）

① 江苏省农村信用社联合社（南京市江东中路 395号）

② 江苏银行（南京市洪武北路55号）

③ 南京银行（南京市中山路288号）

④ 江苏长江商业银行（靖江市骥江西路359号）

⑤ 江苏省国际信托有限责任公司（南京市长江 路88号江苏国信大厦）

⑥ 国联信托股份有限公司（无锡市崇安区县前 东街8号）

① 苏州信托有限公司（苏州市竹辉路383号）

② 紫金信托有限责任公司（南京市中山北路2号紫峰大厦）

③ 江苏华西集团财务有限公司（江阴市华士镇华西村2号金塔）

④ 苏州创元集团财务有限公司（苏州市三香路120号）

⑤ 中国石化财务有限责任公司南京分公司（南京市中山北路45号）

⑥ 国联财务有限责任公司（无锡市县前东街168号国联大厦）

①红豆集团财务有限公司（无锡市锡山区东港镇锡港东路2号）

②江苏金融租赁有限公司（南京市长江路188号德基大厦26层）

③中国华融资产管理公司南京办事处（南京市北京东路42号）

④中国长城资产管理公司南京办事处（南京市延龄巷2号东渡大厦）

⑤中国东方资产管理公司南京办事处（南京市洪武路29号东方金融大厦）

⑥中国信达资产管理公司南京办事处（南京市中山北路26号新晨国际大厦）

《〈江苏省志〉丛书(1978～2008)·银行志》编纂委员会

1. 2009年12月～2011年11月

主　任　孙工声

副主任　刘兴亚　李玉平　茆君才　张　强　石晶莹　孙持平
　　　　朱皋鸣　谢　平　张援朝　朱鹤新　黄志伟　王晨曦

委　员　(排名以发文顺序为准)
　　　　林　复　焦世经　沈　建　吴国元　金　毅　莫宝鸿
　　　　章子华　胡庆华　杨建军　张长弓　杨　强　刘英明
　　　　马洪宁　许建华　徐震宇　黎敏威　郑炳建　许　华
　　　　吴远怀　范振斌　郭　辉　彭朗辉　黄东峰　熊先根
　　　　耿静良　戴书宁

2. 2011年11月～2013年1月

主　任　周学东

副主任　李文森　李玉平　茆君才　张　强　石晶莹　孙持平
　　　　李志成　谢　平　杨　毓　顾　生　黄志伟　王晨曦

委　员　(排名以发文顺序为准)
　　　　林　复　焦世经　沈　建　吴国元　金　毅　李兴智
　　　　章子华　胡庆华　杨建军　陈信健　杨　强　刘英明
　　　　马洪宁　许建华　徐震宇　黎敏威　姜毅羽　许　华
　　　　王　标　钱宗宝　于家钦　彭朗辉　黄东峰　熊先根
　　　　耿静良　王小平

3. 2013年1月～2014年9月

主　任　周学东

副主任　查斌仪　李文森　丁　灿　茆君才　张　强　石晶莹
　　　　黄纪宪　李志成　谢　平　杨　毓　顾　生　黄志伟
　　　　王晨曦

委　员　(排名以发文顺序为准)
　　　　林　复　焦世经　何　羽　吴国元　金　毅　李兴智
　　　　龚小元　胡庆华　冷培栋　陈信健　杨　强　刘英明

马洪宁　汪莫平　徐震宇　缪丽华　姜毅羽　褚晓路
陈　朴　钱宗宝　于家钦　彭朗辉　黄东峰　熊先根
耿静良　王小平

4. 2014 年 9 月～2015 年 9 月

主　任　周学东
副主任　查斌仪　李文森　丁　灿　茆君才　吴　刚　丁　伟
　　　　黄纪宪　高友清　谢　平　杨　毓　顾　生　夏　平
　　　　王晨曦
委　员　（排名以发文顺序为准）
　　　　林　复　焦世经　何　羽　吴国元　岳　鹰　李兴智
　　　　龚小元　胡庆华　冷培栋　官恒秋　门成梅　刘英明
　　　　王雄飞　汪莫平　徐震宇　缪丽华　陈宏岳　李颖新
　　　　陈　朴　钱宗宝　于家钦　龚云兵　黄东峰　熊先根
　　　　耿静良　乔宗君

5. 2015 年 9 月～2016 年 4 月

主　任　周学东
副主任　查斌仪　李文森　丁　灿　茆君才　吴　刚　丁　伟
　　　　刘　金　高友清　王　兵　张　毅　徐　斌　夏　平
　　　　王晨曦
委　员　（排名以发文顺序为准）
　　　　林　复　焦世经　何　羽　吴国元　宋　刚　李兴智
　　　　龚小元　林静然　戴　巍　官恒秋　门成梅　孙文华
　　　　王雄飞　汪莫平　徐震宇　缪丽华　陈宏岳　李颖新
　　　　陈　朴　钱宗宝　于家钦　龚云兵　王树华　熊先根
　　　　耿静良　乔宗君

6. 2016 年 4 月～

主　任　郭新明
副主任　聂振平　高爱武　丁　灿　邱言文　吴　刚　丁　伟
　　　　刘　金　高友清　王　兵　张　毅　徐　斌　夏　平
　　　　吴万善
委　员　（排名以发文顺序为准）
　　　　林　复　焦世经　何　羽　吴国元　宋　刚　李兴智

《〈江苏省志〉丛书(1978～2008)·银行志》主编、副主编

1. 2009年12月～2011年11月

主　编　孙工声
副主编　刘兴亚　李湘宁　周　源

2. 2011年11月～2013年7月

主　编　周学东
副主编　李文森　赵淑云　周　源

3. 2013年7月～2016年4月

主　编　周学东
副主编　李文森　刘　念　周　源　王春林

4. 2016年4月～

主　编　郭新明
副主编　高爱武　刘　念　王春林

《〈江苏省志〉丛书(1978～2008)·银行志》编辑办公室

1. 2009年12月～2012年7月

主　任　周　闯
副主任　阙　哲

成　员　张秋龙　王　青　谢　辉

2. 2012年7月～2014年6月

主　任　陆　永
副主任　阚　哲
成　员　王　青　谢　辉

3. 2014年6月～

主　任　陆　永
副主任　阚　哲
成　员　朱庆国　汪竹霞

《〈江苏省志〉丛书(1978～2008)·银行志》编纂人员

（按姓氏笔画为序）

王　佳　王　俊①　王　俊②　仇语婧　尹明华　邓　颖　卢　萍
申玉龙　叶美芳　冯　洁　朱宁宁　刘文全　刘传秋　刘旭红
许梦婕　孙　强　孙晓峰　孙琪琦　严龙祥　杜　伟　李华威
李晓红　杨建国　吴　伟　吴　兵　吴　咏　邹梅英　邹晶莹
汪　琦　宋　羽　张　晶　张　磊　张玉芹　张晓婷　张颖颖
陆　怡　陆　舜　陆　雷　陆晓亮　陆新炎　陈　石　陈　浩
陈长华　陈兰君　陈庆喜　陈啸飞　杭　帆　金顺子　周　捷
周柏青　赵太银　胡宏宝　胡溢烨　郦伟民　俞经珠　闻一文
姚小桦　姚功政　袁　泉　贾　宇　夏灵芝　顾　良　顾一珂
柴伟力　钱　晓　徐　玲　徐　萍　徐　慧　徐宏国　徐松桃
徐学谦　高　培　郭　煜　郭伟倩　黄　杰　黄　铭　黄忆寒
黄金木　黄瑞峰　曹　兵　崔文彬　庾　伟　梁秀芳　程列辉
鲁红军　曾　莉　谢瀛洲　蔡　艳　潘　榄　薛　云　薛　敏
戴文珏　戴佳丽　魏路军

---

① 宁波银行南京分行。
② 中国信达资产管理公司南京办事处。

目 录

概　述

改革开放三十年来,江苏省银行业切实贯彻国家经济金融工作方针政策,始终以支持地方经济发展为己任,大力加强机构建设,创新金融产品,改进金融服务,为江苏省经济发展做出重要贡献,同时自身也取得长足进步。由于国有商业银行在江苏省银行业发展中一直居于主导地位,根据国有商业银行的改革发展历程,大致可将江苏省银行业三十年的发展历程分为专业化经营、商业化转型和股份制改造三个阶段。

一

1978年至1993年是全省专业银行以专业化经营为主要特征的发展时期。这一时期,根据国家金融体制改革的要求,中国人民银行江苏省分行(以下简称"人行江苏省分行")从履行中央银行和商业银行双重职能的国家银行转变为专门行使中央银行职能的中央银行,四家国家专业银行在江苏省的分支机构相继恢复或成立。各专业银行实行专业化分工,逐渐形成在各自业务领域内的专业优势,对江苏经济的恢复和发展发挥重要作用。同时,各地还成立股份制商业银行、信托投资公司、租赁公司、财务公司、城市信用社等多种金融机构,初步出现金融机构多元化和金融业务多样化的局面。

改革开放以后,社会资金通过信用渠道进入银行的比例快速上升,金融服务工作迅速展开,国民经济各部门对资金的需求也急剧增长。1979～1985年,为适应经济发展的要求,中国农业银行江苏省分行、中国银行南京分行、中国人民建设银行江苏省分行、中国工商银行江苏省分行(以下分别简称"农行江苏省分行"、"中行南京分行"、"建行江苏省分行"、"工行江苏省分行")

四家专业银行相继恢复或设立,在人行江苏省分行的领导下,实行专业化分工,各负其责。与此同时,江苏省国际信托投资公司、中国租赁公司江苏代理部分别于1981年、1982年成立,在国内较早地开展信托、租赁业务。全省第一家城市信用社也于1984年在淮阴市成立。之后,城市信用社在全省迅速发展起来。1985年以后,随着人民银行出台"专业银行业务可以适当交叉"和"银行可以选择企业、企业也可以选择银行"的政策措施,专业银行之间严格的专业化经营格局逐渐被打破。1987年以后进入江苏的交通银行、中信实业银行两家股份制商业银行,从成立之初就实行综合性经营。股份制商业银行的出现,不仅满足了不同主体的资金需求,也促进了银行体系的竞争。

这一时期,人民银行改革信贷资金管理体制,并连续出台鼓励增加存款的政策,存款工作得到全省各银行的重视和发展。1979年和1985年,全省相继实行"差额包干"和"实贷实存"的信贷资金管理体制,存款多寡直接影响到专业银行的资金营运,多年来形成的"重贷轻存"思想逐步得到扭转。在企业存款方面,省内各行采取设立企业存款部门、加强企业存款的管理和分析等方式,面向社会经济各个领域广泛吸收企业存款。在储蓄存款方面,"文化大革命"时期关于发展储蓄会产生新的资产阶级分子的"左"的思想被纠正,储蓄存款成为省内各行积聚资金的重要渠道。为解决储蓄网点少、服务不足的问题,全省各银行采取新建、扩建、合建等多种方式加快储蓄所建设进度,逐渐形成遍及城乡的储蓄网络。与此同时,储蓄业务电子化、网络化开始起步,促进储蓄业务的发展。截至1993年末,全省人民币各项存款余额1 797.33亿元,是1978年末的29.6倍,年均增长25.34%。其中,人民币储蓄存款余额964.22亿元,是1978年末的77.76倍,年均增长33.68%。

改革开放以后,随着企业财权扩大、人民收入增加,全省财政分配的资金减少,银行信贷分配的资金逐渐增多。同时,银行信用由只供应短期性资金,扩大到供应基本建设和技术改造等中长期资金,对全省经济发展的支持作用日益突出。这一时期,全省各专业银行根据专业分工,在不同领域内支持江苏经济的发展。工行江苏省分行主要从事工商信贷业务。1985年与人民银行分设时适逢国家实行经济紧缩政策,工行江苏省分行贯彻信贷投放"四个优先"的策略,集中资金保重点。1991年以后,为了贯彻国务院和江苏省政府关于进一步搞活大中型企业的指示精神,进一步加大对国营大中型企业的信贷支持。农行江苏省分行主要从事农业信贷业务。该行恢复之初就清理纠正在农村金融工作中长期存在的不讲信贷原则、不求经济效益原则等"左"的思想,把农村信贷工作的重点从过去单纯支持农业发展简单再生产转移到支持发展商品生产、搞活农村经济上来。支持农副产品收购和乡镇企业发展也是这一时期该行信贷工作的一个重点。此外,该行还发放农业开发贷款、扶贫贷款等农业专项贷款。中行南京分行主要从事外贸信贷业务。1979年外贸体制改革后,江苏进出口增长很快,外贸企业贷款需求量很大。作为国家外汇、外贸指定银行,中行南京分行积极支持江苏对外贸易发展。1991年以后,为配合外贸体制改革,按照"区别对待,择优扶持"和"谁出口创汇效益好就支持谁"的原则,坚持以经济效益为中心,帮助外贸企业建立起自负盈亏的经营机制,促进出口创汇年年上新水平。建行江苏省分行主要从事基本建设信贷业务。1979年,建行江苏省分行首次对南京金陵饭店发放200万元小型基本建设贷款。20世纪80年代中期以后,建行江苏省分行的筹资业务取得较大发展,利用吸收的存款发放基本建设贷款的规模也随之扩大。截至1993年末,全省人民币各项贷款余额1777.80亿元,是1978年末的15.42倍,年均增长20.01%。其中,固定资产贷款(基本建设贷款、技术改造贷款)余额220.29亿元,占各项贷款的比例由1980年的2.63%提高到12.39%。

这一时期,银行中间业务开始起步,主要以结算、代理等传统业务为主。在结算业务方面,适应经济体制改革和多种经济成分发展的需要,银行对结算方式进行一系列改革创新。1978年1月1日起,全省银行执行《中国人民银行结算办法》。1980年,推行异地委托收款结算方式和限额结算方式。1985年,推行商业汇票承兑和贴现业务。1986年10月,农行江苏省分行制定的《江苏省农副产品收购定额结算办法》在全国推广。1987年8月,中国人民银行推行华东三省一市(江苏、浙江、安徽、上海)银行汇票。根据中国人民银行1988年制定的《银行结算办法》,全省银行确立了票据在结算中的主导地位。1988年,中行南京分行发行全省第一张信用卡——"长城卡"。此后工行江苏省分行等其他银行也陆续推出各自的信用卡产品。信用卡逐渐成为人们日常生活中必不可少的支付结算工具。在代理业务方面,1987年工行江苏省分行率先试办代发工资业务,并逐步扩大代收代付的范围。此后其他银行也陆续开办代收代付业务,将其作为稳定储蓄存款的重要手段。此外,代理保险、证券等代理业务也开始起步。

1979年,中国进行以双轨制为特征的外汇管理体制改革,实行外汇留成制度,建立和发展外汇调剂市场,实行计划与市场相结合的外汇管理体制。全省银行顺应国家外汇管理体制改革的要求,国际业务得到初步发展。这一时期的国际业务,经历了由中行南京分行专营到其他银行逐渐进入的转变过程。中国银行在1949年后即开始办理国际业务,改革开放以后国际业务得到进一步发展。到1985年,该行国外代理行网络已基本形成,国际贸易结算业务功能日臻完善。外汇资金、外汇存贷款业务也逐步发展起来。1986年以后,国家在外汇业务领域中引入竞争机制,允许国家专业银行业务交叉,并批准设立多家商业银行和一批非银行金融机构经营外汇业务,形成多种金融机构参与外汇业务的格局,进一步推动了全省外汇业务的发展。

改革开放初期,在银行机构得到恢复和发展的同时,信托公司、租赁公司、财务公司等非银行金融机构也在江苏陆续出现,并得到初步发展。信托机构由于缺乏法律规范和相应的制度约束等原因,没有真正办成"受人之托、代人理财"的机构,且存在盲目竞争、资本金不实、管理混乱等问题。为此,国家于1982年、1985年、1988年三次对信托投资公司进行整顿。江苏省的信托投资公司数量从1988年的73家减少到1990年的25家。1985年江苏省租赁有限公司成立后,克服1988年通货膨胀期间租金大面积逾期对公司业务发展造成的不利影响,坚持稳步发展的策略。1987年成立的国内第二家、江苏省第一家财务公司——中山集团财务公司根据当时财务公司业务规定尚未出台的实际,提出"走正路、迈小步、坚持改革不停步、三年发展一大步"的发展战略,谨慎开展各项业务。

二

1994年至2003年是全省国家专业银行实行商业化改革时期。1993年底,国务院发布《关于金融体制改革的决定》,其中提出把中国人民银行办成真正的中央银行,把国家专业银行办成真正的国有商业银行的改革要求。1995年颁布的《中华人民共和国商业银行法》进一步明确了国有商业银行的法律地位和从业规范。在商业化转型的过程中,江苏省银行业焕发出新的生机和活力。

这一时期,人行江苏省分行在加强自身改革的同时,积极推动银行机构的改革和发展。1994年12月26日,中国农业发展银行江苏省分行(以下简称"农发行江苏省分行")成立,这是江苏省成立的首家政策性银行。1998年10月、12月,中国进出口银行南京代表处(2003年成立中国进出口银行南京分行)和国家开发银行南京分行(2003年更名为国家开发银行江苏省分行,简称"国开行江苏省分行")相继成立,在各自领域内承担相应的政策性金融任务。在政策性金融业务分离过程中,省内四家国家专业银行逐步向国有商业银行转变,按现代商业银行经营机制运行。1995~2001年,华夏银行、浦发银行、招商银行等8家股份制商业银行相继在江苏设立分支机构,进一步促进银行体系的竞争和满足不同主体的资金需求。1996年底,全省农村信用社与农

业银行的脱钩基本完成。2001年9月19日,江苏省农村信用合作社联合社成立,为全国第一家省级农村信用合作联社。1996年2月8日,南京城市合作银行开业,成为继深圳、上海、北京之后全国第四家城市合作银行。全省城市信用社经过多次清理整顿后,到2003年仅剩下靖江市两家经人总行特许保留的城市信用社。从1992年渣打银行南京分行成立开始,外资银行逐步进入江苏。

这一时期,经济金融市场化速度加快,居民金融意识不断提高,投资理财渠道增多,存款竞争日趋激烈。同时,商业银行自主经营、自负盈亏的经营原则也对存款的组织和资产的配置提出新的要求。面对存款竞争的新形势,全省银行进一步提升对存款工作的重视程度,普遍把存款视为立行之本和发展之基。企业存款是对公存款的主体,各银行采取存贷结合、提高结算服务质量等方式,重点做好对大户、重点户的存款工作。对于储蓄存款,各银行普遍按照集约化经营原则进行市场化改造,开创储蓄工作的新局面。在国有商业银行中,工行江苏省分行较为典型。1995~2004年,该行在其总行领导下,通过实施大所战略、加强储蓄所标准化建设和建设个人理财中心三个阶段的工作,完成储蓄网点的市场化再造。在股份制商业银行中,招商银行南京分行走在各行的前列。1999年5月,该行在全省率先引入ISO9000质量体系国际认证标准,将全行储蓄服务操作与管理纳入规范化、程序化、标准化轨道。截至2003年末,全省人民币各项存款余额15 378.49亿元,是1993年末的8.56倍,年均增长23.94%。其中,储蓄存款余额7 638.18亿元,是1993年末的7.92倍,年均增长22.99%。

这一时期,随着政策性金融的分离和银行商业化改革的推进,特别是1998年中国人民银行取消对商业银行的贷款限额控制,信贷领域的樊篱被进一步打破,全省银行按信贷原则自主决定贷款的投向和规模。在工商业信贷方面,1995年9月以后,工行江苏省分行等行信贷工作的重点是支持国有企业战略性改组与国有经济布局调整。1998年以后,在人民银行连续出台支持中小企业发展的政策推动下,银行在继续支持国有大中型企业改革的同时,突出对中小企业发展的支持。

在农业信贷方面,由于农行江苏省分行一分为三,农业信贷工作也因此由农发行江苏省分行、农行江苏省分行和农村信用社三家共同承担。农发行江苏省分行集中精力做好农副产品政策性收购信贷业务。农行江苏省分行坚持转轨不转农方向,集中力量支持商品化、高效益的规模农业及农业产业化,立足于大农业和大市场,做好信贷支农工作。农村信用社在完成与农业银行脱离行政隶属关系后,加强体制、机制改革,更多地承担起支农重任。在外贸信贷方面,随着国家不断深化外贸体制改革,江苏省对外贸易也由此步入高速增长期。中行江苏省分行等商业银行与中国进出口银行南京分行分别给予商业性和政策性信贷支持,共同促进江苏对外贸易的繁荣。在固定资产信贷领域,1998年以后,在稳健货币政策的推动下,全省银行持续加大对基础产业、基础设施和国家支柱产业的信贷投入。20世纪90年代末以后,在扩大内需的背景下,全省银行消费信贷业务全面启动并快速增长。截至2003年末,全省人民币各项贷款余额11 299.55亿元,是1993年末的6.36倍,年均增长20.31%。其中,中长期贷款余额3 419.56亿元,占比30.26%;个人消费贷款余额1 034.69亿元,占比9.16%。

20世纪八九十年代,由于体制、机制等原因,国有商业银行在促进国民经济发展、支持经济体制改革、维护社会稳定的同时,自身也积累了严重风险。1998年以来,国家采取一系列措施帮助国有商业银行解决不良贷款比例过高的问题。江苏省内各国有商业银行在国家政策的支持下,剥离不良资产,并采取严控新增贷款质量、治理借新还旧贷款、清收处置不良贷款等措施,切实打好信贷资产质量翻身仗。

国家专业银行向国有商业银行转轨,对银行成本效益的考核提出更高的要求。全省各银行普遍重视中间业务的发展,中间业务品种不断丰富,收入不断增加,银行传统以资产负债为主体的经营结构开始改变。这一时期,支付结算制度不断完善,逐渐形成票据、银行卡和包括汇兑、托收承付、委托收款在内的三大支付结算体系。1994年,国家启动在上海、江苏等12个省市的"金卡工程"试点,推动以银行卡为载体的各项中间业务的发展。2001年,中国人民银行颁布《商业银行中间业务暂行规定》,在分业经营和监管的法律框架内,对商业银行中间业务范围、市场准入、收费标准、风险防范、监管作出原则规定,中间业务发展得到有效规范。电子银行、信息咨询、资产托管、投资银行等高技术含量、高收益品种中间业务也逐渐发展起来,推动全省中间业务由负债主导型逐步向收入主导型转变。

1994年1月1日起,中国外汇体制进行重大改革,实行以市场供求为基础的、单一的、有管理的浮动汇率制。外汇体制改革后,中国银行不再享有外汇业务垄断地位,各外汇业务银行在业务拓展方面享有平等地位。外汇体制改革调动了全省各银行发展外汇业务的积极性,进一步促进江苏外向型经济的发展。这一时期,全省各银行克服亚洲金融危机对江苏经济金融发展的不利影响,通过开办出口押汇、打包贷款、保理等业务,为客户提供结算、融资"一条龙"服务,促进国际结算业务的快速增长。与此同时,各行采取了将贸易融资业务纳入信贷资产业务管理等多种措施,严格控制进出口开证业务风险。在外汇资金业务方面,1994年中行江苏省分行开始面向省内涉外经贸企业全面开办代客外汇买卖业务,并从当年7月26日起在全省率先推出个人外汇实盘买卖业务。1999年以后,交行南京分行、工行江苏省分行、农行江苏省分行等其他商业银行相继获准经营个人外汇买卖业务。个人外汇买卖业务在省内迅速发展起来,成为商业银行争取客户、拓展业务、树立形象的有效手段。在外汇存贷款业务方面,随着人民币与外汇之间的相互联系和相互转化功能不断增强,省内各银行普遍采取"本外币一体化"策略,促进本外币存贷款业务的协调发展。截至2003年末,全省外汇存款余额94.73亿美元,是1995年末的3.09倍,外汇贷款余额87.64亿美元,在受到不良贷款剥离因素影响的情况下仍为1995年末的2.21倍。

这一时期,国家继续加强对非银行金融机构的清理整顿,并出台相关管理制度,规范业务发展。1995年,人行江苏省分行组织对全省所有非银行金融机构进行重新登记工作,基本摸清了全省非银行金融机构的现状和存在的问题。1996年,4家国有商业银行省分行及交通银行南京分行完成与所办信托投资公司的脱钩。在1999年开始的信托业力度最大的第5次清理整顿中,江苏省获准重新登记的信托投资公司只有3家。2000年《金融租赁公司管理办法》出台后,江苏省租赁有限公司进行规范重组和增资扩股,增强了实力,推动了融资租赁业务的快速增长。省内各财务公司根据2000年出台的《企业集团财务公司管理办法》,找准职能定位,进一步做好对所属企业集团的金融服务。为支持国有商业银行改革,1999年至2000年,四家金融资产管理公司驻南京办事处相继成立,积极做好省内国有商业银行不良资产的政策性接受与处置工作。

三

2004~2008年是全省国有商业银行进行股份制改造时期。2002年召开的全国金融工作会议指出,要借鉴国外银行先进经验,结合中国实际,围绕建立现代金融企业制度的目标,全面推进金融业改革。这一时期,全省银行贯彻国家关于金融业改革的精神,在国有商业银行股份制改造、政策性银行商业化运作、城市商业银行改革、农村金融改革方面都取得重要进展,服务经济社会发展的能力显著增强。

2003年4月,中国银行业监督管理委员会(以下简称"银监会")挂牌成立,中国人民银行对银行业金融机构的主要监管职能被分离。根据修改后的《中华人民共和国中国人民银行法》,中国人民银行的职责调整为制定和执行货币政策、维护金融稳定和提供金融服务三个方面。人民银行南京分行(以下简称"人行南京分行")适应中央银行职能转变的要求,进一步完善金融宏观调控,维护金融体系稳定,切实提高金融服务水平,有力地支持了江苏经济社会的发展。2003年10月16日,中国银行业监督管理委员会江苏监管局(以下简称"江苏银监局")挂牌成立,负责对全省银行业金融机构及其业务活动实施监督管理。江苏银监局成立以来,围绕银监会和江苏省委、省政府的战略部署,坚持依法监管,积极探索实践,基本形成一套符合江苏实际且行之有效的监管方法,推动辖内银行业实现稳健运行、科学

发展。

从2003年底开始,国家相继对中国银行、中国建设银行、中国工商银行、中国农业银行4家国有商业银行和交通银行进行股份制改革。5家银行在江苏的分支机构积极做好各项股份制改革工作,完善公司治理架构,增强市场约束机制,改善资产质量和盈利能力,经营管理能力和市场竞争能力稳步提升。2008年,国开行江苏省分行改制为股份有限公司,开始探索商业化运作。2003年,根据《国务院深化农村信用社改革试点方案》,江苏省作为第一批试点省份启动农村信用社改革。2005~2009年,全省农村信用社共认购、兑付71.86亿元的中央银行专项票据。在中央银行专项票据资金支持的激励和引导下,全省农村信用社在财务状况、机制转换和增强服务功能方面发生了深刻的变化。2007年1月24日,在无锡、苏州、南通等10家城市商业银行的基础上组建的股份制商业银行——江苏银行正式开业。2007年7月19日,南京银行A股在上海证券交易所成功上市,成为全国首家在主板上市的城市商业银行。为解决江苏省农村金融体系较为薄弱、"三农"信贷投入不足等问题,2007年初,江苏省政府决定在全省开展农村小额贷款组织试点工作。截至2008年底,全省13个地级市的84个县(市、区)获准参加试点,开业农村小额贷款公司23家。

这一时期,全省经济发展和居民收入增长较快,为银行增加存款创造了条件。全省银行抓住吸收存款的有利时机,进一步确立以客户为中心的策略,加强金融产品的创新,改进金融服务,促进各项存款的快速增长。截至2008年末,全省人民币各项存款余额37 017.48亿元,比2003年末增加21 638.99亿元,其中储蓄存款余额16 721.18亿元,比2003年末增加9 083亿元。2003~2008年5年间增加的各项存款和储蓄存款比前25年增加总额还分别多6 321.22亿元和1 457.22亿元。在全省银行中,农行江苏省分行存款增长最为突出。2008年末,该行人民币各项存款余额5 838.73亿元,储蓄存款余额3 399.67亿元,均位居全省首位。在对公存款方面,2005年至2008年,该行在抓好黄金客户、系统性大客户基础上,继续发展通讯及资讯产业、社保系统、

垄断性行业,向大行业争取资金;在储蓄存款方面,2006年以后加快储蓄工作战略转型,以客户结构调整为切入点,带动资产负债结构的改善和平衡发展,促进业务增长方式的转变与赢利能力的增强。

2003年以后,受全国经济形势影响,江苏经济进入新一轮上升周期,出现了货币信贷增速明显、固定资产投资强劲、物价上涨过快等值得重视的问题。针对影响经济运行的各种不确定因素,人行南京分行采取加强货币信贷总量控制、发挥利率杠杆调节作用、加强政策引导和"窗口指导"等综合措施进行金融宏观调控。这一时期,全省银行贯彻落实"区别对待、有保有压"的调控政策,配合国家的产业政策,限制对过热行业和高能耗、高污染企业的信贷投入,同时加大对中小企业、就业、助学、农民工和非公经济等薄弱环节的信贷支持。截至2008年末,全省人民币各项贷款余额26 160.72亿元,余额增速由2003年的37.22%降至18.42%,其中中长期贷款余额增速由2003年的58.44%降至20.99%,信贷结构调整取得明显成效。

2004年以后,各国有商业银行相继进行股份制改造。在此过程中,江苏省内国有商业银行积极做好不良资产第二次剥离工作,降低了不良资产比例,提高了不良贷款拨备覆盖率和资本充足率,基本化解了原有的风险。与此同时,省内银行按照建立现代商业银行制度的要求,重组信贷管理机构,改造信贷管理流程,构建全面、系统的风险防范体系,实现信贷资产质量的根本好转。截至2008年末,全省银行业金融机构不良贷款率为2.68%。其中,国有商业银行不良贷款率为1.74%,低于全省平均水平0.94个百分点。

这一时期,随着银行业改革的不断深入,传统中间业务在保持快速发展的同时,新兴中间业务也取得长足的进步。2003年以后,随着现代化支付系统的建成和开通,全省支付结算渠道通畅,效率更高。伴随着个人金融业务的战略转型,银行卡业务得到新的发展。"理财金账户""金葵花理财"等理财产品的推出,升级了借记卡的功能。各行贷记卡产品的广泛推出,真正发挥信用卡先消费、后付款的核心功能。2002年中国银联江苏分公司成立后,致力于银联标准卡的发

行。截至2008年末,全省各类银行卡数量已达1.44亿张,约占全国银行卡总量的8%。银行卡的类型也由最初的准贷记卡一种,发展成为包括借记卡、贷记卡、准贷记卡及各类联名卡、认同卡在内完整的产品体系,满足了居民多样化的支付结算需求。网上银行、手机银行等电子银行产品方兴未艾,改变了人们传统的支付模式。2004年,劳动和社会保障部颁布《企业年金试行办法》和《企业年金基金管理试行办法》,省内银行陆续开办企业年金业务。交行南京分行这一业务拓展较为突出,截至2008年末,该行共为全省13个地市的257家企业提供年金服务,账户管理规模3.8万户,年金资产5.3亿元。此外,基金业务等其他资产托管业务也逐渐发展起来,丰富了居民投资理财渠道。2003年起,工行江苏省分行办理了江苏利港电厂33亿元银团贷款等一批大型投资银行业务,带动了全省各银行投资银行业务的发展。

2005年7月21日,中国正式实施人民币汇率形成机制改革,实行以市场供求为基础、参考一篮子货币进行调节、有管理的浮动汇率制度。随着外汇管理体制改革的不断深化,全省银行进一步确立国际业务在全行业务中的重要地位,加快业务拓展和产品创新,进一步促进实体经济的发展。2004年,中行江苏省分行制定国际结算业务新战略,即集中一切优势资源,重点支持重点地区分行,建立贴近市场客户要求的结算产品经理制和与产品经理绩效挂钩的考核激励机制,积极营销国际结算业务大户。当年该行国际贸易结算量达590.33亿美元,首次居中行系统第一位。2007年,该行国际贸易结算量达1 022.41亿美元,成为全国首家国际贸易结算量突破千亿美元大关的省级分行。工行江苏省分行、农行江苏省分行等行国际贸易结算量也逐渐居于各自系统的前列。这一时期,银行的外汇资金业务由最初的外汇买卖、同业拆放等逐步发展到债券投资与交易、个人外汇买卖、委托资产管理、代客理财与风险管理以及掉期、期权和结构性产品等主要业务领域。与此同时,全省银行继续实行"本外币一体化"策略,促进本外币存贷款的协调发展,尤其是省内各行在充分竞争的基础上加强合作,推出了江苏新时代造船、海力士——意法半导体

超大规模集成电路等一批大型银团贷款项目,使之成为各行开拓大型优质客户的重要突破口。截至2008年末,全省外汇存款余额153.04亿美元,较2003年末增长61.55%,外汇贷款余额134.66亿美元,比2003年末增长53.65%。

在国有商业银行进行股份制改造的同时,非银行金融机构改革也取得新的进展。获准重新登记的3家信托公司严格按照"受人之托、代人理财"的职能定位,开展信托业务和固有业务,并于2007年根据银监会的要求换发新的金融牌照。南京市信托投资公司在妥善处理历史遗留问题之后,于2010年获准重新登记并更名为紫金信托有限责任公司。2003年更名的江苏金融租赁有限公司坚持"服务中小、服务民生"的市场定位,专注于培养专业化融资租赁服务能力,逐步发展成为国内著名的金融租赁公司。这一时期,省内财务公司增至5家,中山集团财务公司进行重组,并更名为江苏华西集团财务有限公司。根据2004年银监会修订的《企业集团财务公司管理办法》,省内各财务公司调整业务范围,加强业务创新,为所属企业集团提供金融服务的功能进一步增强。2004年以后,各金融资产管理公司南京办事处积极探索商业化转型之路,努力成为真正意义上的市场主体。

改革开放以来,江苏省银行业机构始终重视内部控制制度的建设,逐步形成以稽核审计为基础的全面的内部控制体系。2000年成立的江苏省银行业协会积极发挥自律组织的作用,维护银行业权益,维护银行业市场秩序,提高为会员服务水平,促进江苏省银行业的发展。与此同时,银行不断加强科技和教育培训工作,为各个不同阶段银行业的改革发展提供技术支持和智力保障。随着信息技术的发展,省内银行业机构的主业务系统相继经历了微机时代、大机时代和数据集中时代三个阶段,系统的开发和应用也实现由分散、独立到集中、统一,对银行提高服务效率、促进业务创新和保障信息安全发挥重要作用。银行信息管理和办公自动化水平也不断提高。省内银行业机构根据金融实践的要求,建立健全金融理论研究和人才培养机制,成立金融学术团体,创办金融理论刊物,加强银行院校建设和改革,开展形式多样的教育培训活动,促进金融理论研究的繁荣和金融专业人才的培养。

改革开放30年来,银行业在江苏省金融体系中一直占据着主要地位,以银行信贷为主的间接融资在社会总融资中占主导地位,对江苏省经济社会的发展发挥十分重要的作用。全省人民币贷款余额从1978年的115.29亿元增加到2008年的26 160.72亿元,年均增长19.82%;外汇贷款从几乎没有发展到2008年134.66亿美元。不仅如此,全省银行业机构还通过开展存款业务、中间业务、国际业务等广泛影响社会经济社会生活的方方面面。随着全省各项改革的推进,金融作为现代经济的核心作用将不断增强,银行业对江苏经济社会的发展将发挥更大的作用。

第一章　银行业机构

　　改革开放以前,由于国家实行"大一统"的计划经济体制,全省实际上只有中国人民银行江苏省分行一家银行,承担中央银行和商业银行双重职能。1978年中共十一届三中全会之后,国家实行经济金融体制改革,江苏省银行业进行重大改革和调整。1979～1985年,四家国家专业银行在江苏的分支机构相继恢复或成立,中国人民银行江苏省分行开始专门行使中央银行职能,从而在江苏基本形成以中央银行为领导、国家专业银行为主体的银行组织体系。1987年以后,交通银行、中信银行等全国性股份制商业银行相继在江苏设立分支机构,信托公司、金融租赁公司、财务公司等非银行金融机构和城乡信用社等合作金融组织也得到较快发展。1993年以后,随着经济金融体制改革的深入,全省逐步形成以国有商业银行为主体、各类金融机构并存,功能齐全、形式多样、分工协作、互为补充的多元化、多层次的金融机构体系。并逐步形成银行、证券、保险业分业经营、分业监管的金融体制。截至2008年末,全省共有银行业金融机构53家。其中,国有商业银行4家、政策性银行3家、其他商业银行15家(全国性股份制商业银行12家、邮政储蓄银行1家、外省市城市商业银行2家)、地方法人银行4家、外资银行13家、非银行金融机构14家(信托公司4家、财务公司5家、金融租赁公司1家、金融资产管理公司办事处4家)。本章主要记述全省银行业金融机构情况,中央银行和银行业监管机构情况参见《江苏省志》丛书(1978～2008)·央行志》第一章和本志第二章。

第一节 国有商业银行

国有商业银行是我国银行业金融机构体系的主体,其前身是国家专业银行。长期以来,受体制、机制的困扰,国有商业银行历史包袱沉重,自我发展能力受到制约,抗风险能力较弱。1994年以后,国家采取财政注资、剥离不良贷款等方式化解国有商业银行风险。各国有商业银行江苏省分行顺应金融改革要求,引入先进的管理理念和方法,按现代商业银行经营机制运行,经营效益显著提升。2003年底,国家决定对国有商业银行进行股份制改造,各国有商业银行江苏省分行在体制、机制方面发生了深刻变革,实力不断增强,在江苏银行业中的地位进一步提高。

一、中国工商银行江苏省分行

(一)沿革

1983年9月17日,国务院印发《关于中国人民银行专门行使中央银行职能的决定》,明确中国人民银行专门行使中央银行职能,决定成立中国工商银行,承办原来由中国人民银行办理的工商信贷和储蓄业务。1984年1月1日,中国工商银行在北京成立。人民银行和工商银行两总行规定,省及以下机构实行一个机构、两套账目、财务不分的过渡办法。经过一年的筹备,1985年1月5日,中国工商银行江苏省分行(以下简称"工行江苏省分行")成立,地址位于南京市中山东路3号(1992年迁至南京市中山东路404号,2002年迁至南京市中山南路408号)。

中国工商银行成立初期,作为国家专业银行,性质上是企业化经营的国家融资渠道和金融宏观调控工具,主要任务是筹集资金、供应资金、支持经济增长和保持社会稳定。至1993年末,工行江苏省分行各项贷款、工业贷款余额分别为577.48亿元、343.32亿元,占全省贷款余额的比例分别为32.48%、69.94%,支持了仪征化纤、扬子乙烯、春兰集团、熊猫集团等一批国家和省级重点工业企业的发展。

1994年以后,中国工商银行根据国家金融体制改革的要求向国有商业银行转变。其主要任务开始由支持经济发展为主向追求稳健经营和经营效益为主转变,增长方式开始由规模扩张为主向集约的内涵扩大转变,经营结构开始由传统银行向综合银行转变。1994～2004年,工行江苏省分行在工总行的领导下,通过对传统储蓄业务的集约化改造和实行对公存款"一体化"战略,完成了对存款业务的市场化再造;通过实施信贷结构优化调整战略,加强信贷业务营销方式的创新,大力拓展优质信贷市场;国际业务、中间业务取得长足进步;信息化建设也得到快速发展。

2005年开始,中国工商银行进行股份制改革,引进高盛集团、安联集团、美国运通公司等境外战略投资者。2006年10月27日,中国工商银行在上海、香港两地同日挂牌上市,标志着该行完成了从国有独资商业银行到股份制银行,再到国际公众持股公司的历史性跨越。在工商银行股份制改革中,工行江苏省分行进一步加强资产经营和市场拓展,积极转变经营模式和增长方式,经济效益和社会效益显著提升,继续保持在系统内和全省银行业中的领先地位。在资产经营和市场拓展上,制定《2005～2007年小企业信贷业务三年发展目标》,坚持把小企业作为新一轮信贷结构调整方向;加强优质项目储备管理,积极拓展大型"三资"企业和重点非生产流通领域,稳步推进项目贷款营销;强化个人经营贷款与小企业贷款的协调互动,健全开发贷款与个人住房贷款互为资源的投放机制,促进个人消费贷款的稳健发展;实施区域优势发展战略,发挥票据中心的龙头作用,票据业务贡献度持续提升。在区域发展上,贯彻落实省委、省政府区域发展战略,以提升苏中、苏北行信贷经营能力和扩大苏中、苏北信贷投放为主要抓手,积极促进区域共同发展。在经营模式和增长方式转变上,成立省市行两级个人金融业务指导委员会,建立健全"大个金"工作机制;加快贸易融资和外汇资金产品创新,大力发展外汇汇款业务,国际业务贡献度不断提高;完善经营绩效考核办法,引入经济资本占用理念,逐步建立以经济增加值为核心的绩效考核和费用分配制度。

截至2008年末,工行江苏省分行各项存款余额(本外币口径,下同)5 099.83亿元,居全省第二位;各项贷款余额(本外币口径,下同) 3 697.37亿元,居全省第一位;营业利润(本外币口径,拨备前,下同)153.77亿元,居全省第一位。该行已成为全国工行系统内规模最大的省级分行之一,也是江苏省内规模最大的商业银行机构之一。

(二)内设机构

1985年成立之初,工行江苏省分行内设20个职能处(室)、3个附属机构和1个直属机构。20个职能处(室)分为八类:1. 综合协调部门(办公室);2. 决策咨询部门(调查研究处);3. 业务执行部门(计划处、会计处、储蓄处、工商信贷处、技术改造信贷处、国际业务部、房地产信贷部);4. 保障管理部门(人事处、保卫处、科技处、教育政工处、老干部处);5. 监督部门(稽核处、监察室);6. 理论研究部门(《江苏城市金融》编辑部);7. 后勤服务部门(行政处);8. 党群部门(机关党委、工会工作委员会)。3个附属机构是信托投资公司、营业部和电子计算中心。1个直属机构是扬州干部中等专业学校。

随着体制、机制改革的推进,工行江苏省分行内部组织架构不断完善。2006年中国工商银行股改上市后,工行江苏省分行进行内设机构改革,建立"以客户为中心,以市场为导向,以效益为目标,以创新为动力,以风险控制为主线"的内设机构管理体系,设置26个内设机构(一级部23个、二级部3个),5个附属机构和1个直属机构。

截至2008年末,工行江苏省分行内设27个部室(含二级部)、6个附属机构和1个直属机构。27个部室包括23个一级部室和4个二级部室,按照部门职能划分为营销及产品部门、风险管理部门、综合管理部门和支持保障部门四大类。1. 营销及产品部门包括公司业务部、机构业务部、资产托管业务分部(二级部)、结算与现金管理部、个人金融业务部、消费信贷业务部(二级部)、银行卡业务部、国际业务部、电子银行部、投资银行部10个部室;2. 风险管理部门包括风险管理部、授信审批部、信贷管理部、资产负债管理部、内控合规部、法律事务部6个部室;3. 综合管理部门包括办公室、财务会计部、集中采购部(二级部)、管理信息部、人力资源部、党务工作部和机构管理部(二级部)6个部室;4. 支持保

障部门包括信息科技部、运行管理部、监察室、保卫部、工会工作委员会办公室(离退休人员管理部)5个部室。6个附属机构包括对账中心、清算中心、单证中心、技术支持中心、电话银行中心、财务中心。1个直属机构是江苏金融培训学校。

(三)分支机构

1985年成立之初,工行江苏省分行下辖南京、无锡、徐州、常州、南通、连云港、淮阴、盐城、扬州、镇江、苏州11个二级分行,共796个分支机构。全行人数18 144人。

1989年,根据国务院、国家计委、工总行和江苏省政府有关指示,南京分行开始在工总行计划单列。

1992年,为加强对特大型企业的服务,设立胥浦直属支行。

1997年,根据江苏省地方行政区划调整方案,设立泰州分行和宿迁分行。同年10月,为发挥中心城市行的骨干作用,工总行决定对苏州分行比照准一级分行管理模式进行管理。

1998年,根据人民银行《关于国有独资商业银行分支机构改革方案》和工商银行《关于省市分行机构改革方案》,工行江苏省分行和南京分行合并,组建新的一级分行,负责管理全省辖内分支机构;南京分行并入省分行营业部,组建新的省分行营业部。

2002～2003年,为贯彻落实股份制改造要求,工行江苏省分行首先在宿迁、盐城2个二级分行开展机构扁平化管理改革试点。其内容是:整合城区营业机构,构建合理的网点、网络体系;收缩支行管理职能,集中力量强化经营;强化市分行经营管理职能,建立"大分行、小支行",将信贷审批、信贷检查、人力资源开发管理、财会等职能集中到市分行;建立内部等级体系,淡化机构行政色彩。2004～2007年,其他市分行及省分行营业部也相继进行了机构扁平化管理改革。

截至2008年末,工行江苏省分行分支机构总数为1 053个。其中,一级分行1个,一级分行营业部1个,二级分行12个,直属支行(胥浦支行)1个,县(市)支行51个,城区支行86个,二级支行567个,分理处264个,储蓄所69个,培训学校1个。全行人数21 897人。

二、中国农业银行江苏省分行

（一）沿革

中国农业银行的前身是1951年8月成立的中国农业合作银行。1952年，中国农业合作银行由于精简机构而撤销。1955年3月，中国农业银行成立，总行设在北京。同年5月1日，中国农业银行江苏省分行成立（以下简称"农行江苏省分行"）。1957～1979年，农行江苏省分行先后两次并入人行江苏省分行。

1979年2月，国务院发出《关于恢复中国农业银行的通知》，决定正式恢复中国农业银行。同年6月20日，农行江苏省分行恢复，地址位于南京市中山东路3号（1980年1月迁至南京市白下路23号，1991年4月迁至南京市中山南路242号，2003年3月迁至南京市洪武路357号）。

1979～1993年，农行江苏省分行作为国家专业银行，承担政策性农村金融业务、商业性农村金融业务和领导农村信用社三重使命。

1994～1996年，根据国家金融体制改革要求，农行江苏省分行相继完成与农发行江苏省分行的分设和与农村信用社的脱钩，基本结束了作为国家专业银行"一身三任"的历史使命，开始进入真正向国有商业银行转变的新的历史时期。随着政策性业务的分离和与农村信用社的脱钩，农行江苏省分行积极实施"抓住机遇，开拓城市业务和新业务，深化改革，加速向国有商业银行转轨"的发展战略，全面推动各项新业务的发展。一是较早地支持农村乡镇企业和农业产业化发展，促进了地方经济增长；二是较早地提出"全行办外汇"的指导思想，大力拓展国际业务，支持全省外向型经济发展；三是抢抓机遇，把拓展城市业务和新业务作为战略重点来抓，并以最快速度实现战略转移，大力增设城市网点，为繁荣城市金融、促进城乡经济协调发展做出贡献。在向国有商业银行转变过程中，农行江苏省分行坚持转轨不转支农方向，继续以支持农业现代化建设、繁荣城乡经济为主要任务，不断加大对"三农"的投入。

进入21世纪，农行江苏省分行抓住"十五"期间江苏经济社会快速发展的机遇，调整金融服务策略，逐步确立"三大两高一优"市场定位，即为优质大客户、大系统、大项目和高价值民营企业、高价值个人客户，提供最优化的金融服务。

2006年以后，农行江苏省分行把握国家关于农业银行服务"三农"的市场定位，发挥农业银行在农村金融体系中的骨干和支柱作用，建立和完善有利于服务"三农"及巩固县域市场竞争的政策制度和经营机制，支持农业产业化发展和农村城镇化建设，推广"惠农卡"和小额农户贷款业务。

在2007年以后的股改阶段，农行江苏省分行坚持"以市场为导向、以客户为中心、以效益为目标"的经营理念，确立"提升苏南、突破苏中、促进苏北"的分类指导工作方针，坚持"发展、转型、提质、增效"的主线，根据不同地区经济发展、信用环境和管理水平，明确差异化的市场定位、工作重点和发展方向，推动苏南、苏中、苏北地区农业银行在金融服务上的错位营销和梯次发展，形成了区域联动互补、相互促进、共同发展的新格局。

截至2008年末，农行江苏省分行各项存款余额5 993.70亿元，居全省第一位；各项贷款余额3 440.21亿元，居全省第三位；营业利润133.82亿元，居全省第二位。该行已成为全国农行系统内规模最大、效益最优的省级分行之一，也是全省银行业中主要经营指标领先的商业银行机构之一。

（二）内设机构

1979年恢复后，农行江苏省分行承担政策性农村金融业务、商业性农村金融业务和领导农村信用社三重使命。在内设机构设置上，主要按专业银行职能设置，同时兼顾对政策性农村金融业务和农村信用社业务的管理。至1993年，农行江苏省分行相继撤销农村社队财务辅导处、农业拨款监督处等不属于农业银行职责范围的内设机构，并根据业务发展需要，多次对社队企业信贷、农业信贷、农村储蓄、信用合作、"三部"（国际部、信用卡部、房地产信贷部）等主要业务机构进行调整。

1997年，在"三定"方案基础上，按农总行确立的发展规划，农行江苏省分行设立12个内设机构和12个直属单位。12个内设机构是：办公室、资金计划处、资金组织处、农业信贷处、工商信贷处、财务会计处、人事教育处、稽核处、监察室、保卫处、工会工作委员会、信用合作管理处。12个直属单位是:行政处、金融研究所、信息电脑中心、干部学校、营业部、国际业务部、房地产信贷部、信用卡部、劳动服务公司、金港公司、咨询评估公司、信托投资公司。同年,根据《中国人民银行关于清理商业银行国际业务部、房地产信贷部、信用卡业务部对外营业机构的通知》要求,房地产信贷部对外营业机构改建为三元支行,归省分行直接管理。

1998年,农行江苏省分行落实农总行"精简、合理、统一、效能"的内设机构设置原则,归并相同或相近职能处室,分离机关经营职能,强化机关管理职能。农业信贷处和工商信贷处合并,设立信贷管理处;信用卡部更名为信用卡管理处;增设法规处、市场开发处、资产保全处、专项贷款管理处和机关党委办公室。同年,省分行与南京市分行合并,南京市分行更名为省分行营业部,原省分行营业部撤并。省分行原直属经营机构(除三元支行外)划归新成立的省分行营业部管理。

1999年,根据人总行和农总行有关金融机构与所办经济实体脱钩的规定,江苏国际咨询评估公司改制为有限责任公司,与农行江苏省分行脱钩,原设在市、县农行的分公司全部注销,恢复代理制,由各级行信贷部门代理咨询评估业务。

2001年,根据业务经营和管理需要,农行江苏省分行增设房地产信贷处、科技处和总务处,并对综合计划处、市场开发处、资金组织处、专项贷款管理处、资产保全处、信用卡管理处、人事教育处、法规处等部门名称进行调整。

2004年,为加大市场营销力度,农行江苏省分行新设机构业务处、保险代理部(与机构业务处合署办公)、电子银行部,并在电子银行部下设客户服务中心(二级处),科技处下设数据运行中心(二级处)。稽核处更名为审计处,风险资产管理处更名为资产风险管理处。

2005年,为加快建立符合现代商业银行运行要求的组织管理体系,淡化行政色彩,省分行机关改称省分行本部,省分行本部原以"处"命名的内设机构改为以"部"命名,部门负责人的称谓变更为"总经理"或"副总经理"。省分行本部共

设22个一级部、3个二级部和2个直属单位。

2007年,为适应农业银行股份制改革的需要,农行江苏省分行成立股份制改革领导小组及其办公室,并设立4个专业工作小组负责配合农总行对口专业组工作。4个工作小组分别是:不良资产处置工作小组、资产评估工作小组、外部审计工作小组、法律事务工作小组。各二级分行及其管辖型支行相应成立股份制改革工作机构。

2008年,农行江苏省分行作为改革样板行之一,在全国农行系统内率先启动内部组织架构优化调整的落地工作。省分行本部共设7大板块、26个一级部、6个二级部。具体包括:前台部门的"三农"业务("三农"对公业务部、"三农"个人金融部)、对公业务(公司业务部/小企业业务部、机构业务部/托管业务部江苏分部/养老金中心江苏分中心、房地产信贷部、国际业务部)和个人业务(个人金融部、电子银行部、信用卡中心)3个板块;中后台部门的风险管理(信贷管理部、风险管理部、资产处置部、内控合规部、法律事务部)、资金计财(资产负债管理部、财务会计部、运营管理部)、科技/产品(信息技术管理部、结算与现金管理部/产品研发部)、行政支持(党委办公室/党委宣传部/办公室/记者站、党委组织部/人力资源部、工会委员会办公室/机关党委/团委、纪委/监察部、保卫部、总务部)4个板块。其中,公司业务部下设投资银行部,机构业务部下设保险代理部,个人金融部下设住房金融与个人信贷部,财务会计部下设集中采购部,信贷管理部下设信贷审查审批中心,人力资源部下设离退休人员管理办公室。"三农"业务板块中后台部门与城市业务板块共享,分别在风险管理、信贷管理、财务会计、人力资源等相关部门设置5大中心以及专门服务"三农"的团队。

(三)分支机构

1979年农行江苏省分行恢复后,各市、县农业银行也相继恢复,设在区、乡的营业所全部恢复为农业银行营业所。至1985年,农行江苏省分行已设立3个市分行、8个市支行、81个县(郊)支行、2029个营业所,全行人数达15827人,形成了遍布全省广大农村的金融网络。截至1993年,全省农行分支机构总数进一步增至3547个,人数达28932人。

1994年以后，农行江苏省分行在向国有商业银行转变过程中，积极开拓城市业务和中间业务、国际业务等新业务，大力增设城市网点。至1997年，全省农行分支机构总数达3 220个，人数突破3万人，达30 223人。

1998年，农行江苏省分行根据"经济、合理、精简、高效"的原则，对县级城市支行以下机构按一定比例进行撤并和调整。至2000年，全省农行分支机构总数为2 493个，较1997年减少727个。

2002年以后，农行江苏省分行按照建立灵活高效、面向市场、面向客户的扁平化组织机构体系的要求，积极稳妥地对基层网点进行优化整合。

截至2008年末，农行江苏省分行分支机构总数为1 578个。其中，一级分行1个，一级分行营业部1个，二级分行12个，城郊区支行、办事处57个，县（市）支行52个，营业所、分理处1 427个，储蓄所28个。全行人数28 381人。

三、中国银行江苏省分行

（一）沿革

中国银行是中国历史最悠久的银行之一，江苏是中国银行设立分行最早的省份之一。民国元年（1912年）1月24日，中华民国临时政府宣布设立中国银行。同年2月14日，中国银行南京分行（以下简称"中行南京分行"）成立，地址位于南京市珠宝廊。1912年至1949年，中国银行先后行使过中央银行、国际汇兑银行和外贸专业银行的职能。

1949年4月23日南京解放后，中行南京分行于6月10日复业。1951年4月29日，中行南京分行裁撤，并入中国人民银行南京分行。1952年，各地中国银行改为各地人民银行内部的外汇工作部门，由当地人民银行负责领导，对外仍保持中国银行的名义。1953年10月27日，中央人民政府政务院颁布《中国银行条例》，明确中国银行为中华人民共和国中央人民政府政务院特许的外汇专业银行。为适应对外贸易、旅游事业和侨汇业务不断发展的需要，1964年6月1日，中行南京分行重新开业，对外又称"中国人民银行江苏省分行国外业务部"。1973年10月11日，为建立江苏省外贸口岸，直接对外经营进出口贸易，江苏省革命委员会批准成立中行连云港分行。

1979年3月13日，中国银行从中国人民银行中分设出来，同时行使国家外汇管理职能，直属国务院领导。中行南京分行与国家外汇管理总局江苏分局对外两块牌子，内部一套机构，由人行江苏省分行代管。同年10月，中国银行总管理处改为中国银行总行，并从中国人民银行内独立出来，总行设在北京。同年11月17日，中行南京分行亦从人行江苏省分行分设出来。1980年4月22日，江苏省政府正式批准中行南京分行为省政府厅局级机构，受江苏省政府和中总行双重领导，负责统一经营全省外汇资金，统一办理全省外汇收支，经营一切外汇业务及有关的人民币业务。

1983年9月，国务院决定中国人民银行专门行使中央银行职能，随后中国银行与国家外汇管理局分设，各司其职，中国银行统一经营国家外汇的职责不变。至此，中国银行由原来的国家金融管理机关，转变为以盈利为目的的金融企业，其身份发生根本性变化。1983～1994年，中行南京分行作为国家外汇、外贸指定银行，统一经营全省外汇、外贸业务。其间，中行南京分行于1991年5月搬入南京市中山南路148号中行大厦，结束了与人行江苏省分行分设后多年在外租房、分散办公的历史；1992年7月1日更名为中行江苏省分行。

1994年，国家进行外汇管理体制改革，各外汇业务银行在外汇业务经营方面享有平等地位，中国银行不再享有外汇业务的垄断地位，从而结束了作为国家外汇专业银行的历史。在向国有商业银行转变的过程中，中行江苏省分行在继续巩固国际业务领域传统优势的同时，全面发展各项公司业务、个人业务和其他金融业务。公司业务以授信产品为基础，向企事业客户提供包括清算、结算、资金、基金托管等在内的各项金融产品和融资、财务解决方案。个人金融业务提供包括储蓄存款、零售贷款、银行卡、个人理财、汇款等在内的各项服务。金融机构业务为全球其他银行同业、证券、保险等非银行金融机构提供诸如国际汇兑、资金清算、同业拆借和托管等全面服务。为帮助企业规避、锁定汇率和利率风险,实现资金保值增值,推出了远期结售汇、代客外汇买卖、代理外汇资金管理和债务风险管理业务。

2004年开始,中国银行进行股份制改革,引进苏格兰皇家银行、瑞士银行、亚洲开发银行、淡马锡等境外战略投资者。2006年6、7月,中国银行先后在香港联交所和上海证券交易所成功挂牌上市,成为国内首家"A+H"发行上市的中国商业银行。在股份制改革过程中,中行江苏省分行以"抓改革、促发展、控风险、增效益"为主线,加大激励约束机制和流程改革力度,着力转变经营管理机制,继续保持资产、负债和中间业务的持续、快速、协调、健康发展。在流程改革上,初步实现了充实前台营销力量、加强中台管理控制力度、优化集中后台操作平台的目标;在业务发展上,重点突出中间业务发展,努力提高中间业务收入对总收入的贡献率,同时加快零售贷款、贴现贷款等经济资本占用低的资产业务发展,零售贷款市场份额逐步占据相对领先的地位;在激励机制上,重点关注财务、过程、满意度、学习与成长四大类指标,并注重定性和定量、绝对指标和相对指标的结合,不断完善绩效考核办法;在绩效薪酬体现上,尝试打破行政职级排队方法,鼓励业务发展快的县支行成为直属支行,凭业绩定薪酬。作为以外汇业务见长的商业银行,中行江苏省分行一直将为江苏外向型经济的增长提供金融服务作为重要使命,利用自身技术优势和在国际结算方面的专长,推出一系列创新产品,为企业"走出去"提供有力支撑。2007年,中行江苏省分行成为国内第一家国际贸易结算量突破千亿美元的省级分行。

截至2008年末,中行江苏省分行各项存款余额4 175.28亿元,各项贷款余额2 928.59亿元,营业利润111.37亿元。该行国际化和多元化程度在江苏省银行业中处于领先地位,同时也是全国中行系统内经营效益最好、业务规模最大的省级分行之一。

(二) 内设机构

1979年中行南京分行与人行江苏省分行分设时,内设办公室、会计处、综合计划处、国际贸易结算处、信贷处、非贸易外汇处、外汇管理处、工会8个机构。1981年12月,设立人事处和信托部,信托部后改称信托咨询公司。

1985年以后,由于业务及人员发展迅猛,内设机构也不断增加。1985年,先后设立营业部、纪检组、机关党委、稽核处。1987年1月,调研信息科从综合计划处分设出来,组建调研室(处级)。1988年5月,设立教育处及电脑部。1989年1月,人民币信贷部与外汇信贷部分设。1990年,先后设立政工处和信用卡部,工会更名为工会工作委员会。到1990年12月,中行南京分行内设机构已增至21个处室、56个科。

1994年以后,为适应由国家专业银行向国有商业银行的转变,中行江苏省分行进一步优化内设机构的设置。1995年4月,为改进对外经营和服务,理顺内部关系,中行江苏省分行对机构设置和业务划分进行了较大调整:南京地区经营性本外币流动资金贷款和固定资产贷款业务由人民币信贷部和外汇信贷部划归营业部(大项目、大客户除外),同时将两个信贷部合并成一个信贷部;存汇处改称存款处;国际贸易结算处改称国际结算部;撤销出纳兑换处,全辖出纳兑换业务管理划归会计处,其他业务划归营业部;营业部下设综合科、计划信贷科等9个科和太平南路分理处;会计处改称财会处。1996年,根据金融业分业经营、分业管理的要求,撤销中国银行江苏信托咨询公司。

为适应股份制改革的要求,2005年4月14日,经中总行批准,中行江苏省分行内设机构调整为22个:办公室、公司业务部、国际结算部、资金业务部、金融机构部、电子银行部、个人金融部(下设消费信贷中心)、银行卡部、营业部、计划财务部(下设财务中心)、会计结算部、运营部(下设现金经营中心)、风险管理部(下设授信评审中心)、授信执行部、监察稽核部、法律与合规部、信息科技部、人力资源部(下设培训中心)、保卫部、总务部、党务工作部、工会工作委员会。同时,撤销机构管理处、资金计划处、财务处、监察处、稽核处、润源公司。

截至2008年末,中行江苏省分行共有内设机构26个,分别是:办公室、人力资源部(下设培训中心)、计划财务部、风险管理部、会计结算部、国内结算部、金融机构部、资金业务部、公司业务部、中小企业业务部、授信执行部、个人金融部、银行卡部、私人银行部、国际结算部、运营部、监察部、稽核部、保卫部、信息科技部、电子银行部、法律与合规部、党务工作部、总务部(下设基建办公室)、工会工作委员会和营业部。

(三)分支机构

1979年与人行江苏省分行分设之初,中行南京分行仅有3个分支机构(南京分行、国家外汇管理总局江苏分局、连云港分行),人数155人。为加快分支机构设置,1980～1984年,中行南京分行先后设立苏州、无锡、常州、镇江、扬州、南通、徐州、盐城、淮阴9个支行。1984年以后,各地市支行陆续改称分行。

1984年,中行南京分行开始设立县(市)级机构,分支机构增长进入第一个高峰期。到1988年,全省中行分支机构数量已达196个,其中当年新增141个,增长256.36%;从业人数2 977人,其中当年新增1 506人,增长102.38%。全省40个开放县(市)中已有37个成立了中行机构。为了适应南京市外向型经济发展的需要,金陵分行于1988年9月24日正式成立。

1992年,中行南京分行更名为中行江苏省分行,分支机构增长再次进入高峰期。1992年,全省所有县(市)均设立了中行机构。同年,金陵分行改称南京市分行。到1995年底,全省中行分支机构数量首次突破1 000个,达1 037个;从业人数达12 986人。

1997年,因江苏行政区划调整,泰州支行升格为泰州分行,宿迁支行升格为副处级管辖支行。也正是从这一年起,全省中行分支机构建设经历了从快速发展到理性发展的过程。

1998年开始,中行江苏省分行以强化资源有效配置为目的,对机构网点进行了较大规模的调整和改造。对效益好、存款总量大的网点进行装修改造;对经济效益长期低下,发展前景不佳的机构网点进行撤、并、迁,走集约化经营之路。1999年,根据中总行的统一部署,中行系统省会城市实行省市行合并,南京市分行撤销,同时在南京市城区设置11个直属支行。到2002年,全省中行分支机构总数为981个,较1997年减少104个。

2004年,在股份制改革中,中行江苏省分行完成最后6家储蓄所的升格,成为全省第一

家彻底告别储蓄所这一机构层级的国有商业银行。

截至2008年末,中行江苏省分行分支机构总数为904个。其中,一级分行1个,二级分行12个,城区管辖支行38个,城区经营性支行337个,城区分理处114个,县管辖支行50个,县经营性支行235个,县分理处117个。全行人数18 901人。

四、中国建设银行江苏省分行

(一)沿革

1954年,中共中央、政务院决定在交通银行原有机构和干部的基础上组建中国人民建设银行,总行设在北京。同年10月,中国人民建设银行江苏省分行(以下简称"建行江苏省分行")成立。1958年8月,并入省财政厅,1962年恢复。1970年6月,并入人行江苏省分行,1972年恢复,对内为省财政厅基建财务科(1977年改为基建财务处)。1979年末,升格为省厅局一级机构,受建总行、江苏省政府双重领导。1980年5月,从省财政厅分出,独立对外办公,地址位于南京市傅厚岗26号(1989年9月迁至南京市中山南路248号,2001年11月迁至南京市洪武路188号)。

1980年从省财政厅分出后,建行江苏省分行在承继原有职能的同时,不断拓展银行职能,先后开办了信贷资金贷款、居民储蓄存款、外汇业务、信用卡业务、政策性房改金融及个人住房抵押贷款等多种业务。经过十多年的改革发展,建行江苏省分行各项业务快速发展,从单一管理财政资金、办理基建拨款监督的银行,发展成为既管财政投资又经营信贷业务,既办理固定资产投资信贷又发放配套流动资金贷款,既办理国内金融业务又办理国际金融业务,以办理中长期信用为主的国家专业银行。

1994年,按照政府对投资体制和金融体制改革的要求,建行江苏省分行将长期承担的代理财政职能移交省财政厅,开始积极代理开发银行业务,并按照商业银行的要求,对经营管理体制进行全面改革。一是认真做好政策性和商业性业务分离工作,积极代理开发银行业务。当年共

清理 1977～1993 年中央及省级预算贷款项目 1 200 个,金额 59.81 亿元,为向中央及地方财政顺利交接奠定了基础。至当年底,代理的开发银行贷款余额为 8.84 亿元。二是平稳移交财政职能,接受委托代理财政业务。1994 年 9 月 1 日起,财政部收回原委托建设银行代理的财政职能,该行一方面认真做好财政职能的移交和业务衔接,另一方面接受委托代理部分财政业务。

1996 年,中国人民建设银行江苏省分行更名为中国建设银行江苏省分行(简称"建行江苏省分行")。同年开始,建行江苏省分行贯彻执行建总行"双大战略"(大行业、大企业),集中资金和规模重点支持沪宁高速公路、苏州工业园区、春兰集团等国家和省重点项目、大型企业。"双大"战略的实施,改善了该行贷款的行业结构和客户结构,户均贷款规模明显上升,不良贷款得到控制,贷款风险度有所下降,巩固和发展了一批大客户群体,同时带动了负债业务、中间业务等其他相关业务的发展。

2004 年开始,中国建设银行进行股份制改革,并于 2005 年 10 月 27 日在香港联合交易所挂牌上市,成为中国首家公开上市的国有商业银行。2004 年以后,建行江苏省分行以股份制改造为主线,深化改革,推动转型,强化管理,全面推动各项业务发展。在业务转型上,以"经营规模与盈利能力相匹配、经营规模与管理能力相匹配、稳步推进改革"的总体思路,贯彻建总行 KPI 指标考核政策导向,制定二级分行行领导 KPI 考核办法,紧紧围绕效益核心、质量控制和战略导向开展经营活动。在用人制度改革上,建立员工内部等级体系,完善领导人员聘任制,推行任前公示制度和辞职制度。在用工制度改革上,建立竞争淘汰和人员分流机制,强化人员总量控制和结构调整。在机构调整上,撤并低产低效营业机构。在薪酬制度改革上,设立薪酬管理委员会,改革工资总额管理办法和员工工资分配办法,完善二级分行行级领导年薪制。

截至 2008 年末,建行江苏省分行(含苏州分行,该行 1997 年计划单列,直属建总行)各项存款余额 4 730.34 亿元,各项贷款余额 3 261.85 亿元,营业利润 113.98 亿元。该行在支持地方经济发展、为客户提供全面金融服务的同时,资金实力不断壮大,资产质量不断改善,经营管理状况持续良好,是建总行重点支持发展的省级分行之一。

(二) 内设机构

1979 年建行江苏省分行升格为省局一级机构时,内设办公室、拨款处、建筑企业财务处、会计处 4 个机构。

1990 年,建行江苏省分行内设办公室、体改办、人事处、思想政治工作办公室、保卫处、教育处、纪检监察室、投资管理处、财会处、建筑经济处、计划处、计算机处、信贷处、国际业务部、稽核审计处、行政处、工会、机关党(团)委 18 个机构。

2000 年,建行江苏省分行内设办公室(党委办公室)、计划财务处、会计处、人事教育处(党委组织部)、总审计室(下设综合处、系统管理处、现场审计处,常州审计办事处、扬州审计办事处、徐州审计办事处)、零售业务处、业务拓展处、信贷管理委员会办公室、信贷风险管理处、资产保全处、信贷经营处、房地产信贷处、国际业务部、科技处、清算中心、监察室、保卫处、离退休干部管理处 18 个机构。

2003 年,中国建设银行开始实施股份制改造,建行江苏省分行处室多改称为"部"。

2006 年 7 月,建总行实施审计体制改革。建行江苏省分行总审计室和 2000 年设立的南京审计分部合并,成立直属总行的南京审计分部。

2008 年,建行江苏省分行内设办公室(党委办公室)、人力资源部(党委组织部)、计划财务部、会计部、风险管理部、信贷审批部、公司业务部(集团客户部)、机构业务部、国际业务部、个人金融部(高端客户部)、住房金融与个人信贷部、信用卡中心、资产保全部、信息技术管理部、营运管理部、电子银行部、合规部、法律事务部、纪检监察部、安全保卫部、企业文化部(与党委宣传部、机关党委、团委合署)、离退休人员管理部、工会、南京地区营业管理部、后勤服务中心 25 个机构。

(三) 分支机构

1979 年,建行江苏省分行下辖 7 个地区中心支行、7 个市(地区辖市)支行、67 个县(市)支行(办事处)和 6 个市区办事处和专业支行。

1983 年,江苏地市合并,地区行与市行合并,成立各市中心支行,各县均设县支行。至当年末,全省共设 11 个市中心支行和 65 个县(市)支行(办事处)。全行人数 1 763 人。

1990 年,全行分支机构总数 1 230 个。其中,省分行、计划单列市分行各 1 个,处级机构 23 个,科级机构 145 个,其他机构 1 060 个(储蓄网点 904 个)。全行人数 11 036 人。

1997 年 1 月,作为建总行机构改革试点单位,苏州分行被列为计划单列,由建总行直属。

1999 年,省分行和南京市分行合并,南京市分行改称省分行营业部。

2000 年,全行机构总数 1 492 个。其中,一级分行 1 个,二级分行 11 个,县(市)支行 53 个,直属支行 1 个,开发区支行 6 个,城区支行 22 个,专业支行 1 个,办事处 255 个,分理处 515 个,储蓄所 550 个,其他机构 77 个。全行人数 16 455 人。

2004 年,根据扁平化管理需要,建行江苏省分行内部撤销省分行营业部,在南京地区设立直属支行、新街口、大行宫、中山、鼓楼、白下、城南、中央门、大厂、浦口等 10 个综合性城区支行。

截至 2008 年末,全省建行共有 1 060 个分支机构,总人数 22 098 人。其中,建行江苏省分行分支机构 861 个,包括一级分行 1 个、一级分行营业部 1 个、二级分(支)行 20 个,其他支行 144 个,分理处 565 个,储蓄所 130 个,人数 18 450 人;总行直属苏州分行分支机构 199 个,人数 3 648 人。

附:中国投资银行江苏省分行

中国投资银行江苏省分行成立于 1982 年,实行中国投资银行总行和中国人民建设银行江苏省分行双重领导。该行对内称"中国人民建设银行江苏省分行投资三处",主要任务是接受国际金融机构的贷款,并向国外筹集建设资金,对国内企业提供外汇及人民币投资信贷。1984 年 10 月,常州、无锡、南通、苏州、徐州、连云港、扬州等 7 个市行成立。1988 年 10 月,中国投资银行江苏省分行单独建制。1990 年末,省分行实有 39 人。1998 年,中国投资银行江苏省分行并入国家开发银行南京分行。

第二节 政策性银行

1994 年,为实施金融体制改革,我国成立了国家开发银行、中国进出口银行、中国农业发展银行三家政策性银行,分离国有商业银行的政策性业务。此后,三家政策性银行相继在江苏设立省级分行,中国农业发展银行还将分支机构延伸到全省所有市、县。

一、国家开发银行江苏省分行

(一)沿革

国家开发银行成立于 1994 年 3 月,总行设在北京。国家开发银行贯彻"既要支持经济建设,又要防范金融风险"的方针。主要任务是:按照国家有关法律、法规和宏观经济政策、产业政策、区域发展政策,筹集和引导境内资金,重点向国家基础设施、基础产业和支柱产业项目以及重大技术改造和高新技术产业化项目发放贷款;从资金运用上对固定资产投资总量和结构进行控制和调节。

1998 年 12 月,经国务院批准,中国投资银行整体并入国家开发银行。同月,国家开发银行南京分行(以下简称"国开行南京分行")在原中国投资银行江苏省分行的基础上组建成立。

1999 年 3 月 18 日,为了组建自己的全国分行网络,国家开发银行经中国人民银行批准与中国光大银行签订整体转让原中国投资银行债权、债务协议。同年 4 月 1 日,国开行南京分行在完成向中国光大银行南京管理部移交原中国投资银行江苏省分行的债权、债务及南京地区 7 个营业网点、138 名员工后,正式挂牌成立,地址位于南京市广州路 188 号苏宁环球大厦(2014 年迁至南京市建邺区江东中路 232 号)。

2003 年 4 月,国开行南京分行更名为国家开发银行江苏省分行(以下简称"国开行江苏省分行")。2008 年 12 月,根据商业化改革要求,再次更名为国家开发银行股份有限公司江苏省分行。

自成立以来,该行支持了江苏省"十五"电网、京沪高铁、禄口机场、田湾核电站、重点城市轨道交通等一大批国家和省级重大项目和重点民生领域项目,大力支持江苏企业赴海外开展国际业务,是支持江苏中长期项目建设、民生工程和境外投资的主力银行之一。截至2008年末,国开行江苏省分行各项存款余额103.19亿元,各项贷款余额1 187.38亿元,营业利润24.08亿元。

（二）内设机构

1999年4月成立时,国开行南京分行内设办公室(党委办公室)、计划财务处、信贷一处、信贷二处、资产保全处、监察稽审处、人事教育处(党委组织处)和营业部8个机构。5月,对机构和人员编制进行调整,设立办公室(党委办公室)、计划财务处、信贷处、资产重组保全处、信息处、人事处(党委组织部)、营业部(国际业务部)、稽核专员办公室、纪检监察办公室、服务中心10个机构。

2001年2月,内设机构调整为8个,分别是:办公室(党委办公室)、综合业务处、信贷一处、信贷二处、财会处(营业部)、人事处(党委组织部)、稽核监察处(稽核处、监察处、纪检办公室合署办公)、信息处。

2002年7月,原信贷一处改为客户一处,原信贷二处改为客户二处,新设评审处、信用管理处。

2003年3月,再次对内设机构进行调整,调整后的内设机构是:办公室(党委办公室、纪检监察办公室)、经营管理处、信用管理处、评审处、客户一处、客户二处、人事处(党委组织部)和营运处。

2004年2月,增设客户三处,又称苏州工作组,分管苏州市信贷业务;11月,客户三处更名为客户四处,继续负责原客户三处管理的中小企业贷款等业务。2005年7月,设立业务发展处;10月,设立金融合作处,营运处改称财会处(营运处)。2006年11月,设立国际合作业务处。2007年5月,设立法律事务办公室和审计举报办公室。2008年7月,设立信息科技处。

截至2008年末,国开行江苏省分行共设办公室(党委办公室、保卫处)、规划发展处、市场与投资处、经营管理处、法律事务办公室、国际合作业务处、风险管理处(信委会办公室)、评审处(贷委会办公室)、客户一处、客户二处、客户三处(富民

业务处)、客户四处、财务处(营运处)、人事处(党委组织部、团委)、纪检监察办公室(审计举报办公室)、信息科技处16个机构。全行人数146人。省内其他地区未设分支机构。

二、中国进出口银行南京分行

（一）沿革

中国进出口银行成立于1994年4月,总行设在北京。中国进出口银行实行自主、保本经营和企业化管理的经营方针。主要任务是:执行国家产业政策和外贸政策,为扩大中国机电产品和成套设备等资本性货物出口提供政策性金融支持。

1998年10月,中国进出口银行在南京设立代表处,地址位于南京市汉中路89号金鹰国际商城23层A座。

2003年10月,在中国进出口银行南京代表处的基础上成立中国进出口银行南京分行,业务范围覆盖江苏、安徽两省,地址位于南京市中山南路49号商茂世纪广场40—42层。

自成立以来,该行根据总行重点发展江苏业务的要求,通过出口卖方信贷、出口买方信贷、进口信贷、贸易融资等业务为江苏的船舶、高新技术产品、成套设备出口提供了大量政策性金融支持,同时充分发挥进出口银行海外投融资的经验和专业优势,为江苏企业海外事业发展提供一揽子金融服务和解决方案,加快了江苏产业结构调整和经济增长方式的转变。截至2008年末,中国进出口银行南京分行各项存款余额30.56亿元,各项贷款余额226.82亿元,营业利润3.44亿元。

（二）内设机构

2003年成立时,中国进出口银行南京分行内设办公室、公司业务处、风险处、营业部4个机构。

2005年10月,撤销公司业务处,分设公司业务一处、公司业务二处。

2008年3月,设立评估审查处。

截至2008年末,中国进出口银行南京分行共设办公室、公司业务一处、公司业务二处、风险处、评估审查处、营业部6个机构。全行人数42人。省内其他地区未设分支机构。

《江苏省志》丛书

银行志

三、中国农业发展银行江苏省分行

（一）沿革

中国农业发展银行成立于1994年4月，总行设在北京。中国农业发展银行实行独立核算，自主、保本经营，企业化管理的经营方针。主要任务是：按照国家有关法律、法规、方针、政策，以国家信用为基础，筹集农业政策性信贷资金，承担国家规定的农业政策性金融业务，代理财政性支农资金的拨付。

1994年，中国人民银行、中国农业银行、中国农业发展银行联合发出《关于组建中国农业发展银行省级分行有关问题的通知》，明确组建农发行省级分行领导班子，设行长1人，副行长2～3人，班子成员主要从中国农业银行省级分行领导班子成员中调入；省级分行的职能、内设机构和人员编制由农发行总行下达，人员、办公楼和财产主要从农业银行省级分行划转至农发行省级分行。

1994年12月26日，中国农业发展银行江苏省分行（以下简称"农发行江苏省分行"）正式成立，地址位于南京市中山南路242号，2000年10月迁至南京市汉中路120号青华大厦。

自成立以来，该行以支持江苏"三农"发展为己任，努力探索在经济发达地区办好现代农业政策性银行的新路径，积极打造支持粮棉油全产业链和农业农村基础设施建设的主导银行品牌，业务范围已覆盖银监会批复开办的所有领域，成为江苏农村金融体系中重要的支柱力量。截至2008年末，农发行江苏省分行各项存款余额79.54亿元，各项贷款余额654.89亿元，营业利润20.03亿元。

（二）内设机构

1994年12月成立时，农发行江苏省分行内设7个处室，分别是：办公室（含机关党委）、人事教育处（含工会）、监察稽核处（含保卫）、资金计划处（含信息电脑）、财务会计处、工商信贷处、开发信贷处。

2005年4月，根据农发总行《关于印发〈关于省级分行、地（市）分行内设机构调整的意见〉的通知》精神，内设机构增至13个。

2008年1月，新设客户三处和机关服务中心。

至2008年末，农发行江苏省分行内设15个处室，分别是：办公室（党委办公室）、资金计划处、客户一处、客户二处、客户三处、信贷管理处、风险管理处、财务会计处、内部审计处、信息技术处、人力资源处（党委组织部）、监察室（纪委）、工会团委工作处、机关党委、机关服务中心。

（三）分支机构

1994年农发行江苏省分行成立后，即着手筹建市、县两级分支机构。1996年9月22日，南通市分行成立，成为全国第一家农发行市级分行。至当年11月22日，全省共组建农发行分支机构93个。其中，省分行营业部1个，二级分行12个，二级分行营业部12个，县（市、郊、区）支行68个，从农业银行划转1484人，全省市、县分支机构增设工作基本完成。

截至2008年末，农发行江苏省分行共有分支机构92个。其中，省级分行1个，二级分行12个，二级分行营业部12个，县级支行67个。全行人数1888人。

第三节　其他商业银行

除国有商业银行外，江苏省在改革开放中还成立了大量性质各异、规模不同的其他类型的商业银行。这些商业银行大致可分为三类：一是以交通银行、中信银行为代表的全国性股份制商业银行；二是由邮政储蓄机构发展而来的邮政储蓄银行；三是由城乡信用社发展而来的城市商业银行、农村商业银行（农村合作银行）。这些商业银行的成立，为深化江苏金融改革、健全金融体系、引进竞争机制、改善金融服务、支持地区经济发展发挥了重要作用。截至2008年末，13家全国性股份制商业银行中，除渤海银行外的其余12家均已在江苏设立了分支机构。2008年成立的江苏省邮政储蓄银行，实现了由从事单一储汇业务向经营全功能商业银行业务的战略性转变。江苏省农村信用社联合社、江苏银行、南京银行、江苏长江商业银行等地方法人银行①在深化改革中发展壮大,对江苏经济社会发展发挥了独特的作用。上海银行、宁波银行等外省(市)城市商业银行也陆续进入江苏。

一、交通银行南京分行

(一)沿革

交通银行是中国历史最悠久的银行之一,始建于清朝光绪三十四年(1908年)。中华人民共和国成立后,交通银行被人民政府接收。1954年,中共中央、政务院决定在交通银行原有机构和干部的基础上组建中国人民建设银行。从1958年开始,交通银行除香港分行继续营业外,内地行的业务分别并入当地中国人民银行和中国人民建设银行。1986年7月24日,国务院批准重新组建交通银行。1987年4月1日,重新组建后的交通银行正式对外营业,成为中国第一家全国性国有股份制商业银行,总行设在上海。同年4月24日,交通银行在全国设立的第二家分行——交通银行南京分行(以下简称"交行南京分行")开始试营业,地址位于南京市白下路155号(1993年11月迁至南京市中山北路124号银通大厦,2009年更名为交通银行江苏省分行,2014年8月迁至南京市建邺区庐山路218号)。

重新组建的交行南京分行是以公有制为主的股份制金融企业,资本金由国家、地方、企业投资入股构成。至1993年,该行资本金已由1987年的9 683.5万元增至20 000万元。其中,国家股份6 500万元,占32.5%;地方股份7 000万元,占35%;企业股份6 500万元,占32.5%。在管理体制上,交通银行实行两级法人基本管理体制。总管理处实行统一领导,各分支行自主经营、自负盈亏,均为独立法人。

重建初期的交行南京分行根据交通银行"综合性银行"的办行定位,既经营人民币业务又经营外币业务,既从事短期资金融通又办理长期资金贷款,并且可以与其他专业银行发生业务交叉,保险、证券、信托、租赁等业务也都纳入经营范围,成为江苏当时业务范围最广泛的银行。

两级法人基本管理体制对于交通银行重建初期的机构建设和业务发展发挥了积极作用,但经过一段时期的实践,其松散式管理和粗放式发展的弊端也逐渐暴露。各自为政的经营理念和管理模式导致许多分行重发展、轻管理,不计拨备、不考虑风险防范,为交通银行的进一步发展埋下隐患。1994年7月12日,交通银行股东大会审议通过新的《交通银行章程》。新章程规定:"交通银行实行总分行长制,行长为交通银行法定代表人,各分支行行长经交通银行行长授权,作为交通银行法定代表人的代表,承担相应的责任。"交通银行由此完成了由多个法人到一个法人的根本性变革。交行南京分行与省内其他8个行改为总行委托法人,股东原对各行的入股按照新的《交通银行章程》改为全部重新对总行入股,从1994年起由总行统一分配股息。同年7月19日,交通银行总管理处正式改称交通银行总行,总分(支)行总经理(经理)改称行长。

1998年以后,在国家扩大内需的背景下,交行南京分行通过对行业发展状况的分析,集中资金支持交通、运输、邮电、通讯和信息等一批重点产业,大力扶持具有高成长性的新兴产业和代表未来发展方向的支柱产业,力求在这些行业建立起局部竞争优势。

2004年6月,国务院批准交通银行深化股份制改革的整体方案。交行南京分行根据交通银行总行提出的创建一流国际公众持股银行战略目标,加快经营战略和经营结构的调整,开拓新的业务领域和利润增长点,使业务发展与经济金融发展相一致,与市场竞争格局相适应,与国家、股东、员工要求相符合,高度重视企业文化建设和品牌管理。

截至2008年末,全省交通银行(含苏州、无锡分行,两行于2004年被明确为副局级直属分行)各项存款余额2 369.63亿元,各项贷款余额1 593.44亿元,营业利润56.18亿元,三项指标在全省股份制商业银行中均居首位。

(二)内设机构

交行南京分行成立初期,内设办公室、稽核室、人事处、会计出纳部(包括电脑)、计划信贷部

《江苏省志》丛书 银行志

① 江苏省地方法人银行在本章第四节记述。

（包括信托）、国外业务部、培训中心7个机构。同时，为适应两级法人基本管理体制的需要，于1988年5月成立管理委员会。其职权是：一、按总行的工作部署和各项规定，审定分行权限内的业务方针、计划和重要章则；二、审定总经理的工作报告；三、按照交通银行董事会和总管理处的有关规定，审查通过年度决算报告和盈利分配方案；四、根据《中华人民共和国银行管理暂行条例》、交通银行发展规划，审议下属机构的设立和撤销；五、任命所属支行管理委员会分会的组成人员和支行经理、副经理；六、审议其他重要事项。

1994年，交通银行改革两级法人基本管理体制，完成了由多个法人到一个法人的根本性变革。交通银行各分支行作为总行派出的业务经营机构，不再设立管理委员会和管理委员会分会。1995年3月，交行南京分行撤销管理委员会及其所辖分支行分会。

2004年6月，根据机构扁平化的管理要求，交行南京分行组建公司业务管理部和4个公司业务部，实行条线管理。财务核算、会计结算、私人金融、自助设备、科技信息、办公行政、安全保卫、后勤保障等部门也进行相应调整。

截至2008年末，交行南京分行内设办公室、人力资源部、资产负债管理部、预算财务部、公司业务管理部、国际业务部、资产保全部、个人金融业务部、零售信贷管理部、会计结算部、授信管理部、风险管理部、审计部、法律合规部、信息技术部、电子银行部、监察室、保卫部、工会办公室19个机构。

（三）分支机构

交通银行重建后，在江苏发展很快。至1990年，省内交通银行已发展到8家，分别是南京分行和镇江、徐州、连云港、苏州、无锡、常州、扬州7个支行。苏州、无锡、常州3个支行因发展较快，成立后不久也改称分行（二级分行）。由于交通银行实行跨行政区域的分支行管理模式，省内7家行分属南京分行和上海分行管辖。江苏的苏州分行、无锡分行、常州分行、扬州支行由上海分行管辖。南京分行管辖范围包括江苏、安徽、江西三省，覆盖整个南京经济区，除管辖江苏的镇江支行、徐州支行、连云港支行外，还管辖安徽

的合肥分行、蚌埠支行、淮南支行、芜湖支行（安庆分行1994年成立后亦归南京分行管辖），江西的南昌支行、景德镇支行。

1992年，镇江、徐州、连云港、扬州4个支行亦改称分行。同年，南通支行（2004年升格为分行）试营业。

1995年，交通银行总行调整直属分行的管辖范围。合肥分行划归总行直管，南昌分行划归武汉分行管辖。安徽省仍归南京分行管辖，但江西省脱离南京分行管辖。

1997年2月，因江苏行政区划调整，泰州支行升格为泰州分行。

2004年10月起，交通银行总行对分支机构进行全面调整，将原按经济区域设置分支机构，转变为按省级行政区域划分机构。交行南京分行由原江苏、安徽两省的管辖分行，调整为交通银行设在江苏省的正局级省级分行（名称不变，仍为交行南京分行），管辖江苏省内的徐州、连云港、扬州、泰州、南通、镇江、常州7个分行，苏州分行、无锡分行为交通银行总行设在江苏省的副局级直属分行。芜湖、安庆、淮南、蚌埠4个分行移交合肥分行管辖。

2007年7月，成立盐城分行。

截至2008年末，交通银行共在江苏设立南京、苏州、无锡3个一级分行，共347个分支机构，人数7479人。其中，南京分行本部及所辖徐州、连云港、扬州、泰州、南通、镇江、常州、盐城8个二级分行，共238个分支机构，人数5076人；苏州分行下辖58个分支机构，人数1213人；无锡分行下辖51个分支机构，人数1190人。

二、中信银行南京分行

（一）沿革

中信银行（原名中信实业银行，2005年更名）成立于1987年初，总行设在北京，是中国改革开放后最早成立的新兴商业银行之一，是中国最早参与国内外金融市场融资的商业银行。

中信银行南京分行（原名中信实业银行南京分行，2005年更名）成立于1991年5月16日，是中信银行系统最早成立的5家分行之一，也是继工商银行、农业银行、中国银行、建设银行、交通

银行之后江苏省成立的第 6 家商业银行。1991年成立时地址位于南京市三元巷 7 号建筑大厦（1995年迁至南京市中山南路 101 号金銮大厦，2000年迁至南京市中山路 348 号中信大厦）。自成立以来，中信银行南京分行采用现代商业银行的经营模式，以科技为纽带，积极为客户提供多样化的金融服务。

除中信银行南京分行之外，中信总行还于2004年将原由南京分行管辖的苏州分行升格为直属总行的一级分行。截至2008年末，中信银行南京、苏州分行各项存款余额 1 023.93 亿元，各项贷款余额 820.36 亿元，营业利润 25.55 亿元，三项指标在全省股份制商业银行中均仅次于交通银行。

（二）内设机构

1989年筹建初期，中信银行南京分行按照从严、从紧的要求，内设计划财务部、业务部、营业部、办公室 4 个机构。开业后，根据江苏经济特点和分行业务拓展情况，内设机构调整为办公室、营业部、计划资金部、信贷部、贸易清算部、会计部 6 个机构。此后，根据业务发展需要，又陆续增设或分设出证券业务部、公司业务部、零售业务部、人事教育部、稽核部、党办等部门。

2004年，为了适应现代商业银行公司治理的要求，内设机构进一步整合为 11 个，分别是：公司业务部、零售业务部、风险管理部、财务资金部、会计管理部、人力资源部/党群监察部（合署办公）、稽核部、信息技术部、金融机构部、行政管理部。

截至2008年末，中信银行南京分行内设办公室、人力资源部/党群监察部（合署办公）、计划财务部、会计管理部、风险管理部、信贷管理部、法律保全部、合规审计部、公司银行部、国际业务部、资金资本市场部、零售银行部、信息技术部、保卫部、工会 16 个机构。

（三）分支机构

中信银行南京分行成立以后，分支机构的设置工作即迅速展开。在地级市机构设置方面，无锡分行成立于1992年5月，苏州分行成立于1993年12月，常州分行成立于1995年10月，扬州分行成立于1996年11月，泰州分行成立于1999年4月，南通分行成立于2008年10月。2004年初，

苏州分行升格为直属总行的一级分行。在支行以下机构（支行、办事处、分理处、储蓄所）的设置方面，1991年至1999年为机构粗放扩张期。南京地区机构数最多时（1997、1998年）达到 43 家，全辖机构最多时（1999、2000年）达到 73 家。2000年以后，开始了机构整合和精简工作，撤销了分理处、储蓄所一级机构，合并了支行。南京地区的机构数逐步精简到 2007年的 19 家，下辖二级分行的机构也逐步进行了整合。2007年开始，伴随江苏地区经济发展和业务发展的需要，着重在百强县地区加大机构布局，江阴、宜兴、溧阳、靖江等县域支行陆续开业。

截至2008年末，中信银行共在江苏设立南京、苏州 2 个一级分行，共 72 个分支机构，人数 2 553 人。其中，南京分行本部及所辖无锡、常州、扬州、泰州、南通 5 个二级分行，共 55 个分支机构，人数 1 992 人；苏州分行下辖 17 个分支机构，人数 561 人。

三、华夏银行南京分行

（一）沿革

华夏银行成立于 1992 年 10 月，总行设在北京。

华夏银行南京分行成立于 1995 年 6 月 6 日，是华夏银行在全国设立的第一家外埠一级分行（外埠指总行所在地以外的省、市、区，下同），也是 1993 年金融体制改革后江苏成立的第一家股份制商业银行，地址位于南京市中山路 75 号中心大酒店 1 楼和 5 楼（1998 年 6 月迁至南京市中山路 81 号华夏大厦）。自成立以来，该行以市场为导向，以客户为中心，坚持走质量、效益、速度、结构相协调的高质量发展之路，形成了业务结构科学合理、规模效益同步发展、内部管理严格规范、"两个文明"齐头并进的良好发展格局。

除华夏银行南京分行之外，华夏银行总行还于 2007 年设立一级分行常州分行，2008 年将原由南京分行管辖的苏州、无锡分行升格为直属总行的一级分行，是在江苏拥有一级分行数量最多的股份制商业银行。截至 2008 年末，华夏银行南京、苏州、无锡、常州分行各项存款余额 630.17 亿元，各项贷款余额 498.05 亿元，营业利润 14.71

亿元,三项指标在全省股份制商业银行中居于前列。

(二) 内设机构

1995年6月成立时,华夏银行南京分行内设办公室、人事教育处、保卫处、财务会计处、计划信贷处、筹资发展处、稽核审计处、计算中心、国际部(与洪武北路分理处合署办公)、机关党委10个机构。至2004年,内设机构增至19个。

2004年,根据总行"三定"方案,将原19个内设机构精简为13个,分别是:办公室、人力资源部、计划财务部、公司业务部、个人业务部、国际业务部、风险管理部、信贷审查部、资产保全部、会计业务部、信息技术部、稽核业务部、监察室。

2007年,成立公司业务营销一至四部。同年,华夏银行建立"三级、三线"信用风险垂直集中管理体制。"三级"是指总行信用风险管理部、地区信用风险管理部、地区信用风险管理部分部三级组织体制;"三线"是指各级信用风险管理部内设授信审批、信贷支持、资产保全三个职能条线。南京分行成立直属于总行的地区信用风险管理部。原分行信贷审查部、风险管理部与放款中心、资产保全部撤销。同年,根据总行建立垂直、独立的稽核监督体系的改革要求,撤销稽核部,设立总行派驻南京分行稽核办公室。

截至2008年末,华夏银行南京分行内设办公室、人力资源部、计划财务部、公司业务部、个人业务部、国际业务部、会计部、公司业务产品支持中心、票据中心、合规部、信息技术部、公司业务营销一部(五大行业营销)、公司业务营销二部(集团客户营销)、公司业务营销三部(重点项目营销)、公司业务营销四部(异地项目营销)15个机构,另设授信管理中心、授信审批中心、资产保全中心、稽核办公室等4个总行派驻机构。

(三) 分支机构

1995年,华夏银行南京分行成立分行营业部(后更名为湖南路支行)、城中办事处(后更名为分行营业部)、城南办事处(后更名为城南支行)、城东办事处(后更名为城东支行)。至2008年,南京同城机构发展到16个。

在异地分支机构设置方面,1996年成立第一家异地支行苏州支行;1997年成立第二家异地支行无锡支行;2007年成立常州分行,与南京分行

同为直属总行的一级分行;2008年苏州支行、无锡支行分别更名为苏州分行、无锡分行,并升格为直属总行的一级分行。

截至2008年末,华夏银行共在江苏设立南京、苏州、无锡、常州4个一级分行,共36个分支机构,人数1 423人。其中,南京分行下辖16个分支机构,人数581人;苏州分行下辖10个分支机构,人数327人;无锡分行下辖9个分支机构,人数365人;常州分行下辖1个分支机构,人数150人。

四、 上海浦东发展银行南京分行

(一) 沿革

上海浦东发展银行(以下简称"浦发银行")成立于1992年10月,总行设在上海浦东。

上海浦东发展银行南京分行(以下简称"浦发银行南京分行")成立于1995年6月22日,是浦发银行在全国设立的第三家外埠一级分行,地址位于南京市太平南路330号(2000年迁至南京中山东路90号)。自成立以来,该行秉承"笃守诚信,创造卓越"的经营理念,坚持积极主动、全心全意为江苏经济提供金融服务的办行宗旨,在支持地方经济建设中不断发展壮大。

除浦发银行南京分行之外,浦发银行总行还于1997年成立苏州分行,是最早在苏州直接设立一级分行的股份制商业银行。截至2008年末,浦发银行南京、苏州分行各项存款余额960.21亿元,各项贷款余额729.35亿元,营业利润22.42亿元,三项指标在全省股份制商业银行中居于前列。

(二) 内设机构

1995年6月成立时,浦发银行南京分行内设办公室、人事部、发展部、计划资金部、信贷部、中介业务部、国际业务部、财务会计部8个机构。

2004年,成立总行派驻审计特派办。

2005年,按照总行"扁平化、矩阵式"改革要求,重构分行本部组织架构,形成由综合部室以及公司银行、个人银行、风险、运营与科技四个条线组成的经营管理体系,组建各个业务条线的牵头部门以及条线内的主要部室。

2007年,组建中小企业组织架构,完善放贷

中心业务流程;运营条线实施运营流程再造项目,筹建分行作业中心。同年,成立总行派驻财务会计核算中心。

截至2008年末,浦发银行南京分行内设22个机构,分属分行综合部室及公司银行、个人银行、风险、运营及科技四个条线。分行综合部室包括办公室、人事教育部、资金财务部、合规部4个机构;公司银行条线包括公司银行业务管理部、投行业务部、公司银行产品部、中小客户部、贸易金融部5个机构;个人银行条线包括个人银行发展管理部、银行卡及渠道部、个人信贷部、财富管理部4个机构;风险条线包括风险管理部、授信审查部、个人银行风险管理部、资产保全部4个机构;运营及科技条线包括运营管理部、金融服务中心、作业中心、信用运营中心、信息科技部5个机构,另设审计特派办、财务会计核算中心2个总行派驻机构。

(三)分支机构

1995年6月,浦发银行南京分行成立分行营业部、鼓楼支行、新街口支行。截至2008年末,南京同城分支机构发展到14个。

在异地分支机构设置方面,1995年10月成立江阴支行,直属总行管辖;1997年成立第一家异地二级分行南通分行,同年苏州分行成立,与南京分行同为直属总行的一级分行;1998年成立第二家异地分行无锡分行;2001年江阴支行划归南京分行管辖。

截至2008年末,浦发银行共在江苏设立南京、苏州2个一级分行,共45个分支机构,人数1 824人。南京分行本部及所辖南通、无锡2个二级分行及江阴直属支行,共34个分支机构,人数1 397人。其中,南京地区14个分支机构,人数729人。苏州分行下辖11个分支机构,人数427人。

五、招商银行南京分行

(一)沿革

招商银行成立于1987年4月,总行设在深圳,是中国境内第一家完全由企业法人持股的全国性股份制商业银行,也是国家从体制外推动银行业改革的第一家试点银行。

招商银行南京分行成立于1996年11月29日,是招商银行在全国设立的第9家外埠一级分行,地址位于南京市汉中路1号。自成立以来,该行坚持"高标准起步、建设高素质队伍、架构高科技银行、推行高水准服务、实施高要求管理、实现高效益经营"的办行方略,坚持以效益为中心、以发展为主题、以质量为保障、以改革创新为动力,不仅奠定了较为扎实的市场基础和管理基础,而且闯出了一条在市场经济条件下打造民族精品银行的成功之路,在江苏地区树立起技术力量强、服务水准高、规模发展快、资产质量优、经营效益好的良好企业形象和品牌优势。

除招商银行南京分行之外,招商银行总行还于2005年将原由南京分行管辖的苏州分行升格为直属总行的一级分行。截至2008年末,招商银行南京、苏州分行各项存款余额801.34亿元,各项贷款余额707.44亿元,营业利润20.15亿元,三项指标在全省股份制商业银行中居于前列。

(二)内设机构

1996年11月成立时,招商银行南京分行内设办公室、计划信贷部、会计电脑部、国际业务部4个机构。

1997年,会计电脑部分设为会计部、电脑部。1998年,设立ISO9000推行办公室。1999年,设立稽核监督部。

2000年,设立计划资金部、风险控制部、人事部、监察保卫部、个人银行部、公司银行部,撤销计划信贷部。

2001年,设立人力资源部、信息技术部,撤销人事部、电脑部。

2005年,设立信贷管理部,撤销ISO9000推行办公室。

2006年,设立内控合规部、计划财务部,撤销稽核监督部、计划资金部。

2007年,设立公司银行二部。

2008年,设立审计部。

截至2008年末,招商银行南京分行内设办公室、人力资源部、授信审批部、信贷管理部、计划财务部、中小企业金融部、公司银行一部、公司银行二部、零售银行部、国际业务部、会计部、信息技术部、法律与合规部、审计部、监察保卫部15个机构。

（三）分支机构

1996年，招商银行南京分行成立分行营业部、城北支行。截至2008年末，南京同城分支机构发展到19个。

在异地分支机构设置方面，1998年成立第一家异地分行无锡分行；1999年成立第二家异地分行苏州分行；2005年成立第三家异地分行常州分行，同年苏州分行升格为直属总行的一级分行；2007年成立第四家异地分行扬州分行。

截至2008年末，招商银行共在江苏设立南京、苏州2个一级分行，共50个分支机构，人数2 199人。南京分行本部及所辖无锡、常州、扬州3个二级分行，共37个分支机构，人数1 629人。其中，南京地区19个分支机构，人数963人。苏州分行本部及所辖南通分行，共13个分支机构，人数570人。其中，苏州地区12个分支机构，人数508人。

六、广东发展银行南京分行

（一）沿革

广东发展银行（以下简称"广发银行"）成立于1988年7月，总行设在广东省广州市。

广东发展银行南京分行（以下简称"广发银行南京分行"）成立于1997年11月10日，是广发银行在全国设立的第5家外埠一级分行，地址位于南京市湖南路47号（2011年更名为广发银行南京分行，2013年11月地址迁至南京市建邺区江东中路238号广发银行大厦）。自成立以来，该行坚持"质量第一、管理到位、规模适度、效益最大"的经营理念，遵循"精简高效、贴近市场和客户"的原则，初步形成了布局合理、蕴含张力的机构网络；在经营管理中，坚持以人为本，努力开拓创新，加快发展步伐，加强风险控制，各项业务都取得较好业绩。截至2008年末，广发银行南京分行各项存款余额307.54亿元，各项贷款余额248.37亿元，营业利润4.41亿元。

（二）内设机构

1997年成立时，广发银行南京分行内设办公室、人事部、财会部、计划信贷部、科技部、国际部等6个机构。

1998年，设立国际业务部。

1999年，设立银行卡部。

2001年，设立工会、风险资产管理部、稽核部、资金部。

2002年，设立私人信贷中心、票据中心（隶属分行资金部）、信用卡营销中心。

截至2008年末，广发银行南京分行内设办公室、党委办公室、规划管理部、监察室、行政保卫部、人力资源部、稽核部、资产管理部、财会部、资金部、公司银行部、票据中心、授信管理部、国际业务部、科技部、同业金融部、个人银行部、信用卡部、国际业务拓展部19个机构。

（三）分支机构

1997年，广发银行南京分行成立分行营业部、三元支行。截至2008年末，南京同城分支机构发展到12个。

在异地分支机构设置方面，1998年成立第一家异地直属支行无锡支行。

截至2008年末，广发银行南京分行本部及所辖无锡支行共19个分支机构，人数668人。其中，南京地区12个分支机构，人数474人。

七、中国光大银行南京分行

（一）沿革

中国光大银行成立于1992年8月，总行设在北京。

1999年3月18日，根据国务院、中国人民银行、国家开发银行、中国光大银行（以下简称"光大银行"）的有关文件精神，光大银行在整体接收原中国投资银行江苏省分行在南京的中山北路支行等7个营业网点及其138名员工的基础上，筹建光大银行南京管理部。1999年5月18日，光大银行南京管理部成立，地址位于南京市山西路72号（2000年12月更名为光大银行南京分行，2003年1月迁至南京市汉中路120号）。自成立以来，该行坚持"精品银行、诚信伙伴"的经营理念，立足南京、辐射全省，在传统银行业务的基础上，不断探索新的业务经营品种，丰富了金融产品系列，提高了社会知名度。

除光大银行南京分行之外，光大银行总行还于1998年成立直属总行的苏州分行，是全省唯一一家先在苏州、后在南京设立一级分行的股份制商业银行。截至2008年末,光大银行南京、苏州分行各项存款余额415.97亿元,各项贷款余额459.09亿元,营业利润14.47亿元。

(二) 内设机构

1999年5月成立时,光大银行南京管理部内设办公室、计划财务部、信用管理部、资产保全部和国际业务部5个机构。

2000年,增设公司银行部、私人银行部、稽核部和人事教育部。

2002年7月,公司银行部更名为公司业务部,私人银行部更名为私人业务部。

2003年9月,设立金融同业部和信息科技部。

2005年,设立公司业务管理部,信用管理部更名为风险管理部。

2006年6月,推行经营管理模式改革,在公司业务部内设1~9部,将分散在各支行的对公客户经理集中到新成立的公司业务部1~9部,统一办理对公业务。

2007年3月,设立法律合规部;12月,设立运营管理部。

2008年,国际业务部更名为贸易金融部。

截至2008年末,光大银行南京分行内设12个机构,下辖12个分支机构,分属分行本部和公司、零售、风险3个业务条线。其中,分行本部设办公室、计划财务部、信息科技部、运营管理部4个机构;公司条线设公司管理部、贸易金融部、金融同业部、公司业务部4个机构;零售条线设零售业务部1个机构、分行营业部及北京西路等12个分支机构;风险条线设风险管理部、资产保全部、法律合规部3个机构。

(三) 分支机构

1998年,光大银行成立苏州分行。

1999年5月,光大银行南京管理部成立,下辖中山北路、新街口、白下路等8个支行。2000年,更名为光大银行南京分行,各分支机构同步更名。截至2008年末,南京同城分支机构发展到12个。

截至2008年末,光大银行共在江苏设立南京、苏州2个一级分行,共21个分支机构,人数943人。其中,南京分行下辖12个分支机构,人数497人;苏州分行下辖9个分支机构,人数446人。

八、中国民生银行南京分行

(一) 沿革

中国民生银行(以下简称"民生银行")成立于1996年1月12日,总行设在北京,是中国首家主要由非公有制企业入股的全国性股份制商业银行。

中国民生银行南京分行(以下简称"民生银行南京分行")成立于2000年3月20日,是民生银行在全国设立的第8家外埠一级分行,地址位于南京市中山北路26号(2009年迁至南京市洪武北路20号)。自成立以来,该行秉承"开动脑筋办银行、规规矩矩办银行、扎扎实实办银行"的办行原则,走出一条"快速度、低风险、高质量、高效益"的发展之路,各项业务指标在系统内和南京地区股份制商业银行中均名列前茅。

除民生银行南京分行之外,民生银行总行还于2005年设立苏州分行,为总行直属一级分行。截至2008年末,民生银行南京、苏州分行各项存款余额501.56亿元,各项贷款余额451.62亿元,营业利润14.81亿元。

(二) 内设机构

2000年3月成立时,民生银行南京分行内设办公室(含人力资源开发与管理、科技信息与设备运营、安全保卫)、计划财务部(含会计管理、资金经营管理、同业市场开发)、国际业务部、公司业务部、信贷管理部、个人银行部、个人业务部7个机构。

2001年,设立风险管理部,负责管理分行各类授权业务信用风险,统一监控分行授信资产质量。

2002年,设立保卫处、稽核部。

2003年,设立金融同业部、会计结算部、科技开发部、人力资源部。

2004年,设立资产监控部及公司银行管理部。

2006年,设立投资银行部。

2007年,设立法律与合规事务部。同年12月,伴随总行实行事业部制改革,分别设立冶金、地产、交通、能源4个总行金融事业部南京分部。

2008年,设立零售银行财富管理部、电子银行部及纪检监察室、票据业务部,另设贸易金融事业部南京分部。

截至2008年末,民生银行南京分行内设办公室、人力资源部、计划财务部、纪检监察室、公司银行管理部、风险管理部、金融同业部、票据业务部、电子银行部、零售银行市场营销、零售银行财富管理部、零售银行个贷管理部、零售银行运营保障部、会计结算部、科技开发部、保卫处、法律与合规事务部、工会党宣部18个机构,另设冶金、地产、交通、能源、贸易5个总行金融事业部南京分部。

（三）分支机构

2000年,民生银行南京分行成立分行营业部、北京西路支行、上海路支行、新街口支行。截至2008年末,南京同城分支机构发展到16个。

2005年7月,民生银行苏州分行成立,为总行直属一级分行。

在异地分支机构设置方面,2008年12月成立第一家异地支行无锡支行,常州、镇江支行进入筹备阶段。

截至2008年末,民生银行共在江苏设立南京、苏州2个一级分行,分支机构总数为22个,人数1 103人。南京分行下辖分行本部及无锡支行,共17个分支机构,人数737人。其中,南京地区16个分支机构,人数689人。苏州分行下辖5个分支机构,人数366人。

九、深圳发展银行南京分行

（一）沿革

1987年5月,深圳发展银行(以下简称"深发银行")在深圳证券交易所首次公开发售股票,并于当年12月22日正式成立,是中国第一家面向社会公开发售股票并上市的商业银行,总行设在深圳。

深圳发展银行南京分行(以下简称"深发银行南京分行")成立于2000年11月29日,是深发银行在全国设立的第9家外埠一级分行,地址位于南京市中山北路28号江苏商厦(2010年迁至南京市山西路128号和泰国际大厦)。自成立以来,该行扎根南京、辐射江苏,发挥新兴股份制商业银行的机制优势,创新业务品种,提升服务质量,为地方经济发展和人民生活质量提高做出了

积极贡献。截至2008年末,深发银行南京分行各项存款余额192.05亿元,各项贷款余额160.59亿元,营业利润3.7亿元。

（二）内设机构

2000年成立时,深发银行南京分行内设办公室、资金财会部、市场开发部、风险管理部、信息技术部5个机构。

2001年7月,设立市场二部、市场单证中心、票据中心、个人业务中心。

2004年2月,零售业务部与信息技术部合署办公,零售业务部为一级部,信息技术部为二级部。4月,市场管理部更名为公司业务部,升为一级部;单证处理中心更名为国际业务部。同月,设立贷押业务中心,为二级部,隶属分行公司业务部。

2005年9月,资金计划部与财务会计部合并,设立计划财会部。12月,设立资产保全部。12月30日,撤销风险管理部,设立信贷管理部和信贷审批中心,二者均为分行一级部。

2006年2月,设立合规部。11月,计划财会部分设为计财管理部和会计结算部。

2007年8月,撤销公司业务部,成立贸易融资部;9月,将个人贷款业务从零售业务部独立出来,成立个人信贷部。

截至2008年末,深发银行南京分行内设办公室、市场开发部、市场二部、贸易融资部、个人信贷部、信贷管理部、信贷审批中心、票据中心、合规部、资产保全部、国际业务部、计财管理部、会计结算部、信息技术部14个机构。

（三）分支机构

2000年,深发银行南京分行成立分行营业部。截至2008年末,共辖南京同城12个分支机构,人数456人。

十、兴业银行南京分行

（一）沿革

兴业银行(原名福建兴业银行,2002年12月更名)成立于1988年8月,总行设在福建省福州市。

兴业银行南京分行(原名福建兴业银行南京分行,2003年3月更名)成立于2001年1月8日,是兴业银行在长江三角洲地区设立的第三家分

行,也是兴业银行跨入 21 世纪后设立的第一家一级分行,地址位于南京市玄武区珠江路 63 号(2012年迁至南京市玄武区长江路 2 号)。自成立以来,该行坚持统筹规划、合理布局,以高起点、高标准、高素质为原则,以完善服务、健全内控、防范风险、提高效益为指导思想,以产品多样化、资产多元化、手段现代化为目标,积极开拓各项金融业务,建设较为完备的经营体系和服务网络,为地方经济建设提供全方位的金融服务。截至 2008 年末,兴业银行南京分行各项存款余额301.13亿元,各项贷款余额270.59亿元,营业利润7.21亿元。

(二) 内设机构

2001 年 1 月成立时,兴业银行南京分行内设综合部、计划财务部、业务管理部、国际业务部、科技部、业务拓展部 6 个机构,另设总行派驻审计室;12 月,新增会计结算部、风险管理部、业务拓展一部、业务拓展二部、业务拓展三部,科技部更名为信息科技部。

2003 年,撤销业务管理部,增设公司业务部、同业业务部和个人业务部。

截至 2008 年末,兴业银行南京分行内设综合部、计划财务部、公司业务部、个人业务部、同业业务部、国际业务部、会计结算部、风险管理部、业务拓展一部、业务拓展二部、业务拓展三部、信息科技部 12 个机构,另设总行派驻审计室。

(三) 分支机构

2001 年,兴业银行南京分行成立分行营业部、鼓楼支行、洪武支行、城北支行、城东支行。截至 2008 年末,南京同城分支机构发展到 12 个。

在异地机构设置方面,2004 年成立第一家异地支行无锡支行;2007 年无锡支行升格为无锡分行(二级分行);2008 年成立第二家异地支行苏州支行。

截至 2008 年末,兴业银行南京分行本部及所辖无锡分行、苏州支行,共 19 个分支机构,人数 640 人。其中,南京地区 12 个分支机构,人数 356 人。

十一、恒丰银行南京分行

(一) 沿革

恒丰银行的前身是成立于 1987 年的烟台住房储蓄银行,总行位于山东烟台。

恒丰银行南京分行成立于 2006 年 9 月 15 日,是恒丰银行在全国设立的第一家外埠一级分行,地址位于南京市长江路 188 号德基大厦 1—3 层。自成立以来,该行秉承"资本、规模、质量和效益协调发展"的指导思想,初步建立"立足南京、辐射周边"的金融服务网络,逐步构建以"网上银行""恒裕理财""九州卡"为主体的具有恒丰银行特色的产品体系,并通过参与公益活动,履行社会责任,用实际行动弘扬"恒久发展、丰裕社会"的经营理念。截至 2008 年末,恒丰银行南京分行各项存款余额 134.57 亿元,各项贷款余额114.31亿元,营业利润3.4亿元。

(二) 内设机构

2006 年 9 月恒丰银行南京分行成立时,内设办公室、科技部、财务会计部、个人金融部、国际业务部、稽核监督部、资金计划部、风险控制部、公司业务部、票据中心、营销管理部 11 个机构及若干个营销部门。截至 2008 年末,内设机构无变化。

(三) 分支机构

2006 年 9 月,恒丰银行南京分行成立分行营业部。截至 2008 年末,下辖南京同城 3 个分支机构,人数 142 人。

十二、浙商银行南京分行

(一) 沿革

浙商银行成立于 2004 年 8 月 18 日,总行位于杭州。

浙商银行南京分行成立于 2008 年 12 月 18 日,地址位于南京市中山北路 9 号。自成立以来,该行不断实践浙商银行的"做事文化",积极支持地方建设,促进民生发展,先后支持了一大批中小企业发展,推动了能源、交通、电子、机械等支柱产业的转型升级。截至 2008 年末,浙商银行南京分行各项存款余额 17.67 亿元,各项贷款余额7.4亿元。

(二) 内设机构

截至 2008 年末,浙商银行南京分行内设办公室、业务管理部、国际业务部(次一级部门,与业务管理部合署办公)、风险管理部、合规部(与风险管理部合署办公)、计划财务部、会计科技部、安全保卫部(与办公室合署)、营业部等九个管理部室,以及投资银行部(与金融同业部合署)等11个营销部门。

(三) 分支机构

截至2008年末,浙商银行南京分行除营业部外,未设其他分支机构。全行人数78人。

十三、中国邮政储蓄银行江苏省分行

(一) 沿革

江苏省最早的邮政储蓄机构始于民国8年(1919年)。当年7月,江苏邮务管理局开办当时被称为邮政储金的邮政储蓄业务,并成立相应的管理机构。民国末期,邮政储蓄业务陷于停顿。

中华人民共和国成立后,中国人民银行于1951年委托邮政部门代理储蓄业务。1953年,邮电部与中国人民银行正式解除邮局代理储蓄业务合约。同年9月1日起,全省邮局停办储蓄业务。

1986年,邮政部门恢复办理储蓄业务,并在原邮电部和各省(区、市)邮电管理局内设置邮政储汇局,对邮政储蓄、汇兑等金融业务进行管理。1990年5月,江苏省邮电管理局直属储蓄科、汇兑科合并成立江苏省邮政储汇局。经过20多年的发展,至2007年末,全省邮政储蓄存款余额已达1 508.3亿元,占全省储蓄存款余额的11.59%。

2008年1月20日,在江苏省邮政储汇局的基础上组建的中国邮政储蓄银行江苏省分行(以下简称"邮储银行江苏省分行")正式成立,地址位于南京市中山北路212－8号。邮储银行的成立,标志着邮政储蓄机构开始从单一储汇业务向全功能商业银行业务转变,从以收入为中心向以利润为中心转变,从以产品为中心向以客户为中心转变。截至2008年末,邮储银行江苏省分行各项存款余额1 876.72亿元,各项贷款余额22.4亿元。

(二) 内设机构

2008年成立时,邮储银行江苏省分行内设办公室、人力资源部、科技发展部、渠道管理部、个人业务一部、个人业务二部、公司业务部、计划财务部、风险合规部、信贷业务部、审计部、会计结算部12个机构。

(三) 分支机构

截至2008年末,邮储银行江苏省分行分支机构总数为1 260个。其中,一级分行1个,二级分行13个,一级支行51个,二级支行1 195(1类支行284个,2类支行911个)。全行人数5 765人。

十四、 上海银行南京分行

(一) 沿革

上海银行成立于1995年12月29日,总行设在上海。

上海银行南京分行成立于2007年9月28日,地址位于南京市北京东路22号和平大厦。自成立以来,该行利用长江三角洲一体化地缘优势,因地制宜、积极进取、开拓创新,支持南京地方经济发展,满足南京市民金融需求,秉承"立足地方、服务市民、坚持中小、挺进大型"的市场定位,充分发挥上海银行的品牌优势、业务优势、总分行联动优势,坚持合规稳健经营,加快金融创新,努力成为一家特色鲜明、品牌良好、服务领先的股份制商业银行。截至2008年末,上海银行南京分行各项存款余额45.81亿元,各项贷款余额72.73亿元,营业利润1.54亿元。

(二) 内设机构

2007年9月成立时,上海银行南京分行内设办公室、资金财务部、会计结算部、公司金融部、个人金融部、风险管理部、稽核部7个机构及若干个营销部门。2008年,新增国际业务部(筹)、无锡业务部。

(三) 分支机构

2007年9月,上海银行南京分行成立分行营业部,2008年筹建鼓楼支行。截至2008年末,上海银行南京分行共设营业部、鼓楼支行(筹)2个分支机构。全行人数137人。

十五、宁波银行南京分行

(一) 沿革

宁波银行成立于1997年4月,总行设在浙江省宁波市。

宁波银行南京分行成立于2008年6月27

日,是继上海、杭州分行之后,宁波银行在国内设立的第三家异地分行,也是该行在江苏省开设的首家分行,地址位于南京市汉中路 120 号青华大厦。自成立以来,该行在监管部门和其总行的指导下,以立足当前、着眼长远的心态,以"打基础、练内功、谋长效"的经营思路,不断探索既积极支持地方经济发展又实现自身效益提高的发展道路,力争在区域市场取得良好的口碑。截至 2008 年末,宁波银行南京分行各项存款余额 25.68 亿元,各项贷款余额 16.82 亿元。

(二)内设机构

截至 2008 年底,宁波银行南京分行内设办公室、人力资源部、监察保卫部、财务会计部、风险管理部、法律合规部、运营部、审计部、公司银行部、零售公司部、个人银行部等 11 个一级部门。

(三)分支机构

截至 2008 年末,宁波银行南京分行除营业部外,未设其他分支机构。全行人数 65 人。

第四节　地方法人银行

江苏省地方法人银行是在江苏本地产生和发展起来的,其前身是农村信用社和城市信用社。改革开放以来,国家多次改革农村信用社管理体制。2001 年,江苏省在全国率先成立省级农村信用联社,走在了全国农村信用社改革的前列。到 2008 年,江苏省农村法人银行已由过去单一的农村信用社发展到包括农村商业银行、农村合作银行、农村信用社等在内的多种形式,成为支持"三农"发展的重要力量。江苏省各城市信用社也在改革中不断发展壮大,并取得重要突破。1995 年,南京市率先在城市信用社的基础上组建城市合作银行,此后独立发展为南京银行,并于 2007 年在上海证券交易所挂牌上市,成为国内首家在主板上市的城市商业银行。2007 年,苏州、无锡、南通等 10 家城市商业银行联合组建江苏银行。2008 年成立的江苏长江商业银行,是全国为数极少的总部设在县域、资本构成为民营的城市商业银行。

一、江苏省农村信用社联合社

(一)沿革

江苏省农村信用社联合社是由全省各地农村信用社联合组建而成。

中华人民共和国成立后,江苏省农村信用社迅速发展起来。至 1954 年 6 月,全省共有农村信用社 351 个,社员 228 773 户,股金 30 余亿元(旧人民币),有信用互助组 2 210 个(其中只办介绍信贷的互助组 451 个),组员 161 073 户,股金 30 余亿元(旧人民币);有供销社信用部 22 个,基金 1.95 亿元(旧人民币)。随着计划经济体制的实施,农村信用社逐渐失去了合作金融固有的特征。

中共十一届三中全会以后,农村信用社的改革进入新的历史发展时期。1979 年农行江苏省分行恢复后,全省农村信用社交由农业银行管理。1984 年 8 月,农行江苏省分行贯彻《国务院批准中国农业银行关于改革农村信用合作社管理体制的报告》,在不改变原有管理体制的前提下,恢复农村信用社的"三性",即社员互助合作、民主管理和服务社区。同年,农行江苏省分行确定建立县农村信用合作联社,并于当年 7 月印发《关于建立县农村信用合作联社的几点意见》,明确县联社的主要任务:一是领导和督促基层社按照国家金融方针、政策大力组织农村资金,切实做好农村信用服务工作;二是审查批准基层社的信贷计划和财务计划,并编制全县信用社信贷计划;三是组织基层社资金的余缺调剂;四是统筹和管理基层社的各项基金;五是加强对基层社职工的思想政治工作;六是对信用社人员和劳动工资等进行系统管理。此后十几年,全省农村信用社在农行江苏省分行的领导下,按照合作金融的原则进行了改革。

1996 年 8 月,国务院发布《关于农村金融体制改革的决定》,提出农村金融体制改革的重点是建立和完善以合作金融为基础、商业性金融与政策性分工协作的农村金融体系;要把农村信用社逐步改为以"农民入股、社员民主管理、主要为入股社员服务"为特征的合作金融组织;明确农村信用社与中国农业银行脱离行政隶属关系,农村信用社的业务管理和金融监管分别由县联社和人民银行承担（2003年以后为银监会）。至1996年底，全省农村信用社与农业银行的脱钩工作顺利完成。1997年起，全省人民银行开始承担对农村信用社的监管和行业管理职能。

1999年，江苏省在11个省辖市中各选择一个县（市、区）联社进行统一法人试点，为全面统一法人奠定了良好基础。2000年8月，经国务院批准，江苏省农村信用社统一法人改革试点全面推开。在清产核资的基础上，从调整和完善组织管理体系入手，将全省1 648个乡（镇）农村信用社和82家县（市、区）联社以县（市、区）为单位合并为82个法人，在全国率先完成了全省县级联社统一法人工作。

2001年9月19日，在江苏省农村信用社以县（市）为单位统一法人的基础上，由镇江市联社和82家县（市）联社共同入股组成江苏省农村信用合作社联合社（2005年更名为江苏省农村信用社联合社，以下简称"省联社"），地址位于南京市汉中路188号星汉大厦18楼（2007年10月迁至南京市中山南路368号4至8楼，2014年迁至南京市建邺区江东中路395号）。

2003年，国务院下发《深化农村信用社改革试点实施方案》，并首批选择江苏、浙江等8个省（市）开展农村信用社改革试点工作。本次改革提出：按照"明晰产权关系、强化约束机制、增强服务功能、国家适当支持、地方政府负责"的总体要求，把农村信用社办成为"三农"服务的社区和地方金融机构。产权制度改革是此次农村信用社改革的重要内容。按照股权结构多样化、投资主体多元化的原则，根据不同地区农村信用社的发展情况，分别实行股份制、股份合作制、合作制等不同的产权形式。与三类产权形式相对应，分别建立农村商业银行、农村合作银行、农村信用社三类农村合作金融机构。2001年，常熟、江阴、张家港三个县级市已经开始组建农村商业银行。至2005年1月，苏州市成为全国首家县级农村信用联社全部改制为农村商业银行的省辖市。2005年5月，泗洪农村合作银行作为全省第一家由农村信用社改制的农村合作银行正式成立。至2008年12月，宿迁市成为全省首家县级农村信用联社全部改制为农村合作银行的省辖市。

自成立以后，省联社把握全国率先改革试点的历史机遇，坚持以发展为要务，以改革为动力，探索出一条既符合现代金融企业管理要求又彰显江苏省农村信用社特色的科学管理模式，成为省内金融机构中营业网点最多、覆盖范围最大、服务群体最多的金融企业。截至2008年末，全省农村商业银行、农村合作银行、农村信用社各项存款余额4 784.83亿元，各项贷款余额3 446.24亿元，营业利润119.47亿元。各项存款紧随农行江苏省分行、工行江苏省分行之后，列第三位；各项贷款仅次于工行江苏省分行，列第二位。

（二）内设机构

2001年9月省联社成立时，内设办公室、审计稽核处、科技处、信贷管理处、计划统计处、财务会计处、人事教育处、监察保卫处8个机构，并在除镇江市联社以外的12个省辖市设立行业管理组，履行省联社对县（市）联社的部分行业管理与服务职能。

2003年7月，增设计算机中心筹建办。

2005年4月，省联社根据履行职能和发展业务的需要，按照精简高效的原则，设置了办公室、财务会计处、业务管理处、合规风险处、科技处、稽核处、人事教育处、监察保卫处等8个内设机构，另设计算机中心、资金调剂中心、清算中心3个直属二级机构，分别隶属于科技处、业务管理处和财务会计处管理。

截至2008年底，省联社内设办公室、人事处、发展规划处、业务管理处、财务会计处、审计稽核处、监察保卫处、科技处、信息结算中心9个机构。

（三）分支机构

2001年，省联社辖市级联社1家、县级法人机构82家。县级法人机构中，农村商业银行3家，农村信用社79家。张家港、常熟、江阴3家农村商业银行是全国首批由农村信用社改制的股份制农村商业银行。

2005年，省联社辖市级联社1家、县级法人机构有76家。县级法人机构中，农村商业银行增至9家，首次出现农村合作银行3家，农村信用社减至64家。

截至2008年末，省联社辖市级联社1家、县级法人机构72家，总人数35 987人。县级法人机构中,农村商业银行增至 10 家,农村合作银行增至 21 家,农村信用社减至 41 家。全省农村信用社、农村商业银行、农村合作银行营业网点数达 2 967 个。其中,信用社(支行)2 044 个,信用分社(分理处)904 个,储蓄所 19 个,形成了遍布全省城乡的金融服务网络。

二、江苏银行

(一)沿革

江苏银行是在无锡、苏州、南通等 10 家城市商业银行基础上组建的股份制商业银行,其前身是改革开放初期成立的江苏各市城市信用社。

中共十一届三中全会以后,随着江苏城镇集体经济和个体经济的蓬勃发展,银行业务骤增,一时出现城镇集体企业和个体经济户在银行开户难、贷款难、存款难、结算难的问题。在此情况下,以城镇集体经济、个体经济为主要服务对象的城市信用社应运而生。1984 年,全省第一家城市信用社——淮阴市清河城市信用社成立。之后,全省各地陆续成立了一些城市信用社。至 1985 年末,全省共有城市信用社 28 家。1986 年 7 月,中国人民银行发布《城市信用合作社管理暂行规定》,规定城市信用社的经营范围是办理城市集体企业和个体工商户的存款、贷款、结算、储蓄以及其他代理业务。该暂行规定发布后,全省各地城市信用社发展迅速。截至 1988 年末,全省共有城市信用社 145 家,比 1985 年底增加 117 家,增长 4.18 倍。从 1989 年开始,人行江苏省分行根据总行要求,对全省城市信用社进行清理整顿。经过三年的清理整顿,明确了城市信用社的机构审批权限,基本统一了城市信用社的名称,规范了业务范围,明确了利率管理和财务制度,充实了资本金,城市信用社规范化程度大大提高。至 1992 年末,全省共有城市信用社 209 家。

1992 年以后,城市信用社再次进入高速发展阶段,风险隐患也日益突出。1993 年下半年,人行江苏省分行根据国务院和总行的部署,对金融秩序全面实施治理整顿,城市信用社的发展得到控制。1995 年,国务院下发《关于组建城市合作银行的通知》,决定在京、津、沪等 35 个城市开始组建城市合作银行。1996 年 2 月,南京城市合作银

行开业,成为全省第一家城市合作银行。此后,南京城市合作银行作为独立的法人,相继发展成为南京市商业银行和南京银行。1997 年,南通、苏州两市在城市信用社的基础上组建城市合作银行。1998 年,全省城市合作银行全部更名为城市商业银行。

1998 年,国务院办公厅转发中国人民银行《整顿城市信用合作社工作方案的通知》,要求选择不同方式处置和化解城市信用社风险,逐步建立起有效的风险防范机制。2000 年,中国人民银行又下发专门文件,进一步明确了采取保留、改制、合并重组、收购、组建城市商业银行和撤销六种方式整顿城市信用社。至 2001 年,江苏省在整顿城市信用社过程中,又组建扬州、无锡、盐城、常州、镇江、徐州、淮安、连云港 8 家城市商业银行。

2007 年 1 月 24 日,在南通、苏州、扬州、无锡、盐城、常州、镇江、徐州、淮安、连云港 10 家城市商业银行的基础上,按照“新设合并统一法人,综合处置不良资产,募集新股充实资本,构建现代银行体制”的总体思路组建的股份制商业银行江苏银行正式开业,地址位于南京市洪武北路 55 号(2015 年 10 月迁至南京市中华路 26 号)。

自成立以来,江苏银行秉承“让客户享受优质的金融服务”的使命,坚持走差异化、特色化、精细化、综合化、国际化的发展道路,致力于建设富有特色、具有核心竞争优势的一流商业银行。截至 2008 年末,江苏银行各项存款余额 1 992.97 亿元,各项贷款余额 1 343.08 亿元,营业利润 40.85 亿元。

(二)内设机构

2007 年,按照江苏银行党委确定的“小总行、大服务”,构建精干高效的总行职能部门的要求,江苏银行内设办公室、人力资源部、计划财务部、风险管理部、营运部、内审合规部、科技信息部、业务发展部、工会、营业部 10 个机构。

2008 年 5 月,撤销业务发展部,成立公司业务部、国际业务部和零售业务部;10 月,成立小企业金融部。

至 2008 年末,江苏银行内设办公室、人力资源部、党群工作部、计划财务部、授信风险管理部、营运部、内审部、法律合规部、信息科技部、公

司业务部、国际业务部、零售业务部、小企业金融部、营业部 14 个机构。

（三）分支机构

1. 南京地区直属支行

江苏银行根据中长期发展战略要求,确立在发展中调整机构网点布置的策略,把南京地区机构的设立,作为推动网点布局建设的重点。

2007 年,成立城南支行、城北支行、城中支行。

2008 年,成立北京西路支行、城东支行、城西支行、龙江支行、浦口支行。

截至 2008 年末,江苏银行在南京地区共设 1 个分行营业部和 8 个直属支行,共 9 个分支机构。

2. 其他地区分支行

江苏银行开业时,省内下辖无锡、苏州、南通、常州、淮安、徐州、扬州、镇江、盐城、连云港 10 家分行。

2007 年 11 月,成立宿迁分行。

2008 年 6 月,成立泰州分行。同年 11 月,成立第一家省外分行上海分行。

截至 2008 年末,江苏银行总行及所辖 13 个分行,共 427 个分支机构。全行人数 8 516 人。

三、南京银行

（一）沿革

南京银行的前身最早可追溯到改革开放初期成立的南京市各城市信用社。自 1996 年成立城市合作银行以来,相继经历了南京城市合作银行、南京市商业银行、南京银行三个发展阶段。

1995 年,国务院下发《关于组建城市合作银行的通知》,决定在京、津、沪等 35 个城市开始组建城市合作银行。同年 8 月 7 日,中国人民银行下发《关于同意南京市开展城市合作银行组建工作的复函》,同意在南京市原有 39 家城市信用合作社及信用联社的基础上组建南京城市合作银行。1996 年 2 月 8 日,南京城市合作银行正式开业,地址位于南京市太平南路 532 号,注册资本 3.5 亿元,成为继深圳、上海、北京之后全国第四家城市合作银行。1997 年 12 月,南京城市合作银行总部机关迁至南京市淮海路 50 号（2012 年 8 月迁至南京市玄武区中山路 288 号）。

1998 年 5 月 1 日,南京城市合作银行更名为南京市商业银行。2001 年 3 月 12 日,注册资本增至 10.26 亿元。同年 11 月 6 日,经人总行批准,吸收国际金融公司（IFC）投资入股,持股为 15%,成为当时国内单一外资股东持股最高的城市商业银行。2002 年 3 月 4 日,注册资本增至 12.07 亿元。2005 年 10 月,与法国巴黎银行（BNP）签署战略联盟协议和业务合作协议,结成战略合作伙伴关系。巴黎银行通过受让国际金融公司、南京市投资公司等公司合计 2.32 亿股,占该行总股本的 19.2%（上市后为 12.61%）。2006 年 12 月,入股日照市商业银行 9 000 万股,占其总股本的 18%,与日照市商业银行并列为第一大股东,成为全国第一个城市商业银行参股异地城市商业银行的成功案例。

2007 年 3 月 18 日,南京市商业银行更名为南京银行。2007 年 7 月 3 日,经中国证监会核准,首次公开发行人民币普通股 6.3 亿股,发行完成后注册资本增至 18.37 亿元。同年 7 月 19 日,在上海证券交易所成功上市,发行价每股 11 元,募集资金约 67 亿元,成为国内首家在主板上市的城市商业银行。

自成立以来,该行坚持走差异化、特色化、精细化的发展道路,努力做成中小银行中的一流品牌,将中小企业和个人业务作为战略业务重点推进,丰富业务产品体系,满足中小企业与个人融资需求,业务品牌影响力不断扩大。截至 2008 年末,南京银行各项存款余额 582.80 亿元,各项贷款余额 366.28 亿元,营业利润 23.36 亿元。

（二）内设机构

1996 年南京城市合作银行成立时,内设办公室、政策法规处、人事教育处、资金计划处、信贷业务处、财务会计处、市场开发处、中介业务处、储蓄业务处、信息处、审计稽核处、思想政治工作办公室、安全保卫处、国际业务部、营业部 15 个机构。

1998 年南京市商业银行成立后,对内设机构进行调整。至 2000 年,共设办公室、行政事务部、人力资源部、审计稽核部、信息技术部、安全保卫部、党群监察部、计划财务部、会计结算部、资金交易部、公司业务部、个人业务部、信贷管理部、发展规划部、特殊资产部、国际业务部、营业部17个机构。

2007年,增设零售消费信贷中心,会计结算部更名为营运管理部。

截至2008年末,南京银行内设办公室、公司业务部、个人业务部、信贷管理部、计划财务部、营运管理部、风险控制部、审计稽核部、信息技术部、发展规划部、人力资源部、行政事务部、安全保卫部、党群监察部、特殊资产经营中心、国际业务部、资金营运中心、零售消费信贷中心、营业部19个机构。

(三)分支机构

1. 南京地区直属支行

1996年3月南京城市合作银行成立时,39家城市信用社更名为支行,同时授权城东支行等5家支行按划分的区域行使管辖行职能。

1998年,根据中国人民银行的监管要求,实行组织管理体制总分制改革,撤销原5个管辖支行的管辖权。同年,原18家分理处改建升格为16家支行,南京地区的支行数量增至55家。

2006年,南京银行本着"加强管理、深化改革、控制风险、推动发展"的十六字方针,以构建区域性、具备一定实力和规模的现代化商业银行为目标,遵循"扁平化、专业化、集约化、矩阵型"的改革指导思想,全面实行中心支行体制改革,初步建立新的经营管理机制。至2006年,在南京地区支行数量增至58家支行。

2008年,撤销三牌楼支行。

至2008年末,南京银行在南京地区共有57家支行,连同总行营业部,共58家分支机构。

2. 其他地区分支行

2007年2月,第一家异地分行泰州分行正式开业,实现了异地分支机构零的突破,成为继北京银行、上海银行之后全国第三家设立异地分支机构的城市商业银行。

2008年,泰州分行成立靖江支行、高港支行,靖江支行是南京银行设立的第一家异地县域支行。同年,上海分行和无锡分行相继开业。上海分行是南京银行成立的第一家省外分行。

截至2008年末,南京银行总行及所辖3个分行,共63个分支机构。全行人数2 100人。

四、江苏长江商业银行

(一)沿革

江苏长江商业银行是在原靖江县长江城市信用合作社基础上,历经数次体制变革,由企业法人和个人共同参股组建的一家具有独立法人资格的股份制商业银行。

1987年10月,靖江县长江城市信用合作社开始正式筹建,组建单位是建行靖江县支行。1988年6月1日,经人行江苏省分行批准开业,同年6月28日正式挂牌成立,性质为集体所有制金融企业,主要为靖江"双小"企业、个体工商户和城镇居民提供金融服务。1993年,靖江撤县设市后,靖江县长江城市信用合作社更名为靖江市长江城市信用合作社。1994年7月,根据国家有关政策,靖江市长江城市信用合作社与组建单位脱钩,成为真正意义上的自主经营、自负盈亏的金融企业。

1998年,国务院办公厅转发中国人民银行《整顿城市信用合作社工作方案的通知》,要求选择不同方式处置和化解城市信用社金融风险,逐步建立起有效的风险防范机制。靖江市长江城市信用合作社虽然是县级城市信用社,但因自身经营业绩优良、资产质量高,又始终坚持服务小微企业而受到社会好评,并积极主动争取外界支持,成为江苏省唯一保存的城市信用社。2002年12月,进行第一次规范改制。至2003年6月,规范改制结束,更名为靖江市长江城市信用社,资本金增至3 698万元,并建立股东大会、董事会、监事会和经营管理层"三会一层"的现代公司治理结构。企业性质也由集体所有制变为股份合作制的金融企业,实行董事会领导下的主任负责制。

2007年7月9日,江苏银监局核准靖江市长江城市信用社增资计划,资本金由3 698万元增加到5 177.2万元。9月27日,经银监会批准,靖江市长江城市信用社更名改制为江苏长江城市信用社股份有限公司。2008年5月15日,银监会批准筹建江苏长江商业银行。同年9月17日,江苏银监局批准江苏长江商业银行开业。10月11日,正式对外挂牌开业,地址位于靖江市骥江西路 359 号。该行是继南京银行、江苏银行之后的江苏省第三家城市商业银行,也是当时江苏第一家、全国为数极少的总部设在县域、资本构成为民营的城市商业银行。

自成立以来,江苏长江商业银行坚持稳健经营、合规管理,走差异化、特色化发展之路,积极服务小微企业,各项业务得到长足发展。截至2008年末,资产总额 19.54 亿元,各项存款余额 17.30 亿元,各项贷款余额 11.74 亿元,营业利润 0.4 亿元,不良贷款率低于 1%,并且实现了连续 20 年安全经营无案件和事故,主要经济指标达到或接近国内优秀股份制商业银行的标准。

(二) 内设机构

江苏长江商业银行由于是在单一县级城市信用社基础上组建成立的,人员少、机构单一。1988年建社之初至1999年3月办公楼建成之前,只是对人员作了分工,但未建立条线清晰的职能部门,同时仅有一个营业网点。1999 年 4 月搬入新建的综合办公大楼后,设立了办公室、信贷部和计财部,并增设本部营业网点,内设机构开始逐步健全。2002 年 1 月,设立稽核审计部。2006年8月,信贷部更名为公司金融部,同时增设个人金融部。同年 11 月,根据监管部门要求,新设合规风险部。2007年12月,增设资产运营部。至 2008年,江苏长江商业银行共设 7 部 1 室共 8 个机构,即公司金融部、个人金融部、计财部、稽核审计部、合规风险部、资产运营部、营业部和办公室。

(三) 分支机构

截至2008年底,由于开业时间短,江苏长江商业银行分支机构仅限于开业前在靖江市区设立的两个营业网点,即总行营业部和钟楼支行。此外,在靖江的新世界招商市场和上海城设立 2 个离行式自助银行。全行人数 68 人。

第五节　外资银行①

改革开放以来,随着江苏外向型经济的发展和金融业的对外开放,江苏的外资银行逐渐增多。截至2008年末,已有来自英国、比利时、日本、韩国、新加坡等国家和中国香港地区的外资银行,在江苏的南京、苏州、无锡三地设立了 13 家分行。外向型经济最发达的苏州地区外资银行数量最多,共有 6 家。截至 2008 年末,全省外资银行本外币各项存款、贷款余额分别为 149.31 亿元、239.39 亿元,占全省本外币存款、贷款余额的比例分别为 0.39%、0.89%。

一、英资、比资银行

(一) 渣打银行(中国)有限公司南京分行

英国渣打银行成立于1853年,由英国皇家特许设立,专门经营东方业务。自1858年在中国设立首家分行上海分行以来,其在华经营从未间断。1949年中华人民共和国成立后,英国渣打银行上海分行由中国政府批准为“指定银行”,为中国改革开放前仅存的两家英资银行分行之一。改革开放后,英国渣打银行率先重建在中国的服务网络。2007年 4 月,英国渣打银行成立全资附属银行渣打银行(中国)有限公司,总行设于上海,是最早获准改制为中国本地法人银行的 4 家外资银行之一(另 3 家是汇丰、花旗、东亚)。

英国渣打银行南京分行成立于 1992 年 12 月,是改革开放以后江苏成立的第一家外资银行。2004 年 9 月,英国渣打银行南京分行成为江苏省第一家获准经营人民币业务的外资银行。2007 年,改制为渣打银行(中国)有限公司南京分行,地址位于南京市中山南路 49 号商茂世纪广场 46 层 A1、A2、A3 和 B 座。同年 7 月,成立第一家支行新街口支行。2008 年 3 月,成立第二家支行龙江支行。随着业务的发展,该行的业务范围已从南京及江苏中北部地区逐渐拓展到周边的安徽等省市。截至2008年末,该行各项存款余额 27.03 亿元,各项贷款余额 21.13 亿元。存款规模居全省外资银行第二位、南京市外资银行第一位;贷款规模居全省外资银行第五位、南京市外资银行第一位。

(二) 渣打银行(中国)有限公司苏州分行

英国渣打银行苏州分行成立于 2005 年 10

---

① 此处外资银行指中国内地银行以外的银行,包括外国和中国香港、澳门、台湾地区的银行。

月,是英国渣打银行在江苏设立的第二家分行,2007年改制为渣打银行(中国)有限公司苏州分行,地址位于苏州市苏州工业园区苏华路2号国际大厦1楼103室和10楼1001室。2007年12月,成立第一家支行乐桥支行。2008年8月,成立第二家支行新区支行。2008年,英国渣打银行在印度举办"苏州市服务外包业招商说明会",吸引当地300多家企业参与。自成立以来,该行坚持扎根当地,将苏州与渣打在全球70个市场的金融经验和客户资源联系起来,帮助企业在全球范围内整合利用海外资源,优化资源配置,拓展国际市场。截至2008年末,该行各项存款余额10.59亿元,各项贷款余额25.52亿元。

(三) 汇丰银行(中国)有限公司苏州分行

香港上海汇丰银行于1865年在香港和上海同时成立,是世界最大的银行及金融服务机构之一汇丰集团的创始成员,总行设于香港。1949年中华人民共和国成立后,香港上海汇丰银行与英国渣打银行两家英资银行的上海分行,经中国政府批准予以保留。改革开放后汇丰在华业务逐步恢复。2007年4月,香港上海汇丰银行成立全资附属银行汇丰银行(中国)有限公司,总行设于上海,是最早获准改制为中国本地法人银行的4家外资银行之一。

香港上海汇丰银行苏州分行成立于2004年10月,2007年改制为汇丰银行(中国)有限公司苏州分行,地址位于苏州市苏州工业园区苏华路1号世纪金融大厦1506－1508室。2007年1月30日,成立第一家支行玄妙广场支行,随后又相继成立苏州汇豪国际大厦支行和苏州工业园区苏华路支行,成为在苏州拥有最多营业网点的外资银行。自成立以来,该行针对苏州地区出口企业众多的特点,发挥汇丰银行在赊账贸易服务领域的领先优势,为国内中小企业提供多样化的融资服务。截至2008年末,该行各项存款余额23.7亿元,各项贷款余额17.08亿元。

(四) 比利时联合银行南京分行

比利时联合银行南京分行成立于2001年10月,是江苏省第4家外资银行,也是进入21世纪后江苏成立的第一家外资银行。其母行比利时联合银行是比利时王国的第二大银行。截至2008年末,该行各项存款余额2.65亿元,各项贷款余额20.01亿元。由于比利时联合银行在2008年国际金融危机中遭受重创,其南京分行与深圳分行于2010年被关闭。

二、日资银行

(一) 三井住友银行(中国)有限公司苏州分行

日本住友银行成立于1895年。2001年4月,日本住友集团的住友银行与三井集团的樱花银行合并成立日本三井住友银行,成为日本第二大商业银行和世界十大商业银行之一。2009年4月,日本三井住友银行成立全资附属银行三井住友银行(中国)有限公司,改制为中国本地法人银行,总行设于上海。

日本住友银行苏州分行成立于1997年12月,是江苏省第一家日资银行分行,也是苏州市第一家外资银行,地址位于苏州高新区狮山路12号金狮大厦10楼。2001年,因日本住友银行与樱花银行合并,更名为日本三井住友银行苏州分行。2006年,地址迁至苏州市新区狮山路199号新地中心23楼。2007年4月26日,成立第一家支行苏州工业园区支行。2009年4月,改制为三井住友银行(中国)有限公司苏州分行,并获上海总行拨付的5亿元人民币营运资金。该行客户以在华日资企业为主,业务范围覆盖苏州市区及下辖县市和无锡、常州、南京等地区,并辐射江苏全省。自成立以来,该行秉承客户第一、服务优先、稳健经营、长期发展的理念,资产质量和存贷款规模在江苏省外资银行中都处于领先地位,该行同时还是日本三井住友银行在中国地区下辖支行最多、业务规模最大的分行。截至2008年末,该行各项存款余额42.76亿元,各项贷款余额60.75亿元。存贷款规模均位列江苏省外资银行第一位,分别占全省外资银行存贷款总额的28.64％和25.38％。

(二) 三菱东京日联银行(中国)有限公司无锡分行

日本东京银行与三菱银行于1996年4月1日合并成立日本东京三菱银行,成为日本第一大银行。2006年1月,日本东京三菱银行与日联银行合并成立日本三菱东京日联银行,为日本最知名的全国性银行,控股公司日本三菱日联金融集团是世界最大的金融集团之一。2007年7月,日本三菱东京日联银行成立全资附属银行三菱东京日联银行(中国)有限公司,改制为中国本地法人银行,总行设于上海。

日本东京三菱银行无锡代表处成立于1997年10月,2006年因日本东京三菱银行与日联银行合并而更名为日本三菱东京日联银行无锡代表处,同年12月升格为无锡分行,地址位于无锡市新区长江路16号无锡软件园10楼1002-1006室。2007年,改制为三菱东京日联银行(中国)有限公司无锡分行。自成立以来,该行根据中国产业政策和其总行投资指南,把资金投放在有利于实体经济建设的相关产业;结合日资银行的背景以及无锡市"日资高地"的环境,在加大对日资制造业企业信贷投放的同时,不断开发新客户,将客户群体拓展至江苏省范围内的其他城市;业务范围涵盖存款、贷款、贸易融资、有价证券、信用调查等领域。该行重视与所在地中资金融机构和地方政府合作,与国家开发银行、中国银行及招商银行等银行建立了长期稳定的合作关系。截至2008年末,该行各项存款余额8.69亿元,各项贷款余额25.53亿元。

(三)瑞穗实业银行(中国)有限公司无锡分行

2002年4月1日,日本兴业、富士和第一劝业3家银行合并成立日本瑞穗银行与瑞穗实业银行,组成了瑞穗金融集团,是世界最大的金融集团之一。2007年6月,日本瑞穗实业银行成立全资附属银行瑞穗实业银行(中国)有限公司,改制为中国本地法人银行,总行设于上海。

日本瑞穗实业银行无锡分行成立于2006年6月,是日本瑞穗实业银行在中国内地设立的第五家分行,也是无锡市第一家外资银行分行,地址位于无锡市新区长江路16号无锡软件园8楼。2007年,改制为瑞穗实业银行(中国)有限公司无锡分行。同年6月20日,成为无锡地区首家获批开办人民币业务的外资银行分行。自成立以来,该行秉承瑞穗在中国地区的战略和定位,客户以在华日资企业为主,同时致力于扩大对欧美及中资企业的业务营销,积极响应人民币国际化和"走出去"的号召,不断丰富产品和服务

类型,为江苏省内及周边省份的日资企业提供金融支持。作为较早和江苏省各地政府开展合作的外资银行,该行及其总行从2003年开始分别与无锡、南通等地方政府签署业务合作协议,在外商引入、金融服务等领域开展多种形式的业务交流与合作。截至2008年末,该行各项存款余额11.62亿元,各项贷款余额27.6亿元。

三、韩资银行

(一)友利银行(中国)有限公司苏州分行

韩国友利银行成立于1899年,是韩国政府全资持有的韩国存款保险公司的控股子公司和韩国首尔政府的资金托管银行,是韩国最大的商业银行之一。2007年10月,韩国友利银行成立全资附属银行友利银行(中国)有限公司,改制为中国本地法人银行,是首家具有法人资格的韩资银行,总行设于北京。

韩国友利银行苏州分行成立于2007年7月,是改革开放后江苏省成立的第一家韩资银行,地址位于苏州市工业园区苏华路8号中银惠龙大厦101B、201室。同年10月,改制为友利银行(中国)有限公司苏州分行。该行成立之初以韩资企业、在华韩国人和留学生为主要客户群体,但改制以后将服务对象扩大到中国企业和公民,立志成为"最有竞争力的外资银行"。自成立以来,该行始终坚持"与客户一起成长,与中国一同发展"的理念,通过不断加强金融领域业务创新和提升服务质量,满足客户多样化的金融需求,努力为客户创造更加丰富的财富和价值。截至2008年末,该行各项存款余额2.33亿元,各项贷款余额5.43亿元。

(二)企业银行(中国)有限公司苏州分行

韩国中小企业银行成立于1961年8月,是由韩国政府依据《中小企业银行法》出资设立的韩国国家政策性银行,是韩国国内银行中信用等级最高并且唯一与韩国政府信用等级一致的银行。2009年6月,韩国中小企业银行成立全资附属银行企业银行(中国)有限公司,改制为中国本地法人银行,总行设于天津。

韩国中小企业银行苏州分行成立于2007年11月,地址位于苏州市工业园区苏华路2号国

际大厦209A。2009年,改制为企业银行(中国)有限公司苏州分行。自成立以来,该行立足于长江三角洲地区的韩资企业,积极开展外汇存贷款、国际结算等业务,取得了较好的经营业绩。截至2008年末,该行各项存款余额1.1亿元,各项贷款余额3.45亿元。

(三) 新韩银行(中国)有限公司无锡分行

韩国新韩银行成立于1982年7月,是韩国新韩金融集团全资控股的银行,是韩国最大的商业银行之一。在短短二十几年间,韩国新韩银行迅速跻身于韩国大型优秀银行之列,连续多年被评为韩国"服务质量最佳银行"和"韩国最优秀银行"。2008年5月,韩国新韩银行成立全资附属银行新韩银行(中国)有限公司,改制为中国本地法人银行,总行设于北京。

新韩银行(中国)有限公司无锡分行成立于2008年12月29日,是韩国新韩银行在中国内地设立的第四家分行,地址位于无锡市新区长江北路5号长江俱乐部第1、2层。自成立以来,该行秉承韩国新韩银行持续而稳健的发展战略,坚持以市场为导向,以客户为生命,不断提高服务质量,为无锡及邻近地区的中、外资企业提供高效的金融服务。

四、新资银行

(一) 星展银行(中国)有限公司苏州分行

星展银行的前身新加坡发展银行,是亚洲领先的金融服务集团之一。2007年5月,星展银行成立全资附属银行星展银行(中国)有限公司,总行设于上海。

星展银行(香港)有限公司苏州分行成立于2006年3月,是改革开放后江苏省成立的唯一一家新资银行,地址位于苏州市苏州工业园区苏华路2号国际大厦7楼1b、2、3、5单元。2007年,改制为星展银行(中国)有限公司苏州分行,并承继原星展银行(香港)有限公司苏州分行获准经营的全部业务。2008年7月18日,成立干将东路支行。自成立以来,该行借助星展银行在亚洲广泛的网络优势、良好的信用评级、深厚的政府背景以及对亚洲市场的洞悉,协助在苏州的客户把握亚洲崛起的机遇,为其提供优质金融服务。截至

2008年末,该行各项存款余额10.25亿元,各项贷款余额12亿元。

五、港资银行

(一) 东亚银行(中国)有限公司南京分行

东亚银行成立于1918年,是香港最大的独立本地银行,是恒生指数成分股之一。自1920年在上海设立第一家内地分行以来,东亚银行在内地的金融服务从未中断。1949年中华人民共和国成立后,东亚银行上海分行经中国政府批准予以保留。改革开放以来,东亚银行凭借对中国市场的深入了解,以及在香港及海外累积多年的专业银行服务经验,稳步发展在内地的金融业务,成为在中国内地拥有最庞大网络的外资银行之一。2007年4月,东亚银行成立全资附属银行东亚银行(中国)有限公司,改制为中国本地法人银行,总行设于上海,是最早获准改制为中国本地法人银行的4家外资银行之一。

东亚银行(中国)有限公司南京分行成立于2007年12月,为该行在中国内地设立的第15家分行,地址位于南京市洪武路23号101室及201室。自成立以来,该行以优质国有企业、上市公司、外商投资企业、本地中小企业,以及中高端的境内外个人客户为主要目标客户,立足南京,并逐步向省内其他城市及周边省市发展。截至2008年末,该行各项存款余额6.13亿元,各项贷款余额7.76亿元。

(二) 恒生银行(中国)有限公司南京分行

恒生银行成立于1933年,是香港最大的上市公司之一,同时也是汇丰集团的主要成员之一。1985年,恒生银行开始进入内地市场,2007年5月成立全资附属银行恒生银行(中国)有限公司,改制为中国本地法人银行,总行设于上海。

恒生银行南京分行成立于2003年9月,是改革开放后江苏成立的第一家港资银行。2007年,改制为恒生银行(中国)有限公司南京分行,地址位于南京市洪武北路55号置地广场2303—2308室。2008年,成立中山东路支行。自成立以来,该行积极发挥"陆港联动"的优势,大力推动"本地化"发展战略,坚持为本地金融消费者提供优质的金融服务。截至2008年末,该行各项存款余额

2.46亿元,各项贷款余额13.13亿元。

第六节　非银行金融机构

改革开放以来,在银行机构蓬勃发展的同时,证券、保险、信托等非银行金融机构也在江苏逐渐成长起来,是江苏省完整的金融机构体系的重要组成部分。在这其中,属于银行业的有信托公司、财务公司、金融租赁公司、金融资产管理公司四类。前三类机构产生于20世纪80年代,后一类机构产生于20世纪90年代末。按是否可以吸收存款,又可分为非存款类机构和存款类机构两类。信托公司、金融租赁公司、金融资产管理公司属于非存款类机构,财务公司属于存款类机构。截至2008年末,江苏省共有4家信托公司、5家财务公司(含非法人1家),1家金融租赁公司和4家金融资产管理公司南京办事处,分布于南京、苏州、无锡三地。

一、信托公司

20世纪50年代中期至改革开放前,国内停办信托业。改革开放以后,为支持经济联合,搞活国民经济,国内信托业重新发展起来。为规范信托业的发展,1982～2007年,国家多次对信托业进行整顿。在经过多次整顿之后,2002～2003年江苏省获准重新登记的信托机构只有3家,加上因历史遗留问题迟至2010年才获准重新登记并更名的紫金信托,江苏省只保留了4家规模较大、管理严格、真正从事受托理财业务的信托公司。

(一)江苏省国际信托有限责任公司

江苏省国际信托有限责任公司的前身是1981年10月经国家外资管理委员会和江苏省人民政府批准成立的江苏省国际信托投资公司,1984年8月经中国人民银行批准为国有非银行金融机构。

1994年7月,因江苏省投资公司并入,公司注册资本变更为66 000万元,1997年2月,注册资本进一步增至248 389.9万元(含外币6 000万美元)。

2001年8月,江苏省人民政府决定对江苏省国际信托投资公司和江苏省投资管理有限责任公司进行集团化重组改制,组建江苏省国信资产管理集团有限公司。江苏省国际信托投资公司成为江苏省国信资产管理集团有限公司的全资子公司,公司住所迁入南京长江路88号江苏国信大厦。

2002年8月,经中国人民银行批准,江苏省国际信托投资公司予以重新登记,并更名为江苏省国际信托投资有限责任公司,注册资本不变。股东有江苏省国信资产管理集团有限公司、江苏省投资管理有限责任公司和江苏省房地产投资有限责任公司。后两家公司为江苏省国信资产管理集团有限公司全资子公司。公司重新登记后,内设办公室、投资一部、投资二部、资产管理部、财务部等5个机构。

2007年3月1日,银监会发布《信托公司管理办法》《信托公司集合资金信托计划管理办法》(以下简称"新两规"),对信托业进行整顿。根据相关规定,监管层将对信托业实施分类监管,信托公司或立即更换金融牌照,或进入过渡期。同年6月,根据"新两规"要求,经银监会批准,江苏省国际信托投资有限责任公司更名为江苏省国际信托有限责任公司,同时变更业务范围。同年,新设事务信托业务部,开展事务型信托业务。

截至2008年末,江苏省国际信托有限责任公司内设办公室、信托一部、信托二部、信托三部、事务信托业务部、资产管理部、市场发展部、财务部、稽核法律部等9个机构,人数48人。

(二)国联信托股份有限公司

国联信托股份有限公司的前身是成立于1987年1月的无锡市投资信托公司。1987年1月,经人行江苏省分行和无锡市人民政府批准,由无锡市财政局核拨人民币500万元,成立无锡市信托投资公司,性质为全民所有制金融企业。

1991年4月,人行江苏省分行同意无锡市信托投资公司重新登记,注册资本增至人民币5 150万元。

2003年1月,无锡市信托投资公司经人总行批准重新登记,并更名为国联信托投资有限责任公司,注册资本增至人民币61 500万元,注册地址位于无锡市崇安区县前东街8号第1,3层。

该公司成为继苏州信托投资有限公司之后，江苏省第二家重新登记的市级信托公司。

2007年6月，根据"新两规"要求，经银监会批准，国联信托投资有限责任公司更名为国联信托有限责任公司，同时变更业务范围。同年，公司公积金转增资本，注册资本增至12.3亿元，无锡市国联发展（集团）有限公司持股65.85%，无锡国联环保能源集团有限公司持股9.76%，无锡市地方电力公司持股8.13%，无锡市交通产业集团有限公司持股8.13%，无锡商业大厦大东方股份有限公司持股8.13%。2008年7月4日，国联信托有限责任公司进行股份制改造，更名为国联信托股份有限公司，股权结构保持不变。

截至2008年末，国联信托股份有限公司内设综合管理部、研究发展部、财务会计部、信托财务部、稽核审计部、信托业务部、资产管理业务部和固有资产业务部8个机构，人数44人。

（三）苏州信托有限公司

苏州信托有限公司的前身是成立于1989年3月的苏州市投资公司。1989年3月21日，苏州市人民政府批准成立全民事业性质的苏州市投资公司，由苏州市计划委员会代管，实行企业化管理，独立核算，自负盈亏。同年4月17日，苏州市编委批准苏州市投资公司为准县级全民事业单位，内设计划财务部、投资部、经营部、办公室等4个副科级建制机构，核定全民事业单位编制18人。

1991年4月16日，经中国人民银行江苏省分行批准，苏州市人民政府决定将苏州市投资公司、苏州市建设银行信托投资公司（地方股部分）、吴县信托投资公司合并成立苏州市信托投资公司，属地方金融机构。公司内设总经理办公室、信托投资部、计划财务部、证券交易营业部4个机构，另设吴县办事处、营业二部两个下属机构。1995年7月，公司划归由苏州市国资委授权控股的苏州市国际经济发展控股集团有限公司管理，成为其全资子公司。

在1999年开始的信托业力度最大的第5次整顿中，苏州市信托投资公司由于经营合规、业绩稳健、资产质量较好，成为江苏省少数几家予以保留的市级信托投资公司之一。2002年9月，苏州市信托投资公司经人总行批准重新登记，并更名为苏州信托投资有限公司，是江苏省首批获得信托经营许可证的信托投资公司之一，也是江苏省第一个获准保留的市级信托投资公司。公司注册地址位于苏州市竹辉路383号，注册资本变更为3亿元，其中，苏州国际发展集团有限公司持股86.67%，苏州盘门旅游开发公司持股10%，苏州市对外贸易公司持股3.33%。

2007年7月，根据"新两规"要求，经银监会批准，苏州信托投资有限公司更名为苏州信托有限公司，并调整业务范围。2008年5月，经银监会批准，引进新股东，并进行增资扩股，注册资本增至5.9亿元，其中，苏州国际发展集团有限公司持股70.01%，苏格兰皇家银行公众有限公司持股19.99%，联想控股有限公司持股10%。

截至2008年末，苏州信托有限公司内设信托业务部、固有业务部、理财服务中心、研究发展部、办公室、综合管理部、信息化办公室、信托托管部、计划财务部、风险控制部、法律事务部、合规管理部、内审稽核部13个机构，人数49人。

（四）紫金信托有限责任公司

紫金信托有限责任公司的前身是成立于1992年的南京市信托投资公司，由南京市财政局、南京市投资公司等12家单位出资组建，注册资本5 000万元。在1999年开始的信托业第五次整顿中，因历史遗留问题未获重新登记，自2004年以来处于停业状态。

2009年，南京市政府批复同意南京紫金投资集团有限责任公司作为南京市信托投资公司历次股权变更后的全部出资权益实际持有人，开展引进战略投资者实施重组和申请重新登记等相关工作。2010年2月经银监会批准成功实施重组，股东单位共5家，南京紫金投资集团有限责任公司持股60.01%，三井住友信托银行股份有限公司持股19.99%，三胞集团有限公司持股10%，南京高新技术经济开发总公司持股5%，江苏金智科技股份有限公司持股5%。公司形成了国有控股、境外战略投资者、境内民营资本参与的多元化股权架构。2010年10月，经银监会批准重新登记并更名为紫金信托有限责任公司，同时经江苏银监局颁发金融许可证。公司于2010年11月28日在南京正式开业，注册资本5亿元人民币。

二、财务公司

财务公司起源于西方。中国的企业集团财务公司是经济体制和金融体制改革的产物。从1987年成立第一家财务公司——中山集团财务公司到2008年底,江苏省先后成立了5家财务公司(含非法人财务公司1家)。

(一)江苏华西集团财务有限公司

江苏华西集团财务有限公司的前身是成立于1987年的中山集团财务公司。1987年9月24日,经中国人民银行批准,国内第二家、江苏省第一家财务公司中山集团财务公司在江苏省南京市正式开业。公司主要股东中山集团创建于1986年12月,是经江苏省人民政府和电子工业部报经国家体改委批准成立的国内首批试点大型企业集团之一。

1995年9月13日,公司办理变更登记注册,取得南京市工商行政管理局颁发的企业法人营业执照。1999年6月,经人行南京分行营管部批准,改制为中山集团财务有限责任公司,注册资本由8000万元增至18300万元。2001年11月2日,再次增资扩股,注册资本增至30 078.15万元,股东单位变更为26家,注册地址位于南京市管家桥9号华新大厦6层。

2003年7月,中山集团按照南京市政府国企改革的统一部署进行了整体改制和重组,中山集团的性质和成员单位的隶属关系发生了重大变化。中山集团成员企业中,原中央企业由信息产业部上收,其后经国务院批准组建成立南京中电熊猫信息产业集团公司;地方中小企业归属于南京市机电产业集团,且大部分企业进行了民营改制;中山集团本部及所属企业按南京市对国有企业"三联动"政策进行了整体改制。中山集团财务有限责任公司的大部分股东单位都进行了改制并更名,如熊猫电子集团公司劳动服务公司注销并将其持有的0.04%股权并入熊猫电子有限公司,南京长江电子技术装备有限公司将其持有的1.66%股权并入南京长江电子信息产业集团有限公司。

2008年10月到12月,中山集团财务有限责任公司股权结构发生重大变化,原公司股东分别与江苏华西集团公司和江苏华西村股份有限公司签订股权转让协议,转让其所持有的原中山集团财务有限责任公司全部股权,合计3.01亿元。上述股权转让于2009年2月25日经银监会批复同意,并于2009年3月11日取得南京市工商行政管理局核发的《公司准予变更登记通知书》。2009年9月,经银监会批准,公司名称由中山集团财务有限责任公司变更为江苏华西集团财务有限公司,注册地址由南京市鼓楼区管家桥9号华新大厦6层变更为江阴市华士镇华西村2号金塔。

(二)苏州创元集团财务有限公司

苏州创元集团财务有限公司的前身是成立于1993年10月27日的苏州物资集团财务公司,注册资本8000万元,股东单位有两家,苏州物资集团股份有限公司持股80%,江苏苏州物资贸易中心持股20%,1997年6月注册资本增至1亿元,苏州物资集团股份有限公司持股84%,江苏苏州物资贸易中心持股16%。2000年12月,经中国人民银行南京分行批准,公司调整股权结构并核准苏州机械控股有限公司股东资格,江苏苏州物贸中心持股50%,创元科技股份有限公司(原苏州物资集团股份有限公司)持股10%,苏州机械控股有限公司持股40%。

2002年2月,公司重组方案得到中国人民银行苏州市中心支行的批准,同意由苏州创元(集团)有限公司(原苏州机械控股有限公司)控股,地址位于苏州市三香路120号(万盛大厦一楼)。同年3月5日,公司注册资本由1亿元增至3亿元,苏州创元(集团)有限公司持股73.33%,江苏苏州物资贸易中心持股16.67%,创元科技股份有限公司持股10%。同年9月,经中国人民银行苏州市中心支行批准,公司更名为苏州创元集团财务有限公司,并重新核准公司业务范围。2003年9月,公司股权结构再次调整,苏州创元(集团)有限公司持股比例增至90%,创元科技股份有限公司持股10%。

截至2008年末,苏州创元集团财务有限公司内设综合管理部、市场部、会计营业部、稽核部、风险管理部等5个机构,人数14人。

(三)中国石化财务有限责任公司南京分公司

中国石化财务有限责任公司南京分公司的

前身是成立于1999年5月30日的中国石化财务有限责任公司南京办事处(以下分别简称"中石化财务南京分公司""中石化财务南京办事处"),是中国石化财务有限责任公司派驻南京地区办理中国石化集团内部成员单位金融业务的非银行金融机构,地址位于南京市中山北路45号。2007年6月由办事处升格为分公司,营运资本1亿元。

中石化财务南京分公司原服务对象为江苏、安徽、江西三省范围内的石油石化企业,2009年服务区域调整为江苏、安徽两省。中石化财务南京分公司在业务区域内,广泛服务于石油勘探开发、炼油加工、销售等各种类型的石油石化企业,基本形成了对石油石化行业上、中、下游企业的全覆盖。

中石化财务南京办事处1999年成立时,内设业务部和综合部两个机构,人数11人。2008年,中石化财务南京分公司内设结算部、信贷部、财会部和综合部4个机构,人数19人。

(四)国联财务有限责任公司

国联财务有限责任公司2008年3月26日获银监会批准筹建,同年9月13日获准开业,9月22日正式开业。地址位于无锡市县前东街168号国联大厦。注册资本1.2亿元,其中无锡市国联发展(集团)有限公司持股50.84%,国联信托股份有限公司持股33.33%,无锡国联环保能源集团有限公司持股10.83%,无锡华光锅炉股份有限公司持股5%。公司内设综合管理部、公司金融部、会计结算部、计划财务部、风险管理部、稽核审计部等6个机构和贷款审查委员会,人数16人。

(五)红豆集团财务有限公司

红豆集团1998年开始筹建财务公司,2001年成立集团结算中心,2007年11月向银监会申请成立财务公司并于2008年11月10日获准开业,2008年11月20日正式开业。该公司为银监会成立后批准成立的首家民营企业集团财务公司,也是全国第二家民营企业集团财务公司。地址位于无锡市锡山区东港镇锡港东路2号。注册资本3亿元,其中红豆集团有限公司持股55%,江苏红豆实业股份有限公司持股35%,中国华融资产管理公司持股10%。公司内设综合

管理部、信贷管理部、计划资金部、财务部、稽核部、风险管理部、营业部7个机构和信贷审查委员会、风险管理委员会、战略发展委员会3个委员会,人数26人。

三、金融租赁公司

20世纪80年代初期,随着经济体制改革的深入,租赁业在中国逐渐兴起,江苏省是国内较早开展融资租赁业务的省份。1981年7月,中国成立第一家股份制租赁公司中国租赁公司。1982年2月,江苏省物资局和中国租赁公司合作,成立中国租赁公司江苏代理部,把融资租赁引入江苏。1985年成立的江苏金融租赁有限公司(原名江苏省租赁有限公司),坚持"服务中小、服务民生"的市场定位,专注于培养专业化融资租赁服务能力,是国内著名的金融租赁公司之一。

(一)江苏金融租赁有限公司

江苏金融租赁有限公司的前身是成立于1985年的江苏省租赁有限公司。1985年6月,经江苏省编委批准,江苏省租赁有限公司在中国租赁公司江苏代理部的基础上成立,注册资本600万元。公司内设办公室、财务部、金融部、业务部、汽车租赁部5个机构,地址位于南京市中山北路238号。

1987年1月,公司第一次增资扩股,注册资本增至中国人民银行规定的3 000万元。1988年初,获得中国人民银行颁发的经营金融许可证。1990年9月,在南京市新模范马路92号建设办公楼,并于1993年3月搬入。

1992年11月,经中国人民银行江苏省分行批准,公司成立证券营业部,经营债券业务,1994年又获批开办股票业务。1998年,公司证券营业部转让给联合证券有限公司。

1995年10月,公司成立苏州、无锡办事处。

2000年6月,中国人民银行颁布《金融租赁公司管理办法》,对金融租赁公司的性质、功能、准入条件、业务范围、风险控制、监督管理等作出明确规定。这是中国第一部关于金融租赁公司的独立法规,是公司规范重组的政策基础。《金融租赁公司管理办法》颁布后,公司内设机构调

整为办公室、财务部、投资部、金融部、业务一部、业务二部、网络租赁部7个机构。

2002年,公司实行规范重组,并进行第二次增资扩股,注册资本增至50 000万元,股东包括江苏交通控股有限公司、江苏扬子大桥股份有限公司、江苏广靖锡澄高速公路有限责任公司、苏州物资控股(集团)有限公司。

2003年4月,公司更名为江苏金融租赁有限公司,内设综合管理部、人力资源部、审计部、业务一部、业务二部、业务三部、财务部7个机构。2004年10月,公司住所迁至南京市长江路188号德基大厦26层。

截至2008年末,江苏金融租赁有限公司内设办公室、综合部、稽核部、业务一部、业务二部、业务三部、业务四部、财务部8个机构,人数51人。

四、金融资产管理公司

1999年,中国借鉴国际经验,成立华融、长城、东方、信达四家金融资产管理公司。1999～2000年,四家金融资产管理公司派驻南京办事处相继成立,分别收购和处置从国有商业银行在江苏的分支机构剥离出来的不良资产,以化解潜在风险。

(一) 中国华融资产管理公司南京办事处

中国华融资产管理公司成立于1999年10月19日,注册资本100亿元人民币,专门接收、管理和处置中国工商银行剥离的不良资产。

中国华融资产管理公司南京办事处成立于2000年4月21日,是中国华融资产管理公司在江苏的派出机构,地址位于南京市中山东路404号,2003年迁至南京市北京东路42号。该办事处成立时内设综合管理部、债权管理部、股权管理部、资金财务部4个机构;2008年内设综合管理部、经营管理部、审计部、业务一部、业务二部、业务三部、业务四部、股权管理部8个机构。

(二) 中国长城资产管理公司南京办事处

中国长城资产管理公司成立于1999年10月18日,注册资本100亿元人民币,专门接收、管理和处置中国农业银行剥离的不良资产。

中国长城资产管理公司南京办事处成立于2000年3月18日,是中国长城资产管理公司在江苏的派出机构,地址位于南京市中山东路18号国际贸易中心9楼,2001年10月迁至延龄巷2号东渡大厦。该办事处成立时内设综合管理部、债权追偿部、资金财务部3个机构;2008年内设综合管理部、监察审计部、资金财务部、项目审核部、资产经营部、业务拓展一部、业务拓展二部7个机构。

(三) 中国东方资产管理公司南京办事处

中国东方资产管理公司成立于1999年10月15日,注册资本100亿元人民币,专门接收、管理和处置中国银行剥离的不良资产。

中国东方资产管理公司南京办事处成立于2000年4月26日,是中国东方资产管理公司在江苏的派出机构,地址位于南京市洪武路29号东方金融大厦。该办事处成立时内设办公室、评估部、资金财会部、资产经营一部、资产经营二部5个机构;2008年内设办公室、风险管理部、资金财会部、资产经营一部、资产经营二部5个机构。同时,为了适应商业化转型的需要,在保持既有组织框架不变的情况下,对内实行新部门架构及相应工作职能的调整,即办事处内部实行业务团队制,各业务团队分别管理所辖地区的商业化业务、可疑类资产处置及各项综合业务。

(四) 中国信达资产管理公司南京办事处

中国信达资产管理公司成立于1999年4月20日,注册资本100亿元人民币,专门接收、管理和处置中国建设银行剥离的不良资产。

中国信达资产管理公司南京办事处成立于1999年9月,是中国信达资产管理公司在江苏的派出机构,地址位于南京市中山北路26号新晨国际大厦18—19楼。该办事处成立时内设综合一部、综合二部、资产管理部、投资银行部4个机构;2008年内设综合管理部、法律事务部、资金财务部、业务一部、业务二部、审核委办公室6个机构。

表 1-1　1978～2008 年江苏省银行业金融机构行长（董事长、总经理）任免一览表

金融机构	职 务	姓 名	任职时间	备 注
中国工商银行 江苏省分行	行长	罗玉成	1984 年 12 月～1995 年 10 月	
		钱志泓	1995 年 10 月～2000 年 1 月	
		易会满	2000 年 10 月～2005 年 3 月	
		施 刚	2005 年 7 月～	
中国农业银行 江苏省分行	行长	陈寅生	1979 年 6 月～1983 年 8 月	
		赵景邦	1983 年 8 月～1991 年 1 月	
		潘承德	1991 年 1 月～1993 年 10 月	
		杨振中	1993 年 10 月～1997 年 1 月	
		嵇华光	1997 年 1 月～2003 年 6 月	
		朱洪波	2003 年 6 月～2005 年 1 月	
		郭浩达	2005 年 6 月～2008 年 5 月	
		朱皋鸣	2008 年 12 月～	
中国银行 江苏省分行	行长	郑 镇	1979 年 11 月～1984 年 12 月	
		崔书明	1984 年 12 月～1988 年 3 月	
		吴骏生	1988 年 3 月～1994 年 5 月	
		周先嵩	1994 年 5 月～1997 年 3 月	
		徐茂盛	1997 年 3 月～2000 年 11 月	
		黄志伟	2000 年 11 月～2003 年 7 月	
		祝树民	2003 年 7 月～	
中国建设银行 江苏省分行	行长	刘 明	1983 年 8 月～1986 年 9 月	1986 年 9 月至 1990 年 6 月 副行长主持工作。
		周金伦	1990 年 6 月～2001 年 6 月	
		张援朝	2001 年 6 月～	
国家开发银行 江苏省分行	行长	徐 勇	1999 年 12 月～2000 年 4 月	
		夏胜云	2000 年 4 月～2007 年 1 月	
		郭 林	2007 年 1 月～	
中国进出口银行 南京分行	行长	孙 平	2003 年 10 月～2005 年 2 月	
		王园园	2005 年 2 月～	
中国农业发展银行 江苏省分行	行长	蔡宪成	1995 年 11 月～2002 年 2 月	
		唐志刚	2002 年 2 月～2005 年 1 月	
		石晶莹	2005 年 1 月～	
交通银行南京分行	总经理	钟裕辉	1987 年 7 月～1989 年 3 月	
		李一敬	1989 年 3 月～1994 年 3 月	
	行长	姚金华	1994 年 3 月～1998 年 3 月	
		金大建	1998 年 3 月～2000 年 5 月	
		康定选	2000 年 5 月～2006 年 1 月	
		朱鹤新	2006 年 11 月～	
中信银行南京分行	行长	叶其星	1991 年 5 月～2000 年 3 月	
		焦世经	2000 年 3 月～	
华夏银行南京分行	行长	王益民	1996 年 5 月～2002 年 2 月	
		李 翔	2002 年 2 月～2006 年 6 月	
		沈 建	2006 年 6 月～	

金融机构	职　务	姓　名	任职时间	备注
上海浦东发展银行南京分行	行长	姚世祜	1995 年 6 月～1999 年 4 月	
		丁振忠	1999 年 4 月～2002 年 3 月	
		傅　浩	2002 年 3 月～2007 年 11 月	
		吴国元	2007 年 11 月～	
招商银行南京分行	行长	崔振亚	1996 年 11 月～2004 年 6 月	
		金　毅	2004 年 6 月～	
广东发展银行南京分行	行长	康正平	1997 年 11 月～1999 年 4 月	
		王桂芝	1999 年 4 月～2003 年 8 月	
		莫宝鸿	2003 年 8 月～	
中国光大银行南京分行	行长	姚金华	2000 年 11 月～2002 年 9 月	
		章子华	2002 年 9 月～2008 年 4 月	
		陈金良	2008 年 11 月～	
中国民生银行南京分行	行长	桂新明	2003 年 3 月～2007 年 5 月	
		胡庆华	2007 年 5 月～	
深圳发展银行南京分行	行长	赵文杰	2000 年 11 月～2003 年 12 月	
		仇卫平	2003 年 12 月～2005 年 5 月	
		杨建军	2005 年 5 月～	
兴业银行南京分行	行长	官恒秋	2001 年 0 月～	
恒丰银行南京分行	行长	杨　强	2006 年 9 月～	
浙商银行南京分行	行长	刘英明	2008 年 12 月～	
江苏省邮政储汇局	局　长	顾　汶	1990 年 5 月～1995 年 5 月	
		韩友平	1995 年 5 月～1996 年 12 月	
		张荣林	1996 年 12 月～1999 年 11 月	
		王浴辉	2001 年 3 月～2008 年 1 月	
中国邮政储蓄银行江苏省分行	行长	马洪宁	2008 年 1 月～	
上海银行南京分行	行长	许建华	2007 年 9 月～	
宁波银行南京分行	行长	顾颂东	2008 年 6 月～	
江苏省农村信用社联合社	理事长	王晨曦	2001 年 9 月～	
	主　任	王明津	2001 年 9 月～	
江苏银行	董事长	黄志伟	2006 年 12 月～	
	行长	黄志伟	2006 年 12 月～	
南京银行	董事长	王晨曦	1996 年 4 月～2001 年 9 月	
		林　复	2001 年 9 月～	
	行长	王晨曦	1996 年 4 月～2002 年 2 月	
		章　宁	2002 年 2 月～	
江苏长江商业银行	董事长	朱惠健	2008 年 9 月～	
	行长	史玉泉	2008 年 9 月～	
渣打银行(中国)有限公司南京分行	行长	李德明	1992 年 12 月～1996 年 9 月	
		黄淑华	1996 年 9 月～2000 年 9 月	
		何家荣	2000 年 9 月～2004 年 7 月	
		陈莲英	2004 年 7 月～2006 年 7 月	
		陈　蓉	2006 年 7 月～2008 年 8 月	
		黎敏威	2008 年 8 月～	

金融机构	职务	姓名	任职时间	备注
渣打银行(中国) 有限公司苏州分行	行长	林益弘	2005 年 10 月～2007 年 7 月	
		杨传东	2007 年 7 月～	
汇丰银行(中国) 有限公司苏州分行	行长	李芳远	2004 年 10 月～	
三井住友银行(中国) 有限公司苏州分行	行长	川上达文	1997 年 12 月～2000 年 7 月	
		肱冈启	2000 年 7 月～2003 年 1 月	
		岩名地和夫	2003 年 1 月～2006 年 7 月	
		长冈令文	2006 年 7 月～	
三菱东京日联银行 (中国)有限公司无锡 分行(含无锡代表处)	首席 代表	铃木彰文	1997 年 10 月～2001 年 3 月	
		糸井淳一郎	2001 年 3 月～2004 年 5 月	
		高桥伸彦	2004 年 5 月～2006 年 12 月	
	行长	田中研一	2006 年 12 月～	
瑞穗实业银行(中国) 有限公司无锡分行	行长	太田清文	2006 年 6 月～2008 年 2 月	
		余泰然	2008 年 2 月～	
友利银行(中国) 有限公司苏州分行	行长	徐东先	2007 年 7 月～	
企业银行(中国) 有限公司苏州分行	行长	梁钟必	2007 年 11 月～	
新韩银行(中国) 有限公司无锡分行	行长	金盛寿	2008 年 12 月～	
星展银行(中国) 有限公司苏州分行	行长	洪茂全	2006 年 3 月～2007 年 5 月	
		杨坤明	2007 年 5 月～	
恒生银行(中国) 有限公司南京分行	行长	陆家欣	2003 年～2005 年	
		余丽珍	2005 年～2007 年	
		邝志良	2007 年～	
东亚银行(中国) 有限公司南京分行	行长	许华	2007 年 12 月～	
江苏省国际信托 有限责任公司	董事长	黄东峰	2002 年 7 月～	
	总经理	姜凯	2005 年 8 月～	
国联信托股份 有限公司	董事长	范炎	2002 年 10 月～2005 年 3 月	
		华伟荣	2005 年 3 月～	
	总经理	王锡林	2002 年 10 月～2005 年 3 月	
		吕建一	2005 年 11 月～	
苏州信托有限公司	董事长	张国庆	2002 年 5 月～2004 年 12 月	
		朱立教	2004 年 12 月～	
	总经理	朱立教	2002 年 5 月～2004 年 12 月	2004 年 12 月至 2008 年 2 月总经理职位因故空缺。
		崔斌	2008 年 2 月～	
紫金信托有限 责任公司	董事长	王海涛	2010 年 10 月～	
	总裁	陈峥	2010 年 10 月～	
中山集团财务有限 责任公司	董事长	吕新奎	1987 年 9 月～1989 年 7 月	
		陈祥兴	1989 年 7 月～1994 年 11 月	
		张关林	1994 年 11 月～2003 年 12 月	
		王国伟	2003 年 12 月～	
	总经理	陈德龙	1987 年 9 月～1995 年 8 月	
		张其黎	1995 年 8 月～	

金融机构	职　务	姓　名	任职时间	备注
江苏华西集团财务 有限公司	董事长	包丽君	2009 年 10 月～	
	总经理	卞三荣	2009 年 10 月～	
苏州创元集团财务 有限公司	董事长	许鸿新	2002 年 2 月～	
	总经理	陆惠章	2002 年 2 月～	
中国石化财务有限责 任公司南京分公司	总经理	鲍先志	1999 年 5 月～2004 年 5 月	
		褚红军	2004 年 5 月～	
国联财务有限 责任公司	董事长	刘清欣	2008 年 9 月～	
	总经理	高　菲	2008 年 9 月～	
红豆集团财务 有限公司	董事长	周海江	2008 年 11 月～	
	总经理	胡国梁	2008 年 11 月～	
江苏金融租赁 有限公司	董事长	李济民	1985 年 6 月～1986 年 12 月	
		张蕴民	1986 年 12 月～1989 年 1 月	
		汪世英	1989 年 1 月～1995 年 12 月	
		刘其祥	1995 年 12 月～2002 年 4 月	
		周建强	2002 年 4 月～2005 年 3 月	
		熊先根	2005 年 3 月～	
	总经理	朿金贤	1988 年 2 月～1991 年 4 月	
		郑致成	1991 年 4 月～1995 年 12 月	
		陈　勋	1995 年 12 月～2002 年 11 月	
		熊先根	2002 年 12 月～	
中国华融资产管理 公司南京办事处	总经理	闵锦林	2000 年 4 月～2004 年 12 月	
		王文杰	2004 年 12 月～2007 年 1 月	
		吴远怀	2007 年 1 月～	
中国长城资产管理 公司南京办事处	总经理	陈锡达	2000 年 1 月～2006 年 1 月	
		范振斌	2006 年 1 月～	
中国东方资产管理 公司南京办事处	总经理	金忠定	2000 年 5 月～2006 年 8 月	
		郭　辉	2006 年 8 月～	
中国信达资产管理 公司南京办事处	总经理	杨海泉	1999 年 8 月～2005 年 2 月	
		李德燃	2005 年 2 月～2008 年 1 月	
		彭朗辉	2008 年 1 月～	

表 1－2　2008 年江苏省银行机构主要经营指标一览表

机构　　　　项目	各项存款 （亿元）	各项贷款 （亿元）	营业利润 （亿元）	机构数 （个）	人员数 （人）	人均利润 （万元）
一、国有商业银行	19 999.15	13 328.02	512.94	4 595	91 277	56.20
1．工商银行	5 099.83	3 697.37	153.77	1 053	21 897	70.22
2．农业银行	5 993.70	3 440.21	133.82	1 578	28 381	47.15
3．中国银行	4 175.28	2 928.59	111.37	904	18 901	58.92
4．建设银行	4 730.34	3 261.85	113.98	1 060	22 098	51.58
二、政策性银行	213.29	2 069.09	47.55	94	2 076	229.05
1．国家开发银行	103.19	1 187.38	24.08	1	146	1 649.12
2．进出口银行	30.56	226.82	3.44	1	42	819.65
3．农业发展银行	79.54	654.89	20.03	92	1 888	106.09

项目 \ 机构	各项存款（亿元）	各项贷款（亿元）	营业利润（亿元）	机构数（个）	人员数（人）	人均利润（万元）
三、其他商业银行	9 603.98	6 173.14	188.55	3 041	25 475	74.01
1. 交通银行	2 369.63	1 593.44	56.18	347	7 479	75.12
2. 中信银行	1 023.93	820.36	25.55	72	2 553	100.08
3. 华夏银行	630.17	498.05	14.71	36	1 423	103.37
4. 浦发银行	960.21	729.35	22.42	45	1 824	122.92
5. 招商银行	801.34	707.44	20.15	50	2 199	91.63
6. 广发银行	307.54	248.37	4.41	19	668	66.02
7. 光大银行	415.97	459.09	14.47	21	943	153.45
8. 民生银行	501.56	451.62	14.81	22	1 103	134.27
9. 深发银行	192.05	160.59	3.70	12	456	81.14
10. 兴业银行	301.13	270.59	7.21	19	640	112.66
11. 恒丰银行	134.57	114.31	3.40	3	142	239.44
12. 浙商银行	17.67	7.40		1	78	
13. 邮储银行	1 876.72	22.40		2 391	5 765	
14. 上海银行	45.81	73.30	1.54	2	137	112.41
15. 宁波银行	25.68	16.83		1	65	
四、地方法人银行	7 377.90	5 167.34	184.08	3 459	46 671	39.44
1. 农村信用社	4 784.83	3 446.24	119.47	2 967	35 987	33.20
2. 江苏银行	1 992.97	1 343.08	40.85	427	8 516	47.97
3. 南京银行	582.80	366.28	23.36	63	2 100	111.24
4. 长江银行	17.30	11.74	0.40	2	68	58.82
全省银行合计	37 194.32	26 737.59	933.12	11 189	165 499	56.38

注：数据来源于人行南京分行，以下各表如无说明也均来自人行南京分行；本表不包括外资银行、非银行金融机构；农村信用社系统包括农村商业银行、农村合作银行、农村信用社；本表存贷款和营业利润均为本外币口径；浙商银行、邮储银行、宁波银行成立于2008年，由于成立时间短，当年未形成利润。

第二章　银行业监管

　　2003年3月10日,第十届全国人大一次会议决定,设立中国银行业监督管理委员会(以下简称"银监会")。2003年4月28日,银监会挂牌成立,明确将按照行政区划设置派出机构。同年10月16日,中国银行业监督管理委员会江苏监管局(以下简称"江苏银监局")成立,负责对辖内银行业金融机构及其业务活动实施监督管理。江苏银监局成立以来,紧紧围绕银监会和江苏省委、省政府的战略部署,坚持依法监管,积极探索实践,基本形成一套符合江苏实际且行之有效的监管方法,推动辖内银行业的稳健运行和科学发展。

第一节　银行业监管机构及监管体系

一、中国银行业监督管理委员会江苏监管局

（一）机构沿革

1983年9月，国务院作出决定，由中国人民银行专门行使中央银行职能。1984年1月1日，中国人民银行开始专门行使中央银行职能，金融监管工作也随之展开。至2002年，对江苏省金融业的监管工作主要由人行江苏省分行和1998年12月成立的人行南京分行负责。其间，根据国家"分业经营、分业监管"的要求，人民银行对证券业、保险业的监管职能相继被分离，只保留对银行业金融机构的监管职能。

2003年，按照中共十六届二中全会审议通过的《关于深化行政管理体制和机构改革的意见》和第十届全国人大常委会第一次会议批准的国务院机构改革方案，将中国人民银行对银行业金融机构的监管职能分离出来，并和中央金融工委的相关职能进行整合，成立中国银行业监督管理委员会。4月26日，第十届全国人大常委会第二次会议通过《关于中国银行业监督管理委员会履行原由中国人民银行履行的监督管理职责的决定》。4月28日，银监会挂牌成立。

图2-1　2003年10月20日，江苏银监局举行成立大会，局长周忠明（前排左四）、副局长何燕（前排右四）、赵杰（前排左三）、李鲁宁（前排右三）等参加合影

2003年7月7日至8日，银监会省级派出机构筹备组主要负责人会议在北京召开。按照国务院常务会议要求，银监会派出机构的设置，内设机构不要求上下对口，派出机构所需人员尽量从人民银行系统划转选用，总体上不增加人员编制。银监会按照行政区划设置派出机构，在全国31个省、区、市和大连、青岛、厦门、深圳、宁波5个计划单列市设银监局，在地、市设银监分局，在部分县、市设监管办事处。江苏银监局筹备组围绕此次会议精神，在对人、财、物等情况进行全面调查摸底的基础上，通过多次协商，与人行南京分行就人、财、物划转问题基本达成一致。2003年10月16日，江苏银监局挂牌成立，并于10月20日召开成立大会。江苏银监局成立后立即成立各分局筹备组，明确筹备组组成人员，分解下达各分局人员划转计划，从局机关选派4名处级干部到分局挂职，对辖内各分局工资总额计划划转、日常管理及人事统计工作进行统一部署，并对有关人员进行业务培训。同年12月16日，无锡分局、徐州分局、淮安分局、镇江分局同时挂牌。到2003年底，全省12家分局组建完毕并运转，县（市、区）监管组的组建工作也已基本完成，成为国内较早建成三级机构的省级银监局。

作为银监会的省级派出机构，江苏银监局负责监督管理江苏省内的政策性银行、商业银行、城乡信用社、金融资产管理公司、信托投资公司、财务公司、金融租赁公司及其他存款类金融机构。其主要职责是：制定监管法规、制度方面的实施细则；审批辖区银行业金融机构及其分支机构的设立、变更、终止和业务活动；依法查处金融违法违规行为，取缔非法金融机构和非法金融业务活动；对辖区银行业金融机构及其分支机构高级管理人员任职资格进行审核；负责统计、分析、上报辖内银行业金融机构有关数据、信息，并依据银监会授权进行信息披露；负责对辖内金融风险进行研究，并会同有关部门及时提出辖内存款类金融机构紧急风险处理意见和建议，以及承办银监会交办的其他事项。

（二）组织架构

2003年成立之初，江苏银监局内设15个职能部门，分别是：办公室（党委办公室）、政策法规处、国有银行监管一处、国有银行监管二处、股份制银行监管处、城市商业银行监管处、政策性银行和邮政储蓄机构监管处、非银行金融机构监管处、合作金融机构监管处、金融资产管理公司监管处、统计信息处、财务会计处、人事处（党委组

织部）、监察室（纪委办公室）、机关党委（党委宣传部），另设后勤服务中心。下辖无锡、徐州、常州、苏州、南通、连云港、淮安、盐城、扬州、镇江、泰州、宿迁12个银监分局，以及52个监管办事处。截至2003年末，江苏银监局系统共有干部职工771人。其中，博士研究生1人，硕士研究生33人，大学本科401人，大学专科261人，中专及以下75人；35岁及以下282人，36岁至40岁238人，41岁至45岁116人，46岁至50岁78人，51岁至54岁36人，55岁以上21人。

2007年，江苏银监局上收部分监管办事处，除8个经济发达、业务量大的监管办事处暂时保留外，其余44个监管办事处工作人员全部集中到银监分局办公。在局机关内部将国有银行、部分股份制银行、资产管理公司、邮政储蓄机构、外资金融机构的监管职责进行调整，实现非现场监管与现场检查的适度分离，使监管资源得到较好的整合。

截至2008年末，江苏银监局内设15个职能部门，分别是：办公室（党委办公室）、政策法规处、非现场监管一处、现场检查一处、非现场监管二处、现场检查二处、股份制银行监管处、城市商业银行监管处、非银行金融机构监管处、合作金融机构监管处、统计信息处、财务会计处、人事处（党委组织部）、监察室（纪委办公室）、机关党委（党委宣传部），另设后勤服务中心。下辖无锡、徐州、常州、苏州、南通、连云港、淮安、盐城、扬州、镇江、泰州、宿迁12个银监分局。在县域经济相对比较发达的地区设立8家监管办事处，分别是：无锡银监分局下辖江阴、宜兴监管办事处；苏州银监分局下辖张家港、常熟、太仓、昆山和吴江监管办事处；镇江银监分局下辖丹阳监管办事处。截至2008年末，全省银监局系统共有干部职工808人。其中，博士研究生4人，硕士研究生90人，大学本科504人，大学专科167人，中专及以下43人；35岁及以下180人，36岁至40岁180人，41岁至45岁227人，46岁至50岁117人，51岁至54岁70人，55岁以上34人。

表2-1 2003～2008年江苏银监局正副局长（级）任免一览表

职 务	姓 名	任职时间	备 注
局 长	周忠明	2003年09月～2007年11月	
	于学军	2007年11月～	
副局长	何 燕	2003年09月～	2003年9月至2008年4月任党委委员、副局长、纪委书记，2008年4月起任党委副书记、纪委书记。
	赵 杰	2003年09月～	
	李鲁宁	2003年09月～	
	李玉平	2006年02月～	
	谭震祥	2008年01月～	
	黄世安	2008年01月～	
副巡视员	厚福申	2007年02月～	

二、银行业监管体系的构建

（一）贯彻执行"四四六"新思路

银监会成立后，结合改革开放以来中国银行业监管实践，同时按照巴塞尔委员会《有效银行监管的核心原则》提出的建议与要求，开始全面构建符合国情的银行业监管体系。在2003年5月29日国务院新闻办公室举行的记者招待会上，银监会主席刘明康首次阐述银行业监管的新思路。这些新思路被概括为"四四六"，成为银行业监管的新理念、新目标和新标准。

"四条监管理念" 管法人、管风险、管内控、提高透明度。坚持对法人监管，重视对每个金融机构公司治理的建设和对总体风险的把握；坚持以风险为本的监管，切实防范机构清偿性风险和体系中的系统风险，不断改进监管的方法和手段；把重点放在促进银行业金融机构加强内部控制机制建设、提高自身的风险管控能力上；坚持按照国际准则和要求，加强对银行年报以及相关业务信息的准确适时披露，逐步提高监管的透明度，增进公众对银行的信任和理解。

"**四个监管目标**" 通过审慎有效的监管，保护广大存款人和消费者的利益；通过审慎有效的监管，增进市场信心；通过宣传教育工作和相关信息披露，增进公众对现代金融的了解；努力减少金融犯罪。

"**六条良好监管标准**" 促进金融稳定和金融创新共同发展；努力提升中国金融业在国际金融服务中的竞争力；对各类监管设限要科学合理，有所为，有所不为，减少一切不必要的限制；鼓励公平竞争、反对无序竞争；对监管者和被监管者都要实施严格、明确的问责制；高效节约地使用一切监管资源。

江苏银监局围绕"四四六"的监管理念，严格执行银监会制定的各项规则，全面落实资本、杠杆率、流动性等监管指标，同时针对江苏银行业以信贷为主的业务特点，实施流动性和大额集中度方面的定量监管标准，坚持使用存贷比、拨备覆盖率等简单管用的监管指标，建立银行信贷与资本市场、保险市场相隔离的跨业风险"防火墙"，丰富了监管"工具箱"。

（二）巴塞尔资本协议的中国化

从发展历程看，巴塞尔协议经历一个内容不断更新、方法不断改进、思想不断成熟的深化过程。1988年7月通过的《统一资本计量与资本标准的国际协议》(巴塞尔协议Ⅰ)，建立一套国际通用的、以加权方式衡量表内与表外风险的资本充足率标准。1999年6月，巴塞尔委员会提出以三大支柱——资本充足率、监管部门监督检查和市场纪律为主要特点的新资本监管框架草案第一稿。2003年底，新巴塞尔资本协定(巴塞尔协议Ⅱ)通过，并于2006年底在"十国集团"国家实施。

2004年3月1日，银监会颁布的《商业银行资本充足率管理办法》正式实施。该《管理办法》规定：2007年1月1日为商业银行资本充足率达标的最后期限，届时若有商业银行资本充足率低于8%，或者核心资本充足率低于4%，银监会将对这些银行采取一系列干预、纠正措施。该《管理办法》借鉴国际上通行的巴塞尔协议，规定商业银行的资本充足率必须建立在各项资产损失准备充分计提的基础之上。

江苏银监局坚持银监会"贷款五级分类准确—充足拨备—做实利润—资本充足率达标"的

持续性监管理念，通过采取考核城市商业银行落实资本充足率达标规划和拨备提取计划，指导城市商业银行开展增资扩股，督促城市商业银行对暂时不具备核销条件的损失类贷款按照规定提足拨备等一系列措施推动巴塞尔协议在江苏落地生根。截至2008年末，全省地方法人金融机构整体加权平均资本充足率11.94%，核心资本充足率10.47%，加权平均拨备覆盖率55.79%。

（三）宏观审慎和微观审慎相结合

2003年以后，国际国内经济金融形势复杂多变，国家调控政策也出现多次重大变化。江苏银监局贯彻落实各项宏观调控措施，深入各地银行、企业实地调研，了解经济金融运行情况，加强对宏观经济的分析研判，同时加强机构监管与宏观政策的协调，认真排查"两高一剩"行业贷款风险，规范房地产信贷行为，促进大额授信良性发展，探索构建有效的宏观审慎监管框架。2003～2008年5年间，江苏银监局制定发布100多件规范性文件，逐渐形成覆盖机构准入、业务经营、市场退出的生命周期全过程微观审慎监管体系。

（四）机构监管与功能监管相结合

江苏银监局构建机构监管与功能监管相结合的矩阵式监管架构。在机构监管方面，按照"生命周期全覆盖"原则，针对不同性质的机构，实施市场准入、非现场监管、现场检查相互依存的监管流程。在功能监管方面，针对金融创新、IT系统、消费者保护等重点领域建立专门机构，推动监管向集约化和专业化方向发展。

（五）内部控制与市场机制相结合

江苏银监局强化信息披露，充分发挥行业协会的自律作用，把市场约束要求转化为银行防范风险的内生动力。通过"有形的手"与"无形的手"共同提升市场效率，有效防范和降低银行体系风险。

（六）风险监管与服务经济相结合

在加强监管、防范风险的同时，江苏银监局还督促银行业金融机构主动服务实体经济，优化网点布局，调整信贷结构，更好地支持关乎国计民生的重点领域和薄弱环节，不断提升银行业服务实体经济的功能。

第二节　银行监管效能建设

一、监管法规建设

（一）制定规范性文件

2003～2008年，为规范江苏银监局及其派出机构的监管行为，江苏银监局制定发布规范性文件364件，涵盖市场准入、公司治理风险管理、内部控制、资本监管、监管统计、客户服务等方面。

2003年，江苏银监局制定银监局工作规则、会议制度、财务管理办法、安全保卫制度、人事考核管理办法等一系列内部管理制度和金融许可证管理工作细则、金融机构发生案件报送制度等一系列金融监管规程，为强化内部管理、加强金融监管、防范化解金融风险提供制度保障。

2004年，江苏银监局制定大额客户授信风险分析制度，强化对单户大额贷款、关联交易和高风险行业贷款的监控。出台《江苏省农村信用社进一步完善法人治理结构试点工作指导意见（试行）》，提出农村信用社法人治理的目标、总体要求和基本内容，对"三会一层"的基本架构和运作模式提出具体要求。

2005年，江苏银监局加强依法监管基础性制度建设，对责令银行业金融机构给予违法违规责任人员纪律处分的监管措施进行规范，制定行政处罚实施程序规定和听证程序规定。

2006年，江苏银监局根据银监会的行政规章文件，结合江苏监管实践，印发《江苏银监局行政许可操作规程》《关于规范办理行政许可注销手续的通知》《江苏省国有商业银行分支机构市场准入操作手册》等管理制度和流程，设计银行业金融机构变更营业场所、设立自助银行批复样稿，统一规范各监管处和银监分局行政许可工作。此外，江苏银监局还印发《2006～2010年法制宣传教育规划》，加强对银行业和社会公众的法制宣传教育，开展法规专项检查评价，使依法行政的理念深入人心。

2007年，江苏银监局制定《江苏银监局工作人员履职问责实施细则（试行）》，履行监管问责制。

2008年，江苏银监局制定《江苏银行业大额授信客户风险监测预警制度》和《江苏银行业统计信息共享暂行办法》，加强大额授信客户风险监测预警工作，提升辖内银行业金融机构风险监测分析能力。出台《关于进一步推进小企业金融服务工作的意见》，对推进小企业贷款提出切实可行的指导意见。

（二）规范性文件清理和后评价

按照国务院关于全面清理法规的要求和《中国银行业监督管理委员法律工作规定》的有关规定，江苏银监局对人行南京分行原履行金融监管职责期间和江苏银监局出台的银行业监管规范性文件开展三次清理，清理规范性文件197件，进一步提高规范性文件的科学性、针对性和有效性。2004、2006年先后两次组织对58项监管法规开展监管法规后评价。

二、改进监管方式和手段

（一）非现场监管体系

1. 监管例会

2004年4月20日，江苏银监局组织召开第一次金融监管例会，此后按季召开。通过召开监管例会，分析研判经济金融形势，梳理总结监管意见，及时向银行业金融机构提示风险，提出监管要求。

2. 监管网络

客户风险统计监测体系　2004年，江苏银监局开发客户风险监测预警系统。同年11月12日，制定《大额客户授信风险分析制度（试行）》，运用常规统计方法，定期跟踪客户风险变化情况，强化对单户大额贷款、关联交易和高风险行业贷款的监控，实现对客户风险信息的初步预警分析。2006年和2007年，对客户风险监测预警系统相应的配套统计系统进行2次较大规模的升级，形成拥有客户风险统计系统、助学贷款违约统计系统、小企业授信违约客户信息分析预警系统等多个功能子系统的集成化信息系统。2008年，借助Access数据库技术等数据挖掘手段，以客户潜在风险特征为着眼点，开发一套客户风险监测分析报表体系并推广到各银监分局。该套报表体系共包含18张分析报表，从不同角度对客户潜在风险进行信息挖掘和展示,为银监会系统内首创,得到银监会统计部的肯定,并整体移植到全国数据平台。9月11日,制定《江苏银行业大额授信客户风险监测预警制度(试行)》,明确大额授信风险监测预警的职责分工、内容、流程以及配套监管措施。截至2008年末,全省17家报送客户风险统计数据的银行业机构5 000万元以上授信或贷款的大客户共计5 662户,授信额度和贷款余额分别为22 005.32亿元和12 803.49亿元。

监管统计信息电子交流平台系统 2005年,江苏银监局开发推广监管统计信息电子交流平台系统,实现统计数据采集、校验自动化和与被监管机构间的信息共享,为非现场监管提供了辅助分析工具。

非现场监管信息系统 2007年,江苏银监局被确定为银监会分支机构非现场监管信息系统建设全国唯一试点局,具体承担系统的设计研发工作。在银监会统计部和信息中心的部署和指导下,江苏银监局成立试点工作领导小组和工作小组,完成系统软件需求调研、系统软件开发、系统试运行以及全国培训推广等工作任务,保证系统如期投产。银监会副主席王兆星签发致江苏银监局的感谢函,对江苏银监局的试点工作给予高度评价。

监管部门与金融机构之间的信息网络
2008年,为改变传统纸质文件运转耗费大量人力物力且容易丢失的问题,江苏银监局依托金融专网建立与各银行业金融机构的公文交换系统,并逐步推广到全省所有银监分局和银行业金融机构,实现与局机关办公自动化系统的对接,提高文件信息运转效率。开发建设江苏银行业邮件系统、江苏银行业统计信息共享网站以及非现场监管信息系统数据报送通道,构建快速高效的监管信息交流服务平台。建立辖内飞信短信通知平台,在从系统上发送急件的同时进行短信通知,保证急办件得到及时处理。

(二)现场检查

现场检查是提高监管权威性、有效性的重要手段。江苏银监局成立以来,主要开展以下三类现场检查:一是国家和监管部门政策落实情况检查。主要包括商业银行落实"区别对待、有保有

压"国家宏观调控政策情况检查、二套及以上住房信贷政策执行情况检查等。二是重点风险项目检查。主要包括贷款五级分类偏离度情况检查、房地产贷款业务检查、大户贷款检查、理财业务检查、案件风险检查及操作风险排查、票据业务贸易背景真实性检查、银行业金融机构专项安全检查等。三是常规检查。主要根据非现场监管工作等有关要求开展检查,如对大户贷款、个人消费贷款、信用卡业务、信用风险、公司治理等专项检查,以及开业一周年检查、常规全面检查、后续检查、联动检查等。

2006年,江苏银监局开展房地产信贷业务专项检查,发现被查银行房地产信贷业务在内控制度执行、业务操作合规性、风险防范和控制方面存在的主要问题。针对检查发现的虚假按揭贷款问题,组织辖内银行业金融机构开展虚假按揭贷款自查自纠工作。组织开展土地储备贷款的专项检查,发现土地储备贷款中存在的主要问题,较为准确地判断出土地储备贷款的风险情况。

2007年,江苏银监局组织开展大额不良贷款现场检查,严肃查处银行信贷管理问题,并从提高银行资产质量、化解信用风险的目的出发,帮助银行落实不良贷款处置方案和还款计划,推动不良贷款化解工作。此次大额不良贷款现场检查的情况及不良贷款处置经验被银监会《大型银行监管要情简报》报道介绍。

2008年,江苏银监局对部分银行资产质量进行现场检查,发现未按规定程序分类、分类资料不全不实、人为调整分类结果等导致部分贷款分类认定不准确等问题,以及资产管理系统控制功能不足,贷前调查未能深入完整揭示企业真实信息、对信贷资金用途监控不力、问题贷款管理落实不到位、贷款损失准备预计损失估算方法不当等信贷管理方面的问题。对于检查发现的问题,及时督促被查银行整改。

(三)市场准入

2005年,江苏银监局按照银监会要求,推广机构与业务准入和董事及高管人员管理信息系统。2006年,制定《江苏银监局行政许可操作规程》,编印《江苏省国有商业银行分支机构市场准入操作手册》,规范行政许可注销手续的办理程

序和格式,提高行政许可的规范性和可操作性,同时按照"效率优先,服务至上"的原则,对市场准入流程进行优化。

(四) 其他监管手段

1. 监管评级

2003年,江苏银监局参照股份制商业银行CAMELS评级体系的要求,对全省11家城市商业银行风险状况进行评价和风险分类。2005年,借鉴CAMELS评级体系,组织编写《江苏省国有商业银行分支机构风险评级实施细则(试行)》,实现监管评级零的突破。2006年,根据ROCA评级体系对实施细则进行修订,突出分支机构在操作、执行层面存在的主要问题和薄弱环节。2007年开始,根据《商业银行分支机构风险评估指导意见》,结合监管中心工作,在评级体系中增加大额授信风险敞口等评价内容,不断提高监管评级体系的准确性和完善性。

2. 联动监管

市场准入管理与现场检查、非现场监管、监管评级等其他监管手段的联动 江苏银监局将监管评级结果作为对银行业金融机构市场准入监管的重要依据,与机构扩张、业务创新、综合营业试点以及跨区域发展全面挂钩。对监管评级四级及以下且监管指标反向变化的农村中小金融机构实施限制开办新业务和新设立分支机构的措施,促进农村中小金融机构的监管达标升级规划的实现;在审批市场交易新业务时与其市场风险管理能力挂钩,对没有建立有效市场风险防范措施的,一律不予批准;把案件发生情况、日常监管情况和现场检查结果作为审批机构准入和高级管理人员任职资格审查的重要参考依据。

监管系统内部的信息交流和协同监管 在大型银行监管方面,搭建银行监管信息平台,创建《江苏大型银行监管信息》,指导银监分局日常监管工作。在股份制商业银行监管方面,成立属地联动监管小组,按月制定属地联动监管月志;建立监管交流会制度,搭建股份制银行联动监管组织体系和运行机制。

与内审部门及其他外部机构之间的联动 在大型银行监管方面,加强与江苏财监办、审计署南京特派办等部门的联动。在城市商业银行监管方面,构建"三方会谈"机制,加强向银监会

的汇报和与银行机构的沟通,努力实现监管的"无缝对接"。与人行南京分行建立信贷登记系统查询规范程序、金融反洗钱协调机制,初步形成监管合力,加强对金融交叉业务的监管。与江苏证监局、江苏保监局签订《江苏金融监管合作备忘录》,建立江苏金融监管联席会议制度、金融信息交流制度和重大事项合作制度。与国土和住建部门沟通,了解辖内闲置土地和违规房企的核查信息。会同省法院等部门建立发挥司法职能维护金融安全工作联席会议制度,共同研究防范和化解金融风险的措施和处置重大金融风险的预案,维护辖区金融安全。加强与新闻媒体的合作,与新华社、人民日报社、中央电视台等中央主流媒体建立通畅的联系渠道,与《财经》《银行家》等财经专业媒体形成良好合作关系,与新华日报社、南京日报社等地方媒体保持良好沟通,取得较好的宣传效果。

三、规范监管执法行为

(一) 建立健全监管执法制度

2003年以后,江苏银监局先后制定《江苏银监局行政处罚实施程序规定和行政处罚听证程序规定》《关于规范实施责令银行业金融机构给予责任人员纪律处分监管措施的通知》等监管制度,统一银监局系统行政处罚格式文本,规范现场检查、行政处罚、纪律处分等监管执法程序,明确在现场检查、行政处罚调查取证等工作中严格执行至少有两名工作人员、出示介绍信、工作证等规定。

2007年,江苏银监局组织编写《江苏银监局监管手册》,在整合银监会现行各类监管规程的基础上,借鉴国际银行业监管的先进经验,运用标准化管理和流程化管理的方法,结合江苏银监局监管实践,进一步细化各项监管工作的具体标准,规范各个监管环节的业务流程,体现依法监管的要求和风险为本的持续性监管理念。

(二) 行政处罚和监管强制措施法律审查把关

江苏银监局行政处罚对象涵盖政策性银行、大型银行、股份制商业银行、城市商业银行、邮政储蓄银行、农村中小金融机构、外资银行、非银行

金融机构等银行业金融机构。处罚的金融违法行为种类主要包括：未经批准变更、未经任职资格审查任命高管人员、账外经营、高息揽储、信贷资金违规流入股市、严重违反审慎经营规则、提供虚假报表等资料、违反存款实名制规定、内控不健全发生重大金融案件等。行政处罚种类主要包括：警告、罚款、没收违法所得、取消任职资格、禁止从事银行业工作、吊销金融许可证等。

截至2008年末，江苏银监局系统共作出行政处罚121起。其中，银监局机关作出30起，银监分局作出91起；重大行政处罚39起，一般行政处罚82起。没有行政处罚案件被提起行政复议或行政诉讼。

（三）执法监察

2003年至2008年，江苏银监局监察工作重点逐步从追惩性的事后监督向事前预防和事中控制转变。截至2008年末，江苏银监局共开展15个项目执法监察，发现问题93个，提出整改意见24条。

四、监管调研

江苏银监局成立后，局领导经常带队到基层调查了解实体经济运行情况和货币信贷政策执行情况，及时反映和研究新情况、新矛盾、新问题。2003年至2008年，江苏银监局多次被省委、省政府评为信息报送先进单位，近700篇调研材料被中办、国办、银监会、省委、省政府内刊和中央主流媒体录用，先后有70多篇信息材料被国务院、银监会和省委、省政府主要领导批示，一些调研成果转化为监管措施，推动监管中心工作。

2004年，江苏银监局针对大额授信风险不断暴露的问题，在深入调研的基础上，制定《关于开展客户大额授信推广银团贷款工作的意见》，起草《防范和控制大额客户信贷集中风险的监管思路》和《江苏省银行同业公会关于城建贷款实施银团贷款的约定》。

2006年，农发行江苏省分行在全国率先开办财政垫付性贷款业务。江苏银监局组织辖内分局进行专题调研，并针对该业务存在的风险及时下发监管意见书。2007年，为了解整改效果，有针对性地安排农发行商业性贷款的现场检查项目，进一步揭示财政垫付基础设施贷款的风险，得到银监会有关部门的重视，并向其总行进行通报。

2007年，江苏银监局对产能过剩行业授信快速增长进行快速调研，督促银行业金融机构高度关注产能过剩和产业结构调整对银行业信贷风险的影响。无锡太湖"蓝藻事件"发生后，江苏银监局迅速组织专题调研深入了解情况，明确要求各银行业金融机构增加对"治太治污"工程的信贷支持，推进江苏制造业的优化升级。江苏银监局还选取辖内发生的阪神集团、江苏铁本钢铁公司、南通宝港油脂等十个大额贷款风险案例，进行深入调研剖析，形成10篇调研分析报告并编印成《江苏银行业金融机构大额授信风险案例汇编》，对银行业金融机构起到很好的警示作用。对虚假二手房按揭开展深入调研，形成《关于规范二手房交易管理的几点建议》的调研报告，引起银监会领导的重视，刘明康主席批示"请办公厅转发全辖"，并要求将调研报告抄送建设部。

2008年，江苏银监局就9家农村商业银行改革成效、监管调研作为第三种监管手段、2003年以来全省银团贷款发展情况等多个专题进行调研，撰写的《江苏银监局创新监管方式成功化解申达集团57亿元大额授信风险》《深化产权改革 推进战略重组促进农村商业银行新一轮跨越式发展》《江苏银监局充分发挥监管调研作用的有益探索》《商业银行亟待实施资产减值特种准备金制度》等被国办《专报信息》、银监会《监管工作信息》和新华社《国内动态清样》录用。

第三节　推动银行业改革与发展

2002年和2007年两次全国金融工作会议强调指出，要借鉴国外银行先进经验，结合中国实际，围绕建立现代金融企业制度的目标，全面推进金融业改革。江苏银监局按照会议精神，积极推进金融体制改革。

一、国有商业银行

2003年底开始，国家相继对国有商业银行进行股份制改革,国有商业银行按"一行一策"原则,稳步推进国家注资、处置不良资产、设立股份公司、引进战略投资者等工作。

2005年,江苏银监局对国有商业银行股改进展情况开展摸底调研,督促国有商业银行分支机构做好资产核对、清理和剥离工作。

2006年,江苏银监局督促已经实行股份制改造的国有商业银行分支机构加快推进内部管理改革。

2007年,江苏银监局督促大型银行完善考核机制,深化与战略投资者的合作关系。全面总结工行江苏省分行业务操作人员违规违章记分考核办法和考核系统的经验,经银监会向全国推广。

2008年,江苏银监局指导农行江苏省分行按照农总行统一部署,在清产核资、资产确权和责任认定的基础上,推进内部管理改革,做实资产质量。

二、股份制商业银行

2003~2007年是股份制银行引入境外战略投资者最频繁时期,也是股份制银行海内外上市的高峰期。

2006年,江苏银监局对股份制商业银行2005年内部改革实施效果进行评价。对广发银行在重组阶段应关注事项进行风险提示。对民生、华夏、光大等银行分支机构的组织架构和业务流程的改革进行调研并提出监管意见。

2007年,银监会下发《关于允许股份制商业银行在县域设立分支机构有关事项的通知》,江苏银监局支持符合条件的股份制商业银行到县域设立分支机构。当年,经银监会批准,江苏省股份制商业银行县域机构的设立规划达30家,占全国份额的32%。11月8日,江苏省第一家以指标形式设立的股份制商业银行县域机构——中国民生银行昆山支行开业。12月10日,第一家经济紧密地区异地支行——兴业银行苏州支行的筹建申请获得银监会批准。与此同时,江苏银监局鼓励并优先支持各家银行到苏北机构较少、金融服务需求较大的城市设立分支机构。对管辖行年内拟设分行在两家以上的,协调

其中一家设在苏北,并协调优先筹建苏北机构。对内控良好、管控能力强的一级分行到苏北设立分行的,在选择好高管人员、适当错开批筹时间的前提下,允许其在同一时期内筹建两家分行。针对江苏县域经济发达的实际,取消县域支行准入指标限制,鼓励股份制商业银行到县域地区设立分支机构。

2008年,浙商银行南京分行、中信银行南通分行、招商银行南通分行及小企业信贷中心获准开业。华夏银行镇江分行、光大银行无锡分行获准筹建,华夏银行无锡支行、苏州支行及浦发银行无锡支行、南通支行升格为分行。在银监会支持下,将南京、镇江纳入经济紧密区,扩大苏南经济紧密区的范围,支持股份制商业银行在经济紧密区的发展。当年有2家经济紧密区支行开业,2家获准筹建。加强对经济紧密区支行的引导和监管,明确在经济紧密区内跨地市设立支行的条件和原则,出台由股份制商业银行南京分行作为跨地区二级分行或经济紧密区支行的管辖行的监管意见,规范股份制商业银行的发展。

三、政策性银行与邮政储蓄机构

当国有商业银行和股份制商业银行加快推进改革步伐时,政策性银行的商业化改革开始从国家开发银行找到突破口,邮政储蓄体制改革也取得重大进展。

2006年,江苏银监局推动邮政储蓄机构解决案件挂账问题,为组建邮政储蓄银行打下良好基础。

2007年,江苏银监局指导政策性银行稳步实现商业化转型,严格防范新的业务风险,达到政策性业务和商业性业务分类管理、分账核算、分别考核的要求。督促邮政储蓄机构全面总结小额质押贷款业务经验,关注机构改革中可能产生的各类风险,加大对案件易发领域的监控,切实做好筹建邮政储蓄银行分支机构的准备工作。

四、城市商业银行

江苏银监局成立后,积极推动城市商业银行完善股权结构和公司治理,深化体制机制改革。

2003年，江苏银监局发挥江苏省城市商业银行协会的平台作用，推动城市商业银行的业务合作，支持南京市商业银行牵头省内外城市商业银行发起设立2个银行间债券市场和货币市场业务合作项目。完成靖江市长江城市信用社的规范工作。开展对高邮市兴邮城市信用社的市场退出工作。截至2003年底，江苏省内城市信用社已基本处置完毕。

（一）南京银行上市

南京银行自2003年起启动上市进程，聘请中信证券为上市辅导和承销券商。2003年7月1日进入上市辅导期，2004年底获得证监会正式受理。2004年，江苏银监局督促南京市商业银行落实银监会公司治理检查提出的各项整改意见，指导该行基本完成对8个上市专题的整改。2006年，江苏银监局督促和指导南京市商业银行引入两家境外战略投资者。2007年6月22日，南京银行通过证监会发审会审核；7月3日获得证监会发行批文；7月4日至6日在深圳、上海、北京三地路演；7月12日完成IPO，共募集资金67亿元；7月19日在上海证券交易所挂牌上市，成为全国第一家在主板上市的城市商业银行。

（二）组建江苏银行

2005年7月22日，江苏银监局向银监会上报除南京银行以外的10家城市商业银行合并重组为江苏银行的框架性方案，主要内容包括新设合并统一法人，综合处置不良资产，募集新股充实资本，提高经营管理素质等。2005年12月22日，银监会原则同意江苏银行合并重组方案，2006年12月31日，银监会批复同意江苏银行开业。2007年1月24日江苏银行开业。在江苏银行筹建期间，经资产核资和资产评估，发现常州、镇江、淮安等6家城市商业银行有较大资产损失，合计弥补预期资产损失准备缺口达25.43亿元。按照银监会的要求，江苏银行组建必须首先解决资产损失弥补问题，彻底化解风险。江苏银监局与江苏省政府及各相关市政府沟通协调，得到政府的大力支持，最终制定省内城市商业银行合并重组资产损失弥补方案。6家城市商业银行部分不良资产26.85亿元，以25.43亿元的价格打包转让给第三方江苏省国际信托投资有限公司，并以此资产包为标的设计发行5年期专项

信托产品募集资金弥补资产损失缺口，在政府注资10亿元的基础上解决一部分损失，再通过省政府协调100亿元存款给予江苏银行，利用新银行运作产生专项收益弥补剩余资金缺口，从而达到以时间换空间、逐步消化纳入合并重组城市商业银行的不良资产的目的。

2004年，为进一步规范城市商业银行信息披露，江苏银监局制定城市商业银行信息披露实施细则和格式样本，督促指导6家试点城市商业银行制定信息披露实施方案，通过多种方式披露年报。

2005年，江苏银监局贯彻银监会"贷款五级分类准确—充足拨备—做实利润—资本充足率达标"的持续性监管理念，推动法人银行机构改善资本充足状况，提高风险抵御能力。督促并指导淮安市商业银行新募集2亿元股本金，指导南京市商业银行发行8亿元次级债券补充附属资本。

2007年，江苏银监局推动江苏长江城市信用社股份有限公司改制为城市商业银行。鼓励符合条件的省外城市商业银行在江苏省内设立分支机构。9月28日，上海银行南京分行开业经营。

2008年，江苏银监局督促指导江苏银行、南京银行制定三年发展规划，引导其确定合理的市场定位，明确经营和发展战略目标。针对江苏银行在资本管理中存在的突出问题，专门下发监管意见书，督促该行纠正资本充足率统计中存在的不规范做法，制定资本维持与补充规划。支持城市商业银行跨区域发展。江苏银行分支机构覆盖到全省所有地级市，上海分行开业，深圳分行筹建申请上报银监会。南京银行上海分行、无锡分行开业，北京分行获准筹建。继续支持符合条件的省外城市商业银行在江苏省内设立分支机构。宁波银行南京分行开业，徽商银行南京分行、宁波银行苏州分行、浙江稠州商业银行南京分行获准筹建。支持有条件的城市商业银行向外投资。指导南京银行异地参股日照市商业银行，开创城市商业银行之间股权联合与战略合作的先例。同意南京银行参股发起筹建村镇银行和投资入股江苏金融租赁有限公司。

《江苏省志》丛书

银行志

五、农村中小金融机构

2003年6月,国务院下发《深化农村信用社改革试点方案》,拉开农村信用社新一轮改革的序幕。江苏省作为全国8个试点省份之一,不断深化农村信用社改革。

(一)银行组建

从农村信用社改革初期开始,江苏银监局坚持因地制宜、分类指导的原则,督促指导符合条件的农村信用社自愿选择符合自身实际的产权制度和形式。按照2007年底前各项监管指标基本达标的要求,指导符合条件的农村信用社组建农村银行类机构,督促农村银行类机构逐步完善现代金融企业制度。2004年,在总结上一轮改革经验的基础上,江苏银监局指导经营管理好、资产质量较高的吴江等6家县市(区)联社组建农村商业银行;对基础相对较好而暂时达不到农村商业银行组建标准的泗洪、大丰等16家农村信用社,指导其组建股份合作制的农村合作银行;对其他农村信用社,则督促其在明晰产权的基础上改进经营管理。

(二)股权改造

2005年,为改变农村信用社股权过于分散、社员对农村信用社经营管理不关心、约束意愿和能力均较弱的状况,江苏银监局督促农村合作金融机构增加法人股占比,引进当地经营业绩优良、经营管理水平较高的企业投资入股。对农村合作银行,江苏银监局除要求其提高法人股比重外,还督促其增加投资股占比,以增强股本的稳定性。截至2005年末,全省农村合作银行法人股占比平均达到42%。

2007年,江苏银监局针对苏南与苏中、苏北地区经济差异大、农村合作金融机构发展差距大的特点,出台《关于江苏省内农村商业银行投资入股苏北和苏中农村合作金融机构的指导意见》,鼓励并指导资本实力强、经营业绩良好、内控水平高的苏南地区农村商业银行作为战略投资者入股苏中、苏北农村合作金融机构。6月至12月,常熟、张家港等4家农村商业银行与苏北、苏中地区的农村信用社签订合作框架协议。推动有条件的农村合作金融机构引进合格战略

投资者。11月,常熟农村商业银行与交通银行就战略入股事宜达成协议。支持符合条件的农村商业银行公开发行股票并上市。同月,证监会受理张家港农村商业银行首次公开发行股票的申请。支持常熟、吴江等农村商业银行"走出去",在省外投资组建村镇银行。2007年8月18日,由常熟农村商业银行作为主发起人发起设立并控股51%的咸丰村镇银行在湖北省恩施州咸丰县正式挂牌营业。

2008年6月24日,江苏银监局出台《关于规范江苏省内农村合作金融机构股权设置的指导意见》,要求农村信用联社、农村合作银行坚持以股份制为导向加快产权改造。

(三)公司治理

2004年,江苏银监局制定《江苏省农村信用社进一步完善法人治理结构试点工作指导意见》和《江苏省县(市)农村信用合作联社示范章程》,提出农村信用社法人治理的目标、总体要求和基本内容,对"三会一层"的基本架构和运作模式提出具体要求,并在各市选择1—2家县(市)联社开展完善法人治理试点,督促试点联社完成法人治理框架的搭建和章程等有关规章制度的修订工作,完善"三会"议事规则和运作机制。同时,为推进农村信用社高级管理人员整体素质的提高和法人治理的逐步完善,江苏银监局探索市场化选聘高级管理人员的新路子,推动农村信用社面向全国公开招聘13名高级管理人员。

2006年,江苏银监局在全国率先开展完善公司治理结构试点并逐步推广,促进农村信用社公司治理机制规范、有效运行。

(四)新型农村金融机构试点

2007年,江苏银监局开展设立新型农村金融机构的试点工作,经银监会确认,沭阳县和宜兴市成为江苏省首批试点地区。2008年,在银监会的支持下,扩大新型农村金融机构试点,试点地区由2007年的2个增加到6个。

六、外资银行

从1992年第一家外资银行进入江苏到2006年末,外资银行发展缓慢。15年间,全省共设立9家营业性的外资银行分行以上机构。2001年12

月，中国加入世贸组织。2007年以后，随着中国入世过渡期的全面结束，银行业全面对外开放，外资银行得到快速发展。

2003年，江苏银监局加快金融开放，支持符合条件的外资银行在外向型经济发达的苏南地区设立分支机构，当年审核并上报5家外资银行设立分行的申请材料。

2004年，江苏银监局支持东亚银行设立苏州代表处，指导汇丰银行苏州分行筹备和顺利开业，批准渣打银行南京分行经营人民币业务。

2005年，江苏银监局批准渣打银行苏州分行开业，指导星展银行筹建苏州分行。支持并指导南京市商业银行引进境外战略投资者，法国巴黎银行成为南京市商业银行的第二大股东。

2006年，江苏银监局支持优质外资银行来江苏设立分支机构，星展银行苏州分行、瑞穗实业银行无锡分行先后开业，日本三菱东京日联银行无锡代表处升格为无锡分行，日本池田银行在苏州设立代表处。

2007年，江苏银监局鼓励实力雄厚、管理先进、业务有特色的外资银行来江苏设立分支机构，引导和支持省内外资银行分行稳妥设立支行和开办人民币业务。当年批准设立三家外资银行分行，分别是：友利银行（中国）有限公司苏州分行、韩国中小企业银行股份有限公司苏州分行和东亚银行（中国）有限公司南京分行。

七、非银行金融机构

2003年以后，江苏省内非银行金融机构的发展经历整顿、规范、迅速发展的过程。

2003年，江苏银监局对全省9家汽车整车生产厂商经营情况进行调查，支持符合条件的机构发起设立汽车金融公司，完成相关申报材料的前期准备工作。

2006年，江苏银监局督促资产管理公司办事处规范和改进债权处置工作流程。鼓励和支持信托公司引进战略投资者，对拟入股信托公司的企业资格进行严格审查。引导3家信托公司引进独立董事，并在董事会下设立专业委员会。

2007年，江苏银监局指导辖内信托公司按照新的管理办法加快业务转型，制定适合公司特

点的长远发展规划，加大信托新产品的设计开发力度。支持苏州信托公司和江苏金融租赁公司引进战略投资者，指导江苏信托上市工作。江苏金融租赁公司在全国率先开办转让应收租赁款和吸收股东存款业务。建立资产管理公司监管联席会议制度，推动资产管理公司加快改革，开展金融产品和服务创新。

第四节　支持实体经济发展

一、支持地方经济转型升级

2003年，江苏银监局开始尝试采用银团贷款业务支持重大基础设施建设。

2005年，江苏银监局相继推动江苏省银行业协会组织会员行签订《关于实施银团贷款的约定》《关于对城市建设项目的银团贷款约定》，约定新增城建项目贷款必须组建银团。

2006年，江苏银监局推动江苏省银行业协会修订《关于实施银团贷款的约定》，将实施银团贷款的范围由原来的城建项目贷款扩大到所有贷款金额5亿元以上的项目；指导江苏省银行业协会制定《江苏省银团贷款合作章程》；指导国内外20多家知名银行组建无锡海力士——意法半导体有限公司超大规模集成电路制造项目7.5亿美元银团贷款，成为该年度国内筹组的最大银团贷款之一。

图2-2　江苏银监局推动江苏省银行业协会出台银团贷款相关约定，支持地方经济发展。图为2008年6月江苏银监局局长于学军在江苏省银行业协会指导工作

2007年，江苏银监局推动银行发放全国首笔纯知识产权质押贷款。之后，督促银行不断扩

大知识产权质押贷款、股权质押贷款、应收账款质押贷款、订单质押贷款等适合科技企业的信贷产品规模。无锡太湖"蓝藻事件"爆发后,要求全省银行业金融机构正确认识江苏经济发展面临的新形势和重大转型要求,加大信贷结构调整力度,充分发挥信贷资金引导作用,切实支持环保节能型产业和现代服务业的发展,推动江苏省制造业优化升级,促进江苏经济科学发展。

截至2008年末,全省银行业金融机构本外币各项贷款余额27 081.06亿元,是2003年末的1.25倍。其中,短期贷款余额12 507.25亿元,是2003年末的1.72倍;中长期贷款余额11 940.68亿元,是2003年末的3.15倍;票据融资余额2 205.08亿元,是2003年末的3.14倍。

二、改善小企业金融服务

(一)小企业信贷投放情况

2003年以后,江苏银监局鼓励银行增加小企业信贷投放。截至2008年末,全省小企业贷款余额4 328亿元,比2004年末增加1 926亿元,增长80.18%。与此同时,江苏银监局通过督促银行业金融机构改进服务流程、加强尽职调查、强化信贷管理、增加抵质押流程、创新还款方式等手段,增加对非财务软信息的采集和运用,研究开发适应小企业需求的信贷管理模式、金融服务方式和品种等,不断提高小企业贷款质量。截至2008年末,全省小企业不良贷款余额192亿元,比2004年末减少200亿元,不良贷款率由2004年末的16.32%下降至4.44%。

(二)小企业金融服务六项机制建设

2005年7月,银监会印发《银行开展小企业贷款业务指导意见》,提出商业银行开展小企业贷款要着重落实利率的风险定价机制、独立核算机制、高效的贷款审批机制、激励约束机制、专业化的人员培训机制、违约信息通报等六项机制。为把"六项机制"建设落到实处,江苏银监局主要领导多次带队到银行基层机构和小企业调研,学习浙江小企业贷款经验,并通过编发简报、召开会议、举办电视讲座、编制小企业贷款经验手册、宣传推广部分机构在小企业贷款方面的先进经验、举办小企业贷款培训班等多种方式,推动银

行业金融机构大力开展小企业贷款业务。

2006年,江苏银监局开发小企业授信违约信息分析预警系统,为全省小企业授信工作搭建高效、畅通、安全的信息平台,健全小企业授信违约信息通报机制。

2007年,江苏银监局出台《关于进一步推进小企业金融服务工作的意见》,引导银行业金融机构加强小企业信贷组织机构和管理体系创新。督促地方法人金融机构加大对小微企业的信贷支持力度,形成有自身特色的小企业授信品牌。指导南京银行加强与战略投资者之一的国际金融公司合作开发小企业贷款项目,进一步完善小企业贷款流程。6月,江苏银监局举办小企业贷款培训班,搭建小企业贷款业务交流和学习的平台,使全辖小企业贷款工作迈上新台阶。

2008年,江苏银监局制定《江苏省银行业金融机构小企业金融服务工作考核评价暂行办法》,将小企业金融服务工作的年度考核结果与银行的市场准入挂钩,与省政府对银行的奖励扶持政策挂钩,并纳入监管评级、高管人员履职情况评价,初步建立起激励和约束相容的小企业信贷考核体制。引导辖内银行业金融机构建立和完善与小企业特点相匹配的尽职调查制度和方法,以收益覆盖风险为前提,针对不同行业、不同业务品种建立相应的利率风险定价机制。

江苏银监局把小企业金融服务专营机构建设作为落实银监会"六项机制"要求的重要抓手,在全国较早推动银行建立专门服务中小企业的经营机构。2008年5月20日,建总行指定镇江分行作为全国唯一试点机构,引进具有国际先进水平的淡马锡/富登小企业业务模式,创新推出具有建行特色的"小企业业务镇江模式"。2008年6月18日,经银监会批准,招商银行在苏州成立国内第一家拥有金融许可证的小企业金融服务专营机构——小企业信贷中心,开创国内小企业金融服务的新模式。

(三)营造小企业金融服务工作良好氛围

2006年7月12日,江苏银监局会同省中小企业局和江苏省银行业协会举办银企发展论坛暨小企业融资洽谈会,签订贷款项目49个、金额3.6亿元。

2007年,江苏银监局推动省政府制定小微

企业贷款风险补偿基金政策。同年 10 月 11 日，在太仓举办江苏省第二届小企业融资洽谈会，支持地方政府开展形式多样的小企业融资活动。

2008 年，江苏银监局对银行业金融机构小企业金融服务情况进行考核评价并授牌表彰，营造良好的推进工作氛围。编发《小企业金融服务专辑》《江苏省中小企业金融服务工作经验选编》，加强与各媒体合作，总结、推广和宣传先进经验，发挥典型示范作用。

三、深化"三农"金融服务

（一）发挥农村合作金融机构支农主力军作用

在组建农村银行机构时，江苏银监局制定支持"三农"发展和涉农贷款发放规划，提出"三个高于"（全年涉农贷款投放增速高于全部贷款增速、涉农贷款增量高于上年、涉农贷款在各项贷款中的比重高于上年）目标。截至 2008 年末，全省农村合作金融机构涉农贷款余额 2 373.7 亿元，占全省金融机构涉农贷款余额的 26%。

（二）增加农村金融服务供给

2007 年，江苏银监局根据银监会关于放宽农村地区银行业金融机构准入政策的精神，选择村镇银行作为试点机构，仅 2008 年就组建沭阳东吴、金坛常农商、宜兴阳羡、东海张农商等 4 家村镇银行。

2008 年，为进一步完善苏北、苏中地区农村金融服务，江苏银监局推动"南水北调"工程，鼓励符合条件的苏南农村商业银行以"跨区域、组团式、全覆盖"的方式到苏北、苏中地区设立异地支行。苏南的常熟、张家港两家农村商业银行率先在苏中的南通地区设立全国首批 2 家农村商业银行异地支行。

（三）满足农村金融多样性需求

2004 年，江苏省农村中小金融机构在全国率先实现通存通兑、实时汇兑，开通大小额支付系统和农村信用社银行汇票业务，全面开办借记卡业务，并推广农民工银行卡特色业务。常熟、

江阴农村商业银行发行自主品牌的贷记卡。

2006 年，全省农村中小金融机构在总结和借鉴农户联保贷款成功经验的基础上，将农户联保机制引入小企业领域，按照"多户联保、逐年授信、动态调整、周转使用"的方式，开办小企业联保贷款。

2007 年，省联社统一品牌的"圆鼎"贷记卡业务经银监会核准开办。同年，姜堰农村合作银行创新推出以"阳光调查、阳光定价、阳光放款、阳光监督"为主要特点的"阳光信贷"服务新模式。江苏银监局在全省推广"阳光信贷模式"，努力实现农村基础金融服务全覆盖、农户信用评级全覆盖、农户有效需求贷款全覆盖等"三个全覆盖"。①

图 2 - 3 "阳光信贷"现场办贷

2008 年，江苏银监局推动农村金融机构大量增设 ATM 等自助设备，尝试推行手机银行等电子银行业务。

四、履行社会责任

（一）公众关系与教育服务

2008 年，江苏银监局在局机关设立面向社会的公众服务室，整合政府信息公开、信访接待、金融知识教育、政策法规咨询等各项服务职能。

2008 年，江苏银监局建立江苏省银行业信访舆情联动机制，调动银行业金融机构、银行业协会多方力量，加强与省市政府相关部门、媒体

---

① 2009 年，江苏银监局出台《关于加快推进农村中小金融机构阳光信贷工作的指导意见》。截至 2010 年末，全省农村中小金融机构实施"阳光信贷"的网点已达 1 971 个，占网点总数的 75.8%；授信农户 318 万户，授信总额 1 067 亿元。全省 39 家农村中小金融机构"阳光信贷"模式已覆盖全部网点。

等沟通,增强监管工作的透明度,增进社会公众对监管工作的认识和对金融知识的了解。

（二）送金融知识下乡

2007年3月31日,由银监会发起的全国银行业"送金融知识下乡"活动江苏分会场启动仪式在泗洪举行。此后,江苏银监局坚持与团省委、省银行业协会、各银行业金融机构合作,每年开展"送金融知识下乡"活动,在广大农村地区全面普及现代金融知识,增强农民群众的理财、风险意识。

第五节　风险为本的审慎监管

一、经济金融形势分析研判

2003年以后,经济金融形势复杂多变,国家宏观调控政策也出现多次重大变化。江苏银监局贯彻落实国家宏观调控政策和银监会各项工作部署,加强对宏观经济金融形势分析和研判,及时把握辖区经济金融运行状况。

2004年,江苏银监局落实银监会加强贷款风险管理的七条措施,督促银行业金融机构加快建立风险管理长效机制,树立科学发展观,转变经营理念和方式,防范和化解宏观调控新形势下出现的风险。

2006年,针对贷款过快增长的问题,江苏银监局督促银行业金融机构关注资金流向,加强信贷管理,严格控制贷款增长,特别对票据融资大幅增加所潜藏的风险予以重点提示。会同有关部门开展对全省2006年上半年新开工项目贷款的清理工作,对存在问题的新开工项目进行风险提示。督促有关银行认真排查"两高一剩"行业贷款风险,为落实国家宏观调控要求把好信贷闸门。

2008年,受国际金融危机等因素影响,国内中小企业普遍遭遇人民币贬值、出口退税减少、贷款难度加大、用工成本上升以及原材料价格上涨等问题。江苏银监局提出宏观调控政策力度应适度放宽,调控方式应及时改进政策建议,得到国务院领导的重视,并作批示。同年,制定《2008～2012年江苏银行业发展与监管规划》,对

今后五年江苏银行业发展与监管的方向、目标及措施做出统筹规划和部署。

二、信用风险监管

（一）不良贷款"双降"

江苏银监局围绕银监会的中心工作,采取多项措施,推动银行业金融机构妥善处置不良贷款,真实反映资产质量,努力实现不良贷款逐年下降。

2003年,江苏银监局要求各银行业金融机构改进不良贷款监测分析方式,在对不良贷款进行按月分析的基础上,对不良贷款余额大、占比高或变动幅度大的重点机构、重点大户、重点地区重点监测。

2005年,江苏银监局组织对辖内国有商业银行、股份制商业银行、农村商业银行贷款五级分类偏离度检查。对全省农村信用社全面推广五级分类工作进行部署,督促有关银行通过清收、盘活、核销等措施压降不良贷款。对不良贷款下降缓慢、不良贷款偏离度较大、不良贷款压降工作不力的银行机构,局领导带队上门推动。

2006年,江苏银监局运用贷款五级分类及偏离度检查、贷款迁徙分析和同质同类比较等科学监管手段,加强不良贷款风险监测,督促银行业金融机构加大不良资产清收和处置力度。同时,通过开展拨备提留情况检查等多种方式,督促银行业金融机构提足拨备、做实利润。

2007年,江苏银监局督促银行业金融机构加大现金清收力度;督促有关农村合作金融机构把不良贷款"双降"工作与中央银行专项票据兑付工作结合起来,加大核销力度;督促江苏银行利用当前盈利情况较好的时机,加大对隐性损失资产的回购核销力度,当年共回购核销10亿元,比原计划增加5亿元。

2008年,江苏银监局继续督促银行业金融机构加大对不良贷款的清收和压降力度,利用盈利较好的时机提足拨备。截至2008年末,全省银行业金融机构本外币不良贷款余额725.05亿元,比年初减少198.1亿元;不良贷款率2.68%,比年初下降1.3个百分点。

(二) 防范和化解大额授信风险

2004年以来,江苏辖内共发生大额授信客户风险暴露事件38起,大额授信风险逐渐成为银行业金融机构面临的主要风险之一。江苏银监局通过构建"三道防线",有效提高银行业金融机构大额授信风险管理水平,防范和化解大额授信风险。

1. 监测预警防线

2004年11月12日,江苏银监局制定《江苏银监局大额客户授信风险分析制度(试行)》,强化对单户大额贷款、关联交易和高风险行业贷款的监控,落实相关部门定期统计、分析和识别大额客户集中度风险,提高预警能力。

2005年,江苏银监局督促商业银行落实大额授信业务尽职调查机制,建立对大额授信客户的按月、按季、按年分析预警制度,并对大额授信客户实施动态准入和退出管理。

2008年,江苏银监局制定《江苏银行业统计信息共享暂行办法》和《江苏银行业大额授信客户风险监测预警制度(试行)》,完成大额授信客户风险分析系列报表的设计研发工作,加强大额授信客户风险监测预警工作,进一步提升辖内银行业风险监测分析能力。

2. 风险分担防线

2005年,江苏银监局推动江苏省银行业协会组织会员行签订《关于实施银团贷款的约定》,约定新增城建项目贷款必须组建银团。

2006年,江苏银监局推动江苏省银行业协会修订《关于实施银团贷款的约定》,将实施银团贷款的范围由原来的城建项目贷款扩大到所有贷款金额在5亿元以上的项目。指导省银行业协会制定《江苏省银团贷款合作章程》,促进银团贷款市场的有效运作和有序发展,充分发挥银团贷款分散风险的作用。

3. 危机处理防线

2005年,江苏银监局会同各方力量先后妥善处置南通宝港油脂、江苏阪神、扬州格林柯尔、江都亚海造船公司等大额授信风险事件。

2007年,常州华源雷迪斯公司被法院裁定破产后,江苏银监局一方面督促常州银监分局指导辖内债权银行依法做好维护债权和风险防范工作,另一方面向省政府反映,与常州市政府进行沟通,提出监管意见,督促常州市政府依法维护银行债权,圆满解决这一事件。江阴申达集团风险暴露后,江苏银监局提出以存量贷款重组银团贷款为主线,以企业资产重组、股权重组和公司架构重组为核心的风险化解思路,推动14家债权银行与申达企业集团签订银团贷款协议,成功化解风险。在对建行无锡分行开展的大额不良贷款现场检查中,江苏银监局主动与地方政府沟通协商,成功推动该行化解无锡纺织产业集团1亿元不良贷款风险。此外,江苏银监局还对辖内近年来发生的大额授信风险事件进行汇编,总结防范大额授信风险的经验和教训。

(三) 处理金融机构历史风险

2003～2004年,为化解城市商业银行风险隐患,江苏银监局负责人先后拜会盐城、淮安等8家市政府领导,推动有关市政府采取资产置换、剥离不良贷款、资本金拨付到位等一揽子措施解决历史遗留问题。

2004年5月,南京市国际信托投资公司(以下简称"南京国投")与德隆集团账外关联交易发生后,江苏银监局派出专人配合地方政府做好风险处置和化解工作。按照国务院确定的处置风险原则,撤销南京国投,由中国华融资产管理公司组成撤销清算组进驻南京国投,并协助开展依法接管、建章立制、债权登记审核、资产清理清收、资产评估拍卖等一系列工作。江苏银监局组织开展对德隆及其关联企业在江苏省内银行业金融机构的风险状况排查并严密监控,指导苏州银监分局妥善处理沈阳合金子公司在苏州的风险事件。

2005年7月,中山集团财务有限责任公司"三会"瘫痪,财务恶化,流动性风险一触即发。经银监会批准,江苏银监局对该公司做出停业整顿的决定。整顿期间,江苏银监局通过每日监控和不定期的现场办公,持续关注该公司资金流动、印章使用、人员变动等情况,及时消除风险隐患。此外,江苏银监局多次与省、市政府沟通,提请引入合格的战略投资者,并尽快制定落实重组方案。2006年末,拟重组方与南京市政府达成在南京成立新集团的初步协议。

(四) 推动信贷管理精细化建设

1. 贷款"三查"管理

2005年,针对当年暴露的多起异地贷款风险,江苏银监局及时进行调研分析,提出严格贷款"三查"、重视担保要求、健全管理制度等要求。

2006年初,受多种因素影响,银行贷款增长迅猛。考虑到贷款过快增长可能带来的负面影响,江苏银监局领导带队到贷款主要投放地区进行调研,并多次召开监管例会进行风险警示,约谈贷款投放较多的商业银行负责人,督促其关注资金流向,加强信贷管理。

2007年,中国股市全面上涨,部分信贷资金违规流入股市。为此,江苏银监局要求各商业银行全面落实贷款"三查"制度,防止信贷资金违规流入股市。组织7家银监分局对辖内商业银行进行调查,收回被挪用流入股市的信贷资金,此项工作得到银监会的肯定。至当年底,违规流入股市的信贷资金已基本收回,105名相关责任人受到处理。

2. 贷款分类准确性管理

2003～2004年,江苏银监局按照"提高贷款五级分类的准确性—提足拨备—做实利润 资本充足率达标"的监管思路,督促地方法人银行业金融机构抓紧制定落实损失准备金提取计划、资本充足率分年度达标规划和补充资本金的具体措施。督促指导城市商业银行按贷款五级分类结果制定贷款损失专项准备金提取规划。

2004年,江苏银监局督促省联社制定江苏省农村信用社贷款五级分类实施方案,将五级分类试点农村信用联社从4家扩大到34家。至2005年,江苏银监局已将贷款五级分类推广到全省所有农村合作金融机构,比银监会的要求提前1年。

2006年,针对农村合作金融机构部分负责人有关做实五级分类后不良贷款上升较多会影响央行票据兑付的思想顾虑,江苏银监局多次就做实、做好贷款五级分类工作进行动员。督促省联社举办贷款风险分类强化培训班,协调选派151名农村信用社管理人员到商业银行挂职交流和4位大型银行业务骨干到江苏省联社参与分类工作。督促省联社制定实施方案和细则,将表内外所有信贷资产纳入分类范围,同时选择仪征农村合作银行开展非信贷资产五级分类试点。

2005年,江苏银监局督促相关银行机构提高贷款五级分类的水平,完善五级分类的实施细则和操作程序,准确反映贷款质量。对辖内国有商业银行、股份制商业银行、农村商业银行贷款五级分类偏离度进行检查;对30家农村合作金融机构进行贷款偏离度检查,对检查不合格的联社督促其重新分类。

2006年,针对工行江苏省分行运用信贷资产质量分类模型自动清分的不良贷款结果与实际存在偏离的情况,江苏银监局督促该分行真实反映贷款质量,推动其将11亿元不良贷款调整入账。针对农行江苏省分行原不良贷款分类存在偏差的情况,多次提出监管意见,推动该分行将4.86亿元贷款纳入不良贷款管理。针对广发银行南京分行因考虑重组要求未真实反映部分不良贷款的情况,江苏银监局领导登门会谈,推动该分行将6亿元不良贷款调整入账。

2007年,针对辖内部分商业银行贷款逾期状况与不良贷款分类情况差异较大、一部分逾期时间较长的贷款没有纳入不良贷款进行核算、同一客户在不同银行的贷款在风险分类上存在差异等问题,江苏银监局要求各商业银行进一步增强贷款风险分类的审慎性,不断扩大客户信息的收集范围,根据客户信息的变化及时调整贷款风险分类,不断提高贷款风险分类的准确性。同时,通过下发监管意见书、开展现场检查等方式,督促农村合作金融机构进一步加强和改进贷款五级分类,推动风险分类结果的准确性不断提高。督促指导省联社制定非信贷资产风险分类实施细则,不断完善非信贷类资产分类工作。

3. 贷款风险管理

2004年4月,江苏铁本钢铁有限公司(以下简称"铁本公司")因违规建设钢铁项目被国务院查处,6家金融机构"集体沦陷"。国务院检查组的检查显示,截至2004年2月末,中行常州分行等6家金融机构对铁本公司及其关联企业合计授信余额折合人民币43.39亿元,其中25.6亿元银行贷款已实际投放到项目中去。"铁本事件"发生后,江苏银监局在配合有关部门进行查处的同时,召开省级商业银行负责人通报会,剖析贷款风险管理方面暴露出的突出问题,要求各商业银行吸取教训,正确处理速度与质量、风险与效益的关系,改进绩效考核机制,落实防范集团客户及关联企业风险等监管要求,降低贷款集中度。

三、市场风险监管

2005年，江苏银监局督促银行业金融机构落实《商业银行市场风险管理指引》，指导地方法人银行着重解决账户划分、估值等市场风险管控的基础性问题，增设独立的市场风险管理部门或岗位，加强专业人才的培养。

2007年，针对南京市商业银行资金交易业务较为活跃的实际，江苏银监局对该行组织开展市场风险管理专项检查，全面了解和掌握该行市场风险管理状况，客观评估该行市场风险管理的符合程度及发展趋势，有针对性地提出监管建议和意见，推动该行健全市场风险管理组织体系，完善市场风险管理政策，加强市场风险管理信息系统和人才队伍建设。

四、操作风险监管

2005年，江苏银监局在银监会统一部署下，把案件专项治理工作作为强化金融机构内部控制的一项重要工作来抓，结合江苏实际发出《关于落实案件专项治理工作贯彻意见的通知》，在严肃查处已发案件、开展防范违法违规行为的专项检查活动、开展规章制度专项清理活动等三个方面提出具体要求和措施。

2006年，为进一步推动案件专项治理工作，江苏银监局制定《2006年银行业金融机构案件专项治理工作意见》，建立各级监管部门和银行业金融机构"一把手"负总责的案件专项治理责任制和定期汇报制度，要求银行将重大案件的防范作为经营业绩考核的重要内容。多次召开全省银行业案件专项治理工作电视会议，督促银行业金融机构重点关注票据案件、账外违法违规经营、"假按揭"以及建设长效机制等问题。

2007年，江苏银监局以农村合作金融机构为重点，深入推进银行业案件治理工作。会同省联社专门召开首次直达基层的农村合作金融机构案件专项治理工作（电视电话）会议，全省75家农村合作金融机构的中层以上干部、2 045家基层信用社的负责人和银监局系统的相关人员共4 500人参加会议。督促省联社对15位农村

合作金融机构高管人员实施异地任职。当年，共对全省73家农村合作金融机构和300多家基层行社进行"飞行检查"（事先不通知机构、不听取汇报，直接组织人员对金融机构的案件专项治理情况、风险排查情况和内控情况进行突击检查）。为加强经验总结，组织编写近8万字的银行业案件剖析汇编。

2008年，江苏银监局下发《2008年江苏银行业金融机构案件防控工作的意见》和《农村中小金融机构案件防控长效机制建设指导意见》，继续把农村中小金融机构作为案件防控工作的重点，对农村中小金融机构案件防控情况进行二轮督查，引导其加快建立案件防控长效机制。

五、其他风险监管

2003年，扬州市邗江区农村信用合作联社发生债券投资重大风险，江苏银监局先后两次到当地检查，提出化解风险、落实责任的具体意见。同时，组织对全省农村信用社通过证券市场债券投资情况进行全面清查，要求全省农村信用社将可以转入中央国债登记公司托管的债券，限期办理转托管手续，无法转托管的限期出售。

2004年3月，针对部分金融机构在办理贷款转让业务中出现的问题，江苏银监局发出《关于加强银行业金融机构贷款转让业务管理的通知》，并建立贷款转让业务统计制度。制定加强债券买断式回购业务风险管理的指导意见，对该项业务的价格风险、履约风险、投机风险进行提示。

2004年4月6日，江苏银监局会同地方政府和有关部门迅速平息南通如皋、如东两地部分邮政储蓄机构挤兑风波，防止事态蔓延。

2005年，针对部分银行在银期转账业务中出现的客户透支问题，及时提出加强银证和银期转账业务风险管理的意见，并组织全省银行业金融机构对银证、银期转账等代理业务进行自查，纠正存在的问题。针对信托投资公司集合资金信托业务发展较快而对投资者风险意识培养不足的矛盾，发出《对集合资金信托计划委托人特别告知》。与江苏保监局联合出台加强汽车消费贷款和车贷险风险管理的意见。

2008年，江苏银监局督促商业银行准确揭示理财产品风险并保证风险提示的醒目、突出，严格客户评估，规范开展理财产品营销活动。提出个人理财业务客户投诉处理意见，要求商业银行提前制定应急预案，认真开展个人理财业务评估，严格防范理财业务带来的各类风险。停止汇丰银行苏州分行的直销团队营销模式，要求其总行对该营销模式进行评价。督促江苏银行、南京银行、中行江苏省分行等机构合理设计理财产品，优化理财产品研发流程，加强理财业务风险评估。与江苏保监局联合下发《关于加强银行代理保险业务合规管理的通知》，对银行业机构代理销售基金业务进行联合检查，规范银保、银证等交叉业务的发展。

六、处置非法集资工作

2006年，江苏银监局会同房地产管理部门对个别房地产公司通过销售所谓的商铺使用权方式集聚资金的活动及时进行纠正，要求其停止销售活动并逐步退还集资款。对个别公司涉嫌以发行股份名义非法集资事件进行界定并移送证券监管部门处理。商请有关部门对部分公司在南京开展的托管造林或合作造林项目是否符合国家政策规定、是否涉嫌非法集资等问题提出初步认定意见。针对泰州市部分民间高利借贷中夹杂非法集资等非法活动存在较大危害和潜在风险的情况，江苏银监局与泰州市政府沟通，推动当地政府组织开展以处置非法集资活动为核心的民间高利借贷整治工作，并及时向省政府汇报，维护了社会稳定。

2007年，江苏银监局就美国电子黄金投资集团在无锡涉嫌非法集资事件，向银监会报送《美国电子黄金投资集团在江苏省内非法吸收会员投资事件调查进展情况》。对摩根卡地尔（香港）有限公司涉嫌非法集资的事件，及时向省政府和银监会报告该案件的进展情况。针对盐城市两家农民资金互助组织涉嫌非法金融业务活动的情况，致函有关部门协调处理，及时维护地方金融秩序。

2008年5月，江苏省建立省处置非法集资联席会议制度，江苏银监局履行非法集资联席会议办公室职责，落实处置非法集资"一把手"责任制，提请省政府采取有力措施遏制非法集资案件高发势头。2008年末，全省已有9个省辖市建立打击和处置非法集资联席会议制度，强化各行业主管部门的责任，将打击非法集资纳入社会治安综合治理和"平安江苏"建设的考核内容，在全省形成比较完善的处置非法集资工作机制。同时，江苏银监局推动非法集资重点案件的处置，协调省有关部门制定查处、维稳、宣传等工作方案，多次对重点案件和处置非法集资工作进行督办，推动解决办案过程中遇到的银行账户排查、跨地区案件的查处和维稳等问题。

第三章 存款业务

改革开放以前,全省银行体系长期实行"统存统贷"的信贷资金管理体制。由于存款与贷款不挂钩,各项贷款指标也不能相互调剂使用,各级银行普遍存在"重贷轻存"现象。改革开放以后,中国人民银行改革信贷资金管理体制,相继实行"差额包干""实贷实存""比例管理"等信贷资金管理体制,全省银行逐步改变了"重贷轻存"的倾向,普遍树立"存款立行"的理念,大力吸收各项存款。1993年金融体制改革之后,全省银行开始按照市场化的要求实行集约化经营。存款工作既重视总量的扩张,又重视成本的核算,活期存款占比开始上升。同时,为适应市场竞争的要求,银行加快营业网点布局的调整和功能的转换,重视金融电子化建设对存款工作的促进作用。进入21世纪,银行通过发展和完善对公存款工作机制,抓住重点客户、黄金客户,稳定增加企业存款,积极开拓财政性存款和同业存款,推动对公存款的全面增长。同时,随着社会投资渠道拓宽,居民理财需求上升,全省银行以不同形式适时完成储蓄业务向个人金融业务的战略转型,进入个人金融服务的新时期。截至2008年末,全省人民币各项存款余额37 017.48亿元,占全国存款余额的7.94%,居全国第三位。其中,企业存款余额12 895.27亿元,占34.84%;储蓄存款余额16 721.18亿元,占45.17%;财政性存款余额2 171.85亿元,占5.87%;农业存款余额1 056.61亿元,占2.85%;委托存款余额253.98亿元,占0.69%;其他存款余额3 918.59亿元,占10.59%。企业存款、储蓄存款和财政性存款合计占比超过85%,构成江苏省银行存款的主体,是本章主要记述对象。同时,同业存款虽不纳入各银行存款统计口径,但也是各银行重要的资金来源,一并在本章记述。本章记述的各类存款为人民币口径,外汇存款见本志第六章。

表3-1 1978～2008年江苏省人民币各项存款余额统计表　　　　　　　单位:亿元;%

年份	年末余额	增速	年份	年末余额	增速
1978	60.72		1994	2 481.10	38.04
1979	78.31	28.97	1995	3 500.49	41.09
1980	95.55	22.02	1996	4 706.36	34.45
1981	124.54	30.34	1997	5 674.94	20.58
1982	146.21	17.40	1998	6 578.80	15.93
1983	171.12	17.04	1999	7 470.43	13.55
1984	221.68	29.55	2000	8 400.75	12.45
1985	247.12	11.48	2001	9 700.68	15.47
1986	372.62	50.79	2002	11 881.19	22.48
1987	443.44	19.01	2003	15 378.49	29.44
1988	517.81	16.77	2004	18 211.02	18.42
1989	640.84	23.76	2005	22 001.44	20.81
1990	860.33	34.25	2006	25 860.47	17.54
1991	1 136.51	32.10	2007	30 450.54	17.75
1992	1 422.61	25.17	2008	37 017.48	21.57
1993	1 797.33	26.34			

《江苏省志》丛书

银行志

第一节　企业存款①

一、专业银行时期（1978～1993）

中共十一届三中全会以后，为适应经济管理权限下放、经济主体多元化、横向经济联系迅速展开的客观需要，4家国家专业银行在江苏的分支机构相继恢复或设立。1979～1981年，全省逐步推行"统一计划、分级管理、存贷挂钩、差额包干"的信贷资金管理体制，过去长期实行的"统存统贷"的信贷资金管理体制开始解体。在新的信贷资金管理体制下，吸收存款与发放贷款挂钩，多吸收存款可以多发放流动资金贷款，银行"重贷轻存"的局面逐渐改变。到1984年末，全省企业存款余额达86.76亿元，是1978年末的5.44倍。

1985年，人行江苏省分行和工行江苏省分行分设，原人民银行办理的企业存款业务由工商银行承办。各专业银行开始实行"一业为主，适当交叉，多种经营"的经营体制改革，在不改变原有业务分工的前提下，专业银行之间开展适度竞争。同时，各专业银行开始实行"统一计划，划分资金，实贷实存，相互融通"的信贷资金管理体制。存款多寡直接影响专业银行的资金营运，多年来形成的"重贷轻存"思想进一步得以扭转，各专业银行普遍重视吸收企业存款。工行江苏省分行为稳定企业存款，在重点市行设立专管存款部门，加强企业存款管理和调查预测分析。农行江苏省分行帮助企业挖掘资金潜力，增加企业存款。据统计，该行1986年仅帮助乡镇企业和商业供销企业清理积压物资和不合理的资金占用就达5.05亿元。建行江苏省分行改变过去只吸收基本建设领域资金的做法，面向社会经济各个领域广泛吸收存款，筹资手段不断健全。1987年重新组建的交行南京分行根据人总行关于"已在其他专业银行或金融机构往来的单位，可以同时在交通银行开立结算账户建立业务关系"的规定，于当年8月在江苏率先开办大面额存款证，吸收企事业单位闲散资金。到当年末，该项存款余额达12 796万元，占该行存款总额的22.46%。

1988年，经济出现过热，企业存款增长明显放缓。1988年、1989年，全省企业存款增速只有15.35%、6.99%。1989年，为改变企业存款增长不力的局面，省内各专业银行普遍建立企业存款工作制度，促进企业存款工作的制度化和规范化。工行江苏省分行建立对公存款工作制度，各级行成立对公存款领导小组，实行存款鼓励金办法。农行江苏省分行印发《对公存款内部管理责任制试行办法》，分别规定资金组织部门、计划部门、会计部门和信贷部门在对公存款工作的责任。中行江苏省分行在人民币信贷部设立企业存款科，制定《人民币企业存款经营管理暂行办法》，指导企业存款工作。建行江苏省分行坚持储蓄存款和企业存款两手抓，研究制定《关于全面推行储蓄承包的意见》和《吸收企业存款考核奖惩办法》。与此同时，各银行在人民银行的组织领导下，贯彻执行《现金管理暂行条例》，加强柜面监督，严格现金支付的审批，开展现金大检查，堵住不合理的现金支付，增加了企业存款，充实了信贷资金。

图3-1　1992年工行江苏省分行成立服务于特大型企业仪征化纤的胥浦直属支行

1990～1992年，全省银行继续将大力筹措资金作为工作重点。工行江苏省分行根据"外求发展、内求协调"的原则，加强对公存款机构和人员建设，并按照"抓系统、抓大户"的要求，建立分层次的大户存款监测网络，同时推广银票保证金、协定存款、通知存款等新的种类。中行江苏省分行采取四项措施吸收企业存款：一是注意把外贸企业、出口生产企业和"三资"企业作为主要吸存

---

① 本节所实行的专业银行、商业化转型和股份制改造三个时期的划分，均以国有商业银行为依据，以下各章节均与此相同。

对象;二是充分发挥信贷杠杆作用,坚持以贷吸存、以贷促存;三是运用结算手段,减少派生性存款外流;四是重视资金成本和经营效益,在吸收低息存款上下功夫。交行南京分行实行承包责任制,并辅之以目标管理,存款季季有计划、月月有考核。1990～1992年,全省企业存款余额连续三年保持近40%的高增长。

1993年,受社会集资热及金融秩序混乱等因素影响,全省银行存款波动幅度较大。企业存款从6月份开始下滑,4个月减少48.35亿元,给银行资金营运造成极大困难。为此,省政府先后两次发出加强集资管理的通知,人行江苏省分行牵头7家省级银行联合发出《关于切实加强宏观金融调控的通知》,提出8条具体措施,对一些有令不行、有禁不止的金融机构采取通报批评、冻结存款、停业整顿等处理措施,使乱发债券、乱集资和"利率大战"得到有效制止。全省银行抓住提高利率和整顿乱集资的有利时机,大力组织企业存款,增加信用回笼。1993年末,全省企业存款余额509.58亿元,是1978年末的31.93倍,年均增长25.97%。

二、商业化转型时期(1994～2003)

1993年12月25日,国务院发布《关于金融体制改革的决定》,提出在政策性业务分离出去之后,要将国家专业银行尽快办成真正的国有商业银行,国有商业银行之间允许有业务交叉,开展竞争。此后,华夏银行、浦发银行等股份制商业银行相继在江苏设立分支机构,农村信用社和城市信用社改革不断深化。江苏逐步形成以国有商业银行为主体、各类金融机构并存的多元化、多层次的金融机构体系。全省银行在国家金融法律法规的范围内和中央银行的监管下充分竞争,促进企业存款的高速增长。

1994年2月,为了适应新的金融管理体制、增强商业银行自我约束和自我发展能力,人总行决定自1994年起对商业银行的资金实行资产负债比例管理。当年,建行江苏省分行率先在省内进行贷款限额内增量和资产负债比例管理试点,取得积极成效。试点单位建行南通市分行各项存款当年新增10.54亿元,增长50.5%;各项贷款当年新增3.75亿元,季度规模利用率平均在95%以上,初步建立资产负债比例和风险管理机制。同年,工行江苏省分行转发工总行《关于工业生产企业流动资金贷款与企业销售收入回笼率挂钩的意见》,在合理掌握贷款投向、投量和支持企业生产经营的同时,促进企业增加销售货款回笼。中行江苏省分行从向商业银行转变的高度重新认识存款工作,加大推行存款目标责任制的力度,调动全体人员的积极性,促进企业存款稳步增长。在资产负债比例管理等因素推动下,当年全省企业存款大幅增长72.76%,增速创改革开放以后最高纪录。

图3-2 1995年9月,农业银行江苏省分行在常熟召开全省农业银行拓展城市业务、新业务经验交流会,提出要抓大户、富户和新户,努力优化负债结构

1995～1996年,全省银行继续贯彻资产负债比例管理的要求,企业存款总量持续增加,结构进一步优化。1995年5月,农行江苏省分行与省邮电局签订合作协议、数据通信收费协议,打开对公存款新局面。中行江苏省分行将企业存款管理划归计划处,使资产、负债管理紧密结合。至当年8月,中行江苏省分行第一次由贷差行变为存差行,实现历史性突破。工行江苏省分行注重做好资产负债比例管理条件下的负债结构改善和筹资成本降低工作,吸存重点转向增加活期存款和扩大对公存款。当年活期企业存款和储蓄存款增加40亿元,比上年多增加4.1亿元。同年,华夏银行南京分行、浦发银行南京分行相继成立。作为1993年金融改革后最早进入江苏的两家股份制商业银行,两行从成立之初就十分重视存款工作。华夏银行南京分行按照股份制银行的经营管理模式和要求,坚持"存款立行"的方针,把存款工作作为各项工作的重中之重。浦发银行南京分行把组织存款作为立行之本,确立

"总量不断增加,来源相对稳定,结构趋于合理,成本比较低廉"的存款工作目标,密切与企事业单位的关系,稳定增加存款。1996年,工行江苏省分行决定由计划部门负责信贷规模和资金的调剂和落实,预留适当的信贷规模用于增加存款;信贷部门负责以贷引存和以贷稳存,督促企业提高存贷比例和销货款归行率。同年 11 月,建行江苏省分行开办人民币单位协定存款业务,当年该行企业存款增长 76.5%。到 1996 年末,全省企业存款余额达 1 715.80 亿元,比上年增长 47.29%,增速仅次于 1994 年的 72.76%。

1997年亚洲金融危机对江苏经济造成较大影响,经济增长开始放缓。受经济增长放缓影响,全省企业存款增速也由 1996 年的 47.29% 一路下滑至 2001 年的 12.56%。1997~2001 年,全省银行多方采取措施,做好企业存款的稳存、增存工作。

1997年,工行江苏省分行把抓系统、抓大户、抓龙头、抓开源、抓归集作为对公存款工作的重点,保持企业存款的平稳增长。中行江苏省分行制定抓存款工作的十项措施,加大吸存工作力度。中信银行南京分行改革存款考核办法,由旬末平均余额考核改变为日均存款余额、月末存款余额、资金效益三方面综合考核,增强存款稳定性。浦发银行南京分行调整存款管理办法,建立存款分析例会制度,坚持以批发业务为主的策略,着力拓展大客户。当年成立的广发银行南京分行通过优化网点布局,建立市场化的激励机制,提升基础客户数量,优化存款客户结构等措施,拓宽存款领域,加强存款稳定性。

1998年,金融宏观调控的重点由治理通货膨胀转向防范通货紧缩,适度从紧的货币政策转为稳健的货币政策。在 1996 年、1997 年三次降息的基础上,1998 年中国人民银行又三次降息。针对利率调低、国债发行增加等新情况,工行江苏省分行总结推广宿迁分行等行的存款工作经验,调整系统内资金往来利率,鼓励增存、上存。中行江苏省分行采取建立大户服务室、实行客户经理负责制、争取优质客户及成长型大客户存款等一系列增存措施,扭转企业存款增长的不利局面。华夏银行南京分行把开立基本结算户作为存款工作的主要手段和工作重点,改变存款结构

和账户结构,增加基本结算户的比例,加大活期存款的比重。

1999年,全省银行加大企业存款考核力度,加强业务创新,开拓新存源。工行江苏省分行对公存款抓住系统管理和系统条管大户两个突破口,一方面对行长目标责任制进行调整,加大对公存款与费用、活工资挂钩的考核占比;另一方面,抓系统、抓条管大户,依托计算机大联网和新的资金汇划清算系统的功能优势,先后与省中保人寿、省电力公司、省财政厅等单位签约,确保系统客户资金的及时上划下拨和即时查询监控。中行江苏省分行制定《存款业务综合评核办法》,建立和完善企业存款信息反馈系统和考核奖励机制。同时,在全辖范围内将"四代"(即代收、代付、代理、代售)作为存款新的增长点。当年成立的光大银行南京分行成立以行长为主任、各部室负责人为成员的存款工作委员会,全面组织协调存款工作。

2000年,全省银行抓住经济形势开始向好、企业销售回笼速度加快的有利时机,大力组织吸收企业存款,增量和增速都有明显回升。工行江苏省分行通过存贷款一体化经营,加强与重点客户和条管客户的合作,先后与省人保、省公安厅、省石化、省交通厅等 8 家条管客户签订合作协议。中行江苏省分行继续坚持"大公司、大零售业务并重,以科技为依托"的存款业务发展战略,以"四代"业务为突破口,与省电信、省联通、省人保等多家省级单位签订全面银企合作协议。建行江苏省分行出台一系列拓展筹资业务市场的营销方案,并在教育、保险、电信、彩票、证券等市场取得新突破。浦发银行南京分行加大综合营销力度,完善分行、支行和客户经理三级存款组织体系,成立公司金融部,负责组织推动营销工作。

2001年,工行江苏省分行建立以客户为中心的一体化经营模式,为客户提供一揽子服务方案,向客户营销包括存款在内的所有产品,发挥各项业务的增存功能。同年 8 月 6 日,建行江苏省分行召开企业存款行长办公专题会议,决定由公司业务处归口管理企业存款工作,以提高存款工作运行质量。当年成立的兴业银行南京分行吸收本地同业经验,并结合自身优势和特点,确

定"资产、负债并举"的市场拓展思路和以优质客户、批发业务为主的经营方向。成立当年就吸收企业存款12.80亿元,占全部存款的75.25%。

2002～2003年,全省企业存款增速继续稳步回升,2003年增速达33.59%,恢复到亚洲金融危机前水平。2003年,工行江苏省分行加强对公存款的稳存、增存工作,全年旬均数与年末时点数之比达88%;系统户和有贷户存款监测系统的顺利上线,为存款业务营销提供了便利式、多功能、全天候的后台支撑;适应电力、电信、石油等系统客户的资金集中管理改革,及时出台有关行际利益补偿办法,调动全行服务系统客户的积极性。至当年末,该行企业存款余额1 039.64亿元,为全省首家企业存款余额突破千亿元的银行机构。

截至2003年末,全省企业存款余额5 718.02亿元,10年间增长10.22倍,年均增长27.35%。

三、股份制改造时期(2004～2008)

2003年10月,中共十六届三中全会决议明确提出,选择有条件的国有商业银行实行股份制改造,从而启动中国新一轮银行业改革。与此同时,招商银行、浦发银行、民生银行、华夏银行等股份制商业银行引资上市等工作也取得积极进展,城市商业银行的股份制改造进程显著加快。在股份制改革的背景下,江苏省银行业资产质量和盈利水平显著改善,竞争能力明显提高,进一步促进企业存款的增长。

2004～2008年,省内各国有商业银行企业存款增长较快。农行江苏省分行在抓好黄金客户、系统性大客户的基础上,又举全行之力,大力发展通讯、社保、垄断性行业的存款业务,向大行业争取资金,使社保、电力、电信、国土、住房公积金、法院、海关、教育、旅游、共用事业、高速公路收费等部门和行业的资金留存量都有较大幅度的增长。2004～2008年,该行企业存款年均增速达18.99%,2008年低成本资金比例达47%,比转轨前的1995年提高20多个百分点。2004年,中行江苏省分行在企业网银系统的升级改造中,投产银企直通服务、集团客户网银服务等重点项目,带动企业存款业务的快速发展。2005年,中行

江苏省分行开始建立以首席客户经理制为主的营销体系,为每一个重点客户量身定制整体性营销方案,发挥省、市、县各级公司业务部门及各级产品部门联动营销的优势,为重点客户提供全方位的金融服务。通过开展存款竞赛和加强负债业务绩效考核等措施,积极拓展包括重点无贷户在内的对公存款客户。

图3-3 2008年9月25日,中国银行江苏省分行与江苏省青年商会签订金融服务合作协议,开展多层次、多领域、全方位的金融业务合作

在国有商业银行实行股份制改造时期,股份制商业银行也加大存款营销力度,企业存款也保持较快增长。2004年,交行南京分行实施大营销发展战略,加强电子化建设,加大对公存款结算户营销力度,以证券公司客户交易结算资金管理改革为契机,积极开拓证券市场业务;完成总行国际结算业务系统首家成功上线运行和辖属分行综合业务处理系统上线工作,初步建立决策支持系统,推动存款迅速增长。同年,华夏银行南京分行与省电信公司签订战略性全面合作协议,与南京河西新城区开发建设指挥部等单位在结算、存款、信贷、网银等方面加强合作。广发银行南京分行要求各支行利用网上银行等先进的金融服务手段,提高企业在该行的结算量,以此推动企业存款的增长。2005年,华夏银行南京分行更新吸存工作理念,实现营销工作以存款为中心向以客户为中心的转移,明确提出抓存款首先是要抓专业营销、抓客户服务。2006年,浦发银行南京分行通过举办"浦发创富江苏行"大型宣传活动,开展春季营销攻势。华夏银行南京分行集中对电力、电信、交通、石化、市政公用等五大行业进行重点营销。广发银行南京分行着力提高结算、财政、事业单位存款的比重,适当鼓励组织低

成本的协议存款。2007年，华夏银行南京分行进一步确立以产品营销带动存款增长的思路，重点推出"物流金融和现金新干线"。在当年召开的首届中国南京金融博览会上，该行对"物流金融"等各项新产品作重点推介。民生银行南京分行成立机构金融部、城建金融部、能源事业部、商贸金融部、交通事业部、冶金事业部、机电金融部、企业金融部等八大行业金融部，对公司业务客户全面梳理，按照行业属性由相关行业部进行专业化营销。2008年，为应对国际金融危机，各股份制商业银行均加大存款拓展力度，确保企业存款平稳增长。华夏银行南京分行在继续营销"物流金融和现金新干线"产品的基础上，组织"融资共赢链"重点产品推介会。当年实现供应链金融业务量32.50亿元，现金新干线交易量290亿元。广发银行南京分行新设交通、冶金、城建、贸易、机械电子五个行业营销团队，建立多层次的营销体系，提升客户金融服务专业化程度，以实现巩固

和发展优质客户群体的目标。浦发银行南京分行通过"盘活存量""力促增量""狠抓主营"，积极推进负债业务的发展。

图3-4　2008年7月8日，华夏银行南京分行举行"融资共赢链"品牌推介会

截至2008年末，全省企业存款余额12 895.27亿元，是1978年末的807.97倍，年均增长25％。

表3-2　1978～2008年江苏省企业存款余额统计表　　　　　单位:亿元;％

年份	年末余额	增速	年份	年末余额	增速
1978	15.96		1994	880.37	72.76
1979	21.47	34.52	1995	1 164.92	32.32
1980	33.50	56.03	1996	1 715.80	47.29
1981	44.05	31.49	1997	2 200.84	28.27
1982	52.05	18.16	1998	2 484.29	12.88
1983	60.20	15.66	1999	2 767.62	11.40
1984	86.76	44.12	2000	3 207.93	15.91
1985	80.61	-7.09	2001	3 610.72	12.56
1986	105.60	31.00	2002	4 280.42	18.55
1987	124.40	17.80	2003	5 718.02	33.59
1988	143.50	15.35	2004	6 719.58	18.04
1989	153.53	6.99	2005	7 531.73	11.59
1990	213.51	39.07	2006	9 011.29	19.64
1991	292.03	36.78	2007	11 526.97	27.92
1992	405.00	38.68	2008	12 895.27	11.87
1993	509.58	25.82			

表 3 - 3　2008 年末江苏省企业存款余额分机构、分期限统计表　　　　　　单位:亿元

机构 ＼ 项目	全省合计	活期存款	定期存款
全省合计	12 895.27	7 596.90	5 298.37
一、国有商业银行	6 814.00	4 382.03	2 431.97
工商银行	1 616.19	1 056.40	559.79
农业银行	2 012.58	1 307.37	705.21
中国银行	1 613.94	1 058.64	555.30
建设银行	1 571.29	959.62	611.67
二、政策性银行	192.52	173.24	19.28
国家开发银行	102.14	97.65	4.49
进出口银行	19.19	8.21	10.98
农业发展银行	71.19	67.38	3.81
三、其他商业银行	4 067.65	2 300.30	1 767.35
交通银行	1 301.75	851.20	450.55
中信银行	517.30	306.09	211.21
华夏银行	317.31	174.37	142.94
浦发银行	520.11	255.04	265.07
招商银行	304.03	152.35	151.68
广发银行	190.57	63.28	127.29
光大银行	244.49	153.80	90.69
民生银行	241.24	132.10	109.14
深发银行	76.46	34.12	42.34
兴业银行	181.62	98.94	82.68
恒丰银行	89.09	22.60	66.49
浙商银行	14.00	11.05	2.95
邮储银行	32.53	23.82	8.71
上海银行	18.57	12.67	5.90
宁波银行	18.58	8.87	9.71
四、地方法人银行	1 728.26	695.49	1 032.77
省联社	426.79	0.08	426.71
农村商业银行	257.02		257.02
农村合作银行	70.75		70.75
农村信用社	99.02	0.08	98.94
江苏银行	996.65	551.99	444.66
南京银行	294.58	138.60	155.98
长江银行	10.24	4.82	5.42
五、外资银行	65.22	26.50	38.72
六、非银行金融机构	27.66	19.37	8.29
财务公司	27.66	19.37	8.29

注:由于四舍五入原因,本表总分之间存在微小差额。

第二节　财政性存款

改革开放以前,中国实行高度集中的计划经济体制。在这一时期,人民银行基本上是财政部门的出纳部门,工作的重心是按财政指令安排国家资金收支和代理国家公债的发行。1966～1976年"文化大革命"时期,财经制度遭到破坏。但由于各界人士的努力,经济事业有一定发展,财政性存款也呈增长趋势。1976年末,全省财政性存款余额41.69亿元,较1965年末增长5.61倍。

中共十一届三中全会以后,特别是"六五"时期,随着经济体制的逐步改革和对外开放、对内搞活经济政策的贯彻实施,全省经济迅速发展,财政状况进一步改善,财政性存款继续增加。1981年,全省机关团体单位实行经费包干、节约经费提奖的办法,财政拨款虽有所减少,但机关团体存款却有所增加。1982年起,各银行对机关团体单位开办1年、2年、3年的定期存款。1984年末,全省财政性存款余额达86.6亿元。其中,财政存款68.46亿元,机关团体及部队存款18.14亿元。1983年,国务院决定中国人民银行专门行使中央银行职能时规定:财政金库存款和机关、团体、部队等财政性存款,划为人民银行的信贷资金,专业银行吸收的存款,也要按一定比例存入人民银行,归人民银行支配使用。

1984年12月1日,中国人民银行会计司印发《一九八五年国库账务核算有关问题的通知》,规定自1985年1月1日起,将中央预算收入平时存在分库、仅报送库存表的做法,改为逐日通过人民银行联行系统上划总库。1985年以前,人行江苏省分行财政存款中绝大部分是中央财政存款,中央预算收入实行逐日上划总库后,财政存款大幅下降。1985年末,全省财政存款余额仅为4.4亿元,比1984年末减少64.06亿元。

1985年7月27日,国务院发布《中华人民共和国国家金库条例》,规定国家金库(简称"国库")负责办理国家预算资金的收入和支出,中国人民银行具体经理国库。财政资金存款由此开始走向专业化经理的道路,国库与财政的关系发生根本性变化。1987年,全省开展"双增双节"运动,机关团体存款有所增长。1989年,针对经济过热情况,国家对国民经济进行治理整顿,全省各级政府加强对经济的宏观调控,各项增收节支的政策措施相继出台,机关团体存款增长较快。至1990年末,全省财政性存款余额达31.74亿元,比1985年末增长58.7%。

1994年,国家进行分税制改革,地方财政收入得到较快增长。与此同时,国家专业银行开始向国有商业银行转变,要求改变中央银行和商业银行之间的资金关系,把财政性存款作为一般性存款的呼声不断增强。1998年3月,中国人民银行发布《关于改革存款准备金制度的通知》,将金融机构代理人民银行财政性存款中的机关团体存款、财政预算外存款,划为金融机构的一般存款。金融机构按规定比例将一般存款的一部分作为法定存款准备金存入人民银行。1998年以后,全省银行抓住存款准备金改革的机遇,配合财政体制改革,大力吸收财政渠道资金,财政性存款增长明显加快。

1999年6月,国务院办公厅批转财政部等5部委落实行政事业性收费和罚没收入"收支两条线"的意见。工行江苏省分行根据工总行的要求做好代理财政性收支业务,增加存款和收益。当年末,该行预算外存款余额达7 044万元,比上年增长173.98%。建行江苏省分行与省交通厅签署全省高速公路路网代收费协议,独家承办江苏省高速公路路网"四路一桥"31个收费站点的车辆通行费解缴、汇缴、拆账等业务。

从2001年起,国家财政预算实行以建立国库单一账户体系为基础、资金缴拨以国库集中收支为主要形式的财政国库制度。国家选择水利部、财政部等6家中央部委进行财政集中支付试点,工商银行被确定为试点代理银行。2001年9月,工总行印发代理财政资金支付清算业务管理办法和业务操作规程,建立财政资金支付、清算管理等一整套制度。在综合业务系统的基础上,该行还开发代理财政资金支付系统——"银财通"。2002年,工行江苏省分行在省电力公司电费统一账户管理和省级财政国库集中支付代理银行统一招标中以绝对优势中标。次年,工行江苏省分行发挥理财e站通、企业网上银行等电子银行产品优势,在省电力公司基建账户招标中竞得9个标段,在第二批省级国库集中支付招标中取得58家预算单位的支付代理权。2002年,南京市、区二级政府对机关事业单位财政预算实行统一管理,成立财务结算中心,与金融单位的合作实行公开招标。针对这一新的变化,华夏银行南京分行及时改善服务措施,提高服务质量,在南京市玄武区财务结算中心招标中竞得财务结算代理权。同年,华夏银行南京分行在国有土地开发过程中取得江宁区土地储备中心基本结算账户。

2001年,招商银行无锡支行与无锡市国税局合作,利用企业网上银行代理企业缴税,成为继工行江苏省分行、南京银行之后江苏第三家银税联网代理企业缴税银行。次年,该行与省监狱局共同开发网上银行结算中心,与省商检局合作开发"检易通"缴费系统。

2002年6月,海关总署向银行和进出口企业推介网上支付税费业务,改变了传统的柜台支付方式,引起银行的重视。当年交通银行成功开发中国海关电子口岸网上税费支付系统(EDI),并在交行南京分行和南京海关开展生产环境下的试运行。同年,中行江苏省分行完成"报关即时通"系统的开发和推广。2003年,工商银行"银关通"产品也成功投产。"银关通"以其24小时不间断运行,实现进出口企业电子化报关和无纸化通关,以及海关税费收缴准确、快捷、安全的运行,使企业税费的支付直接通过预扣、实扣、划转三个阶段转化为国库或海关等指定的行政事业收费账户存款。同年,中行江苏省分行"报关即时通"用户达162家,完成网上付税量7.02亿元,占南京海关网上付税总量的90.55%,交易额居全国中行系统第一位。招行南京分行与南京海关签订"电子口岸网上支付合作协议",30家大型进出口企业成为该行首批"银关通"客户。此后,中信银行、兴业银行等其他银行也相继开发类似产品。

2006年,华夏银行南京分行集中力量推动江苏省级非税代理业务工作,并制定专项考核激励措施,最终获得省级财政非税收入收缴代理资格。

2001年以来,随着国库体制的改革和财政收入的增长,全省银行陆续推出"银财通""银关通""银税通""银校通"等对公金融产品,密切了银行与行政事业单位的关系,为进一步扩展客户领域、培育新的存款和效益增长点创造了条件。截至2008年末,全省财政性存款余额突破2000亿元,达2171.85亿元。

表3-4 1980~2008 年江苏省财政性存款余额统计表   单位:亿元

年份	年末余额	财政存款余额	机关团体存款余额(含部队存款)
1980	56.33	46.50	9.83
1981	64.86	52.69	12.17
1982	72.41	57.33	15.08
1983	84.35	67.41	16.94
1984	86.60	68.46	18.14
1985	20.00	4.40	15.60
1986	26.84	7.89	18.95
1987	25.34	5.94	19.40
1988	22.30	6.26	16.04
1989	31.97	9.25	22.72
1990	31.74	10.37	21.37
1991	40.22	11.83	28.39
1992	29.37	6.22	23.15
1993	40.58	16.14	24.44
1994	48.63	20.99	27.64

年份	年末余额	财政存款余额	机关团体存款余额 （含部队存款）
1995	49.97	21.96	28.01
1996	59.46	29.60	29.86
1997	58.54	22.85	35.69
1998	102.69	45.50	57.19
1999	113.63	48.34	65.29
2000	139.09	61.07	78.02
2001	186.94	79.94	107.00
2002	331.48	90.84	240.64
2003	530.41	159.17	371.24
2004	713.24	240.47	472.77
2005	1 084.71	203.39	881.32
2006	1 460.13	305.55	1 154.58
2007	1 948.10	444.28	1 503.82
2008	2 171.85	435.91	1 735.94

注：本表为人民银行与其他银行合计数；1980～1984年中央财政存款未统计在全省各项存款中。

第三节　储蓄存款

一、专业银行时期（1978～1993）

改革开放以前，储蓄存款种类单一、利息水平低下并长期保持不变，全省银行吸收储蓄主要靠宣传和广大群众的爱国精神与支持社会主义建设的热情。改革开放以后，对发展储蓄的错误认识得到纠正。全省银行通过加强管理、增设网点、拓宽储种、广泛宣传、改进服务等方式，大力发展储蓄业务，为集聚经济建设资金、稳定市场物价、调节货币流通和引导社会消费发挥积极作用。

1979年经济体制改革以后，适应改革开放和发展商品经济的需要，中国人民银行多次调整储蓄存款利率，并增加储蓄存款种类，经济手段逐渐成为吸收储蓄的主要方式，促进储蓄存款的增长。1979年，适应发展储蓄事业的新形势，人行江苏省分行恢复设置储蓄处，并从当年开始以新设网点为重要环节，加快推动全省储蓄工作。根据"三快"（行动快、进展快、开业快）的要求，人行江苏省分行将设所任务下达到地市，并会同省建委、省物资局、省商业厅等单位发出《关于大力新设储蓄机构网点的联合通知》，争取有关部门大力支持。文件发出后，各地人民银行采取新建、扩建、统建、合建、购房、调房、租房等多种办法加快建所进度，缓解银行储蓄网点和人员配备不足的问题。随着储蓄所数量的快速增加，人行江苏省分行不断健全基层储蓄所管理制度，并开展"最佳""五好"储蓄所等评比活动，使基层储蓄所成为银行的文明窗口。

图3-5　1981年农业银行大丰县支行发行的10元面额定期有奖储蓄存单

1979年6月，农行江苏省分行恢复。根据当年11月30日人民银行、农业银行两总行联合发出的《关于人民银行、农业银行业务范围划分的通知》,农行江苏省分行积极做好农村储蓄工作。

为进一步调动人民群众参加储蓄的积极性,全省银行从1981年开始办理有奖储蓄。1981年1月,人行南京市分行首先试办有奖有息定活两便储蓄存款,成为改革开放以后江苏最早出现的银行有奖储蓄。2月,全省大部分人民银行开办了有奖储蓄。同年,农行江苏省分行在连云港、六合等11个市县行试办农村整存整取定期有奖储蓄,受到农村广大储户的欢迎,随即在全省农行和信用社全面推开。针对部分地区出现的搞突击、摊派、搭发存单等现象,农行江苏省分行于1981年10月20日发出《关于迅速纠正有奖储蓄工作中违反政策的通知》,要求各地对储蓄政策原则的执行情况立即进行认真检查,发现问题及时纠正。1982年,根据农村实行家庭联产承包责任制的新情况、新特点,全省农行系统在农村推行"存贷结合优惠储蓄"业务,发放贷款按存款额度和期限掌握。1985年,开办小零储蓄和"承包户生产基金存款",满足农村储户多样化的需求。

1985年,全省人民银行、工商银行分设,原人民银行办理的城镇储蓄业务归工商银行办理。1985年以后,随着人民银行出台专业银行业务可以适当交叉的规定,中国银行、建设银行也陆续开办储蓄存款业务,交通银行、中信银行等股份制商业银行根据综合性经营原则,成立伊始即开办储蓄存款业务,各地新成立的城市信用社也积极开办储蓄存款业务,推动全省储蓄事业的快速发展。到1987年末,全省储蓄存款余额已近200亿元,达193.68亿元,是1978年末的15.62倍。

为了解决储蓄业务发展与银行力量不相适应的矛盾,省内各银行除新建自办所以外,还积极发展代办所和联办所。1986年,工行扬州市分行与扬州机械厂开办全省第一家银行与企业联办所。新华社为此发表《扬州的存款再也不难了》的通讯。同年,农行江苏省分行与省供销合作社联合发出《关于供销合作系统开展代办储蓄业务的通知》,在全省基层供销社系统建立储蓄代办所。

1986年,江苏省在企业中推行责权利相结合、以承包为主要内容的经济责任制。工行常州市分行在全省率先进行储蓄所承包试点。该行在所辖41个储蓄所推行"千元储蓄增长额费用含量承包责任制",当年提前完成全年承包任务,行、所、职工均得益。1987年,工行江苏省分行总结常州经验,储蓄承包由点到面逐步推开,全省各级工商银行采取"三包二定"①"集体承包""费用含量"等形式层层落实承包。当年全省工行系统346个储蓄所实行承包责任制,占总数的46%。此后省内其他各行也陆续实行储蓄所承包经营。为从源头上稳定和争取储蓄存款,1987年全省工行系统有47个储蓄所开始经办代发工资业务,并逐渐扩大到全省,代发形式也由单一的活期存折代发发展为多种储种相配套的全额和部分代发。与此同时,代收水、电、煤气费等各类代收业务也逐渐发展起来。各项代收、代付等中间业务的兴起和发展,丰富了银行吸储手段。

图3-6　1989年2月28日,建总行行长周道炯电贺吴县支行成为全国建设银行系统首家储蓄存款突破5000万元的县支行(本图来源于《中国建设银行史》)

1988年通货膨胀时期,储蓄存款出现滑坡。当年江苏省储蓄存款仅增长19.71%,创改革开放以来最低增速。为稳定储蓄,人行江苏省分行根据总行决定,于1988年9月1日和1989年2月1日两次上调存款利率,并从1988年9月10日开始对城乡居民个人3年期以上的整存整取、存本取息、华侨人民币储蓄存款等三类定期储蓄存款实行保值贴补。全省银行抓住国家出台稳定储蓄存款政策的有利时机,进一步推行和完善承包责任制,继续开办有奖储蓄,在较短时间内扭转储蓄滑坡的不利局面。1989年、1990年,全省储蓄存款余额增速均在40%以上,1990年末储蓄存款余额达471.18亿元,较1988年末翻一番。建行江苏省分行提出不失时机地建设储蓄网点,

---

①　三包二定指包增储任务、包经营管理、包业务质量,定人员、定费用。

提高储蓄所(柜)单位存款。到1989年末,该行储蓄存款余额升至全国建行系统第三位,千万元以上的储蓄所(柜)占全国总数的1/5。建行吴县支行1987年开办储蓄业务,1989年2月在县级建行中储蓄存款余额率先突破5 000万元,建总行行长周道炯致电祝贺。同年9月,又率先突破亿元大关,被建行江苏省分行授予"特别奖",并奖励10万元及贷款计划1 000万元。

存款利率上浮和有奖储蓄虽然增加了储蓄存款,但也增加了银行成本,且易引发银行的利率违规行为,影响金融秩序的稳定。人行江苏省分行调查发现,1990年前后银行吸收储蓄的平均成本已达15%左右,高于同期1年期流动资金贷款利率11.34%的水平,也高于1988年江苏省独立核算工业企业全部资金利润率11.2%的水平。在存、贷款利率出现倒挂,而贷款利率又不能任意浮动的情况下,许多基层银行、信用社已出现亏损,苏北个别地市信用社亏损面超过95%。为此,人行江苏省分行转发总行1990年4月发布的《关于加强储蓄管理工作的暂行规定》,从种类、范围、机构、业务和利率等方面加强储蓄管理。全省银行借此规范储蓄业务,尤其是有奖储蓄业务的发展。

1991年,江苏遭受严重洪涝灾害,农民增支减收较多,同时,存款利率下调和粮油价格上调也给储蓄存款工作造成不利影响。全省银行进一步完善储蓄承包责任制,合理新设储蓄网点和开办新的储种,储蓄存款没有出现较大波动,仍保持稳定增长。当年全省人均储蓄达902.4元,比全国平均水平高115.86元。

1992年下半年,经济出现过热。到1993年上半年,经济运行中的矛盾和问题更为突出,金融形势尤为严峻,出现乱拆借、乱集资、乱批设金融机构以及擅自或变相提高利率等问题。全省银行上半年储蓄存款仅增加29.92亿元,同比少增37.42亿元。1993年6月24日,中共中央、国务院发出《关于当前经济形势和加强宏观调控的意见》,提出加强和改善宏观调控的16条措施。随后,国务院召开全国金融工作会议,要求金融系统认真执行"约法三章"。人行江苏省分行贯彻国家宏观调控措施,加强整顿金融秩序,坚决制止乱集资和抬高利率的行为。当年全省干预

和制止11个单位的非法集资,退还集资款2 214万元,查处抬高利率事件12起,有3起在全省通报。同年5月15日和7月11日,中国人民银行两次提高存款利率,并恢复1991年12月停办的保值储蓄,全省储蓄存款明显回升。当年全省储蓄存款增加198.11亿元,比上年多增加49.61亿元,其中5~12月份增加189.89亿元,占全年储蓄存款增加额的95.85%。全省银行抓住两次提高利率、恢复保值储蓄和整顿金融秩序的有利时机,大力组织储蓄存款。工行江苏省分行开展存款百日竞赛活动,实行全行抓存款的方针,强化目标承包责任制,奖罚结合。农行江苏省分行开展"奋战100天,储蓄上台阶"的竞赛活动,使农村存款尤其是农村储蓄存款在8月份以后重新出现快速增长势头。中行江苏省分行坚持"本外币存款一起抓,企业存款、储蓄一起抓,信用卡、信托存款等一起抓"的指导思想,动员全行各部门、各单位人抓各种存款。交行南京分行对储蓄存款时点余额进行考核,并按季末储蓄实际余额减历史最高数的万分之一点五计提存款奖,再按75%、20%、5%的比例在有关部门间分配。12月制定《储蓄存款余额上台阶奖励办法》,对储蓄存款余额突破500万元的给予1万元的奖励,以后以100万元为一个奖励台阶给予相应的奖励。

截至1993年末,全省储蓄存款余额964.22亿元,是1978年末的77.76倍,年均增长33.68%。

二、商业化转型时期(1994~2003)

1993年12月25日,国务院发布《关于金融体制改革的决定》,提出将国家专业银行转变为按照自主经营、自担风险、自负盈亏、自我约束的现代商业银行经营机制运行的国有商业银行。为适应向国有商业银行转变的要求,20世纪90年代中期以后,国有商业银行对传统储蓄业务进行大规模市场化改造。与此同时,华夏银行、浦发银行、招商银行等多家全国性股份制商业银行陆续在江苏设立分支机构。招商银行南京分行在全省率先引入ISO9000质量体系国际认证标准,促进储蓄服务操作与管理的规范化、程序化和标准化。在储蓄业务市场化、规范化改造过程

中,全省储蓄存款余额从1993年末的964.22亿元增加到2003年末的7 638.18亿元,储蓄业务管理水平也不断提高。

图3-7 工行江苏省分行开展形式多样的储蓄宣传活动,鼓励群众参加储蓄

1994～1995年,中国人民银行继续加强金融宏观调控,整顿金融秩序,坚持抑制通货膨胀,为银行增加储蓄存款创造了有利条件。1994、1995年,全省储蓄存款余额连续两年保持40%以上的高增长,两年内翻了一番。1994年是国家专业银行向国有商业银行转轨的第一年,各专业银行在政策性业务分离后,开始按现代商业银行经营机制运行。一方面完善内部管理体制,法人内部实行统一管理、统一核算,强化资金调度能力,增强保存款支付的责任;另一方面试行贷款限额下的资产负债比例管理,加大对组织存款和贷款管理的力度,进一步健全银行自我约束机制。在储蓄存款工作中,各行普遍采取加大推行目标责任制力度,强化竞争意识和服务意识,注重吸收低成本资金等方式,在促进总量增长的同时,优化负债结构,活期储蓄占比开始上升。工行江苏省分行大力组织低息存款,仅活期储蓄一项就增加17.77亿元,同比多增6.86亿元。农行江苏省分行采取预约上门服务、扩大储蓄网点的微机联网和通存通兑的覆盖面等办法,推动储蓄存款的增长。当年全省农村储蓄存款实现三项历史性突破,即储蓄存款余额突破600亿元,净增额突破150亿元,农村人均储蓄额突破1 000元。中行江苏省分行在各营业部、办事处、储蓄柜(所)进一步强化竞争意识,开展优质文明服务活动,改善服务环境,扩大对外宣传,吸引了客户。当年全省中行共涌现优质文明服务先进集体63个,先

进个人150人。建行各基层行存款继续保持较高发展势头,61.9%的新增储蓄存款来自县支行,17个县支行新增存款亿元以上。交行南京分行开展以"微笑服务"为主题的优质文明服务,各储蓄所坚持全年每天营业,中午也不间断,方便了储户,同时积极扩大服务范围,开办代发工资、代收水电费、代收电信费等代理业务,开辟新的吸储渠道。

经过连续几年的宏观调控,1996年中国经济成功实现"软着陆"。随着市场物价的持续回落,实际利率已逐渐转负为正。因此,人总行从1996年4月1日起开始停办新的保值储蓄存款业务,1996～1999年连续7次下调存贷款利率。证券市场也开始持续向好,上证指数从1995年12月29日的555.29点上涨至2000年12月31日的2 073.48点,5年上涨2.73倍。1998年以后,在扩大内需的背景下,中国人民银行鼓励并支持发展个人消费信贷。在多重因素的作用下,全省储蓄存款增速逐步放缓,从1995年的42.12%一路下滑至2000年的7.86%。

随着吸储难度的加大,一些金融机构擅自或变相提高存贷款利率,扰乱了正常的金融秩序。为此,人行江苏省分行根据总行要求不断加强对储蓄存款的管理。1996年,根据总行《关于严肃金融纪律,严禁非法提高利率的公告》,及时组织金融机构签订《关于制止存贷款业务中擅自提高利率等不正当竞争行为的公约》。1997年,根据总行《关于严禁将公款转为储蓄存款的通知》,要求金融机构督促企业将销货款通过转账结算及时存入企业存款账户。1998年,根据总行《关于坚决制止和严肃查处高息揽存的紧急通知》,要求各商业银行、城乡信用社、信托投资公司等金融机构和邮政储蓄部门对1998年2月前吸收的存款组织自查,并对部分金融机构进行检查。同年6月起,要求各金融机构一律停办新的有奖储蓄,正在开办的并已开奖的,按原有奖储蓄办法执行,未开奖的必须从1998年底前停止执行有奖储蓄办法。

1996～2000年,在外部环境不利于储蓄存款增长和商业银行要求提升质量效益的情况下,银行过去简单依靠网点扩张和变相提高利率水平推动储蓄存款增长的粗放式经营老路已难以为

继。全省银行贯彻金融业实现"两个根本转变"的要求,以效益为中心,实现集约化经营。通过撤并效益差、潜力小的机构网点,推进大所和强所建设,提高储蓄服务质量,全省储蓄事业进入新的发展阶段。

1996年,工行江苏省分行开始实施储蓄所分级分类管理和"大所战略",对传统储蓄网点进行大规模改造。当年撤并机构202个,新增132个,较上年末净减少70个。农行江苏省分行在全系统开展争创省级规范化储蓄柜(所)活动,提出规范化储蓄所要达到的标准:实现电脑化处理业务、连续两年存款总额增长率高于全省平均水平、储蓄人员人均存款额位居所属支行单位的前列、活期存款余额占存款总额的比重高于全省平均水平。中行江苏省分行、建行江苏省分行等行也根据集约化要求,加强对网点的改造。当年中行江苏省分行改建52个低产网点,亿元以上柜(所)由年初的16个上升到年末的22个,网点平均吸存余额达2 124万元,比上年多吸存506.72万元。建行江苏省分行实施业务发展重心向大中城市和经济发达地区转移的机构改革,撤并或迁移网点103个,亿元以上柜(所)由年初的12个上升到年末的34个,储蓄网点平均单产达到2 320万元,较上年提高860万元。

1997年,工行江苏省分行全面实施储蓄所分类分档管理和开展争创综合效益50强储蓄所活动。同时,根据有利于业务拓展和提高经营效益的原则,精简机构、优化布局,走"撤并与发展并重、转制与调整并举"的路子,当年共撤并、调整网点162个。农行江苏省分行制定下发储蓄网点3年发展规划,计划用3年时间新建储蓄网点462个。中行江苏省分行本着精简、高效原则,撤销网点机构13个,迁址60个。建行江苏省分行完成"一地两行"重复机构调整工作,将5个县支行和市分行管辖的5个专业支行按办事处模式进行管理,扬子乙烯专业支行储蓄网点成

建制移交给南京分行。同年,省内各银行还开展对联办、代办储蓄机构的清理整顿。工行江苏省分行对414个联、代办所进行改制,交通银行南京分行有82个联、代办所改为自办所。

1998年,根据国务院转发中国人民银行《关于国有独资商业银行分支机构改革方案》,全省各国有商业银行开始大规模撤并机构和减员增效。工行江苏省分行1998年撤并82个小所;1999年起实施"五个一工程"[①],当年撤并经营不佳、扭亏无望的4个县支行,撤销101个储蓄所和12个经营效益差、地处偏僻的分理处;2000年撤并219个县以下营业网点,并结合城市化改造,加快居民小区、商业网点、交通主干道网点建设改造步伐,当年装修改造储蓄网点232个,其中43%集中在苏南城区。农行江苏省分行1998年提出创建高产网点的"1885"工程[②],并加大基层网点撤并力度,当年实际撤并393个基层网点,完成省分行原订计划的161%;1999年、2000年分别撤并低效基层网点102个、486个。中行江苏省分行1998年制定星级支行评比标准,注重培育星级网点,并根据质量、效益原则撤并、迁址59个网点机构;2000年实施机构降格2个,撤销办事处、分理处和储蓄所13个,迁址更名123个。建行江苏省分行1998年优化城区营业网点布局,撤并低产储蓄网点34个;1999年、2000年继续抓好低产、低效营业网点的调整工作,超额完成年度调整目标。到2000年,全省4家国有商业银行基本完成省分行与省会城市分行合并工作,撤并低产、低效营业网点工作也取得很大成绩,集约化经营水平不断提高。1999年1月25日,建行苏州市分行成为全国建行系统第一家储蓄存款超百亿的地市级分行。2000年末,全省农行系统亿元以上网点432个,当年新增91个;全省中行系统亿元以上柜(所)72个,其中有17个被中总行授予"精品柜(所)"称号。

---

① "五个一"工程是指撤并一批效益低下的网点,调整一批不适应业务需要的员工,充实一批高素质经营管理人员,培养一批零售业务营销人员,建设一批大中型零售业务综合经营机构。

② "1885"工程是指从1998年起经过3年努力,培育出1个存款超10亿元的基层分理处,新增8个超3亿元、80个超亿元和500个超5 000万元的基层营业网点。

图3-8 招商银行南京分行开展服务培训活动,推进储蓄服务规范化、程序化、标准化建设

在国有商业银行减员增效的同时,股份制商业银行加强个人金融产品营销,储蓄存款也保持较快增长。1999年,交行南京分行先后将"一卡通"、自助银行、个人外汇买卖3个业务品种推向市场,初步形成个人金融业务的特色和品牌。同年5月,招商银行南京分行在全省金融系统中率先引入ISO9000质量体系国际认证标准,将全行储蓄服务操作与管理纳入规范化、程序化、标准化轨道,并于当年8月顺利通过由英国BSI公司、中国船级社专家组成的国际认证公司的评审认证,成为江苏省首家获得国际质量认证证书的商业银行。中信、华夏、浦发、广发等其他股份制商业银行也不断推出个人金融新产品、新业务,促进储蓄存款的增长。

2001年,全省银行抓住股市由牛市转熊市,国家增加公务员工资和采取措施增加城市下岗职工及农民收入的有利时机,积极增加储蓄存款。至当年末,全省储蓄存款余额突破5 000亿元,达5 172.83亿元,同比增长16.07%,较上年回升8.2个百分点。各国有商业银行适应储蓄业务向零售业务转变的要求,在撤并网点、提质增效的同时,开始大规模升格储蓄所和分理处,增强网点的个人金融服务功能。当年,工行江苏省分行、农行江苏省分行、中行江苏省分行分别将237个、118个、142个储蓄所升格为分理处。成立时间较短的股份制银行加快推动储蓄业务电子化,一定程度上弥补网点数量不足、分布不均的劣势。当年股份制商业银行储蓄存款增速普遍在50%以上。光大银行南京分行积极增加自助设备,进一步改善用卡环境。当年该行累计投

放大堂式自动柜员机18台、穿墙式自动柜员机5台、存取款一体机(CRS)6台、多媒体自助查询终端11台,设立在行式自助银行4家,离行式自助银行2家,基本实现辖内网点"阳光卡"业务24小时不间断营业。2001年8月22日,经国务院批准,中国人民银行和江苏省政府决定在江苏进行农村信用社改革试点工作,农村金融改革取得重大进展,农村信用社联系农民的金融纽带作用日益显现。至当年末,全省农村信用社储蓄存款余额达954.90亿元,约占全省储蓄存款总额的1/5,仅次于工行江苏省分行、农行江苏省分行,位居全省第三位。

2002年,全省银行继续做好储蓄所的升格和低效网点的撤并工作,储蓄存款余额增速继续回升至21.33%。工行江苏省分行在区域经济欠发达、管理半径较小的3家二级分行探索扁平化经营管理模式,完成135个储蓄所升格为分理处,11家分理处升格为支行,撤并低效网点62个,装修、改造、迁建网点212个。中行江苏省分行撤销存款余额长期低下、发展前景不佳的机构网点37个,在辖内基本撤销开业2年以上但存款余额不足2 000万元的低产机构,此外还完成55个机构网点的升格报批,完成61个机构扩大业务经营范围的报批。交行南京分行将符合条件的分理处升格为支行,将储蓄所全部升格为分理处,加快向两级机构过渡。

截至2003年末,全省储蓄存款余额7 638.18亿元,是1993年的7.92倍,年均增长22.99%。

三、股份制改造时期(2004～2008)

2004年以后,各国有商业银行陆续进行股份制改造。在股份制改造过程中,各国有商业银行完善公司治理架构,增强市场约束机制,改善资产质量和盈利能力,推动包括储蓄存款在内的各项业务的发展。同期,股份制商业银行、地方法人银行等其他商业银行储蓄存款也保持较快增长,在全省的份额有所提高。

2004年,为了整合个人金融业务资源,加快形成"大个金"经营格局,工行江苏省分行明确个人金融业务的客户定位,开展"2万名个人高端客户拓展计划",建成一大批标准化的个人理财

中心。农行江苏省分行在储蓄存款的归集上,尽力扩大银行卡存款增量,提升县城和大集镇储蓄存款竞争力,做好夏秋资金回笼,广泛开展代收学杂费业务,积极开展个人理财业务。中行江苏省分行在股份制改革中完成辖内最后6家储蓄所升格,辖内近千家网点全部成为分理处以上机构,成为全省第一家告别储蓄所机构层级的国有商业银行。建行江苏省分行围绕中高端客户,组织个人住房、银行卡、外汇、中间业务等一系列营销活动,开展以增加中高端客户、基本结算户为主要内容的业务营销竞赛。华夏银行南京分行推出理财类个人履约保函业务和个人担保业务。当年该行办理的个人担保业务金额达5.08亿元,其中追加担保项目吸收储蓄存款2.98亿元,唯一担保项目吸收储蓄存款2.1亿元。广发银行南京分行开展"真性服务在广发"活动,制定《广发银行南京分行柜面服务规范》,聘请行风监督员,对网点进行明察暗访,及时通报检查情况,提升窗口形象,赢得了客户。

2005年,全省银行继续以经营模式和增长方式的转变促进储蓄存款增长。至当年末,全省储蓄存款余额首次突破万亿元大关,达10 581.27亿元,其中农行江苏省分行储蓄存款突破2 000亿元,居各金融机构之首。农行江苏省分行加快储蓄工作战略转型,以客户结构调整为切入点,带动资产负债结构的改善、业务增长方式的转变和赢利能力的增强。具体包括:通过客户调整目标的精细化管理,逐步实现储蓄工作由粗放式经营向集约化经营转变;通过上下联动、资源整合与部门合作,逐步实现储蓄产品的单一营销向联合、交叉营销转变;通过细分与主动营销,逐步实现储蓄存款由自然增长向自主发展转变;通过成本控制与效益核算,逐步实现储蓄存款由数量扩张向量质并举转变;通过目标客户筛选与差异化服务措施,逐步实现储蓄存款客户结构由大众型客户比例最高、成长型客户群体最广、优质客户比例最低向中高价值客户占主体的方向转变;通过对资金需求预算管理,逐步实现储蓄存款由资金来源、成本项目向利润来源、价值创造转变。该行储蓄业务从1979年起步,用了22年时间达到1 000亿元,而从1 000亿元增长到2 000亿元仅用了4年时间。至2005年末,随着

中行江苏省分行储蓄存款余额突破千亿元大关,全省4家国有商业银行储蓄存款余额全部在千亿元以上,合计6 422.95亿元,占全省储蓄存款余额的60.7%,居主导地位。同年,招商银行南京分行先后推出"招行南大一卡通"认同卡、"金钱报"手机理财、预付费手机充值等创新业务,加快推动零售负债业务的战略转型。全省招商银行储蓄存款年末余额达125.38亿元,成为继交通银行之后第二家储蓄存款破百亿的股份制商业银行。

2005年6月6日,上证指数跌破千点之后迅速反转,开启新一轮牛市。随着股市和其他投资渠道的分流,储蓄存款增速开始下滑。2006年增速降至15.14%,2007年进一步降至6.82%,为改革开放以来最低值。面对储蓄存款增速持续下滑,全省各银行一方面继续推进储蓄业务的转型升级,另一方面通过争当券商结算主办行和证券交易结算资金存管行等途径吸收证券同业存款,避免储蓄存款流失对银行经营的不利影响。2006年,工行江苏省分行继续进行网点结构调整,当年建成苏州、常州2家个人财富中心,新建7家标准理财中心和32家一般理财网点,迁址71家网点,网均存款增长31.07%。农行江苏省分行突出个人高端客户营销,推进个人高价值客户与个人客户经理的配对服务关系,及时了解其消费、投资、理财需求,提供综合性增值服务。中行江苏省分行加快理财客户的争揽和理财中心建设,"中银理财"贵宾客户近10万人,资产余额600多亿元。建行江苏省分行加强客户经理队伍建设,客户经理已达2 717名,其中专职个人理财客户经理达644人,有69人通过金融理财师资格认证。交行南京分行创新性地推出一批零售型直属支行,剥离对公业务,主营个人存款、按揭贷款、信用卡、基金、金融理财等个人金融产品。招商银行南京分行第一个以零售业务为主的社区银行——龙江支行开业。截至当年末,该支行储蓄存款余额已达1.3亿元,发放各类个人贷款2 281万元。2007年6月,农行江苏省分行在储蓄存款增速大幅下滑的情况下召开沿江8市农业银行储蓄存款市场分析会,提出创新营销方式,加强联动营销、综合营销,拓宽储蓄存款工作新思路,推动储蓄存款业务再创新高。

2008年下半年股市进入熊市,成交清淡,储蓄存款回流银行,增速迅速回升。2008年,农行江苏省分行加强对市场的调研分析,及时把握个人资金运动规律,以工具类产品营销为载体,抓好储蓄增存代发工资、转账电话、银证转账、个人账户(借记卡)等源头业务,以开展优质服务竞赛活动、综合营销活动、专项业务竞赛活动,提高全行营销储蓄的积极性,确保农行储蓄存款同业第一的竞争优势。至当年末,全省农行系统储蓄存款余额突破3 000亿元,达3 399.67亿元,占全省余额的20.33%。

截至2008年末,全省储蓄存款余额16 721.18亿元,是1978年末的1 348.48倍,年均增长27.15%。其中,活期储蓄存款余额4 671.80亿元,占27.94%;定期储蓄存款余额12 049.38亿元,占72.06%。

图3-9 2007年全省农行存款超5 000亿元。图为农行南京市三元支行营业大厅景象

表3-5 1978～2008年江苏省储蓄存款余额分期限统计表 单位:亿元

年份	全省合计	活期储蓄余额	定期储蓄余额	增速	年份	全省合计	活期储蓄余额	定期储蓄余额	增速
1978	12.40				1994	1 352.57	226.86	1 125.71	40.28
1979	16.68			34.52	1995	1 922.33	276.76	1 645.57	42.12
1980	23.72			42.21	1996	2 581.06	365.42	2 215.64	34.27
1981	30.42	4.18	26.24	28.25	1997	3 101.89	445.05	2 656.84	20.18
1982	40.60	5.50	35.10	33.46	1998	3 656.46	543.18	3 113.28	17.88
1983	56.93	6.87	50.06	40.22	1999	4 131.98	695.39	3 436.59	13.00
1984	74.76	9.64	65.12	31.32	2000	4 456.83	893.42	3 563.41	7.86
1985	99.35	11.61	87.74	32.89	2001	5 172.83	1 145.10	4 027.73	16.07
1986	139.59	15.31	124.28	40.50	2002	6 276.20	1 556.11	4 720.09	21.33
1987	193.68	33.06	160.62	38.75	2003	7 638.18	2 050.10	5 588.08	21.70
1988	231.85	41.87	189.98	19.71	2004	8 863.10	2 401.35	6 461.75	16.04
1989	331.86	43.39	288.47	43.14	2005	10 581.27	2 864.13	7 717.14	19.39
1990	471.18	52.16	419.02	41.98	2006	12 183.47	3 429.51	8 753.96	15.14
1991	617.61	71.13	546.48	31.08	2007	13 014.92	4 008.92	9 006.00	6.82
1992	766.11	74.79	691.32	24.04	2008	16 721.18	4 671.80	12 049.38	28.48
1993	964.22	108.96	855.26	25.86					

注:本表包括邮政储蓄存款余额;1978～1980年活期储蓄余额和定期储蓄余额数据缺失。

表3-6 2008年末江苏省储蓄存款余额分机构、分期限统计表 单位:亿元

机构 \ 项目	全省合计	活期储蓄余额	定期储蓄余额
全省合计	16 721.18	4 671.80	12 049.38
一、国有商业银行	9 851.22	2 880.87	6 970.35
工商银行	2 368.02	602.36	1 765.66
农业银行	3 399.67	1 230.10	2 169.57
中国银行	1 886.69	436.73	1 449.96

项目 机构	全省合计	活期储蓄余额	定期储蓄余额
建设银行	2 196.84	611.68	1 585.16
二、其他商业银行	3 431.70	911.09	2 520.61
交通银行	678.72	206.71	472.01
中信银行	224.52	40.76	183.76
华夏银行	100.22	15.89	84.33
浦发银行	127.84	33.01	94.83
招商银行	252.12	108.38	143.74
广发银行	21.55	3.21	18.34
光大银行	49.08	12.73	36.35
民生银行	70.20	11.06	59.14
深发银行	16.80	4.94	11.86
兴业银行	39.51	8.16	31.35
恒丰银行	3.58	0.32	3.26
浙商银行	0.99	0.60	0.30
邮储银行	1 842.30	464.54	1 377.76
上海银行	1.75	0.24	1.51
宁波银行	2.52	0.45	2.07
三、地方法人银行	3 428.73	878.66	2 550.07
省联社	2 881.92	748.41	2 133.51
农村商业银行	973.43	265.45	707.98
农村合作银行	617.94	177.99	439.95
农村信用社	1 290.55	304.97	985.58
江苏银行	437.92	99.96	337.96
南京银行	102.18	28.45	73.73
长江银行	6.71	1.84	4.87
四、外资银行	9.57	1.19	8.38

注:由于四舍五入原因,本表总分之间存在微小差额。

四、邮政储蓄存款

中华人民共和国成立后,中国人民银行于1951年委托邮政部门代理储蓄业务。1953年9月1日起,因邮电部和中国人民银行解除合约,全省邮局代理储蓄业务停办。

1986年,国务院批准邮政部门恢复办理储蓄业务,并在原邮电部和各省(区、市)邮电管理局内设置邮政储汇局,对邮政储蓄、汇兑等金融业务进行管理。2月7日,江苏省第一个邮政储蓄网点——南京水西门邮局对外营业,开始办理个人定期及活期储蓄。人民银行对邮局缴存的储蓄款按月累计日平均余额的2.2‰付给邮局手续费。4月1日,各市邮电局邮政储蓄网点开业,邮政储蓄业务在全省推开。10月,南京新街口、苏州察院场及无锡人民路3个邮电支局首批试办异地存取储蓄业务。12月,南通、扬州、镇江等邮电局也先后开办异地存取储蓄业务,并以南京邮政局为省内异地存取网的指挥局。到1986年末,全省各邮电局开办的邮政储蓄网点达148个,储户7.81万个,存款金额3 100多万元。

1987年1月,全省11个市局试办集邮有奖储蓄,存单面额20元,存期1年,月息6‰,共发行30万张,金额600万元。7月1日,全省首次赠发储户及协作单位"极限纪念封"并贴有"邮政储蓄"特种邮票1枚,共发行1.5万枚,全部为非卖品。10月,开办定、活两便储蓄业务。

1988年12月1日至1989年1月10日,全省开展"江苏邮电职工爱国储蓄"活动,每个职工参储200元,存期1年零1个月,利息9.36%。

1989年5月起,在人民银行支持下,全省县城(不包括城关)以下邮政储蓄网点的利率在现行利率基础上上浮10%～30%,农村支局的储蓄额明显上升。9月至11月,全省开展邮政储蓄"协储、劝储"活动,并提出"千言万语、千家万户、千方百计、千辛万苦"的"四千精神"口号,"协储、劝储"方式及"四千精神"一直影响并推动江苏邮政储蓄的发展。经过3个月的努力,全省共计协储1.58亿元,超额完成1.49亿元的原定计划。同年11月,中国人民银行与邮电部联合下发《关于进一步办好邮政储蓄的通知》,规定自1990年1月1日起,邮政储蓄由邮政部门代人民银行办理吸收存款改为自办,与人民银行的关系由缴存改为转存,邮政储蓄收入由代办费改为利差。自此,人民银行对邮政储蓄的高额补贴作为固定关系沿袭下来。

1990年5月,江苏省邮电管理局直属储蓄科、汇兑科合并成立江苏省邮政储汇局。当年全省进一步开展多种形式的有奖储蓄。至12月底,南通、南京、扬州、盐城、徐州等5个地区邮政储蓄余额超1亿元。

1991年,江苏省邮政储汇局开办"双庆""聚宝盆""万家乐"等有奖储蓄业务。5月,开办"江苏省居民住宅电话储蓄"业务,按整存整取的存期和利率计息,存期期满后,扣除国家规定的装机费用后返还储户。10月,开办"邮政存本取息定期储蓄"和"邮政礼仪储蓄"业务,面值10元和50元两种。到1991年末,全省邮政储蓄余额已达21.56亿元,当年新增12.23亿元,增量居全国邮储系统首位。

1992年,全省开展"邮政储蓄开门红百日竞赛"活动,储蓄余额上升较快。1～4月即新增8.48亿元,4月末余额达30.04亿元,升至全国邮储系统第一位。全年新增18.83亿元,在全国邮储系统再次刷新年新增额最高纪录。

1993年,随着全省各地集资热、股票热的兴起,金融市场日趋活跃,储蓄存款竞争不断加剧,而邮政储蓄又面临清理储蓄存款转让等问题。在此情况下,江苏省邮政储汇局一方面抓好常规储蓄,另一方面积极开办效益好的代收代发业务,特别是与电信业务紧密结合起来,办好"代缴电话初装费""代缴市话月租费""城乡居民住宅电话储蓄"等业务,同时做好国债发行、代售"七运会"奖券销售等。至当年末,全省邮政储蓄余额达53.16亿元,同比增长31.62%,继续保持全国邮政储蓄先进水平。

1994年,针对1993年储蓄市场竞争导致全省邮政储蓄余额的增幅出现大幅下降的局面,江苏省邮政储汇局提出以增加邮政储蓄余额为中心、以改善服务为突破口的发展方针,全面推广限时服务,积极开展创建标准化储蓄网点活动,改善邮政储蓄装备条件,加快金融电子化建设。当年新建电脑储蓄网点300处,累计达627个。全省邮政储蓄存款年末余额达78.99亿元,占全省居民储蓄存款余额的5.84%。

1994～1995年,江苏省邮政储汇局在全省开展"邮政储蓄争创百亿跨年度竞赛活动",至1995年4月即达100亿目标,年末余额137.29亿元。其间,全省邮政储蓄系统总结推广"定期一本通"业务和存本取息加零存整取的"优化储蓄"业务。全省邮政储蓄计算机网技术改造工程(绿卡工程)全面进入应用程序的联合调测、安装阶段,并于12月16日首先在无锡投入试运行。至当年末,全省已建有邮政储蓄网点2 259个,其中电脑储蓄点1 303个,储户646万户。

1996年,中国人民银行调整邮政储蓄转存款利率,长期邮政储蓄转存款年利率由12.42%下调到10.53%,下降1.89个百分点,要求定活期比例达到80∶20。江苏省邮政储汇局围绕"巩固发展、调整结构、严格管理、集约经营、科技兴业"的指导思想,抓好元旦春节期间收储旺季,主动上门扩大代收话费、代发工资等业务,并适时推出四个月的邮政储蓄活期余额竞赛活动。至当年末,全省邮政储蓄余额达193.15亿元,比上年净增55.86亿元,余额和净增额在全国邮储系统内均居第一位。

1997年,江苏省邮政储汇局提出从单一重余额向余额、效益并重方向转变的发展要求,并制定"分阶段突出重点"的工作思路,即以市场为中心,旺季市场以发展余额为重点,淡季市场以增加收入为重点,着力提高网点质量,拓展业务功能,切实改善服务,以活动推动业务发展,不仅邮政储蓄余额在全国率先突破200亿元,而且邮政储蓄业务收入达到创历史新高的5.72亿元。当年全省2363个邮政储蓄网点和70个局的汇兑业务处理全部实现电子化,邮政金融电子化建设居系统前列。

2000年,受国家推行储蓄实名制,以及居民个人投资多元化格局逐步形成等因素影响,储蓄资金大量分流,全省储蓄存款出现长达8个月的负增长。面对这一形势,江苏省邮政储汇局在全省统一开展以跨年度竞赛活动为龙头的一系列业务发展劳动竞赛,以及为期五个月的"全省邮政储蓄率先突破400亿"的竞赛活动。至当年末,全省邮政储蓄余额达402.76亿元,同比增长20.95%。

2001年,江苏省邮政储汇局被江苏省委、省政府授予"江苏省文明单位标兵"称号。至当年末,全省邮政储蓄余额突破500亿元,达516亿元,邮政储蓄业务总收入达12.35亿元,邮政储蓄网点达2309个,网点平均余额2236万元,网点平均余额和集约化水平居全国领先水平;电子汇兑顺利开通并实现全国联网,全省70个市县、1300多个邮政电子汇兑网点日均交易量达12000多笔,居全国之首。

2003年8月1日起,邮政储蓄新增存款转存人民银行的部分按照金融机构准备金存款利率(年利率1.89%)计息,并对邮政储蓄新老存款进行划段计息,2003年8月1日以前的邮政储蓄老转存款暂按转存款利率计息(年利率为4.131%)。当年"非典"也影响到邮政储蓄业务的发展。面对不利局面,江苏省邮政储汇局除继续开展2002~2003年度跨年度竞赛活动(净增130亿元),还利用元旦、春节期间及时开展"赛中赛"活动,当月净增余额58亿元,实现日净增余额2.1亿元,创全省乃至全国邮政储蓄历史新高。其中竞赛期间活期储蓄余额净增30.3亿元,活期比重由年初的19.4%提高到年末的21.71%。当年南通成为全国首家邮政储蓄余额突破百亿的地市。至2003年末,盐城市邮政储蓄余额也突破百亿元,与南通市成为全国少数几家邮政储蓄余额超百亿的地级市。

2004年,江苏省邮政储汇局协助国家邮政局进行协议存款工作,先后与30多家商业银行和农村信用社等推广协议存款62.2亿元,并向省内农村信用社、农村商业银行等地方商业银行进行国债逆向回购交易101.2亿元,支持地方建设和服务"三农"。同年,邀请在南京的国有商业银行、全国性股份制商业银行、政策性银行以及省联社、南京市商业银行、镇江市商业银行的负责人召开首次邮政储蓄资金推介会。

2006年是省邮政储蓄恢复开办20周年。针对国家邮政局提出的"树立科学发展观,以效益为中心""稳定发展负债业务,大力发展中间业务,积极拓展资产业务""加快实现增长方式的转变,促进邮政储汇业务稳定、协调、健康发展"的总体业务发展要求,江苏省邮政储汇局调整经营思路,大胆创新实践,探索新型邮政金融发展模式,着力加大对储蓄队伍人才的培养,其中有各市、县邮政局长、分管局长参加的邮政金融业务高级管理培训班,以及专门针对资金运用操作人员进行的培训等。2006年末,全省邮政储蓄余额达1407.9亿元,继续在系统内领跑,邮政储蓄利差收入23.18亿元,邮政储蓄代理业务手续费收入1.78亿元,汇兑业务收入1.05亿元,全省累计发行绿卡294万张,卡存款余额118.4亿元,推广协议存款69亿元。

2007年8月,江苏省邮政储汇局全面代销开放式基金业务,采取总部营销、全省巡回培训、多层次宣传,使得该项业务迅速启动发展,当年累计销售开放式基金50多亿元。同年,推出三期"储汇聚财"外币储蓄产品,销售实现外币储蓄余额400多万美元。销售金额、销售笔数以及计划完成率三个指标均列系统第一位。

2008年1月20日,在江苏省邮政储汇局基础上组建的中国邮政储蓄银行江苏省分行正式成立,实现由经营单一邮政储汇业务的机构向经营全面金融业务的商业银行的重大转变。截至2008年末,全省邮政储蓄银行人民币储蓄存款余额1842.3亿元,比上年增加334亿元,储蓄存款余额和增量均居系统首位;外币储蓄存款余额703.82万美元,居系统第二位。江苏邮政储蓄存款大部分来自农村地区,农村是江苏邮政储蓄的主战场,这是邮政储蓄的显著特征之一。

表 3 - 7　1986～2008 年江苏省邮政储蓄业务统计表　　　　单位：个；亿元；％

年份	网点数	储蓄余额	增速	年份	网点数	储蓄余额	增速
1986	148	0.31		1998	2 345	289.29	18.18
1987	287	2.34	654.84	1999	2 340	333.00	15.11
1988	910	3.48	48.72	2000	2 333	402.76	20.95
1989	1 045	5.91	69.83	2001	2 309	516.00	28.12
1990	1 209	9.33	57.87	2002	2 314	675.50	30.91
1991	1 451	21.56	131.08	2003	2 311	802.50	18.80
1992	1 579	40.39	87.34	2004	2 310	947.10	18.02
1993	1 680	53.16	31.62	2005	2 319	1 203.70	27.09
1994	1 897	78.99	48.59	2006	2 382	1 407.90	16.96
1995	2 259	137.29	73.81	2007	2 385	1 508.30	7.13
1996	2 268	193.15	40.69	2008	2 391	1 842.30	22.14
1997	2 363	244.78	26.73				

第四节　同业存款

一、银行同业存款

20 世纪 90 年代末以后，迅速发展的中小金融机构和外资银行商业性支付结算需求不断增大，而人民银行逐步从商业性支付结算代理业务市场退出。以工行江苏省分行为代表的省内各商业银行抓住时机，依托完善的结算管理和先进的信息技术，积极发展商业性支付结算代理业务，以支付结算为手段，增加银行同业存款。

1999 年 5 月，工商银行新的资金汇划结算系统投产运行。2000 年 7 月，工总行下发《支付结算业务代理实施办法》，要求各级行按照高效低险的原则，选择合作对象和代理业务种类及合作方式，开展支付结算代理业务，吸收存款。至 2000 年，全省工行代理同业签发银行汇票的网点超过 2 000 个。2001 年，工行江苏省分行为浦发银行、中信银行、招商银行等股份制商业银行开办代理兑付业务，并为花旗银行、香港上海汇丰银行等外资银行代理异地资金清算服务，支付结算代理业务市场占有率达 90％。2002 年，工商银行开办网上支付结算代理业务，为其他银行提供代签银行汇票资金网上移存和网上代理汇兑业务。工行江苏省分行当年新增全国和华东三省一市银行汇票代签机构 95 个、227 个，总数分别达 635

个和 1 927 个，在省内继续保持最大结算行的地位。截至 2008 年末，工行江苏省分行的银行同业存款由 1997 年末的 50.01 亿元增加到 116.24 亿元，形成稳定的低成本资金来源。

在国有商业银行大力吸收银行同业存款的同时，省内其他银行也积极拓展银行同业存款业务。1995～1999 年，华夏银行、浦发银行、光大银行南京分行相继成立。这三家行在成立之初即高度重视同业存款业务，将同业客户拓展作为客户经营的重要策略之一。华夏银行南京分行按照"重点地区、重点客户、重点业务"的营销思路发展同业存款业务，与多家商业银行、邮政储蓄、财务公司等单位建立同业合作关系；浦发银行南京分行将同业存款等业务纳入全行绩效考核指标体系，明确营销牵头职能部门，建立专门的同业营销队伍；光大银行南京分行与省内其他金融同业机构建立良好的合作关系。

2000 年以后成立的民生银行、兴业银行等股份制商业银行，虽然成立时间短，但由于对同业存款重视程度较高，业务发展很快。民生银行南京分行成立后，坚持把发展同业金融业务作为三大业务支柱之一，树立合作竞争的观念，谋求金融机构间的业务合作。2001 年，该行为周边县市农村信用社代理债券结算 5 亿多元，年末同业存款余额 6.2 亿元；2002 年继续扩大为农村信用社、城市商业银行代理债券结算规模，全年累计完成债券代理结算量 23.6 亿元，占全国民生银行系统的 51.16％，年末同业存款余额增至 8.58 亿元。2003年,兴业银行南京分行成立公司业务部、同业业务部和个人业务部,开办银联柜面通业务,成功地与南京市商业银行和无锡市商业银行实现银行卡柜面互通,实现服务网点和兴业卡服务区域的扩展和延伸;2004年与农行江苏省分行、中行江苏省分行签订全面业务合作协议,年内新增同业存款客户9家,基本形成沿沪宁线主要城市商业银行和农村商业银行的同业客户群,新增对无锡市商业银行、张家港农村商业银行等4家同业授信,形成基本覆盖主要同业客户、授信业务范围齐全的信用体系。

截至2008年末,全省银行同业存款余额882.84亿元,占银行、证券、保险同业存款余额的50.67%,居主体地位。其中,工商银行银行同业存款余额116.24亿元,占全省余额的13.17%,居全省第一位,南京银行(77.31亿元)、建设银行(67.43亿元)、中国银行(57.59亿元)、民生银行(57.16亿元)分列第二至第五位。

二、证券同业存款

1998年证券交易结算制度改革之前,江苏各银行证券同业存款较少,1997年底全省证券同业存款余额仅为9.45亿元。

1998年5月,沪、深证交所改革证券交易结算制度,清算主体由各地交易中心代理清算改为各地银行代理清算,促进银行证券同业存款的快速增长。同年6月15日,上海证券中央登记清算公司指定交行南京分行为江苏省证券资金代理清算行,全省共有185个上交所交易席位在该行开立清算账户,日均资金清算量达20亿元。至1999年末,全省证券同业存款余额达73.58亿元,是1997年的7.79倍,其中交行南京分行28.75亿元,占全省的39.07%。

2000年以后,各商业银行与券商合作,陆续推出"银证通"产品,实行储蓄账户与股民保证金账户之间的资金自动转账,进一步推动证券同业存款的增长。至2000年末,全省证券同业存款增至190.03亿元,是上年的2.58倍。

2001年5月,证监会颁布《客户交易结算资金管理办法》,要求各家券商将自有资金和客户交易资金分别开立存款账户,单独立户管理,自

有资金必须存放一家主办存管银行,客户交易结算资金可选择多家银行;证券登记结算公司选择结算银行开立清算备付金专用存款账户、自有资金专用存款账户和验资专户,对所有资金实行分项管理。省内各商业银行根据证券公司客户交易结算资金管理改革的新变化,争当券商主办存管银行和存管银行。当年工行江苏省分行与2家法人券商签订主办存管银行协议,与4家法人券商签订存管银行协议,代理资金清算的期货公司、法人券商及证券机构营业网点超过100个。农行江苏省分行推出代理证券存取款、银证转账、"银证通"等系列产品,与80多个证券机构营业网点实现联网。中行江苏省分行逐步开发并推出A、B股"银券通",A股资金清算代理券商数达42家,联网券商网点新增49个。建行江苏省分行在部分分支机构推广"银券通"业务。交行南京分行与南京市6家法人券商中的4家签订主办存管银行协议,有54家证券营业部确定该行为存管银行。该行所争取的券商主办存管银行数量在交行系统名列前茅。招商银行南京分行与南京地区90%以上证券营业部实现银证转账联网。2001年开业的兴业银行南京分行当年即与南京市3家法人券商和26家券商营业部签订存管银行协议。2001年以后,受熊市影响,证券同业存款逐年减少。至2005年末,全省证券同业存款余额仅为86.27亿元。

2004年,证监会启动证券公司客户交易结算资金第三方存管制度,多银行模式客户交易结算资金第三方存管的证券资金管理格局逐步形成。各商业银行纷纷推出第三方存管业务,其中国有商业银行走在各行的前列。

在2005年开始的股市牛市的推动下,全省证券同业存款2007年创出新高,年末余额达565.73亿元,2008年受股市回调影响下降至495.19亿元。其中,客户交易结算资金专用存款余额447.70亿元,占90.41%;自有资金专用存款余额20.97亿元,占4.23%;自有资金其他存款余额26.52亿元,占5.36%。分银行看,工商银行证券同业存款余额127.77亿元,占全省余额的25.8%,居全省第一位,建设银行(84.16亿元)、中国银行(79.86亿元)、交通银行(65.94亿元)、农业银行(39.54亿元)分列第二至第五位。

三、保险同业存款

1990年以前，根据中国人民银行规定，中国人民保险公司存款均作为储蓄存款。1990年1月，中国人民银行下发《关于保险公司保险金存款的通知》，规定保险金转存专业银行时不得列入储蓄存款，已转存的要限期划出。自此，保险公司存款纳入对公存款范围。随着保险业的迅速发展，全省银行大力发展保险代理与合作业务，吸收稳定和低成本的保险存款。

1991～1998年为银行代理保险业务起步阶段，各银行与当地保险公司签订代理协议，通过代理保险业务建立和发展双边关系，稳定增加存款。至1998年末，全省银行保险同业存款缓慢增长至12.31亿元。由于太平洋保险公司是由交通银行创办，1994年才脱离隶属关系，双方的合作较为密切。1998年末，交行南京分行保险同业存款余额4.16亿元，占全省余额的33.79%，居第一位。

1998年7月，中国保监会成立，保险业进入新的发展时期。1999年10月，为增加保险公司资金运用渠道，便于商业银行获得长期稳定的资金来源，人民银行下发《关于对保险公司试办协议存款的通知》，允许商业银行开办5年期以上（不含5年）的保险公司协议存款。2000年1月，工商银行印发《中国工商银行保险公司协议存款管理办法》，在国内较早开展保险公司协议存款业务。该行对中资保险公司开办的协议存款最短存期5年6个月，最长不超过10年，一次存入，一次支取，起存金额为3 000万元，利率上浮一般不超过5%，并可以协议存款凭证办理质押贷款，受到保险机构的欢迎。其他各商业银行也重视保险公司协议存款业务的发展。至2002年，全省保险公司协议存款余额已达77.92亿元。

2001年以后，为应对加入世贸组织后保险业面临的挑战，保险公司希望以优势互补、资源共享的方式与银行的合作。同时，保险公司开始实行"收支两条线"的集约式经营，参与证券市场运作，加大投资国债和基金的比重。全省银行适应这些变化，进一步加强与保险公司的全面合作，银行代理保险进入高速发展阶段。2001年，工

总行下发《中国工商银行代理保险业务管理办法》，规范代理保险业务的发展。工行江苏省分行加强与保险公司的合作，广泛开展代售保险产品、代收保费、代理支付保险金、协议存款、网络结算等业务。尤其是适应保险公司"收支两条线"的资金管理要求，利用资金汇划系统，使各保险分支机构在各地工商银行开立保费收入专户、费用支出专户，使保费收入在工商银行内封闭运行，保险同业存款稳步增加。2003年2月，农行江苏省分行在苏州召开全省农行保险代理业务工作会议，对代理保险业务进行全面部署。同年，中行江苏省分行印发《中国银行江苏省分行代理保险业务管理办法（暂行）》，对辖内各行代理保险新产品报批报备、签署协议等事项作出明确规定。建行江苏省分行贯彻建总行制定的《中国建设银行保险代理业务管理暂行办法》，进一步规范柜面代销保险行为。2001～2003年，全省保险同业存款分别增长116.17%、213.19%、88.67%，余额也从2000年末的25.71亿元增至2003年末的328.41亿元。

2002年以来，银行保险业务的发展主要是受储蓄性的分红保险产品推动，但由于相互竞争激烈，保险公司之间打价格战，使得银保产品业务已基本上无利可图。2004年以后，银行代理保险业务增速迅速下降，有的保险公司甚至主动限制银保产品。2004～2006年，全省保险同业存款余额增速分别为4.47%、-4.91%、-26.97%，余额从2003年末的328.41亿元降至2006年末的238.24亿元。其中短期保险同业存款由179.9亿元降至48.24亿元，是保险同业存款增速迅速下降的主要原因。

为继续推动代理保险业务的发展，农行江苏省分行2006年下发《中国农业银行江苏省分行"银保通"系统管理办法（暂行）的通知》，2008年下发《关于进一步加强保险代理工作的通知》，要求提高代理保险综合收益和费率水平。为改变银行被动代理保险的局面，中行江苏省分行2006年主动与各保险公司建立联系会议制度，并进一步规范全辖保险兼业代理业务。建行江苏省分行2006年制定《中国建设银行江苏省分行财产险代理业务发展指导意见》，2008年制定《银行保险业务辅导员管理暂行办法》《柜面代销保险重大

投诉事件应急处理预案》。2008年,交行南京分行代理保险业务改由个人金融部门负责,并于当年5月上线集中式"银保通"系统。

2007年,全省保险同业存款开始恢复增长。截至2008年末,全省保险同业存款余额364.42亿元。其中,短期保险同业存款余额93.35亿元,长期保险同业存款(保险协议存款)271.07亿元。分银行看,工商银行保险同业存款余额163.11亿元,占全省余额的44.76%,居全省第一位,浦发银行(57.63亿元)、交通银行(47.08亿元)、民生银行(28亿元)、广发银行(20亿元)分列第二至第五位。

表 3-8　1997～2008年江苏省银行、证券、保险同业存款余额统计表　　　　　　单位:亿元

年份	银行同业存款余额	证券同业存款余额	保险同业存款余额	余额合计
1997	183.88	9.45	5.83	199.16
1998	162.44	11.52	12.31	186.28
1999	219.94	73.58	8.56	302.08
2000	220.07	190.03	25.71	435.82
2001	219.99	275.57	55.58	551.13
2002	216.07	176.67	174.06	566.80
2003	230.06	131.00	328.41	689.46
2004	314.80	90.71	343.07	748.59
2005	465.78	86.27	326.21	878.25
2006	397.70	248.94	238.24	884.88
2007	419.98	565.73	319.66	1 305.38
2008	882.84	495.19	364.42	1 742.45

注:银行同业存款未进行轧差处理。

第四章 贷款业务

改革开放以后,随着企业财权扩大,人民收入增加,全省财政分配的资金减少,银行信贷分配的资金逐渐增多,对全省经济发展的支持作用日益突出。在1993年前的专业银行时期,银行根据国家计划供应信贷资金,并实行"区别对待、择优扶持"等信贷原则。1993年以后,随着国家专业银行向国有商业银行转变,省内各国有商业银行开始按照"自主经营、自负盈亏、自担风险、自我发展"的原则做好信贷工作,在加大信贷投入的同时,积极调整信贷结构。新成立的各政策性银行也在其业务领域内给予相关产业和企业以政策性信贷支持。股份制银行等其他银行也积极拓展信贷业务。1998年,人民银行取消对商业银行的贷款限额控制,使商业银行具备按信贷原则自主增加贷款的条件。全省银行正确处理防范金融风险与支持经济增长的关系,在扩大信贷总量的同时,进一步优化信贷结构,降低信贷风险。信贷支持的重点除了传统的国有企业、基础设施建设等以外,还根据国家扩大内需的要求,着力拓展住房、汽车、助学贷款等个人消费贷款业务,对"三农"、中小企业、就业等薄弱环节的信贷投入也持续增加。在加大信贷投入的同时,全省银行加强贷款管理,逐步构建全面、系统的风险防范体系,资产质量不断提高。截至2008年末,全省人民币各项贷款余额26 160.72亿元,居全国第三位。其中,短期贷款余额12 245.48亿元,占46.81%;中长期贷款余额11 628.93亿元,占44.45%;票据融资余额2 203.14亿元,占8.42%。同期,全省不良贷款率2.68%。本章主要记述人民币各项贷款,外汇贷款及贸易融资见本志第六章。

表 4-1 1978～2008年江苏省人民币各项贷款余额统计表　　　　单位:亿元;%

年份	年末余额	增速	年份	年末余额	增速
1978	115.29		1994	2 218.15	24.77
1979	129.70	12.50	1995	2 875.39	29.63
1980	159.11	22.68	1996	3 840.74	33.57
1981	195.33	22.76	1997	4 452.46	15.93
1982	217.87	11.54	1998	5 063.57	13.73
1983	242.28	11.20	1999	5 535.15	9.31
1984	333.40	37.61	2000	5 967.66	7.81
1985	387.06	16.09	2001	6 671.74	11.80
1986	528.83	36.63	2002	8 234.58	23.42
1987	659.29	24.67	2003	11 299.55	37.22
1988	742.10	12.56	2004	13 480.98	19.31
1989	835.56	12.59	2005	15 396.59	14.21
1990	1 013.45	21.29	2006	18 485.02	20.06
1991	1 230.49	21.42	2007	22 092.10	19.51
1992	1 480.80	20.34	2008	26 160.72	18.42
1993	1 777.80	20.06			

第一节 短期贷款[①]

1979年改革开放以前,中国实行高度集中的计划经济,资金分配由财政和信贷垄断。流动资金由财政、银行两家共管,基本建设等长期资金完全由财政供应。改革开放以后,银行信贷分配的资金迅速增加。1983年国务院作出国营企业流动资金改由中国人民银行统一管理的决定。至1993年金融体制改革前,全省银行切实做好国营企业流动资金供应和管理工作。1995年、1996年,国家先后颁布实施《商业银行法》和《贷款通则》。全省银行根据金融法律法规的要求,遵循效益性、安全性和流动性的原则,创新信贷产品和服务方式,拓宽信贷服务领域,加强信贷风险管理,积极做好各类信贷业务。短期贷款广泛涉及工业、商业、农业、建筑业、乡镇企业、个体私营企业等众多行业和领域,对江苏经济社会的改革发展发挥重要作用。截至2008年末,全省人民币短期贷款余额12 245.48亿元,占全省各项贷款余额的46.81%。

表4-2 2008年末江苏省人民币短期贷款余额分机构、分项目统计表 单位:亿元

机构 \ 项目	全省合计	工业贷款	商业贷款	建筑业贷款	农业贷款	乡镇企业贷款	三资企业贷款	私营企业及个体贷款	其他短期贷款	其中:个人短期消费贷款
全省合计	12 245.48	4 143.98	1 164.17	402.63	1 009.73	1 596.72	388.84	360.07	3 179.34	216.12
一、国有商业银行	4 574.30	2 864.74	291.30	105.40	6.39		217.68	76.70	922.10	95.54
工商银行	1 262.62	817.74	49.94	25.95	1.20		92.08	24.64	251.07	11.36
农业银行	1 296.05	981.28	111.58	13.83	4.71			9.07	175.58	14.94
中国银行	963.61	472.56	66.86	30.92			125.60	9.51	258.16	48.51
建设银行	1 052.02	593.16	62.92	124.70	0.47			33.48	237.29	20.73
二、政策性银行	564.86		404.43						160.43	
国家开发银行	22.26								22.26	
进出口银行	84.93								84.93	
农业发展银行	457.67		404.43						53.24	
三、其他商业银行	3 296.08	1 017.73	321.69	160.46	7.94	15.41	128.30	194.58	1 449.97	86.56
交通银行	827.20	367.63	100.82	35.64	3.38			65.01	254.72	2.45
中信银行	419.16	122.52	33.47	9.56		0.02	42.71	6.46	204.42	12.31
华夏银行	308.80	46.97	13.43	16.38		8.79	32.84	23.40	166.99	15.92
浦发银行	459.10	161.38	41.71	21.93					234.08	35.39
招商银行	360.91	76.26	1536	1857			40.22	30.62	179.88	7.06
广发银行	175.78	64.08	0.92	2.30			1.85	0.60	106.03	0.13
光大银行	174.80	21.89	77.54	1.74			3.86	5.26	64.51	6.35
民生银行	256.27	63.40	9.95	19.60			5.28	41.95	116.09	4.10
深发银行	73.05	6.50	0.87	5.10			1.44	0.67	58.47	0.28
兴业银行	111.41	56.71	12.91	15.15				0.57	26.07	0.48
恒丰银行	56.73	22.41	8.09	2.99				0.40	22.84	0.04
浙商银行	5.80	0.30	1.00						4.50	

① 1996年颁布实施的《贷款通则》将贷款按期限分为短期贷款、中期贷款、长期贷款三类。短期贷款是指贷款期限在1年以内(含1年)的贷款;中期贷款是指贷款期限在1年以上(不含1年)5年以下(含5年)的贷款;长期贷款是指贷款期限在5年(不含5年)以上的贷款。1997年起,人民银行实行全科目统计制度,开始分别统计短期贷款和中长期贷款。

机构＼项目	全省会计	工业贷款	商业贷款	建筑业贷款	农业贷款	乡镇企业贷款	三资企业贷款	私营企业及个体贷款	其他短期贷款	其中:个人短期消费贷款
邮储银行	22.35				4.46			16.30	1.59	1.59
上海银行	34.46	555	2.33	10.50		6.60	0.10	3.34	6.04	0.01
宁波银行	10.26	2.13	3.29	1.00	0.10				3.74	0.45
四、地方法人银行	3 690.01	247.11	146.17	43.23	995.40	1 681.30	42.42	88.77	545.60	32.78
省联社	2 756.76				992.27	1 563.40		1.48	199.61	8.62
农村商业银行	991.60				111.15	745.94		0.02	134.49	3.08
农村合作银行	589.89				296.03	267.47		1.13	25.26	0.78
农村信用社	1 175.27				585.09	549.99		0.33	39.86	4.76
江苏银行	735.52	20523	92.37	35.71	2.59	17.88	36.77	76.00	268.67	9.98
南京银行	192.50	40.84	52.12	7.25	0.54	0.02	5.60	10.88	75.25	14.07
长江银行	5.23	1.04	1.68	0.27			0.05	0.41	1.77	0.11
五、外资银行	97.84								97.84	0.23
六、非银行金融机构	22.38	14.37	0.60	3.55			0.45		3.41	
信托公司	5.59	0.14	0.10	3.20					2.15	
财务公司	16.79	14.23	0.50	0.35			0.45		1.26	

注:由于四舍五入原因,本表总分之间存在微小差额。

一、工业贷款

工业历来是江苏省银行业机构信贷支持的重点领域之一。改革开放以来,全省银行业机构围绕经济结构调整、国有企业改革和中小企业发展,不断加大工业贷款投入,为江苏经济发展做出重要贡献。

1978年,国家超越承受能力新上一大批固定资产投资项目,其中相当大一批是需要引进技术设备的项目,导致国家财政赤字和现金发行量猛增,货币信贷失控,出现改革开放以来的第一次经济过热。中共中央决定从1979年开始对国民经济进行调整,实行"调整、改革、整顿、提高"的"八字方针"。1978年以后,全省银行根据"八字方针",实行"区别对待、择优供应"的信贷原则,贷款向轻纺企业和效益好的企业倾斜,以促进经济结构调整。1978～1982年,全省工业总产值累计增长80%。其中,轻工系统产值增长100.82%,重工系统产值增长56.35%。同期工业贷款累计增长70.9%,较好地支持经济结构的调整。

为加强流动资金管理,1983年6月25日,国务院决定国营企业流动资金改由中国人民银行统一管理。当年全省2 877家预算内国营工业企业的27.95亿元国拨流动资金交由银行管理。同年第四季度,人行江苏省分行批准在常州市国营机械工业系统试行以销售资金率(即百元销售资金额占全部流动资金额的比率,以下简称"销资率")为基础核定流动资金贷款。1984年1月1日,人行江苏省分行根据总行通知,取消国营工交企业清产核资时划分定额贷款、超定额贷款和超总额贷款的办法,一律按企业"销资率"核定流动资金贷款,统称"生产周转贷款"。同年3月,工商银行下发《关于国营工商企业流动资金管理暂行办法》。当年全省国营工业企业自补流动资金1 720万元。

1985年1月,人行江苏省分行与工行江苏省分行分设,人行江苏省分行过去承担的工商信贷和储蓄业务改由工行江苏省分行专业经营。同月,农行江苏省分行根据农总行《关于做好代理放款改为自营业务工作的通知》,将原代理人民银行国营工业贷款业务改为自营,加上1980年由人民银行划归农业银行的农村集镇集体工业贷款,农行江苏省分行已全面办理国营、集体工业贷款。此后,随着人民银行出台允许专业银行业务交叉的政策,中国银行、建设银行以及交通银行、中信银行等股份制银行也陆续进入工业贷款领域。

1984年底,在加快城市经济体制改革和分设专业银行过程中,经济出现过热。当年全省工业贷款增长38.92%,比上年提高27.49个百分点。1985年开始,全省银行执行"紧缩信贷"的政策,集中资金保重点,贷款投向贯彻"四个优先"①。1985年,工行江苏省分行投向上述企业的贷款占国营工业贷款增加额的73.44%。1986年,支持发展横向经济联合,对省内681个企业群体投入资金4亿元。1987年,对仪征化纤和扬子乙烯重点企业贷款3.39亿元。

1988年9月以后,为加强治理整顿,人行江苏省分行在总行的统一部署下,实施严格的货币、信贷紧缩政策,恢复对金融机构贷款的限额管理,并取消流动资金贷款"多存多贷"的信贷管理办法,在较短的时间内控制住货币信贷增长过快的势头。1989年5月,人总行印发《贯彻〈国务院关于当前产业政策若干要点决定〉的通知》。全省银行业金融机构贯彻落实货币、信贷紧缩政策,控制贷款总量,并按照国家产业政策要求进一步调整工业流动资金贷款结构,优先支持国家重点发展产业,特别是优先支持生产国家重点产品的大中型企业及其大型骨干企业,严格控制或停止对国家限产或停产企业的贷款。工行江苏省分行1989年将省内226户企业32种人民生活必需品列为必保重点,限制50种产品;1990年,重点支持产品67种,增贷7.42亿元,重点限产、禁产113种,压贷4 707万元。中行南京分行1988年开始对国家重点企业发放流动资金贷款。当年3月,所属仪征支行向国家重点企业仪征化纤贷款3 000万元,以解决该公司一期工程建成投产后流动资金的不足。建行江苏省分行1987年开始发放工交企业流动资金贷款。1987~1990年3年间,该行工交企业流动资金贷款累计发放22.6亿元,余额5.97亿元。交行南京分行

1988年正式营业后,贯彻紧缩信贷的方针,在交行总管理处下达的信贷规模控制指标内,适时适度地运用和调节信贷资金,积极支持地方经济发展。1990年,该行新增贷款中有3亿多元支持地方企业启动生产,帮助纺织、医药、轻工、机械、物资等系统近百家处于困难时期的企业渡过难关。

与此同时,全省银行积极开展信贷资产清查工作。1989年,全省工行系统共查出不合理占用贷款16.02亿元,当年清理收回7.39亿元,占不合理占用总数的46.13%。1990年,在国务院和省政府统一部署下,由人行江苏省分行、省计经委牵头,在全省开展清理企业间的"三角债",其中工商银行投入2 280人次,注入清欠资金10.2亿元,完成清欠55.5亿元(其中人欠31.8亿元,欠人23.7亿元),协助企业盘活资金28.5亿元。

1991年,为贯彻落实国务院和江苏省政府关于进一步搞活大中型企业的精神,人行江苏省分行与4家省级专业银行联合印发《关于金融部门支持搞活大中型企业的意见》。工行江苏省分行还制定《关于支持搞活大中型企业的十项措施》,在制度上保障贷款重点投向大中型企业。1991~1992年,全省银行围绕支持国营大中型企业发展,做好工业信贷工作。1991年,工行江苏省分行向922户大中型企业累计发放流动资金贷款202亿元,占该行贷款发放总额的61%,并实行基准利率,没有上浮或加收罚息;支持大中型企业牵头组建企业集团,先后参与熊猫、春兰、长城等百家集团的组建发展。建行江苏省分行向重点企业发放工业流动资金贷款5.5亿元。交行南京分行对大中型企业新增贷款13.2亿元,占全部新增贷款的58%。1992年,工行江苏省分行进一步要求全年新增工业生产企业流动资金贷款的60%要用于大中型企业。同年,交行南京分行对南京市首批5家股份制改组企业,在资金和规模上给予优先支持。对大中型企业的流动资金贷款,实行基准利率,平均利率比上年下降0.97个百分点,让利约1 900万元。

1993年,经济再次出现过热,信贷资金供应

---

① "四个优先"是指优先支持经济效益好的企业,维持正常生产的资金需要;优先支持物资供销企业,用于生产适销对路工业品、收购必需的生产资料;优先支持生产适销对路、出口创汇、优质名牌产品企业的资金需要;优先支持国家重点项目投产的流动资金需要。

十分紧张,重点项目资金缺口较大。7月,中国人民银行、国家经贸委联合下发《关于解决企业流动资金问题的通知》,提出解决企业流动资金紧张问题的措施。1993下半年,工总行和工行江苏省分行对全省重点企业共计安排流动资金贷款25.3亿元,重点支持788个大中型企业。当年工行江苏省分行重点监控的892户大中型工业生产企业新增贷款23.81亿元,占当年该行全部工业贷款新增额的76.3%。这些企业共完成产值922亿元,销售收入958.1亿元,利润79.29亿元。对仪征化纤和高速公路等重点企业、重点项目实行联贷和银团贷款,并支持国家保税区、开发区的发展。

截至1993年末,全省工业贷款余额490.85亿元。其中,银行机构467.09亿元,占95.16%(其中工商银行343.32亿元,占全省工业贷款余额的69.94%),居主体地位;城市信用社和财务公司等其他机构23.76亿元,占4.84%。在银行机构中,国营工业贷款余额348.23亿元,占74.55%,居主体地位;集体工业贷款余额118.86亿元,占25.45%。

表4-3   1978～1993年江苏省工业贷款余额统计表   单位:亿元

年份	全省合计	银行机构	工业生产企业贷款	物资供销企业贷款	集体工业企业贷款	工业结算贷款	集体工业设备贷款	小额贷款	科技开发贷款	其他机构
1978	32.17	32.17								
1979	34.81	34.81								
1980	47.71	41.71	21.34	11.77	7.16	0.84	0.60			
1981	49.46	49.46	23.93	15.01	8.99	0.61	0.92			
1982	54.98	54.98	26.08	17.30	9.71	0.65	1.24			
1983	61.26	61.26	29.35	17.34	12.26	0.72	1.51	0.08		
1984	85.10	85.10	40.71	21.44	19.98	0.66	2.03	0.28		
1985	100.31	100.31	49.79	23.53	23.90	0.60	2.25	0.24		
1986	148.58	148.45	72.54	35.36	37.29	0.53	2.60	0.13		0.13
1987	177.97	177.06	85.09	38.69	44.63	0.07	6.79	0.21	1.58	0.91
1988	210.48	196.90	96.67	40.17	49.19		7.58	0.20	2.09	13.58
1989	248.76	225.95	119.50	41.81	54.52		7.46	0.17	2.49	22.81
1990	309.95	277.03	154.22	47.11	64.51		7.74	0.16	3.29	32.92
1991	375.09	366.55	210.74	58.34	80.66		8.58	2.42	5.81	8.54
1992	417.48	403.51	223.14	63.75	91.96		10.85	2.49	11.32	13.97
1993	490.85	467.09	261.51	68.45	107.40		11.46	2.41	15.86	23.76

注:1978～1990年银行机构包括人行、工行、农行、中行、建行五行,1991～1993年银行机构包括工行、农行、中行、建行、交行、中信六行,其他机构指城乡信用社(1990年前还包含交行);国营工业贷款包括工业生产企业贷款、物资供销企业贷款、工业结算贷款、小额贷款和科技开发贷款,集体工业贷款包括集体工业企业贷款和集体工业设备贷款。

1994年以后,随着国家专业银行向国有商业银行转变,省内各国有商业银行开始实行自主经营、自负盈亏、自担风险、自我发展,按照"安全性、流动性、效益性"的原则,做好包括工业贷款在内的各项信贷工作。1994年,省内10家金融机构在人行江苏省分行的组织下,采取银团贷款的方式,安排资金7 600万元支持苏州工业园区启动工程。当年全省工业贷款新增额首次突破100亿元,达103.37亿元。1995年9月,中共十四届五中全会提出对国有企业实施以市场和产业政策为导向的战略性改组,搞好大的、放活小的、择优扶强、优胜劣汰。全省银行发挥金融支持作用,进一步促进国有企业深化改革。1995年,工行江苏省分行在信贷规模下达和资金调度上,优先向经济发达、效益较好、存款较多、欠息较少的地区倾斜。南京、无锡、苏州、常州、扬州、南通等6

个市的新增贷款占全行新增贷款额的78%。在具体投向上，重点支持效益好的国有大中型企业，对全省852户国有大中型工业企业增加贷款25亿元，占该行工业贷款增加额的68%。建行江苏省分行坚持控制规模和保证重点两项原则，流动资金重点向有发展前途的支柱产业、重点企业倾斜，如对常熟电厂、射阳电厂、春兰集团、常柴集团等重点企业作了集中支持。当年该行新增流动资金贷款28.5亿元，增长超过40%。

1996年，工行江苏省分行、建行江苏省分行作为主办银行分别与南京熊猫、仪征化纤等19户重点国有企业签订银企合作协议，开始试行主办银行制度。1996年，农行江苏省分行对仪征汽车等3个省级集团企业发放贷款4 000万元，支持企业跨地区、跨行业的经济联合，积极培育和促进企业集团的形成和发展。中行江苏省分行重点支持扬子乙烯、仪征化纤、春兰集团、常柴集团等国家和省级大中型企业的发展。中信银行南京分行优先支持符合国家产业政策、发展前景好的项目，当年累计发放贷款160亿元，支持熊猫电子、南钢、扬子乙烯等大中型企业集团发展生产。浦发银行南京分行当年累计发放贷款58.19亿元，其中60%以上用于支持国有大中型企业和重点建设项目。截至1996年末，全省工业贷款余额974.8亿元，当年新增270.02亿元，是改革开放以来工业贷款增加额最多的一年。

图4-1　1997年4月22日，工商银行与3家特大型企业举行合作协议签字仪式

1997年中共十五大报告进一步强调，要提高国有企业对关系国民经济命脉的重要行业和关键领域的支配地位和控制力。根据这一要求，全省银行业金融机构继续巩固以国有大中型企业为主体的贷款投放格局，突出支持大型企业和企业集团。年初，工行江苏省分行及有关市分行分别与省内34家重点企业和大型企业集团签订银企合作协议；4月22日与扬子石化、仪化股份、春兰集团等3家特大型企业举行签约仪式。当年对国有大中型工商企业新增贷款额占该行新增贷款额的60%，对列入国家512户重点企业中的19户江苏企业共增加贷款12亿元，签发银行承兑汇票20.3亿元，办理贴现13亿元。中行江苏省分行集中80%的新增贷款支持实力强、效益好的国有大中型企业和企业集团。建行江苏省分行与230多户符合"双大"（大行业、大企业）标准的企业建立合作关系，并与其中的60多户签订银企合作协议。

进入20世纪90年代中后期，国有企业由于负债率高、冗员多、社会负担重等原因，陷入发展的困境，效益逐年下滑，亏损面逐年增大。受国有企业经营困难和1997年爆发的亚洲金融危机等多重因素影响，全省工业贷款增速开始放缓，1999年降至1.97%，2000年进一步下滑至－2.49%，出现改革开放以来的首次负增长。为应对危机，全省银行积极支持国有企业扭亏增盈，并增加对优质企业的信贷投入，优化信贷结构。

1997年9月，为支持国有亏损工业企业有销路、有效益产品的生产，促使这些企业扭亏增盈，中国人民银行、国家经贸委联合发出《关于支持国有亏损工业企业有销路、有效益产品生产的通知》。1998年，工行江苏省分行对58户企业发放扭亏贷款1.8亿元，并与省计经委、人行江苏省分行联合审查后，对64户企业发放1.5亿元封闭贷款[①]。1999年，对68户企业发放扭亏贷款9 000万元，对34户国有亏损企业发放封闭贷款4 300万元。此外，主办银行制度得到进一步发展，到1999年末已扩大到全省26个城市的295家重点国有企业。

---

①　封闭贷款是指对企业部分有销路、有效益的产品，在资金投入、生产、产品销售的全过程中，实行封闭管理的一种贷款管理方式。实行产品封闭贷款的企业要对这类产品单独进行成本核算，并在银行设立专户，保证产品的回笼款单独收支。

在支持国有企业解困的同时，各国有商业银行加大对优质企业的信贷投入。工行江苏省分行1998年选择100户有市场、有效益、守信用的大中型企业作为支持重点，对其提供全方位金融服务，当年新增流动资金贷款的70%投向这些企业。同年，成立中小企业信贷管理部门，在资金安排上统筹兼顾中小企业发展的资金需求。1999年以后，在全省确定优秀客户群，满足春兰、小天鹅、阳光集团等重点客户的贷款需求，推荐金东纸业、宝胜集团申请总行直贷，争取流动资金贷款4.3亿元，为江苏悦达提供6 000万元的省行直贷，缓解企业资金紧张的压力。农行江苏省分行对市场前景好、科技含量高、经济效益佳、符合"双优"发展战略的乡镇企业，给予优先支持。如1998年对沙钢集团一次性贷款9 000万元，向华西集团贷款4 000多万元。中行江苏省分行1998年提出"重点发展苏南，积极开拓苏中，稳定调整苏北"的发展思路，信贷投放呈现"一高两重"①的特点。1998年90%以上的新增贷款投放在经济发达的苏南和苏中地区。建行江苏省分行流动资金贷款重点支持有市场、有效益、信誉好的大中型企业、绩优小企业及"三资"企业。1998年共向扬子石化、仪征化纤、双良集团等重点企业新增流动资金贷款46.52亿元，占新增流动资金贷款总额的48.22%；向绩优中小企业新增贷款32.75亿元，占33.95%；向"三资"企业新增贷款17.2亿元，占17.83%。1999年以后继续重点支持国有重点绩优企业、跨国公司在华企业、外商投资企业及中小企业，并在信贷资源配置上向重点地区倾斜。

与此同时，股份制商业银行也调整信贷结构，积极支持优良企业的发展。华夏银行南京分行实施名牌客户战略，到2000年，共发展总行级名牌客户8家，分行级名牌客户19家；评定AAA级客户16家，AA级客户78家，A级客户111家。浦发银行南京分行信贷投放向交通、能源、原材料等基础工业倾斜，逐步形成由江苏烟草、扬子石化、金陵石化、南汽、金城等一批国家级和省级重点工业企业组成的重点信贷客户群体。招商银行南京分行2000年以后加大对大中

型优质纺织企业的信贷投入力度，先后与苏美达、俐马化纤、新苏纶等企业建立信贷关系，逐步形成独具特色的"纺织板块"。

经过1998年后连续几年的调整，全省工业贷款增速从2001年开始回升，当年增速即达8.78%，2002年为7.18%，2003年进一步回升到24.53%。

2004年以后，针对当时经济偏热局面，全省银行贯彻人民银行"区别对待、有保有压"的调控政策，配合国家产业政策，限制对钢铁、水泥、汽车、电解铝等过热行业和高能耗、高污染企业的信贷投放，同时加大对中小企业、就业、助学、农民工和非公经济等薄弱环节和弱势群体的信贷支持，工业贷款继续保持较快增长。

图4-2 农行江苏省分行做好对重点集团客户的整体评价、完善金融支持体系。图为该行工作人员在双良集团考察节能锅炉

这一时期，国有商业银行进行股份制改造，通过业务转型和产品、服务创新，继续保持在工业信贷领域的主体地位。工行江苏省分行2005年制定《2005～2007年小企业信贷业务三年发展目标》，把小企业作为新一轮信贷结构调整方向，重点支持小企业流动资金贷款的投放。到2005年末，全省工行小企业信贷客户达4 462户，新增1 929户；贷款余额210.86亿元，新增134.73亿元，居全国工行系统第一位。2007年，对流动资金贷款进行改造，将传统流动资金贷款分为新流动资金贷款产品体系和贸易融资产品体系两大类，其中新流动资金贷款产品体系主要包括备用贷款、营运资金贷款、周转限额贷款、临时贷款、搭

① "一高"是指投放起点高，项目大多为国际上著名的跨国公司投资项目，不仅贷款的担保可靠，而且中间效益良好；"两重"是指对重点地区、重点项目的投放。

桥贷款和法人账户透支等产品。农行江苏省分行抓住新型工业化、循环经济发展和国际资本加速向长三角地区转移的机遇，加大对江苏省有比较优势的大型石油、石化、电子信息产业、生物工程、医药、新材料、环保等行业的信贷营销，并根据民营经济迅速发展的需要，大力支持一批市场有潜力、法人治理结构完善、经营效益好、抗风险能力强的民营企业。2007年，重点抓好分层级直管客户体系建设，完成对华西集团、双良集团、常发集团等18家集团客户的整体评价。到2007年末，全省农业银行工业贷款余额首次超越工商银行，升至全省第一位。中行江苏省分行按照细分市场、细分客户、整合产品的要求，进一步调整行业结构、客户结构和地区结构，主动压降一批热点行业和国家重点调控行业贷款，提高A、B类客户的占比，有重点地推动公司业务发展。2006年，根据中总行相关文件制定《小企业授信管理实施细则》，明确小企业授信的管理规定、业务流程及绩效考核办法，建立有别于大中型企业的授信发起、审批、发放模式。同时，开展小企业客户信息梳理工作，培养优质客户，进一步扩大对优质小企业客户授信份额，提高小企业授信资产质量和收益水平。建行江苏省分行2005年根据业务转型的要求，加强中高端客户市场拓展，营销长安福特马自达等优质客户和重点项目，完成省交通控股、中信泰富等70户集团客户授信。同年，根据建总行相关文件制定《中小企业业务实施推进方案》，把中小企业业务提升到战略发展的高度。2006年，印发《小企业信贷政策及流程实施意见》，根据信贷业务风险特点将小企业信贷业务分为"速贷通"和"成长之路"。2007年10月，与战略投资者在镇江合作开展小企业业务"信贷工厂"模式试点。2008年12月，建总行对镇江小企业业务"信贷工厂"模式进行验收，并给予充分肯定。截至2008年末，全省国有商业银行工业贷款余额2 864.74亿元，占全省工业贷款余额的69.13%。其中，工商银行817.74亿元、农业银行981.28亿元、中国银行472.56亿元、建设银行593.16亿元。

与此同时，股份制商业银行也改进对中小企业的信贷服务，重组公司业务部门，积极增加工业贷款投入。如2007年交行南京分行从个人金融业务部分设零售信贷管理部，专司全辖个人信贷和小企业信贷业务，内设"个人信贷"和"小企业信贷"两个中心。同年，民生南京分行根据民生银行总行事业部制改革和流程银行改造的要求，实现公司业务集中经营，成立贸易金融、房地产、冶金、交通和能源五大金融事业部，明晰公司金融业务的信贷导向，培育一大批合作紧密度高、市场竞争力强、品牌覆盖面广的优质客户。2008年6月18日，招商银行在苏州成立小企业信贷中心，为全国第一家拥有金融许可证的小企业金融服务专营机构。截至2008年末，全省12家全国性股份制商业银行工业贷款余额1 010.05亿元，占全省工业贷款余额的24.37%。

截至2008年末，全省工业贷款余额4 143.98亿元。

表4－4　1994～2008年江苏省工业贷款余额统计表　　　　单位:亿元;%

年份	年末余额	增速	年份	年末余额	增速
1994	594.22	21.06	2002	1 888.48	7.18
1995	704.78	18.61	2003	1 729.14	24.53
1996	974.80	38.31	2004	2 118.55	22.52
1997	1 076.75	10.46	2005	2 265.98	6.96
1998	1 197.71	11.23	2006	3 330.94	47.00
1999	1 221.32	1.97	2007	3 961.05	18.92
2000	1 190.94	－2.49	2008	4 143.98	4.62
2001	1 295.46	8.78			

二、商业贷款

改革开放以来,江苏省银行业机构配合国家商品流通体制和对外经贸体制改革,积极增加信贷投入,促进江苏省商品流通和对外经贸的发展。

(一)普通商业贷款

中共十一届三中全会后,国家首先从放开部分农副产品市场开始,启动商品流通体制改革。全省银行配合国家商品流通体制改革,积极做好商业信贷工作,促进城乡市场的繁荣。

1979年10月,为支持集体商业适当发展,以利安排城镇待业青年就业,人行江苏省分行修改集体商业放款办法。同年,供销社贷款、农村集体商业贷款等商业贷款由人民银行划归农业银行管理。

1980年,为帮助农村集体商业充实自有流动资金、提高自我发展能力和降低贷款风险,农行江苏省分行规定:合作店(组)实现的利润,在交纳所得税以后,企业留成70%左右用于充实流动资金和增添固定资产(各半)。

1981年,为解决工业品下乡难和农村购买力实现难的问题,省商业厅、省供销合作社、人行江苏省分行、农行江苏省分行联合发出《关于扩大商品购销,搞好城乡市场供应,增加货币回笼的紧急通知》,要求各级商业批发部门要认真执行城乡都需要的工业品优先供应农村的原则,及时把工业品调往广大农村。

1982年,农行江苏省分行要求继续积极支持商业、供销部门疏通商品流通渠道、扩大工业品下乡;对国营批发公司和基层供销社兴办专业联营店的,可以在当地农业银行开户并办理结算,对其经营资金不足的部分,给予贷款支持。

1983年,农行江苏省分行转发农总行《关于改进农村商业信贷工作,积极支持商业部门搞活流通渠道的通知》,要求协助基层供销社搞好资金定额管理,按流动资金周转期核定贷款基数。

在调整和改革部分农副产品、日用工业品和生产资料流通体制和价格体系的同时,国家积极推进国营商业企业改革。1979～1983年,先后试行经营责任制和经营承包责任制。1984年,改革

试行小型商业企业"改、转、租"[①],供销社也恢复合作商业性质,由"官办"变"民办"。为促进国营商业企业改革,人行江苏省分行1979年5月9日制定《关于工商贷款实行区别对待,择优扶植试行办法》,印发全省试行。1982年,根据银行信贷"以销定贷"原则,全省各地人民银行逐步改变按企业进货计划供应资金和"存贷合一"的做法。1984年,工总行制定《商业、服务业贷款试行办法》。1985年1月1日起,全省各地原由人民银行办理的国营商业贷款划归各地工商银行办理,并继续实行《商业、服务业贷款试行办法》。在支持供销社改革方面,农总行1984年12月制定《中国农业银行供销合作社贷款试行办法》,规定供销社系统的一、二、三级批发企业和零售企业以及所属工业、服务业、运输业等其他企业(包括归口于供销社的联营企业)具备一定条件,均可向开户银行申请贷款。

1984年10月20日,中共十二届三中全会通过《中共中央关于经济体制改革的决定》,第一次明确提出社会主义经济"是在公有制基础上的有计划的商品经济",突破把计划经济同商品经济对立起来的传统观念。为适应政企分开、简政放权和开放搞活的商业体制改革要求,工行江苏省分行1985年成立伊始即对商业贷款的范围、对象、政策都有所放宽。农行江苏省分行在1986年下发《关于加强农村城镇集体、个体商业信贷管理意见》,要求积极支持各种专业市场和集市贸易场地建设。

1985年,为适应日用工业品购销体制改革的需要,工行江苏省分行开始发放商业联营贷款、商业网点设施贷款。1986年4月,苏州市分行、南京市分行出席工总行召开的全国工商信贷会议,分别介绍办理联营贷款和商业网点贷款经验。根据会议部署,全省各地工商银行进一步发展联营贷款和商业网点贷款业务。至当年末,全省工行累计发放联营贷款1.4亿元,累计收回0.61亿元。

1986年,为支持担负商品储备任务的供销社一、二级站发挥"蓄水池"的作用,农行江苏省分行发出《关于确定执行原利率的一、二级批发企业名单的通知》,规定对担负商品储备任务的

---

① "改"是指改为国家所有、集体经营;"转"是指转为集体所有制;"租"是指租赁给集体或个人经营。

原供销社一、二级站(全省共 76 家),仍按现行的月利率 6‰执行。

1987年,商业企业承包经营责任制全面展开,同时对小型商业企业继续实行"改、转、租、卖"。至1987年底,全省实行各类承包经营的国营大中型商业企业达 562 个,占商业企业总数的 59%;实行租赁经营的小型商业企业达 812 家。全省各银行主动协助企业主管部门做好承包、租赁企业的财产清查、核实和评估工作,落实债权债务,并对商业企业进行信誉评估,据以分类掌握贷款。由于历史和政策等因素,部分供销社亏损增加。1987年 11 月,农行江苏省分行发出《关于加强供销社系统亏损、空壳企业信贷管理的意见》,要求加强对空壳企业的信贷管理。

1988年,市场刮起抢购风。9 月份以后,全省银行执行严格的货币信贷紧缩政策。工行江苏省分行对商业企业周转贷款适当压缩,扩大临时贷款比重,调整贷款结构。对一、二、三类企业分别按 70%、60%、50%核给,四类企业不核给。

农行江苏省分行要求凡是市场紧俏对路商品,都应真正做到仓库有货、柜台有样,不得惜售,更不得囤积居奇、倒买倒卖。

1991年,人行江苏省分行与 4 家省级专业银行联合印发《关于金融部门支持搞活大中型企业的意见》,积极支持国营大中型工商企业发展。1992年,工行江苏省分行进一步要求新增商业企业流动资金贷款的 70%用于批、零大中型企业。

截至1993年末,全省银行国营商业贷款余额 89.26亿元,其中工行 64.27亿元,占 72%;粮食贷款余额 122.97亿元,其中农行 91.02亿元,占 74.02%;供销合作贷款 99.91亿元,其中农行 96.13亿元,占 96.22%。工行、农行的国营商业贷款、粮食贷款、供销合作贷款占据全省绝大部分份额,是支持江苏商品流通的主力银行。城市信用社自成立以来,积极支持集体商业的发展。至1993年末,全省城市信用社集体商业贷款余额 17.03亿元,占其全部贷款余额的 38.7%;当年新增9.02亿元,增长 112.61%。

表 4-5　1978~1993 年江苏省商业贷款统计表　　　　　单位:亿元

年份	全省合计	银行机构	国营商业贷款	其中农副产品收购贷款	粮食贷款	其中:农副产品收购贷款	供销合作贷款	其中:农副产品收购贷款	外贸贷款	其他商业贷款	其中:农副产品收购贷款	其他机构
1978	75.06	75.06	28.08		13.53		18.35		8.90	6.20		
1979	86.03	86.03	26.30		20.54		20.61		11.49	6.99		
1980	100.24	100.24	31.29		20.88		22.38		18.65	7.04		
1981	117.34	117.34	37.20		22.21		25.01		26.07	6.85		
1982	129.85	129.85	41.72		26.88		24.37		29.95	6.93		
1983	140.02	140.02	38.74		33.83		29.72		29.98	7.75		
1984	164.66	164.66	38.64		43.28		36.61		28.22	17.91		
1985	177.06	177.06	44.83		42.68		37.34		33.69	18.52		
1986	202.25	202.25	47.24		47.51		38.20		48.41	20.89		
1987	235.27	235.27	53.07		51.23	34.95	47.66	16.51	57.36	25.95		
1988	260.11	256.95	58.71		48.26	31.22	54.78	19.51	65.55	29.65		3.16
1989	301.42	297.64	61.69	4.87	65.86	46.89	60.42	21.33	73.39	36.28	0.23	3.78
1990	357.90	350.26	66.64	6.59	84.56	68.65	71.99	29.40	90.68	36.39	0.50	7.64
1991	407.02	402.89	68.79	6.34	102.27	81.94	86.86	40.51	94.78	50.19	0.44	4.13
1992	488.27	480.26	75.87	7.55	114.07	91.60	101.38	50.85	116.21	72.73	0.77	8.01
1993	588.31	541.28	89.26	8.65	122.97	96.55	99.91	46.70	131.80	97.34	0.78	17.03

注:1993年金融体制改革前,国家专业银行同时担负商业信贷和政策性信贷双重使命,因此本表对普通商业贷款和农副产品收购等政策性贷款未作区分,统计范围为全部商业贷款;1978~1990年银行机构包括人行、工行、农行、中行、建行五行,1991~1993年银行机构包括工行、农行、中行、建行、交行、中信六行,其他机构指城乡信用社(1990年前还包含交行)。

1993年底,国家对金融体制进行重大改革,提出政策性金融与商业性金融分离,将国家专业银行尽快转变为国有商业银行的改革目标。在商业信贷方面,农业银行、工商银行等商业银行对粮食系统、供销社系统发放的农副产品收购、调销贷款、加工贷款,以及国务院确定的、人民银行安排资金的7个品种的国家专项储备贷款、扶贫贷款、农业综合开发贷款等政策性贷款划转新成立的农业开发银行办理;中国银行的进出口信贷等政策性贷款划转新成立的进出口银行办理。随着向商业银行的转型,全省各商业银行按照"安全性、流动性、效益性"的经营原则,做好商业信贷的发放和管理工作。

1994年下半年开始,国有企业改革进入战略性调整阶段,抓大放小、扶优扶强、兼并破产、减人增效,国有企业开始分化重组,出现大量破产倒闭。与此同时,供销社改革也不断深化。在此背景下,维护银行债权成为工商银行、农业银行两家商品流通贷款主要贷款行的商业信贷工作的一个重点。

图4-3 工行江苏省分行支持商业企业转换经营机制,繁荣市场。图为南京新百

工商银行商业贷款的对象主要是国有商业企业,尤其是国有大中型商业企业。工商银行维护银行债权的工作从商业信贷领域开始。1992年7月国家颁布实施《全民所有制企业转换经营机制条例》后,流通领域一些国有商业企业在经营体制改革过程中,采取"母体裂变""新老划断"等方式把贷款债务甩给母企业或老企业,逃避银行信贷管理,造成贷款"悬空",危及贷款安全。1993年,工行江苏省分行根据工总行部署,对有信贷关系的商业企业,重点是在转制过程中改变组织

形式,贷款债权债务不能落实和呆账、呆滞贷款较多的国有商业批发企业,实行呆滞、呆账贷款单独设账、专户管理,协助企业转化处理呆滞、呆账贷款,同时主动参与企业经营机制转换过程,大力推行抵押、担保贷款,严格贷款责任制,防范新的贷款风险的发生。1994年以后,主动参与企业改制,积极进行维权调研,采取多种措施,维护包括商业贷款在内的各项银行债权。

供销社贷款在农行江苏省分行商业贷款中一直占据相当的比例。随着供销社体制改革的深化,该行不断加强对供销社贷款的管理。1995年,农行江苏省分行对供销社新发放的贷款,要求全部办理抵押手续;对旧贷款补办抵押担保手续,以降低信用贷款比重。同年,《中共中央、国务院关于深化供销社改革的决定》发出后,及时制定下发《关于切实做好企业改制过程中信贷管理工作的意见》。1998年,转发农总行《关于供销社改制过程中加强金融债权管理,防范金融风险的通知》,要求全省各级农行根据供销社不同转制形式,采取不同措施落实银行债务。1999年,下发《关于密切关注供销社改革动向,加强供销社贷款管理的紧急通知》。同年,与省财政厅、省供销合作社等7家单位联合下发《关于清理核对供销社财务挂账的通知》。2000年,农行江苏省分行剥离供销社不良贷款11.48亿元,占商业不良贷款剥离额的25%,供销社贷款年末余额降至58.91亿元。供销社不良贷款虽然进行剥离,但由于产权制度改革不到位,经营管理方式落后,经营效益不佳,亏损问题仍然十分严重。为了降低信贷风险,维护农业银行债权,农行江苏省分行对供销社贷款进行全面压缩,贷款余额自2000年以后逐年下降。2005年末,全省农行供销社贷款余额38.62亿元,其中不良贷款38.31亿元,不良贷款率高达99.2%。2007年农业银行股改时,供销社不良贷款被全部剥离。

进入21世纪以后,国家进一步深化商品流通体制改革,逐渐形成国有、集体、个体及私营、外资多种所有制结构,大型百货商店、超市、专业店、专卖店、便利店等多种业态,连锁代理等多种经营方式共同发展的新型商业流通格局。全省各商业银行适应商业流通体制改革的需要,加强信贷产品和营销体制的改革,进一步推动商业信

贷业务的发展。

在国有商业银行方面,2007年工行江苏省分行将传统流动资金贷款分为新流动资金贷款产品体系和贸易融资产品体系两大类,其中贸易融资产品体系包括国内贸易融资(含国内保理、国内发票融资、国内信用证及其项下融资等)和国际贸易融资的各类产品。当年工行江苏省分行国内贸易融资累计发生额达47亿元,是上年的2.12倍,国内保理、卖方融资和发票融资等业务品种也取得突破性发展。2008年,继续推动国内贸易融资业务的发展,当年国内贸易融资发生额186.17亿元,居系统第三位,余额104.45亿元,居系统第二位;国内贸易融资余额占流动资金贷款余额的比例达8.12%。2005年以后,农行江苏省分行各类商业贷款转入贸易融资类贷款管理。

与此同时,伴随着个体、私营商业的迅速发展,光大银行等中小银行商业信贷业务也得到快速增长。2005年11月,光大银行南京、苏州分行在系统内率先开展小企业主贷款业务,受到小企业主的欢迎。其商业贷款余额从2005年末的12.37亿元增至2008年末的77.54亿元。2007年6月,交行南京分行推出小企业服务品牌——"展业通",并逐步形成6大产品组合和17个产品系列,业务总量在系统内排名第二。"展业通"中的"贸易融资一站通"适用于具有稳定客户资源且出口量逐年扩大的外向型出口生产企业、外贸企业和符合现代服务业发展趋势且具有明显竞争优势的商贸流通企业。截至2008年末,该行商业贷款余额达100.82亿元,在省内仅次于农业银行。2007年,华夏银行南京分行全面推广私营企业主贷款,重点拓展一批规模大、效益好、发育成熟、在当地有较高知名度的小商品、建材、服装等批发市场。2008年,重点对生产型、加工型、批发型、酒店、餐饮等行业成长性良好的私营企业进行拓展,并组织福建商会客户联谊会,引导经营单位办理私营企业主贷款。

截至2008年末,全省商业贷款余额1 164.17亿元。

表4-6   1994～2008年江苏省商业贷款统计表   单位:亿元;%

年份	年末余额	增速	年份	年末余额	增速
1994	599.25	1.86	2002	961.85	-1.28
1995	739.70	23.44	2003	1 014.39	5.46
1996	890.05	20.33	2004	959.53	-5.41
1997	1 052.12	18.21	2005	993.42	3.53
1998	1 113.08	5.79	2006	1 117.73	12.51
1999	1 052.15	-5.47	2007	1 198.20	7.20
2000	945.73	-10.11	2008	1 164.17	-2.84
2001	974.32	3.02			

注:为与1993年统计口径保持一致,本表包括农发行农副产品收购贷款,但不包括进出口银行贷款。

(二)农副产品收购贷款

农副产品收购贷款是重要的政策性贷款业务,改革开放以前由人民银行经营,改革开放以后至1993年逐步改由农业银行、工商银行等专业银行兼营。

改革开放以前,国家按照农副产品对国计民生的重要性,将其划分为一、二、三类,分别进行统购、派购和议购,其中统购统销的农副产品占到全部农副产品的80%以上。中共十一届三中全会以后,国家逐步放宽农副产品购销政策,农副产品贷款管理体制也不断改革。1979～1983年,农副产品贷款由人民银行供应,实行统一管理。1984年,人民银行根据业务分工,将农副产品贷款分别交由工商银行和农业银行代理,信贷资金供应实行"下贷上划"。1985年,国家取消粮食、棉花统购制度,实行合同定购制度。工商银行、农业银行对农副产品贷款的代理业务改为自营业务。

1985年,农行江苏省分行根据人民银行对农副产品资金实行专项管理的要求,印发《关于农副产品收购贷款实行专项管理的通知》,规定:根据专项管理的要求,按新科目分别核算粮食系统、供销社系统所属单位及其他国营商业企业发放的农副产品收购贷款,国营粮食、商业、供销社的附营业务和农副产品收购贷款要分开管理。通知还明确规定实行专项管理的对象和范围,主要包括国家粮食部门、国营商业、供销社收购的粮食、棉花、油料、烤烟、茶叶、糖料、黄红麻、猪牛羊肉、水产品、畜产品等农副产品。同年,省商业厅、工行江苏省分行、农行江苏省分行联合发文,规定:国营食品企业收购生猪、鲜贝、家禽、菜牛、菜羊所需的资金,由食品企业事先向当地农业银行提出借款计划,经银行审核后,根据需要和信贷资金的可能给予贷款,资金不足时要及时向当地人民银行和当地政府反映解决。1985年是工行江苏省分行办理粮食贷款的第一年。当年工总行给江苏增加粮食贷款专项指标1.1亿元,支持江苏粮食部门多购丰收地区的粮食。工行江苏省分行要求全省各级工行按定购合同供应资金,防止出现"卖粮难"。对超计划售粮,由人民银行临时贷款解决资金。1984～1987年,全省工行共发放粮食建仓贷款6 200万元,建仓容量30亿斤粮食,帮助粮食部门解决农民丰收后售粮难的问题。1987年,农行江苏省分行要求凡经工商行政管理部门批准、实行独立核算的乡镇办商业经营原由粮食、供销系统收购的主要农副产品,其商品流通贷款视同集体商业贷款掌握。1988年,再次要求银企双方根据收购计划和收购进度编好农副产品收购资金供应计划和按月分旬用款计划,协助粮食、供销等部门严格执行粮棉调拨供应计划,制止抬价抢购、"官倒"经商等一切违背国家政策的行为。

在经历1988年通货膨胀之后,中国人民银行决定从1989年起对主要农副产品收购资金实行专项管理,系统的农副产品收购资金管理制度开始形成。同年,针对大量粮油收购资金被非正常占用的情况,农行江苏省分行制定《国营粮食企业流动资金贷款管理暂行办法》,规定:对平价粮油贷款实行计划管理和总额控制相结合;议价粮油贷款实行以销定贷、自筹为主,逐笔核贷;附营业务贷款确定贷款额度、逐笔核贷,自贷自还;粮食预购定金贷款根据国家下发的粮食合同定购数量,按规定确定贷款额度,由粮食部门承借承

还,实行钱物结合、转账发放。1990年,召开全省商业信贷工作会议,要求各级行做好农副产品收购资金供应工作,严格收购专项贷款范围,限期收回企业挤占挪用的资金。在收购旺季农副产品收购资金规模不足时,可以实行"下贷上转""边贷边报"等办法,防止资金供应脱节。1991年2月,在向农总行上报的1990年末农副产品收购贷款检查报告中指出,农副产品收购好于往年,没有出现打"白条"现象,但粮棉油等主要农副产品的库存及资金占用与农副产品收购贷款不平衡,贷款物资保证不足。为此,报告提出,要督促粮食企业严格按照计划调销粮油,及时办理货款结算,与财政部门联系催拨政策性补贴和粮油加价款,继续完善农副产品收购贷款与商品流通贷款分户管理,防止相互挤占。

1993年5月,中国人民银行颁布《主要农副产品购销资金专户管理实施办法》,为1979年以来关于农副产品收购资金管理最完善的办法。同年10月,农行江苏省分行提出对农副产品收购资金实行"先垫后补"的管理意见。意见提出"先贷后报、先垫后补、限期归还、事后算账、分清责任、照章处理"的原则,以及"三级四方"联合共保办法不变,多方筹措资金责任不变、筹措资金渠道不变的"三个不变"原则。次年1月,印发《关于及时归还农副产品收购垫付资金的通知》,提出三个要求:一是各级农业银行与财政、粮食、供销企业共同核定全年垫付资金数额;二是加强对垫付企业款的管理,对企业挪用垫付款搞固定资产投资等不正当经营活动的,开户银行应要求企业限期归还银行贷款;三是各级农业银行要及时督促财政部门积极采取措施筹措资金,按确认后的垫付数额划拨给粮食部门,归还农业银行的垫付资金。

截至1993年末,全省农副产品收购贷款余额152.68亿元。其中,农行和工行发放的农副产品收购贷款余额分别为143.59亿元和9.09亿元,分别占94.05%和5.95%;对粮食部门和供销合作部门发放的农副产品收购贷款余额分别为96.55亿元和46.7亿元,分别占63.24%和30.59%,合计占93.83%。

表 4-7　1987～1993年江苏省农副产品收购贷款余额统计表　　　　　单位:亿元

年份 项目	全省合计	国营商业部门	粮食部门	供销合作部门	其他部门
1987	51.46		34.95	16.51	
1988	50.73		31.22	19.51	
1989	73.32	4.87	46.89	21.33	0.23
1990	105.14	6.59	68.65	29.40	0.50
1991	129.23	6.34	81.94	40.51	0.44
1992	150.77	7.55	91.60	50.85	0.77
1993	152.68	8.65	96.55	46.70	0.78

注:1987年前农副产品收购贷款分散统计在各项商业贷款中,未予单独统计。

1994年12月,农发行江苏省分行成立,农副产品收购贷款开始进入政策性银行专营时期。1995年,农发行江苏省分行省级业务开始自营,省以下业务仍由各市、县农业银行代理。1996年,开始增设市、县分支机构。从1996年9月22日全国首家农发行市分行——南通市分行成立,到1996年11月底,全省共组建93个市、县分支机构。在增设分支机构的过程中,全省各级农发行全面接收农业银行代理业务,在全国较早地实现自营。1997年是农发行江苏省分行省以下分支机构成立后独立运营的第一年。农发行江苏省分行出台"一基三辅"账户管理办法和粮棉油收购资金全程监控管理办法,落实全国粮食购销工作会议精神,根据按保护价敞开收购议价粮的政策,落实资金供应,对于应由农发行到位的资金保证及时足额到位。同时,抓好收贷和清欠工作,防止挤占挪用,收贷完成绝对量居全国第二,累计清欠资金24亿元。1994～1997年初创时期,农发行江苏省分行一方面抓好机构设置和人员配备,另一方面整章建制,落实国务院和人民银行农副产品收购政策,确保收购资金的供应和管理。截至1997年末,全省农副产品收购贷款余额382.5亿元,比1994年末增长140.57%,年均增长33.99%。

为了集中精力管好粮棉油收购资金,更好地适应粮食流通体制改革,1998年4月、12月,农发行江苏省分行根据人民银行、农业银行、农业发展银行和财政部联合发出的《关于把农业发展银行扶贫、开发等专项贷款业务划归农业银行的通知》,先后两次划转扶贫、农业综合开发、粮棉油附营企业占用贷款共100.71亿元。

1998年5月19日,国务院下发《关于进一步深化粮食流通体制改革的决定》,发起新一轮粮食流通体制改革。1998～2001年,农发行江苏省分行贯彻执行"敞开收购、顺价销售、封闭运行"三项政策,做好农副产品收购贷款的管理。其间,先后制定《粮棉油收购资金封闭运行规范化操作程序》《粮棉油收购资金封闭运行管理稽核操作程序》《财政补贴资金规范化操作程序》等业务规程,将收购资金管理纳入制度化和规范化的轨道。至2001年末,全省农副产品收购贷款余额323亿元,占各项贷款余额的比例达97.56%,比1994年末提高22.46个百分点。

2001年8月,国务院出台《关于进一步深化粮食流通体制改革的意见》,提出"放开销区、保护产区、省长负责、加强调控"的16字改革方针。2002年是江苏省粮棉购销全面市场化的第一年。全省各级农发行坚持"以销定贷、以效定贷"的信贷政策,在有效控制风险的前提下,支持企业开展购销业务,扩大市场份额,灵活执行"贷款上限"政策,稳妥开展业务延伸试点工作,做好粮食购销企业与粮食加工企业联合经营和合同收购业务。2003年,农发行江苏省分行探索建立一整套市场化条件下信贷发放、管理的具体办法。一是按照"区别对待、分类指导、择优选贷"的原则,开展贷款资格认定和信用等级评定工作。二是推行以有效资产抵押为主的贷款担保方式,提高抵押手续的合法性和有效性。三是实行价差风险保证金制度,在开户企业担保贷款额度难以满足其资金需求时,根据不同的信用等级,通过缴存价差风险保证金取得贷款。四是确定贷款支持警戒价格,规避市场风险。对中等质量标准以上、收购价格低于警戒价格的,大胆投放;对收购价格接近或超过警戒价格的,谨慎投放。同时,为适应地区的差异性和市场经济的多样性,执行"三不限"政策,即优质优价、即购即销和有合法有效购销合同,且预收一定比例定金的不受贷款支持警戒价格限制。同年12月,为适应深化粮食购销市场化改革的形势和要求,防止出现区域性"信贷真空"和农民"卖粮难"问题,首次开展对改制后江阴民营粮油企业进行贷款支持的试点工作,收购贷款支持对象实现从国有粮食购销企业向民营企业的突破。

图4-4　2004年6月20日,农发总行行长何林祥在泰州视察夏收工作

　　2004年5月31日,国务院发布《关于进一步深化粮食流通体制改革的意见》,宣布2004年全面放开粮食收购市场,实现粮食购销市场化和市场主体多元化。农发行江苏省分行适应粮食流通体制改革和粮棉产业发展的要求,在支持粮棉企业开展夏、秋粮棉旺季收购的同时,积极支持企业开展异地收购和调销,帮助企业常年购销,搞活经营,增加效益。当年累计投放夏、秋季粮油贷款102亿元、新棉贷款28亿元,支持企业购入粮油65亿公斤、皮棉442万担,有效防止"卖

粮难"问题的出现。2005年,为发挥各地资源优势,在全省推行差别化发展策略。苏北主产区各行传统业务优势进一步巩固,累放购销储贷款107亿元,增长36%;苏中产销平衡区各行加强对流通和加工环节的全面支持,新老业务齐头并进;苏南主销区各行新业务发展优势凸现,新业务贷款占比已达28%。省分行营业部发挥省会城市行优势,拓展省级化肥、冻肉储备。2006年是江苏实施小麦托市收购的第一年,全省农发行共落实1 381个收储点,当年投放调控贷款100亿元,支持收购入库托市小麦122亿斤,收购量在启动小麦托市收购省份中居第二位。6月21日,中央新闻媒体采访团赴江苏采访小麦夏粮托市收购的信贷支持情况。2007年夏收期间,落实收储企业承贷、统一划转中储粮公司的托市收购资金方案,累放调控贷款97亿元,支持收购小麦116亿斤,夏粮收购贷款投放量和小麦收购量连续两年居系统第二位。2008年夏收期间,针对调控贷款由中储粮公司统贷、价格上涨托市收购预案可能中止的情况,分别制定政策性收购和自主性收购两种夏收信贷支持预案,投放最低收购价贷款81亿元,支持1 787个库点收购托市小麦84亿斤。秋季收购中,按照国家临时收储计划,对332个国家临时存储稻谷收购库点发放临时储备贷款23亿元,支持56个县(市)收购存储秋粮22亿斤。2008年累放粮棉油购销储贷款354亿元,支持收购粮油358亿斤。

　　2004年以后,根据粮棉油产业化发展和支持社会主义新农村建设的需要,农发行江苏省分行不断拓展业务经营范围,逐渐形成以粮棉油收购贷款为主体,以农业产业化贷款为一翼,以农业和农村中长期贷款为另一翼的"一体两翼"业务发展格局。截至2008年末,全省农发行各项贷款余额654.89亿元,较1994年末增长209.33%。其中,农副产品收购贷款余额403.6亿元,较1994年末增长153.84%;农副产品收购贷款占各项贷款的比例为61.63%,较经营范围拓展前的2004年末下降36.41个百分点。

表 4 - 8　1994～2008年江苏省农副产品收购贷款统计表　　　　　单位:亿元;%

年份	年末余额	增速	年份	年末余额	增速
1994	159.00		2002	293.70	-9.07
1995	252.70	58.93	2003	294.50	0.27
1996	313.60	24.10	2004	327.39	11.17
1997	382.50	21.97	2005	379.02	15.77
1998	311.94	-18.45	2006	423.82	11.82
1999	336.71	7.94	2007	431.68	1.85
2000	324.72	-3.56	2008	403.60	-6.50
2001	323.00	-0.53			

注:本表为农发行江苏省分行贷款数。

(三)外贸贷款与"三资"企业贷款

1979～1993年专业银行时期,江苏省外贸贷款主要由中行南京分行办理,外贸贷款对象逐步由传统的外贸企业向出口商品生产企业和"三资"企业延伸,促进江苏外向型经济的发展。

1979年,中国启动外贸体制改革,改革的重点是简政放权。至1984年,外贸总公司垄断全国外贸的高度集权的局面逐渐被打破,各省及下属外贸组织开始成为外贸活动的主力军。为适应外贸体制改革和国际金融业务发展的新形势,1979年11月17日,中行南京分行从人行江苏省分行分设出来。1980年,全省外贸信贷业务由人行江苏省分行划归中行南京分行管理。1982年,中行南京分行试行新的核定贷款的做法,即按各专业公司上年度平均贷款占用数和上年实际出口额,剔除不合理资金占用量,求出出口创汇一美元占用多少银行贷款,再根据本年的出口计划,考虑可能出现的新因素,核定信贷计划。1983年,鼓励外贸、工贸企业实行存贷分户,对实行存贷分户的定额内贷款实行优惠利率。1985年,为治理通货膨胀,采取切块下达指标、严格控制进口和暂时集中贷款审批权等措施,满足外贸企业的合理资金需要。1986年,针对流动资金计划偏少、资金缺口较大等情况,除争取人民银行支持一部分临时贷款外,还通过参加短期资金市场拆借、加快逾期贷款回收等途径,多渠道筹集外贸信贷资金。

20世纪80年代初,在国家优惠政策的推动下,江苏省外商投资企业(以下简称"三资"企业)发展较快。全省"三资"企业数量从1983年的3家发展到1986年的114家。中行南京分行自1983年开始办理"三资"企业贷款业务,至1986年全省已有91家"三资"企业在该行开户,其中的60家与该行建立信贷关系。

1987年,国家开始试行以3项指标(出口收汇指标、出口换汇成本指标和财务盈亏指标)为内容的外贸承包经营责任制。同年,中国银行进一步被明确为外汇外贸专业银行,支持外贸出口创汇的职责更重。1987年,中行南京分行改革外贸信贷资金管理办法,试行贷款总量管理办法,即以各外贸企业前3年每百元出口商品流通额占期末贷款的平均比例乘以当年的计划、超计划出口额,核定出企业当年每个季度的不同贷款总量。同年,试办出口打包贷款业务,将人民币流动资金贷款由流通领域向生产领域延伸。1988年,根据外贸体制改革中区别"地区出口、外贸专业公司出口、中央各部委出口和外商投资企业出口"等不同情况和对盈亏核算、超计划出口分成等做法的不同管理要求,科学测算贷款的合理需求,并根据苏州、无锡、南通自营出口后债权债务转移的情况调整贷款量,配合外贸体制改革的实施。同时,扩大叙做出口押汇和定期结汇,加速外贸资金周转。

随着外贸出口连年以较大幅度增长,以及外贸承包制本身存在的不足,外贸企业经营管理上的问题逐渐暴露,亏损和贷款的不合理占用也节节上升。至1990年6月底,全省外贸企业不合理占用信贷资金达10亿元,严重影响信贷资金的使用与周转。为改变这一状况,中行南京分行抓好外贸挖潜工作,把各进出口分公司的挖潜指标分解下达,督促外贸企业清理不合理占用的资金(特别是超亏占用),并进行定期检查考核。与此同时,在省政府的组织下,积极参与企业之间的清欠工作。

1990年底,国务院决定进一步深化外贸体制改革,其重点是取消补贴、自负盈亏,从而基本打破外贸经营"大锅饭"体制。1991年,为了配合外贸体制改革,中行南京分行按照"区别对待、择优扶持"和"谁出口创汇效益好就支持谁"的原则,坚持以经济效益为中心,帮助外贸企业逐步建立自负盈亏的经营机制。首先抓住"控亏"这个中心环节。在帮助外贸企业算清盈亏"三本账"的基础上,核准各公司的定额贷款,对盈利的优先支持,对出现亏损而有补亏来源的适当支持;对亏损没有补亏来源的停止贷款,对高亏商品坚决不予贷款,并按季向全省分支行下达亏损商品目录以指导贷款投向。二是抓好"挖潜"。采取协助外贸企业限期消化亏损,压缩不合理资金占用,督促企业增补自有资金等措施,盘活贷款存量。中行南京分行与经贸委联合发文,分解

下达省各外贸公司和各市外贸的全年控潜指标,各分支行分别与外贸部门签订包括"清仓挖潜""加速流动资金周转"等内容的银贸协议书,较好地解决新老亏损挂账、应收国内外账款上升、库存积压等问题。三是实行优惠贷款利率。对外贸企业1990年底前的超亏挂账,实行"不加息、不罚息、不停贷"政策,对工贸企业从4月21日起全部实行优惠贷款利率。同时,从支持"大外贸"观念出发,资金投向进一步向出口生产领域延伸,重点支持出口创汇多、效益好、风险小的出口生产企业、"三资"企业和国营大中型企业。1992~1993年,中行江苏省分行继续树立"大外贸"观念,积极支持"三外"经济发展。

截至1993年末,全省外贸贷款余额131.8亿元,其中中行江苏省分行126.97亿元,占96.34％;"三资"企业贷款余额48.46亿元,其中中行江苏省分行28.79亿元,占59.41％。

表4-9　1978～1993年江苏省外贸贷款、"三资"企业贷款余额统计表　　　　单位:亿元

年份	外贸贷款	"三资"企业贷款	年份	外贸贷款	"三资"企业贷款
1978	8.90		1986	48.41	0.93
1979	11.49		1987	57.36	1.60
1980	18.65		1988	65.55	2.13
1981	26.07		1989	73.39	3.93
1982	29.95		1990	90.68	7.85
1983	29.98	0.02	1991	94.78	11.48
1984	28.22	0.08	1992	116.21	18.10
1985	33.69	0.13	1993	131.80	48.46

注:外贸贷款包含在商业贷款中;"三资"企业贷款虽从属于"大外贸"信贷范畴,但不统计在商业贷款中,而予单独统计。

1994年,国家对税收、物价、金融、外汇、外贸体制等进行一系列改革。外贸体制改革的目标是建立符合市场经济运行要求和国际经贸通行规则的新型外经贸管理体制。与此同时,中国银行的政策性进出口信贷业务被分离,成立中国进出口银行。中国银行开始向国有商业银行的转变,不再享有外贸、外汇业务垄断地位。随着外汇、外贸体制改革的深化,全省不同类型的银行坚持本外币一体化战略,为江苏对外经贸发展提供多元化支持。

1995年,中行江苏省分行根据江苏外向型

经济特点,在巩固省、市外贸公司客户的基础上,将业务开拓的重点放在"三资"企业和工贸进出口企业上,采取结算和融资相结合、结算和防范国际风险相结合、提供优质服务等措施,进一步扩大基本客户群。到1996年末,该行外贸贷款余额达156.86亿元,"三资"企业贷款余额达57.3亿元,出口商品生产企业贷款余额达58.27亿元。外贸贷款和"三资"企业贷款余额占全省的比例分别为92.31％和48.02％。(1997年实行全科目统计后,不再统计外贸贷款和出口商品生产企业贷款,但继续统计"三资"企业贷款。)中信银行南

京分行调整、优化进出口业务结构,适当控制风险较大的进口业务,大力发展风险较小的出口业务。经过1995年的调整,该行形成以省、市级外贸公司为主体的客户群。1995年浦发银行南京分行成立伊始,就实行本外币一体化经营,以人民币资金为后盾,以国际结算为突破口,全面拓展外贸信贷业务。成立仅一年,该行就与世界上近50个国家和地区的246家银行建立代理行关系,与省内50多家大中型企业、集团公司、外贸、工贸、"三资"企业建立良好的合作关系。

图4-5　1994年外汇、外贸体制改革后,全省银行积极支持江苏外向型经济发展。图为1994年启动的苏州工业园区

1997年亚洲金融危机爆发后,全省银行贯彻人民银行《关于进一步支持对外经济贸易发展的意见》,积极支持对外经贸发展。中行江苏省分行继续发挥支持对外经贸发展的主渠道作用。1998年、1999年,该行"三资"企业贷款向国际上著名的跨国公司投资项目倾斜,"三资"企业贷款新增额分别占当年人民币各项贷款新增额的62%和40.16%。工行江苏省分行1998～1999年对包括外贸企业在内的国有企业分别发放2.7亿元扭亏贷款和1.93亿元封闭贷款;2000年出台《关于进一步加强对外商投资企业金融服务的指导意见》,当年"三资"企业贷款增加12亿元,增长11.8%。中国进出口银行南京代表处1998年10月成立后,通过出口信贷、出口信用保险、出口信贷担保、外国政府贷款转贷等业务,为江苏企业提供大量政策性金融支持,对江苏对外贸易尽快摆脱亚洲金融危机的影响发挥重要作用。

1998～2001年,仅出口卖方信贷业务方面,该代表处就累计安排江苏地区出口项目125个,批准人民币贷款95亿元,支持近40亿美元的机电产品、成套设备和高新技术产品出口,特别是在支持江苏地区船舶出口方面发挥融资主渠道作用,累计支持价值近11亿美元的船舶出口。江苏国泰、舜天机械、中设江苏机械等省级重点大型外贸企业集团与该代表处建立业务联系,常柴、法尔胜、江淮动力等上市公司以及南通中远川崎、金陵船厂、澄西船厂等船舶生产出口企业也得到该代表处的大力支持。

2001年,中国加入世界贸易组织,江苏迎来改革开放以来对外贸易发展最快的时期。2002～2008年7年间,江苏进出口总额累计16 087.07亿美元,是1985～2001年17年累计进出口总额的6.02倍。这一时期,省内各商业银行为企业提供结算、信贷一条龙服务,实现结算、信贷的同步增长。2004年,中行江苏省分行国际贸易结算量达590.33亿美元,首次位居系统第一位;2007年,成为全国第一家国际贸易结算量超千亿美元的省级分行。2004年、2005年,工行江苏省分行、中信银行南京分行相继推出"银关通""关贸e点通"等产品,在为进出口企业提供优质服务的同时,促进存贷款的增长,扩大收益来源。2003年10月中国进出口银行南京分行成立后,进一步加强对江苏对外贸易的支持。历经五年的发展,至2008年末,该行信贷资产规模较成立之初增长近3倍,贷款品种也逐渐增多,由最初单一的出口卖方信贷,发展到以出口卖方信贷为主,自营卖方信贷、进口信贷、贸易融资及其他创新类贷款等多种贷款并举的局面,支持沙钢、南汽、南钢等大型企业集团的发展。

截至2008年末,全省"三资"企业贷款余额388.8亿元,其中中行江苏省分行125.6亿元,占全省余额的32.3%,居全省第一位。同期,进出口银行南京分行人民币贷款余额180.47亿元,其中江苏地区122.28亿元人民币,占67.76%。

表 4-10　1994～2008 年江苏省"三资"企业贷款统计表　　　　　单位:亿元;%

年份	年末余额	增速	年份	年末余额	增速
1994	70.14	44.74	2002	319.82	−4.33
1995	82.58	17.74	2003	337.39	5.49
1996	119.32	44.49	2004	312.35	−7.42
1997	159.48	33.66	2005	306.15	−1.98
1998	266.96	67.39	2006	263.62	−13.89
1999	347.76	30.27	2007	339.58	28.81
2000	365.88	5.21	2008	388.80	14.49
2001	334.28	−8.64			

三、建筑业贷款

改革开放以前,江苏省建筑企业流动资金主要源于国家拨给的铺底资金和建设单位支付的备料资金,对银行流动资金贷款需求很小。建行江苏省分行对建筑企业只是少量发放季节性超定额储备材料贷款。1980 年以后,原来每年由财政增拨的铺底资金逐步停止,部分地区对建筑企业开始试行"大流动资金"制度,即企业所需的铺底资金和备料资金全部转由银行贷款提供,建行江苏省分行建筑业贷款开始快速增长。贷款品种由单一的建安企业流动资金贷款,发展到包括建安企业流动资金贷款、土地开发及商品房贷款、基建材料供销企业贷款等多个品种。

1985 年,建行江苏省分行根据建总行《建筑业流动资金贷款办法》,结合江苏省实际,实行按企业性质核定流动资金贷款计划的办法,土建公司年度贷款计划额度一般不超过当年建安工作量的 16%,城镇以上集体施工企业年度贷款计划额度按当年计划(或上年实际)建安工作量的 10% 计算。同年,国营施工企业国拨流动资金转为建设银行贷款。至当年末,建行江苏省分行建筑业流动资金贷款余额达 3.43 亿元,比上年猛增 159.85%。1986 年,提出发放流动资金贷款必须贯彻先国营企业、后集体企业,先建筑企业、后物资供销企业的原则,优先支持中央和地方国营施工企业以及重点工程建设的资金需要。当年对中央施工企业下达专项贷款指标 3 950 万元,占年度新增流动资金贷款计划的 49%,支持徐州电厂、镇江谏壁电厂等一批重点工程建设。1987

年,重点扶持房地产业发展,建筑业贷款余额比上年增长 36.4%。1989 年,在继续优先支持承担重点工程建设和资信程度高的国营企业贷款需求的同时,重点支持施工企业兴办第三产业。1990 年 6 月,土地开发和商品房贷款改称房地产开发企业流动资金贷款。同年 10 月,与省建材局联合发出通知,决定对建材行业逐步实行从固定资产投资到生产资金的统一管理。至此,建行江苏省分行建筑业流动资金贷款形成以建筑业为龙头,房地产业和建材业为主体,其他行业为补充的信贷结构体系,初步实现建筑业、房地产业、建材业三大行业资金一条龙管理。至 1990 年末,全省建行建筑业流动资金贷款余额达 13.3 亿元。其中,建安企业(含"拨改贷")占 52.7%,开发企业占 24.93%,建材供销企业占 9.71%,其他企业占 12.66%。

图 4-6　建行江苏省分行发放建筑业贷款,支持一批国家和省重点工程建设。图为镇江谏壁电厂总控制室

1991 年,建行江苏省分行在信贷工作中根据国家产业政策和提高经济效益要求,在控制贷款总量的前提下,继续调整贷款结构,优先保证国家重点项目建设需要,满足国营大中型企业和承担国家重点工程建设的施工企业的资金需要,

并向能源、交通和原材料等基础行业倾斜。当年向国营大中型施工企业累计发放建筑业流动资金贷款6亿元。1992～1993年，建筑业流动资金贷款继续向国家和省大中型项目倾斜，尤其在1993年经济过热期间，按照国务院"集中资金保重点"的要求，全力保证沪宁高速公路、常熟电厂、利港电厂等31个涉及能源、交通的重点和大中型项目及年内投产的重点项目的资金需求。1994～1995年，国家深化建筑业和基本建设投资管理体制改革。1995年，房地产开发企业流动资金贷款等逐步从建筑业流动资金贷款中剥离出来。建行江苏省分行按照国家产业政策把握贷款投向，集中资金重点支持国家和省重点行业中经济效益较好、市场潜力较大的大中型骨干企业，并向承担国家重点工程建设的施工企业、对外承包工程企业倾斜。

1996年以后，建行江苏省分行流动资金贷款支持的重点逐步向工业、交通、邮电、石化、电力等行业转移，对建筑业贷款的投放逐渐减少。尽管对建筑业的信贷投放仍是净增长，但与以前相比，发展速度逐步放缓。到2000年末，建行江苏省分行建筑业流动资金贷款余额108.74亿元，占该行同期短期贷款余额（即流动资金贷款余额）的比例降至18.44%。与此同时，随着其他商业银行逐步进入建筑业信贷领域，建行江苏省分行该项贷款在全省的占比也逐步下降。

2001年5月1日起，建设银行对建筑业存款、贷款的核算口径作了调整，"建筑业流动资金贷款"科目核算范围由6个减至3个，只保留412建安企业流动资金贷款、418对外承包工程企业贷款和422建材建筑工业生产企业贷款三个科目，原416基建物资供销企业贷款、420其他企业流动资金贷款、484地质勘查流动资金贷款科目从"建筑业流动资金贷款"调出。与此相适应，在建筑业流动资金贷款科目核算的建筑企业仅包括建筑安装、对外承包工程和建材建筑工业生产三类。

2001年以后，随着建筑施工企业改制进程加快和房地产行业的回暖，全省建筑业流动资金贷款投放也逐年扩大。至2003年末，全省建筑业贷款余额已增至266.64亿元，是1997末的2.86倍。但2003年以后，由于国家加强对房地产业的调控，对建筑施工企业流动资金贷款用途进行严格规范，贷款增速明显放缓。2004～2006年，全省建筑业贷款平均增速仅为6.08%。

2007年，建行江苏省分行创建系统内和全省同业第一个建筑行业金融服务品牌——"鲁班驿站"。当年在南通、扬州和泰州等重点施工企业较集中的地区陆续举办"鲁班驿站"品牌发布会，全省65家特级和一级资质优质建筑施工企业成为签约客户。与此同时，民生银行、浦发银行、广发银行等银行也积极介入建筑行业信贷领域，为江苏省内重点施工项目、重大市政工程、建筑骨干企业提供融资。民生银行南京分行开创社保基金全国第一单直投保障房项目，天津、昆明等地也效仿实施社保基金支持保障房项目。当年全省建筑业贷款增速回升至18.83%，年末余额378.20亿元。

2008年，建行江苏省分行与省建筑工程管理局共同举办首届"鲁班驿站·江苏建筑业金融论坛"，探讨促进政、银、企三方合作发展的举措。同年，农行江苏省分行开展县域建筑业贷款试点，南通、扬州、泰州3家试点分行共对32户建筑业企业授信24.76亿元，贷款13.23亿元，其中新拓展南通四建、苏中建设、江建集团、天宇建设等11户县域建筑业客户，新增授信7.94亿元，贷款余额3.54亿元。

截至2008年末，全省建筑业贷款余额402.63亿元。其中，建行江苏省分行124.7亿元，占30.97%。

表 4-11　1984～2008 年江苏省建筑业贷款余额统计表　　　　　单位:亿元;%

年份	年末余额	增速	年份	年末余额	增速
1984	1.32		1997	93.17	15.32
1985	3.43	159.85	1998	112.56	20.81
1986	4.88	42.27	1999	120.17	6.76
1987	6.62	35.66	2000	129.46	7.73
1988	8.48	28.10	2001	151.41	16.96
1989	10.70	26.18	2002	234.25	54.71
1990	13.30	24.30	2003	266.64	13.83
1991	17.10	28.57	2004	278.01	4.26
1992	19.85	16.08	2005	282.46	1.60
1993	24.31	22.47	2006	318.26	12.67
1994	29.63	21.88	2007	378.20	18.83
1995	36.08	21.77	2008	402.63	6.46
1996	80.79	123.92			

四、农业贷款

在专业银行时期,农行江苏省分行领导农村信用社,集中办理农村信用,促进农村经济的发展。1994 年以后,农行江苏省分行坚持转轨不转支农方向,继续大力支持"三农"发展。农村信用社不断深化改革,逐渐成为信贷支农的主力。

(一)专业银行时期(1978～1993)

1979 年 6 月,农行江苏省分行恢复成立。根据 1979 年 10 月召开的农业银行全国分行行长会议精神,农行江苏省分行首先清理纠正在农村金融工作中长期存在的不讲信贷原则、不求经济效益原则、贷贫不敢贷富、贷种养业不敢贷工副业、重贷轻收、把贷款当作救济款等"左"的思想,把农村信贷工作的重点从过去单纯支持农业发展简单再生产转移到支持发展商品生产,搞活农村经济上来。

1. 个体农业贷款

1982 年以后,在中央方针政策的指引下,全省农村开始推行家庭联产承包责任制。为了支持承包户、专业户的发展,农行江苏省分行制定《农村贷款试行办法》,明确对社员承包的大田生产、家庭副业和生活急需,都可以申请贷款。1983年,确定在农业贷款工作上支持农村发展粮食和经济作物生产,贷款对象由过去重点支持生产队转向主要支持承包户、专业户,贷款直接发放到

户,贷款方法改为"个人申请,核定计划,以户发证,分次发放",对重点支持对象要建立经济卡片,并优先安排资金。同年 3 月,省委办公厅在转发农行江苏省分行党组关于信用社体制改革的文件中提出,要大胆支持承包户、专业户,重点发展商品生产。截至 1983 年末,全省有 572 万农户(占全省总农户的 51.8%)与农行、信用社建立信贷关系,改变了农业贷款发放对象以集体为主的格局。1984 年,提出支持专业户要坚持"五讲",即一要讲政策,二要讲技术,三要讲经营能力,四要讲适度,五要讲效益。截至 1986 年末,全省有贷款的农村专业户共 662 464 户,其中贷款金额 5 000 元以上的有 4 292 户。1987 年,在对专业户贷款检查中发现一些问题:一是由于经营亏损,出现无法收回的呆账贷款 235 万元;二是贷款的"三查"制度执行不严,造成逾期和呆滞贷款 144万元;三是贷款担保不落实,出现风险贷款 523万元;四是少数地区行政干预,用垒大户方法,拔苗助长。为总结经验、吸取教训,对专业户贷款的信贷政策以及用途、额度又重新作了规定。截至 1993 年末,全省农行、信用社个体农业贷款余额 13.63 亿元,其中信用社余额 13.12 亿元。

2. 集体农业贷款

中共十一届三中全会以后,农业信贷工作进入新的转折点。1980 年 5 月,农总行在苏州召开支持商品生产、活跃农村经济的经验交流会,提出"因地制宜地支持商品生产,讲求经济效益,活

跃农村经济"的农村金融工作指导方针。1983年全省农村普遍实行联产承包责任制后，农行江苏省分行提出在提高经济效益的前提下全力支持发展商品生产，扩大商品流通，开创农业信贷工作新局面。

1983年，商品粮基地的建设问题摆上议事日程，并要求银行在资金上给予支持。同年，铜山、邳县、东海、涟水、沭阳、泗洪被农行江苏省分行确定为商品粮基地县。到1986年，这6个县累放的粮食贷款占同期农业贷款投放量的42%，重点支持农田水利配套建设，培育推广良种，开发农业资源，保证粮食稳产高产。1984年6月，农行江苏省分行和建行江苏省分行联合制定《江苏省商品粮基地试点县建设资金管理办法》，规定用于农业两个体系的建设资金以建行江苏省分行为主，农行江苏省分行配合；用于农田水利配套工程的资金以农行江苏省分行为主，建行江苏省分行配合。

为支持社、队发展蚕、茶、果、麻等多种经营，扩大商品生产，1980年4月，农行江苏省分行与省供销合作社、省农林厅共同作出规定，帮助社、队合理调整农业内部结构的比例关系，把开展多种经营、扩大商品生产摆到重要位置。1981年第四季度起，对多种经营贷款与农业贷款分开考核，以保证发展多种经营资金的需要。1983年，贯彻国家、集体、个人一起上的方针，并以支持"两户"为重点。在发放的农业贷款中，多种经营贷款占比达41%，突出支持水产业和畜禽业的发展。

为发展渔业生产，农行江苏省分行贯彻"海淡并举，养捕并举"的方针，"七五"期间累计发放渔业贷款30.01亿元，支持"科技兴渔"和渔业服务体系建设，改良品种，优化放养结构，增加水产品生产。1991年起，在一般开发性贷款中，把支持海洋捕捞渔船更新作为贷款重点投向之一，在信贷计划和资金上给予优先安排。1994年，针对江苏养殖对虾结构性调整，对虾养殖面积减少，虾贝混养面积大幅度增加等新情况，提出支持对虾生产以效益为中心的原则，坚持区别对待，择优扶持，分类指导，多渠道地解决资金问题。

针对在农村实行家庭联产承包责任制以后不少地区对农田水利建设有所忽视的新情况，

1988年1月，农行江苏省分行转发农总行《关于加强水利贷款工作的通知》，要求各地进一步树立"水利是农业命脉"的思想，多渠道筹集农田水利建设资金，依靠农民和集体自身积累，并适当增加农田水利贷款，按照"谁用、谁借、谁还"的原则确定贷款对象，保证贷款按期收回。

1980年以后，农行江苏省分行支持"星火计划""丰收计划"的实施和中低产田的综合治理改造，不断增加农业科技贷款的投入。到1987年末，农业科技贷款余额达1.72亿元。1988年以后，明确规定农业科技贷款的重点要放在农林牧渔各业增产幅度大、推广区域广泛、贷款能按期收回的科技项目上，逐步建立起支持农业科技成果推广的信贷服务体系。

支持农业服务体系、完善双层经营体制、健全社会化服务组织，是农业信贷在农村体制改革中的一项新任务。农行江苏省分行根据各地经济发展程度，分别采取不同的方法：经济发达地区侧重提高农业社会化服务体系的综合服务能力和服务功能，支持服务组织自身的发展；经济不发达地区侧重支持乡级服务组织壮大实力。到1990年末，全省已建立乡、村两级服务组织5.66万个，其中乡级0.95万个，村级4.71万个；对农业服务体系累计发放贷款7.94亿元，其中乡级服务组织贷款4.48亿元，村级服务组织贷款3.46亿元。

截至1993年末，全省农行、信用社各类集体农业贷款余额45.58亿元，占全部农业贷款余额的59.28%。

3. 国营农业贷款

（1）企业流动资金贷款

1982年4月1日起，农行江苏省分行将国营农业发展种养业的投资性贷款划入国营农业企业贷款范围，属流动资金贷款指标，并从1984年起实行专项考核。1983年7月1日起，财政部不再增拨国营农业企业流动资金，企业所需资金由银行按信贷政策合理供应。同年9月，农行江苏省分行在武进县召开全省统管国营农业企业流动资金会议，明确做好"留、调、供、补、管"5个方面的工作，把原有的国拨资金仍然留给企业使用，采取抽肥补瘦的办法，对国拨资金进行调剂。1984年起，国营农业信贷工作介入国营农业企业生产、流通和资金营运的全过程。一是帮助企业清仓挖潜、搞活资金,调动企业清资的积极性。二是抓好企业流动资金的补充工作。三是调整信贷投向,扩大信贷投放。1989年1月起,国营农业企业开始建立自补流动资金制度,办法是从利润或利润包干结余中按一定的比例补充。1992年4月,农行江苏省分行转发农总行《关于进一步加强国营农业企业流动资金和贷款管理工作的通知》,要求积极实行和不断完善"核资定贷"制度,继续抓好流动资金自补工作。随着国有农业企业体制改革的推进,农行江苏省分行在1994年印发的《全省国有农业企业信贷工作座谈会纪要》中提出,农业银行要积极参与企业机制转换工作,在企业转制过程中涉及债权债务的产权变动和经营方式调整时,必须经贷款银行等部门联合审批后,才可向工商行政管理部门申请营业执照。

(2)企业设备贷款

1979年12月,农行江苏省分行规定企业购置更新改造、革新挖潜所需的机具设备可申请设备贷款。1980年5月,对国营农业企业的设备贷款实行专项指标管理,由省、市支行掌握使用。1985年办理国营农业技术改造贴息贷款,用于发展优质名牌产品、引进先进技术和设备、改造现有企业的项目。据1990年9月对全省国营农业技术改造贷款的统计,在支持的155个项目中,属农垦系统的项目19个,属水产系统的项目28个,属农林系统的项目51个。项目投产后,可新增产值4.08亿元,新增税利0.52亿元,出口创汇415万美元。

(3)企业职工承包户、经营户贷款

国营农业企业体制实行多种经营责任制改革后,企业内部出现国营、集体、个体多种经济成分。为支持企业职工承包户和个体经营户发展生产、扩大商品流通、方便群众生活,农行江苏省分行1983年10月印发《国营农业企业职工贷款试行办法》,规定贷款可用于经营农林牧副渔业的生产和小型生产设备的购置,政策允许的工商业、饮食业、交通运输等行业的流动资金和必需的小型机具设备的购置费,与经济单位或个人进行联营及职工发展家庭副业、购置耐用消费品、建房等方面的资金需要。1985年,转发农总行《国营农场职工家庭农场贷款暂行办法》,规定凡实行独立经营、单独核算、定额上缴、自负盈亏的国营农场兴办的各类家庭农场都可向银行申请贷款,但要有经国营农场批准的家庭农场证件,并有与国营农场签订的承包合同等。1989年5月起,为贯彻落实"区别对待,扶优限劣"的原则,提高信贷资金效益,对在农业银行开户的国营农场所办工业企业进行信用等级评定。信用等级分为特级、优级、一级、二级、三级5个级别。对特级、优级信用企业优先支持,一级信用企业积极支持,二级信用企业从严控制,用于三级信用企业的贷款坚决压缩。信用等级一年评定一次,不搞"终身制"。当年共评出靖江蜂乳厂、句容湾山水泥厂、镇江蚕种场等11家特级农业信用企业。

截至1993年末,全省农行国营农业贷款余额17.68亿元,占全部农业贷款余额的22.99%。

表4-12　1980~1993年江苏省农业银行、信用社农业贷款余额统计表　　　　单位:亿元

项目 年份	农业银行				农村信用社			农业银行、农村信用社合计			
	个体农业贷款	集体农业贷款	国营农业贷款	小计	个体农业贷款	集体农业贷款	小计	个体农业贷款	集体农业贷款	国营农业贷款	小计
1980	0.29	3.67	0.28	4.24	0.30	1.14	1.44	0.59	4.81	0.28	5.68
1981	0.30	4.17	0.28	4.75	0.23	0.59	0.82	0.53	4.76	0.28	5.57
1982	0.31	3.45	0.45	4.21	0.43	1.30	1.73	0.74	4.75	0.45	5.94
1983	0.18	4.06	0.50	4.74	1.39	0.05	1.44	1.57	4.11	0.50	6.18
1984	0.16	4.22	1.54	5.92	5.22	2.32	7.54	5.38	6.54	1.54	13.46
1985	0.18	5.31	2.32	7.81	3.81	2.35	6.16	3.99	7.66	2.32	13.97
1986	0.21	5.91	4.10	10.22	5.10	2.86	7.96	5.31	8.77	4.10	18.18
1987	0.18	5.91	5.36	11.45	5.67	3.53	9.20	5.85	9.44	5.36	20.65
1988	0.21	6.24	6.22	12.67	5.79	5.67	11.46	6.00	11.91	6.22	24.13

项目 年份	农业银行				农村信用社			农业银行、农村信用社合计			
	个体农业贷款	集体农业贷款	国营农业贷款	小计	个体农业贷款	集体农业贷款	小计	个体农业贷款	集体农业贷款	国营农业贷款	小计
1989	0.19	7.37	7.79	15.35	6.45	9.32	15.77	6.64	16.69	7.79	31.12
1990	0.21	9.44	9.62	19.27	9.05	11.36	20.41	9.26	20.80	9.62	39.68
1991	0.33	13.27	12.23	25.83	11.09	15.60	26.69	11.42	28.87	12.23	52.52
1992	0.37	16.84	14.96	32.17	11.41	21.01	32.42	11.78	37.85	14.96	64.59
1993	0.51	20.22	17.68	38.41	13.12	25.36	38.48	13.63	45.58	17.68	76.89

（二）商业化转型和股份制改造时期（1994～2008）

1993年金融体制改革以后，农行江苏省分行继续坚持"支农为本"的经营策略，加大对农业的信贷投入，同时适应国家专业银行向国有商业银行的转变，支农范围和方式按照商业银行的经营原则进行重大调整，集中力量支持商品化、高效益的规模农业及农业产业化，立足于大农业和大市场，做好信贷支农工作。2006年以后，农行江苏省分行发挥县域商业金融主渠道作用，进一步加大县域涉农贷款的投入。1996年全省农村信用社与农行江苏省分行脱钩后，坚持深化改革，不断增强服务"三农"功能，逐渐成为支持农业发展的主力。

1. 农业银行的农业贷款

粮棉大县和"两高一优"贷款　1992年10月，农总行根据《国务院关于发展高产、优质、高效农业的决定》，在太仓召开全国农业信贷会议，提出进一步支持发展高产、优质、高效农业的要求（以下简称"两高一优"）。1994年7月，农总行制定《扶持粮棉大县发展经济贷款管理办法》和《高产优质高效农业示范区贷款管理办法》。在国家扶持的523个粮食大县和150个棉花大县中（不含农垦系统），江苏各有42个和18个，分别占全国的8.03%和12%，其中粮食大县的数量居全国第一位。农行江苏省分行坚持转轨不转支农方向，保证粮棉大县、"两高一优"农业示范区专项贷款足额到位。1995年，印发《关于加强粮棉大县、"两高一优"农业示范区贷款工作的通知》，要求各地农业银行按照粮棉大县经济发展规划，统筹安排，集中使用，讲求实效。在粮棉大县和"两高一优"贷款的投向上确立"三为主"的原则，即以支持流动资金贷款为主，重点支持已

建成投产、急需补充流动资金的、经济效益好的农业或骨干企业；以支持多种经营、"菜篮子"工程建设和农副产品深度加工为主，重点支持有规模、有效益或有前景的贸工农一体化、种养加一条龙的龙头骨干企业；以支持中小企业为主、规模由小到大、加工由粗到精、档次由低到高的企业。当年共审批下达粮棉大县贷款项目268个，贷款6.32亿元，其中流动资金贷款4.88亿元，占77.2%；支持省级贸工农企业81个，贷款2.2亿元。1996年，制定《关于建设高产优质高效农业小范区贷款管理办法实施细则》《关于扶持粮棉大县发展贷款的实施细则》，对专项贷款的信贷原则、贷款用途、审批程序、管理责任等作出具体要求。2000年以后，粮棉大县和"两高一优"贷款项目停办。

图4-7　农行江苏省分行支持江苏龙山鳗鱼联合公司发展鳗鱼生产

农业产业化贷款　1996年，中央提出实行农业产业化经营的指示，为发展农村经济指出一条新路子。农行江苏省分行提出"循序渐进，因地制宜，突出重点，加大投入"的十六字方针，适时把支农的重点调整到支持农业产业化发展上来，得到农总行和省委、省政府的肯定。江苏龙山鳗业联合公司实行鳗鱼养殖、加工、销售一体化经

营,1995年实现销售收入33亿元,创利税3.5亿元,创汇1.5亿美元,成为世界"鳗王"。这个集团在农业银行的贷款常年保持在10亿元左右。1997年,农行江苏省分行把支持农业产业化经营作为调整信贷结构和提高支农质量的重大举措,制定《支持农业产业化经营信贷工作意见》和《支持农业产业化经营信贷工作实施方案》,明确提出支持农业产业化的重点区域、重点产业、重点客户以及信贷支持的政策、原则,突出支持优良品种和主导产业的开发,支持特色农产品基地建设,支持贸工农一体化经营的产业来带动农户扩大规模、开拓市场。当年共支持年销售额3 000万元、利税200万元以上的农业产业化龙头企业53个,贷款6.91亿元。1998年,制定《关于全省农行支持农业产业化经营信贷工作意见》,加强粮棉大县专项贷款与支持农业产业化的有机结合。1999年,制定《关于建立全省十大贷款户、农业产业化重点企业大额贷款统计制度》,按季进行信贷检查。2000年,印发《关于支持农业产业化重点龙头企业的意见》,要求各地农业银行将省级农业产业化重点龙头企业,作为信贷支农的重点工作来抓。2002年上半年,对全省140家省级龙头企业进行一次摸底调查,对部分省市级农业产业化龙头企业进行适度支持。2003~2005年,对已建立现代企业制度、收入来源稳定、资信程度高的农业产业化龙头企业继续予以重点支持。截至2005年末,农行江苏省分行农业产业化龙头企业贷款余额294亿元。

县域涉农贷款 2006年,农行江苏省分行发挥县域商业金融主渠道作用,加大服务"三农"力度,当年投放的贷款七成以上用于县域经济。2007年以后,为了适应农业银行股改的需要,把支持县域经济、涉农龙头企业发展,作为服务"三农"的切入点来抓。按照"择优扶持,突出重点"的信贷策略,对主导产业、优势项目、效益较好的农产品加工企业实行倾斜服务。根据投资建设及回报周期,合理确定贷款期限及利率,灵活地提供中长期和短期贷款予以支持。2008年,在涉农信贷服务中突出"四大创新"。一是重点支持农业部"定点市场"13家,覆盖率43.33%,授信、用信分别达8.93亿元和5.3亿元;综合服务国家商务部"万村千乡工程"承办企业66家,覆盖率

61.68%,授信、用信分别达27.16亿元和22.07亿元;综合服务国家商务部"双百市场"承办企业7家,覆盖率77.78%,授信、用信分别达6.63亿元和4.55亿元。同时,积极探索金融综合服务新路子,为常州市凌家塘等重点农产品流通市场提供经营性物业抵押贷款,取得较好的经济效益。二是以经济强县为重点,重点营销江阴、泰兴等7个县(市)土地储备项目,共审批贷款7.9亿元。至2008年6月末,全行农村城镇化贷款余额433.9亿元,比年初增加132.4亿元。三是加大农户小额贷款投放力度,着力解决农户融资需求。以支持农民"创业、展业、置业"为重点,以农民创业园区内的农户、"双强"型村级组织带头人、各类专业市场农民经营户、务工返乡人员、省级"四有"农民专业合作社社员、农机大户、农产品流通市场内的经营户、农产品经纪人、沿海和环湖地区的水产养殖大户等为主要信贷投放对象,扩展农户小额贷款投放覆盖面。至2008年8月末,全省农行农户小额贷款授信56 588户,余额17.4亿元、户均3.07万元;贷款30 156户、余额12.8亿元、户均4.24万元。四是贴近新农村建设中城乡建设用地增减挂钩建设项目。成功营销镇江新农发展投资有限公司"万顷良田建设工程"项目银团贷款18亿元,其中农行参贷4亿元;牵头营销南通市海门滨江建设发展有限公司新通海沙整治工程银团贷款7.8亿元,其中农行参贷7.3亿元。

2. 农村信用社的农业贷款

1996年8月22日,国务院发布《关于农村金融体制改革的决定》。改革的重点是要把农村信用社逐步改为由"农民自愿入股、社员民主管理、主要为入股社员服务"的合作金融组织。农业银行与农村信用社脱钩,由人民银行负责对农村信用社的金融监管,由农村信用社县联社负责对农村信用社的业务管理。人民银行按照合作制原则对农村信用社进行规范,但由于改革未能有效解决产权制度、所有者缺位和内部人控制等问题,因此改革仍存在较多困难。从江苏的情况看,1996年行社脱钩后,由于农村信用社业务种类单一,经营管理水平落后,人员素质偏低,制约农村信用社的进一步发展。此外,行社分家后,农村信用社尽管已在人民银

行开户,但没有自身的联行清算体系,跨区结算只能通过农业银行或其他商业银行进行,影响开户企业的结算速度和农村信用社的竞争力。当年省内部分农村信用社不良贷款率高达50%以上。资产质量下降,信贷资金周转缓慢,不仅影响农村信用社的资金再投入,也影响其支付能力。

从1999年开始,人民银行在江苏等地进行农村信用社改革试点。这次改革主要强调农村信用社要为"三农"服务,并以小额信用贷款为主,基本解决农村信用社的服务定位问题。2001年9月19日,全国首家省级农村信用联社在江苏成立。省联社成立后,进一步明确为农服务的办社宗旨和经营方向。通过大力推行农户小额信用贷款和联保贷款业务,参与创建信用村镇,简化农民贷款手续,农村信用社贷款方便、快捷的特点更加突出。至2002年末,全省农村信用社(含农村商业银行,2005年后含农村合作银行,下同)共建立农户经济档案777万户,占农户总数的60%;98%的机构开办农户小额信用贷款业务,87%的机构开办农户联保贷款业务,余额分别为21.72亿元、37.32亿元,比上年分别增长72.79%、110.14%。全省农村信用社共创建信用乡镇88个,信用村2 505个;当年共有466万农户得到农村信用社的信贷支持,比上年增加186万户;农户贷款余额188.93亿元,比上年增长41.28%,农民"贷款难"的问题得到有效缓解。同时,全省农村信用社实现总体盈利,不良贷款率下降7.7个百分点,经营形势开始好转。

图4-8　2008年,江苏省省长罗志军调研农信社"阳光信贷"工作开展情况

2003年,国务院下发《深化农村信用社改革试点方案》,首先在浙江、江苏等8个省(市)启动以"把农村信用社办成服务'三农'的社区和地方金融机构"为总体要求的农村信用社改革试点。2003年以后,省联社组织全省农村信用社抓住改革深化的有利时机,明晰产权关系,强化约束机制,进一步增强支农服务功能。一是加强行业指导,引导支农投入。面对农村产业结构调整的新形势,全省农村信用社围绕"农民增收、农业增效、农村发展"开展工作,农业贷款规模不断加大。截至2008年末,全省农村信用社农业贷款余额992.27亿元,占全省农业贷款余额的比例达98.27%;农户贷款覆盖面50.8%,持贷农户户均贷款余额4.92万元,农民"贷款难"问题得到有效解决。二是优化信贷结构,提升支农层次。根据省政府以"三化"促"三农"的要求,全省农村信用社重点实施"四个转变",即从支持传统的粮棉油向支持多种经营转变;从支持传统单一的农业向支持多元化的经济农业转变;从支持分散经营向支持集约化经营转变;从注重支持产量向注重支持效益转变。三是创新业务品种,提高支农能力。为解决长期困扰农户的抵押、担保难题,2003年以后,全省农村信用社稳步推进农户小额信用贷款和自然村范围内的农户联保贷款业务的发展。截至2008年末,农户小额信用贷款和农户联户贷款两项贷款余额合计达86.58亿元。2007年,姜堰农村合作银行创新推出以"阳光调查、阳光定价、阳光放款、阳光监督"为主要特点的"阳光信贷"服务新模式,得到中共中央宣传部的肯定并向中央各大媒体推介。2008年9月,省联社向全省农村信用社系统推广"阳光信贷"服务新模式。四是完善服务手段,保障支农质量。全省农村信用社从"三农"服务面广量大的实际出发,普遍实行授权、授信管理模式。截至2008年末,共为全省1 021万农户建立经济档案,发放贷款证405万本,授信额度内的农户可直接在分支机构柜面办理贷款。在简化贷款程序的同时,合理确定贷款期限,适当提高小额信用贷款限额,实行差别利率。

表 4 - 13　　1994～2008 年江苏省农业贷款余额统计表　　　　　　　　　　单位:亿元

年份	全省合计	农业银行	农村合作金融机构				其他银行
			农村商业银行	农村合作银行	农村信用社	小计	
1994	62.61	30.50			29.05	29.05	3.06
1995	89.09	43.09			43.77	43.77	2.23
1996	127.15	62.48			62.02	62.02	2.65
1997	164.73	88.81			75.46	75.46	0.46
1998	235.12	119.23			115.19	115.19	0.70
1999	224.99	90.36			133.84	133.84	0.79
2000	232.51	63.21			168.70	168.70	0.60
2001	283.50	58.97			222.08	222.08	2.45
2002	368.39	52.65	15.65		297.15	312.80	2.94
2003	494.04	51.53	20.94		418.93	439.87	2.64
2004	574.58	55.42	34.60		482.39	516.99	2.17
2005	642.10	50.43	76.47		511.52	587.99	3.68
2006	745.92	21.16	94.55	89.85	536.56	720.96	3.80
2007	846.90	17.78	98.12	201.35	520.54	820.01	9.11
2008	1 009.73	4.71	111.15	296.03	585.09	992.27	12.75

注:农行江苏省分行农业产业化贷款、县域涉农贷款突破传统农业贷款范畴,不完全在本表的农业贷款中反映;2006 年以后,农行江苏省分行农业贷款科目调整到单位客户流动资金、固定资产贷款科目中统计,2006 年以后该行农业贷款数据未能真实反映对农业的信贷支持。

表 4 - 14　　2001～2008 年江苏省农村合作金融机构农业贷款余额明细表　　　　单位:亿元

年份	全省合计	农户贷款	农业经济组织贷款	农村工商业贷款	农户小额信用贷款	农户联保贷款
2001	222.08	133.73	58.02		12.57	17.76
2002	312.80	188.93	64.83		21.72	37.32
2003	439.87	253.73	86.44		43.62	56.08
2004	516.99	289.97	100.61		66.23	60.18
2005	587.99	335.19	114.60		66.14	72.06
2006	720.96	454.65	118.97	1.91	62.98	82.45
2007	820.01	564.70	135.89	3.13	43.89	72.40
2008	992.27	654.28	220.73	30.68	31.32	55.26

注:本表为农村商业银行、农村合作银行、农村信用社合计数。

(三)农业专项贷款

专项贷款是计划经济的产物,是指人民银行和专业银行根据地区发展的特殊需要,在综合信贷计划之内安排一些指定用途的贷款,具有较强的政策色彩。中华人民共和国成立后到1994年,农行江苏省分行先后安排 10 多种农业专项贷款。1993年金融体制改革以后,随着向商业银行的转型,农行江苏省分行专项贷款规模不断缩小,并逐步取消。

1. 农业开发贷款

1983年起,农行江苏省分行开始试办开发性贷款。此项贷款期限长达 5～10 年,主要用于农、林、牧、副、渔资源的开发和培养,支持那些生产周期较长,分年投资以形成长期稳定生产能力的种植业、养殖业等中小型生产建设项目。为充实开发性贷款资金,农行江苏省分行规定在1983

年收回1978年前的农业贷款,可将其中50%用于开发性贷款。全省收回1978年前农业贷款2 600万元,用于增加当年开发性贷款计划1 300万元。由于支持及时、用途合理,支持滩涂开发的效果显著。据连云港、南通、盐城等3个沿海市分行统计,1987年共发放支持滩涂开发贷款1.36亿元,主要用于养殖对虾、鳗鱼、文蛤等。

1988年8月23日,为进一步支持农业开发工作,农总行印发《土地治理与开发贷款管理办法》。江苏省苏北地区有24个县属黄淮海开发区,土地总面积4万平方公里,耕地2 895万亩,其中中低产田2 350万亩。根据黄淮海开发区中低产田较多的实际,农行江苏省分行制定《黄淮海平原农业开发贷款管理办法》,重点支持黄淮海平原中低产田的改造。1989年,徐州、淮阴、盐城、连云港等市所辖的24个县(后扩大到35个县)实施开发黄淮海平原的规划共需投资6.8亿元,其中国家拨款2.4亿元,地方配套2.4亿元,

农业银行专项贷款2亿元(农总行拨付1.2亿元,其余资金由当地行筹集)。至1990年末,共发放专项开发性贷款0.91亿元、一般开发贷款1.16亿元,支持改造中低产田135万亩,开垦荒地12.8万亩。

1991年5月,省农业资源综合开发管理局、农行江苏省分行向国家农业综合开发领导小组办公室和农总行呈报《1991~1993年江苏省黄淮海农业综合开发专项贷款项目计划》的请示报告,当年即获批准。1992年4月,省农业资源综合开发管理局、农行江苏省分行发出《关于进一步加强黄淮海农业综合开发专项贷款项目管理的通知》,明确农业银行专项开发贷款必须纳入农业综合开发总规模,把农业综合开发专项贷款与农发基金、群众集资有机结合起来,统筹安排,明确投向,统一立项。1994年7月和10月,分别下达第一批和第二批黄淮海农业开发贷款项目计划。

表4-15 1983~1993年江苏省农业银行农业开发贷款余额统计表 单位:亿元;%

年份	年末余额	增速	年份	年末余额	增速
1983	0.01		1989	1.40	41.41
1984	0.23	2 200.00	1990	1.79	27.86
1985	0.50	117.39	1991	2.95	64.80
1986	0.81	62.00	1992	4.34	47.12
1987	0.93	14.81	1993	5.28	21.66
1988	0.99	6.45			

1994年,农业综合开发贷款由农行江苏省分行划归新成立的农发行江苏省分行管理。1995~1997年,农发总行分别安排江苏农业综合开发、农林牧水基建改造等专项贷款规模5.3亿元、8.1亿元和11.3亿元。农发行江苏省分行开发性贷款的实施呈现以下几个特点:一是支持农业科技推广。1995年,贷款550万元支持国营农场建设优质抗病棉种及杂交稻种繁育基地。二是发挥龙头企业带动作用。1995年,重点支持华鑫集团等一批龙头骨干企业。1997年,在省政府确定的30个重点支持省级贸工农一体化企业中,农发行支持其中的17个,推动江苏农业的深度开发。三是加大对规模集约经营的支持力度。1995年,单个项目200万元以上的项目贷款占新增贷款总额的85%以上。1996年,开发性贷款余

额在1 000万元以上的企业达16个。四是注重政策性与效益性的结合。1995年,农发总行下达江苏500万元扶贫专项贷款,农发行江苏省分行将部分扶贫专项贷款与农业综合开发贷款统筹安排,条件相同的优先安排贫困地区的项目,支持经济欠发达地区的农村经济发展。1996年,农业综合开发贷款中用于土地治理项目的贷款达0.72亿元,占比38%;基建、技改、林业等贷款重点支持常州林机厂、阜宁富达电气公司、太仓浏河船闸等国有农业企业。

1998年4月22日,为使农业发展银行集中精力管好粮棉油收购资金,人民银行、农业银行、农业发展银行、财政部联合发出《关于把农业发展银行扶贫、开发等专项贷款划归农业银行的通知》,决定将农业发展银行承担的扶贫和开发性

贷款划归农业银行管理,粮棉油附营业务和粮食加工业务等划归有关商业银行管理。根据这一通知,农发行江苏省分行于当年5月、12月先后两次向农行江苏省分行和其他商业银行划转扶贫、农业综合开发、粮棉油附营企业占用贷款共101亿元。

专项贷款是计划经济体制的产物,带有较强的政策色彩,与商业银行自主经营的经营原则不相适应。为此,农总行于1998年12月向人总行提出对部分专项贷款予以取消或合并。经国务院原则同意,人总行于1999年7月7日发出《关于改进专项贷款管理的通知》。主要内容是:国有独资商业银行今后不再承办政策性贷款,原则上不再保留"专项贷款"形式;对个别近期难以取消,确实需要继续给予重点支持的扶贫贷款(含康复扶贫贷款、边境贫困农场贷款)、农业综合开发贷款(含南亚热作贷款)、林业贴息贷款、治沙贴息贷款、山区综合开发贷款、森工贴息贷款、劳改劳教贷款、民贸网点和生产贷款继续保留,并执行到2000年12月31日止。通知发出后,农行江苏省分行的专项贷款陆续取消。

2. 扶贫贷款

改革开放以后,江苏农村经济发展迅速,农民生活有显著提高,但各地发展很不平衡,部分地区贫困问题仍比较突出。根据中共中央、国务院1984年9月发出的《关于帮助贫困地区尽快改变面貌的通知》,农行江苏省分行开始利用信贷手段进行区域经济开发,对贫困地区实行优惠信贷政策,对扶贫工作进行一系列支持。

1985年,农行江苏省分行对于省政府确定的13个财政倒挂县,专门安排贷款1 300余万元,支持产品适销对路的项目,迅速形成生产能力。1986年,把扶持贫困地区、贫困户发展商品生产,改变经济面貌,作为实行区域信贷政策的一个重要方面来抓。如对13个财政倒挂县,不仅专项安排信贷资金,还专门派出工作组实地支援。贷款支持的36个乡镇企业新建项目,年底前已竣工投产33个。各地信用社对25万户贫困户共发放4 000万元贷款,帮助他们发展多种经营,提高收入。1988年,要求各地通过支持经济实体扶贫,把资金、技术、物资、管理等要素结合起来,对贫困户进行综合服务,起到"扶持一个

点、安排一批人、带动一大片"的作用。1990年,安排500万元扶贫贷款专项资金,重点支持贫困户发展种养业和农副产品加工业。1991年4月,制定《"八五"扶贫规划及1991年扶贫计划》,要求在安排信贷计划和资金时,优先考虑扶贫工作需要,并为扶贫提供信息、咨询、结算等服务,当年共安排扶贫专项贷款计划2 000万元。1992年,重点支持信贷扶贫"个、十、百、千"活动,当年累计发放扶贫贷款1.8亿元。为了帮助农村残疾人发展商品生产,尽快脱贫致富,1993年5月,农总行和中国残联安排江苏省康复扶贫专项贴息贷款90万元。同年10月,农总行又安排江苏康复扶贫专项贴息贷款310万元。此项贷款有偿有息、到期必须归还,由农业银行自主发放和管理。经过检查,发现一些问题,如康复扶贫贷款项目没有及时选定,有的项目投产不及时,有的项目管理较差。

1994年,农行江苏省分行在由国家专业银行向国有商业银行转轨过程中提出,要按照国家"八七"扶贫攻坚计划的要求,从商业银行角度继续加强和改进扶贫工作,坚持转轨不丢扶贫任务,政策性扶贫和商业性扶贫一肩挑。1995年,为帮助省定贫困县摆脱贫穷,增强自身造血功能,农行江苏省分行在当年有限的信贷规模中专门安排8 000万元扶贫贷款。1996年,采取"计划跟着项目走"的办法,项目集体审批,确保扶贫项目早实施、早到位、早见效。当年通过省现场办公会审定项目40个,贷款金额5 637万元,年内实际发放5 462万元,占应投放计划的96.9%。1997年,与省委农工部、省扶贫办等五部门联合发出《关于扶贫到村、包干帮扶增收贴息贷款的通知》。1998年,印发《江苏省扶贫小额贷款实施意见》,要求各级农业银行实行开发式扶贫。当年共安排专项扶贫贷款计划9 500万元,比上年增长35.7%;贷款投向全省15个扶贫县的127个乡镇366个村,直接用于农业和多种经营的6 243万元,占65.72%,直接投放到户的4 784万元,占50.36%。自1999年商业银行逐步取消专项贷款以后,农行江苏省分行扶贫贷款也逐步减少。2002年~2004年,全省农行扶贫贴息贷款、一般扶贫贷款余额合计约2 500万元。至2005年末,全省农行扶贫贴息贷款余额和一般扶贫贷款

余额分别为 633 万元、1 800 万元。截至 2008 年末,两项扶贫贷款余额与 2005 年基本持平。

江苏省小额扶贫贷款自 2001 年起改由农村信用社集中发放。为加快经济薄弱村贫困农户脱贫致富步伐,2001 年,省委、省政府针对小额扶贫贷款发放初期出现的一些金融部门积极性不高、农户还款率低等原因,出台《扶贫小额贷款实施意见》,采取由扶贫办牵头、财政提供担保资金和贴息、将按财政担保资金 1∶1 等额发放贷款扩大为按财政担保资金的 1∶2 比例发放贷款等方式,使贷款发放量增加一倍。作为江苏省唯一一家小额扶贫贷款发放机构,各地农村信用社对符合条件的农户简化手续,执行优惠利率,集中发放,并及时将贴息返还给农户,走出一条贷款市场化运作和扶贫政策性有机结合的新路子。2003 年 1 月 30 日,江苏省小额扶贫贷款的做法被国务院副总理温家宝批示,并向全国推广。

江苏省小额扶贫贷款具体实施办法在实践中多次调整。2005 年以前,小额扶贫贷款初次贷款额度 1 000 元,再次贷款时可增加到 2 000 元;2005 年以后,每户首次贷款原则上不超过 3 000 元,续贷原则上不超过 5 000 元;2007 年,贷款额度再次扩大,最高金额可达 1 万元,视项目需要在限额内确定。小额扶贫贷款期限视生产经营的项目周期确定,一般不超过一年,允许在下一年度的第一季度前归还;贷款利率按人民银行规定的同期同档次基准利率执行,按期归还贷款的农户可享受 50％ 贴息。2001 年以前,小额扶贫贷款按担保资金与贷款金额的 1∶1 比例足额发放;2001～2004 年,调整为 1∶2 比例发放;2004 年以后,调整为 1∶3 的比例发放。小额扶贫贷款计划和各县贷款规模由省扶贫办、省财政厅、省联社共同下达。

“十五”期间,江苏省农村信用社在苏北 16 个经济薄弱县和部分老区县的 1 000 多个贫困村累计发放 17.5 亿元小额扶贫贷款,获得贷款支持的 58 万户低收入农户平均每户年增收约 1 500 元,贷款到期回收率保持在 96％ 以上,对于帮助低收入农户增强造血功能和脱贫致富发挥积极作用。截至 2008 年末,全省农村信用社小额扶贫贷款余额 5.45 亿元,受益农户 10.13 万户。

表 4-16　2001～2008 年江苏省农村信用社
小额扶贫贷款余额统计表

单位:亿元;万户

年份	年末余额	受益农户数
2001	0.62	5.73
2002	0.70	5.71
2003	1.23	8.58
2004	2.00	10.99
2005	1.40	10.88
2006	2.86	14.34
2007	4.46	13.14
2008	5.45	10.13

3. 农田水利贷款

小型农田水利贷款　1980 年 2 月,农行江苏省分行办理小型农田水利配套工程贷款,用于解决社、队范围内大沟及其以下的小型农田水利配套工程的建设费用和配套设施的购置费用,贷款期限 1～3 年。1992 年冬起,对农田水利建设发放贴息贷款,并规定在办理贷款时一定要落实好承贷主体,谁借款,谁负责还款。1993 年 10 月,省财政厅、省水利厅、农行江苏省分行联合发出《1993 年农田水利建设贴息贷款项目的通知》,规定该项贷款必须专款专用,经办行要对贷款跟踪监督,贷款要有经济实体担保或办理贷款抵押手续。

机电排灌节能改造贴息贷款　1982 年 9 月,农行江苏省分行安排 100 万元,用于机电排灌的更新以及以节能为目的的站、渠系等工程的改造,首先在丹徒县试行。贷款从企业实现的利润、提留的折旧款中偿还。利息由承贷单位先支付,以后报经国家计委审核拨补。1984 年 6 月,此项贷款扩大到全省 15 个县,每县安排 100 万元。

喷灌专项贷款　1985 年,农总行安排江苏省 50 万元喷灌技术开发专项贴息贷款指标,规定贷款由喷灌公司或水利部门承贷,用于帮助集体农业生产单位和农户购置喷灌设备和工程材料。1988 年、1990 年,江苏喷灌贴息贷款计划分别为 130 万元、120 万元。

农村水利综合经营贷款　1988 年 10 月,农行江苏省分行安排农村水利综合经营贷款 400 万元,主要用于农村基层水利管理单位发展经济效益好的短、平、快项目。

节水灌溉贴息贷款　1991 年,农行江苏省分行、省水利厅对苏州、连云港下达节水灌溉贴息贷款计划。1992~1993年,铜山、丰县、太仓等县申请节水灌溉贴息贷款工程项目得到批准,并立项落实。

4. 专项贴息贷款

国营农业企业技术改造贴息贷款 为支持国营农业企业发展优质名牌产品,引进先进技术和设备,农行江苏省分行1985年起开始办理国营农业企业技术改造贴息贷款,贷款期限3~5年。1989年起,由于财政困难,此项贷款停办。

粮食转化、棉花转产贴息贷款 1985年9月,农行江苏省分行确定办理粮食转化、棉花转产贴息贷款,重点支持苏北经济条件较困难地区发展粮棉加工、副产品综合利用、饲料加工、食品加工、农村鲜活产品的贮藏、保鲜、畜牧、水产的养殖等。1989年起,粮棉转化贴息贷款改为粮棉生产贴息贷款。1992年,农行江苏省分行、省财政厅、省农林厅在下达1992年支持粮棉生产贴息贷款项目计划时,要求农业银行坚持贷款原则,不符合条件的单位不予贷款。1994年6月,要求农业银行坚持贷款原则,对符合上马的项目,要早见效。

渔船更新贴息贷款 1984年5月,为改变江苏省海洋捕捞机动渔船少、质量差的落后局面,农行江苏省分行安排渔船更新贴息贷款270万元,主要发放给渔业村和乡镇渔船修理点(厂),用于渔船的设备更新改造。

林业专项贴息贷款 1991~1994年,农行江苏省分行、省财政厅、省农林厅联合下达林业专项贴息贷款,要求市、县林业主管部门会同当地农业银行、财政局共同搞好项目的评估,并落实好项目的承办单位和自有资金。

除上述4种开办时间较长、影响较大的农业专项贷款外,改革开放以后,农行江苏省分行还先后开办过多种经营贷款、发展商品生产贷款、农机无息贷款、大中城市副食品基地贷款、救灾贴息贷款、沼气贷款等10余项农业专项贷款。

五、乡镇企业贷款

乡镇企业的前身是社队企业。1984年3月中共中央、国务院转发农牧渔业部《关于开创社队企业新局面的报告》,把社队企业名称改为乡镇企业。中共十一届三中全会以后,江苏的乡镇企业发展迅猛,成为农村经济的重要支柱。向乡镇企业提供资金,成为农村信贷的主要业务之一。全省农行、信用社投放乡镇企业贷款,对于支持乡镇企业更新改造和技术进步、促进经济结构调整和外向型经济发展都发挥了重要作用。

1979年,随着国民经济的调整,部分产品出现滞销。农行江苏省分行深入企业调查,对社队企业的产、供、销情况分类排队,确定优先扶持轻纺、建材、种植、养殖、农副产品加工等行业,支持生产适销对路的产品。1980年以后,社队企业在快速发展过程中明显暴露出一些问题,主要是流动资金贷款增长超过产值的增长速度、企业固定资产投资规模超出自身资金的承受能力、企业的自有流动资金没有相应地增补,而积压产品和原材料增加。因此,从1980年10月起,遵照国务院《关于抓紧后两个月财政收入,控制财政赤字和货币投放的通知》精神,对社队企业贷款严格控制。经过连续几年的信贷紧缩,社队企业产值和贷款增长均趋于缓和。1983年,社队企业产值和贷款增速分别为21.09、27.71%,比1980年分别下降22.85、114.63个百分点。

1984年,根据中央一号、四号文件和江苏省委"七战七捷"的要求,乡镇企业发展再次出现高潮,有的地方提出"工业要大上,贷款要大放""借钱办厂,赚钱还债"等口号。1984年全省农行和信用社乡镇企业贷款增加19.96亿元,比前五年累计增加额还多5.96亿元,超出乡镇企业的承受能力。1985年,农行江苏省分行根据农总行控制乡镇企业贷款投放的精神,将信贷支持的重点放在促进企业技术改造上,实现"三上二创一提高"(即上质量、上技术、上管理,创名优、创外汇,提高经济效益),决不盲目支持乱铺摊子、上新项目。同时,采取分类指导的办法,分地区、分项目、有重点地支持,以充分发挥有限的信贷资金的作用。当年农业银行、信用社乡镇企业贷款余额仅比上年增加6.58亿元。

1986~1987年,全省农行、信用社坚持"区别对待,择优扶持"的原则,继续帮助企业上质量、上技术、上水平,大力开发新产品,增产适销对路产品、创汇产品和名、特、优产品。这两年乡镇企业贷款虽然增加较多(两年内翻了一番),但结构基本合理,尤其是用于企业发展横向经济联合的贷款、生产适销对路和创汇产品的贷款,以及技术改造的贷款占比上升较快,基本解决流动资金不足的困难和技改资金的需要。同时,贯彻"以清定贷""销贷挂钩"的原则,逐步调整贷款结构。

1988年通货膨胀期间,农行江苏省分行贯彻国家"稳定金融、治理通货膨胀"的方针,积极压缩乡镇企业贷款,对一类企业帮助解决流动资金,对二、三类企业区别对待,控制信贷资金投放。1989年下半年,乡镇企业受市场疲软影响,产品滞销积压,生产速度减慢。为支持企业恢复生产,提高经济效益,在贷款掌握上,根据省政府"保证重点,兼顾一般"的要求,一方面增加贷款投量,另一方面对企业产品排队摸底,调整贷款投向,支持企业调整产品结构。由于实行紧缩信贷的政策,1988~1990年,全省农行、信用社乡镇企业贷款增幅连续3年低于20%,但重点乡镇企业的信贷需求在"保证重点,兼顾一般"的政策下得到保证。

1991年,省委省政府提出"以提高求发展,在发展中提高"的方针,乡镇企业开始了第二次创业。根据国家产业政策和企业状况,农行江苏省分行对所有有信贷关系的乡镇企业全面进行信用等级评估,并按照信用等级实行不同的信贷政策,对一级以上信用企业,特别是乡镇企业中的大中型重点骨干企业,实行"点贷"政策,即在贷款新增规模十分有限的情况下,对增量规模的分配坚持"点贷与切块"相结合,以"点贷"为主。至当年末,全省农行、信用社乡镇企业贷款余额162.31亿元,比上年增长23.88%,增速再次回到20%以上。

1992~1994年,乡镇贷款继续重点支持一级以上工商企业和"三资"企业,贷款增速连续3年保持在20%以上。乡镇企业在快速发展过程中,由于受市场竞争激烈等因素影响,也遇到一些突出问题,主要表现在:一是受材料、能源、产品价格等因素影响,企业成本费用上升,盈利减少,亏损增加,关停企业增多;二是有些企业不顾实际盲目扩大生产规模,资金出现缺口,新上项目不能投产,原有经营也无法正常进行;三是货款回笼迟缓,相互拖欠增多;四是在企业改制过程中,出现不少企业借改制之机逃废银行债务。这些问题给贷款结构调整工作增加难度,也使信贷资产质量难以得到有效提高。1994年下半年,农行江苏省分行根据农总行《关于做好农业银行信贷资产清理普查工作的通知》,全面开展信贷资产家底核查工作。从清理普查的情况看,到1994年6月末,全省农行工业贷款余额35亿元,乡镇企业贷款余额73亿元。从贷款占用形态看,未到期贷款占各项贷款总额的74%,逾期贷款占8%,催收贷款占18%。针对清理普查中的薄弱环节,采取四条措施:一是按照商业化经营要求,严格执行信贷管理的基本原则;二是强化信贷风险管理,采取有效措施降低贷款风险;三是继续坚持"收拢五指,形成拳头,保证重点,优化结构"的信贷指导思想;四是充实信贷队伍,提高信贷人员素质。

表 4-17 1978~1994年江苏省乡镇企业产值、收入、利润、贷款统计表　　　　单位:亿元

年份	产值	收入	利润	贷款余额	农业银行	农村信用社
1978	62.57	54.80		2.64	0.90	1.74
1979	74.87	65.82		3.59	0.99	2.60
1980	107.77	97.21	17.48	8.70	2.51	6.19
1981	123.81	110.85	16.35	11.79	8.43	3.36
1982	131.65	117.89	14.49	13.03	9.44	3.59
1983	159.42	147.02	17.44	16.64	4.52	12.12
1984	226.24	192.95	15.13	36.60	12.78	23.82
1985	356.95	310.34	28.32	43.18	15.53	27.65
1986	459.81	364.97	17.95	70.16	29.49	40.67
1987	628.17	499.23	20.03	88.60	33.95	54.65
1988	862.19	750.09	29.45	99.09	38.32	60.77
1989	896.20	819.41	19.94	111.25	40.64	70.61
1990	1 003.94	876.98	16.56	131.02	44.78	86.24
1991	1 479.73	1 103.70	19.30	162.31	55.27	107.04
1992	2 579.05	1 852.70	57.27	199.78	60.57	139.21
1993	4 097.24	3 045.17	101.10	247.88	68.99	178.89
1994	5 649.95	4 283.10	123.69	316.97	82.36	234.61

注:产值、收入、利润数据来自江苏省乡镇企业管理局,贷款数据来人行南京分行。

1995年,根据农村金融改革的要求,农行江苏省分行全面实施行社分门办公,明晰行社产权、资金、机构和人事管理,乡镇企业贷款也各自分开管理。从1995年起,农行江苏省分行按照商业化经营的基本要求,坚持扶优限劣保重点,逐步优化贷款结构,保证贷款向好企业、好项目、好产品流动。由企业分类排队转为按信用等级评定来确定贷款对象,由物资保证改以企业资产负债率为贷款主要依据,由信用贷款改为担保、抵押放款。同时,在贷款管理上,以贷款"三化三无"管理为基础,实施信贷单位等级管理,在集体会办的基础上试行审贷分离管理,并在借鉴深圳经验的基础上,试点贷款风险度管理,探索风险管理新机制。

1995年8月,农业部、对外贸易经济合作部、农业银行等部门联合下发《关于加快乡镇企业外向型经济发展的意见》。根据这一意见,农行江苏省分行对经济效益好、出口创汇多的乡镇出口产品生产企业予以积极支持。1996年1月,农总行下发《关于进一步加强乡镇企业贷款管理的若干规定》,要求按照现代商业银行经营要求切实加强乡镇企业贷款管理,提高信贷资产质量和效益,支持乡镇企业持续、高效、健康发展。同年5月,农行江苏省分行在《1996年农业信贷工作意见》提出"一保、四突出"的农业信贷工作要求,即保证农业、乡镇企业贷款计划用足用好,突出抓好信贷资产的集约化经营,突出抓好信贷工作的规范化管理,突出抓好不良资产的盘活,突出抓好信贷队伍的规范化建设。当年重点支持一批科技含量高、有市场、高效益、低风险的外向型、规模型、效益型、科技型乡镇企业,努力把支持重点企业发展与促进企业转变增长方式,提高综合效益有机结合起来。

1997～2003年,江苏省乡镇企业进行多种形式的改制,其中乡村集体企业改制以股份合作制、租赁经营和风险抵押承包为主,规模较大的企业主要是组建公司制企业和企业集团,对少数小微亏企业以拍卖转让为主。在乡镇企业改制过程,农行江苏省分行采取多种措施,积极维护金融债权。其主要做法是:一是构建"四位一体"的信贷风险监控体系,完善风险防范机制。二是加快实施信息共享工程,夯实风险防范基础。三是加强信贷风险预警分析,提高风险预警能力。四是结合基层实际,弥补制度缺陷,发挥风险制度内控作用。对少数恶意逃废债的"钉子户",坚决运用法律武器保全银行信贷资产。同时,配合人民银行做好债权管理工作,创造齐抓共管的局面。至2003年,全省乡镇企业改制基本结束,农业银行的信贷资产得到较好的保全。

在乡镇企业改制过程中,农行江苏省分行在积极参与企业改制,切实维护金融债权的同时,不断健全乡镇企业贷款管理制度,积极增加乡镇企业贷款投入。1997年1月,对乡镇贷款企业进行全面检查,对国家禁止和限制支持的乡镇工业污染控制重点企业建立台账,并进行重点监控,立即停止并逐步清收对"十五小"企业的贷款,从严控制对限制支持企业的贷款。1998年,按照"抓大、促小、支优"的要求支持乡镇企业的发展。同时,在全省推广盐城市分行信贷扶持序列管理的经验,对所有信贷客户按"双优"策略要求和信贷管理制度进行分类排队,分出支持、控制、清压对象,实施不同的信贷策略。1999年,根据全省乡镇企业改制进程,重点针对"大而盈"和"大而亏"的企业加强信贷管理。对"大而盈"的企业,支持其建立现代企业制度,实现规范的公司制改造;对"大而亏"的企业,以搞活有效资产和稳妥处理债权债务为重点,支持其采取分块搞活、兼并联合等多种方式进行改制。2000年,对乡镇企业贷款逐步实行总量控制,特别是对产权关系不明晰的不得新增贷款。当年全省乡镇企业贷款共剥离不良贷款本金及表内利息63.67亿元,年末余额降至154.10亿元。2001年底,转发人行南京分行《关于金融部门进一步增加有效信贷投入支持中小企业发展的指导意见》,要求各地农业银行研究掌握中小企业的金融服务需求,尤其是县及县以下乡镇企业和私营个体工商企业,主动发现、选择和培育产品有市场、有效益、讲信誉的企业,特别是对已完成改制的中小企业,要一视同仁地给予信贷支持。2002年,先后下发《2002年信贷结构调整指导计划的通知》《个体及小型私营企业贷款管理办法》,对小优私营企业进一步放宽信贷政策,扩大信贷范围,降低进入门槛。2003年,制定《关于加强科技中小企业金融服务的指导意见》,对支持科技型小优企业的发展提出六条信贷措施,并从信贷资金上切出盘子,重点扶持。

2004年以后,随着乡镇企业改制结束,农行江苏省分行进一步加强对优质乡镇企业的支持。2004年,印发《关于进一步加快民营经济发展的信贷指导意见》,把乡镇企业中的优良客户作为民营经济发展的排头兵,列入重点支持的序列。2005年,制定《关于加强小型民营企业信贷服务和管理的补充意见》《关于加强微型民营企业信贷服务和管理的意见》,进一步加大支持民营经济发展的力度。同时,制定下发《2005年信贷风险防范工作要点》,并制定小企业信贷业务运作流程,防范小企业信贷风险,提高信贷资产质量。截至2005年末,全省农行乡镇企业贷款余额300.27亿元。

1995～2005年,农行江苏省分行乡镇企业信贷管理水平和信贷资产质量一直走在全国农行系统的前列,对全省乡镇企业发展做出重要贡献。2006年起,乡镇企业贷款科目纳入单位客户流动

资金贷款和固定资产贷款科目,不再单独统计。

图4-9　自1992年成立全国第一家村级营业所华西营业所以来,农行江苏省分行一直重视支持乡镇企业做大做强。图为该行客户经理在华西所属企业了解生产经营情况

表4-18　1995～2005年江苏省农业银行乡镇企业贷款余额统计表　　　　单位:亿元;%

年份	年末余额	增速	年份	年末余额	增速
1995	86.22		2001	161.00	4.47
1996	93.75	8.73	2002	196.68	22.16
1997	154.62	64.93	2003	246.28	25.22
1998	183.86	18.91	2004	297.55	20.82
1999	206.48	12.30	2005	300.27	0.91
2000	154.11	−25.36			

注:除农行外,农村信用社系统也发放大量乡镇企业贷款。截至2008年末,全省乡镇企业贷款余额1 596.72亿元,其中农村信用社系统余额1 563.4亿元,占97.91%。

六、私营企业及个体贷款

中华人民共和国成立初期,中国人民银行根据"利用、限制、改造"的方针,对资本主义工商业发放私营工商业贷款。1962年,紧缩银根,规定对个体商贩一律不贷款。1966年1月,"割资本主义尾巴",个体商贩不准在银行开立账户,不给办理转账结算业务,并清理个体商贩1956～1961年间陈贷,收回本息。改革开放以后,银行恢复对私营企业及个体工商户贷款,对于推动经济体制改革,促进城乡经济发展,增加就业,发挥积极作用。

1980年8月,人行江苏省分行对持有营业执照、经营正当、有还款能力的个体经济户恢复适量贷款。1982年,农行江苏省分行发出对个体工商户

贷款的补充意见,规定对个体经营户购置不属于固定资产的简单设备、工具以及器具等,自筹资金不足时,可发放流动资金贷款支持。在银行支持下,到1982年9月,全省个体经营户发展到11.68万户,比中共十一届三中全会前增加3倍多。

图4-10　江苏省第一家城市集体性质的金融组织——淮阴市清河城市信用社

1984年2月,国务院颁布《关于农村个体工商业的若干规定》。同年,江苏省工商局按照"国家、集体、个人一齐上"的方针,进一步放宽政策,允许并鼓励农民自理口粮到城镇务工、经商、开办服务业。对农民从事贩运活动的,简化登记手续,随到随批。随着个体工商业的快速发展,银行加大对其支持力度。1984年起,工行江苏省分行执行工总行颁布的《城镇个体经济贷款办法》。同年10月1日,江苏省第一家城市集体性质的金融组织——淮阴市清河城市金融服务社(后改称"淮阴市清河城市信用社")成立,对于解决中小型集体经济单位和个体工商业户在银行开户难、存款难、结算难特别是贷款难的问题,开始发挥重要作用。此后,省内其他各市也陆续组建城市信用社,促进当地个体私营经济的发展。1987年,工行江苏省分行制定《办理商业企业抵押贷款业务暂行规定》,对个体工商户开办抵押贷款。同年,农行江苏省分行对个体经营户实行抵押担保和信用担保相结合或"分额联保"的办法,放宽对贷户的条件。1988年8月,农行江苏省分行转发农总行《关于个体工商户、私营企业贷款管理暂行办法的通知》,对个体工商户和私营企业贷款条件、范围、额度等作了明确规定。截至1990年末,全省私营企业及个体贷款余额0.58亿元。其中,工行江苏省分行0.06亿元,农行江苏省分行0.13亿元,城市信用社0.39亿元。

进入20世纪90年代,全省银行继续支持个体私营经济发展。1991~1993年,农行江苏省分行专门划出1140万元基础设施贷款,对农村大集市贸易市场建设给予贴息贷款支持。1993年6月,农行江苏省分行发出《关于支持个体工商户、私营经济发展的意见》,规定:凡持有当地工商行政管理部门发给营业执照、合法经营的个体工商户和私营企业,均可在当地农业银行、信用社开户,办理正常存款、贷款和结算业务。对守信用、效益好且建立基本财务制度的个体工商户和私营企业,确因发展需要,可与集体企业一样办理汇票、信用卡等业务。条件具备的地方,还可对个体工商户和私营企业发放固定资产贷款。截至1993年末,全省私营企业及个体贷款余额1.27亿元。其中,工商银行0.16亿元,农业银行0.32亿元,城市信用社0.77亿元。

1998年6月20日,为贯彻中共中央、国务院扩大内需的政策,人民银行印发《关于进一步改善对中小企业金融服务的意见》。在鼓励金融支持中小企业发展的政策推动下,全省私营企业及个体贷款规模迅速扩大。农行江苏省分行贯彻意见精神,做到不以规模大小而以经济效益高低作为贷款投放的主要标准,在清理压缩"小、散、差"客户的同时,确保优良小企业的信贷投入,使优良中小客户贷款在各行信贷总量中有一定份额,并保证每年有一定的增长速度。1998年以后,全省各市城市信用社在清理整顿的基础上,陆续组建城市商业银行,经营能力进一步增强,对个体、私营企业的信贷支持力度不断加大。1998年,扬州市商业银行针对个体、私营企业贷款担保难问题,推动和协助市工商联、个体私营协会等单位创立国内首家为个体私营企业提供信用担保、咨询担保的有限责任公司——扬州兴达咨询担保公司。1999年,无锡市商业银行建立"信贷进入机制"与"信贷退出机制"双轨并举的信贷管理制度,鼓励和引导私营经济、个体经济的健康发展。常州市商业银行参与设立常州市中小企业担保基金,试行封闭贷款。截至2000年末,全省私营企业及个体贷款余额27.52亿元。其中,农业银行16.93亿元,城市商业银行(含城市信用社)4.16亿元,两者合计占比76.64%。

进入21世纪,在人民银行一系列鼓励金融机构支持中小企业的政策推动下,包括国有商业银行、城市商业银行在内的全省各类型银行进一步调整信贷结构,继续增加对个体私营企业的合理信贷投入。工行江苏省分行2001年根据经济发展特点,出台《小型企业贷款管理暂行办法》,2002年选择武进、江阴等11个县(市)支行为全省拓展民营企业信贷市场的试点行,2003年召开民营企业金融业务发展座谈会,就拓宽民营企业信贷政策的准入通道及改善金融服务等内容进行专题研究。农行江苏省分行2001~2002年先后下发《关于进一步做好农业产业结构调整中金融服务工作的通知》《个体、私营企业贷款管理办法》等文件,对支持个体及私营经济提出明确的要求。无锡市商业银行2002年制定《客户统一授信管理暂行办法》,与10多家优质个体、私营企业签订银企合作协议,对天奇物流、力马化工等33个重点个体、私营企业统一授信3.43亿元,实际资金到位率达100%。截至2003年末,全省私营企业及个体贷款余额已近百亿元,达96.59亿元。

2004年以后,在国家深化金融改革的背景下,全省银行继续把支持个体私营经济发展作为重要的信贷支持方向。国有商业银行在股份制改造过程中,抓大不放小,继续加大私营及个体贷款的投放。工行江苏省分行2004年专门组建管理小企业信贷业务科室;2005年制定2005~2007年小企业信贷业务三年发展目标,把小企业作为新一轮信贷结构调整方向;2007年实施小企业信贷精品工程建设,全面组建小企业信贷经营管理中心。农行江苏省分行2004年印发《关于进一步加快民营经济发展的信贷指导意见》,要求各级农行把握好信贷投放的节奏,强化风险意识,坚持有效投入;2005年制定《关于加强微型民营企业信贷服务和管理的意见》等文件,对支持小微民营企业提出明确的信贷准入标准和风险防范要求;2006年制定《小企业信贷管理实施细则》等文件,并将全省农行改进金融服务、支持中小企业及民营经济发展等情况,向省政府和有关部门作了报告。中行江苏省分行2006年制定《小企业授信管理实施细则》,明确小企业授信的管理规定、业务流程及绩效考核办法,建立有别于大中型企业的授信发起、审批、发放模式。建行江苏省分行2006年印发《小企业信贷政策及流程实施意见》,根据信贷业务风险特点将小企业信贷业务分为"速贷通"业务和"成长之路"业务,2007年在镇江开展小企业业务"信贷工厂"模式试点,并于2008年12月通过建总行的验收。

图4-11 2006年8月2日交行南京分行与南京市中小企业局联合举办"展业通"产品推介会

这一时期,股份制商业银行发挥体制、机制灵活的优势,为中小企业推出多款"量身定制"的信贷产品,在私营个体信贷市场的占比迅速上升。交行南京分行2006年明确小企业授信业务的准入标准及授信对象,积极支持发展有潜力、经营有特色、产品有市场、还款有保障、管理规范的优势小企业,2007年将零售信贷管理部从个人金融业务部独立出来,专司全辖个人信贷和小企业信贷业务,2008年积极拓展国内首个小微企业专属产品——"展业通"。民生银行南京分行2004年3月30日与省工商联、省中小企业局联合召开"支持中小民营企业融资座谈会",推出中小民营企业融资新政。主要包括五个方面的内容:一是支持中小民营企业的经营理念"由大变优",实行区别对待、择优支持;二是客户准入门槛"由高到低",实行"宽进严管";三是贷款担保"由紧到宽",改变单一注重抵押、质押的倾向,将担保方式扩大到信用保证、动产质押、"厂商银"三方合作协议等多种形式,并允许采用授信产品组合和担保方式组合来分散风险;四是调查评审理念"由旧到新",注重实质性调查;五是服务中小民营企业的特色金融产品"由少到多",变无差别的通用性产品为量身定做的个性化产品。光大银行南京分行、苏州分行2005年作为首批5家试点分行中的两家,在系统内率先推出小企业主贷款业务。此项业务针对小企业主自身有房产,却无法在银行融资的现状,一改以往单纯以企业作为贷款对象的做法,实行以小企业主为贷款对象,以自然人房产做抵押的贷款创新模式。华夏银行南京分行2006年制定《私营企业主个人贷款管理办法》及《私营企业主个人贷款操作规程》,向华夏银行总行申报私营企业主贷款项目,推出私营企业主贷款。兴业银行南京分行2006年开展中小企业金融服务试点,推出票易票、买方(协议)付息票据贴现业务等"金芝麻中小企业金融服务方案"系列产品,为中小企业量身定制服务方案。

江苏银行2007年成立后,继续发挥城市商业银行在个体私营信贷服务领域的传统优势,稳步推进业务发展。2007年,制定对各分行授信业务授权管理规定,成立经营小企业贷款的分行职能部门;下放部分小企业贷款业务审批权限,开辟小企业信贷审批的绿色通道;陆续推出以中小企业为主要服务对象的商业用房租赁权质押、国内保理、代交关税等多种信贷产品和服务方式,辖内部分分行还开办"厂商银""保兑仓"等票据业务。2008年10月,公司部下设的中小企业部更名为小企业金融部,为总行一级部室,独立研究制定小企业发展规划和策略。全省12家分行在公司业务部门内设立12支小企业管理团队,负责各地区小企业金融服务工作,在各支行设立专、兼职的小企业金融服务岗位,初步建立"总行有部门、分行有团队、支行有岗位"的小企业三级垂直化经营管理体系。为保证中小企业贷款规模,该行争取人行南京分行23亿元再贷款规模专项支持江苏中小企业发展。该行还与信用担保公司签订总额不低于10亿元的战略合作协议,拓宽小企业尤其是无法提供该行认可的足额抵(质)押物企业的融资渠道。

国开行江苏省分行2004年以后实施政策性金融向开发性金融性转变的战略,积极支持中小企业、县域经济、小城镇等经济社会热点、瓶颈领域的发展。2005年,建立13个县(区)统借统还贷款平台和9个担保平台,成立2个中小企业信用协会,累计支持中小企业148家,创造就业岗位5491个,一定程度上缓解当地中小企业融资难的局面和城乡就业压力。同时,试点小城镇贷款、农村医疗卫生贷款及科技创业贷款等品种,进一步扩大社会瓶颈领域支持范围。2006年,实行直贷与统贷相结合的贷款模式,并与各市、县在基础设施、小城镇、中小企业、农村医疗卫生、城乡供水、环境保护等领域开展多方位合作。2007年,各类瓶颈领域及县域经济贷款余额已达277.70亿元;当年发放119.27亿元,贷款项目涉及农村公路、供水、农村医疗、低收入住房、中小企业、台资企业、农业产业化与农业资源开发、青年创业等领域,支持中小企业和农户5.23万户,解决近3万户低收入家庭住房难问题。2008年,在系统内率先组建中小企业银团,共牵头组建6个中小企业银团,用1.14亿元表内资金引导2.16亿元商业银行及小额贷款公司资金,支持19家中小企业和近290家微小企业、个体工商户和农户。同年,创新支农融资模式,在全省率先开发评审东海、沛县、太仓、昆山4个农民专业合作组织项目,支持近50个农民专业合作组织。

截至2008年末,全省私营企业及个体贷款余额360.07亿元。

表4-19　1982~2008年江苏省私营企业及个体贷款余额统计表　　　　单位:亿元;%

年份	年末余额	增速	年份	年末余额	增速
1982	0.01		1996	4.21	53.65
1983	0.06	500.00	1997	7.89	87.41
1984	0.37	516.67	1998	12.99	64.64
1985	0.33	−10.81	1999	20.57	58.35
1986	0.35	6.06	2000	27.52	33.79
1987	0.43	22.86	2001	35.95	30.63
1988	0.56	30.23	2002	61.27	70.43
1989	0.43	−23.21	2003	96.59	57.65
1990	0.58	34.88	2004	155.08	60.55
1991	0.71	22.41	2005	160.20	3.30
1992	0.79	11.27	2006	214.79	34.08
1993	1.27	60.76	2007	320.15	49.05
1994	2.16	70.08	2008	360.07	12.47
1995	2.74	26.85			

注:本表不包括国开行支持经济社会热点、瓶颈领域的信贷数据,该行相关数据统计在其他贷款中。

第二节　中长期贷款

改革开放以后,随着经济体制、财政体制和投资管理体制改革的推进,银行突破只发放流动资金贷款的禁区,开始发放基本建设贷款、技术改造贷款等固定资产贷款。与此同时,房地产开发贷款随着住房制度的改革也逐渐发展起来。20世纪90年代末以后,在扩大内需的背景下,商业银行开始发放消费贷款,其中个人住房贷款是消费贷款的主体。截至2008年末,全省人民币中长期贷款余额达11 628.93亿元。其中,基本建设贷款余额(含房地产开发贷款)5 179.96亿元,占44.54%;技术改造贷款余额136.19亿元,占1.17%;其他中长期贷款余额6 312.78亿元,占54.29%。中长期贷款余额占各项贷款余额的比例由1997年末的13.36%上升至2008年末的44.45%。

表4-20　2008年末江苏省人民币中长期贷款余额分机构、分项目统计表　　　　单位:亿元

项目 机构	全省合计	基本建设 贷款	技术改造 贷款	其他中长期 贷款	其中:个人中长期 消费贷款
全省合计	11 628.93	5 179.96	136.19	6 312.78	2 957.71
一、国有商业银行	7 153.85	3 459.97	92.28	3 601.60	2 337.84
工商银行	2 189.42	1 084.69		1 104.73	635.40
农业银行	1 521.08	768.78		752.30	402.00
中国银行	1 479.85	534.03	21.70	924.12	675.55
建设银行	1 963.50	1 072.47	70.58	820.45	624.89
二、政策性银行	1 383.19	824.36		558.83	5.79
国家开发银行	1 090.58	824.36		266.22	5.79
进出口银行	95.55			95.55	
农业发展银行	197.06			197.06	
三、其他商业银行	2 282.38	668.91	35.20	1 578.27	515.40
交通银行	650.18	275.93	19.34	354.91	115.41
中信银行	285.75	104.48	4.54	176.73	64.97
华夏银行	165.53	30.78		134.75	9.27
浦发银行	230.99	51.79	1.91	177.29	40.65
招商银行	221.77	64.32	4.41	153.04	101.94
广发银行	27.27	6.49		20.78	1.48
光大银行	256.78	9.70		247.08	64.78
民生银行	180.72	72.72	2.00	106.00	36.86
深发银行	70.45	18.69		51.76	32.45
兴业银行	126.61	22.21		104.40	46.44
恒丰银行	43.77	2.50		41.27	0.37
浙商银行	1.60			1.60	
邮储银行	0.05			0.05	
上海银行	16.77	6.00	3.00	7.77	0.78
宁波银行	4.14	3.30		0.84	
四、地方法人银行	782.59	226.55	5.36	550.68	98.41
省联社	216.80	0.30		216.50	27.74

项目 机构	全省合计	基本建设 贷款	技术改造 贷款	其他中长期 贷款	其中:个人中长期 消费贷款
农村商业银行	148.34	0.30		148.04	19.54
农村合作银行	24.71			24.71	4.75
农村信用社	43.75			43.75	3.45
江苏银行	427.66	199.00	3.87	224.79	42.22
南京银行	137.70	27.25	1.49	108.96	28.41
长江银行	0.43			0.43	0.04
五、外资银行	21.19			21.19	0.25
六、非银行金融机构	5.77	0.20	3.33	2.24	
信托公司	2.24			2.24	
财务公司	3.53	0.20	3.33		

注:由于四舍五入原因,本表总分之间存在微小差额。

一、基本建设贷款

1979年改革开放以前,江苏省基本建设投资一直实行国家拨款、建设单位无偿使用的办法,基本建设拨款的管理由建设银行承担。1980年以后,为提高投资收益,全省相继实行基本建设拨款改贷款的办法(简称"拨改贷")和基本建设基金制度,逐渐打破基本建设由财政无偿拨款的计划经济模式。在做好"拨改贷"和基本建设基金管理的同时,建行江苏省分行开始利用自身吸收的存款发放基本建设贷款。此后,随着金融体制改革的推进,其他银行也陆续进入基本建设信贷领域,基本建设贷款规模不断扩大,对支持江苏省经济建设发挥重要作用。

图4-12　1979年,建行江苏省分行对南京金陵饭店发放200万元小型基本建设贷款,为江苏首笔基本建设贷款

1979年,建行江苏省分行首次对南京金陵饭店发放200万元的小型基本建设贷款。1980年,根据建总行《关于利用基本建设存款发放小型基本建设放款的通知》向电力、节能及小型宾馆项目放贷。1981年,增加轻工、化工、纺织、电子等行业放贷。1984～1985年,发放地方国营小煤矿专项贷款、司法低息专项贷款、啤酒专项贷款,后统称"建设银行基建贷款"。建行江苏省分行利用存款发放基本建设贷款的初期,还没有完整的基本建设贷款管理制度,基本上沿用"拨改贷"管理办法进行管理,而且规模不大,仅作为财政投资的补充。

20世纪80年代中后期,建行江苏省分行的筹资业务取得较大进展,利用吸收的存款发放基本建设贷款的规模也随之扩大。至1990年末,该行累计对248个项目放款30.08亿元,回收10.47亿元,期末贷款余额19.61亿元。"七五"时期,全省基本建设投资总额达217.89亿元,其中银行贷款占11.5%,比"六五"时期提高8个百分点。从贷款投向看,主要用于能源、交通、原材料、基础设施、轻纺和第三产业等,支持金陵石化项目、南通醋酸纤维项目、南京汽车制造厂年产1万辆载重汽车项目、连云港碱厂、京杭运河工程、徐州工程机械厂、镇江谏壁电厂四期工程、南京汽轮电机厂等一批国家和省重点建设项目。

在加快基本建设贷款投放的同时,建设银行基本建设贷款管理制度也逐步建立和完善。1984

年,建行江苏省分行执行建总行制定的新中国第一个《项目评估试行办法》。1986年,执行建总行制定的《基本建设贷款暂行办法》,要求借款单位必须具有法人资格,经济上独立核算,能承担经济责任;产品有销路,经济效益好,具有偿还贷款能力;要有不少于总投资10%~30%的自有资金。在计划管理方式上,1985年以前,国家对建设银行基本建设贷款采用按计划投资规模的方法进行管理。1985年以后,建设银行信贷收支全额纳入国家信贷计划,基本建设贷款要按国家信贷计划和国家基本建设投资计划进行双重控制,既不能突破国家信贷计划确定的贷款指标,又要按照年度基本建设投资计划控制贷款规模。

进入20世纪90年代,建行江苏省分行筹集资金的能力进一步增强,基本建设贷款也有较大增加。1991年、1992年,建行江苏省分行基本建设贷款余额分别达33.88亿元和49.56亿元,比上年分别增长72.79%和46.28%。在投向上优先保证国家重点项目建设需要,满足国营大中型企业和承担国家重点工程建设的施工企业的资金需要,并向能源、交通和原材料等基础行业倾斜,支持"三资"企业和农用工业发展。在贷款快速增长的同时,建行江苏省分行贯彻执行建总行1989年8月制定的《基本建设贷款办法》和1991年11月制定的《基本建设贷款内部管理规程》等管理制度,提高贷款管理水平。

截至1993年末,建行江苏省分行基本建设贷款余额77.17亿元,占全省基本建设贷款余额的78.48%。

根据1993年12月国务院发布的《关于金融体制改革的决定》,国家开始组建国家开发银行、中国进出口银行和中国农业发展银行三家政策性银行,实现政策性金融和商业性金融的分离。国家开发银行主要办理政策性国家重点建设贷款及贴息业务(包括基本建设贷款和技术改造贷款)。建设银行的政策性业务分离出去以后,转变为以从事中长期信贷业务为主的国有商业银行。在新的金融体制下,国有商业银行之间允许竞争,建设银行在基本建设信贷领域一枝独秀的局面逐渐被打破。

为了抑制通货膨胀,从1993年下半年起,国务院、人民银行连续出台加强宏观调控政策,并把控制固定资产贷款增长作为抑制通货膨胀的重要措施。1994~1997年,全省银行在深化金融体制改革的同时,服从宏观调控大局,加强基本建设贷款管理制度建设,管好管紧基本建设贷款。在此期间,建行江苏省分行继续发挥支持基本建设的主渠道作用。1994年,建行江苏省分行在部分政策性业务划归开发银行的情况下,坚持控制规模和保证重点两项原则,既促进信贷业务的健康发展,又保证重点建设资金及时到位。当年重点项目资金到位率100%,其中对常熟电厂、淮阴杨庄电厂、盐城射阳电厂、徐州彭城电厂及沪宁高速公路等15个国家重点建设项目发放基本建设贷款15.39亿元。1996年开始实施以大行业、大企业为核心的"双大"经营战略,集中资金和规模重点支持沪宁高速公路、苏州工业园区、春兰集团、小天鹅集团、扬子石化公司、江阴长江大桥、无锡供水工程、徐州铁路枢纽等国家和省重点项目。与此同时,工商银行、中国银行、浦发银行等其他商业银行也在严格控制规模的基础上支持国家和省重点项目的建设,基本建设贷款保持一定的增长。1995年,中行江苏省分行在外汇资金十分紧张的情况下,通过利用专项贷款、"三贷"、境外融资等多种方式,支持扬子乙烯、沪宁高速公路、南京新机场、苏州工业园等一批国家和省基础设施建设和其他重点项目。1996年,浦发银行南京分行成立次年就成功担任沪宁高速公路南京连接线项目银团贷款主办行,并向省邮电管理局移动通讯扩容工程项目贷款2亿元。1997年,工行江苏省分行固定资产贷款投放贯彻"抓大放小"的调整策略,当年投放于能源、交通、通讯、邮电等基础产业和新经济增长点的贷款达79.3亿元,比上年净增16.4亿元。

截至1997年末,全省基本建设贷款余额达231.71亿元,较1993年末增长135.65%,年均增长23.9%。虽然增速较90年代初期的高增长有所放缓,但由于投向合理、重点突出,国家和省重点项目的信贷需求得到有效保证。

1997年亚洲金融危机爆发后,中共中央、国务院及时制定扩大内需的方针,实行积极的财政政策和稳健的货币政策。全省银行根据国家宏观经济政策调整,积极支持基础设施建设,基本建设贷款从1998年四季度开始明显增加。当年全省基本建设贷款增加49.76亿元,其中第四季度增加25.6亿元,占51.45%。工行江苏省分行争取淮江、沂淮高速公路、泰州电信扩容等一大批重点项目贷款。农行江苏省分行与省交通厅签订汾灌高速公路贷款项目协议,项目总投资32亿元,其中农业银行投入协议贷款20亿元,是当时该行最大的贷款项目。中行江苏省分行重点支持润扬大桥、苏嘉杭高速公路、连云港田湾核电、南通华能和苏州华能等项目建设。建行江苏省分行继续实施"双大"经营战略,重点支持宁徐、徐连高速公路、江苏电网改造、徐州彭城电厂、华能南通电厂、扬州第二发电厂等基础设施项目。交行南京分行以总分行联动贷款①的方式向"九五"国家重点建设项目——南京长江二桥和芜湖长江大桥各发放贷款5亿元。招商银行南京分行先后对宁沪、宁连、宁通、宁靖盐等高速公路发放贷款7亿元。

图4-13 1998年后全省银行贯彻稳健的货币政策,加大对基础设施领域的信贷支持。图为1998年7月26日农行江苏省分行与江苏省交通厅举行汾灌、宁靖盐高速公路项目贷款签字仪式,江苏省人民政府常务副省长季允石出席签字仪式

1999~2003年,全省银行不断加大对基本建设贷款的投入。1999年,工行江苏省分行累计发放项目贷款54.74亿元,余额增加9.66亿元,重点投向基础设施项目,如沂淮高速公路5.5亿元、泰州自来水公司0.98亿元,仪化股份公司3亿元,淮阴电网和镇江电网两个国家级重点建设项目8.4亿元。农行江苏省分行贯彻农总行1999年5月下发的《关于加强基础设施及固定资产贷款管理的若干意见》,基础设施贷款重点支持效益好、有还款付息保证的基础设施项目,包括农村电网建设(改造)、能源交通、电信通讯,城镇供水、供气、供电及医疗设施建设和小城镇的开发建设;固定资产贷款主要支持国家重点扶持的高新技术企业。为规范贷款管理,建立和落实项目贷款责任制,实行项目经理制,完善贷后检查制度。农行江苏省分行当年共审批中长期贷款项目34个,批准贷款54.44亿元。中行江苏省分行介入南京地铁南北线一期工程、江宁水厂、连云港田湾核电站、省电力公司、苏州工业园区、镇江金东纸业、张家港浦项不锈钢、江苏移动通信、南通东丽化纤、苏州狮王啤酒、南京华新电缆等一批大项目,其中对连云港田湾核电站贷款24亿元,为该行当时最大的贷款项目。建行江苏省分行重点支持江阴长江大桥、连徐高速公路、宁徐高速公路、南京长江二桥、城市电网改造、阳城输变电工程等国家和地方重点建设项目。交行南京分行继南京长江二桥和芜湖长江大桥两个项目之后,又对爱立信、省移动通信和泰州电网改造3个项目发放总分行联动贷款14.63亿元。至当年末,该行总分行联动贷款余额达16.1亿元。

2000年,工行江苏省分行对公路、电力、市政等基础设施类的23个项目发放贷款28.38亿元,向省电力公司承诺100亿元的西气东输工程项目贷款,与省建设厅签订200亿元的城市建设项目贷款合作协议。中行江苏省分行集中支持宁连、宁通高速公路、南京二桥等路桥工程和江苏核电、移动通讯、电网改造等基础设施建设。浦发银行南京分行与省交通厅签订6.5亿元京福高速公路贷款协议。

2001年,工行江苏省分行项目贷款发放和新增额均创历史最高水平,当年共对218个项目累计发放贷款83.22亿元,与无锡市政府签订3年60亿元的城市建设项目贷款协议。对无锡太湖新城建设实际总融资超过120亿元。农行江苏省分行投入全省"四纵四横四联"公路项目,获得通启高速公路项目3亿元贷款额度,获联通公司GSM网七期建设工程项目10亿元贷款额度,

① 总分行联动贷款是指交通银行总行集中部分贷款规模和信贷资金,与有关分行共同择优支持经营效益好、管理水平高的企业和项目,并通过联动贷款的发放,调整全行信贷结构,促进经营状况好的分行加快发展。

投放 25 亿元项目贷款支持苏州工业园区二期建设。建行江苏省分行独家承办"九五"国家重点建设项目苏州城市电网建设(改造)项目贷款,建行苏州分行作为"九五"国家重点建设项目苏嘉杭高速公路项目江苏段主办行,贷款 10 亿元。

2002 年,工行江苏省分行成为扬子石化—巴斯夫一体化石化基地项目人民币银团贷款主牵头行,美元银团贷款副牵头行以及整个银团的总协调行,拓展全省 9 大中心城市及 10 大省级开发区市政基础设施建设项目。农行江苏省分行成为扬子石化—巴斯夫一体化石化基地项目美元银团贷款主牵头行、代理行,成功洽谈南京市政府"两城一区"改造项目,与南京、苏州、无锡、常州等地开发区新区签订 8 份全面合作协议,签订框架授信融资协议 409 亿元。

随着全省经济的恢复和快速增长,钢铁、水泥、纺织、汽车等部分行业出现过度投资的现象,银行贷款面临的风险加大。2003 年,人行南京分行多次对金融机构进行必要的风险提示,要求注意防止资本充足率下降,防范各类信贷及流动性风险,改进和健全内部考核制度,适度控制贷款总量。省内各银行在严防信贷风险集中和扩张的基础上,加大对优质项目的投入力度。工行江苏省分行重点拓展基础设施、基础产业等五大领域和交通、电力等八大板块优质信贷市场。当年竞标成为江苏利港电厂 33 亿元银团贷款主牵头行,与南通市政府签订 100 亿元的合作框架协议。农行江苏省分行出台《关于进一步加强贷款风险分类管理工作的意见》《关于进一步明确贷款风险分类管理办法中几个问题的通知》等文件,深入开展"资产质量万里行"活动。与此同时,该行加大省分行直接营销和牵头营销力度,把省级机关、省级公司、省级以上集团公司、县城电网改造项目、"南水北调"项目、高速公路项目、30 万千瓦以上发电项目等作为省分行重点监测的客户和项目。

在商业性基本建设贷款快速增长的同时,政策性基本建设贷款业务也随着国家开发银行南京分行的成立迅猛发展起来。该行成立于 1998 年 12 月,仅用一年时间,到 1999 年 12 月基本建设贷款余额就达 82.03 亿元,相当于同期建行江苏省分行贷款余额的 41.5%,居全省第二位。

1998～2003 年,该行加大对"两基一支"(基础设施、基础产业和支柱产业)重大项目建设支持力度,重点支持电力、公路、铁路、城市基础设施、石油石化以及邮电通讯等行业的项目建设。2000 年,与江苏省最大的交通基础设施投融资主体——江苏交通控股有限公司在战略规划、项目开发等方面展开全面合作。2001 年,向连徐、宁靖盐高速公路、新长铁路、连云港田湾核电站等 24 个续贷项目发放贷款 39.12 亿元,向江苏联通、南京地铁等 6 个新项目发放贷款 24.9 亿元,向镇江城市建设、江苏索普等 5 个项目发放储备贷款 4.4 亿元。2002 年,围绕电力、城建、公路等六大行业,开发优质项目 52 个,涉及贷款 477 亿元,其中当年评审、当年承诺、当年新发放贷款项目 19 个,金额 66 亿元,占全年中长期贷款发放总额的 55.33%。在 1999 年介入的苏州工业园区金鸡湖治理项目上,创新性地开展治理结构、法人、现金流和信用建设"四项建设",探索建立贷款项目的市场化开发机制。2000 年,经与苏州工业园区协商,成立苏州工业园区地产经营管理公司,建立苏州工业园区二、三区基础设施建设项目法人制度,形成开发银行贷款"借、用、还"三位一体的运作机制。2000 年底,向园区地产经营一期贷款 20 亿元。2001 年各项治理工程全面完成后,金鸡湖成为全国最大的城市湖泊公园。2003 年 10 月,与苏州工业园区管委会签订开发性金融合作协议,对苏州工业园区 2003～2007 年城市基础设施项目贷款 62 亿元。至 2003 年末,该行基本建设贷款余额增至 379.62 亿元,是 1999 年末的 4.73 倍。

图 4-14　1999 年起,国开行江苏省分行开始支持苏州工业园区建设,成为以市场平台为载体融资支持基础设施建设的成功典范。图为苏州金鸡湖

截至 2003 年末,全省基本建设贷款余额达 1 790.69 亿元,是 1993 年末的 18.21 倍,年均增长 33.67%,比同期各项贷款年均增速高 13.36 个百分点。分银行看,工行江苏省分行 565.77 亿元,升至全省第一位;国开行江苏省分行、建行江苏省分行分别为 379.62 亿元、288.46 亿元,分列全省第二、三位。

2004 年,全省银行贯彻"有保有压"的信贷政策,在适度控制对钢铁、电解铝、水泥等"过热"行业的授信总量的同时,加大对国家鼓励发展行业、产业的信贷投入。工行江苏省分行成功营销沪宁高速扩建、江苏电网改造、南京城建快速内环线、中石化壳牌(江苏)、南水北调东线江苏段等重大项目和重点客户。农行江苏省分行加大对能源、电信、石油石化等重点行业,以及国家新开工的电力工程、大型煤炭基地、石油天然气及重要原材料基地、交通干线和枢纽建设项目等基础设施的信贷投放。建行江苏省分行牵头对沪宁高速公路拓宽改造工程等 5 个大型项目进行项目评估。招商银行南京分行加大对沪宁高速公路改造、宁杭高速公路、润扬大桥等国家重点基础设施和全省电网改造、华润常熟电厂、南钢等重点工业项目的支持力度。2003 年、2004 年,全省基本建设贷款保持 54.63% 和 41.04% 的高增长。至 2004 年末,全省基本建设贷款余额达 2 525.54 亿元,在两年内增长一倍多。2005 年货币信贷紧缩政策取得明显成效,当年基本建设贷款增速降至 14.35%,为 1990 年来的最低值。

由于 2005 年基本建设贷款增速下滑过快,而全省固定资产投资资金需求仍十分旺盛,2006 年基本建设贷款增速回升至 27.02%。2007 年,经济运行中投资增长过快、贸易顺差过大、信贷投放偏多等问题突出,同时又面临消费物价涨幅不断攀升、资产价格上涨压力加大等新矛盾,经济增长由偏快向过热的风险增加。人行南京分行根据总行政策要求,及时调整货币政策操作力度和节奏,把货币政策从"稳健"转为"稳中适度从紧",再从"适度从紧"转为"从紧"。当年全省基本建设贷款增速降至 18.13%。工行江苏省分行适应宏观调控政策从紧的要求,提出加强重点开发区、重点县域市场营销的措施和大力拓展制造

业项目的要求,并印发《关于加强开发区市场营销工作的指导意见》。中行江苏省分行主动调整客户结构,加强对总行级重点客户和重大授信项目的营销,将有限的授信规模优先投放到重点客户和重大授信项目。5 月 18 日,国开行江苏省分行(牵头行)与中行江苏省分行、建行江苏省分行签订银团贷款协议,为南京地铁二号线提供 58 亿元授信支持。其中,国开行江苏省分行授信 20 亿元,中行江苏省分行、建行江苏省分行分别授信 19 亿元。

2007 年底到 2008 年初,经济面临的首要风险仍然是通货膨胀,但到 2008 年中,国际金融危机的苗头显现,对世界经济影响日益加深。人民银行开始调减公开市场操作力度,并在不到两个月的时间内三度降低存贷款基准利率,两次下调存款准备金率,引导金融机构扩大信贷总量,到第四季度明确实行适度宽松的货币政策。工行江苏省分行继续强化电力、交通、港口、城建等基础产业项目的营销。当年人民币项目贷款(含更新改造贷款)新增 187.36 亿元,增量占全部贷款增量的 41.29%。农行江苏省分行立足大企业、大项目、大客户的"三大"战略定位,通过综合运用总部营销、联动营销、牵头营销、方案营销、产品营销等措施,不仅巩固与原有省属系统性、行业性、集团客户的合作关系,还成功拓展中海运、中远、华润、大唐等一批行业龙头企业在江苏投资项目,其中扬子石化—巴斯夫一期项目再融资项目被农总行评为全国农行系统"十大优秀营销项目"之一。中行江苏省分行根据加强对重点地区总行和省行级重点客户(如江苏核电、国信集团)和重大授信项目(如江苏新时代造船、苏州轨道交通)的联动营销和跟踪监控。政策性银行和其他商业银行也从实际出发,积极增加基本建设贷款投入,为抵御国际金融危机的冲击发挥应有的作用。

截至 2008 年末,全省基本建设贷款余额 5 179.96 亿元,占中长期贷款和各项贷款的比例分别为 44.54% 和 19.8%。其中,政策性基本建设贷款余额(国开行江苏省分行余额)824.36 亿元,占 15.91%。

表4-21　1979～2008年江苏省基本建设贷款余额统计表　　　　　　　单位:亿元;%

年份	年末余额	增速	年份	年末余额	增速
1979	0.02		1994	125.81	27.95
1980	0.88	4 300.00	1995	150.53	19.65
1981	1.33	51.14	1996	186.98	24.21
1982	2.55	91.73	1997	231.71	23.92
1983	4.56	78.82	1998	281.47	21.48
1984	6.93	51.97	1999	410.55	45.86
1985	10.87	56.85	2000	516.70	25.86
1986	14.94	37.44	2001	671.91	30.04
1987	19.51	30.59	2002	1 158.03	72.35
1988	23.09	18.35	2003	1 790.69	54.63
1989	25.07	8.58	2004	2 525.54	41.04
1990	31.57	25.93	2005	2 887.94	14.35
1991	50.40	59.65	2006	3 668.26	27.02
1992	68.60	36.11	2007	4 333.43	18.13
1993	98.33	43.34	2008	5 179.96	19.53

二、技术改造贷款

技术改造贷款的前身是中短期设备贷款。江苏省开办中短期设备贷款业务始于1979年,其目的是为了调整长期以来轻纺工业发展落后的状况,扩大消费资料的有效供给。自从银行通过发放轻纺专项设备贷款突破传统贷款业务的局限以后,银行的中短期设备贷款很快就扩展到能源、交通等其他领域,并逐渐发展成范围广大、以支持企业技术进步与设备更新改造为对象的技术改造贷款。20世纪90年代中期以后,随着国家投融资体制的改革和商业银行自身信贷结构的调整,技术改造贷款规模逐步被压缩。从行际看,工行江苏省分行(1985年前为人行江苏省分行)技术改造贷款最多,建行江苏省分行次之。

1979年6月4日,人行江苏省分行根据人民银行全国分行行长会议精神制定《江苏省国营企业中短期设备贷款试行办法》,规定县以上国营工业企业(新建未投产企业除外)进行技术改造、工艺革新以及填平补齐的中小型关键设备购置,使用更新改造资金后仍有困难的,可以向当地人民银行申请中短期设备贷款。次年3月,制定《关于中短期专项贷款的补充规定(试行)》,其中规定:轻纺工业中短期专项贷款重点用于支持国内外市场急需的轻纺短线产品。到1984年,人行江苏省分行又陆续开办尚办工业中短期设备贷款、节能中短期专项贷款、交通专项贷款等技术改造贷款。1985年1月,人行江苏省分行、工行江苏省分行分设,人民银行以前办理的技术改造贷款归工商银行办理。2月26日,工行江苏省分行制定《江苏省技术改造贷款办法》,规定技术改造贷款的对象、用途、期限、利率等。同年10月26日,根据国务院电子振兴领导小组、国家经委、财政部、工总行联合发出的《关于发放电子计算机技术开发贴息贷款的通知》,重点支持国务院电子振兴领导小组确定的项目,如京沪铁路运营管理系统、公安安全保卫系统、电网监测系统、办公自动化系统。当年下达714厂、南京机床厂等14个项目,贷款796万元。

改革开放前,建行江苏省分行发放技术改造类贷款品种少、金额小,且在“文化大革命”期间一度中断。改革开放后,建行江苏省分行利用与财政部门的密切关系,引入财政和部门专项资金,陆续开办引进国外技术设备国内配套贷款、引进制造技术转让费周转金贷款、“停缓建”单位生产自立贷款、农村集镇电影院贷款等专项更新改造措施贷款。利用财政及各部门专项基金发放的专项更新改造措施贷款,由主管部门和建设银行共同安排,并采取指标管理的办法,贷款总额不能突破指标,贷款回收后不能再周转使用,体现了财政投资信贷的特点。为加强信贷资金管理,理顺信贷资金关系,配合建设银行财务体制实行利润留成改革,从1984年6月1日起,经财政部同意,建总行将中央和地方财政1970年拨给建设银行的出口工业品专项贷款基金、小型技措贷款基金、地方建材贷款基金、引进技术贷款基金等各项贷款基金,按贷款基金来源,分清中央和地方财政的不同预算级别,分别转为总行自有资金和各省、自治区、直辖市自有资金,取消财政资金发放贷款的体制。从1985年起,建设银行新发放的更新改造措施贷款和以前拥有的各类专项贷款余额,其资金来源不再有专项界限,一律为建设银行的自有资金。1988年,考虑到人民银行和其他专业银行对企业的更新改造措施性贷款普遍使用"技术改造贷款"的名称,为便于人民银行统一管理和为企业账务处理提供方便,建总行将更新改造措施贷款统一更名为"技术改造贷款"。随着技术改造贷款种类的不断增多和规模的不断扩大,建行江苏省分行先后制定《技术改造贷款办法实施细则》《技术改造贷款管理工作考核办法》等管理制度。1980~1990年,该行累计发放技术改造贷款32.8亿元,累计收回24.3亿元;1990年末余额10.88亿元,其中非正常占用0.68亿元,占6.25%。技术改造贷款的发放,造就一批地方骨干企业和利税大户,如连云港涤纶厂、淮阴汤沟酒厂、大丰飞轮厂、无锡菊花电扇厂、常州灯芯绒印染厂、苏州香雪海冰箱厂、镇江华东制罐总厂、常州自行车厂、南通纺织实验厂等。汤沟酒厂一度面临困境,在建设银行贷款支持下得以复苏,并迅速发展起来。

在工行江苏省分行、建行江苏省分行开办技术改造贷款同时,中行南京分行和农行江苏省分行也结合各自的专业方向,发放一定数量的技术改造贷款。中行南京分行1977年开办进口设备配套贷款,对批准的外汇贷款项目中的5个项目,同时发放配套人民币贷款94万元,当年用款9万元,年内全部收回。1980年4月29日,中总行下发设备配套贷款的试行办法,作为发放外汇贷款的补充,明确贷款对象是经批准使用外汇贷款的企业,贷款范围是在国内购置与用外汇贷款进口设备配套的设备、材料,支付以外汇贷款进

口材料自制设备的加工费用,支付以外汇贷款进口设备材料的运输、安装费用,支付与以外汇贷款进口设备配套的少量扩建工程费用等,其利率按人民银行公布的利率计息,期限与外汇贷款期限相同。当时一般按批准的外汇贷款同额度提供相应的人民币配套贷款。1984年配套贷款较多,项目355个,计22 253万元。1985年以后,由于配套贷款计划偏紧,配套能力下降,实际1美元配人民币不足0.7元。农行江苏省分行从1973年开始对支农企业发放少量设备贷款,贷款对象主要是为农业生产服务的社队办拖拉机站、机电排灌站、农副产品加工与农机具修配等企业,后逐步扩大到向为农业生产服务的农具厂、小水泥厂、石灰窑、砖瓦窑等企业放款。1980年,对供销合作社系统和乡镇集体企业办理中、短期设备贷款业务。1984年,乡镇企业发展出现新高潮,投放大量贷款予以支持。此后,对苏北地区侧重支持农副产品加工工业和建材工业,并对苏北13个财政倒挂县专项安排贷款;对苏南地区侧重支持企业提高技术、质量、管理水平,提高企业综合经济效益。

进入20世纪90年代,全省银行贯彻省政府调整工业结构和科技兴省的战略决策,继续加大技术改造贷款的投入。1991年,工行江苏省分行制定和实施促进结构调整的八项措施,尤其是加快对企业技术改造的贷款投放。当年该行技术改造贷款余额38.62亿元,比上年增加9.43亿元,同比多增5.84亿元,支持企业新增产值98亿元、利税21亿元、创(节)汇3亿美元,创历史最高水平。为了支持国民经济重点行业的技术改造,建行江苏省分行根据20世纪90年代国民经济发展十年规划和"八五"计划纲要的精神,从1991年起对国民经济中的10多个短线行业发放技术改造贷款,贷款总量迅速增长。当年共向中央限上项目和省市大中型企业累计发放技术改造贷款6.6亿元,年末余额14.41亿元,比上年增长32.36%。

1992年,人行江苏省分行会同各专业银行联合下发《江苏省金融部门支持科技进步若干政策措施》,提出23项支持科技进步的政策措施。工行江苏省分行信贷投放继续向技术改造贷款倾斜,全年新增技术改造贷款13.86亿元,占全部固定资产贷款新增额的89.1%。同时,新增科技

开发、小额设备、商业网点等固定资产性质的贷款10亿元,配套支持技术改造。农行江苏省分行与省科委联合,于10月上旬在无锡召开苏、锡、常火炬带项目认定会,争取农总行向21个重点项目贷款2亿元,为"科技兴省"找到一条科技与金融结合的新路子。全年累放各种设备性贷款22亿元,比上年多投入7亿元,共支持8 000多个项目设备更新和技术改造,80%以上的贷款项目都按计划投产见效。

1993年经济过热期间,全省银行根据国家宏观调控要求,继续保持对技术改造项目的支持力度。工行江苏省分行对重点项目安排技术改造配套资金17.6亿元,支持951个项目的技术改造。农行江苏省分行新增技术改造贷款1.02亿元,支持750个创汇乡镇企业更新和添置设备,促进农村"二资"企业及创汇企业的发展。建行江苏省分行技术改造贷款新增2.6亿元,大部分用于国家戴帽的重点项目和重点企业。

1994年10月14日,国家经贸委发出《关于加大投资力度加快改造步伐促进经济结构调整和重点行业上水平的意见》,提出在1994年到1996年实施"双加"项目①。"双加"项目成为这一时期全省技术改造贷款支持的重点。1996年,工行江苏省分行支持230个国家和省重点技术改造项目,累计发放贷款27.8亿元,其中向"双加"项目增加贷款10.8亿元。同年,农行江苏省分行组织实施第二期"双加"项目,经与省计划经济委员会等有关部门协商,共上报21个"双加"项目,贷款规模达2.8亿元,"双加"项目占全国农行系统的1/3以上。

图4-15　工行江苏省分行支持常柴生产的单缸小功率柴油机远销世界各地

1991~1996年,在科技兴省战略和"双加"工程的推动下,全省技术改造贷款增速有5年在30%左右。截至1996年末,全省技术改造贷款余额248.22亿元,是1990年的5.22倍。分银行看,工行江苏省分行、建行江苏省分行技术改造贷款余额分别为141.98亿元、65.72亿元,占全省技术改造贷款余额的比例分别为57.2%、26.48%,合计占比近85%。1985~1995年10年间,工行江苏省分行累计对全省9 164个项目,发放技术改造贷款145亿元,其中已竣工投产的项目达7 356个、新增产值534亿元、实现利税102亿元、节创汇11亿美元。"八五"期间,建行江苏省分行累计发放技术改造贷款85.8亿元,重点支持江苏能源、交通、邮电以及重要原材料等基础设施、基础行业。

1997年亚洲金融危机对东亚各国经济造成严重影响。从江苏的情况看,由于当时技术改造风险较大,企业对增加技术改造投入有顾虑,银行往年投入的技术改造贷款逾期和呆滞较多,企业、银行对技术改造贷款投入的积极性都不高。1997年全省技术改造贷款仅比上年增长4.62%,创技术改造贷款开办以来的最低增长纪录。

1998年,为应对亚洲金融危机,中共中央、国务院及时制定扩大内需的方针,鼓励金融机构加大对基础设施的信贷支持。在此政策推动下,全省银行投向铁路、公路、桥梁、电力、能源等基础设施、基础产业和支柱产业的基本建设贷款迅速增加,企业、银行本来就积极性不高的技术改造贷款则进一步被压缩。与此同时,随着国家投融资体制改革的深入和国家专业银行向国有商业银行转变,一方面,商业银行许多具有专项贷款性质的技术改造贷款被陆续取消,另一方面,各银行进一步加大上收固定资产贷款审批权的力度,如工商银行除大部分支持类项目贷款由总行审批外,还将适度支持类、限制类项目贷款、现汇项目贷款、加工工业的基建贷款等风险较高、易出现重复建设以及限制贷款投放的行业或企业的贷款审批权全部集中到总行。受上述因素影响,1998~2000年,全省技术改造贷款增速分

---

①　"双加"项目是指国家计委推出的加大技改投资力度、加快企业改造步伐的重点建设项目。

别为1.08%、-5.83%和-1.92%。

2002年1月起，工商银行不再按行业设置科目，而是按期限将贷款分为短期贷款和中长期贷款，原来的基本建设贷款和技术改造贷款统一为项目贷款，执行统一的审批标准。固定资产贷款审批权的上收和审批标准的统一，加大企业申请技术改造贷款的难度。此外，2004年以后，银行

贯彻"区别对待、有保有压"的调控政策，限制对过热和高能耗、高污染企业的信贷投放，也迫使部分企业只能放弃技术改造的途径而新建生产线，从而进一步影响技术改造贷款的需求。

截至2008年末，全省技术改造贷款余额136.19亿元，相当于同期基本建设贷款余额的2.63%。

表4-22　1980～2008年江苏省技术改造贷款余额统计表　　　　单位:亿元;%

年份	年末余额	增速	年份	年末余额	增速
1980	2.16		1995	188.92	27.52
1981	4.77	120.83	1996	248.22	31.39
1982	8.93	87.21	1997	259.69	4.62
1983	10.24	14.67	1998	262.49	1.08
1984	15.63	52.64	1999	247.18	-5.83
1985	19.58	25.27	2000	242.44	-1.92
1986	25.96	32.58	2001	269.31	11.08
1987	32.19	24.00	2002	115.00	-57.30
1988	39.46	22.58	2003	130.03	13.07
1989	41.87	6.11	2004	144.88	11.42
1990	47.53	13.52	2005	136.65	-5.68
1991	64.04	34.74	2006	111.49	-18.41
1992	84.60	32.10	2007	118.91	6.66
1993	110.71	30.86	2008	136.19	14.53
1994	148.15	33.82			

注：2002年工商银行合并基本建设贷款和技术改造贷款科目，报送人民银行的这两类贷款数据全部反映在基本建设贷款科目下，造成当年全省技术改造贷款下降较多。

三、房地产开发贷款

20世纪80年代以来，江苏省房地产开发贷款随着住房制度的改革逐渐发展起来。房地产开发贷款规模由小到大，贷款银行由最初的建设银行一家扩展到所有商业银行，既推动全省住房制度改革，又为银行拓展新的业务领域。

改革开放以前，中国几乎没有房地产市场，也没有房地产业，只有建筑业。1980年6月，中共中央、国务院在批转《全国基本建设工作会议汇报提纲》中正式提出实行住房商品化政策，准许私人建房、买房、拥有自己的住宅，不仅新建住宅可以出售，现有住宅也可以出售，拉开住房制度改革的序幕。

1984年10月，建总行根据国务院1984年9月发布的《关于改革建筑业基本建设管理体制若干问题的暂行规定》，下发《城市土地开发和商品房贷款问题的通知》，规定各地综合开发公司、房屋建设开发公司、住宅公司以及其他从事城市房地产综合开发的经营单位，都可以向建设银行申请土地开发贷款和商品房贷款。1985年，建行江苏省分行共发放商品房贷款1.34亿元。截至1987年末，该行已向全省近200家开发公司发放土地开发和商品房贷款5.67亿元，并筹措资金18.99亿元，解决城市综合开发公司的资金需要。由于在支持商品房建设，促进住宅商品化方面做出突出贡献，省政府房改工作会议决定，江苏省房改试点市(区)的房改金融业务由建设银行承担。

由于1988年出现通货膨胀，房地产业也一度超越自身条件和客观需求，在建设规模、产品结构以及市场等方面造成一些隐患，导致资金短

缺、开发下降、市场疲软和房屋积压。1989年，建行江苏省分行根据省政府的要求对土地开发和商品房贷款进行清理，年末贷款余额较上年末减少4 985万元。

1990年，根据国务院"双紧方针不变，适当调整力度"的方针，建行江苏省分行全面恢复对开发企业的信贷业务。考虑到国家计委从1990年起将商品房建设纳入国家固定资产投资规模进行管理，为避免将土地开发和商品房贷款误认为是固定资产投资性贷款，建行江苏省分行根据建总行的要求，将土地开发和商品房贷款按其性质改称为"房地产开发企业流动资金贷款"。1990年下半年，随着银行信贷政策的微调和清理整顿公司政策的明晰，房地产业逐渐稳定。1991年，房地产市场继续回升，当年全省房地产开发投资完成额达17.22亿元，比1990年增长47.05%。至1991年，全省建行系统已成立住房信贷部75个，网点210个，直接从事房改金融业务人员达800多人，形成住房信贷部、核算点和代办点三级服务网络。

1992～1993年，受经济过热影响，全省出现房地产热。1992年全省房地产开发投资增长76.66%，1993年增幅高达274.79%。从1993年下半年起，国家实施严格的宏观调控，人民银行把抑制通货膨胀作为实施货币政策的重点，并从1995年起实行适度从紧的货币政策，房地产业逐渐陷入低谷，房地产开发贷款增长缓慢。

受1997年亚洲金融危机影响，中共中央、国务院及时作出扩大内需的方针，实行积极的财政政策和稳健的货币政策。1998年7月，国务院下发《关于进一步深化城镇住房制度改革加快住房建设的通知》，明确提出"促使住宅业成为新的经济增长点"。1999年2月，人民银行发布《关于开展个人消费信贷的指导意见》，鼓励所有的商业银行去发展所有的消费信贷业务，并对个人住房贷款利率在按同档次固定资产贷款利率减档执行的基础上再下浮10%。在扩大内需政策的推动下，全省房地产市场逐渐回暖。1997年，全省房地产开发投资额仅241.55亿元，而到2004年已突破1 000亿元，达1 269.78亿元，是1997年的5.26倍。同期，银行房地产开发贷款也保持较快增长。到2004年末，全省房地产开发企业流动资金贷款余额达167.04亿元，是1997年末的3.36倍，年均增长

18.9%；房地产开发企业中长期贷款（包括住房开发贷款和商业用房开发贷款）余额386.64亿元，是1997年末的19.32倍，年均增长52.66%。

2003年6月，为促进房地产市场的健康发展，人民银行发出《关于进一步加强房地产信贷业务管理的通知》，加强房地产开发贷款管理，严格控制土地储备贷款的发放，规范建筑施工企业流动资金贷款用途，加强个人住房贷款管理等。全省银行贯彻国家房地产调控方针，加强对房地产开发贷款的管理。2004年，工行江苏省分行坚持实施重点客户战略，分别确定57家、29家开发企业作为省行级重点客户和目标客户，实施营销挂牌人制度，推动三级联动营销。建行江苏省分行印发《关于对房地产开发类贷款实行核准制的通知》，决定对全行房地产开发类贷款实行核准制（报审批前）。农行江苏省分行贯彻执行银监会《商业银行房地产贷款风险管理指引》，强化全过程风险管理，提高房地产信贷业务的风险防范意识。针对"大学城热"所引发的学校房地产开发贷款信用风险逐步加大的问题，该行及时收缩学校房地产开发贷款的信贷规模，并加大对存量贷款的监管，化解学校房地产开发贷款的潜在风险。

2005年召开的全省城乡建设工作会议提出，力争在两年内实现全省城乡规划五个全覆盖。至当年底，全省各地城市基本完成镇村布局规划。在江苏加快推进城镇化建设的背景下，各银行调整房地产开发贷款结构，积极支持城镇化建设。工行江苏省分行按照"梯级启动、循序推进"的区域发展战略，继续巩固苏南地区的市场占比，加快提升苏中、苏北地区的贡献度，相继出台并实施《关于加快推进苏中地区行住房金融业务发展的意见》和《关于县域住房贷款准入的意见》，促进苏中地区及全国县域经济竞争力百强县（市）行开发贷款业务的发展。同年，农总行开始在部分城市试点经营性物业抵押贷款业务。继南京市顺利成为农总行首批试点城市后，农行江苏省分行又向农总行申请增加苏州、无锡两个城市为试点城市。经营性物业抵押贷款业务被正式引入江苏，并逐步发展成为农行的特色业务和优势业务。

2006年以后，农行江苏省分行在加强风险控制的前提下，继续调整房地产开发贷款结构，实施优质客户发展战略，把房地产信贷业务作为

調整全行业务结构、优化收入结构、提高盈利水平的重要增长点，贷款总量持续增长，并稳居全省首位。2006年，继与万科、大华、栖霞、江苏新城等全国百强房地产企业合作之后，又与上海绿地、复地、荣盛等全国百强房地产企业开展业务合作，房地产优良客户贷款余额占比达93.2%。2007年，围绕股份制改革目标，在全行房地产业务条线相继建立省、市分行直管客户管理制度、经营性物业抵押贷款和集团性客户风险定期评价等制度，增强内控管理水平和风险防范能力，房地产不良贷款余额和占比实现"双降"。2008年，继续加强对优质客户的营销力度，及时申报确立总行优质客户33家、省分行优质客户28家，储备上海鹏欣、招商地产、大华集团等实力雄厚的房地产企业的多个优质项目。同时，随着国家加大保障性住房的建设力度，对保障性住房信贷业务展开调研工作，在风险可控的前提下，有选择地介入保障性住房项目。截至2008年末，该行房地产开发贷款余额达463.17亿元，占全省余额的24.11%，领先排名第二的工行江苏省分行9.15个百分点。

与此同时，省内其他商业银行也在防范风险的基础上，积极发展房地产信贷业务。2006年，工行江苏省分行贯彻落实工总行加快经营转型、调整信贷结构战略决策，及时推进机构改革，将住房金融部并入个人金融业务部，设立消费信贷业务部(二级部)，下设3个职能科室，分别经营管理房地产开发贷款评估业务、个人贷款营销以及贷后管理业务。2007年4月，建行江苏省分行印发《房地产开发贷款项目封闭管理实施细则(暂行)》，实现对房地产开发贷款项目建设资金和销售回笼资金的有效监控；2008年10月，根据建总行《关于加强房地产贷款管理的通知》，试点开办针对优质客户的自营性商用物业房地产开发贷款业务。截至2008年末，工行江苏省分行、建行江苏省分行、中行江苏省分行房地产开发贷款余额分别为287.5亿元、266.1亿元、198.31亿元，分列全省第二至第四位。股份制商业银行和城市商业银行等中小金融机构也重视房地产贷款业务的发展。成立相对较晚的民生银行南京分行于2007年成立包括房地产在内的总行4个事业部南京分部，按照流程银行管理的先进理念推动各项业务的发展。2007年、2008年，该行房地产开发贷款余额分别达63.87亿元、89.88亿元，连续两年位居股份制银行首位。2007年江苏银行成立后，积极推动房地产开发贷款业务的发展，2008年末余额达139.77亿元，仅次于4家国有商业银行。

截至2008年末，全省房地产开发贷款余额1 920.74亿元。其中，地产开发贷款余额398.34亿元，房产开发贷款余额1 522.40亿元。

表4-23　1997~2008年江苏省房地产开发投资及开发贷款余额统计表　　　　单位：亿元

年份	房地产开发投资额	房地产开发贷款余额				
		流动资金贷款余额	中长期贷款余额			合计
			住房开发贷款	商业用房开发贷款	小计	
1997	241.55	49.72	19.08	0.93	20.01	69.73
1998	300.24	57.24	31.61	3.78	35.39	92.64
1999	330.55	65.13	42.48	8.46	50.94	116.07
2000	358.72	69.79	48.60	9.57	58.17	127.96
2001	414.36	86.21	58.60	6.51	65.11	151.32
2002	544.13	159.12	98.49	5.97	104.46	263.58
2003	809.96	159.62	291.43	6.80	298.23	457.85
2004	1 269.78	167.04	379.29	7.35	386.64	553.68
2005	1 545.15	140.33	451.66	10.85	462.51	602.84
2006	1 906.71	352.80			928.00	1 280.80
2007	2 515.91	373.01			1 291.26	1 664.27
2008	3 064.46	398.34			1 522.40	1 920.74

注：2006~2008年房产开发贷款统计制度调整，"流动资金贷款"栏对应"地产开发贷款"，"中长期贷款"栏对应"房产开发贷款"；房地产开发投资数据来源于江苏统计年鉴。

四、个人消费贷款

（一）个人住房贷款

江苏省个人住房贷款业务是随着国家住房制度改革逐步发展起来的。经过二十多年的发展，个人住房贷款已成为银行个人消费贷款中最重要的品种，对于支持国家住房制度改革，拓宽银行业务领域，发挥了重要作用。

1980年，国务院公布关于住房商品化的有关政策。1985年6月和1986年，镇江、常州两市分别被列为全国房改试点城市，但均未起步。1987年3月，建行江苏省分行制定《江苏省住宅储蓄（存款）、贷款试行办法》，要求各级行积极创造条件，有计划、有步骤地试办此项业务，支持住房制度改革。该试行办法规定：城乡个人和单位均可办理住宅储蓄；凡存款达到商品房价款60%，并存足半年以上的，可申请贷款，期限最长不超过5年，一律实行抵押贷款方式。当年共有12个市、县行开办住宅储蓄，余额796万元。

1988年，省政府根据国务院加快住房制度改革步伐的要求，召开全省首次住房制度改革工作会议，建行江苏省分行在会议上就承办房改金融业务有关问题作专题发言，提出承办房改金融业务的8点意见。会议决定，在房改方案出台城市和房改试点地区的建设银行设立房改信贷部，承办房改金融业务。3月，建行江苏省分行在南京举办"要住房储蓄到建行"新闻发布会。4月，省房改领导小组明确全省房改金融业务统一由各市、县建设银行承办。5月，建行江苏省分行印发《房改信贷部暂行管理办法》。同时，修订《江苏省住宅储蓄（存款）、贷款试行办法》，将贷款期限由原来的最长5年延长至15年，担保方式增加本人房产抵押、本人所在工作单位或经济法人提供担保，贷款年利率不超过5.04%。1990年9月，制定《江苏省住宅储蓄和住宅借款暂行办法》，规定凡在建设银行办理住宅储蓄的城镇居民，只要具备相应的条件，均可向当地建设银行申请住宅借款。至当年末，全省建行房改金融业务初见成效，共设立住房信贷部62个，专、兼职从业人员近160人；组织吸收售房资金和其他"房"字号资金，开办住宅储蓄，吸收存款5900万

元，其中房改资金3480万元，占存款总额的58.98%；投放贷款1975万元。

图4-16　1988年3月22日，建行江苏省分行举行"要住房、储蓄到建行"新闻发布会，中央及省级12家新闻单位出席

1991年11月，国务院办公厅转发国务院住房制度改革领导小组《关于全面推进城镇住房制度改革的意见》，标志着房改已从探索和试点阶段进入全面推进和综合配套改革的新阶段。江苏省提出"建立住房公积金，分步提租发补贴，新租公房交定金，职工买房给优惠，多种形式建住房"的房改实施方案，经国务院房改领导小组批准后，从1992年一季度起在全省11个省辖市一起施行。为做好房改金融工作，1992年3月20日召开的省政府常务会议再次明确，江苏省房改金融业务由建行江苏省分行住房信贷部承担，并要求各地房改部门要与当地建设银行密切配合，共同做好这项工作。至1992年6月30日，建行江苏省分行共为全省2.3万个单位和345.3万名职工开设住房公积金账户，占应开户职工的94.2%；全年汇缴公积金2.57亿元，汇缴率达97%。继1992年7月1日市级建行房改金融业务开办后，1993年上半年县级建行房改金融业务也全面开办。到1993年底，全省建行住房信贷部共为全省3.3万个单位和388.2万名职工开设住房公积金账户。到1995年，全省45家实施住房公积金制度的县（市）中，建行独家承办公积金业务的有18家，在县（市）级住房公积金业务中，建行占比超过60%；全省建行累计归集住房公积金21亿元，公积金汇缴率稳定在90%以上，成为全国建行系统汇缴率最高的省份之一。1995年12月，全国房改经验交流会在上海召开，建行江苏省分行作为全国金融系统唯一一家省级分行

应邀参加会议,并作了专题发言。

随着住房制度改革的深化,建行江苏省分行积极发展政策性住房贷款业务,并探索发展自营性住房贷款业务。1992年11月,建行江苏省分行印发《职工住房专项贷款实施意见》,在全省首次开办住房公积金贷款业务。该实施意见规定:职工住房专项贷款的资金来源为单位和个人职工缴交的公积金,贷款对象为正常缴交公积金的个人,贷款期限最长15年,贷款金额最高为房价的70%,贷款利率实行优惠利率。1993年,全面开办职工购建住房低息抵押贷款业务。1994年,创新推出以银行自有资金为来源的楼宇按揭贷款业务,南通分行发放首笔自营性个人住房按揭贷款。1995~1997年,连续三年承担国家安居工程贷款业务,常州、镇江、徐州、无锡、淮阴、连云港等6个行开办此项业务,累计发放安居工程个人贷款1.9亿元,帮助5494户中低收入家庭购买安居房,其中徐州市的安居房销售率100%,建行到期贷款回收率100%,得到国务院房改办的肯定。

图4-17 1993年,建行常州市分行在全国建行系统率先发放个人住房贷款业务。图为该行支持的全国城市物业管理优秀实验小区——红梅西村一角(本图来源于《中国建设银行史》)

1992年,我国出现"房地产热",部分银行资金违规进入房地产业。1993年起,人行江苏省分行加强房地产信贷业务的清理整顿。1993年,清理违章拆借,收回大部分用于房地产的拆借资金。1994年12月人民银行、国务院房改领导小组、财政部《关于颁布〈政策性住房信贷业务管理暂行规定〉的通知》下发后,要求省内工商银行、农业银行、建设银行3家政策性住房信贷业务指定银行严格按规定开展业务,严禁其他任何金融机构吸收政策性住房资金存款和办理政策性住房信贷业务。1995年,根据人总行要求,在全省开

展对商业银行的政策性住房信贷业务和自营性信贷业务的清理检查。对检查发现的房地产信贷部定位不清、大部分房地产信贷部政策性业务与自营性业务未分账及自营性业务与所属银行未并表、超规模或无规模发放贷款等突出问题,向相关银行发出整改意见,要求其规范整顿。1996年,组织商业银行开展清理纠正违规经营及并账工作,要求商业银行切实做好未并表资金较多的房地产信贷部门的并表工作。1993~1996年,全省商业银行在认真清理整顿的同时,积极发展房地产信贷业务。建行江苏省分行继续保持在房地产信贷业务领域的领先地位。截至1996年末,全省建行住房公积金余额37.5亿元,汇缴率继续保持90%以上,连续多年居全国建行系统首位;房地产信贷部各项贷款余额67.95亿元,其中个人住房抵押贷款余额4.3亿元,总量比上年翻一番,国家安居工程承办量占全省总规模的75%。

1997年亚洲金融危机爆发后,中共中央、国务院及时作出扩大内需的方针,实行积极的财政政策和稳健的货币政策。1998年7月,国务院下发《关于进一步深化城镇住房制度改革加快住房建设的通知》,明确提出"促使住宅业成为新的经济增长点"。1998年4月,人民银行印发《关于加大住房信贷投入,支持住房建设与消费的通知》,决定自1998年起,取消对各商业银行住房(包括建房与购房)自营贷款的规模控制,并将原来只能由工商银行、农业银行、建设银行三家办理的住房委托存、贷款业务扩大到所有国有商业银行和交通银行,允许所有商业银行在所有城镇对所有普通商品住房办理个人住房贷款。在国家一系列促进房地产业发展和鼓励住房消费政策的推动下,全省开办个人住房贷款的银行逐渐增多,个人住房贷款尤其是自营性个人住房贷款增长迅猛,全省个人住房信贷业务进入新的发展阶段。

1999年,随着福利分房的取消,全省住房二级市场开始启动。针对这一实际,建行江苏省分行试点开办个人再交易住房(二手房)贷款业务,南通分行与中介机构组建全省首个二手房贷款中心——银泰按揭事务中心,并尝试开办"个贷夜市",为客户在正常工作时间之外提供贷款便利服务。工行江苏省分行相继推出建安企业贷

款、商业用房贷款、住房装修和二手房贷款等业务品种,有重点地支持居民个人购建房。中行江苏省分行适应住房市场发展的需要,按照中总行"大零售"模式重新构建零售业务组织体系,组建零售业务部门,使零售业务开始改变过去分散和个体式的发展模式,形成以个人住房贷款为中心的较完整的消费信贷产品体系。

2000年,建行江苏省分行制定和调整房地产信贷业务发展规划,明确个人住房贷款业务的战略地位,确定南京、无锡、常州、南通为重点行,在贷款计划安排上予以倾斜。同时,制定并实施个人住房贷款差别化服务指导意见。工行江苏省分行成立个人住房按揭贷款中心,并通过理财中心受理按揭贷款,推广简式按揭贷款申请审批表和"四合一"借款合同,简化申请手续。农行江苏省分行加快发展"金钥匙"个人消费信贷品牌业务(包括个人住房、汽车、农机、个人综合消费及教育助学5大系列),并制定一手楼、二手房个人住房贷款实施细则,陆续增加转按揭、加按揭、押旧买新首付款及质押首付贷款等7个住房贷款品种。

2001年,针对部分商业银行放松信贷条件、违规发放个人住房贷款的情况,甚至出现"零首付"个人住房贷款的现象,人民银行发出《关于规范住房金融业务的通知》。全省银行根据通知要求,加强个人住房贷款管理,严禁发放"零首付"个人住房贷款,规范、稳健地发展个人住房贷款业务。

2002年,工行江苏省分行以重点区域大中城市为龙头,推出加按揭、转按揭、个人住房装修等新业务品种,提高住房金融业务的竞争力。至当年末,该行个人住房贷款余额达135.92亿元,首次超越建行江苏省分行,升至全省第一位。建行江苏省分行深化"要买房,到建行"的服务理念,宣传推广建设银行个人住房贷款品牌——"乐得家"。

2003年9月,工行江苏省分行在开展"庆祝全国工商银行个人住房贷款超3 000亿元"宣传活动之际,在全省宣传推广工商银行个人住房贷款品牌——"幸福之家"。个人住房贷款年末余额率先突破200亿元,达216.78亿元,继续位居全省第一位。

1999~2003年,全省个人住房贷款呈现跨越式发展态势,余额从1999年的45.02亿元增加到2003年的714.04亿元,平均每年翻一番。分银行看,国有商业银行居主体地位。截至2003年末,全省4家国有商业银行个人住房贷款余额合计625.08亿元,占全省余额的87.54%,其中工行江苏省分行余额率先突破200亿元,达216.78亿元,继续位居全省首位。股份制商业银行等其他银行也纷纷涉足个人住房信贷业务领域。截至2003年末,已成立的10家股份制商业银行全部开办个人住房贷款业务,余额合计67.2亿元,占全省余额的9.41%,较1999年提高4.23个百分点。

2004年以后,国家加大对房地产业宏观调控的力度。2004~2008年,全省个人住房贷款余额分别增长49.10%、28.42%、14.04%、52.3%、14.22%,总体呈现逐步放缓态势。全省银行贯彻落实房地产调控要求,加强个人住房贷款的管理,加快住房信贷业务电子化建设,严格控制贷款风险。工行江苏省分行2005年根据工总行统一部署,按照前台大市场、大营销,后台专业化、集中化的新型组织模式的要求,启动个人住房贷款业务前后台分离工作;2007年起坚持"业务发展,制度先行"原则,杜绝客户经理"一手清"和假按揭等现象;2008年下发《关于进一步规范个人贷款审批流程的通知》,进一步推动个人信贷管理系统(PCM2003)建设,提高对个人信贷资金流向等的刚性控制。建行江苏省分行2004年根据建总行《个人住房贷款业务操作规程(试行)》等文件的要求,推行个人住房贷款业务标准化作业流程,对贷前调查、贷款审批、贷后管理等各个环节进行统一规范;2006年3月推广使用建总行统一开发的个人贷款管理系统(A+P),并推进个人贷款专业化经营机构建设,组建个人贷款中心,构建个人住房贷款风险防范长效机制;2007年9月推出"房易安"交易资金存款账户业务,为房屋买卖双方提供信用中介服务,保障房屋交易资金的安全;2008年推广使用个人住房抵押贷款评分卡系统,由系统自动评分并判定能否通过贷款审批,提高贷款审批效率。中行江苏省分行2003年成立零售贷款风险评审小组,制定个人授信业务审批实施细则;2005年零售业务处改为个人金融部,下设消费信贷中心;2007年加强标准化网点的建设工作,辖内100%的分理处以上网点、理财中心实现零售贷款接单。农行江苏省分行2007年转发农总行置换式个人住房贷款业务操作规程,审慎介入高档住房和别墅类置换式贷款;2008年先后制定《个人客户信用等级评定管理实施细则(试行)》《个人贷款经营中心实施细则(试行)》,建立规范有序的个人贷款业务管理机制以及符合市场特点、客户需求的个人贷款运作模式,同时制定《个人信贷业务网上作业管理办法(试行)》,实行CMS网上作业的制度制约和机器制约的双重控制。

全省银行在加强制度建设、规范管理的基础上,继续明确个人住房贷款的战略地位,加强产品和服务方式创新,稳健发展个人住房贷款业务。分银行看,国有商业银行继续占据主体地位。截至2008年末,省内4家国有商业银行个人住房贷款余额合计2 185.11亿元,占全省余额的80.57%。中行江苏省分行2006年推出中国银行个人贷款品牌"理想之家"的系列住房贷款产品——"易居宝""安居宝""融资宝"融资三宝,全面覆盖一手房和二手房贷款,市场反响热烈。当年该行个人住房贷款余额增长24.38%,年末余额378.15亿元,首次超越工行江苏省分行,升至全省第一位。2007年,在南京城区率先推出网银"安居宝",并迅速向全辖推广。截至2008年末,该行个人住房贷款率先突破600亿元,达629.85亿元,其中新建房贷款余额542.46亿元,二手房贷款余额87.39亿元,均位居全省第一位,为省内最大的住房按揭贷款银行。建行江苏省分行推出一系列创新举措,继续保持在该业务领域的传统优势。2004年,在省内率先推出个人车库(位)贷款业务。2005年12月15日,建设银行作为国内第一家也是唯一一家商业银行,发行规模为30亿元的国内首单个人住房抵押贷款证券化产品(MBS)——建元2005-1。建行江苏省分行作为首批试点分行之一,发行1.41亿元。2006年,在省内率先推出完全固定利率、固定加浮动利率、分段固定利率组合以及固定加浮动利率分段组合等4种模式的固定利率房贷业务。2008

年,开办"存贷通"个人贷款增值账户业务,将客户在建行的个人住房贷款与还款扣款账户关联起来,在保持资金流动性的同时,最大限度地为客户获得额外的增值收益。工行江苏省分行2006年贯彻落实工总行加快经营转型、调整信贷结构战略决策,及时推进机构体制改革,将住房金融部并入个人金融业务部,设立消费信贷业务二级部,进一步促进个人住房贷款业务发展。农行江苏省分行2005年提出优先发展个人住房按揭贷款的要求,并单设个人业务和房地产信贷业务机构,个人住房贷款业务发展明显加快。截至2008年末,建行江苏省分行、工行江苏省分行、农行江苏省分行个人住房贷款余额分别为585.99亿元、570.29亿元、398.98亿元,分列全省二至四位。

股份制商业银行在加强贷款管理的基础上,也积极开拓个人住房贷款业务。截至2008年末,全省股份制商业银行个人住房贷款余额453.25亿元,占全省余额的16.71%,较2003年末提高7.3个百分点。其中,招行、交行、中信等行规模较大,余额分别达98.16亿元、96.74亿元、62.17亿元。招行南京分行连续推出一系列住房贷款创新举措,不断提升个人贷款业务的品牌优势。2005年在同业率先推出个人住房循环授信业务;2006年在住房循环授信基础上推出"随借随还"功能,并推出固定利率住房贷款和"入住还款法"还款方式;2008年在"随借随还"基础上推出"消费易"创新功能,将房贷与刷卡消费相结合。交行南京分行2006年开展"您贷款·您做主"个人贷款营销活动,重点推进个人按揭业务,并尝试开办个人住房最高额抵押循环贷款,锁定中高端个人贷款客户;2007年8月31日与南京市房产局签订存量房交易资金监管协议,发放二手房贷款一律通过南京市房产局在银行开立的交易资金专户实时划转给卖房人,杜绝二手房中介公司占用卖房人房款的现象;2008年与优质中介机构开展合作,选择13家信誉佳、业务强的中介公司签订合作协议。中信南京分行2005年确立重点发展个人住房按揭贷款的零售信贷政策;2006年6月成立个人贷款集中放款工作小组;2007年4月成立个人贷款中心。

表 4 - 24　2001～2008 年江苏省个人住房贷款(自营性)余额统计表　　　单位:亿元;%

年份	短期个人住房贷款余额	中长期个人住房贷款余额	余额合计	增速
2001	2.59	238.37	240.96	
2002	8.58	407.42	416.00	72.64
2003	23.69	690.35	714.04	71.64
2004	39.28	1 025.33	1 064.61	49.10
2005	36.25	1 330.88	1 367.13	28.42
2006	11.99	1 547.14	1 559.13	14.04
2007	31.87	2 342.61	2 374.48	52.30
2008	16.97	2 695.18	2 712.15	14.22

在自营性住房金融业务快速发展的同时,政策性住房金融业务随着清理整顿的完成和住房制度改革的深化,逐步进入以住房公积金委托业务为主体的发展时期。1999年,人民银行下发《关于对政策性住房"大委托"贷款业务清查的通知》,要求各商业银行对政策性住房金融业务进行清理整顿。按照要求,省内工行、农行、建行全面停止办理政策性住房"大委托"贷款业务①,并对"大委托"贷款的存量进行清理,加大处置力度,纳入规范化管理。2004年,根据财政部《关于政策性住房金融业务财务管理有关问题的通知》,3家银行分别完成政策性住房金融业务的清理、并账工作。为加强住房公积金管理,2002年国务院重新修改《住房公积金管理条例》,并下发《关于进一步加强住房公积金管理的通知》,对住房公积金的归集、使用、管理和监督工作提出新的要求。首批获得住房委托业务资格的建行、工行、农行、中行、交行5家银行提高竞争意识,大力拓展委托性住房金融业务。建行江苏省分行在确保资产质量的前提下,努力巩固和扩大公积金委托代理服务的市场份额,发挥建设银行这一传统业务领域的品牌优势。工行江苏省分行上线工总行开发的委托性住房金融业务处理系统,全面提升工商银行委托性住房金融业务的科技含量和电子化程度,借助科技力量赢得市场。农行江苏省分行把政策性住房业务的拓展作为发展房地产信贷业务的突破口,向各级政府宣传农业银行政策性住房业务的优势。中行、交行也抓住公积金管理制度改革的机遇,努力实现委托性业务和自营性业务齐头并进。此后,获得代理公积金业务资格的银行逐步扩大到省内所有类型的商业银行,更好地满足了居民日益增长的住房信贷需求。

截至2008年末,全省住房公积金委托贷款余额677.67亿元,其中建行江苏省分行余额295.94亿元,占全省余额的43.67%,居全省首位。

(二)汽车贷款

20世纪90年代末,在扩大内需的背景下,中国开始发放消费贷款。1998年9月,人民银行制定《汽车消费贷款管理办法(试行)》,允许国有商业银行试点开办汽车贷款业务。1999年2月,人民银行印发《关于开展消费信贷的指导意见》,允许所有中资商业银行开办消费信贷业务。

1998～2001年是江苏省汽车贷款初步发展阶段。这一时期,建行江苏省分行率先启动汽车贷款业务,其他商业银行也积极试办此项业务。1998年10月,建行江苏省分行办理江苏省首笔个人汽车贷款。同年12月9日,与南京汽车跃进集团贸易公司召开营销结算网络会议。1999年,省内工行、农行、中行、交行4家银行分别开办汽车贷款业务。2000年,建行江苏省分行推出汽车贷款"零首付"业务,当年汽车贷款新增额超过3.5亿元,继续保持较快增长。同年,农行江苏省分行提出加快发展个人住房、汽车、农机、个人综合消费及教育助学五大系列"金钥匙"个人消费信贷品牌业务,年末汽车贷款余额2.8亿元,是上年的9.33倍。招商银行南京分行也于年内开始办理汽车贷款业务。2001年12月,经农总行批准,农行江苏省分行在全省8家金融超市开办进

---

①　"大委托"贷款是指根据1994年人民银行等部门下发的《政策性住房信贷业务管理暂行》的规定,由委托人提供资金、确定贷款条件和范围,由经办银行确定贷款项目而发放的贷款。

口汽车消费信贷业务,借助金融超市的平台扩大汽车贷款的营销。同年,招商银行南京分行开展"汽车贷款优惠月"活动,在同业中率先将汽车贷款利率下浮 10%,并与多家汽车经销商联手举办大型车展活动。

图 4-18　1998 年 10 月建行江苏省分行发放全省首笔个人汽车消费贷款

　　2002～2003 年是全省汽车贷款大发展时期。2002 年、2003 年,全省汽车贷款分别增加 53.24 亿元和 44.19 亿元,其中国有商业银行分别增加 41.29 亿元和 34.07 亿元,占全省增加总额的比例均接近 80%。工行江苏省分行 2002 年在工总行统一部署下,开展"购车 10 万辆,贷款 80 亿元——2002 年工商银行支持汽车进入百姓家庭"营销活动;2003 年,进一步开展"幸福快车"等个人消费贷款品牌营销活动,促进汽车贷款的快速增长。中行江苏省分行及扬州分行 2002 年与亚星客车制造商洽谈,打破汽车贷款长期依赖汽车经销商的做法,同时与亚星公司外国投资方——戴姆勒·克莱斯勒公司签署一揽子合作协议,得到中总行的肯定。针对盐城东风悦达起亚有限公司在封闭式车贷模式上的更高要求,该行专门为其设计汽车贷款服务计划书。农行江苏省分行以培育竞争力较强的"消费者银行"为目标,大力发展汽车贷款等个人消费信贷业务。这一时期,光大银行等股份制商业银行加强产品和服务方式创新,汽车贷款也保持较快增长。2002 年,光大银行南京分行与汽车厂商、经销商合作推出集团汽车贷款业务,实行利率下浮、免保证保险等优惠措施,吸引团体客户。

　　汽车贷款在快速增长的同时,风险也不断暴露,"假车贷""一车多贷"的情况时有发生。2004

年 1 月,保监会印发《关于规范汽车消费贷款保证保险业务有关问题的通知》,对车贷险业务作了进一步规范,加大银行的放贷责任。同年 8 月,人民银行和银监会联合发布新的《汽车贷款管理办法》,强化对贷款风险控制制度的考核。2004 年以后,全省银行严格汽车贷款审批,加大陈量贷款回收力度,切实加强风险控制,汽车贷款余额从 2003 年末的 137.65 亿元锐减至 2006 年末的 64.94 亿元。2005 年 11 月,农行江苏省分行转发农总行《汽车贷款实施细则》,采取贷款风险控制工作前移、严格限制商用车贷款、研究推出个人汽车团购贷款业务等措施,规范发展汽车贷款业务。2005 年 8 月至 12 月,该行开展个人不良贷款专项清收活动,其中汽车不良贷款是重点清收对象之一。截至 2008 年末,该行汽车贷款余额 2.42 亿元,较 2003 年末的 36.88 亿元下降 93.43%。同期,工行、建行、交行等其他银行的汽车贷款余额也有较大幅度的下降。

　　在省内大部分银行收紧汽车贷款的同时,中行江苏省分行和光大银行南京分行在加强风险控制的基础上,积极发展汽车贷款业务,市场份额迅速扩大。中行江苏省分行自股份制改造以来,以结构调整为主线,做大、做强消费信贷业务,着力提高住房、汽车贷款等个人金融业务收入。早在 2003 年初,该行就推出"直客式"汽车消费贷款,提出"让没车的人贷款买车,买车的人放心用车,用车的人尽量不修车,修车的人尽快拿到车"的口号,为客户提供从选车、购车、上牌、保险、贷款到保养等一系列服务,受到客户的欢迎。此后又推出"直客式"汽车消费贷款创新产品——"车贷宝"。与传统汽车消费贷款相比,"车贷宝"产品可以让客户在买车过程中充分享受"方便、快捷、实惠、灵活"的服务。客户可在就近的中行网点或中行合作伙伴处提出申请,在较短时间内获得审批结果,并享受各种增值服务。光大银行南京分行 2003 年推出"特定人群免担保""营运车抵押+营运权质押+经销商回购"等汽车贷款业务,抢占市场先机。2004 年,对汽车按揭贷款等 4 个个人消费贷款品种制定更具操作性的实施细则,创新工程机械贷款模式,推出"生产厂家回购担保+生产厂家保证金+经销商保证金+工程机械抵押"方式,使工程机械贷款逐渐发展成为该行个人贷款的特色品牌。

截至2008年末,全省汽车贷款余额88.95亿元。其中,中行江苏省分行余额39.89亿元,光大银行南京、苏州分行余额合计25.28亿元,分占全省余额的44.85%、28.42%,两行合计占比近75%。

表4-25　2001～2008年江苏省汽车贷款余额统计表　　　　　　　　单位:亿元;%

年份	短期汽车贷款余额	中长期汽车贷款余额	余额合计	增速
2001	0.82	39.40	40.22	
2002	11.55	81.91	93.46	132.36
2003	13.92	123.73	137.65	47.29
2004	8.73	98.66	107.39	-21.98
2005	3.64	66.52	70.16	-34.67
2006	4.74	60.21	64.94	-7.43
2007	5.70	74.64	80.33	23.70
2008	4.83	84.12	88.95	10.73

(三)助学贷款

为促进教育事业发展,1999年6月18日,国务院转发并同意人民银行、教育部、财政部制定的《关于国家助学贷款的管理规定(试行)》,决定在北京、上海、天津、重庆、武汉、沈阳、西安、南京等8个城市进行国家助学贷款试点,运用金融手段支持教育,以资助经济确实困难的全日制本、专科学生完成学业,工商银行为人民银行批准的国家助学贷款经办银行。

2000年1月4日,省政府转发并同意人行南京分行、省教委、省财政厅制定的《江苏省高等学校助学贷款管理规定(试行)》,正式启动江苏省国家助学贷款工作。《江苏省高等学校助学贷款管理规定(试行)》对江苏省国家助学贷款的性质、种类、经办银行、贷款发放与管理等作出具体规定。主要内容是:高等学校助学贷款分为国家助学贷款和省助学贷款两类,国家助学贷款适用于在宁普通高等学校中经济困难的全日制本、专科学生,省助学贷款适用于省内除南京地区以外的普通高等学校中经济困难的全日制本、专科学生;工行江苏省分行为人行南京分行批准的国家助学贷款经办银行;高等学校助学贷款实行学生每学年申请、经办银行每学年审批的管理方式,并由借款学生直接与经办银行签订借贷合同;为体现国家对经济困难学生的优惠政策,减轻学生的经济负担,财政部门对接受高等学校助学贷款的学生给予利息补贴,学生所贷款利息的50%由财政贴息,其余50%由学生个人负担;成立由省教委、财政厅、人行南京分行等部门参加的省高等学校助学贷款工作协调小组,同时在省教委设立省学生贷款管理中心,作为协调小组的日常办事机构。作为指定的国家助学贷款经办行,工行江苏省分行在省内率先开办国家助学贷款业务。2000年,该行先后与省教委及南京大学等24所高校签订国家助学贷款合作协议,发放国家助学贷款2 125万元。

为进一步推动助学贷款业务的发展,2000年8月26日,人民银行发布《助学贷款管理办法》,并与教育部、财政部联合发出《关于助学贷款管理的补充意见》,将中央财政贴息的国家助学贷款,由8个试点城市扩大到全国范围,经办银行由工商银行扩大到农业银行、中国银行和建设银行;各级财政贴息的国家助学贷款的贷款对象,由全日制本、专科学生扩大至研究生,贷款学生本科毕业后继续攻读研究生及第二学士学位的,在读期间贷款期限相应延长,贷款本息在研究生及第二学士学位毕业后4年内还清。2001年7月,人民银行、财政部、教育部、国家税务总局联合发出《关于进一步推进国家助学贷款业务发展的通知》。随着一系列鼓励助学贷款业务发展的政策的出台,全省银行积极开办助学贷款业务。截至2001年末,全省多家银行开办助学贷款业务,年末余额1.27亿元,其中国有商业银行余额0.98亿元,占76.95%。

2002年,省联社联合省教育厅、省财政厅完善国家助学贷款实施办法,贷款范围由江苏省全日制高等院校扩大到全国范围的江苏省籍学生，贷款额度根据学生当年的费用合理确定，贷款期限由2～3年延长到学生毕业后4年。全省农村信用社当年共发放国家助学贷款3 694万元，年末余额4 966万元。2003年3月，建行江苏省分行营业部开办首笔委托助学贷款，为贫困大学生完成学业提供"绿色通道"。

2004年9月，省政府办公厅转发省教育厅等部门《关于进一步加强普通高等学校国家助学贷款工作意见的通知》，调整和完善国家助学贷款政策。一是改革财政贴息方式。改变过去在整个贷款合同期间对学生贷款利息给予50%财政补贴的做法，实行借款学生在校期间的贷款利息全部由财政补贴、毕业后全部自付的办法，借款学生毕业后开始计付利息。二是延长还贷年限。改变过去自学生毕业之日起即开始偿还贷款本金、4年内还清的做法，实行借款学生毕业后视就业情况在1至2年后开始还贷、毕业后6年内还清的做法。三是实行灵活的还贷方式。借款学生可选择还本付息的方式，允许一次或分次提前还贷。提前还贷的，经办银行要按贷款实际期限计算利息，不得加收除应付利息之外的其他任何费用。此外，通知还改革国家助学贷款实施机制，强化对借款学生的还款约束，落实国家助学贷款风险补偿措施。

2006年，中行江苏省分行推动银校全面合作，与省内10所部属院校签订全面合作协议。至当年末，该行助学贷款余额达3.41亿元，超过

工行江苏省分行，升至全省第一位。

2007年8月，省政府办公厅印发《江苏省生源地信用助学贷款工作意见》，开展生源地信用助学贷款工作。生源地信用助学贷款由国开行江苏省分行委托县（市、区）农村合作金融机构，向家庭经济困难的普通高校新生和在校生发放。生源地信用助学贷款按年度申请、审批和发放；贷款期限原则上按全日制普通本专科学制加10年确定，但最长不超过14年；贷款利率执行人民币同期同档次贷款基准利率，不上浮；资助对象在校期间的贷款利息由财政全额补贴。各农村合作金融机构负责代理生源地信用助学贷款的计息、回收和年度访谈等贷后管理工作；国开行江苏省分行依照覆盖代理成本原则，按协议确定的比例支付代理费用，并根据风险控制需要对代理机构采取激励措施。当年，国开行江苏省分行作为系统内首批试点生源地信用助学贷款的5家分行之一，与各级部门协调建立以农村合作金融机构代理的助学贷款业务模式。8月31日和10月19日，通过全省72家农村合作金融机构分两批发放生源地助学贷款2.82亿元，惠及家庭经济困难学生5.07万名。2008年，国开行江苏省分行在全面总结2007年试点的基础上，采用国开总行全国推广的模式，发放助学贷款3.01亿元。

截至2008年末，全省助学贷款余额17.69亿元，中国银行（6.3亿元）、国开行（5.79亿元）、工商银行（2.53亿元）分列前3位。

表4-26　2001～2008年江苏省助学贷款余额统计表　　　　单位：亿元；%

年份	短期助学贷款余额	中长期助学贷款余额	余额合计	增速
2001	0.23	1.04	1.27	
2002	0.23	2.18	2.41	90.13
2003	0.42	3.58	4.00	65.71
2004	0.28	5.02	5.30	32.50
2005	0.11	7.14	7.25	36.79
2006	0.16	9.69	9.85	35.81
2007	0.23	13.96	14.19	44.10
2008	0.34	17.35	17.69	24.62

第三节　票据融资

1949年以后，商业信用一度被取消。中共

十一届三中全会以后，为促进资金的横向融通，人民银行引导商业信用票据化、规范化，又恢复票据贴现业务。1994年以后，人民银行连续出台政策，支持商业票据承兑、贴现业务的发展。21世纪以后，票据融资不仅作为一种社会融资工

具,而且作为商业银行"反周期"操作的一种方式,得到商业银行的进一步重视和发展。

1983年,人民银行提出建立以银行信用为主体的多种信用方式并存的信用体系,适当放开商业信用。1984年12月,人民银行下发《商业汇票承兑、贴现暂行办法》,决定从1985年起在全国范围推行票据贴现业务。1986年,又下发《再贴现试行办法》,进一步推动票据贴现市场的发展。1986年4月,人民银行决定在北京、上海、南京等城市开展用商业票据承兑、贴现办法清理拖欠货款的试点。作为10个试点城市之一,工行南京市分行积极办理银行承兑汇票贴现业务,用来清理在托收承付结算中发生的拖欠货款,并按规定向当地人民银行申请再贴现。同年,省内农行、中行等其他专业银行也陆续开展票据承兑、贴现业务试点。截至1986年末,全省各专业银行累计办理票据贴现3.24亿元,人民银行累计办理再贴现2.58亿元。商业票据承兑、贴现业务推行的最初几年,由于缺乏管理经验,金融机构和企业在办理过程中出现不少问题。为加强管理,1991年9月和1993年5月,人民银行先后下发《关于加强商业汇票管理的通知》和《商业汇票办法》。

1994年11月,为促进商业票据承兑、贴现业务的开展,人民银行安排100亿元用于有关行业和产品的已贴现商业票据的再贴现。全省各商业银行根据人民银行的要求,积极办理票据承兑、贴现业务。工行江苏省分行安排化肥、煤炭、棉花、钢材储备、市场供应和农副产品收购等专项流动资金贷款9亿元。中行江苏省分行通过办理票据贴现和向人民银行再贴现,为辖内各行调度100亿元以上的资金。

1996年1月1日起施行的《票据法》,规定了汇票、本票、支票等的票据当事人之间的权利和义务关系,为推动票据市场业务的稳健发展提供了法律保障。各商业银行据此逐步建立健全票据业务管理制度。1996年,农行江苏省分行制定《农资公司经营化肥试行银行承兑汇票结算的试行办法》,对具体操作程序和管理进行规范。1999年,受通货紧缩影响,银行承兑汇票出现垫付率高和风险较大等突出问题。工行江苏省分行根据工总行制定的《承兑汇票管理办法》,明确"授信经营、商品交易、信贷管理、区别对待、有效担保"等基本原则,并对票据业务实行"总量控制、分散经营"的信贷管理体制,贴现计划纳入信贷规模控制,由计划部门下达承兑、贴现规模,由会计部门负责票据审查、查询和核算,由信贷部门按信贷管理办法审查并办理。农行江苏省分行将票据业务视同流动资金贷款管理,坚持"信贷、会计、计划三家把关、行长审批"的管理原则,信贷部门负责对申请银行承兑汇票企业的资格、用途及风险进行审查,以及到期承兑保证金存款的管理与监督,会计部门负责柜面监督与账务处理,计划部门负责额度控制和资金规模的衔接。建行江苏省分行规定票据贴现比照流动资金贷款管理,实行三级审批制度。

1999年以后,江苏票据市场发展进入快速发展阶段,全省票据贴现余额从1997年的91.08亿元迅速增至2004年的1 082.58亿元。适应票据市场快速发展的需要,省内各商业银行纷纷建立票据专营体制。工行江苏省分行2000年7月成立省分行票据中心,2004年根据工总行票据业务归口管理的要求,建立包括1个一级分行票据中心、13个二级分行票据中心、28个县支行和26个城区支行在内的完整的票据经营网络。农行江苏省分行2000年对票源丰富、资金量大、信贷和计划管理健全的二级分行所在地试办银行承兑汇票贴现中心。中行江苏省分行2002年在省分行营业部成立票据中心,辖内部分分支行也成立票据中心或资金中心。建行江苏省分行2002年9月在省分行营业部组建票据中心,实现对南京地区贴现业务的集中经营和全行转贴现业务的集中办理。中信南京分行、广发南京分行、招商南京分行、华夏南京分行等股份制商业银行也先后成立票据中心,实行票据业务的集约化经营。与此同时,省内各商业银行加强票据融资产品的创新,更好地满足企业多样化的融资需求。在一般票据贴现业务的基础上,创新推出买方付息票据贴现、协议付息票据贴现、转贴现、商业汇票第三方保兑贴现等新产品。有的银行还推进票据业务与其他业务的融合,如光大南京分行的"全程通""金色链"。

2004~2008年,随着"区别对待、有保有压"调控政策的实行,全省人民币各项贷款增速逐步回落。票据融资的运用发生重大变化,不再仅仅作为企业融资的工具,同时也成为商业银行实施"反周期"操作策略①的重要方式。伴随着实体贷款的逐步回落,全省票据融资保持较快增长,余额由2003年末的700.24亿元增至2008年末的2 203.14亿元,增长214.63%。分银行看,国有商业银行在全省票据市场继续居于主体地位。截至2008年末,4家国有商业银行票据融资余额合计1 018.71亿元,占全省票据融资余额的46.24%,其中农行江苏省分行票据融资余额达511.67亿元,占全省票据融资余额的23.22%,居全省首位。农行江苏省分行根据"计划指导、总量控制、目录锁定、限额管理"的原则,加大检查力度,有效堵住票据业务的漏洞,实现票据融资业务的规范、快速发展。工行江苏省分行继续完善票据专营体制,到2005年票据经营机构已达99个,专业人员近3 000人,票据业务量跻身全国工行系统前三强,2008年围绕"转型升级、品牌战略"目标,票据买入总交易量实现系统内排名第一位的目标,2008年末票据融资余额161.92亿元。中行江苏省分行在公司贷款投放缓慢的情况下,通过多种方式大力开展票据业务,2008年末票据融资余额170.92亿元,居全国中行系统第

一位。建行江苏省分行持续推进票据贴现业务专业化机构建设,大力发展转贴现业务,为资产规模调节发挥较大作用,2008年末票据融资余额174.2亿元,在国有商业银行中仅次于农行江苏省分行。

同期,股份制商业银行和地方法人银行票据融资也有较快增长。在股份制银行中,招行南京分行及其他省内招行2008年末票据融资余额合计达109.67亿元,是省内唯一一家突破100亿元的股份制商业银行。招行南京分行2006年成立票据中心,实行"集中审验、审批、保管、托收和运作"五统一的模式,提高了票据集约化经营能力。在地方法人银行机构中,2001年省联社成立当年即获准加入全国银行间市场,有2家县联社取得向人民银行申请再贴现的资格。截至2008年末,全省农村信用社系统票据融资余额达468.29亿元,仅次于农业银行。2007年江苏银行成立后,积极推动票据贴现业务发展。截至2008年末,该行票据融资余额达176.87亿元,居全省第三位。

截至2008年末,全省票据融资余额2 203.14亿元,占全省贷款余额的8.42%,其中买断式转贴现余额405.83亿元。

表4－27　1997～2008年江苏省票据融资统计表　　　　单位:亿元;%

年份	年末余额	增速	年份	年末余额	增速
1997	91.08		2003	700.24	66.35
1998	85.76	−5.84	2004	1 082.58	54.60
1999	105.28	22.76	2005	1 738.47	60.59
2000	175.86	67.04	2006	1 763.61	1.45
2001	258.57	47.03	2007	1 347.84	−23.57
2002	420.94	62.80	2008	2 203.14	63.46

第四节　贷款管理

信用风险是银行业面临的最大风险。20世纪八九十年代,由于体制、机制等原因,国有商业银行在促进国民经济发展、支持经济体制改革、

维护社会稳定的同时,自身也积累了严重风险。1998年以后,国家采取一系列措施帮助国有商业银行解决不良贷款比例过高的问题。江苏省内国有商业银行在国家政策的支持下,剥离不良资产②,并采取严控新增贷款质量、治理借新还旧贷款、清收处置不良贷款等措施,积极打好信贷资产质量翻身仗。1995年以后大量进入江苏

---

①　"反周期"操作策略是指,市场流动性充足,而信贷投放不足时,商业银行买入票据,支持扩大信贷规模;信贷需求旺盛、市场转贴现增多时,商业银行扩大票据转卖通道,增加实体贷款投放。

②　各国有商业银行江苏省分行不良资产两次剥离情况详见本志第七章第四节《金融资产管理公司业务》。

的股份制商业银行等其他银行,也增强风险防范意识,努力提高资产质量。在此过程中,江苏省银行业机构重组信贷管理机构,改造信贷管理流程,构建全面、系统的风险防范体系,实现信贷资产质量的根本好转。截至 2008 年末,全省银行业金融机构不良贷款率 2.68%,其中国有商业银行(含交通银行)不良贷款率 1.74%,低于全省平均水平 0.94 个百分点。

一、不良贷款治理

(一)外部监管措施

1994 年以后,人民银行不断强化对银行业金融机构的资产质量监管,切实防范和化解金融风险。从 1994 年第四季度起,根据人总行规定,人行江苏省分行在全省所有商业银行、城市信用社和金融信托投资公司中推行资产负债比例管理和资产风险管理制度。1996 年,执行人总行下达的资产负债比例管理的监控、监测指标和考核办法。1997 年,制定《江苏省商业银行降低不良贷款工作考核办法》,把降低不良贷款的任务落实到每一家商业银行和城乡信用社。1999 年,人行南京分行在辖内部分银行业机构开展贷款质量五级分类管理试点。2000 年,根据人总行的统一部署,在苏皖两省开展真实性大检查。2001 年,对辖内国有商业银行 30 个重点二级分行的不良贷款下降情况进行专项检查。同年,为进一步加强对不良贷款的监管,人行南京分行在辖内逐级建立不良贷款监管台账,按月对不良贷款进行跟踪监测,并对各国有商业银行的不良贷款大户企业建立详细档案。2002 年起,在全省银行业机构全面推行贷款质量五级分类管理。同年,对辖内农业银行、中国银行、建设银行 3 家国有商业银行 8 户贷款企业的单笔大额不良贷款进行专项检查。

2003 年江苏银监局成立后,积极推动全省银行业金融机构妥善处置不良贷款、真实反映资产质量,努力实现不良贷款逐年下降。2003 年,要求各银行业金融机构对不良贷款余额大、占比高或变动幅度大的重点机构、重点大户、重点地区进行重点监测。2005 年,对辖内国有商业银行、股份制商业银行、农村商业银行贷款五级分类偏离度进行检查。2006 年,运用贷款五级分类和偏离度检查、贷款迁徙分析和同质同类比较等科学监管手段,加强不良贷款风险监测。2007年,督促银行业金融机构加大现金清收力度。2008 年,继续督促银行业金融机构加大对不良贷款的清收和压降力度,利用盈利较好的时机提足拨备。

(二)内部治理措施

1.控制新增贷款质量

新老划断、分账管理 2000 年以后,省内各国有商业银行普遍实行新老划断、分账管理的办法,切实保证新增贷款质量。如 2000 年工行江苏省分行制定《关于新增贷款资产质量管理考核的实施意见》,明确新增贷款不良率控制目标和要求。省分行按月跟踪监测考核,并进行情况通报。各市分行落实省分行实施意见,严把新增贷款准入关,对当年新增不良贷款及时开展责任评议。2003 年,农行江苏省分行实施以客户为中心的信贷计划期限管理模式,建立健全信贷期限管理台账,对各行增量信贷计划实行期限管理,对超计划发放一般客户信用实施"买单期权"。

审批、授信环节控制 审贷分离、分级审批,是 1995 年颁布的《商业银行法》和 1996 年颁布的《贷款通则》确立的重要信贷原则。

工行江苏省分行 2001 年在信贷管理部设立信贷审批中心,实行信贷政策的制定与具体审批工作的分离,同时设立授信管理中心,将全省授信管理集中到省分行。2002 年,印发《中国工商银行江苏省分行信贷业务主审查人制度》,在全行挑选一批实践经验丰富、熟悉信贷业务、具备一定资格的人员担任信贷业务主审查人,在全国工行系统第一个建立起一支高素质的审查专业队伍。2003 年,完善信贷业务的转授权管理,转授二级分行部分单一法人客户授信权,适度扩大对省分行营业部、无锡、常州等分行的转授权。2006 年 10 月,设立授信审批部,专门履行省分行权限内客户评级、授信、评估及审查职能。2007 年,根据辖内金融资源分布、区域特点、集约化管理水平等情况对各授信审批分部采取不同的授权管理模式。

农行江苏省分行 2000 年根据农总行制定的"信贷新规则",积极做好各经营行和管理行的

"审贷分离"实施工作,并加大对高风险地区上收贷款审批权限力度,对淘汰客户的贷款一般只收不放,对低风险业务、优良客户中的 AAA 级客户贷款审批权适当下放至市分行以下。2003年,规定法人客户授信一律由市分行以上审批,对优良客户的公开统一授信和可循环使用信用一律报省分行审批,严禁以拓展客户为名,违规违章放贷。2007年,完善法人信贷客户管理体系,健全涵盖全辖所有市分行、支行的信贷授权管理体系。

中行江苏省分行 2000 年建立公开、集中、民主的风险管理委员会和独立的尽职调查这一新的授信评审、授信决策机制。2001年,建立独立的尽职调查、民主的风险评审、严格的问责审批和后评价"三位一体"的授信审查和决策机制。2002年,制定实施《授信业务问责审批制实施细则(试行)》,明确问责审批人资格、名单、职权、审批决策程序和职责界定,进一步完善"三位一体"授信决策机制。2003年,调整全辖授信审批权限,对苏州、无锡等重点分行尝试重点客户和行业的特殊转授权管理。2004年,根据中总行授信权限管理模式的调整和集中审批的要求,缩小苏州分行等 4 家二级分行审批权限,上收常州分行等 8 家二级分行新增授信权限和中长期存量授信权限,上收 87 家支行授信审批权限。2005年,根据中总行授信机制集中化、专业化的要求,成立南京、无锡、南通三个授信评审中心,实现省分行对辖内各分支行公司业务授信审批的逻辑集中。2007年,制定《县级支行公司客户授信报批拉直路径实施细则》,对符合条件的 21 家县支行的公司授信业务实施拉直路径报批处理流程,优化授信审批流程,提高重点地区授信审批效率。

建行江苏省分行 1999 年贯彻建总行信贷管理体制改革要求,按照前后台分开、审贷分离的原则,实现人员、机构、业务运作及时到位,并建立和完善信贷业务规章制度,理顺业务关系,强化责任约束。2002年,根据建总行《关于认真做好高风险信贷业务审查工作的通知》,建立高风险信贷业务审查制度。2004年,改革信贷审批体制,设立南京、无锡审批中心,完善个人客户信贷审批体制,实现信贷资源的全省统一配置。

2004 年以后,强化对转授权和再转授权的管理,规范信贷授权等级评价工作,逐步建立起以分支机构授权等级和客户信用等级为基础的两维授权管理模式。

省内其他银行也改革信贷管理制度,切实贯彻落实审贷分离、分级审批和统一授信的原则。交行南京分行 2001 年起贯彻执行交总行制定的《关于进一步加强分支行信贷管理工作的若干规定》,严格实行贷审分离制度,严格执行交总行授予各分支行的授信业务审批权限,建立内部制约机制,规范授信的审查要求和审批程序,做到各岗位、各环节合规操作,谨慎审批。中信银行南京分行 2000 年印发《信用审查委员会工作制度》,成立各级信用审查委员会,负责辖内信贷政策和授信业务的审查决策,根据"专业审查、集体审批和独立表决"的原则,对授信项目进行审议。浦发银行南京分行 2001 年制定《专家审贷制度管理办法》和《审贷操作细则》,实行专家审贷制度。招商银行南京分行 2001 年制定《信贷业务审查工作规范》,强调严格执行审贷分离原则。

信贷现场、非现场监测 工行江苏省分行 2002 年针对部分基层行存在一定程度的重贷轻管情况,制定《贷后管理若干规定》,把贷款管理覆盖到贷款的全过程。2003年,在全国工行系统第一个开发信贷预警监控系统和信贷风险控制系统。2004年,省分行及各二级分行相继成立专门的贷后监督检查机构,制定《市分行贷后监督检查中心工作规则》《大额客户信贷分析制度》等贷后管理制度。2006年,落实亿元大户管理制度,提高核心资产质量。省分行与营业部及各二级分行就全行 402 户亿元以上信贷客户风险管理工作分别签订责任书。对营业部、连云港、盐城、泰州和宿迁分行亿元大户进行信贷检查,要求各行就检查发现的问题落实整改措施。2008年,完善大户管理制度,创新风险管理手段,前移风险控制。建立 5 亿元以上贷款大户风险动态监测报告制度,逐月监测辖内 5 亿元以上大户风险变动情况。建立完善大户应急管理制度,印发《大额客户信贷风险事件应急预案(试行)》。先后两次开展对亿元以上大户的风险排查,逐月跟踪风险隐患较大客户的风险变化。

农行江苏省分行 2005 年制定《信贷在线预

警运作规程及考核办法》,明确各职能部门职责及"每日预警"工作考核范围和考核办法,逐笔考核"每日预警"风险贷款处置情况。当年仅对"问题客户"就下发226份"风险预警通知书",共预警2000年1月1日以后法人客户新增不良贷款10.08亿元,2000年11月1日以后个人客户新增不良贷款3.03亿元。2006年建立三项检查分析制度。一是非现场检查制度,集中监控全省贷后管理情况。当年对全省47户不良贷款余额在5 000万元以上的大户进行监控分析,并对部分行四、五级分类不良贷款倒挂现象,以及B、C级客户贷款风险分类情况等及时预警。二是建立全省信贷投放定期报告制度。应用电子化手段按季分析信贷资产营运情况,包括信贷投放情况分析、到期贷款收回情况分析等。三是建立"多头贷款"客户集中监控制度。应用信贷系统对省内"多头贷款"客户逐户进行清理,共清理法人客户"多头贷款"客户509户(在信贷系统实际反映1 047户),个人客户"多头贷款"客户11 667户(在信贷系统实际反映50 789户)。在全省建立"多头贷款"客户风险监控制度,规定客户在信贷系统中只能注册一个客户代码,不得"多头贷款"。省内所有营业机构在对客户办理新增信用之前,必须以客户代码和名称为准,通过信贷系统交叉查询此客户在全省农行不同营业机构的所有信用情况。

中行江苏省分行2004年建立授信客户信用风险警示机制,在内部网站定期发布授信客户信用风险信息,实现全辖信息资源的共享。2005年,强化质量监控,对正常类授信的管理实施分级月度监控、实时资产分类。同年11月,在全辖各分支行同步推广具有自主知识产权的"公司客户风险管理系统"(一期)。2006年,围绕中总行发布的《信贷指引》,在对客户结构、行业集中度、授信品种结构、地区经济及该行授信状况分析的基础上,确定重点支持客户的标准,定期监控各地区主要行业授信变动趋势,并按季形成全辖行业授信波动警示报告。对于波动较大、变化较快或与当地经济发展不一致的情况,及时向相关二级分行发送行业授信波动警示报告。同时,要求各分支行建立具体的行业研究方法和行业授信监控预警方案,加强地区行业经济研究和行业授

信分析。

建行江苏省分行2000年印发《关于建立信贷风险监管报告和监测报表制度的通知》,建立信贷风险监管报告报表制度,加强对新发放贷款风险的跟踪监测。印发《关于对贷款大户和不良贷款大户加强风险管理的通知》,建立"双十大"贷款客户监控制度,定期对全辖十大关注类和十大不良类客户进行监控。2001年,建立重大信贷风险事项报告制度、内控名单制度、信贷业务新老账分开质量考核数据按月统计监测分析和报送制度。2002年,建立信贷风险事项全过程监管制度,对重大风险事项明确立项、督查、反馈、结案和回访等5个环节。2006年,制定《信贷政策重检管理办法(暂行)》,定期组织宏观信贷政策重检和微观信贷政策重检。根据建总行有关风险监控操作规程,分别规范对公和零售信贷业务风险监控规程。印发《大客户信贷风险重点监测预警机制的实施办法》《关联企业信用风险监管指引》,加强集团客户、关联企业、大额授信客户授信风险监控。根据建总行统一部署,推进内部评级系统上线和应用工作,利用内部评级系统按月发布风险预警信息。2007年,制定《信贷业务风险监控指引》《集团客户授信业务风险管理实施细则(试行)》和《小企业客户授信监控指引》等规章制度,进一步完善风险监控机制。推广应用建总行经济资本和风险限额管理等先进工具。2008年,印发《关于进一步加强大额集团客户授信风险管理的通知》,在系统内率先实行大额集团客户分级管理,加强集团企业资金链、担保链监控,对成员企业实行差别化政策,适度控制集团客户授信总量,引导各行利用银团贷款分散信用风险,防范大额授信风险。

2. 治理借新还旧贷款

2001年以后,工行江苏省分行在工总行统一部署下,积极实施借新还旧贷款综合治理工程。2001年,工行江苏省分行按照工总行借新还旧贷款管理办法,结合该行实际,下发《关于加强流动资金贷款借新还旧管理的通知》,明确流动资金贷款借新还旧的原则、条件、审批权限和审批手续,对借新还旧贷款余额进行锁定,并在此基础上,分解下达年度压缩指标,按月进行监测。到当年末,该行流动资金贷款借新还旧余额

下降 13.2%，超额完成工总行压缩 5% 的任务。

2002 年，工行江苏省分行采取 5 项措施推进贷款存量移位①退出和借新还旧压缩：一是将贷款存量移位退出和借新还旧压缩列入行长目标考核，并与行长年终分配挂钩；二是省分行按月对退出和压缩情况监测通报，建立按月通报制度；三是按季将贷款退出、压缩结果与各行工资性分配挂钩；四是将 AA-以下（含）甲类客户中传统国有加工型和流通企业，由省分行确定退出企业名录，名录内企业的退出视同新增贷款考核；五是乙类客户正常贷款退出列入客户经理考核。到 2002 年末，该行流动资金贷款移位退出 26 亿元，完成总行计划的 162.05%；流动资金贷款借新还旧压缩 37.35 亿元，完成总行计划的 152.64%。

2003～2005 年，工行江苏省分行继续实施包括借新还旧贷款压缩在内的各项贷款退出战略。2003 年，要求各分支行力争多超额完成流动资金贷款借新还旧、收回再贷压缩和乙类客户贷款退出任务，用信贷退出和不良清收腾出的资源，加大优质市场的拓展。2004 年，全面实施存量贷款"五三二"退出战略。对 AA-级（含未评级）及以上客户的存量正常和关注类贷款一律按新增贷款管理；对 A＋级及以下（含待处理未评级）存量退出客户直接核定授信，以其 2003 年末的存量正常和关注类贷款为基数，排出三年压缩计划，每年分别压缩锁定基数的 50%、30% 和 20%。对已列入退出名单的客户除低风险信贷业务外，一律不得增加授信额度，并按必退金额直接申报最高综合授信额度，落实责任人。实行退出大户行领导挂牌责任制。到 2005 年末，工行江苏省分行顺利完成借新还旧贷款综合治理工程。

省内其他国有商业银行也采取不同措施，治理借新还旧贷款。农行江苏省分行 2005 年严禁在企业无还贷资金的情况下变相办理收回再放，明确要求经营行不得为企业"牵线搭桥"搞虚假收回再放，对贷款收回后不符合信贷投放条件的，不得再办理贷款收回再放。同时，按照"锁定总量、余额下降"的原则，严格贷款借新还旧管理，对不符合借新还旧贷款条件的，坚决不予办理。建行江苏省分行 2001 年建立借新还旧贷款质量实时认定制度，2002 年建立借新还旧贷款质量问责制度。

3. 加大不良贷款清收和处置

2000 年以来，省内各国有商业银行在积极争取财政、人民银行支持的基础上，在政策允许的范围内，创新不良贷款清收和处置方式，加强清收和处置工作考核，最大限度地保全银行资产。

工行江苏省分行 2000 年，工行江苏省分行印发《不良贷款监控管理办法》，锁定基数，严格新发生不良贷款的转入、转出。印发《不良贷款清收奖励办法》，拿出专项费用，对清收盘活不良贷款和丙类客户清户工作给予奖励。在各二级分行设立特殊资产经营管理中心，对丙类客户实施集中管理。规范贷款呆坏账核销内部工作程序，并认真做好拟列入计划实施兼并破产项目的论证、审查上报以及贷款呆坏账核销工作。

2001 年，制定《关于现金清收呆滞、呆账贷款本息的内部掌握意见》，加大呆滞、呆账贷款本息的现金受偿力度，应对不良资产的"冰棍效应"。制定《以物抵贷资产管理实施细则》，对以物抵贷的条件、审批权限、抵贷资产的日常管理、处置变现、账务核算等进一步予以规范。印发《关于进一步健全特殊资产管理中心建设的指导意见》，加强特殊资产管理中心建设，完善不良贷款处置专业化体制。根据相关银行总行的精神，组成工、农、中、建、交 5 行反对逃废债联盟，联手对 10 户逃废债务重点企业实施制裁，对徐州地区信贷企业破产情况进行联合调查，并撰写专题调查报告报送当地政府。

2002 年，分析表外欠息情况，排出符合还款免息政策条件的贷款，引导、督促各级行用好还款免息政策。研究制定《呆账准备金计提使用管理暂行管理办法》，把呆账准备的使用与处置不良资产紧密结合起来。当年核销呆账本息 17.23 亿元，其中核销贷款本金 11.34 亿元。推

---

① 存量移位是工商银行实施贷款退出的主要措施之一，是指 BBB 级以下客户和部分 A 级客户的存量贷款移位到 AA 级以上客户及个别有发展潜力的 A 级客户。

动特殊资产经营管理中心公司化运作,完善专业化处置机制。制定《委托代理处置不良资产管理试行办法》,在全辖试行不良资产委托代理处置。制定《加快抵贷资产处置方案》,提出抵贷资产处置三年总体目标和要求。

2003年,制定《现金清收不良资产专项奖励办法》,扩大不良资产奖励范围。制定《不良资产处置管理试行办法》,建立不良资产处置"审处分离"制度。开展打包处置,抓住江苏省产业结构、企业所有制结构调整和优化以及城市化进程加快的有利时机,按地区、按行业或按关联企业实施不良资产打包处置,实现低成本、高效率、高收益的处置。运用跨区域集中处置、集中市区处置、成立县支行不良资产处置小组等模式,通过派出制、小组集中会战等多种形式,进一步提高县支行不良资产处置的集中度和专业化程度。同年,工行江苏省分行被工总行确定为2004年全国工行系统唯一一家不良资产处置试点单位,要求不良资产处置尽快向规模化、纵深化和规范化方向发展。为此,工行江苏省分行拟定试点工作实施方案以及相关配套办法,经工总行批准后实施。

2004年,采取"破产关闭清算一批、诉讼清收一批、打包抵贷一批、还款免息一批"等方式,对整体处置涉及的不良贷款先行实施处置。同年,该行第一笔抵债资产兴化市大兴商厦结束长达八年的抵债历史,2 761万元抵债资产以43.46%的受偿率处置完毕。

2005年,完成第二次不良资产大规模剥离,共剥离不良资产302.6亿元。对不良贷款实行全面预案管理制度,在定期开展尽职调查的基础上,逐户填制并按权限报批《管理预案手册》或《处置预案手册》,推进不良贷款实行精细化管理。建立不良贷款大户定期分析报告制度,省分行对3 000万元以上(含)的不良贷款法人客户情况进行逐户分析,按季向风险管理委员会报告。

2006年,完善不良资产清收处置奖励制度,采取由省分行直接兑现到人和增加专项工资总额相结合的方式奖励兑现。实行处置管理季度评价问责制,按照"尽职即可免责,不尽职必问责"的原则,开展不良贷款处置尽职评价和问责。

增强资产风险管理部门和不良资产处置人员的责任意识。实施分层处置,对单户1 000万元以下的不良贷款,以支行处置为主;对单户1 000万元(含)以上的不良贷款,以市分行处置为主,并要求逐户实行行长挂牌处置;对5 000万元(含)以上的不良贷款大户,省分行直接参与处置。

2007年,制定《不良贷款处置后评价实施意见》,对1 000万元以上不良资产处置项目,围绕流程的合规性、处置过程的合法性和受偿的合理性,开展处置后评价。印发《关于进一步做好个人客户不良贷款清收处置工作的通知》,对个人客户不良贷款处置职责、预案管理、处置期限与流程等予以明确,对处置行为进行规范。

截至2008年末,工行江苏省分行本外币不良贷款余额39.08亿元,不良贷款率1.06%,不良贷款率在省内4家国有商业银行中最低。

农行江苏省分行　2001年,农行江苏省分行完善考核激励机制,新的考核办法设置实际利润、不良资产控制额和业务发展三个考核指标,与全行80%的奖励工资挂钩。将资产质量指标在各行经营目标责任制考核中的比重提高到30%。在全行开展"资产质量万里行"活动,共落实个人责任贷款2.8亿元。截至2005年末,"资产质量万里行"中落实的个人清收责任贷款收回1.64亿元,回收比例58.57%。

2002年,将清收盘活不良资产、全面提高资产质量作为全行三大目标之一,通过不良资产分账经营、集中清收等措施,全面推进不良资产的清收盘活工作。一是建立专业清收机构,集中精兵强将进行清收。二是把不良资产考核纳入全行经营目标责任制,对不良贷款实行"买单制"。三是明确重点清收地区行长职能,按上年末不良贷款占比25%、35%、45%三个档次分别明确县级支行一把手行长和分管行长的职责。四是排查不良贷款大户,重点实施清收。对1 000万元以上大额不良贷款客户逐一建立台账,加强大户监控。省分行重点对5 000万元以上不良贷款户和跨行、跨地区的大额不良贷款户实施监控。五是探索省分行直接参与清收处置。通过建立重点联系行,建立现场督办制度,推动清收工作的开展。六是积极参与金融安全区建设,坚决打击逃废银行债务的行为。

2003年，加快全行不良资产的清收和劣质客户退出。出台《关于进一步加强贷款风险分类管理工作的意见》《关于进一步明确贷款风险分类管理办法中几个问题的通知》等文件，建立健全台账管理，切实加强对"资产质量万里行"活动中个人贷款清收情况的定期督查落实力度。坚持不良资产清收管理行长负责制，坚持重点地区行领导主要精力放在清收管理不良资产上的要求，坚持不良资产清收挂钩奖惩政策，将资产质量纳入经营目标责任制考核，对分支行不良贷款增加实行"买单制"。在6个市分行成立资产经营中心，加大集中清收力度。加强抵债资产管理，对抵债资产实行"零增长"控制，纳入不良资产余额控制和清收管理的范围考核。

2004年，继续加大不良资产清收处置力度。一是创新清收手段。完善大额不良贷款客户分级管理网络，建立上下协调联动清收机制。以提高案件处理质量为目标，加大执行力度，要求各级行建立执行工作分管行长负责制，并明确具体负责人全程配合法院搞好执行。将执结率、清偿率和现金收回率纳入年度综合考核。开发、完善、推广抵债资产电子管理系统，在资产的接收、保管、处置、损失结转及财务列支等业务发生后实时登录，加强对抵债资产各个环节的管理。二是完善绩效考评和奖惩机制。继续实行不良资产"买单制"，凡是年末完成资产质量改善任务的市分行，其不良贷款余额比年初增加的，按新增次级类的25%、可疑类的50%、损失类的100%分别实行买单；未完成不良贷款余额下降计划的，按未完成数的50%买单；未完成清收任务的，按未完成部分的10%买单。继续运用清收不良资产的激励政策，安排清收专项奖励基金，调动清收单位和人员的工作积极性。在不良资产划转专业清收机构时，严格界定贷款责任，杜绝边增边划、前划后增现象，从源头上控制不良资产的形成，并督促责任人加快责任贷款的清收进度。

在2007年开始的农业银行股份制改革过程中，农行江苏省分行积极做好不良资产处置工作。2008年，按照农总行不良资产剥离实施方案的要求，以2007年末时点为基准日，剥离不良

资产276.72亿元，其中贷款262.8亿元，非信贷资产13.87亿元，准贷记卡透支0.05亿元。剥离资产对应的表外应收利息一并剥离。对基准日后不良资产清收处置的现金权益一并剥离划转财政部专户。

截至2008年末，农行江苏省分行本外币不良贷款余额93.65亿元，不良贷款率2.72%。

中行江苏省分行　2001年，中行江苏省分行制定不良授信资产清收专项费用考核分配办法、不良资产委托清收实施办法等规章制度。各级行综合运用催收、盘活、债务重组、破产清偿、以物抵债等形式，借助政府有关部门、监管部门、中介机构等社会力量，多途径、多样化、全方位开展清收，并采取出售、拍卖、租赁、网络及传媒宣传等多种渠道和手段处置变现不良资产。截至当年末，全省中行系统不良资产率比全国中行系统平均不良资产率低6个百分点，比江苏省内银行同业平均不良资产率低2.5个百分点。本外币贷款新账不良率0.65%，新账不良率仅为0.06%。

2002年，通过到期催收、限期清收、债务重组、以物抵债、呆账核销等多种方式，压降不良资产。截至当年底，共现金收回不良资产3 050笔、金额16.18亿元。

2003年，综合运用合理展期、依法清收、债权委托、以物抵债、债务重组、呆账核销等方式，化解不良资产。修订清收奖励专项费用分配办法，对全辖抵债资产实行"处置任务和余额控制"双线考核制度。

2004年，在中总行统一部署下，完成信贷资产审阅，严格执行贷款五级分类标准，真实反映信贷资产质量。加快核销、划转损失类贷款，剥离可疑类贷款，加速处置不良资产，全辖核销和划转损失类资产105亿元，化解了不良包袱。

截至2008年末，中行江苏省分行本外币不良贷款余额54.51亿元，不良贷款率1.86%，2004年以后连续5年保持不良贷款"双降"。

建行江苏省分行　2001年，建行江苏省分行加强对压缩不良贷款的监测、检查和考核力度，实行不良贷款监控台账制度、按月排名通报制度、到(逾)期贷款内部提示制度、不良贷款大

户重点监控制度、重点联系行制度、红黄牌制度、借新还旧类贷款质量实时认定制度、新老信贷业务质量分开考核制度等。探索多种行之有效的收贷办法，认真开展呆账核销、抵债资产处置、不良拆借、证券回购、银行承兑汇票垫款和信用证不良押汇清收工作。

2002年，大力压缩存量不良贷款，加快处置进程，加大奖惩力度，强化分类指导，加强检查通报，创新处置方法，认真把好抵债资产收取关，加强依法收贷和丧失诉讼时效债权的补续工作，及时纠正新发生逃废债企业行为。

2003年，开展降低不良资产攻坚战，对39.57亿元损失类贷款进行"消包"转让。

2004年股改过程中，建行江苏省分行对61.23亿元可疑类资产实施剥离。通过不良资产剥离和"消包"工作，基本解决不良资产比例偏高、历史包袱沉重等问题。同年，大力推进以"降不良、防案件、抓管理、促发展"为主题的攻坚战，加大省分行、二级分行行领导直接压缩不良资产工作力度，尝试申报损失类贷款核销，运用批量处置、联合拍卖等新手段。当年共处置不良资产49.73亿元（不含剥离因素），回收现金34.94亿元。截至当年末，不良资产额比年初减少71.22亿元，不良率下降4.29个百分点。

截至2008年末，建行江苏省分行（不含苏州分行）本外币不良贷款余额34.12亿元，不良贷款率1.45%，2002年以来连续7年保持不良贷款"双降"。

二、信贷管理制度的建立和完善

（一）专业银行时期（1983~1993）

1983年，国务院决定国营企业流动资金改由人民银行统一管理。1984年以后，由于人民银行开始专门行使中央银行职能，国营企业资金的供应和管理改由专业银行负责。此后至1994年经济体制改革前，银行既有管理企业国拨流动资金的职能，又有保证企业流动资金供应的任务，本质上仍是一种计划性配置资金、被动式发放贷款的管理体制，银行仍然没有贷款自主权，也基本上不承担贷款损失和贷款责任。这一时期，银行主要按信贷业务和产品种类设置贷款管

理机构，并开始信贷风险管理的早期探索。

1. 信贷管理机构的初步建立

江苏省各专业银行恢复或成立初期，主要按信贷业务和产品的种类设置贷款管理机构，没有设立专门的信贷风险管理机构，贷款风险管理职能分散于各信贷部门之中。这种贷款机构的设置主要存在以下几个方面的问题：一是不利于集中控制风险，不同贷款风险按照不同衡定标准和管理方法，由不同的贷款部门分散管理，缺乏统一的识别、衡量标准和一致的管理、处置手段。二是按业务品种归口管理贷款，多头对外，不利于统一服务客户和竞争市场。三是每个信贷部门既要管市场营销，又要管风险控制（信用等级评定、统一授信等）；既要具体审批贷款，还有制定业务管理制度、办法的职能。一个部门身兼数职，难以处理好贷款审查与贷款营销，开拓市场与防范风险的关系。四是对客户信息掌握不全面。

2. 信贷风险管理的早期实践

20世纪80年代中期至90年代初，随着贷款风险的逐步显现，专业银行开始研究贷款风险管理问题，进行控制贷款风险的早期实践。1986年9月1日，工总行制定《中国工商银行流动资金贷款暂行责任制度》，对贷款管理的各个环节的职责做出规定，建立"贷款三级审批制度"，规范"贷前调查、贷时审查、贷后检查"的贷款"三查"制度，并相应规定贷款各主要环节的责任。1989年，工商银行在各级行特别是城市行推广贷款集体审议制度，规定各级行必须建立贷款审查委员会，对大额贷款的发放实行集体审议和决策，明确有关人员的职责、权限和贷款管理程序。1993年，工总行印发该行成立后第一份有关贷款风险管理的规范性文件——《中国工商银行贷款风险管理试点办法》。1994年8月，建总行制定《中国人民建设银行贷款风险管理试行办法》。该办法根据人民银行的有关规定，借鉴《巴塞尔资本协议》要求，以企业信用等级、贷款方式、贷款期限和贷款形态为主要内容，建立防范控制风险的制度框架。江苏省内各国有银行积极贯彻各自总行制定的风险管理办法，加强风险防范。1992年起，各专业银行积极推行贷款抵押、担保制度，减少信用放款。1993年，工行江苏省分行

在邳州、武进等县支行进行信贷风险管理试点。1994年，建行江苏省分行对774户企业进行全面资信等级评定，共评出AAA级企业289家，AA级企业485家，达到选准企业、降低风险的目的。

1987年、1991年，交通银行、中信银行两家股份制银行先后进入江苏。由于实行"自主经营、自负盈亏、自担风险、自求平衡"的经营机制，两家股份制银行从成立之初就重视信贷风险制度的建设。交行南京分行成立初期，计划和信贷工作由计划信贷部负责。此后，计划信贷部分设为综合计划部、信贷一部、信贷二部；成立房产业务部，分管市政、城建系统的信贷业务；各办事处增设计划信贷科，陆续开始办理信贷业务。1988年3月，制定《交通银行南京分行贷款程序》，将贷款程序分为贷款申请、贷前调查、贷款发放、贷后检查和贷款收回5个程序。1989年8月，在贷款审查小组的基础上成立贷款审核委员会，以加强贷款审核工作。1990年5月，制定《交通银行南京分行信贷管理实施细则》，规定信贷员贷款责任制、流动资金贷款程序、技术改造项目贷款评估、委托贷款管理、贷款审批权限等5个方面的内容。1991年4月，由交行总管理处信贷部、计划部、财会部、稽核室等部门人员组成的信贷资产监控考核试点工作组进驻交行南京分行，按照交行总管理处拟定的信贷资产监控考核办法进行一次全过程试运转。同年5月下旬，交行总管理处在南京召开全国10个管辖分行分管总经理及相关部门负责人参加的全国信贷资产监控工作会议，介绍南京分行试运转情况。

1991年成立首年，中信银行南京分行实行信贷管理"十六字"方针，即"双人调查（贷前）、集体评审、三级签字、交叉检查（贷后）"。这套贷款管理办法既落实"区别对待、择优扶植"的信贷原则，又有效避免贷款风险，提高信贷工作管理水平。开业一年多来，该行累计发放贷款400多笔、金额10多亿元，没有发生一笔不良贷款。1992年，结合信贷部和资金计划部的分设，尝试实行"审贷分离"的信贷管理制度。在贷款方式上，严格控制信用贷款，积极推行抵押、担保贷款，保证较低的贷款逾期水平（低于1.5%）。同年四季度，学习深圳等地银行信贷资金风险管理

办法，制定信贷资产风险管理试行办法。

（二）商业化转型和股份制改造时期（1994～2008）

1992年，中共十四大提出建立社会主义市场经济体制的目标。1994年，国家从宏观上进行计划、财税、物价、金融、外汇五项重大改革，社会主义市场经济体制的框架初步形成。国有企业开始建立"产权清晰、责权明确、政企分开、管理科学"的现代企业制度。1994年下半年开始，国有企业进入战略性重组阶段，出现大量破产倒闭企业。这些倒闭破产企业的损失主要以国有银行不良贷款的形式集中表现出来。与此同时，国家加快国有银行改革步伐，推动国家专业银行向国有商业银行转变，按现代商业银行经营机制运行。省内各国有商业银行在加快推进自身改革的同时，以风险防范为主题，建立和完善新的贷款管理体制。政策性银行、股份制商业银行等其他银行也重视信贷风险的防范，积极构建信贷风险防线。

1. 信贷管理机构的重组

1994年以后，鉴于按照信贷业务和产品种类设置信贷管理机构的方式与市场经济条件下控制风险和服务客户的要求不相适应，各国有商业银行开始按照建立现代商业银行制度的改革要求，借鉴国内外商业银行信贷机构设置的先进经验，逐步进行以前后台分离、营销与审批分离为主要内容的信贷管理机构改革。

1999～2000年第一次不良贷款剥离后，工商银行以风险防范为主体，集中精力改革信贷管理体制。机构设置改革的基本原则是：以客户为中心，以市场为导向，以风险控制为主线，实行统一营销、统一服务和统一控制风险；实行专业化分工和细化分工，提高管理质量和工作效率；部门责任清楚，岗位分工明确，横向相互制衡，上下对口衔接；内部沟通畅通，意见表达独立，信息充分对称。根据上下对口衔接的原则，工行江苏省分行信贷机构设置与总行基本保持一致。改革重组后的信贷机构基本设置是：（1）设立信贷政策委员会。由行长任主任，主管行长任副主任，各有关部门负责人为成员。信贷政策委员会是全行信贷业务最高决策机构。（2）设立公司业务部。公司业务部是工商银行的信贷营销前台。

（3）设立信贷管理部。信贷管理部是工商银行的信贷管理后台。（4）设立资产风险管理部。1998年，原资产保全部升格为一级部，更名为资产风险管理部，成为独立于经营部门的专业风险管理机构，为各一级（直属）分行必设机构。

省内其他银行也陆续进行信贷管理机构的重组，完成从"部门银行"到"流程银行"的转变，民生银行南京分行等股份制商业银行改革力度较大。2006年，根据民生银行总行的统一部署，民生银行南京分行实施以专业化销售为核心的公司业务集中经营改革，将原有的12家支行、5个公司业务拓展部整合为8个行业金融部，将支行公司业务全部上收到行业金融部承担公司业务专业化销售职能，支行从原来的综合化经营转变为零售银行销售主渠道，同时承担窗口结算服务、其他产品销售、公共平台与安保内控职能。2008年，按照流程银行管理理念，民生银行南京分行设立贸易金融、房地产、冶金、交通、能源和工商企业等6大事业部南京分部，及城建、机电、路桥、商贸、机构、企业金融等9大行业金融部。与此同时，支行资源全部让位于零售业务，不再从事公司业务。

2. 全面风险管理体系的构建

1994年以前，国内银行业机构没有单独设立风险管理机构，贷款风险管理职能分散于各信贷部门之中。1994年以后，随着国有企业改革和国有银行改革的推进，银行不良资产逐渐暴露，不良资产率不断上升。在此背景下，国内银行业机构开始设立资产保全、资产风险管理等资产风险管理专门机构，并逐步构建以风险管理部门为核心的全面、系统、垂直的风险管理体系。

从成立时间先后看，资产保全部门普遍早于资产风险管理部门，也有的银行未设立资产保全部门，而直接设立资产风险管理部门。1994年10月，工商银行成立全国金融系统第一个维护金融资产安全、保全银行资产的专门机构——风险贷款保全处，内设于工交信贷部。1996年7月，风险贷款保全处升格为资产保全部，作为二级部挂靠在工交信贷部。农业银行、中国银行、建设银行等国有商业银行，交通银行、华夏银行、浦发银行、光大银行等股份制商业银行，以及国家开发银行等政策性银行，也陆续设立资产保全部门。随着形势的变化，资产保全部门的机构设置和职能也相应进行调整。1998年4月，工商银行总行资产保全部升格为一级部，并更名为资产风险管理部。工总行规定资产风险管理处（部）为各一级（直属）分行必设机构。2004年，中国银行、建行银行实行股份制改造，完成不良资产的第二次剥离，不良资产率降到较低水平。两家银行开始对资产保全部门进行改革。2004年，建总行下发《关于印发〈"大保全"体制试点工作指导意见〉的通知》，开展以"适应扩大经营范围，适度延伸工作职能，推进新形势下资产保全体制改革"为主要内容的"大保全"试点，建行江苏省分行是10个试点省级分行之一。2005年4月，中国银行在原资产保全部基础上，成立授信执行部，履行授信发放审核、授后监督、不良资产清收处置等职责。2007年，农业银行开始股份制改造，成立资产处置部处置不良资产。

为进一步加强风险管理，20世纪90年代后期，银行开始普遍设立资产风险管理部门。1998年，工商银行资产保全部更名为资产风险管理部后，第一次实现资产风险管理职能与贷款经营职能的分离。其职能拓展到全面负责全行不良资产的清收、转化和处置，组织全行债权管理，制定信贷风险管理与控制的各项政策措施，以物抵债管理、呆坏账核销管理、风险监测等。作为各一级（直属）分行的必设机构，工行江苏省分行根据总行要求设立资产风险管理部，并单独设立风险资产处置中心（特殊资产经营部）；2000年，在各二级分行设立特殊资产经营管理中心，对丙类客户实施专门集中管理；2005年不良资产第二次剥离完成后，印发《中国工商银行江苏省分行关于加强和完善特殊资产经营管理中心建设的指导意见》，对剥离后专业化处置机构与队伍进行整合，细化专业化处置的机构设置、人员配备、运作模式及工作职责，进一步发挥专业化处置作用；2006年，原资产风险管理部更名为风险管理部，业务工作重点从不良资产处置管理转移到信贷资产全面风险管理方面。到2008年末，省内各国有商业银行、政策性银行、其他商业银行已普遍设立风险管理部或类似机构，全面履行风险管理职责。

随着风险防范观念的增强和风险管理机构

的健全,银行从横向和纵向两个维度,构建以风险管理部门为核心的全面、系统、垂直的风险管理体系。从横向看,风险管理工作已渗透到银行业务经营的各个方面。工行江苏省分行2006年机构改革后,授信审批部、公司业务部、信贷管理部、风险管理部、小企业金融业务部等5个部门,从企业信贷业务的不同环节,对信贷业务风险进行管理和控制,个人金融业务部、银行卡业务部、资产负债管理部也根据业务职责履行一定的信贷业务风险管理职能。农行江苏省分行2008年作为改革样板行,在全国农行系统率先启动内部组织架构优化调整落地工作。该行前台的公司业务部、小企业业务部、个人金融部、信用卡中心等业务经营部门,与中后台的信贷管理部、风险管理部、资产处置部、内控合规部、法律事务部等风险管理部门相互配合,实现对信贷业务风险的全程监控。建行江苏省分行2005年作为建设银行风险管理体制改革的4个试点分行之一,在对公信贷业务领域试点实施平行作业制度,客户营销和客户关系管理的经营人员和风险条线人员,在同一授信业务流程中,以客户为对象,以产品和服务为载体,通过授信业务岗位制约与团队合作平衡风险与回报。交行南京分行2005年建立以"监控、检查、防范、挽救"为主要环节的事先预警、事中化解、事后处置的全方位风险监控机制,通过强化运用"风险监察名单"、不良贷款迁徙等工具,推动风险管理关口前移。

从纵向看,银行逐步建立垂直的风险管理体系,实现对风险的集中管理。工行江苏省分行2006年根据《中国工商银行关于做好分支机构改革工作的通知》等有关文件精神,在全辖初步建立集中、垂直管理的风险控制体系;2007年起对工总行牵头营销的客户申请的业务,由省分行公司部门调查后直接报工总行审查审批,不再经过省分行授信审批部门的重复审查审议,在强化风险控制的前提下,提高信贷业务的响应速度。中行江苏省分行2005年根据中总行授信机制集中化、专业化的要求,结合该行实际,成立南京、无锡、南通三个授信评审中心,实施省分行对辖内各机构公司业务授信审批的逻辑集中。建行江苏省分行2004年设立南京、无锡两个审批中心,实现全省信贷资源的统一配置。华夏银行

2007年建立"三级、三线"信用风险垂直集中管理体制。"三级"是指总行信用风险管理部、地区信用风险管理部、地区信用风险管理部分部三级组织体制;"三线"是指各级信用风险管理部内设授信审批、信贷支持、资产保全三个职能条线。根据华夏银行总行的部署,华夏银行南京分行成立直属于总行的地区信用风险管理部,原信贷审查部、风险管理部与放款中心、资产保全部撤销。

3. 贷款质量管理的精细化

1993年3月,人民银行、财政部联合颁布《金融企业会计制度》,其中将贷款按期限分为按期归还的正常贷款和催收贷款。此后,人民银行和财政部多次修改贷款质量分类标准,逐步形成"一逾两呆"的贷款质量分类方法。"一逾两呆"法对各种贷款尤其是不良贷款的数额一目了然,可操作性强,在当时的企业制度、金融制度和会计制度下起到积极作用。但是,这种以期限为基础的分类方法对信贷资产风险识别滞后,不能准确地界定贷款质量,不具有国际可比性,且容易导致对资本充足状况的错误判断。

1998年,为防范和化解金融风险,经国务院同意,人民银行在全国银行业部署开展清理信贷资产,改进贷款分类工作(以下简称"清分工作"),采用国际通行的贷款五级分类(正常、关注、次级、可疑、损失五类)方法对国内银行业的贷款质量进行重新认定,摸清国有商业银行不良贷款的底数。1998年下半年后,清分工作在4家国有商业银行全面展开。江苏省内各国有银行积极做好清分工作,加强不良贷款的清收处置。1999年,工行江苏省分行先后开展两次清分工作,全面掌握不良贷款的分类状况和风险程度,逐户、逐笔制定出清收转化措施,并在规定的时间内完成债转股及拟剥离不良资产的前期准备工作。农行江苏省分行在清分工作中补办贷款合同2 751笔,补办抵押手续2 078笔,收回不良贷款33 849万元,收回陈欠利息9 990万元。中行江苏省分行制定下发《中国银行江苏省分行不良授信资产清收管理办法(试行)》《中国银行江苏省分行大额不良授信资产监管办法(试行)》等一系列规章制度,加强对不良资产清收工作的组织领导和检查考核。在股份制银行中,中信银行南京分行提出"清收出效益"的指导思想,推行

中信总行"麦肯锡清收系统",组建专门清收队伍,实行催贷分离,按清收系统"3－6－3"的标准建立清收数据库。通过专业化清收,该行当年共收回现金 19 948 万元,价值 9 005 万元的物品,重组贷款 9 909 万元。

1999 年 7 月,人民银行印发《关于全面推行贷款五级分类工作的通知》,决定从 1999 年 7 月末到 2000 年底,在国有独资商业银行、政策性银行、其他商业银行、城市商业银行中分步实施贷款五级分类工作。同年 9 月,人民银行印发《不良贷款认定办法》,要求银行按"一逾两呆"划分标准认定不良贷款。到 2004 年银监会停止"一逾两呆"办法前,各银行按"一逾两呆"和"五级分类"两个口径报送贷款质量报表,实行双轨运行。1999 年至 2002 年,人行南京分行对辖内银行贷款质量的考核以"一逾两呆"为主;2002 年 1 月人总行全面推行贷款质量五级分类管理后,对贷款质量的考核改以"五级分类"为主,"一逾两呆"数据只起参考对照作用。

江苏银监局成立后,根据银监会 2003 年 11 月印发的《关于推进和完善贷款风险分类工作的通知》,在全省银行业金融机构全面推行贷款质量五级分类管理。2005 年,江苏银监局组织对辖内国有商业银行、股份制商业银行、农村商业银行贷款五级分类偏离度的检查,并对全省农村信用社全面推广五级分类工作进行部署;2006年,运用贷款五级分类和偏离度检查、贷款迁徙分析和同质同类比较等科学监管手段,加强不良贷款风险监测。

2004 年以后,交通银行等银行在五级分类的基础上,进一步将贷款风险分类标准调整到 10 级或以上,从而使信贷质量管理更为精细和严格,风险预警更加及时、准确。省内各银行围绕各自总行贷款风险分类标准的调整,进一步做好贷款的精细化管理工作。2004 年,交行南京分行作为试点行推广以"世行项目"为基础的新信贷流程,完成信贷风险 10 级分类,其中 1～5 级为正常,6～7 级为关注,8 级为次级,9 级为可疑,10 级为损失。2005 年,将"世行项目"纳入正常信贷流程管理,并在信贷体系中推广交总行的内部评级体系,与"双 10 级"评级并行使用,进一步从客户评级和业务评级两个方面来量化信用风险,实现从 PD 内部评级管理到内部评级"单轨制"管理。2008 年,工行江苏省分行执行工总行 12 级分类标准,着重对出现违约现象的信贷资产进行核对,变被动式处理为主动式监测。同年,建行江苏省分行根据建总行《中国建设银行信贷资产风险十二级分类管理办法》,开始实施信贷资产风险 12 级分类管理。按照风险程度由小到大,正常类细分为 4 级,关注类细分为 3 级,次级类细分为 2 级,可疑类细分为 2 级,损失类无细分级别。前 7 级合称优良信贷资产,后 5 级合称不良信贷资产。实施 12 级分类后,除保留原有的专家判断分类方法外,还引入定量分析方法,将计算机系统智能分析结果作为划分风险类别的重要依据。

第五章　中间业务

　　江苏省银行业机构中间业务起步于结算、代理等简单业务。早期的中间业务只是作为资产、负债两大主营业务之外的辅助业务,中间业务收入也不大。1993年金融体制改革以后,随着国家专业银行向国有商业银行转变,银行的经营理念和经营模式都发生了重大变化。全省银行普遍开始重视中间业务的发展,中间业务品种不断丰富,收入不断增加,银行传统以资产负债为主体的经营结构逐渐改变。21世纪以后,随着经济金融市场化速度的加快和现代信息技术的进步,中间业务的发展逐渐由负债主导型向收入主导型过渡,对中间业务的认识也由辅助性业务向主营业务转变,中间业务收入增长不断加快。2000年全省银行业机构中间业务收入(手续费收入)仅10.85亿元,2008年达146.34亿元,增长12.49倍。

第一节 结算业务

一、结算账户

1977 年以后,中国人民银行先后出台 3 个关于银行账户管理的重要办法。1977 年 10 月 28 日,中国人民银行发出《关于下达〈中国人民银行账户管理办法〉的通知》,规定各企业、事业、机关、团体、部队、学校必须贯彻关于财政资金与信贷资金、基本建设资金与流动资金分口管理,预算内资金与预算外资金分别核算的原则,分别在银行开设有关账户;银行账户分为基本账户(存款户或往来户,预算存款户或经费限额支出户,预算外存款户或其他存款户),专用账户(贷款户,专用基金存款户)和辅助账户。人行江苏省分行转发这一通知,要求全省银行按照规定开设各类账户,银行在开设账户时要遵守有关政策法令,遵守银行信贷、结算、现金管理的规定,不准出租、出借账户,不得签发空头凭证。

1994 年 10 月 9 日,中国人民银行颁布《银行账户管理办法》,1977 年 10 月 28 日颁布的《银行账户管理办法》同时废止。新的《银行账户管理办法》将存款账户分为基本存款账户、一般存款账户、临时存款账户和专用存款账户;明确规定存款人不得违反本办法的规定在多家银行机构开立基本存款账户,不得在同一家银行的几个分支机构开立一般存款账户。

2003 年 9 月,中国人民银行颁发《人民币银行结算账户管理办法》,1994 年 10 月 9 日颁布的《银行账户管理办法》同时废止。《人民币银行结算账户管理办法》将结算账户按存款人分为单位银行结算账户和个人银行结算账户。单位银行结算账户按用途分为基本存款账户、一般存款账户、专用存款账户、临时存款账户。个体工商户凭营业执照以字号或经营者姓名开立的银行结算账户纳入单位银行结算账户管理。存款人凭个人身份证件以自然人名称开立的银行结算账户为个人银行结算账户。邮政储蓄机构办理银行卡业务开立的账户纳入个人银行结算账户管理。至此,中国人民银行关于银行结算账户的管理规定趋于完善,有利于银行办好资金结算,加快资金周转,提高资金使用效率。

截至 2008 年末,全省共有单位结算账户 226.24 万户,其中基本结算账户 116.09 万户,占单位结算账户总数的 51.31%,居主导地位。

二、结算方式

中华人民共和国成立后,江苏的结算方式发展大致经历二个阶段。1979 年以前,为适应高度集中的计划经济管理体制,转账结算以全民单位为主要对象,以托收承付、委托收款等转账结算方式为主要形式。1979~1988 年是结算方式创新的阶段。为适应经济体制改革和多种经济成分发展的需要,江苏除了改造传统的结算方式以外,还引进和创造城乡限额结算、农副产品收购定额结算和特约商户传真汇款等多种新的结算方式,为国家完善结算制度做出重要贡献。1988 年以后是规范和完善转账结算方式的阶段。1988 年,中国人民银行制定中华人民共和国成立后首个比较全面和系统的《银行结算办法》,确立票据在结算中的主导地位。1997 年 12 月,中国人民银行制定《支付结算办法》,将支付结算方式分为票据(银行汇票、商业汇票、银行本票和支票)、信用卡和包括汇兑、托收承付、委托收款在内的三大体系,进一步完善中国的支付结算制度。20 世纪 90 年代以来,随着信息技术的发展,以银行卡、电子支付为代表的现代化支付工具在江苏得到迅速发展,对传统非现金工具的替代作用逐渐增强。本目主要记述票据、汇兑、托收承付、委托收款等传统非现金支付工具,银行卡和电子支付在本章其他节目记述。

(一)银行汇票结算(票汇结算)

1. 城乡限额结算

城乡限额结算属于异地结算范畴,也称支农结算,为江苏首创,先在省内推行,后扩大到华东三省一市,并逐步演变为华东三省一市汇票结算。1970 年,人行大丰县支行首先试办城乡限额结算。1975 年,人行江苏省分行在大丰县召开全省会计工作会议,总结交流实行城乡限额结算办法的经验,决定从 1976 年 1 月 1 日起,首先在盐城、苏州、镇江三地的县(市)及县(市)之间推行城乡限额结算办法。1976 年,中国人民银行在无锡市召开全国会计会议,肯定江苏省城乡限额结算办法的经验,并开始酝酿在毗邻省、市之间推行。1980 年 8 月 22 日,中国人民银行下发《限额结算试行办法》,决定在上海、江苏、浙江、安徽 4 省市之间试行限额结算业务。《限额结算试行办法》规定,限额结算是购货单位即付款单位向开户银行缴存保证金,委托银行如数签发限额结算凭证,凭以向指定的销货单位即收款单位在规定的限额内一次办理转账付款的异地结算方式;限额结算主要适用于自提自运商品交易、零星采购以及劳务供应等资金结算,凡在银行开立存款账户的国营和集体企业、事业、机关、团体、部队、学校、农村生产队等单位均可使用此结算方式;签发限额结算凭证的起点为 100 元,实际结算金额可低于 30 元,多余限额,只能转账,不能兑付现金;凭证有效期为 20 天;在信用社开户单位,要求办理限额结算,可通过信用社就近的开户银行签发凭证。人行江苏省分行立即贯彻总行要求,11 月份起正式试行。至此,江苏的城乡限额结算方式发展成为华东三省一市区域性的结算方式。

2. 银行汇票结算(票汇结算)

1983 年,中国人民银行为适应改革和商品经济发展的需要,制定《票汇结算办法》。由于种种原因,票汇结算当时并未有效地开展起来。1987 年 4 月,华东三省一市人民银行在扬州市召开座谈会,认为三省一市限额结算与票汇结算在做法上有许多共同之处,又各具特色,决定将三省一市限额结算改为三省一市票汇结算,并制定《华东三省一市票汇结算办法》和会计核算手续。1989 年,又加以修改、补充,规定在三省一市范围内凡有结算章和压数机的银行均可签发,对方银行均可受理,同时规定签发时必须使用统一印制的票汇凭证和压数机。由于这种结算方式具有通汇面广、兑付方便、人到钱到等优点,适应三省一市地区经济往来密切、金融机构网点多的特点,因此业务量猛增。据统计,江苏省平均每天签发 2.3 万笔,金额 6.6 亿元。其金额在整个异地结算业务中的比重逐年上升,到 1990 年这一比重已达 39.43%。1988 年 12 月下发的《银行结算办法》第 13 条对银行汇票作了全面规定。1997 年

12 月下发的《支付结算办法》对银行汇票结算作了修订。2008 年,全省银行汇票结算笔数 332.4 万笔、金额 10 611.67 亿元,占全部票据结算(银行汇票、商业汇票、银行本票、支票,下同)笔数和金额的比例分别为 3.31% 和 5.41%。

(二)商业汇票结算

1984 年 12 月,中国人民银行制定《商业汇票承兑、贴现暂行办法》,鼓励工商企业间的商业信用实行票据化。1985 年开始在全国推行商业票据承兑、贴现业务。1988 年 12 月下发的《银行结算办法》第 14 条对商业汇票作了全面规定。1997 年 12 月下发的《支付结算办法》对商业汇票结算作了修订。江苏省从 1986 年下半年开始办理商业票据承兑、贴现和再贴现业务。2008 年,全省商业汇票结算笔数 159.27 万笔、金额 8 789.63 亿元,占全部票据结算笔数和金额的比例分别为 1.59% 和 4.48%。

(三)银行本票结算

1988 年 12 月下发的《银行结算办法》第 15 条对银行本票结算作了全面的规定。1997 年 12 月下发的《支付结算办法》对银行本票结算作了修订。1997 年,江苏省首先在常熟、扬中两地开展银行本票的试点工作,并逐步在全省推广。2008 年,全省银行本票结算笔数 219.26 万笔、金额 21 194.42 亿元,占全部票据结算笔数和金额的比例分别为 2.18% 和 10.8%。

(四)支票结算

1979 年经济体制改革前,支票结算方式一般限于国营单位和城镇集体所有制单位。1985 年 4 月,农行江苏省分行下发《中国农业银行江苏省分行农副产品收购定额结算试行办法》,对收购结算办法进行改革。该办法的主要特点是将结算与储蓄相结合,在结算期内可以凭此定额结算凭证到银行、信用社兑付现金、归还贷款或转存定期储蓄,也可以到供销部门购买生产(后推广到生活)资料;超过结算期,自动转为定活两便储蓄存款,从凭证签发日起,按规定利率计算利息。定额结算凭证面额开始时是 50 元、100 元 2 种,不记名,不挂失,不得代替货币流通。同年 9 月,面额又增加 20 元 1 种,同时将原定为 1 个月的结算期改为 10 天。由于收购定额结算办法具有优越性,全省各地都推行。1986 年,新华

通讯社在第 1606 期《国内动态清样》上报道江苏推行农副产品收购定额结算的情况,引起了中国人民银行领导的重视,陈慕华行长批示:"应当推广"。同年 10 月,人民银行、工商银行、农业银行、中国银行四总行联合发出《关于推行江苏省收购农副产品定额转账支票结算办法的通知》。1986 年 1 月 27 日,人民银行、工商银行、农业银行联合下发《关于推行个体经济户和试行个人使用支票结算的通知》,决定对个体经济户和个人的结算进行改革,要求银行对符合条件的个体经济户开办支票结算,对未在银行开立支票存款户的个体经济户或个人开办保付支票结算。1988 年 12 月下发的《银行结算办法》第 16 条对支票结算作了全面系统的规定。1997 年 12 月下发的《支付结算办法》对支票结算作了修订。2002 年 12 月,工行江苏省分行推出"支票直通车"业务。其基本做法是:销售单位在受理购物(消费)单位提交的转账支票后,通过与银行计算机连接的支票终端,利用支付密码实时核验支票的有效性,确认无误后,银行计算机系统立即按票面金额控制购物单位的账户存款(购物单位可即时提货或消费)。待销售单位将受理的转账支票交到开户银行后,银行立即将款项计入其账户中。"支票直通车"的优点是:立即扣划款项,避免空头支票;当时销售商品,加速商品周转;结算方式灵活、先进,吸引更多客户。2007 年 6 月 25 日,人民银行建立全国支票影像交换系统,实现支票在全国的互通使用。2008 年,全省支票结算笔数 9 336.37 万笔、金额 155 699.09 亿元,占全部票据结算笔数和金额的比例分别为 92.92%和 79.32%。

(五)汇兑结算

为了更好地筹集社会资金,加强服务,方便群众,实行存汇结合,中国人民银行早在 1981 年就决定开办个人汇兑业务。1988 年 12 月下发的《银行结算办法》第 17 条中对银行汇兑结算作了全面系统的规定。20 世纪 90 年代,苏南地区商品市场较为发达,如常熟的服装招商城、吴江的丝绸市场等。为满足个体经营者购货结算的需要,1995 年农业银行常熟、吴江支行与浙江、福建等地区创新推出特约商户传真汇款的结算方式,相互签订异地特约传真通汇协议,双方互存备付金,克服当时异地结算中存在的环节多、灵活性差等缺陷。

1996 年通汇业务总量达 8 万余笔,汇出资金 19.6 亿元,汇入资金 9.15 亿元。至 1997 年 4 月末,农业银行常熟支行已与浙江、广东、福建、辽宁、湖北、北京、天津、云南等 14 个省市 60 多家金融机构建立传真通汇业务,仅 1997 年 1 月份通汇结算资金就达 4.2 亿元,业务量超过 7 300 笔。1997 年 12 月下发的《支付结算办法》对汇兑结算作了修订。2008 年,全省汇兑结算笔数 5 240.67 万笔、金额 18 811.19 亿元,占其他结算方式(汇兑、托收承付、委托收款,下同)笔数和金额的比例分别为 94.21%和 93.3%。

(六)托收承付结算

1979 年改革开放以后,计划经济体制下制定的异地托收承付结算办法已经不能适应改革以来的经济运行需要。1983 年,中国人民银行对原异地托收承付结算办法进行修改。由于托收承付结算方式需要采用行政手段,企业可以利用银行信用助长销方盲目生产、强制购方接受次品,购方可以不讲信用、任意拖欠贷款,弊病较多。1988 年,为了使商业汇票顺利推广,实现商业信用票据化,人民银行决定从 1989 年 8 月 1 日起废止该种结算方式。但是,1989 年中国出现严重的企业相互拖欠货款的"三角债"现象,需要银行在结算中加强对企业的监管。同时,管理体制和经营机制尚未根本转变的国营大中型企业也需要银行在结算中保护其合法利益不受侵害,正是由于托收承付结算办法具有能够满足上述需要的优点。因此,中国人民银行决定自 1990 年 4 月 1 日起恢复托收承付结算办法。1994 年 10 月,中国人民银行修订《异地托收承付结算办法》。1997 年 12 月下发的《支付结算办法》再次对托收承付结算作了修订。随着票据、汇兑等结算工具和结算方式的广泛运用,托收承付在传统非现金结算方式中的占比显著下降。2008 年,全省托收承付结算笔数 6.25 万笔、金额 406.45 亿元,占其他结算方式笔数和金额的比例分别为 0.11%和 0.32%。

(七)委托收款结算

1980 年,中国人民银行推行异地委托收款结算方式,适用于不具备托收承付结算条件的商品交易、劳务供应以及其他应收款项的结算。1988 年 12 月下发的《银行结算办法》第 18 条对以往的委托收款管理办法进行修改补充。1997年12月下发的《支付结算办法》对委托收款结算作了修订。2008年,全省委托收款结算笔数315.55万笔、金额8 120.38亿元,占其他结算方式笔数和金额的比例分别为5.67％和6.38％。

三、结算创新

20世纪90年代以来,以工行江苏省分行为代表的省内各商业银行借助先进的电子汇兑系统,拓展新的结算服务领域,创立集团网络结算服务和现金管理等新的结算服务品牌,为稳定优质客户和实现中间业务收入稳定增长打下良好基础。

1998年1月10日,工行江苏省分行向工总行递交《关于对春兰公司销售货款实行即时划拨的请示》,得到工总行的同意。同年2月,工商银行与春兰集团签订网络结算协议,由工商银行为春兰集团所属泰州销售公司销售资金的汇缴提供网络结算服务。在工总行协调下,工行北京、上海、沈阳等24个城市分行为协办行,各协办行协助江苏泰州分行办理春兰集团公司网络结算业务,采用实时电子汇兑方式处理与泰州分行之间的资金清算。在实行网络结算前,春兰集团的销售货款仅有45％归集到工商银行,网络结算协议签订后,春兰集团将95％以上的回笼货款归集到工商银行。这是工商银行签订的第一份集团网络结算协议。此后,工商银行陆续与一大批国内知名特大型企业集团和国际跨国公司签订网络结算协议,使之成为工商银行竞争大型优质客户和项目的重要手段。

图5-1　1998年2月中国工商银行与春兰集团在南京签订该行第一份资金结算网络协议,中国工商银行副行长杨凯生出席签约仪式

集团网络结算是工商银行品牌业务"现金管理业务"的雏形。2002年10月,工总行下发《关于为重点优质客户提供现金管理服务的通知》,首次明确提出"现金管理服务"的概念。现金管理是指银行为协助客户进行有效的现金管理而提供的收款、付款、账户管理以及相关信息等一系列服务的组合。工行江苏省分行贯彻工总行大力发展现金管理业务的要求,加快现金管理业务的营销和推广。2004年,签约现金管理客户87户,并在2007年工总行的首届现金管理业务竞赛中,获得团体二等奖、个人一等奖。到2008年末,签约现金管理客户增至9 799户,在全省同业和工行系统内名列前茅。随着现金管理业务的快速发展和国内企业资金流管理理念的更新,工行江苏省分行围绕现金管理主题,陆续推出"即时通"(全国通存)、"支票直通车"(POS支票)、集团二级账户、本外币资金池等面向不同客户、解决不同结算和资金管理需求的产品。工行江苏省分行陆续为江苏电力、江苏移动、江苏电信、江苏邮政等省内大型集团、大型企事业单位定制、提供个性化、综合化的现金管理服务。2007年起,国内资本市场日趋活跃,企业资金保值增值的需求越来越强烈,工行江苏省分行在省内率先开办法人理财业务。根据单位客户投资理财的特点和需求,创新推出以"T＋0"无固定期限法人理财产品等为代表的短期法人理财产品。单位结算账户上的活期闲置资金,可根据需要随时申购理财产品、随时赎回理财产品,资金实时到账,流动性媲美于活期存款,收益率数倍于活期存款利率。2007年全省工行销售法人理财产品4亿元,2008年法人理财销售量猛增到1 095亿元。2008年金融危机后,企业客户的资金管理理念愈发强烈,"现金为王"成为企业和银行的共识。工行江苏省分行针对制造、零售、置业等十大行业特点,为其配置个性化的产品和服务。

农行江苏省分行等其他商业银行也相继推出各自的现金管理产品。2003年9月,农行江苏省分行成功移植农总行的现金管理系统。该系统是为拓展大型企业集团客户,特别是为跨省市的集团公司开发的一种网络支付系统,涵盖面广,横向到各个企业,纵向从农总行到各个网点,在企业端通过与企业的财务系统相连,减轻企业、银行端数据录入的工作量,提高操作和审核的工作效率,同时方便企业的复核与授权处理,实现银行和企业效益双赢。2003年,农行江苏省分行成功营销扬子石化—巴斯夫有限公司现金管理及电子支付方案;省分行营业部利用大客户查询系统,为10多个省级行政事业单位提供收支两条线的服务,归集一定数量的资金;苏州分行通过企业银行的推广应用,锁定100多个外资企业或中外合资大企业。2005年,农行江苏省分行重点推广现金管理系统,成立由公司业务处牵头,各分支机构共同参与的电网、通信、石化、烟草等大行业、大系统客户营销维护小组,有步骤、有计划地重点解决供电、石油等系统性客户的利益分配问题。2007年,农行江苏省分行现金管理系统新增上线客户24户,年资金交易量达14 325亿元,客户数和交易量分别位居全国农行系统第三名与第二名。

中行江苏省分行2008年先后推出"现金汇集通""账户金钥匙""账户服务小管家""综合快捷服务方案""支票异地付款流程""关于沪宁城际铁路股份有限公司对公结算业务专项需求的服务方案"等多个国内结算创新产品及服务方案,产品一经推出即受到客户的好评,其中"现金汇集通""账户金钥匙"受到中总行认可并在全国推广。2008年,全省中行对公国内结算中间业务收入达21 266万元,较2007年增长6 621万元,增幅达45.21%,收入总额在全国中行系统内排名第一。

交行南京分行2004年开通"银企通"系统。该系统是为对公客户提供的在线金融服务的电子交易系统,凭借先进的电子银行手段,通过账户监控、资金归集与调拨、收付控制及收款、付款、信息咨询、融资等服务,为客户提供便捷、经济的资金管理方案。该系统同时具有现金管理的核心功能,能将集团客户的分散资金集中起来,变"高存款、高贷款、高费用"为"低存款、低贷款、低费用"。2006年5至8月,为苏宁公司、南京市证券、太平洋保险等一批集团客户开通现金管理功能。2007年3月,南京医药股份公司、南钢集团等大批优质客户的"银企通"网上现金管理项目也顺利上线。

浦发银行南京分行2004年通过推进现金管理、公司网银、离岸业务等创新型管理、结算型产品,获得浦发银行总行"争金夺银、谁与争锋"企业现金管理解决方案推广锦标赛"杰出贡献奖",形成由本票、汇票、支票等基本结算业务和电话银行、电子银行等新兴代理业务组成的较为完善的结算体系。

中信银行南京分行2006年12月推出公司网银4.0版,首次引入现金管理概念,对公司客户提供全流程服务。

华夏银行南京分行2007年8月推出"现金新干线"现金管理业务,为企业客户提供综合性服务。现金新干线包括"集算快线""集付快线""E商快线""速汇快线""直联快线""透支快线""银关快线"等7大快线,是华夏银行现金管理业务的专属品牌。2007年,华夏银行南京分行共完成"现金新干线"现金交易量105亿元,产品荣获第15届中国国际金融(银行)技术设备暨服务展览会"优秀金融产品奖"和2007中国最信赖银行评选活动"最佳服务创新奖"。2008年,完成现金新干线现金交易量294.4亿元,产品荣获经济观察报和香港管理协会共同颁发的"中国杰出营销奖金融营销卓越奖"和"中国杰出营销奖铜奖"。

招商银行南京分行2008年召开"跨银行现金管理平台"(CBS)媒体推介会,正式启动现金管理业务。通过系统直联,招商银行CBS分别与各商业银行网上银行系统对接,集团企业实时获取各银行账户及交易信息,并向指定的银行传递交易指令和接收反馈信息,依托统一的CBS平台,实现跨银行的账户管理和付款交易管理。CBS主要功能包括账户管理、系统直联、支付结算、内部计价、资金预算、报表管理等。此外,可根据企业个性化需求,开发其他扩展性功能,如凭证管理、电子票据、国际结算、内部融资、投资理财等。新华日报、南京日报、扬子晚报、金陵晚报、南京晨报、东方卫报等13家媒体报道了此次推介会。

四、支付清算系统

从1953年起,我国借鉴苏联的结算模式和经验,在全国推行支票、托收承付等八种结算方式,逐步建立三级联行清算体系,即县辖联行、省辖联行、全国联行,各级联行负责辖内各金融机构之间的资金清算,全国联行通过中国人民银行清算。这种"全国大联行"体制较好地适应当时高度集中的计划经济模式的需要。

1985年,为适应银行信贷资金管理领域实行的"统一计划、划分资金、实贷实存、相互融通"的变革措施,中国人民银行将自己主办的"大联行"改为各专业银行自成联行系统、跨行直接通汇清算。1987年,中国人民银行将自身资金和专业银行之间的资金进行界定,以扭转资金相互占用的状况。各专业银行由此开始建立自己的联行系统。

1989年,中国人民银行开始着手建设以专业卫星通信网为依托的全国电子联行系统,并于1991年4月1日投入试运行,提高清算效率、减少在途资金、加快资金流转速度。同时,各专业银行也积极加强系统内电子资金汇兑系统建设,改变各行"先汇划、后清算"的清算体制,促进异地汇兑业务的开展。1991年7月8日起,人行江苏省分行营业部运行电子联行清算系统,随后在全省人行系统实施电子联行取代手工联行清算工作。

1995年,为解决电子联行系统存在的"天上三秒,地上三天"问题,中国人民银行开始实施电子联行"天地对接"工程,即电子联行系统在各城市与人民银行会计核算系统、商业银行业务处理系统无须人工干预地对接。1997年,人行江苏省分行按计划完成电子联行到县的工作,大大提高联行处理速度。与此同时,全省各地同城清算系统也开始建立。1995年,人行江苏省分行在扬州市投入使用AS/400同城清算系统,实现同城清算网络化,同城清算2～3小时即可抵用。1996年11月,南京资金清算中心获准成立,负责南京地区银行间的票据交换工作。1997年,人行江苏省分行扩大县辖同城票据交换覆盖面,各县(市)支行将县辖同城票据交换覆盖面扩大到所辖乡镇基层网点和城乡信用社。

2000年10月,中国人民银行决定自主开发、建设现代化支付系统。2003年4月21日,大额实时支付系统在江苏省南京市试运行。2005年6月27日,大额实时支付系统在全国推广运行。大额实时支付系统是中国现代化支付系统的重要组成部分,处理跨行同城和异地的金额在

规定起点以上的大额贷记支付业务和紧急的小额贷记支付业务,采取逐笔发送支付指令、全额实时清算资金的方式。2006年3月27日,小额批量支付系统在江苏试运行。同年6月26日,小额批量支付系统在全国推广运行,存续几十年的传统联行方式正式退出历史舞台。小额批量支付系统在一定时间内对多笔支付业务进行轧差处理,净额清算资金。该系统处理同城和异地纸凭证截留的商业银行跨行之间的定期借记和定期贷记支付业务,中央银行会计和国库部门办理的借记支付业务,以及每笔金额在规定起点以下的小额贷记支付业务,采取批量发送支付指令、轧差净额清算资金的方式。2007年6月25日,全国支票影像交换系统在全国推广运行。该系统运用影像技术将实物支票转换为支票影像信息,通过计算机及网络将支票影像信息传递至出票人开户银行提示付款,资金清算则通过小额支付系统处理。至2008年,全省同城票据交换呈现出多元化的格局。人行南京分行营业管理部使用清分机清算方式,人行宿迁市中心支行和部分县(市)支行采取手工票据交换和磁介质导入清算方式,其余11家地市中心支行使用同城电子支付系统的网络清算方式。大额实时支付系统、小额批量支付系统、同城清算系统、全国支票影像交换系统、银行行内资金汇划系统共同构成江苏完整的支付清算体系。

2008年,全省通过大额实时支付系统处理业务4 013.12万笔,清算资金466 737.04亿元,平均每笔清算资金116.30万元;通过小额批量支付系统处理业务1 310.17万笔,清算资金4 661.58亿元,平均每笔清算资金3.56万元;通过同城清算系统处理业务6 033.41万笔,清算资金130 414.32亿元,平均每笔清算资金21.61万元;通过银行行内资金汇划系统处理业务14 095.98万笔、金额233 116.10亿元。

第二节　代理业务

一、代理收付

江苏省内最早开办代理收付业务的银行是

工行江苏省分行。该行早期的代理收付业务主要是从人民银行延续下来的代收水、电、煤气等公用事业费。代收公用事业费业务零星、金额较小,银行收取手续费也很少,是工商银行柜面服务的传统项目。为了从源头上稳定和争取储蓄存款,1987年工行江苏省分行有47个储蓄所开始试办代发工资业务,此后逐渐扩大到全省。省内其他银行也陆续开始办理代发工资业务,作为稳定储蓄的重要手段。

1993年金融体制改革以后,全省银行在市场化改革的过程中,深化对发展新业务和代理业务的认识,代理收付业务的范围和规模不断扩大。1995年6月,工总行召开全行经营工作会议,指出全行的业务发展面临盈利水平逐渐下降、盈利渠道大为减少的艰难局面,要大力发展新业务和代理业务,培育新的效益增长点。鉴于代理业务成本低、风险小、收入高,各行要积极发展诸如代发工资、代理买卖、代理兑付、代理保管、代理保险等代理业务。1996年,工行江苏省分行贯彻工总行"大力发展中间业务"的指示精神,在巩固代收水、电、煤气费等公用事业费的基础上,推行代收交通违章罚款业务,扩大代发工资业务。至当年末,全省工行已为6万个单位的700万职工办理活折和集零代发工资业务,当年累计代发工资132亿元(其中活折代发100亿元),同比多代发50亿元。至1999年,工行江苏省分行代理收付品种已由1995年25种增至115种。其他银行也纷纷开拓代理收付业务。1996年,省邮储机构全面开办代发工资、代收房租、代收有线电视费、代收水电气费等服务性业务。1998年10月16日,招商银行南京分行与南京市电信局联合开发的一卡通电话"自助缴通讯费"系统开通,成为南京地区首家实现电话自助转账缴费的银行。1999年,建行江苏省分行以代发工资业务为基础,全面开拓以居民消费为中心的代理收付市场,代理收付业务品种达20多种,个人客户558万户。同年,华夏银行南京分行开办代售飞机票、火车票和公交月票,华夏卡代缴电话费、代订牛奶等个人代理业务。

进入21世纪,在迎接中国加入世贸组织的背景下,全省银行进一步重视中间业务,做大做强代理收付业务。2000年,工行江苏省分行贯彻工总行的要求,将中间业务纳入法人授权和行长目标责任考核,考核中间业务人均收入和营业收入占比,引起各级行的重视。当年该行相继推出手机银行业务和移动电话代收费业务。农行江苏省分行新拓展22个全省性系统代理项目,34个代理业务当年发生额(含代理收付及结算)累计达3 954亿元,代理项目年末存款余额97亿元。中行江苏省分行与电信、联通、人寿保险等多家省级单位签订全面银企合作协议,推出手机银行、代收电信话费、手机话费、保险费、有线电视收视费、代售IP卡等业务。至当年末,该行代理业务品种增加到20多个。建行江苏省分行独家代理全省电脑体育彩票款项结算业务。交行南京分行开办太平洋卡代收水、电、电信费以及代发工资、养老保险金等代理收付业务。至当年末,发展代缴水电用户近万户,代缴电信费2.5万户,代发养老保险金1.9万户。5月25日,招商银行南京分行煤气缴费业务实现24小时缴费。同年,浦发银行南京分行开拓税款代收业务。

2001年,中国人民银行颁布《商业银行中间业务暂行规定》,在分业经营和监管的法律框架内,对商业银行中间业务范围、市场准入、收费标准、风险防范、监管作出原则规定。全省各银行在规范经营的基础上,进一步拓展代理收付服务领域。工行江苏省分行在省级机关财政统发工资竞标中,以94.6分的高分名列第一,共代理105个省级机关的财政统发工资。中行江苏省分行争取到江苏省公安出入境证件和境外人员签证收费项目,并陆续推出代收移动电话费、代售甲B足球比赛门票、代收税款、代售IP电话卡和167上网卡、代收医疗费等业务。当年该行代理业务累计交易额达224.34亿元,同比增加135亿元;年末代理业务客户总数达164万户,当年新增39万户;代理业务品种51个,当年新增31个;单位滞留存款余额41.4亿元。交行南京分行开发太平洋校园IC卡代缴学费、水费、电费、煤气费、固定及移动话费等。招商银行南京分行在南京实现水、电、气、话"一卡通"综合缴费功能。

2002年,工行江苏省分行在21个储蓄网点试点个人金融业务流程改革,大力推行电子化批量代扣业务。中行江苏省分行在借记卡原有 A、B 股银证转账、银券通、代缴费和其他多种代理业务功能基础上,新增网上银行、电信全能通、手机自动充值等功能。继太平洋 IC 校园卡后,交行南京分行又开发太平洋 IC 安全卡,以此拓展代收代缴营运费、汽车贷款、代发工资等业务。招商银行南京分行"一卡通"开通电信服务功能。华夏银行南京分行与中国电信江苏分公司合作,将银行代理收付业务平台与"家家 e"信息电话进行联机并网,实现华夏卡、华夏万通卡用户足不出户就可以进行查询和缴纳各种公用事业费用。光大银行南京分行开通固定话费代收业务,随后依托银联公司平台,开通代收移动话费、联通话费,批量代收水费和电费业务。深发银行南京分行与南京地区自来水公司合作,开展代理水费缴费业务。

2003 年,工行江苏省分行大力发展"缴费通"业务,优化柜面分层服务,柜面低效业务的分销比例达 56%。2 月和 5 月,交行南京分行分别与南京市电信公司和南京市公安局交通管理局签约,开办固定电话费代缴、代扣业务和交警罚款代缴业务。华夏银行南京分行开通华夏卡代收卷烟款业务,卷烟批发商和零售商均可通过华夏卡支付订购卷烟的款项,订购成功后即在华夏卡内扣款,无需缴纳现金,烟草公司次日便配送所订购卷烟。

2004 年,工行江苏省分行中标省公路局"银行代收公路养路费招标项目"。农行江苏省分行开展银行卡消费促销活动,以卡为媒介的代理业务达 40 多种。交行南京分行为减轻柜面业务压力,推出 6 种电子化代缴费业务:委托银行代扣、95559 电话银行缴费、自助银行缴费、网上银行缴费、ATM 机缴费、电话缴费宝缴费。代缴费范围包括水费、电费、煤气费、手机费、固定电话费等,可基本满足市民日常生活缴费需要。

2005 年,华夏银行南京分行研制成功新型自助充值缴费机,一卡一机"围点打圆"。南京地铁开通后,华夏万通卡不仅率先实现刷卡乘地铁,并且成功开发出具有公交、地铁卡充值和其他代理收付功能的自助充值缴费机,使 200 多万张华夏万通卡的运用领域出现质的飞跃。同时,该行围绕"一卡一机"这个圆点,以卡存款、卡消费、代理收付业务为半径,在全行范围内开展"围点打圆"营销活动,在几个月时间里先后在南京市区商场、学校、机关、社区等公共场所设置自助充值缴费机 86 台,建立委托充值缴费关系的客户近 10 万个,完成充值交易近 13 万笔。

2006 年,民生银行南京分行已经开通代缴水费、电费、燃气费、固定电话费、移动手机话费、联通手机话费、有线电视收视费等公用事业费,缴费方式包括委托代扣、自助银行缴费、电话银行缴费、网上银行缴费和柜台现金缴费等 5 种,成为南京地区少数几家能够代收上述全部公用事业费的股份制商业银行。

2007 年,交行南京分行开展推广委托银行代扣业务的专题营销活动,当年新增代扣费签约户近万户。

代理收付业务的发展,既方便了居民生活,减少了现金流通,同时也优化了银行负债结构,降低了负债成本。2008 年末,全省企业存款和储蓄存款中活期存款余额 12 268.7 亿元,比 1997 年末增长 5.31 倍,年均增长 16.59%,比同期定期存款增速高 1.93 个百分点。其中,活期储蓄存款余额 4 671.8 亿元,比 1997 年末增长 9.5 倍,年均增长 21.64%,比同期定期储蓄存款增速高 8.22 个百分点。

二、代理保险业务

中共十一届三中全会以后,恢复国内保险业务提上日程。1979 年 4 月,中国人民银行恢复国内保险业务,人民银行各基层办事处开始办理保险业务。1984 年工商银行成立后,由各基层办事处代理保险公司业务,办理简易人身险、独生子女健康险等简易保险业务。

1991 年 4 月,太平洋保险公司改制为全国性保险公司,由交通银行创办。省内 8 家交通银行除徐州支行外都开办代理太平洋保险公司业务,当年保费收入 3 022 万元。在 1991 年夏天的抗洪救灾中,开办保险业务的 7 个行积极为受灾企业理赔,共赔款 3 558 万元,比全部保费收入还多 536 万元。1992 年,省内 8 家交通银行全部开办保险业务,全年保费收入 7 390 万元,比上年增加 4 368 万元。同年 12 月 22 日,太平洋保险公司南京分公司开业,交行南京分行保险业务部随之撤销。1994年,根据人民银行分业管理的要求,省内各交通银行成立的保险部,全部与银行脱钩,分别成立太平洋保险公司分公司或办事处。

1992年,平安保险公司改制为全国性保险公司。经省邮政储汇局与平安保险江苏办事处协商,从1994年8月1日起,由邮政储汇机构代理平安保险部分保险业务。代理的险种有家庭财产险、简易人身险、通信器材和通信工具险以及其他储蓄性保险业务。

1996年,建行江苏省分行为中国人寿江苏省分公司和平安人寿南京分公司两家寿险公司开展代理收付业务,启动代理保险业务。当年共有8个市分行开展此项业务,其中1家市分行与当地保险公司签订代理保险协议。1998年,建行江苏省分行与平安财险南京分公司签订合作协议。该公司是与建行江苏省分行签约的第一家财险公司。

1998年,中国保监会实行"保险兼业代理许可证"制度,全省一大批银行营业网点获得保险兼业代理资质,成为保险兼业代理的主体,银行、保险合作的广度和深度不断提高。

2000年,工行江苏省分行与平安人寿开展合作,代理首款保险产品——平安"千禧红"分红趸缴险。农行江苏省分行与中国人保江苏省分公司签订合作协议,明确双方的战略合作关系,并与中国人寿江苏省分公司签订委托代理寿险资金结算协议,增加代理支出资金汇划、开立业务员账户和扣缴保户保费等合作内容。建行江苏省分行与中国人寿江苏省分公司、平安人寿南京分公司签订合作协议,代售两家寿险公司的人身保险产品。同年,为加快江苏邮政代理保险业务的发展,省邮政储汇局专门组建邮政保险业务推销员队伍,统一编制工号,刻制名章,并制定专门的管理办法。

2001年,中行江苏省分行、中信银行南京分行、浦发银行南京分行等行相继开办代理保险业务。中行江苏省分行代售平安人寿"千禧红""世纪栋梁"和中国人寿"国寿鸿泰"等新型分红保险产品,全年代理保险交易总额达4.25亿元。2月,中信银行南京分行与新华人寿南京分公司签

订全面合作协议;3月,该行鼓楼支行售出新华人寿在江苏的第一张寿险保单——"新华红双喜"。同年,交行南京分行开始由公司部负责管理全行代理保险业务。

2002年,工总行制定《关于发展银行保险业务的意见》,印发《代理个人保险业务实施细则》,全面代售个人人身险和财产险,并在当年10月全面投产"银保通"系统一期,通过银行和保险公司的系统连接,对适合客户需求、适应银行销售、市场风险较小的保险产品,实行银行柜面直接打印保单,开创银行代售保险"一站式"服务模式。至2003年,工行江苏省分行已与中国人寿、新华人寿、太平人寿、泰康人寿等当时国内最大的六家寿险公司建立合作关系。2002年初,中行江苏省分行在中总行组织开展的代理平安"千禧红"业务竞赛活动中,3个月累计代售4 800万元,完成总行下达任务的240%,居中行系统A类一级分行首位。同年,建行江苏省分行根据建总行的要求,重点发展柜面代销保险业务,全年共完成柜面代销保险业务量7.25亿元。建行江苏省分行还与中国人保江苏省分公司签订合作协议,合作内容涵盖代售保险产品、代收代付、存款、银行卡等,并为其组建资金结算网络。同年6月,交行南京分行与太平保险南京分公司签约,开办保费代扣业务,当月即实现1 992笔保费代扣,代扣金额619万元。光大银行南京分行、招商银行南京分行也于年内分别开办代理保险业务。招商银行南京分行还于12月16日推出"银保通"业务。

2003年,工行江苏省分行代理太平人寿"福满堂"期缴险。农行江苏省分行与新华人寿、太平人寿、平安人寿、泰康人寿、中国人寿合作开展"首季开门红"保险代理业务竞赛。在第一期业务竞赛活动中,农行江苏省分行实现保费收入15 027万元,手续费收入270.5万元,完成农总行与太平人寿总公司制定的保底目标的500%,争先目标的273%,居全国农行系统第一名。此外,农行江苏省分行与平安人寿南京分公司开展委托批量代收代付保险金业务,提高了服务质量,增加了综合收益。在大力发展代理寿险业务的同时,农行江苏省分行开始规范发展代理财险业务。2003年,农行江苏省分行与平安财险南

京分公司签订业务合作协议,代理家庭财产保险产品;转发《中国农业银行信贷客户财产保险代理业务管理暂行办法》,利用现有客户资源,实行信贷客户抵(质)押财产保险代理,紧抓财产保险代理工作,有效防范和化解信贷风险,完善商业银行服务功能,拓宽中间业务收入渠道;出台《关于加强全省金融超市财险代理工作管理的紧急通知》,规定在办理住房按揭贷款、个人综合消费贷款、汽车按揭贷款等业务过程中取消代理保险中间环节,不得通过经纪公司等中介机构办理。同年,中行江苏省分行印发《中国银行江苏省分行代理保险业务管理办法(暂行)》,对辖内各行代理保险新产品报批报备、签订协议等事项作了相应规定。建行江苏省分行与6家合作的寿险公司签订《银行柜面代销保险补充协议书》,进一步规范柜面代销保险行为,促进保险代理业务健康、快速发展。该行当年共完成柜面代销保险业务7.48亿元。至2003年底,全省邮政储汇机构先后与中国人寿、太平保险、平安保险、新华人寿、泰康人寿等保险公司建立合作关系。

2004年,农行江苏省分行出台《关于进一步规范代理保险业务管理的通知》,与华泰财险南京分公司、生命人寿南京分公司签订保险兼业代理协议书,代理太平人寿"稳得福——无忧人生理财计划",与平安人寿联合开展"个贷借款人意外伤害保险",全年实现代理保费收入27.36亿元,代理保险手续费收入7 696万元。农行江苏省分行还积极开展"银保通"业务,使保险代理业务实现报表统计、数据查阅、实时出单等基本功能。中行江苏省分行与中国人寿江苏省分公司签订全面业务合作协议,代售保险的网点达812个。建行江苏省分行基于省级中间业务代理平台的"银保通"系统正式完成立项开发,中国人寿、平安人寿率先通过"银保通"出单,当年完成柜面代销保险业务量6.7亿元。交行南京分行也于年内开通"银保通"系统。该系统是银行代销保险的专用服务系统,与多家保险公司进行实时联机处理保险业务,在银行柜面提供新保即时出单、续期缴纳保费、保单信息保全、保单质押贷款等多种衍生服务。

2005年,工行江苏省分行推出太平人寿"盈利多"万能险,全年代销保险业务17.1亿元。农

行江苏省分行开展中华联合财险南京分公司保费通存业务,代售太平人寿"盈利多"万能险,开展个人住房贷款保险促销专项活动,为平安财险、合众人寿上线现金管理业务,代售"金龙收益联动型"家庭财产保险产品。中行江苏省分行制定《保险兼业代理业务管理暂行办法》和《代理保险手续费激励管理暂行办法》。建行江苏省分行完成省级"银保通"(二期)优化,与中国人寿江苏省分公司签订《保单质押贷款合作协议》,合作的寿险公司增至7家,当年柜面代销保险业务量5.46亿元。中信银行镇江分行与信诚保险签订银保合作协议。华夏银行南京分行首次与太平人寿、中国人寿、天安保险等3家保险公司签订协议,开展代理收取保险费、代理支付保险金、资金结算、存款、发展电子商务等方面的业务合作。招商银行南京分行与泰康人寿、生命人寿开展银保合作,为客户提供分红险、万能险等产品。

2006年,工行江苏省分行推出投资连结型保险,全年代销保险业务量突破20亿元。农行江苏省分行与恒安标准人寿江苏分公司、光大永明人寿保险南京分公司开展全面业务合作,与农银国际保险有限公司开展国际货运险业务合作,与中国人寿合作满期保险金给付业务;在《机动车交通事故责任强制保险条例》施行后,及时开展代理机动车强制保险营销工作;出台《中国农业银行江苏省分行"银保通"系统管理办法(暂行)》,与中国人寿、太平洋人寿和新华人寿等3家保险公司签订"银保通系统业务合作协议书",并上线"银保通"系统。中行江苏省分行根据《关于规范银行代理保险业务的通知》的要求,进一步规范全辖保险兼业代理业务,办理一级分行的兼业代理许可证,取得兼业代理资格。建行江苏省分行与中国人保、平安、太平洋财险江苏分公司签订新的业务合作协议,新增与华安财险公司的合作,首次代销财险公司柜面收益联动型保险产品以及卡式产品,全年完成柜面代销保险业务量11.4亿元。中信银行南京分行代售信诚保险第一个产品——"一诺千金",首笔业务承保达28.22万元。

2007年,农行江苏省分行与美国友邦保险江苏分公司、国民人寿保险江苏分公司、中国人民人寿保险江苏分公司开展全面业务合作。中

行江苏省分行引入车辆险、交强险和家庭财产险等财险业务新品种,代理保险保费收入较上年同期增长45.40%,高于市场34.45个百分点;实现代理保险手续费收入2 602.55万元,列中行系统第一位。建行江苏省分行完成建总行银保业务系统所有公司上线工作,建总行及省级"银保通"出单率超过90%,首次引入投资连结型保险产品销售,开发银保业务辅助管理信息系统。当年新增与光大永明、人保健康、恒安标准、中意人寿、永成财险的合作,完成柜面代销保险业务量24.5亿元。华夏银行南京分行开始代理中国人寿和华夏人寿保险代理业务。深发银行南京分行开办个人保险代理业务,首批代理华安财产保险、阳光保险家庭综合保险,与金盛保险建立全新的合作模式,即引进金盛保险公司销售业务模式、客户经理培训、银保管理系统、综合客户理财规划等全方位的保险理财服务。

2008年,与工行江苏省分行合作的保险公司达到26家,代销保险40.4亿元,实现代销收入1.5亿元。农行江苏省分行出台《关于进一步加强保险代理工作的通知》,要求提高代理保险综合收益和费率水平。同年,与正德人寿保险江苏分公司、中国人民健康保险江苏分公司、都邦财产保险江苏分公司、中国人寿财产保险江苏分公司、民安保险(中国)江苏分公司签订业务合作协议,开展全面业务合作。建行江苏省分行出台《银行保险业务辅导员管理暂行办法》《柜面代销保险重大投诉事件应急处理预案》《柜面代销保险十佳网点、十佳柜员评选办法(试行)》,募集资金120万元用于援建汶川地震灾区希望小学,当年新增与海康、中德安联、华泰、人民人寿等寿险公司的合作,新增与阳光、渤海、大地、中华联合、都邦、天安财险等财险公司的合作,全年完成柜面代销保险业务量72.3亿元。交行南京分行与太平洋人寿的集中式"银保通"系统正式上线,通过"银保通"系统成功投保该行第一张"红利发"两全保险单,全年保费业务量16.24亿元,代理保险收入5 164万元。光大银行南京分行实现代理保险业务手续费收入合计185.35万元,完成光大银行总行年度考核指标的102.97%。

银行代理保险业务,实现银行资本与保险资本的融合,促进双方的共同发展。2008年全省

国有商业银行和股份制商业银行代理收取的保费收入达235.72亿元,占当年全省保费收入775.49亿元的30.4%。其中,代理收取财产险保费收入19.61亿元,代理收取人身险保费收入216.11亿元。截至2008年末,全省保险同业存款余额已达364.42亿元,是1997年的62.51倍,年均增长45.64%。

三、代理证券业务

1992年,中国证券市场进入快速发展时期,证券公司既管资金又管股票的交易模式逐步显现出风险。受上海证券交易所委托,工商银行上海分行统一发行股东账户卡,首创"银行管资金、券商管股票"的交易模式,被上海证券交易所大力推广,先后在20多家证券公司应用。

1998年,中国证券结算制度进行改革,全面推行法人券商结算。同年,沪、深证券交易所全面推行指定交易改革,为了稳定和竞争客户,各证券公司营业机构纷纷寻求与银行合作,开办"银证转账"业务。全省银行通过竞争法人券商开户结算和代理证券投资者交易资金清算,进一步推动代理证券业务的发展。

早在1997年,交行南京分行就率先推出银证转账系统,在证券公司与银行之间建立高效、无障碍、安全及时的资金通道及信息通道。同年,招商银行南京分行开通"一卡通"银证转账功能。

1998年,中行系统已有南京、苏州、无锡、常州、镇江、扬州、南通、盐城、泰州分行和省分行营业部开展银证转账业务。

1999年8月,工行江苏省分行开办期货资金清算代理业务,争取7家期货交易商在工商银行开户,日均余额100余万元。

进入21世纪,全省银行进一步扩大银证合作领域。2000年,工行江苏省分行代理资金清算的期货公司、法人券商及证券机构营业网点超过100个。中行江苏省分行当年新增银证联网网点35个。交行南京分行与37个证券营业部联合开办银证转账业务,办理银证转账的用户增加到8万多户,比上年增加5万户。同年4月,中信银行南京分行联合中信证券南京营业部推

出银证转账业务。

2001年,工行江苏省分行"银证通"业务在常州、南京等7家分行开通双向发起业务,在徐州、苏州等6家分行开通单向发起业务,累计开户数6 866户,交易额4.34亿元。农行江苏省分行推出代理证券存取款、银证转账、"银证通"等系列产品,与80多家证券公司实现联网。中行江苏省分行利用电脑大集中,尤其是中间业务平台推广来拓展代理业务空间。如推广新品"B股银证转账""A、B股银券通""华泰银证通"等业务时,中行江苏省分行与代理券商联通后,通过中间业务平台推广到全省各市中行,起到以点带面的作用。至当年末,中行江苏省分行代理券商数42家,代理A股资金清算户数89户,银证联网网点133个。招商银行南京分行与南京地区90%以上证券营业部实现银证转账联网。浦发银行南京分行与华泰证券、银河证券合作推出银证转账业务。

2002年,工行江苏省分行与国联证券、东华期货分别签订银证、银期全面合作协议。建行江苏省分行与华泰证券、国联证券签订全面合作协议。农行江苏省分行发挥农行网点优势和网络优势,大力拓展银证转账,积极稳妥地开办银证通业务,提高证券同业资金的占有份额。至2003年11月末,农行江苏省分行银证存款资金余额达16.35亿元,代理证券资金清算55亿元;建立合作关系的期货经纪公司5家。

2004年,证券监管部门启动证券公司客户交易结算资金第三方存管,并在2005年颁布的新《证券法》的指导下,于2006年形成多银行模式客户交易结算资金第三方存管的证券资金管理格局。在证券业中引入保证金第三方存管制度,其目的是为了从根本上杜绝券商挪用客户保证金的行为,是中国证券制度的重大改革。

受人民银行和证监会的委托,建设银行于2004年率先对南方证券实施第三方存管,并正式推出第三方存管业务。同年8月,建行江苏省分行作为建行系统内首批试点分行,为辖内南方证券股民开办此项业务,当年共办理股民保证金划转业务3万笔,金额6.39亿元。

2005年,建行江苏省分行为辖内南方证券和长江证券办理第三方存管业务,导入股民客户

13万户,保证金存款日均3.5亿元。同年,交行南京分行与南京市全部60余家券商建立合作关系。

2006年,建行江苏省分行继续利用证券第三方存管业务的先发优势,积极为省内各证券公司及其营业部提供金融服务。建行江苏省分行先后组织完成对汉唐、国信、新疆、长江和闽发等5家证券公司的独立存管系统的测试、上线工作,联合中建投证券(原南方证券)开展第三方存管业务营销;针对新《证券法》的监管要求,主动向辖内的一级法人券商营销建设银行"证券保证金多银行存管"系统,与省内华泰证券、国联证券、东海证券、南京证券等4家证券公司签订意向协议书。当年,建行江苏省分行第三方存管业务日均存款额6亿元,新增证券投资个人签约客户约2万户。工行江苏省分行、农行江苏省分行、中行江苏省分行也陆续开办第三方存管业务。

2007年,建行江苏省分行正式启用"鑫存管"作为第三方存管业务的唯一称谓,并在全行范围内统一开展"鑫存管"业务的广告营销宣传工作。建行江苏省分行先后与辖内华泰、东海、国联和信泰等4家法人券商签订《客户交易结算资金委托中国建设银行江苏省分行存管协议》,并成功取得东海证券和国联证券存管主办行的资格;组织完成辖内海通、国泰君安、国信等52家证券公司营业部"鑫存管"业务上线和42万客户的批量导入工作。同年8月10日至12月31日,工行江苏省分行在工总行统一部署下举行"第三方存管选工行,银证转账新体验"大型促销活动。证券投资者只要选择从工商银行的网上银行发起第三方存管的银证转账,不但可以享受到U盾打折、口令卡免费优惠,并有机会获取千元大奖,享受工商银行第三方存管+网上银行"开心体验之旅"。中行江苏省分行重点向证券公司推广第三方存管系统,上线的第三方存管的客户总数超过59万户,列全国中行系统第二位;合作券商28家,上线第三方存管的证券营业部184家。交通银行、中信银行、华夏银行、浦发银行、招商银行、光大银行等股份制银行也陆续开办第三方存管业务。

银行代理证券业务,既方便了居民进入证券

市场,保障了客户证券交易资金安全,同时也为银行带来大量证券同业存款。据统计,2008年全省国有商业银行和股份制商业银行的银证转账资金总额达20 675.06亿元。截至2008年末,全省银行证券同业存款余额495.19亿元,是1997年的52.38倍,年均增长43.31%。

第三节　银行卡业务

一、发行和推广

(一)信用卡业务起步

银行卡是重要的支付结算工具,也是商业银行重要的中间业务。江苏省各商业银行信用卡业务从代理他行信用卡起步,并过渡到自主发行信用卡,在经过1996年的信用卡清理整顿之后,逐步走上规范化发展道路。

1. 代理他行信用卡

信用卡业务于1979年由中国银行引入国内,最初在上海和广州两地试办,继而进一步向全国推广。江苏最早代理他行信用卡的银行是中行南京分行。1980年11月18日,中行南京分行与香港汇丰银行签订信用卡业务代理协议,受理维萨和万事达信用卡取现业务。此后,中行江苏省分行又相继与香港东亚银行、香港南洋商业银行、美国运通公司、日本百万信用卡公司、日本国际信用卡公司、美国花旗银行等银行或信用卡公司签订代理协议。工行江苏省分行、农行江苏省分行、建行江苏省分行等行也陆续开办代理他行信用卡业务。

由于信用卡最初主要交易形式是取现,因而在业务网点大批发展后,不断发生境外不法分子利用信用卡在国内大量套取现金的诈骗案件,给委托行造成重大损失。1984年11月2日,委托行与中总行商定将信用卡取现业务收缩至中国银行各分支行办理,并大幅度降低取现限额;同时要求在特约商号推广信用卡直接购货业务。业务收缩后,对信用卡诈骗有所遏制,但也在一定程度上减慢了信用卡业务的发展。其主要原因是由于特约商号在办理购货业务时,需向银行交纳一定的手续费。这一条件在改革开放初期,

很难被特约商号接受,业务开展十分困难。为了打开局面、开拓市场,1984年11月28日至12月1日,中行南京分行和美国运通公司在无锡联合召开运通卡业务研讨会,着重讨论信用卡直接购货业务。

1985年3月15至18日,美国运通公司再度与中行南京分行合作,在苏州召开运通卡业务研讨会,全国35个分支行的70多名代表参加会议,会上重点交流开展信用卡直接购货业务的经验。这两次会议的召开促进直购业务在全国的进一步推广,使一度下降的信用卡交易额开始大幅度上升。1985年,全省信用卡交易额较上一年增长93.34%,展现良好的发展前景。

随着信用卡业务在中国的市场不断扩大,犯罪集团使用假卡和利用信用卡进行诈骗的活动日益增多。为了加强防范、交流情况,美国运通公司和中行南京分行第三次在南京联合召开业务研讨会。万事达国际信用卡组织也于1987年11月20日在南京召开地区性业务研讨会,探讨信用卡业务在江苏的发展前景。江苏是国内的旅游重点省份,代理信用卡业务的开展不但为来华外宾提供方便,也为国家增加大量的旅游外汇收入,促进全省旅游事业的发展。

2. 自主发行信用卡

1985年6月,中国银行珠海分行发行中国第一张信用卡——"中银卡",实现中国银行卡产业零的突破。1986年10月,中总行指定"长城卡"为中行系统的信用卡,在全国各分行发行。1987年,中国银行率先加入维萨和万士达国际信用卡组织。此后,国内其他银行也纷纷加入国际信用卡组织并自主发行信用卡。为了适应我国发展储蓄事业的指导思想,同时也考虑到国内信用体系不健全,电子化程度低的实际情况,早期国内银行发行的信用卡与国外传统意义上的信用卡存在较大区别。国外传统意义上的信用卡存款无利息、透支有免息期,而中国早期发行的信用卡存款有利息、透支不免息。1999年中国人民银行颁布的《银行卡业务管理办法》,将此类信用卡统一定名为"准贷记卡",以区别于真正的信用卡——"贷记卡"。

图5-2 1988年3月29日,中行南京分行在南京饭店举行全省第一张信用卡——"长城卡"发行仪式

1987年10月,中总行召开全国第一次信用卡业务工作会议,对中国银行长城卡业务的发展作了全面布置,并明确提出"积极稳妥"的业务发展方针。根据中总行指示精神,中行南京分行经过周密的准备,于1988年3月29~31日在南京、苏州、无锡、常州4市率先推出江苏第一批银行卡——"长城卡"。同年8月8日,中行南通分行也开始发行长城卡。当年全省中行共发卡2 473张,吸存764.8万元,年交易额3 050.2万元。

1989年,中行南京分行在全省行长会议上提出省辖市应市市有卡的要求。当年,扬州、镇江、连云港、徐州、盐城5市相继发卡,在全省基本形成长城卡业务网络。至1990年初,随着淮阴分行发行长城卡,实现11家省辖市全部发卡的要求。随着业务的进一步深化,中行江阴支行于1990年5月成为省内第一个县级发卡行。同年12月31日,中行南京分行正式成立信用卡部,管理全辖的信用卡、旅行支票业务。

1990年10月,工行江苏省分行在南京、苏州、无锡3市发行首批牡丹信用卡。1991年,已有9个市分行开办牡丹信用卡业务,累计发卡6.4万张,数量超过中行南京分行的2.08万张。1992年,工行江苏省分行各市分行全部开办牡丹信用卡业务,累计发卡12万张,占全国工行系统的1/8;全年交易79万笔,交易金额5.9亿元,分别比上年增长1倍和2倍。为加强信用卡业务的管理,工行江苏省分行于1992年8月在会计出纳处设立信用卡科。

1992年9月8日,建行江苏省分行首先在无锡发行信用卡(建设银行当时发行的信用卡没有独立的名称,1994年4月建总行将所发行的各类银行卡统一定名为"龙卡")。至当年末,建行江苏省分行已在苏州、无锡、常州、南京、镇江、扬州、盐城等地12个分支机构开办信用卡业务,累计发卡4 119张,发展商户297家,取现点120个。同年10月1日,农行江苏省分行在南京、苏州、无锡、常州、南通5市同时发行金穗信用卡。至当年末,累计发行金穗信用卡8 748张,存款806万元,消费555万元,透支157万元。

1992年12月29日,中国人民银行发布《信用卡业务管理暂行》,首次对信用卡业务作出规定。

1993年1月,中行江苏省分行发行江苏首张国际卡——外汇长城卡(公司卡),主要发卡对象为外国在华常驻机构、"三资"企业及有经常性外派任务的国内单位。3月,中行江苏省分行成立信用卡公司,实行信用卡业务的独立核算、自负盈亏,并在业务上接受上级行信用卡部门的领导。工行江苏省分行等其他发卡行虽未实行信用卡公司制,主要由内设的信用卡业务部门负责,但在此后几年信用卡大发展时期存在办成实行独立核算、自成体系的法人机构的倾向。同年12月26日,交行南京分行举行太平洋信用卡首发仪式,成为江苏首家发行信用卡的股份制商业银行。至1993年底,全省发卡银行达到5家,累计发卡40万张,吸收存款11.75亿元,形成长城、牡丹、龙卡、金穗、太平洋5大卡种。

3.信用卡的清理整顿

1993年,我国启动"金卡工程",在全民推广使用信用卡。在当年11月召开的中共十四届三中全会上,"积极推行信用卡,减少现金流通量"被写入《关于建立社会主义市场经济体制若干问题的决定》,列为国家经济金融体制改革的重要举措。1994年,上海、江苏、广东等12个省市被列为"金卡工程"试点地区。

在国家大力发展信用卡的政策推动下,江苏各银行发卡量大幅增加。至1995年,全省已累计发卡143.32万张,是1993年的3.58倍。但在经济过热的1993~1995年,信用卡在高速发展中也出现一些问题,少数银行利用当时信用卡管理制度的不健全,通过信用卡透支套取大量资金,用于违规放贷。1995年全国金融工作会议提出清理商业银行国际业务部、房地产信贷部、信用卡业务部的要求,明确"三部"只能作为内部职能机构,实行统一核算,不能办成独立核算、自成体系的法人机构。1996年1月,人民银行颁布《信用卡业务管理办法》,加强对信用卡业务的管理。

1996年下半年,根据人总行的统一部署,人行江苏省分行开展对商业银行"三部"对外营业机构的清理。根据清理要求,1996年工行江苏省分行撤销县一级牡丹卡机构,上收其账户,改建发卡行的信用卡业务部为专业支行,归属当地分行管理。同年,农行江苏省分行转变信用卡业务经营管理模式,将省辖分行信用卡部由经营管理型转变为管理服务型,原自身经营的业务并入所辖营业部;县级行信用卡部为经营管理型,实行相对独立核算和账务按月并表的经营方式,同时负责所辖信用卡业务的管理和指导。1997年,建行江苏省分行撤并县级发卡行,取消部分代理行资格。1999年,中行江苏省分行撤销信用卡公司,成立银行卡中心。同时,各商业银行针对信用卡业务中存在问题予以整改。工行江苏省分行根据人民银行的监管要求主动纠正信用卡等经营活动中的违章行为。农行江苏省分行专门印发《关于规范业务经营活动的若干规定》,坚持"先规范后发展"的原则,规范信用卡等新业务的操作和审批程序。中行江苏省分行对包括信用卡业务在内的各项业务进行全面稽核检查,使业务经营管理中存在的一些不合法、不合规问题得到及时纠正。建行江苏省分行全面清理信用卡透支问题,对问题突出的行提出整改意见,责令限期改正。

(二)借记卡快速发展

1993～1995年中国的信用卡业务(准贷记卡)在高速发展中出现一些问题,经过清理整顿后,发展速度放缓。因此,安全、方便、快捷的借记卡得到银行的重视并迅速发展起来,逐渐成为银行卡市场的主导产品。

1. 国有商业银行率先启动

1994年,工商银行将各分支行发行的具有存取款、转账和储蓄功能的银行卡统一命名为"牡丹取款卡"。1995年,工行江苏省分行共发行"牡丹取款卡"20万张,全面完成目标任务。1997年7月,牡丹取款卡被命名为"牡丹灵通卡",并于2000年被定位为具有转账、结算、存取现金和消费的人民币借记卡,成为牡丹卡系列的主导型产品。1998年,为运用"牡丹灵通卡"发展储蓄,筹集低成本资金,工商银行先后实行灵通卡和储蓄活期存折配发、开发储蓄活期综合账户存折、开办灵通卡异地存取款业务、柜面全面受理个人汇兑业务等措施。借记卡与储蓄活期存折配发,应用于代发工资、代收代付、证券转账、异地通兑,逐渐成为各银行筹集低成本资金的通行做法。

1995年2月,建行江苏省分行在全国建行系统率先发行集存取现金(公司客户除外)、消费结算和转账等功能于一体的转账卡。1998年11月,在无锡、南通、镇江试点发行储蓄卡,并从1999年初在全省推开。1999年2月,面向青少年儿童发行"兔管家"生肖储蓄卡,以后每年发行一款。

1996年,农行江苏省分行发行"金穗万事顺"借记卡。1997年,发行金穗"一卡通",在借记卡传统功能的基础上增加代收代付、业务批量处理等功能。1998年,在苏州首先推出金穗智能卡(IC)业务。2000年9月,发行"金穗世纪通宝"借记卡,采取"借记卡+电话银行(自助缴费机)"的办理模式,发挥新型服务方式和手段的优势,以更高的技术水平为客户提供更便捷的服务。

1997年,中行江苏省分行在南京、苏州、无锡、常州、扬州、镇江、泰州、连云港8市发行97版长城电子借记卡,并逐步在全省推开。1998年5月,省分行营业部与江苏证券洪武营业部联合开通长城电子借记卡证券资金转账业务。2000年,发行"长城生肖卡"(龙年生肖卡),此后每年发行一款。

1997年,交行南京分行发行"太平洋万事顺"借记卡。1998年底,推出太平洋卡"一卡通"业务。该业务在太平洋信用卡和太平洋借记卡的基础上,以客户号统揽相应客户在交通银行所有的人民币太平洋信用卡、借记卡账户及本外币的储蓄账户,实现客户的个人理财。2000年,太平洋卡"一卡通"业务全面升级为理财通、全国通,带动以太平洋卡为载体的综合理财业务的发展。

2. 其他金融机构陆续发行

在国有商业银行大力发展借记卡的同时,各股份制商业银行也相继推出各具特色的借记卡产品。1995年7月,招商银行推出集定活期、多储种、多币种、多功能于一张银行卡的"一卡通",是国内最早的个人理财基本账户。招商银行于1996年实现"一卡通"全国通存通兑,1998年实现"一卡通"ATM和POS全国联网。依托国内领先的银行卡网络平台,招商银行南京分行1996年底成立伊始即大力发展"一卡通"业务。至2000年,该行累计发卡101.19万张,成为南京地区第一大发卡银行。浦发银行南京分行于1997年4月发行江苏首张智能型银行卡——"东方卡";1999年发行江苏第一张高校认同卡——"浦发南师大校园卡",并先后与9所大专院校建立业务往来。至2000年,该行共发卡10.31万张。华夏银行南京分行于1998年12月开始发行银行卡,至2000年末共拥有"华夏卡""华夏万通卡"两个借记卡品牌,总发卡量达83万张,其中与南京市公共事业部门于2000年联合推出的城市交通IC卡——"华夏万通卡"发行58.2万张。1999年8月,中信银行南京分行发行"中信理财宝"借记卡,并将其名称"理财宝"进行商标注册,使之成为借记卡及零售银行业务的重要品牌。至2000年,该行共发卡25.57万张。光大银行南京分行于2000年10月开始发行基于国内首家全国大集中式卡系统平台的"阳光卡",除具有借记卡基本功能外,还陆续增加卡卡转账、国债买卖、外汇代理买卖、小额质押贷款、代客理财和银证通等多种功能。广发银行、民生银行、深发银行、兴业银行等股份制银行在江苏分支机构也陆续发行借记卡。

随着"绿卡工程"的启动和城乡信用社的改革,邮政储蓄机构、城市商业银行、农村信用社也陆续开始发行银行卡。1993年10月4日,原邮电部召开专题会议,研究邮政储蓄计算机联网工程实施工作,并将此项工程正式命名为"绿卡工程"。1994年,江苏省启动"绿卡工程",并于1995年初单独设立江苏省"绿卡工程"办公室,省邮政储汇局为"绿卡工程"总建设单位。至2000年,全省邮政储蓄机构累计发行绿卡363万张。1998年起,全省各市城市信用社在清理整顿中相继改制或组建城市商业银行,经人民银行批准后陆续开始发行借记卡。1999年4月,常熟农村信用联社发行"合作储蓄卡"(2004年更名为"粒金借记卡"),在全省农村信用社系统较早地开展借记卡业务。

(三) 银行卡业务全面发展

进入21世纪,银行卡的发展格局发生很大变化。随着国家加快证券、基金发展政策的出台,居民的金融投资意识增强,储蓄倾向弱化,将借记卡作为筹集低成本资金的手段和简单的支付、理财工具,已不适应金融形势的发展。同时,1999年1月出台的《银行卡业务管理办法》第一次以法规的形式允许商业银行发行贷记卡。为适应金融形势的发展,省内各银行机构成立银行卡专业化经营机构,推动借记卡升级,大力发展贷记卡,积极营销联名卡和认同卡,促进银行卡业务的全面发展。

1. 成立专业化经营机构

2000年4月,为了促进中国银行卡产业的发展,中国人民银行召开全国银行卡工作领导小组第二次会议,提出"深化改革,确立适应中国银行卡业务发展的管理和经营模式"的改革任务,明确指出"各行应对银行卡业务建立相对独立的核算机制,加强成本核算"。工商银行贯彻会议精神,率先实行银行卡专业化经营管理的创新体制。1998年6月,工商银行在原信用卡业务部的基础上组建银行卡业务部,统一管理所有牡丹卡系列产品。次年2月,工行江苏省分行成立银行卡业务处。2002年5月17日,工商银行在北京成立国内首家银行卡专业化经营机构——牡丹卡中心,同时决定在天津、深圳、南京、长沙组建4个牡丹卡分中心。工行江苏省分行配合工总行做好南京分中心的组建,构建全行牡丹卡业务专业化经营的组织框架。之后,国内其他商业银行也纷纷成立银行卡专业化经营机构。

2. 借记卡的升级

针对居民金融需求呈日益多样化、个性化特点,借记卡被赋予更多的投资理财功能,成为推动商业银行个人金融业务战略转型的重要手段。

2002年，工行江苏省分行、中行江苏省分行、招商银行南京分行在省内率先推出全新的理财服务品牌，使借记卡在数量和品质都有较大的提升。"理财金账户"是工商银行以平均月收入1万～1.5万元富裕型客户和1.5万元以上的贵宾型客户为目标的综合性个人理财服务品牌。该账户以牡丹灵通卡为介质，运用先进的信息科技构建优良的技术平台，使客户只需凭一张综合账户卡，就可以在银行柜面和非柜面，利用工商银行方便快捷的网络资源和24小时的电子银行服务办理各类投资理财业务。至2003年末，工行江苏省分行共发展理财金账户4.5万户，占全国工商银行系统的8.75%，稳定存款超过90亿元。2005年、2006年，工行江苏省分行理财金账户资产分别增长58.9%和69.5%。"金葵花理财"是招商银行为高端客户提供的"一对一"式的个人负债、资产、中间业务及理财顾问服务，实现产品营销向客户营销的转变。2004年7月15日，招商银行南京分行推出具有强大理财功能的银行卡——"一卡通"金卡，标志着该行个人银行分层服务体系的框架基本构建完成。至当年末，该行"一卡通"用户已达256万户。"一卡通"普通卡、"一卡通"金卡、"金葵花"贵宾卡共同构成招商银行个人银行从大众客户、中端客户到高端客户的产品和服务体系。"中银理财"是中国银行面向新兴高收入人群和有一定积累的中产阶层提供的多元化理财产品和海内外一体化的全功能金融服务品牌。2005年12月，中行江苏省分行面向中银VIP客户推出包括海外财富管理、财富投资管理和全球商旅等一系列服务内容的统一的理财服务。2008年9月8日，中行江苏省分行成立省内首家私人银行，资产在800万元人民币以上或等值外币资产的个人，可以享受到"管家式"的贴身金融服务，客户服务范围包括金融理财、税务、保险、房地产、艺术品投资等多方面。

2003年，农行江苏省分行推出"金钥匙"贵宾理财服务。该行为贵宾客户发放集金融服务、商务服务与保险保障等功能于一体的多功能VIP金卡，配备专业客户经理，提供专业化、网络化、个性化的"一对一"式服务。理财经理为贵宾客户出具《个人理财规划书》，引领客户制定有效

的住房、汽车、教育、投资、保险、养老、退休保障、遗产等计划，通过对客户的跟踪服务，对各项计划适时进行检视和修正，实现对客户一生的现金流量管理和风险管理。为进一步加大对个人高端客户的拓展，2005年11月农行江苏省分行与南京军区总医院签订VIP客户医疗服务合作协议，推出"伴你成长"服务品牌。客户只要持有农行发放的VIP贵宾卡，就可以通过电话为自己或亲朋好友预约专家挂号，就医有专人陪诊导医。

2003年9月，交行南京分行推出"交银理财"业务。针对客户不同年龄段对理财的不同需求，运用现有的零售金融产品和服务资源，设计"交银理财"系列组合套餐。"交银理财"系列组合套餐内容丰富，包括学生族——"志学理财"、年轻一族（新就业者）——"菁英理财"、两人世界——"伉俪理财"、创业一族——"通达理财"、成功人士——"信慧理财"和银发族——"长寿理财"等。2006年，针对零售高端客户推出"沃德财富"客户品牌。2008年，在交通银行系统率先进行私人银行试点。私人银行的目标客户是日均资产达到500万元以上的客户，通过"1＋1＋1"即沃德客户经理＋私人银行顾问＋财富管理专家团/私人银行投资顾问的服务模式，为客户提供专属服务。2008年末，该行日均资产500万元以上的客户达268户，日均资产24.93亿元。

2005年1月，建行江苏省分行推出"乐当家理财"业务。该业务为个人中高端客户提供现金存取、支付结算、证券交易、外汇买卖、购物消费、个人信贷、账户管理及其他理财签约服务，同时还可以VIP客户的身份享受建设银行提供的理财咨询等多项尊贵服务。"乐当家"理财卡分为白金卡和金卡，当年共发行2.27万张，吸收存款130亿元。2007年12月，推出"龙卡通"产品。该产品是将原"乐当家"理财卡银卡和龙卡储蓄卡两产品整合而成的综合性银行卡产品，定位于普通大众客户，除具有传统借记卡功能外，还增加一卡多账户、投资理财及其他理财签约服务等更多增值功能。

中信银行南京分行等其他股份制银行也不断升级借记卡功能，实施优质客户发展战略，推

行客户分层服务。

2005年以前，全省农村信用社系统只有常熟农村商业银行等少数几家行发行借记卡。为在广大农村地区普及银行卡，发挥农村信用社支持"三农"发展的作用，2005年4月，省联社发行"圆鼎"借记卡，成为全国首家全省统一发行银行卡的省级联社。2006年5月，省联社作为股东单位之一，发起成立全国性股份制金融服务企业——农信银资金清算中心，进一步畅通农村信用社资金结算渠道。2007年江苏银行成立后，开始发行统一的江苏银行卡，原各城市商业银行发行的银行卡逐步回收。2008年，江苏银行完成借记卡的升级改版工作，发行"聚宝"借记卡。1999年以来，南京银行以"梅花卡"作为开发培育高端客户、促进储蓄增长的重要手段，先后与"百江"液化气公司联名发行IC芯片卡，与社会劳动保障局联名发行"南京社保卡"，与多所大专院校联名发行"校园卡"。

3. 贷记卡的发行

1999年《银行卡业务管理办法》出台后，广发银行和工商银行在省内率先发行贷记卡。2000年，广发银行南京分行发行"广发千禧奥运信用卡"系列产品，签约商户由原来不足10家发展至112家，与省电信公司、艺龙公司、润迅公司、出国中介服务机构、高校创业中心确立合作关系。同年7月1日，工行江苏省分行确定苏州、无锡、南通为首批发行牡丹贷记卡试点行，7月12日在南通首先开通信用卡个人消费贷款业务。牡丹贷记卡是持卡人在一定的信用额度内，先消费后还款的信用卡，采用循环信用交易方式，个人卡的最高信用额度可达5万元。该卡以人民币结算，具有转账结算、存取现金、信用消费等功能，在境内及中国香港、中国澳门、泰国、韩国、新加坡等地使用。

从2002年底开始，全省各国有商业银行和股份制商业银行开始密集发行信用卡（贷记卡）产品，信用卡市场的竞争渐趋激烈。2002年12月，招商银行南京分行发行"招商双币种信用卡"。2003年4月，深发银行南京分行发行"发展信用卡"；8月，建行江苏省分行发行"龙卡双币种贷记卡"；11月，中信银行南京分行发行"中信STAR双币种贷记卡"。2004年7月30日，

兴业银行南京分行发行"兴业双币种信用卡"，该卡为江苏首张由商业银行联合中国银联、维萨、万事达三大银行卡组织同时发行的信用卡；8月18日，光大银行南京分行发行"阳光双币种信用卡"；10月9日，交行南京分行发行"太平洋个性化彩色照片贷记卡"；10月18日，中行江苏省分行发行"中银双币种贷记卡"。2005年初，农行江苏省分行发行"金穗双币种贷记卡"；6月13日，浦发银行南京分行发行"浦发双币种信用卡"，该卡由浦发银行与花旗银行合作发行，为江苏首张由外资银行提供管理与技术，并获批打上外国品牌的信用卡；6月16日，民生银行南京分行发行"民生双币种信用卡"；7月，交行南京分行发行"太平洋双币种信用卡"，该卡为交通银行引入汇丰技术与管理经验，以"中国人的环球卡"为主旨发行的信用卡；11月，中行江苏省分行发行"中银JCB信用卡"，该卡为江苏首张人民币和日元双币种信用卡。2006年，光大银行南京分行发行以"中华第一福"为主题的"福"信用卡。2007年6月18日，华夏银行南京分行发行"双币种钛金信用卡"。

从2003年开始，江苏三家地方法人银行也开始发行信用卡。2003年8月27日，南京银行发行梅花信用卡；2007年11月27日，江苏银行发行信用卡；2008年，省联社发行圆鼎信用卡。2008年，省邮储银行成立首年即在内部发行信用卡。

为了促进贷记卡的发展，省内各行重视发行队伍的建设和方式的创新。2006年，农行江苏省分行转发农总行《中国农业银行金穗贷记卡独立审批人管理办法》，着力打造一支高水准的贷记卡独立审批人队伍。2008年，根据中总行在重点地区组建直销团队的要求，中行江苏省分行在南京、无锡、苏州地区试点组建信用卡直销队伍。2008年以后，各行陆续推出信用卡分期业务。

4. 联名卡/认同卡的营销

由发卡银行与营利性机构/非营利性机构合作发行联名卡/认同卡，为持卡人提供特定服务，是推广银行卡的国际通行做法。早在1995年9月，工商银行无锡分行与中国旅行社无锡分社合作，发行江苏首张联名卡——"牡丹中旅信用

卡"。2000 年以后,为推动银行卡尤其是刚问世不久的贷记卡的发展,江苏各银行机构发行大量联名卡、认同卡,广泛涉及百货零售、证券保险、电讯、文化教育等诸多领域,此外还发行多款慈善卡、爱心卡,履行社会责任。

省内各银行一直重视与百货零售业的合作。2001 年,农行江苏省分行与金鹰国际合作发行"金穗金鹰联名卡"。该卡具有转账结算、存取现金、代收代付、购物消费等功能,同时在金鹰国际指定场所消费时可享受优惠。2006 年 5 月,中行江苏省分行与南京金鹰国际合作发行中国银行首张与高档百货发行的全国性联名信用卡"中银金鹰联名卡——尊荣卡";2008 年 7 月再度合作发行"中银金鹰联名卡——礼遇卡"。2006 年10 月,交行南京分行发行该行第一张联名贷记卡——"太平洋苏宁电器联名卡"。2008 年,建行江苏省分行以"尊贵时尚,优雅生活"为核心理念,与中央商场合作发行"中商龙卡"。2007 年11 月,浦发银行南京分行、1912 文化传播有限公司、中国银联江苏分公司三方联合发行江苏第一张银行与商户群联合推出的联名卡——"浦发银行轻松理财 1912 联名卡",发行两个月就发卡 2万余张,消费金额突破 400 万元。随着家用汽车逐渐进入普通家庭,银行卡开始进入汽车产业。2007 年 5 月,建行江苏省分行、中信银行南京分行分别与苏友汽车俱乐部、北京现代江苏万帮4S 店合作发行"苏友龙卡"和"中信万帮联名信用卡"。

随着金融业的发展,银行、证券、保险的联系更为紧密,银行与证券、保险合作发行联名卡,进一步扩大双方的合作。2004 年 10 月,中信银行南京分行与新华人寿北京分公司合作发行面向南京地区优质客户的"中信 STAR——幸福安康卡"。2006 年 8 月,建行江苏省分行与国信证券合作发行该行第一张联名借记卡——"金色阳光龙卡联名卡"。2007 年 4 月 6 日,中国银行与华泰证券在南京举行全面合作协议签字仪式暨"长城华泰联名卡"首发式。

银行与电讯合作发行联名卡始于 2004 年。2004 年 3 月 18 日,中行江苏省分行与中国移动江苏分公司推出江苏第一张银行电讯联名信用卡——"长城移动联名卡"。同年 4 月 6 日,兴业银行南京分行与中国联通江苏分公司合作发行"兴业联通联名卡"。2008 年 5 月 28 日,工行江苏省分行与中国电信江苏分公司合作发行"牡丹·我的 e 家联名卡"。

江苏是文化教育大省,银行与学校及图书、出版业的合作由来已久。自 1999 年浦发银行南京分行发行江苏第一张高校认同卡——"浦发南师大校园卡"以来,省内银行与高校的合作不断扩大。2000 年,中信银行南京分行与南京大学合作发行"中信南大校园卡"。2001 年,中国银行与团中央在南京举行"长城英才卡"首发仪式,中行江苏省分行首批选择南京医科大学、河海大学和南京金融高等专科学校 3 所高校作为合作发行对象。同年,农行江苏省分行和交行南京分行分别推出"金穗校园卡"和"太平洋校园卡"。"太平洋校园卡"将当时世界上最流行的射频 IC卡与交通银行太平洋磁条卡有机结合,两卡合一,具备太平洋卡一卡通、全国通、理财通等全部功能,卡片内含的射频 IC 芯片可在校园内实现师生用餐、消费、看病、教学管理、生活区管理等功能,实现"一卡校园通""一卡校校通"。当年首先在南京航空航天大学、南京理工大学、南京森林公安高等专科学校等 3 所高校发行,此后逐步扩大到全省范围。2005 年,招商银行南京分行推出"招行南大一卡通"。2006~2007 年,建行江苏省分行分别发行"南师龙卡""南大龙卡"和"东大龙卡"等一批名校联名信用卡。2007 年 8月,中信银行南京分行与朗阁教育集团共同推出"中信朗阁联名信用卡"。该卡是国内第一张银行与教育培训机构联合推出的国际标准信用卡,可为持卡人提供出国语言培训、出国金融服务等一站式标准服务,同时可以享受培训与办理出国金融服务的折扣优惠。2008 年,工行江苏省分行与省教育厅合作发行"牡丹励志卡"。

为在居民图书借阅和消费中提供金融服务便利,省内银行先后与图书馆、书店建立合作关系。2001 年,招商银行南京分行分别与苏州图书馆、无锡图书馆合作发行"招银苏图一卡通""招银锡图一卡通"。2002 年 9 月,在江苏第二届读书节暨南京市新华书店书市开幕之际,中信银行南京分行与南京市新华书店合作发行"中信新华读书卡"。该卡拥有"中信理财宝"的全部功能,并为持卡读者提供在南京市新华书店购书九折优惠。2007年,工行江苏省分行重点营销与江苏凤凰新华书业股份有限公司合作发行的"牡丹书缘卡"。该卡为集牡丹贷记卡、灵通卡和江苏新华书缘读者俱乐部会员卡功能的复合功能联名卡,享有牡丹卡金融服务功能及书缘读者俱乐部会员卡的所有功能。

随着女性消费能力和意愿的持续增强,各商业银行先后推出多款针对女性群体的信用卡。2002年,广发银行南京分行发行"广发真情卡",江苏十位杰出女士成为首批持卡人,首发当月即发卡3 500张。2003年,光大银行南京分行发行"阳光伊人卡",其女性特征主要体现在女性化卡面设计和专门针对女性客户的增值服务体系上。同年,华夏银行发行针对中高端女性群体的"华夏丽人卡"。该卡除具备一般储蓄、结算功能外,还针对女性特点,享有消费优惠、积分获奖、会员制等服务。"华夏丽人卡"在2007年人行南京分行营业管理部和东方卫报联合主办的"南京市民喜爱的银行卡评选"活动中,获得"最具女性魅力奖"。2005年8月,中信银行南京分行发行首张针对年轻时尚女性白领的信用卡——"中信魔力信用卡"。

省内各银行还通过参加社会公益事业,在回馈社会的同时,提升银行卡品牌的知名度。2000年,建行江苏省分行营业部与南京市希望工程办公室联合发行"爱心龙卡",共同设立"龙卡爱心基金",并捐赠1万元作为首批爱心基金,以后将根据"爱心龙卡"收益情况定期捐赠,资助市特困家庭子女上学。同年12月,光大银行南京分行与南京市少工委、希望工程办公室共同推出"阳光爱心卡",并通过六城区团委向各区所在学校发行。2001年12月,省红十字会、招商银行南京分行、省人寿保险公司共同推出"招银博爱一卡通"。此卡除具有"一卡通"原有的储蓄、消费、转账等功能外,同时还可以向省红十字会网站自助捐款转账,捐款额达到一定数额后,持卡人即可免费获赠相应的人寿保险。2002年6月,兴业银行南京分行与省残联联合推出"兴业爱心卡"。2008年10月,工行江苏省分行在全省以"牡丹花开中国红"为主题推出"中国红"慈善信用卡。

(四)银联标准卡发行

2000年11月,为推动银行卡联网通用工作,中国人民银行发布《银行卡发卡行标识代码及卡号》和《银行卡磁条信息格式和使用规范》两项行业标准。《银行卡发卡行标识代码及卡号》规定在国内发行使用的人民币卡必须使用9字头BIN号码(Bank Identification Number,缩写为BIN)。2002年3月,国内银行卡联合发展组织——中国银联股份有限公司(以下简称"中国银联")在上海挂牌成立。2003年7月,中国银联发布《银联标识卡BIN号码分配和管理暂行办法》,启动银联国际标准分配和使用工作,推动各成员机构发行62字头BIN号码的银联标准卡。

2002年10月,中国银联江苏分公司成立,推动银联标准卡发行是该公司的一项重要工作。2003年8月27日,南京市商业银行举行梅花贷记卡首发仪式。该卡是全国第一张使用"银联标准62字头BIN号码"和"银联数据贷记卡发卡系统"发行的贷记卡。至2005年,全省所有地方性银行均申请银联标准BIN号码。当年全省新增银联标准卡548万张,总量列全国第二位。此后,省内各国有商业银行、股份制商业银行也陆续申请银联标准BIN号码,发行符合银联统一技术标准和业务规范的银行卡。

图5-3 2003年8月27日南京市商业银行举行梅花贷记卡首发仪式

截至2008年末,全省银行卡存量达14 390.35万张,占全国银行卡总存量的8%。其中,借记卡13 363.58万张,占92.86%,居主导地位;贷记卡878.62万张,占6.11%;准贷记卡148.15万张,占1.03%。

二、系统和网络

（一）初步建设

20世纪90年代以后，随着省内各银行信用卡产品的陆续推出，信用卡系统和网络建设也逐步展开。1991年，工行江苏省分行各市分行均开发牡丹卡业务应用系统并投入使用。1992年，中行江苏省分行投产宝来B系列计算机上的第一代信用卡电脑系统，改变信用卡业务纯手工记账的模式。

1994年，无锡、苏州两市被国家"金卡工程"协调领导小组确定为"金卡工程"首批国家级试点城市。1995年2月，在人行江苏省分行的主导下以会员制的方式在南京成立江苏金卡网络有限责任公司。同年3月，南京市成为江苏省首批"金卡工程"试点城市。1996年，全省银行卡网络一期工程开通运行。1997年，苏州、无锡、南京3市具有15家银行机构的193台ATM机与网络中心联网，一批大型和特大型商贸企业的POS终端与网络中心直接连通，初步实现银行受理"一柜一机、一机多卡"的目标。

1993～1997年，在"金卡工程"的推动下，省内各银行加快信用卡的系统和网络建设。1994年，工总行具有全国电报网络自动授权功能的牡丹卡新程序在南京、苏州成功试点。1995年，统一全辖牡丹卡业务处理程序，为下一步牡丹卡跨市ATM通兑创造条件。1996年，推广工总行微机信用卡业务系统，统一应用版本和信用卡磁条标准，规范牡丹品牌系列银行卡的业务处理。同年，开发牡丹卡省内异地联网通兑系统（第一期ATM），实现牡丹卡在省辖11个市行之间的实时通兑处理；开发"金卡工程"银行端通兑系统（第一期ATM），并在苏州、无锡、南京3市行试点成功，确保"江苏金卡一期工程"的开通；以淮阴为试点行，在总行牡丹卡业务处理系统的基础上开发程序，将部分县行的牡丹卡数据集中到市行处理。

1993～1996年，中行江苏省分行自行研发PC机，Xienx/SCO Unix版本的信用卡处理系统，其硬件平台、软件操作系统、系统功能、网络架构均较第一代宝来机有了很大进步。其间，中行江苏省分行的ATM自动取款机，POS销售点终端相继投入生产使用。1996年，开通ATM机跨行取款、查询、POS消费的功能。1997年，开通外币EDC自动授权清算系统，将长城卡电话银行系统继续向具备条件的分支行推广；省辖各市分行已全部实现市区通存通兑，其中镇江分行全辖四县一市全部联网，市辖网点对公、对私业务实现通存通兑；省分行和南京市分行合并成立一个电脑中心后，实现城郊支行远距离应用系统的联网运行。1998年，在IBM RISC/6000小型计算机上，使用Informix数据库技术，成功研制第三代信用卡处理系统CC98，并在全省13家地市行推广使用，满足迅猛增长的发卡需求。

1995年，建行江苏省分行完成全省发卡行POS自动授权系统和省分行授权清算中心网络系统的开发。1996年12月，信用卡清分（算）中心与江苏金卡网络切换成功，龙卡加入江苏银行卡网络，实现信用卡异地跨行通用。至1997年，新的信用卡网络系统已在全省全面推广，并在此基础上实现信用卡沿江7市加徐州的联网工作，部分行还实现信用卡的市县合并。

1997年5月，农行江苏省分行召开会议，对全行电子化建设总体思路进行重大调整，决定突出重点城市、重点区域的网络建设和重点项目网络运用，加快网上应用开发和全省"双卡"工程建设。

（二）实施"314"计划

1998～2000年，"金卡工程"开始以银行卡信息交换中心为中枢的全国银行卡联网通用建设，初步构建起全国统一的银行卡跨行交换网络框架。至2000年底，南京、苏州、无锡3市全面实现ATM联网，常州、镇江、扬州、泰州、南通5市实现工商银行、农业银行、中国银行、建设银行、邮政储蓄5家金融机构的ATM跨行联网通用。2001年底，中国人民银行提出银行卡联网通用"314"计划，即300个城市银行卡联网通用、100个城市银行卡跨行通行、40个城市推行异地跨行的"银联"标识卡。2002年10月，中国银联江苏分公司在江苏银行卡网络服务中心（其前身为江苏金卡网络有限责任公司）的基础上成立，为中国银联的直属分公司。同年12月，银联商务江苏分公司成立，并在人行南京分行的支持下收编部分地市的银行卡收单机构。至 2002 年底,江苏各商业银行和邮政储蓄机构的 ATM 全部实现跨行联网,南京、苏州等市实现 POS 的联网联合。至 2003 年底,全省所有的 ATM 实现联网联合,13 个省辖市和苏州、盐城、南通等市所辖县实现 POS 的联网通用,在全国率先完成总行提出的银行卡联网"314"计划。

1999~2002 年,工行江苏省分行牡丹卡进入以省分行为单位的大机集中处理阶段。2000 年 8 月,活期储蓄暨牡丹卡全国通存通兑、牡丹信用卡并地自动授权、国际卡、外卡收单系统开通运行。2002 年,投产综合业务处理系统银行卡子系统。该系统遵循综合业务系统的设计思想,按照将牡丹卡业务的会计核算交由新会计核算系统处理、实现卡信息与账户信息分离、异地交易以联网为基础进行、充分考虑与本行其他应用系统和行外系统的接口、实现自助设备的 24 小时连续运行等原则进行设计。系统为专业部门提供卡片管理、账户管理、授权处理、止付名单处理等功能;为营业网点提供牡丹卡的存取现、转账等业务处理功能;为特约单位提供在销售点终端(POS)办理牡丹卡消费结算及授权业务的处理功能;为持卡人提供自助服务。此外,系统还包含外卡收单业务的处理。

1999 年,农行江苏省分行在微机网络改造的基础上,完成长沙版信用卡软件的改造工作,制定二级发卡中心向一级发卡中心归并的技术方案,实现单中心多卡部的运行模式。至 2000 年 11 月底,卡交换系统已和农总行、金卡网络全部联通,沿江 8 市新老 AS/400 应用行全面发行金穗借记卡,实现基于储蓄账务的金穗借记卡在全国农行所有入网城市及沿江八市的所有网点、ATM 上联机使用,特约商户 POS 上联机消费。2001 年 4 月,金穗借记卡、信用卡在 ATM、POS 和柜面交易上实现全省、全国及跨行联网。2002 年,在全辖推广银行卡查询查复处理系统,完成联网通用工程改造,用卡环境得到明显改善。2003 年,信用卡集中授权系统建成,实行全省一个授权中心统一办理辖内各营业网点和特约商户贷记卡和借记卡服务的索权、授权业务,实现银行卡业务的集约化经营。

1999 年,中行江苏省分行对 CC98 进行二次开发,为加入全国中行系统的 NIC-NAP 网打下良好的基础。至当年底,全辖已有 10 个城市加入全国 NAP 大网,可在 ATM 上受理省外借记卡。2002 年,中总行软件中心推出大型计算机 ES9000 版本的信用卡处理系统 EBCS,标志着第四代信用卡处理系统正式投产。中总行随后又推出零售代做平台、外围系统接口等新产品,丰富了系统功能。随着信用卡系统上收华东信息中心,中行江苏省分行的信用卡软件水平也登上新的台阶。2003 年,中行江苏省分行完成全辖 RTS 系统的推广、银行卡联网改造、ATM 终端的标准化改造等工作,促进业务的快速发展。

2003 年,建行江苏省分行正式上线 Card Link 银行卡系统。这是一套提供龙卡贷记卡业务在线实时运行的数据集中式系统平台。该系统采用远程终端方式向各发卡行延伸,可进行资料录入、征信审核、相关信息查询等业务操作。同年 11 月,Card Link 系统资料录入中增加人民币电话购汇还款、约定账户购汇还款等操作。

(三)继续推进

2004 年以后,在巩固"314"目标成果的基础上,全省银行卡受理环境逐步改善,联网通用覆盖面日益扩大。

2005 年中国人民银行等九部委《关于促进银行卡产业发展的若干意见》发布后,江苏成立银行卡产业发展领导小组,办公室设在人行南京分行,负责推动落实省银行卡产业发展领导小组的各项部署,以及联系、沟通和督促检查各相关单位贯彻落实情况等工作。针对各专业化机构长期以来形成的注重高端商户、忽略普通商户,注重短期效益、忽视市场培育的倾向,2005 年中国银联江苏分公司在医院、政府部门、十运会相关行业等三大受理市场取得突破。至当年底,江苏大型知名医院、南京市地方性三甲医院全部入网;借助政府力量,在交通、税务、车管等政府收费窗口布放 POS 机,实现刷卡缴费;南京市三星级以上宾馆基本实现联网刷卡,著名风景区中山陵率先入网,实现南京市园林景点刷卡零的突破。

2006 年 4 月,省政府办公厅发出《关于进一步加快全省银行卡产业发展的通知》,提出到 2008 年全省银行卡产业的发展目标和主要措施。6月,人行南京分行、省财政厅联合发出《关于推广使用公务卡的通知》,要求在全省各级党政机关、人民团体及实行预算管理的事业单位逐步推行公务卡结算方式。通知发出后,各银行积极推行公务卡结算方式。7月,工行江苏省分行与省财政厅合作,在省公安厅等4家单位进行公务用卡试点,年底前在省级预算单位全面推开。农行江苏省分行制定《中国农业银行江苏省分行公务卡管理规定(暂行)》,以规范和促进公务卡管理工作。之后,交行南京分行、中信银行南京分行、江苏银行等行也先后办理公务卡业务。同年,中国银联江苏分公司积极推动受理市场建设,稳步推进农民工银行卡特色服务项目。全省12个二级地市共实现POS交易408亿元,占全省POS交易总额的61%,较上年提高6.6个百分点;全省农村信用社、农村商业银行、农村合作银行的3 000多个营业网点全部提供农民工银行卡特色服务。

2007年,人行南京分行下发《关于进一步做好银行卡工作的意见》,加强银行卡受理市场建设,提高银行卡风险防范意识,全面推广使用公务卡,建立银行卡的长效宣传机制。为推动受理市场发展,中国银联江苏分公司建立二级地市收单专业化机构综合业绩评价体系和二级地市银行业发展指数;对县域受理市场拓展试行专项奖励,创建两个"银行卡受理示范县";推动南京、南通、扬州、盐城等地主管部门出台《关于规范和促进受理市场建设的具体措施》等政策措施。该公司还协调银行采取"无磁有密"的手机支付业务模式,既防范了风险,又有利于市场推广。在一年的时间里,全省支持此项业务的银行发展到18家,用户规模突破100万户。

2008年,按照人总行和公安部的要求,人行南京分行与江苏省公安厅联合制定《江苏省整治银行卡违法犯罪专项行动实施方案》,稳步推进江苏省联合整治银行卡违法犯罪专项行动。同时,制定《江苏省金融机构银行卡风险信息报告制度》,推动建立防范与处置银行卡风险的长效机制。中国银联江苏分公司落实人民银行"快通工程",大力推动乡镇受理市场,在全省选择现金交易集中、知名度高的批发市场进行银行卡应用试点;建立受理市场规范长效管理机制,以协调

机制解决江苏受理市场发展问题;丰富银联"缴费一站通"便民支付平台的支付功能,扩大终端普及率。

这一时期,省内各银行的系统和网络建设继续取得重要进展。从2002年开始,工行江苏省分行银行卡进入全行大机集中处理阶段,综合业务系统(CB2000)、全功能银行系统(NOVA)的全面推广应用,大大推动该行银行卡业务的发展。2007年,为适应银行卡业务快速发展的需要,提升产品竞争力,制定将牡丹贷记卡与牡丹国际信用卡整合为双币信用卡的"三卡整合"的战略计划。"三卡整合"项目分两步实施:第一步在NOVA系统实现贷记卡的双币化;第二步在贷记卡双币化的基础上进行功能完善,将国际贷记卡整合移入。2008年11月,实施金卡区域中心上收工程。金卡上收后,经联机转接的交易符合银联业务和技术规范要求,为全行跨行业务的快速发展提供了更加有力的保障。

2004年,农行江苏省分行具有国内同类系统先进水平的借记卡理财系统投产运行。2004年以后,随着大前置系统不断升级,用卡环境得到根本性的改善,银行卡的发卡量和卡交易量逐月上升。金穗借记卡在存取现金、消费、缴费等传统业务的基础上,开发一卡多账户、多币种、定活互转等功能,形成磁条卡、IC卡、校园卡、联名卡、烟草卡、收费卡等系列,延伸出银证转账、银证通、开放式基金、因私购汇、个人外汇买卖、记账式国债和凭证式国债等多种金融产品。

2004年4月,建行江苏省分行Card Link系统增加境内消费密码可选及ATM改密等功能。2005年7月,对系统进行第三期优化,对透支取现最低还款比例、预授权金额(额度)释放规则进行调整,新增还款实时提高可用额度、APS批量申请记录导入、人民币账户溢缴款可相应提高美元账户可用额度、名校卡功能、临时管制封锁码功能,并对APS身份证自动校验、人民币账户溢缴款柜台联机取现功能进行优化,同时启用APS保证金字段,配合外汇兑换手续费的调整进行相应系统开发。2006年8月,系统第四期优化项目上线,将美元卡片层删除,同时对预授权功能进行优化。

2007年10月,中行江苏省分行自行开发的

"银行卡综合管理系统(一期)"正式投产并在全辖投入使用。该系统设计进件管理、信用审批、催收管理、统计分析四大功能模块,促进中银卡业务的快速拓展和管理质量的提高。

2008年5月,交行南京分行贷记卡进件管理系统上线,改变手工处理贷记卡进件方式,并对贷记卡申请表流转的全过程进行跟踪,使客户满意度不断提升。

随着银行卡系统建设和联网通用工作的推进,以及银行卡受理环境的改善,全省联网ATM机和联合POS机数量不断增加,资金交易量持续攀升。截至2008年末,全省共有联网ATM机15 892台,联合POS机68 182台。2008年,全省银行卡资金交易170 572.38万笔、金额118 486.68亿元。其中,存现27 920.9万笔、金额25 994.92亿元;取现89 521.24万笔、金额28 763.83亿元;消费21 189.5万笔、金额3 338.62亿元;转账31 940.74万笔、金额60 389.31亿元。持卡消费金额占社会消费品零售总额的比例由2006年的15.56%提高到2008年的34.56%。

第四节 电子银行业务

一、电话银行

20世纪90年代,在"科技兴行"的战略下,国内各大银行先后推出电话银行产品。1993年,工行江苏省分行、中行江苏省分行在全省率先开通电话银行系统。此后,农行江苏省分行、建行江苏省分行、交行南京分行也陆续开通电话银行系统。早期的电话银行功能单一,只有自助语音服务,仅提供个人账户余额查询、账户挂失和公共信息查询等服务,各地电话银行号码也不统一。

1999年6月,工商银行创立全国统一的客户服务中心——"95588",成为全国第一家非信息企业使用全国统一专用号码的单位。同年8月8日,工行江苏省分行开通"95588"电话银行。

2000年9月25日,建行江苏省分行成立客户服务中心并开通全国统一的"95533"客户服务

电话。客户服务中心系统包括电话银行自助服务和人工服务。电话银行业务功能和层次菜单全省统一,所有业务部门的人工咨询、投诉服务电话全部归并到客户服务中心。12个市分行分别成立客户服务中心,单设或挂靠相应部门管理,各中心配备有6~12名熟悉储蓄、银行卡、会计、房改业务的工作人员。同年,浦发银行南京分行开发电话银行批处理功能。

2001年,工行江苏省分行开始建设全省集中式的客户服务中心,并成立电话银行中心,在全省为客户提供电话银行服务。当年实现电话银行业务220万笔,交易75万笔,交易金额102亿元,是上年的9倍。同年,农行江苏省分行开通全国统一的"95599"电话银行系统,为客户提供银行卡、股票买卖、代理收费、查询等多种金融服务。华夏银行南京分行自主开发电话银行系统,实现华夏卡余额查询、明细查询、代收代付、银证转账以及公司业务查询等功能。招商银行南京分行开发"一卡通"打电话功能,使银行卡也能充当电话卡自由地在任一部电话上拨打市话或长话。光大银行南京分行开通全国统一的"95595"电话银行系统,电话银行业务全面展开。兴业银行开通"95561"电话银行系统。

2002年3月,交行南京分行客户服务中心开始试运行,开通全国统一的"95559"电话银行系统,为客户提供在线交易、业务咨询等金融服务,并受理客户的投诉和建议。同年,华夏银行南京分行成立客户服务管理中心,推广华夏银行总行统一开发的Call Center系统,并在电话银行系统中增加人工服务。

2003年10月,中行江苏省分行客户服务中心投入运营,开通全国统一的"95566"电话银行系统,对外提供业务咨询及投诉、信用卡集中授权、信用卡传真、电话营销等服务,共有座席人员9名,服务范围为南京地区。同年,民生银行南京分行全国统一的"95568"客户服务中心正式上线。该中心可以通过电话、手机短信、传真、电子邮件等多种渠道,为客户提供24小时全天候的业务咨询、账户查询、自动转账、自助传真、外汇买卖和受理投诉等服务。

2004年,中行江苏省分行成立全国Call Center江苏分中心,并对电话银行人工座席服务

进行省内集中,实现售前、售后服务的统一化、标准化。客户服务中心除受理客户业务咨询、投诉建议外,还将功能拓展到夜间借记卡挂失、对公国外外汇入汇款查询及新业务呼出营销等。同年,交行南京分行开通电话银行异地漫游业务。当客户出差在外或旅游时,直接拨打当地交通银行分支机构的"95559"电话银行,选择异地漫游业务,即可办理各种电话银行业务,无需承担长途话费支出。

2005年2月起,中行江苏省分行对南京地区的"95566"电话银行系统进行改造,统一全省地市行与省分行的电话银行系统版本。4月,中信银行南京分行推出客户服务中心服务,使用全国统一的客服号码"95558",为客户提供在线交易、业务咨询、凭证打印等金融服务,并受理客户的投诉和建议。6月,建行江苏省分行客户服务中心Call Center正式对外营业,全省各二级分行电话银行业务全部归并到省分行客户服务中心,初步形成咨询建议、服务监督、交易处理、外呼经营、八小时之外的人工服务等五大服务功能。

2006年,交行南京分行统一全辖客户服务平台。一是在全辖范围内实现24小时人工服务,统一服务标准,消除服务盲点,系统投产当日省辖行客户来话数占总话务量的30%;二是使全辖客户均能享受到总行统一交换机版Call Center系统所提供的方便、快捷、安全的服务,弥补原有省辖行系统业务功能的不足;三是节省人员培训成本和运营维护成本,实现全辖电话银行集约化经营。同年,华夏银行南京分行开通全国统一的客户电话——"95577",业务范围覆盖除现金支取以外的几乎全部个人银行柜台业务。

2007年11月,工行江苏省分行电话银行系统顺利上挂总行一体化电话银行南方托管中心,人民币信用卡电话银行服务成功集中至电子银行成都分中心。同年,华夏银行南京分行"95577"上收总行。省联社电话银行开通。

2008年7月,交行南京分行电话银行大集中系统顺利上线。9月,交行南京分行客户服务中心(Call Center)上收总行,但全辖工单系统管理、客户意见处理、银信通平台管理、外拨营销等重要职能仍继续发挥作用。2005~2008年,交

行南京分行客户服务中心连续四年获得总行"十佳客户服务中心"称号。同年10月,工行江苏省分行投产一体化电话银行系统,标志着工商银行电话银行由呼叫中心向具有多种接入模式、丰富交易功能和强大外拨处理能力的新型呼叫中心转变。

2008年,全省电话支付业务量2 351.81万笔、金额2 215.84亿元,占电子支付总业务量和总金额的13.23%和1.56%,同比下降17%、19.41%。

二、网上银行

1997年前后,互联网技术引入中国。1998年3月28日,招商银行"一网通——企业银行"业务正式上线。4月6日,招商银行"一网通——网上支付"业务投入运行,成为国内首家提供网上支付服务的银行。1999年6月,工商银行完成该行历史上第一个基于互联网的对公网上银行V1.0版本的开发和测试,该版本具有为集团企业客户和一般企业客户提供网上查询账务明细、网上转账等功能。

1999年4月,招商银行南京分行在省内率先推出"一网通"网上银行服务。2000年,招商银行南京分行企业网上银行业务快速发展。该行以推出企业网上银行3.0版为契机,多次组织大型推介会,先后在南京新港、江宁开发区、苏州新区、苏州工业园区、无锡新区和江阴等地组织大型企业集团、"三资"企业和上市公司,进行现场演示和推介活动。"一网通"企业网上银行当年开户407户,累计实现网上交易量417亿元,成为开拓对公业务市场和公司理财业务的拳头产品。

2000年,工行江苏省分行等多家银行也相继推出网上银行产品。2000年5月、9月,工行江苏省分行先后上线企业网上银行V1.1版本、V2.0版本,较V1.0版本新增汇划信息查询、集团账户对分部主动收款、批量支付等多项功能;2000年11月,上线个人网上银行V1.0版本,面向个人客户提供B to C在线支付、储蓄账户和牡丹卡的账户查询、转账、银证转账、外汇买卖等功能。7月、10月,中信银行南京分行分别上线公

司网上银行1.0版和个人网上银行一期,为公司客户和个人客户提供网上查询、转账等业务。11月,建行江苏省分行营业部和无锡、常州分行网上银行同时上线运行,苏宁电器集团、无锡商业大厦、常州奔腾技术公司、南京科恩凯科技有限公司和江苏龙泰航空服务公司成为首批网上银行特约商户。首次上线的网上银行业务主要面向个人客户,实现网上开户、柜台签约、网上查询、网上转账、账户挂失、网上支付、代理收费(限常州分行)、网上支付实时响应(限常州奔腾技术公司)等功能应用。同年,中行江苏省分行积极开发网上银行业务,年底前完成网上银行查询、转账功能的开发。

2001年,招商银行南京分行企业网上银行新开户795户,交易金额453亿元,交易金额位居全省第一。无锡支行与无锡市国税局成功合作,利用企业网上银行代理企业缴税。工行江苏省分行成立电子银行办公室(后更名为电子银行部),先后投产企业网上银行V3.0版本和个人网上银行V3.1版本,系统功能进一步升级。当年该行企业网上银行开户数236户,交易金额35亿元。中行江苏省分行上线"网上银行""汇划即时通"等新业务,通过网上提交、指令授权、网上确认等操作完成客户在辖内的业务查询及转账支付。建行江苏省分行个人网银业务在全省上线运营,次年企业网银业务也在全省上线运营。华夏银行、光大银行、兴业银行南京分行等其他股份制银行也陆续开展网上银行业务。华夏银行南京分行企业网上银行系统推出不到半年,客户就达142个,交易金额72.17亿元。光大银行南京分行网上银行业务全面展开,增加对私客户的自动转存、转账、国债买卖等功能。

2002年,招商银行南京分行对企业网上银行和个人网上银行专业版进行第五代升级换版,为对公和个人客户提供更便捷的在线服务。工商银行推出"金融e通道",是全面涵盖网上银行、电话银行和手机银行等业务的电子银行整体品牌,其后又相继推出"金融@家"个人网上银行品牌和"财e通"企业网上银行品牌,形成工商银行完整的电子银行品牌系列。4月,农业银行网上银行面向社会开放。在农总行统一网页和基本功能的基础上,农行江苏省分行将南京、无锡、

常州、扬州、徐州、盐城、淮安各市代缴费业务48项纳入这一系统,拓展省电信、省电力、三九医药等网上银行集团性客户。同年,交行南京分行推出第一版网上企业银行,次年又推出第一版个人网上银行。

2003年,工行江苏省分行企业网上银行先后推出以集团理财、网上结算、网上收费站、B2B在线支付、银企互联、贵宾室、财务室、网上支付结算代理等为重点的优势产品。11月,以"金融@家"为品牌的新一代个人网上银行在全行成功投产。招商银行南京分行推出"点金理财"对公理财服务品牌,进一步拓展企业网上银行的应用。"点金理财"含"珠资网、收账易、融资全、财路广、投资畅、安全锁、信息港、E站通"8个理财套餐和28项解决问题方案等,满足企业的资金管理需求。农行江苏省分行根据《中国农业银行网上银行业务管理办法(暂行)》,及《中国农业银行网上银行落地业务处理规定(暂行)》文件的相关规定,在全省推广网上银行业务。中行江苏省分行对已上线运行的"汇划即时通""网上银行""报关即时通"等新业务系统进行版本升级,增加集团客户资金查询、调拨、子账户资金划转等交易功能。同年12月,建行江苏省分行成立电子银行部。

2004年,工行江苏省分行推出面向中小企业客户的普及版企业网上银行。同时,进一步优化个人网上银行系统结构,提高网银系统响应速度、交易吞吐量,突出网上银行服务的人性化和操作的简便化,使业务流程更加符合客户操作习惯。同年5月,中行江苏省分行成立电子银行部,并成立行长挂帅的电子银行领导小组,制定电子银行发展规划。交行南京分行在学府路支行设立全市第一家网上银行体验中心,配备10台电脑,供客户登陆交通银行总分行网站及指定财经网站进行太平洋卡网上交易、查阅业务信息及财经信息等操作,为客户创建一个熟悉网上银行操作的体验平台。兴业银行南京分行对"在线兴业"网上银行系统全面升级。升级后的网上银行系统包括信息服务、企业银行、个人银行、网上商户等子系统。其中,企业网银分为企业财务室、企业理财、集团服务、虚拟子账户、客户服务、企业会员社区、预处理软件等7大模块及40个

子模块;个人网银分为账户登记及管理、转账汇款、投资理财、贷款融资、一站式缴费、网上购物支付、我的秘书、兴业e卡、网上社区9大模块及120个子模块。

2005年,工行江苏省分行推出企业网上银行票据管理、委托贷款、专业版银企互联、通用缴费、网上银财通、企业定期存款等新产品;个人网上银行新增通用缴费、网上个人跨境汇款等新功能,简化客户证书安装操作,丰富网上银行功能操作提示和引导信息,初步解决网上银行"门难进""看不懂""不好用"等问题。中行江苏省分行先后开发"手机钱包"、网上基金交易、个人网银大众版等新产品。交行南京分行先后为华泰证券和苏宁电器上线"银企通",并为南京市证券公司、中财办、升瑞玩具、苏农农资、雨润食品等重点大户陆续上线企业网银。同年12月,交行南京分行2006版个人网上银行上线运行。新版个人网上银行分为普通用户版、手机注册版、证书认证用户版3个版本,可提供"一站式"客户服务及多种定制方式,新增跨系统转账、多笔转账、收款人管理等功能。此外,实行账户统一管理,一个用户可同时管理多个账户,使家庭理财更加方便快捷。兴业银行南京分行网上银行业务进一步提速。至当年末,该行企业网上银行客户数达533家,占全部公司客户数的12.8%,全年累计实现网上银行交易额96.88亿元,比上年增长10.6倍。该行是中国电子口岸网上支付系统升级后首家推出含有一卡多行、异地支付新功能的海关税费网上支付业务的银行,能够7×24小时在线办理网上税费支付业务。

2006年,工行江苏省分行企业网银新增银企对账功能,个人网银推出全新的安全产品——电子银行口令卡,增加个人网上银行基金定投、通用缴费、网上个人跨境汇款等交易功能。农行江苏省分行吸引百得科技、爱默生等世界500强企业来行开户,省内一批重点企业成为该行网上银行的稳定用户。至当年末,该行网上银行注册客户数、交易金额、交易笔数3项指标均处于系统内前列。交行南京分行实现私人业务数据的大集中,后台核心账务系统数据大集中,电子银行业务处理便利性和安全性得到很大提升。华夏银行南京分行推出银企直联和B2B网上支付

等网上银行新功能。

2007年,工行江苏省分行企业网银推出集中式银期转账、信用支付等新产品,个人网银推出"电子速汇"、人民币账户黄金、代理实物黄金、第三方存管自助注册等功能。

2008年,工行江苏省分行推出个人网上银行预注册业务和贵宾版个人网上银行,增强对个人客户的分层服务能力,其中贵宾版个人网上银行的推出为优质客户提供专属服务通道、专属服务区域、专属优惠和专属产品;同时推出"二代U盾"和网上银行手机短信认证服务等安全产品,进一步提升个人网银的安全级别。同年,企业网银又推出"银银通"、在线ERP、跨银行财资管理系统等产品。中行江苏省分行成立新版网上银行(BOCNET)上线推广领导小组和工作小组,投产新版网上银行,不仅实现网银新平台所有功能,还新增信用卡、第三方存管等服务,同时建立EBMS中心,实现全辖企业网银业务的集中审批,对重点客户的需求做到即时响应。

随着金融业和互联网技术的发展,江苏省网上银行业务增长很快,在电子支付中占据主导地位。2008年,全省电子支付(网上支付、电话支付、手机支付)业务量共17 774.52万笔、金额142 315.47亿元,同比增长35.42%、29.25%。其中,网上支付业务量15 322.77万笔、金额140 088.98亿元,占电子支付总业务量和总金额的86.21%和98.44%,同比分别增长49.29%、30.49%。

三、手机银行

2000年,工行江苏省分行试点手机银行业务,首期功能以牡丹卡业务为主,包括牡丹卡账户查询、转账、缴费付款、账户挂失、呼叫95588等服务项目。此后,工商银行又扩充手机银行账户转账功能,增设业务统计及SIM卡密钥文件加密传输功能。中行江苏省分行、招商银行南京分行也于2000年推出手机银行业务。

2004年12月,交行南京分行在省内率先推出采用无线上网技术的手机银行业务。该手机银行采用WAP实现无线上网,可以提供账务查询、贷记卡还款、口头挂失、手机充值等个人理财

业务,也可以用于基金交易和"外汇宝"交易。

2008年,全省移动支付业务量99.94万笔、金额10.65亿元,占电子支付总业务量和总金额的0.56%和0.01%,同比增长259.62%、765.85%,笔数和金额所占比例虽小,但是发展最为迅速。

第五节　资产托管业务

一、基金托管

2001年3月,中国证监会启动开放式基金项目,并就发行进度作出安排。全省银行积极做好开放式基金的代理发行、销售等工作。9月21日,交行南京分行开始代售国内第一支开放式基金——华安创新基金。同月,工行江苏省分行开始代售国内首批开放式基金之一的南方稳健成长基金。12月,农行江苏省分行印发《关于进一步做好开放式基金代售工作的通知》,成立开放式基金代售工作领导小组,在个人业务处设立办公室,并对全行系统测试、推广、系统移植、培训和市场营销等工作提出相关要求。

2002年,工商银行首家开始对基金管理公司进行尽职调查,并在此基础上,先后与华安、国联安、博时、申万巴黎和诺安5家业绩突出的基金管理公司签订全面合作协议,率先代理销售和托管基金的创新产品,形成"托管代销一体化"营销策略。农行江苏省分行向总行申请开办开放式基金代售和国债柜台交易业务并获批准,从9月5日开始代售宝盈鸿利收益基金。中行江苏省分行在中总行开发的基金代销业务系统上推出开放式基金代销业务,当年代售的易方达、嘉实、银华基金金额分别为5.12亿元、0.33亿元和0.35亿元,分别完成总行计划的125.5%、23.1%、35.3%。建行江苏省分行于6月开始代售首只开放式基金——华夏成长基金,至当年底共代销华夏成长、基金银丰、融通新蓝筹、博时价值成长等4只基金共2.17亿元。同年,招商银行、光大银行、深发银行、民生银行、兴业银行等股份制银行也开始代销基金。

2003年,农行江苏省分行印发《关于扩大开

放式基金代销网点的通知》,将全行基金代销网点由2000年的376家扩大至600家,全年共代销基金2.37亿元。中行江苏省分行代销天同180指数、金鹰成份股优选、嘉实理财通系列、华夏回报、景顺长城系列、易方达策略成长等6只基金共5.13亿元(不包括苏州),完成中总行计划任务的108.97%(不包括苏州),是完成中总行代销基金确保计划的7家分行之一。交行南京分行代销基金产品覆盖股票基金、债券基金、指数基金、伞型基金等绝大多数基金市场上的创新品种,"基金超市"初步形成。中信银行南京分行和浦发银行南京分行也开始代销基金,其中浦发银行南京行全年实现近1.1亿元的代销量,完成计划任务的129.7%。同年7月,民生银行南京分行在基金销售过程中将传统融资业务与新型基金销售有机结合起来,在省内首创开放式基金质押融资业务。该行针对某流通性大型商贸客户资金流转量大、间隙沉淀资金少的实际,为客户拟订以认购的基金作质押签发商票办理买方付息票据贴现的合作方案。客户既可获得债券型基金稳定的收益,又能满足企业的资金周转需要,实现基金营销的重要突破。

2004年,工行江苏省分行代售国内第一只上市型开放式基金(LOF)——南方积极配置基金和国内第一只交易型开放式指数基金(ETF)——上证50交易型指数基金。农行江苏省分行共代理发行6只并促销1只基金,代售基金总额为23.79亿元。中行江苏省分行基金销售总量达16.11亿元,完成计划的322.21%。同年11月,华夏银行南京分行代售该行第一只基金——招商现金增值基金。

2005年,资本市场经历剧烈波动,银行股票型基金销售也出现困难局面。为推动基金代售,省内各行采取实行差异化营销策略、开展基金代销竞赛、优化基金代销系统等方式,取得一定的成效。5月,农行江苏省分行根据《中国农业银行开放式基金代售业务总体营销方案》,提出要根据不同的基金产品,锁定不同的客户群体,推行差异化的营销策略。9月,中行江苏省分行与易方达、嘉实、海富通、景顺长城和友邦华泰5家基金管理公司合作,开展基金代销竞赛活动,同时重视做好客户的维护,提高基金理财业务培训

的广度和深度。9月16日,交行南京分行大集中基金代销系统切换上线,新的基金系统简化业务操作步骤、优化资金清算流程、降低运行成本。除基金网银、电话银行和多媒体自助交易外,交行南京分行还开通基金手机银行业务,增加基金交易渠道,方便投资者投资。

2006年,随着股权分置改革的成功,中国股市开始回暖,银行代销基金规模增加。2007年,中国股市走出逼空行情,上证指数从年初开盘1月4日的2 728点,一度上涨到10月16日的6 124点,上涨幅度超过100%。股市的红火催生了投资者的热情,股票、基金规模成倍增长。2007年,全省代理基金业务金额突破2 000亿元,达2 039.65亿元,是2006年的5.6倍。

2007年第三季度以后,股市震荡下跌,投资风险加大。省内各银行加强对投资者风险教育,及时调整基金产品结构,保持基金代售的稳定。农行江苏省分行从2008年7月起全面开展基金客户风险测评,个人客户认购、申购、转换、定制基金,都必须进行风险评测。农行江苏省分行全年共代售基金69只,完成认购、申购基金271.57亿元,比同期多增37.54亿元,在其他各行基金代销普遍下降的情况下仍保持增长。2008年,中行江苏省分行调整代销产品结构,引入债券型、保本型以及定期定投产品,组织召开大型投资报告会,定期编写《"基金精选专家"基金营销宝典》,扩大"基金精选专家"的品牌影响力。华夏银行南京分行开展"买基金、到华夏、享受F8"大型客户服务及营销活动,推出"理性投资、如意定投、智慧理财、精选基金、全天候交易、e费优惠、轻松开户和汇聚资讯"等8项服务功能,保持基金代售的稳步增长。

2008年,全省银行共代理基金业务1 696.29亿元,比2007年下降16.83%。

二、企业年金托管

2004年劳动和社会保障部《企业年金试行办法》和《企业年金基金管理试行办法》颁布后,省内银行陆续开办企业年金托管业务,其中中行江苏省分行、交行南京分行等行发展较快。2004年,中行江苏省分行开办社保基金和企业年金基

金托管代理业务,与淮安市烟草公司就年金托管业务签订框架协议。

2005年11月,交行南京分行与江苏省海企集团在金陵饭店签订企业年金合作协议,成为该企业年金的账户管理和托管机构。这也是江苏省内第一单规范的企业年金业务,江苏省政府、劳动厅及相关监管部门领导出席签约仪式。浦发银行南京分行也于年内实现企业年金托管业务零的突破。

2006年,中行盐城分行与盐城银宝公司签订合作协议,在全省中行系统率先开立企业年金托管账户。当年,中行江苏省分行本部及盐城分行、连云港分行签订年金托管合作协议4份,年金量约5 000万元,涉及员工2万余人。在全国中行系统中,中行江苏省分行签订企业年金合同及协议的客户数量居第一位。同年,浦发银行南京分行托管业务规模进一步提升,在总行举办的年度托管、年金业务竞赛中名列第三。

2007年,全省中行系统有7家分行与当地企业签订企业年金托管协议、账户管理协议、年金业务合作框架协议共20份,企业年金客户签约数继续保持全国中行系统第一名。同年,招商银行南京分行与苏龙发电签订江阴首笔企业年金托管协议。

2006～2007年,交行南京分行先后与解放军5311工厂、江苏省高科技投资股份有限公司、江苏省粮食集团等近50家企业签订年金业务合作协议,近1.53万员工加入交通银行企业年金计划。2008年10月,按照南京市劳动局的要求,与相关机构合作完成原来存放在劳动局的8 300万元的存量企业年金的整体移交工作,年金资金实现保值增值。此外,还先后配合镇江、南通、常州等市劳动局完成当地年金业务的整体移交工作。至2008年,交行南京分行企业年金业务已形成一定的规模,走在系统和省内同业的前列。截至2008年末,该行共为全省13个地市的257家企业提供年金服务,账户管理规模3.8万户,年金资产5.3亿元。其中,南京地区共有25家省属企业和12家市属企业加入企业年金计划,账户管理规模9 150户,年金资产3.19亿元。

2008年,工行江苏省分行分别与扬子石化—巴斯夫有限责任公司和江苏中烟工业公司

签订年金业务协议。同年,浦发银行南京分行办理首笔账管和托管捆绑的年金业务和首笔国寿浦发永富企业年金集合计划。

第六节 投资银行业务

20世纪90年代中期以后,随着资本市场的迅猛发展,传统商业银行的间接融资市场面临严峻挑战,股票、债券、基金市场对存款分流的作用也日益突出。在金融脱媒效应日益凸显的背景下,银行逐渐介入投资银行业务。1998年,工总行印发《竞争优质客户,加快业务创新的若干意见》,投资银行业务走在国内银行的前列。

从1996年起,工商银行先后参与一系列大型项目的国际融资活动。其中1997年的扬子—巴斯夫一体化项目是国内第一个经国家批准采用有限追索融资方式筹措资金的石化项目,工行江苏省分行受聘担任项目的财务顾问行和本外币资本金账户开户行。在创新融资并购产品的同时,工商银行还开办国内资信调查业务。1999年,工总行制定《国内资信调查业务操作办法(试行)》,苏州分行作为10家试点行之一,开办本外币存款证明、贷款证明、表外业务证明和信用卡守信证明4类业务。

浦发银行南京分行1995年成立当年即开始发展咨询、评估、论证、见证等中间业务。1996年12月,与江苏省铁路有限责任公司探讨首席财务顾问合作事宜,签订合作协议。该行通过担任财务顾问,帮助全省铁路建设筹资理财,开创金融服务经济的新途径、新方式,引起省政府的重视和社会的关注。

2001年,中国人民银行颁布《商业银行中间业务暂行规定》,允许商业银行办理部分投资银行业务。工总行先后开展市场调查,进行银行与投资银行机构和业务的兼容性研究,开始酝酿全面开办投资银行业务。2002年4月,工总行组建投资银行部,在国内银行业中率先探索商业银行与投资银行业务互补发展的道路。随后,天津、上海、浙江、江苏、深圳、广东等6个一级分行也于2002年成立投资银行机构。其中,上海、江苏分行的投资银行部为分行一级部。同年6月,

根据建总行《关于开办企业财务顾问业务的通知》和人行南京分行备案回复通知书,建行江苏省分行开始办理企业财务顾问业务。具体业务种类主要有四个方面:一是针对跨国公司、基础设施类项目的投融资顾问业务;二是针对成长期企业的资金管理顾问业务;三是针对大中型国有企业战略扩张的并购重组财务顾问业务;四是针对具有良好发展前景民营企业的常年财务顾问业务。开办当年财务顾问收入即达90.1万元。

工行江苏省分行投资银行部成立后,根据工总行确定的"有利于全行业务营销,有利于处置不良资产,有利于增加业务收入"的指导思想,明确在一段时间内,重点发展财务顾问、项目融资、重组并购、资产管理和社会化资信评级等业务的发展策略。2003年,竞标成为江苏利港电厂33亿元银团贷款主牵头行、日本王子南通浆纸一体化项目资本金账户行、亚洲环保控股有限公司在新加坡上市的境内推荐人。2005年,取得银团牵头行(参贷行)地位或明确贷款份额以及开立资本金账户的共13个,成功营销9家企业常年财务顾问和4个市县政府融资顾问,投资银行业务成倍增长。

2006年,工行江苏省分行投资银行业务取得重要突破,省内又有多家银行开始涉足投资银行业务。工行江苏省分行成功牵头组建一批大型银团贷款项目,其中海力士—意法半导体超大规模集成电路7.5亿美元银团贷款项目荣获《欧洲货币》出版社旗下国际权威财经刊物《项目融资》杂志授予的"2006年度亚太区制造业项目融资交易年奖",同时还获得工总行"年度投行业务十佳项目奖"。2006年,中行江苏省分行在中行系统内首家开办财务顾问业务,制定《中国银行江苏省分行财务顾问管理办法》,规范对公财务顾问业务的具体做法。通过叙做企业财务顾问业务,进一步密切与客户之间的关系,提供差异化服务,提高客户对该行的认可度和忠诚度,同时加深对客户的了解,提高防范客户经营风险和财务风险的能力。同年,交行南京分行开办财务顾问与咨询业务,为对公客户提供各项财务顾问服务。2006~2008年,该行财务顾问与咨询业务收入分别为453万元、2847万元、17061万元,实现倍增。招商银行南京分行也于2006年开办财务顾问与咨询业务,为对公客户提供各项

财务顾问与咨询服务。

2007 年 1 月，由工行江苏省分行担任财务顾问和银团牵头行、镇江市工、农、中、建等商业银行参贷的江苏大学新校区建设融资及债务重组 9.12 亿元银团贷款顺利签约。本次债务重组的独特之处在于采取"以空间换时间"的理念，为化解大量存量贷款风险探索一条新的解决方案。6 月，江苏梅兰化工有限公司年产 20 万吨甲烷氯化物项目 5.3 亿元债务重组银团贷款正式签约，工行江苏省分行通过财务顾问方案设计和银团筹组，以银团长期贷款置换出企业的大部分短期贷款。12 月 23 日，江苏省内 19 家金融机构共同参与的申达集团 60 亿元债务重组银团正式签约。该项目是工行江苏省分行作为申达集团财务顾问行策划和协调的一个大型复杂债务重组典型案例，将大型企业集团的资产重组、债务重组、股权重组纳入统一的方案设计，遵循资源重新整合、以时间化风险的原则，坚持整体重组、同进同退、不废债、不欠息的方针，方案设计始终在复杂的重组过程中起引导作用，为如何成功化解商业银行大额信贷风险提供了经验。同年，中行江苏省分行大力推广财务顾问业务，无锡分行在省分行的协助下，联络中银香港，根据尚德公司经营模式及实际需求，适时推出"境外 NDF＋境内远期结汇"相结合的业务建议，尚德公司与中行江苏省分行签订总金额 10 200 万美元的产品合同。该笔业务的成功叙做，使尚德公司获得套利约 2 000 万元人民币，中行江苏省分行获得 300 多万元人民币的结汇收入，中银香港亦获得叙做 NDF 产品的业务收入，实现"三赢"局面。同年，中行南通分行努力开拓海外 NDF 业务。4 月 26 日，成功为海通国际贸易公司叙做首笔金额 150 万美元的海外 NDF 与存贷组合业务。2007 年 4 月，交行南京分行作为主承销商，为南京市国有资产投资管理控股（集团）有限责任公司在人民银行成功办理发行 2007～2009 年短期融资券的备案手续，核定最高发行余额 10 亿元。取得备案通知书后，该公司分别于 2007 年 4 月 30 日和 2008 年 3 月 11 日发行两期、每期 5 亿元的短期融资券，债券期限均为 365 天且均无担保，成为该行发行的首只短期融资券，也是该行发行的首只非金融企业债务融资工具。2007

年，华夏银行南京分行与 32 家企业开展财务顾问业务合作，实现财务顾问手续费收入 1 348.6 万元。

针对投资银行业务落后于同业的现状，2008 年农行江苏省分行开展"总对总"营销，做成全国农业银行第一单企业上市财务顾问业务，争取华西集团和阳光集团的企业债发行顾问业务等。全年该行投资银行业务收入达 2.72 亿元，居全国农行系统第二位，在四大行的市场份额由 2007 年的 1.2％大幅提升至 12.2％。农行江苏省分行银团贷款、债市通、企业上市财务顾问、短期融资券单笔主承销额、信托理财等专项业务均取得系统内第一的成绩，成功营销南通中远船务 60 亿元预付款保函业务及 10 亿元贷款业务；以上市并购重组顾问业务为突破口，对江苏金东纸业发放过桥贷款 17.1 亿元。

2008 年，中行江苏省分行利用多元化业务平台，促进"三业（银行业、保险业、证券业）并举"，先后推荐南京德纳大音公司和无锡阳光地产公司给中银国际，并联合中银国际、中银香港、中银保险共同为南京德纳天音公司提供赴港上市全流程金融服务，该行同时作为企业 IPO 的财务顾问行；推荐镇江交通投资建设发展公司发行企业债的项目给中银国际，并为公司提供发债财务顾问。为丰富咨询顾问业务服务的内容、提升服务水平，中行江苏省分行还先后推出江宁开发区金融服务平台暨创投基金方案、中国中材国际工程股份有限公司理财服务方案、国际金融公司驻中国办事处减持专用账户服务等项目。2008 年末，建行江苏省分行财务顾问业务种类进一步丰富和细化，在原有财务顾问业务基础上新增为企业提供融资方案设计、协助客户获得融资以及为客户提供日常咨询的综合性财务顾问业务。此外，该行还为企业 IPO、再融资、项目融资、重组、并购以及理财等活动提供专项财务顾问服务，主要包括 IPO 及再融资财务顾问协议、项目融资财务顾问、企业重组财务顾问、企业并购财务顾问和"乾图理财"（一对一）对公财务顾问等。服务的对象趋向多元化发展，包括大中小型企业、政府机构、金融同业等在内的各类客户。招商银行南京分行顺利承销江苏省交通控股有限公司短期融资券项目，为企业实现直接融资业务,并拓展债券承销中间业务收入,同时全力推进金融租赁业务的开展,创造新的中间业务收入来源。

2008年,全省共实现投资银行业务收入27.37亿元。其中,财务顾问收入20.3亿元,银团安排与承销收入1.61亿元,企业管理顾问收入0.55亿元,占全部投资银行业务收入的比例分别为74.17%、5.88%、2.01%。

第六章　国际业务

　　江苏地处中国东部经济发达地区,经济外向型程度高,国际业务起步也较早。1964 年,中行南京分行重建后即开始专营国际业务。1979 年 11 月,中行南京分行从人行江苏省分行分设出来,作为国家指定的外汇专业银行继续专营国际业务。1987 年,中国银行进一步被明确为国家外汇外贸专业银行。中行南京分行努力发挥国家外汇外贸专业银行的职能,在支持出口创汇、引进国外先进技术装备和支持"三资"企业发展等方面做了大量工作,逐渐形成在外汇外贸业务领域的专业优势。1994 年,中国实行以汇率并轨为核心的外汇管理体制改革,放松外汇管制力度,给外汇领域注入更多的市场因素。江苏各银行在平等竞争的市场环境下加快发展外汇业务。2001 年中国加入世贸组织和银行业的对外开放,进一步促进江苏各银行外汇业务的发展。2007 年,中行江苏省分行成为全国首家国际结算业务量超千亿美元的省级分行,工行江苏省分行、农行江苏省分行等行国际结算业务结算量也居于系统前列。2008 年末,全省外汇存、贷款皆列全国第四位。江苏各银行外汇业务个仅总量上实现突破,而且产品更为丰富,服务也更为多样化,有力地支持了江苏实体经济的发展。

第一节 国际贸易结算

一、专业银行时期(1979~1993)

改革开放以后,江苏的对外经济贸易迅速发展起来。在1979~1993的专业银行时期,全省银行创新国际贸易结算方式、建立海外联行与代理行网络、改进国际贸易结算服务,积极支持江苏对外经济贸易发展。作为国家指定的外汇专业银行,中行南京分行在较长时期专营全省国际贸易结算业务,发挥主渠道作用。20世纪80年代中期以后,在人民银行的政策支持下,省内其他银行也陆续开办国际贸易结算业务。

(一)中行南京分行的国际贸易结算

1979年11月17日,中行南京分行从人行江苏省分行分设出来,成为国家指定的外汇专业银行。至1987年,全省国际贸易结算业务一直由中行南京分行专营。该行开办的国际贸易结算业务按国家和地区分为两类。一类是20世纪50年代开始的对苏联、东欧及朝鲜、蒙古、越南、古巴等国的政府间协定记账结算,1990年以后逐步改为现汇结算;另一类是1974年1月开始的对资本主义国家和地区的现汇结算。

20世纪70年代后期,江苏对苏联、东欧的出口贸易额逐年增加,至1979年中行南京分行分设时,政府间协定记账贸易结算业务额已达1.78亿美元。到1988年,中行南京分行该项结算业务量达2.83亿美元的历史最高点。1989~1990年,由于苏联、东欧形势相继发生变化,该项结算业务量连续下降,1990年降为1.63亿美元。1990年以后,随着我国同波兰、苏联、东德、匈牙利、蒙古、朝鲜等国家的政府间协定记账贸易陆续改为现汇贸易,中行南京分行与上述国家的国际贸易结算也改为现汇结算。除政府间协定记账贸易外,20世纪80年中后期,为帮助企业清理库存积压商品,中行南京分行还开办与苏联、东欧国家的易货贸易结算。1986~1988年,中行南京分行分别与波兰、捷克斯洛伐克、匈牙利、苏联等4国的国家银行签订易货贸易结算协定(其中与苏联的对外经济银行通过中总行签

订)。至1990年末,除因江苏省与匈牙利未实际发生地方易货贸易外,该行共办理江苏与苏联、波兰、捷克斯洛伐克地方易货贸易项下进口结算108笔、金额0.27亿清算瑞士法郎,出口结算93笔、金额0.2亿清算瑞士法郎。

中行南京分行对资本主义国家和地区的出口贸易结算和进口贸易结算分别开始于1974年和1978年。1974年,江苏省成立外贸口岸,开始自营出口贸易。同年4月1日,中行南京分行开办对资本主义国家和地区的出口贸易结算业务,为省内粮油食品、土畜产、纺织、轻工以及化工机械五金矿产5家进出口分公司办理出口信用证、跟单托收以及贸易项下汇入汇款3种方式的结算业务,其中出口信用证是最主要的结算方式。1978年,江苏省外贸部门开始自营对资本主义国家和地区的进口贸易,中行南京分行作为省内唯一经办银行,在业务开办伊始即为银贸双方制定一整套业务处理办法和具体手续。自中行南京分行开办对资本主义国家和地区的进出口结算以来,业务量发展很快。至1985年,出口信用证项下收汇额10.04亿美元,是1979年的2.69倍;进口信用证项下付汇额2.92亿美元,是1979年的5.78倍。随着对传统客户资信的了解和扩大市场的需要,省内各外贸企业在选择结算方式时较之前灵活,跟单托收和贸易汇入汇款项下收汇额合计占比由1979年的6.31%上升至1985的26.8%,同期出口信用证项下收汇额占比则由93.69%下降至73.2%。

1985年以前,中行南京分行对省内外贸企业出口收汇大多采用收妥结汇的方式,对与该行有结算账户关系的港澳地区中行联行开立的信用证项下合格单据,方采取定期结汇的办法。为加速外贸企业资金周转,1985年8月起,中行南京分行对出口信用证项下合格单据办理出口押汇,并自1987年扩大定期结汇范围,外贸企业申请定期结汇只要单证相符,该行在对外寄单一定期限(比照出口押汇计息天数)后即为其办理结汇。1988年起,根据中总行《关于当前加速收汇、结汇若干问题的规定》,加速对国外寄单索汇,加强对逾期账款的催收,推行承包责任制,开发出口信用证结算电脑程序,加快结算进程。在加速收汇的基础上,增加出口押汇、定期结汇的

《江苏省志》丛书

银行志

业务量,加快结汇平均速度。与此同时,中行南京分行不断加快进口结算国际化、规范化、电脑化进程。1985年1月24日,向省内从事进口贸易的企业发出《关于办理开证一律凭进口开证申请书的通知》,将该行与进口当事人之间的业务关系以契约形式予以明确。1986年起,根据中总行规定,严格执行进口开证收取保证金制度,确保对外及时付汇。1987年进口开证实行电脑操作后,重新制定规范化的开证格式,并在信用证中加注"根据国际商会跟单信用证统一惯例并立"的条款,进一步明确该行对所开信用证的责任。根据江苏省进口贸易的需要,中行南京分行进口信用证主要开往美国、日本、香港、欧共体等30余个国家和地区。该行开出的信用证约有75%经由其海外联行办理通知及议付,其余部分则视代理关系分别开给一些国外代理行。由于该行对外信誉卓著,常有国外代理行来访,要求增加委托其办理的信用证数量。1989年6月间,国外一些代理行出口商要求该行开立的信用证通过国外银行加具保兑,均被该行婉拒,并重申按照国际惯例,对所开信用证承诺付款保证,以此说服其受证。在此期间,该行一如既往及时付汇,维护国家和该行的对外信誉。

1991年,中国进行外贸体制改革,在外贸领域逐步建立统一政策、平等竞争、自主经营、自负盈亏的市场环境,促进对外贸易的发展。1991~1993年,全省进出口总额分别增长28.29%、31.11%、31.12%,其中进口增速连续三年保持在50%以上,出口增速亦在16%以上。与此同时,省内其他银行在相关政策支持下,陆续开办国际贸易结算业务。面对外贸经营环境的变化和来自其他银行竞争,中行南京分行从抓管理入手,进一步提高服务质量,继续巩固在国际贸易结算业务领域的优势地位。1991年,该行结算部门联手信贷部门与外贸企业签订优质服务一揽子协议,尽可能地满足企业提出的各种需求,有效地控制单据流失。1992年,面对激烈的市场竞争,中行江苏省分行开始采用一些较灵活的竞争手法,如在进口保证金收取方面,对盈利的外贸公司开证金额在100万美元以下的免收保证金,对一些老客户、大客户给予收费优惠等,从而基本稳住客户,减少业务流失。1993年,先后

与中行东京分行、纽约分行、卢森堡分行以及广东省银行新加坡分行签订贸易融资协议书。同年,在江苏率先推出出口保理业务。当年接受企业申请17笔、金额900多万美元,业务范围涉及意大利、加拿大、美国等7个国家和地区。至1993年,除11家所辖市级行全部开办国际贸易结算业务外,为市级行代收代办的县级行也已达22家,在全省同业率先构建一个覆盖省、市、县的三级结算网络。当年,全省中行国际贸易结算量12.86万笔、金额63.68亿美元。

改革开放以后,随着进出口贸易结算业务的全面开展,中行南京分行不断加强海外联行与代理行网络的建设。到1985年,该行国外代理行网络基本形成,与世界上近百个国家的520家银行及其属下1400余个分支机构发展代理关系。至1990年,该行除与分布在日本、美国、新加坡、澳大利亚及西欧等地的26家海外联行保持业务联系外,国外代理行网络又进一步扩展到分布在五大洲102个国家和地区的616家银行及其属下1494个分支机构。中行南京分行同海外联行、代理行互委的业务也从国际结算逐步发展到国际融资、信托咨询以及双向业务交流等业务领域。

(二)其他银行的国际贸易结算

随着专业银行实行业务交叉规定的出台,从投资银行江苏省分行开始,省内各行陆续开办国际贸易结算业务。1987年初,建行江苏省分行所属投资银行江苏省分行获准开办外汇业务。同年7月,中国投资银行总行在深圳召集江苏、上海、天津、广东4个分行有关人员研究筹办国际贸易结算业务。1988年3月,中国投资银行总行接受江苏省外贸进出口公司申请,通过日本东京银行开出首笔信用证。当月,办理首笔汇出汇款。同年5月,接受香港交通银行委托,办理首笔跟单托收业务。至此,投资银行江苏省分行进口项下的国际贸易结算业务已全部开办。

1988年下半年起,全省工行系统各外汇业务开办行开始办理国际贸易结算,当年共办理进口开证15笔、金额306万美元;出口来证议付2笔、金额4万美元;汇出汇款13笔、金额2万美元。1989年3月,仪征化纤因进口化工原料,首次向该行申请开证,在工总行外汇资金支持下,

工行江苏省分行国际业务部为该公司开出 5 125 万美元信用证。1990 年起,各国际业务经办行利用工商银行人民币资金实力雄厚的优势,解决国际业务部进出口业务的配套人民币资金需要,促进国际贸易结算业务的发展。1991 年,工行江苏省分行成立二级清算中心,收付汇速度平均加快 3 天,同时在全省 11 个市分行全面开办外汇业务,当年国际贸易结算量达 1.4 亿笔、金额 6.7 亿美元,分别是上年的 2.54 倍和 2.07 倍,基本客户数增长 60%。1992 年,清算业务实现电脑化并纳入 SWIFT(环球清算协会系统)。1993 年,全省工行国际贸易结算量达 2.2 万笔、金额 15.2 亿美元。

1989 年和 1990 年,国家外汇管理局江苏分局批准农行江苏省分行及其所属南京、苏州、无锡、南通、常州 5 个市分行增加外汇汇款、进出口贸易结算和押汇业务,代客户办理即期与远期外汇买卖、外币票据贴现和见证业务。为了适应工作需要,省、市农业银行及时选拔人才,配备现代化工具设备,保证对外正式开业。至 1990 年,农行江苏省分行已同欧洲、亚洲、美洲、大洋洲的 43 家国外银行建立代理行关系。全省农行系统通过上门取单、代开信用证,加快结算速度,及时支持人民币贷款等多功能服务,推动结算业务的加快发展。1990 年,国际贸易结算总收付汇共 513 笔,金额 3 273 万美元。1991 年,国际贸易结算量达 1.58 亿美元,是上年的 4.82 倍,为国际贸易结算业务开办以来发展最快的一年。1992 年,全省各市农行均成立国际业务部,并有 15 个县级行成立国际业务机构,国际贸易结算业务在全省广泛开展起来。1993 年,全省农行国际贸易结算量达 12.7 亿美元。

1988 年底,建行江苏省分行委托上海国际技术进出口公司从美国 Camba 公司进口天鹅绒生产线设备,以信用证方式结算,开办该行首笔国际贸易结算业务。在省投资银行的协助下,进口开证及进口单据审核顺利完成。1989 年 7 月起,先后办理光票托收和跟单托收业务。全年共办理托收 6 笔、12.06 万美元,进口代收 1 笔、11.7 万美元。同时,随着代理行的扩大和业务的发展,共收到国外代理行开来的信用证 1 笔、金额 5.2 万美元,办理出口贸易项下结算业务 18

笔、金额 73.4 万美元,进口 6 笔、金额 41.7 万美元。1990 年,全省建行国际贸易结算量达 8 651.94 万美元。1992 年,全省各市级建行全部获准开办国际业务,当年国际贸易结算量达 2.86 亿美元。1993 年,全省建行国际贸易结算量达 6.8 亿美元。

1988 年 5 月,交行总管理处批准交行南京分行开办国际贸易结算业务。11 月,国家外汇管理局批准交行南京分行增办进出口贸易结算和押汇业务,并换发"经营外汇业务许可证"。1988 年,办理进出口结算业务 336 笔、金额 1 220 万美元。1989 年,办理进出口结算业务 1 474 笔、金额 7 527 万美元,为 1988 年的 6.2 倍。为确保外汇业务的顺利开展,交行南京分行国外部在出口结算业务中形成拿单—审单—改单—寄单的"一条龙"服务特点,坚持上门为客户服务,使得业务量持续上升。1990 年办理进出口结算业务 3 701 笔、金额 20 868 万美元,是上年的 2.77 倍。1991 年,省内 8 家分行全部开办国际贸易结算业务,已与国外 300 多家银行建立业务往来关系,全年办理国际贸易结算 3.55 亿美元。1993 年,全省交通银行国际贸易结算量达 8.9 亿美元。

1991 年,中信银行南京分行国际贸易结算业务开始起步,当年国际贸易结算业务量达 0.23 亿美元。1992 年,在坚持传统的"上门收单、送单"等服务措施的同时,新增代客制单、改单等服务项目,开拓打包贷款、出口押汇、定期结汇、本外币互相抵押贷款等融资渠道,促进国际贸易结算业务的增长,当年国际贸易结算量达 0.74 亿美元,是上年的 3.22 倍。1993 年,国际贸易结算业务经营体制进行改革,实行目标管理责任制,同时制定资金和信贷规模向国际贸易结算客户倾斜的政策。1993 年,中信银行南京分行国际贸易结算量达 2.63 亿美元。

二、商业化转型和股份制改造时期(1994～2008)

1994 年国家对税收、物价、金融、外汇、外贸体制等进行一系列改革,中国银行由此结束对外汇业务的垄断地位,开始由外汇外贸专业银行向国有商业银行转变。江苏省内国有商业银行、政策性银行、股份制商业银行等各类型银行在平等的条件下开展国际贸易结算业务,促进江苏外向型经济的发展。

(一)外贸外汇体制改革初期的贸易结算

1994年外贸外汇体制改革,促进对外贸易的发展,也给银行发展国际贸易结算业务带来新的机遇。到1996年,全省进出口贸易总额突破200亿美元,达206.88亿美元,其中出口总额突破100亿美元,达116.01亿美元,进口总额90.87亿美元,分别是1993年的2.27倍、2.49倍、2.03倍。中行江苏省分行注意发挥整体优势,积极推行国际商会500条款,大力开办出口押汇、打包贷款、保理、福费廷等业务,为客户提供结算、融资一条龙服务。到1995年,该行国际贸易结算量在全省率先突破100亿美元,达104.95亿美元,其中出口结算72.16亿美元,进口结算32.79亿美元。这一时期,该行针对企业资金普遍较紧的情况,把开展贸易融资业务作为主要竞争手段。1994年,叙做海外联行进口融资17笔,金额1400万美元,并开办进口垫款/押汇业务。另外,采用上门服务、寄送保理业务宣传册和举行国际保理业务研讨会和座谈会等形式,开展保理业务的促销,并在一定程度上带动托收业务的发展。1995年,出口融资额和进口融资额比上年分别增长79.6%和1115.65%。为有效防范国际结算特别是贸易融资的风险,该行一方面建立健全各项规章制度,一方面狠抓制度的贯彻落实,发挥稽核、监察等部门的监督制约作用。1996年起,将180天以上、一年期以内的远期信用证和拒付审批权限收回,并对费率、汇率的浮动权作了相应规定。各市行也加强对县支行办理国际业务的指导与监督。

与此同时,省内其他银行也抓住外贸外汇体制改革的机遇,积极发展国际结算业务,并以此带动国际业务的全面发展。农行江苏省分行坚持"全行办外汇"的原则,把国际业务作为主体业务对待,实行本外币业务联动发展战略,利用国际结算的"龙头"效应,逐步扩大农业银行国际业务的市场份额。1996年,该行国际贸易结算量达53.26亿美元,在省内仅次于中行江苏省分行。1995年以后成立的华夏银行、浦发银行等

股份制银行坚持"本外币一体化"的原则,积极发展国际贸易结算业务。1995年是华夏银行南京分行和浦发银行南京分行成立首年,两行分别办理国际贸易结算3392万美元和3458万美元。1996年,华夏银行南京分行加强与美国大通银行、花旗银行的联系,并开立清算账户,畅通清算汇路。该行先后与江苏舜天集团、汇鸿集团、海企集团、中江集团等近30家外贸企业建立长期稳定的业务关系,当年办理国际贸易结算1.03亿美元。1996年,浦发银行南京分行已与世界上近50个国家和地区的246家银行建立代理行关系,拥有17家境外账户行,正式开通花旗银行电子清算查询系统,提高收汇速度,当年办理国际贸易结算2.17亿美元,超额完成浦发总行下达的计划。

(二)亚洲金融危机时期的国际贸易结算

1997年爆发的亚洲金融危机对江苏对外贸易造成较大影响。当年全省进出口总额增长14.18%,1991年以来增速首次低于20%,其中进口总额增速由39.88%大幅降至4.89%。为防范国际贸易结算业务风险,中行江苏省分行对进出口结算业务实行经办、复核、审核三级办理制,并对进出口押汇、远期信用证开立和贸易融资垫款实行余额管理,清收1500万美元的进口融资垫款。对保函业务进行多次清理,加强对保函业务的逾期核销,年内注销保函230笔,销减各类保函金额1.12亿美元。在防范风险的基础上,该行将结算业务纳入统一授信范畴,对争揽重点客户发挥很大作用。此外,该行还加强对苏州地区国际结算业务的开拓,集中财力、物力给予重点倾斜。工行江苏省分行上收二级分行以下机构的信用证审批权,执行工总行下发的《进口开证管理办法》和《大额远期信用证办法(修订)》,加强信用证的业务管理,确保对外支付。中信银行南京分行压缩风险较大的进口业务,对信用证签发实行审签分离。浦发银行南京分行加强制度建设和内部检查监督,确保进口付汇无垫款、无迟付。当年该行争取到为省邮电管理局开立5900万美元的进口信用证,创系统内单笔业务最大金额。当年国际贸易结算量达4.83亿美元,比上年增加2.66亿美元,增长122.70%,国际贸易结算量所占的市场份额在南京地区和

系统内位居前列。同年,广发银行南京分行亦获批开办国际贸易结算业务。

1998～1999年,亚洲金融危机对江苏对外贸易的影响进一步显现,出口增速下滑较快。省内各银行进一步采取措施,严格控制国际结算业务风险。工行江苏省分行执行工总行制定的《进口信用证业务管理办法》《出口信用证业务管理办法》《进一步明确进口开证业务审批程序的通知》等一系列制度规定,强调着重审查开证法人的信用等级、财务状况、经营内容、管理水平、发展前景及其银行往来记录,以全面衡量其信用证付款的偿付能力。1998年起将进口开证、进口押汇等贸易融资业务纳入信贷资产业务管理,1999年起进一步纳入授信体系实行统一授信管理。农行江苏省分行1998年对远期信用证实行分类指导,对业务经营业绩好、管理规范的分支行,采用额度控制和每月备案的办法。同时,对减免保证金开证、进口押汇、提货担保、打包放款、出口押汇、出口贴现等6项国际贸易融资业务进行系统的规定。1999年以后,采取三项措施加强对信用证业务的管理:一是对进口开证实行余额控制管理、单笔最高额转授权管理、期限管理相结合的管理方式;二是将信用证业务统一纳入授信管理,进口开证必须办理授信额度;三是实行信用证业务审单、开证分离制度,信贷部门负责开证企业总风险的控制,对开证客户实行本外币一体化的授信管理,国际业务部门对开证条款进行复审,在省分行核定的未付余额和单笔开证转授权权限范围内,确定是否为企业开证。1999年10月1日起,中行江苏省分行对进口开证在10万美元以上的业务(不含进口代收业务)实行集中处理。中信银行南京分行坚持国际贸易结算业务遵循风险控制与业务发展并重的原则,加强对客户财务和资信状况的调查。国际贸易结算进出口业务量结构由1998年的1:1.6调整为1999年的1:2.46。

在防范风险的基础上,省内各银行贯彻人民银行《关于进一步支持对外贸易发展的意见》,继续做好国际贸易结算业务。中行江苏省分行1998年根据中总行"四重"战略方针(对重点区域、重点行业、重点客户、重点产品的重点支持),先后与10多家与经营好、效益佳的大公司签订

进出口一揽子协议。为改进服务,在继续坚持多年形成的上门送证收单、坐镇公司、代客办理批汇手续等服务的同时,推行对外服务承诺制,赢得了客户。继续做好1997年开办的人民币远期结售汇业务,并使之成为开拓市场、争取客户的有效手段。为支持国家重点项目的建设和先进技术设备的引进,推动对外劳务承包,促进全省贸易方式多样化,该行加强对保函业务的拓展和创新,其开立的保函种类多达十几种。1999年开始使用新一代国际结算业务系统,汇款项下99%的结算业务驶入收付清算的"高速公路"。华夏银行南京分行坚持将外汇存款、国际贸易结算量作为重要指标纳入综合业务考核指标体系中,按季考核,实施奖惩。浦发银行南京分行及时调整业务拓展方向,抓紧拓展欧美地区业务,抓住一些新客户和新项目。中信银行南京分行1999年与美国大通银行合作推出信用证加保业务,较好地解决无锡等出口地区收汇风险大、操作难的问题。

在抵御亚洲金融危机时期,江苏又有一批银行机构获准开办包括国际贸易结算在内的各项国际业务。1998年3月,南京市商业银行获准经营国际业务,成为江苏首家经营国际业务的地方法人银行。同年12月,经国务院批准,中国投资银行整体并入国家开发银行,在原中国投资银行南京分行的基础上成立国家开发银行南京分行,相关国际业务也随之转入。1999年,光大银行南京管理部成立国际业务部,开始办理国际业务。之后,中国进出口银行、民生银行、深发银行、兴业银行等在江苏的分支机构也陆续获批开办国际业务。不同类型、不同规模的金融机构为江苏进出口企业提供多样化的国际贸易结算服务,促进江苏对外贸易的发展。

2000年,江苏对外贸易开始走出低谷。当年全省进出口总额达456.38亿美元,同比增长45.99%,增速创1985年以来的最高纪录。全省国际贸易结算量也超过400亿美元。其中,中行江苏省分行169.08亿美元,同比增长24.32%;农行江苏省分行81.88亿美元,同比增长37.11%;工行江苏省分行77.7亿美元,同比增长50%。

(三)加入世贸组织后的国际贸易结算

2001年11月11日,中国加入世贸组织,进

一步改善中国的对外贸易环境,促进对外贸易的发展。江苏作为中国对外贸易最重要的省份之一,步入改革开放以后发展最快的时期。2008年,全省进出口贸易总额达3 922.68亿美元,是2001年的7.64倍,占全国进出口贸易总额的比例由2001年的10.07%提高到2008年的15.31%。2003年以后,江苏进出口贸易总额一直居于全国第二位,仅次于广东省。伴随着江苏对外贸易的高速增长,省内各银行国际贸易结算业务也得到长足发展。2004年,中行江苏省分行国际贸易结算量在中行系统内首次排名第一,2007年成为全国第一家国际贸易结算量突破1 000亿美元的省级分行。工行江苏省分行、农行江苏省分行、建行江苏省分行、交行南京分行作为各自系统内的重点分行,国际贸易结算业务也跻身全国先进行列。其他中小银行的国际贸易结算业务也各具特色。

2001年,中行江苏省分行完成SWIFT系统大集中,推出人民币押汇、海外行信用证代付、船舶出口交船同时结算尾数等一批新业务,继续巩固在国际贸易结算业务领域的传统优势地位。同年,农行江苏省分行制定《出口打包贷款业务管理办法》《出口押汇业务管理办法》《出口贴现业务管理暂行办法》《提货担保业务管理暂行办法》等管理办法。6月下旬,农行无锡分行成功代理一笔金额为260万美元的福费廷业务,为当时国内中资银行代理的最大一笔福费廷业务,使当地某机电出口公司只用90天时间就收回本来三年后才能收回的货款。

2002年,中行江苏省分行在省分行本部、9家市分行和31家县支行及网点开通新一代国际结算业务系统,并改造信用证转递业务流程,将辖内各行向客户通知信用证的时间缩短1～2个工作日。工行江苏省分行开办福费廷业务,并在苏州、昆山等台资集聚区重点营销"无时差结算""汇款一日通"等对台结算产品。至2003年上半年,全国工行共办理对台结算14亿美元,其中苏州分行对台业务量在全行占比达47%。2002年2月,建行江苏省分行为客户办理建行系统内首笔远期议付信用证项下福费廷业务和出口托收项下福费廷业务;7月24日通过SWIFT系统直接向台湾上海商业储蓄银行台北分行成功发送

一笔金额为16万美元的即期信用证,这是江苏省金融系统开出的第一笔直接发往台湾地区银行的信用证,改变以往两岸金融业务须借助香港等第三地银行周转的状况,《人民日报》《金融时报》等10多家全国性报刊以及港台地区多家媒体进行报道;11月为客户办理国际保理项下应收款贴现业务。交行南京分行的国际结算业务系统成功上线,实现国际结算业务系统与综合业务系统一期、SWIFT系统、TELEX系统、国际收支申报系统、代理行业务系统的自动连接。

2003年,为加强国际结算业务营销,中行江苏省分行试行产品经理制,建立一支专门营销国际结算业务产品的队伍。同时,将国际结算业务作为中间业务的重要考核指标纳入业务考核体系,实施以公司处为主、结算业务处为辅的国际结算营销策略,实行两个处室国际结算业务的捆绑业绩考核。6月,建行江苏省分行与美国联合银行联合推出对公汇款"即时通"业务,对台湾地区的汇款可直接到达台湾地区28家本地银行,此项业务大幅度提高对公汇款的资金清算时效。7月,交行南京分行推出"出口发票融资"业务和"离岸银行"两项国际结算业务。

2004年,中行江苏省分行国际贸易结算量达590.33亿元,首次超越中行广东省分行,居中行系统第一位。为巩固国际结算在全国和系统内的领先地位,该行制定国际结算业务新的发展战略,即集中一切优势资源,重点支持重点地区分行,建立贴近市场客户要求的结算产品经理制,以及与产品经理绩效挂钩的考核和激励机制,积极营销国际结算业务大户。同年,工行江苏省分行建立城市行国际结算单证中心,使之成为全省工行外汇汇款出入境的唯一通道和外汇清算业务处理中心。建行江苏省分行与海外分行探讨进一步扩大合作领域事宜,与建行新加坡分行、东京分行合作办理远期信用证项下海外分行代付业务;9月20日,该行作为建设银行首批试点行中唯一的一家省级分行,试点运行建设银行新一代贸易融资系统(NTFS),实行国际结算跟单业务集中处理模式,通过各分支机构对单证进行扫描登记,由单证处理中心集中审单。

加入世贸组织之后,江苏国际业务资源丰富的特点更为突出,各中小银行也纷纷重视国际结

算业务的开拓和发展。2002年,华夏银行南京分行为国际结算量达到一定规模的客户开辟"绿色通道",实行个性化服务。光大银行南京分行保理业务取得突破性进展,当年叙做保理业务3 171万美元,累计达3 843万美元,种类包括国内商业发票贴现、出口商业发票贴现和进口保理等。招商银行南京分行成功办理6笔金额合计428万美元的福费廷业务。深发银行南京分行大力发展离岸业务,仅半年就办理离岸结算500万美元。2003年,浦发银行南京分行成功推出离岸背对背信用证业务。通过该业务,离岸客户可借助在岸公司在国内分支行的授信,以信用方式在该行取得背对背信用证开证额度,支持其进口业务。同时,两笔信用证在同一家银行操作,手续简便,利于业务衔接,还可以较好地配合境内外公司的整体税务安排。2004年,华夏银行南京分行实施总行提出的"大客户营销战略",对前十大客户实行一户一策的营销方案,并提供个性化服务。2002年以来,南京银行对国际业务实行差异化营销,对与南京银行规模相匹配的中小规模的民营、股份制、"三资"企业争取主办行地位,对大型外贸企业,力争参与其国际结算业务。2003年,南京银行在贸易融资领域提供个性化服务,针对客户的特殊要求适时推出风险低、收益稳定的福费廷业务、假远期信用证业务。2004年,该行国际结算业务量达7.5亿美元,同比增长66.67%。

2004年7月1日起实施的《中华人民共和国对外贸易法》,进一步深化外贸体制改革,并相应完善出口退税管理办法,为中国对外贸易全面协调可持续发展提供有力的制度保障。2005年7月21日,按照主动性、可控性和渐进性的原则,中国正式实施人民币汇率形成机制改革,实行以市场供求为基础,参考一篮子货币进行调节、有管理的浮动汇率制度。全省银行适应国家外汇体制改革的要求,进一步做好国际贸易结算业务。

2005年,中行江苏省分行开始着手构建国际结算前中后组织架构。其主要内容是:前台营销部门以国际结算业务产品及特定客户贸易融资授信发起为主要职责,中台管理部门以业务指导、管理和风险控制为主要职责,后台操作部门以集中操作各种国际结算产品业务为主要职责。农行江苏省分行执行农总行重新制定的《中国农业银行国际贸易融资业务信贷管理办法》以及配套的《中国农业银行国际贸易融资业务操作规程》。4月,根据建总行下发的《关于实行中小企业贸易融资试点管理的通知》,建设银行无锡、南通分行参加中小企业贸易融资试点管理工作。同年,建设银行无锡分行办理全省建行系统内第一笔出口信用保险短期融资业务。同年8月,工行江苏省分行推出"全球快汇"产品。该产品主要包括外汇汇款、资金归集与划拨、支付指令处理、代理同业清算、代理同业汇划等五大类。其中,外汇汇款又包含汇出、汇入和转汇汇款,预结汇汇款,汇款查询和查复,对账单信息等四部分内容,可以满足境内外绝大多数企业的国际结算需求。

2006年,中行江苏省分行建立"支行—分行—省行"的国际结算产品营销体系,直接向分支行提供技术支持和现场产品推介。工行江苏省分行将贸易融资业务的拓展作为年度工作的重点,组织筛选404户业务量大、综合贡献度高、发展前景好的客户作为贸易融资业务的重点拓展对象。11月,农行江苏省分行为江苏弘业股份有限公司开立1 049万美元船舶预付款退款保函,这是该行第一笔船舶保函业务。同年,建行江苏省分行办理系统内第一笔T/T项下预付款海外代付业务。

2007年,全省中行国际贸易结算业务量突破千亿美元,达1 022.41亿美元,成为全国首家国际贸易结算业务量超千亿美元的省级分行。辖内各分行国际贸易结算业务量也创出历史新高:苏州分行超400亿美元,无锡分行超200亿美元,南通、常州分行超50亿美元,泰州、扬州分行超20亿美元。同年,工行江苏省分行成立单证中心(南京),制定《中国工商银行江苏省分行单证中心(南京)业务操作流程》,规范业务操作,防控业务风险。该行还于年内对流动资金贷款进行改造,将传统流动资金贷款分为新流动资金贷款产品体系和贸易融资产品体系两大类。农行江苏省分行以控制物权和资金流方式,为世界500强企业——邦基集团开立金额为1.46亿元人民币的远期信用证,用于企业进口大豆,在全国农行系统率先开办大宗商品贸易融资业务。该客户在农行人民币日均存款在 1 亿元以上,业务归行率达 100%。建行江苏省分行推出"电子口岸报关单自动核查系统(企业版)",帮助企业完成进口报关单自动检查、及时对外付汇、办理相关延期付款或外债登记手续。

2008 年,中行江苏省分行调整对二级分行国际结算产品线的条线综合评价办法,鼓励和保护重点地区分行做大业务以维护市场品牌,激励一般分行提升收入贡献;赋予各二级分行与省分行一样的产品费率优惠权限,重点地区分行还被赋予与省分行一样的贸易融资利率优惠权限,提升各行的价格竞争力;在各项资源的配置上,向重点地区分支行进行倾斜,推动重点地区分支行国际结算业务的发展。此外,中行江苏省分行还及时下发风险提示,适时对行业风险、市场风险、业务风险和银行风险等加以提示,保证资产安全。

这一时期,股份制商业银行、城市商业银行等中小银行国际贸易结算业务继续发展。2005 年,中信银行南京分行、兴业银行南京分行与海关合作,分别推出"关贸 e 点通"和"兴业 e 通关"业务,为企业通关提供金融服务便利。华夏银行南京分行推出"华夏贸易宝"贸易融资产品组合及"外汇即时达"清算产品。民生银行南京分行成立贸易金融部,开辟贸易融资专项评审通道,提供产品和方案,除外币清算、国际结算、贸易融资等传统项目外,还推出进出口代付、资产转让、外国政府转贷款、资信征询等各项创新和增值服

务类品种,并开办国际保理和国内保理等特色业务。2006 年,浦发银行南京分行积极营销公司金融品牌"浦发创富"旗下的"企业供应链融资解决方案",具体包括"在线账款管理方案""采购商支持解决方案""供应商支持解决方案""区内企业贸易融资方案""船舶出口服务方案"和"工程承包信用支持方案"等六大解决方案,从企业供应链经营和管理的角度出发,帮助企业密切上下游关系、延伸产业链价值、整合资金流、完善货物流和信息流,推动国际结算业务的发展。同年,招商银行南京分行为规范信贷业务的运作和管理,提高风险防范能力,明确授信调查尽职要求,制定《授信尽职调查制度》,规定尽职调查的基本要求和一般程序,对于贸易融资等各类业务,指明风险控制要点。2007 年,浦发银行南京分行"离在岸联动"业务取得显著成效,并入选浦发总行"2007 年度公银中间业务十大创新案例"。

2005 年,南京银行召开成立以来的第一次全行国际业务专题工作会议,确立本外币一体化的发展战略,同时成功上线该行全新的国际结算系统,提高结算效率。2006 年,南京银行国际结算业务量实现四年翻两番的目标。至 2008 年,该行国际结算量达 31 亿美元,培育和发展一批高质量的客户群体。2008 年,江苏银行国际结算量达 58 亿美元,较 2007 年成立初年的 27 亿美元,翻了一番多。至 2008 年,全省已有 13 家县级农村法人机构开办国际业务,与加拿大、荷兰等国金融机构建立业务合作关系,为农民走出国门开辟了国际服务通道。

表 6-1　2008 年江苏省国际贸易结算量统计表　　　　　　　　　　单位:亿美元

项目 机构	进口贸易结算金额	出口贸易结算金额	合　计
一、国有商业银行	1 316.15	2 010.99	3 327.14
工商银行	343.06	475.87	818.93
农业银行	315.35	463.22	778.57
中国银行	431.01	797.69	1 228.70
建设银行	226.73	274.21	500.94
二、股份制商业银行	338.37	463.85	802.22
交通银行	102.67	153.17	255.84
中信银行	87.98	118.57	206.55
华夏银行	17.44	18.50	35.94
浦发银行	61.59	79.79	141.38

项目 机构	进口贸易结算金额	出口贸易结算金额	合　计
招商银行	28.02	39.17	67.19
广发银行	9.72	12.34	22.06
光大银行	21.21	29.05	50.26
深发银行	1.27	4.42	5.69
兴业银行	7.12	8.15	15.27
恒丰银行	1.35	0.69	2.04
全省合计	1 654.52	2 474.84	4 129.36

注:本表统计范围为国有商业银行和股份制商业银行。

第二节　外汇资金

一、外汇买卖

1980 年以前,中国没有外汇市场,外汇资金实行指令性计划纵向分配。实行外汇留成之后,企业之间存在外汇供需不平衡,影响原材料和先进技术等进口。1980 年 10 月,国家外汇管理局、中国银行发出试办外汇调剂工作的通知,同时制定《调剂外汇暂行办法》。1986 年 3 月,国家外汇管理局颁布《办理留成外汇调剂的 12 项规定》,允许有留成外汇的国营和集体企业,通过中国银行(后改为外汇管理局)按照国家规定的外汇调剂价格,将多余的外汇卖给需要外汇的国营和集体企业。随着外汇调剂市场的建立和发展,银行代客外汇买卖业务也逐渐发展起来。

1986 年 7 月 1 日,中行南京分行开办以进口贸易为基础、以保值避险为目的的代客外汇买卖业务,通过中总行在国际外汇市场上进行外汇交易,为省内进口企业调换所需外汇。至 1990 年末,该行共办理代客外汇买卖交易 215 笔,计 7 315.3 万美元。采用的交易方式有远期交易、即期交易和择期交易。买入外汇的 80% 为西德马克和日元,其余为瑞士法郎、比利时法郎和法国法郎等。其中 75% 的交易具有明显的保值避险效果,其余虽因汇率走势与初衷相悖,或平或亏,但对进口企业而言,因叙做外汇买卖,固定了进口成本,有利于经济核算。1993 年,为满足国内外客户对外汇资金业务日益增长的需求,中行

江苏省分行成立外汇资金部,在叙做已有代客保值业务的同时,开拓代客资金管理等新业务。当年叙做代客外汇买卖 34 笔,交易金额 3 407 万美元,收益 3.39 万美元;试办代客资金管理业务,叙做交易 103 笔,交易金额 17 969 万美元,收益 14 万美元。

1989 年,工行江苏省分行根据工总行制定的《代客办理外汇买卖暂行办法》,开办进口信用证项下外汇买卖业务,业务对象为持有外汇的境内企事业单位、机关、团体及其他单位,产品分为即期和远期两种,交易起点单笔为 2 万美元以上或其他等值外汇,客户办理委托时须同时提供外汇抵押,或 100% 现汇保证金。同年,农行江苏省分行开始代办即期和远期外汇买卖业务。此后,建行江苏省分行、交行南京分行等行也陆续开办代客外汇买卖业务。

1994 年,中国改革外汇管理体制,为银行外汇资金业务带来新的发展机遇。1994 年,中行江苏省分行开始面向省内涉外经贸企业全面开办代客外汇买卖业务,并从当年 7 月起在全省率先推出个人外汇实盘买卖业务。至 1999 年,全省个人外汇买卖业务一直由中国银行独家办理。1995 年 4 月起,根据中总行统一部署,中行江苏省分行改变以往头寸上报方式而实行以平仓方式向总行上报结售汇人民币外汇头寸,并且对全辖"930"科目头寸的汇总也采取平仓方式。至当年底,全辖开办个人外汇实盘买卖业务的已有省分行营业部及南京、镇江、常州、苏州、扬州、南通 6 个市分行,实行全省统一报价平盘,交易货币种类也由年初的 5 种增至 9 种。1996 年,在全辖推广新一代"930"人民币外汇买卖平仓电脑系

统,为客户提供更为便捷的外汇保值增值和咨询服务。1997年,开通个人外汇买卖24小时自动报价服务系统。1999年6月,将现汇买卖差价缩小50个点,现钞买卖差价缩小100个点,交易品种由原来的8个增至16个。2000年,推出个人外汇买卖电话银行交易,实现个人外汇买卖业务的电脑联网,继续增加交易币种,缩小交易买卖差价,并在南京、苏州、无锡、常州和扬州等地设立外汇交易有形市场,批准一批具备条件的县支行开办个人外汇买卖业务。当年该行代客外汇买卖共成交11.3亿美元,同比增长31.4%,其中个人外汇买卖成交3.8亿美元,同比增长41%。

1999年以后,交行南京分行、工行江苏省分行、农行江苏省分行等其他商业银行相继获准经营个人外汇买卖业务。个人外汇买卖业务在省内迅速发展起来,成为商业银行争取客户、拓展业务、树立形象的有效手段。1999年9月15日,交行南京分行推出个人外汇买卖业务品牌——"外汇宝",成为继中行江苏省分行之后第二家开办个人外汇买卖业务的商业银行。该行同时开通江苏首个个人外汇买卖电话委托交易系统,为个人外汇投资者提供10个币种的外汇买卖业务。当年累计交易1 868笔、金额350万美元。2000年9月,交行南京分行在南京新街口创办该行首家"外汇宝"交易中心。中心营业面积200平方米,大厅里设有4个交易柜台、5个多媒体交易终端、6条电话交易中继线,每天营业时间14小时。同时还在全市20多家自助银行的多媒体柜员机上开通外汇买卖自助交易业务。同年,工行江苏省分行开通"汇市通"个人外汇买卖业务,招商银行南京分行开通"一卡通"个人外汇买卖业务。2001年,农行江苏省分行、建行江苏省分行、中信银行南京分行也相继开办个人外汇买卖业务。此后,随着华夏银行、浦发银行等行的加入,全省开办个人外汇买卖业务的银行进一步增加。

进入21世纪,为应对外汇买卖业务日趋激烈的市场竞争,中行江苏省分行采取完善外汇交易环境、创新外汇交易品种等措施,以保持其在该业务领域的传统优势地位。2001年,中行江苏省分行完成个人外汇买卖网上委托业务的测

试工作,缩短个人外汇买卖牌价的刷新时间,在分理处以上网点开通电话委托个人外汇买卖业务,实现个人外汇买卖24小时交易。2002年,推出"可敲出远期外汇买卖""提升式远期外汇买卖""捆绑式外汇买卖""可撤销外汇买卖"等一系列业务新品;外汇交易的客户结构也得到调整,新增股份制商业银行、农村信用社、保险公司等金融机构客户。同年12月25日起,中行江苏省分行开办代客外汇资金管理业务,交易方式包括:远期、期货、互换、期权等。2003年6月,中行江苏省分行首次推出个人外汇期权业务,为个人投资者提供从汇率变动中保值获利的工具和机会。此项业务是以外币储蓄业务和个人实盘外汇买卖业务为基础,与国际金融市场期权产品特点相结合的一种全新零售外汇中间业务。客户根据自己对外汇汇率未来变动方向的判断,向银行支付一定金额的期权费后买入相应面值、期限和执行价格的外汇期权(看涨期权或看跌期权),客户也可在存入一笔定期存款的同时根据自己的判断向银行卖出一个外汇期权。2003年,该行代客外汇资金业务成交78.5亿美元,同比增长160%;其中个人外汇交易成交48.5亿美元,同比增长245%。

这一时期,工行江苏省分行等其他银行外汇买卖业务发展也很快,并陆续推出一系列外汇理财产品。2001年,全省工行系统已有7家二级分行开办"汇市通"业务,交易额达1.62亿美元,2002年进一步增至5.17亿美元。继推出"汇市通"个人外汇买卖业务之后,工行江苏省分行又于2002年在系统内率先试办"个人外汇交易融资"业务,当年累计发放交易融资贷款1 058万美元、金额2 918万欧元。工行江苏省分行逐渐形成"汇市通"个人外汇买卖、"汇款通"境外个人汇款、"汇财通"个人外汇理财等完整的个人外汇业务系列产品。2001年8月1日,建行江苏省分行为客户办理第一笔代客外汇资金管理业务,实现外汇衍生产品业务领域的新突破;9月,为客户办理1 500万瑞典克朗的远期外汇买卖。同年,交行南京分行推出"外汇宝"双向组合挂盘交易以及与国际汇市完全同步的24小时电话、多媒体自助交易方式,交易时间由原来的每天14小时改为24小时全天候交易。当年"外汇宝"交

易额达 2.13 亿美元,完成总行计划的 237%。2002 年,民生银行南京分行在江苏率先推出外汇结构性存款产品,包括收益递增型、固定利率和浮动利率相结合、浮动利率＋收益封顶、按天计息、与汇率挂钩、保本投资、与债券挂钩 7 个类别,使客户在承受相对较小风险的情况下具有获得较高收益的可能。2002 年,该行外汇结构性存款业务中,收益率最高的达 5.2%,较普通银行外汇存款利率提高 3.5 个百分点,相当于正常外汇存款收益水平的 3.06 倍。全年累计办理外汇结构性存款 8 573 万美元,超出总行计划 16.15 倍。2003 年 7 月 31 日,民生银行南京分行面向社会代理销售以外币计价的首个集合运用外汇资金信托产品——电力项目外汇资金信托计划,期限 1 年,总发行规模为 300 万美元。信托资金以贷款方式运用,借款人为阳城国际发电有限责任公司,由江苏省国信资产管理有限公司提供还款保证。同年,农行江苏省分行、建行江苏省分行分别推出"汇利丰"个人外汇理财产品和"汇得盈"个人外汇结构性产品。"汇利丰"产品在满足本金无风险、追求更高收益的同时,还具有零起点的特点,当年共推出 8 期。"汇得盈"产品起点金额低,仅为 1 000 美元,年收益率远高于同期储蓄存款利率,风险相对较低,存款本金有保障,期限适中,最长期限 3 年,当年共推出 6 期。

2004 年,工行江苏省分行结售汇暨外汇买卖集中平盘交易系统投产,全省 14 家二级分行的外汇资金交易账户全部集中于省分行统一办理交易平盘业务,实现对公交易和个人交易的同步整合。

2005 年 4 月 18 日,中行江苏省分行外汇资金部改称资金业务部,负责全辖本外币资金业务的经营和管理。在全辖进行人民币远期交易(NDF)无风险套利产品组合的推广。当年营销 43 家客户叙做 NDF,总交易量 4.6 亿美元。在实现资金业务收益 3 625 万元的同时,还创造出人民币企业定期存款 31.7 亿元、质押贷款 3.9 亿美元、远期结售汇 7 000 万美元和即期结售汇 3.9 亿美元的业绩。8 月,推出"春夏秋冬"理财系列产品。该产品由一系列固定期限、固定收益、在未来某一天起息的标准化合约组成。根据

起息日的不同分为春、夏、秋、冬系列,收益较高,现钞与现汇购买无差价,并且可采用已认购的"春夏秋冬"中任一产品去质押认购另一产品,起购点最低 5 000 美元。9 月 19 日,交通银行与汇丰银行合作开发的外汇"得利宝"SPOMS 系统在南京分行启用。SPOMS 系统支持下的外汇"得利宝"销售新模式可避免因上报计划与实际销售额存在较大差距而带来的市场风险;通过提高产品市场应变能力,增强产品市场的竞争力;销售没有整数金额的限制,方便了客户。

2006 年,中国银行叙做提升式结汇、补贴式售汇、信用花园、四季远期、结构性期权远期、QDII 等多个创新产品和产品组合,形成债务保值、人民币衍生产品等多个当年收益超过 100 万美元的明星产品。建行江苏省分行推出四期"汇得盈"募集型企业外汇理财产品,首次将募集方式引入对公外汇资金业务领域。同时,根据苏南经济发达地区企业外汇资金大进大出的情况,推出"汇兑盈"产品。2006 年,华夏银行南京分行落实总行第二届、第三届"华夏银行炒汇赢"大赛和积分活动,在行内举办行员个人外汇买卖大赛,同时加大现有客户的营销力度,举办三次个人外汇买卖讲座。

2007 年 5 月,工行江苏省分行成功办理首笔人民币 Quanto 理财产品。该产品本金在境内市场投资,通过各种金融衍生工具,挂钩利率、汇率、股票、基金、商品以及相关指数等国际金融市场标的,间接参与国际金融市场投资。11 月,工行江苏省分行成功办理两笔与欧元/美元汇率挂钩的保本保息型人民币结构性存款。建行江苏省分行根据人民币持续升值、客户对资产保值增值需求加大的情况,推出"理债宝""汇贷宝""收付宝"三项外汇业务新产品,为企业避险保值提供深层次金融服务;2008 年又与江苏银行合作推出"付汇宝"业务。

2008 年,中行江苏省分行首次推出个人保证金外汇买卖业务。此业务具备"本金放大"和"多空双向"特点,是与国际接轨的外汇保证金类产品,交易货币包括欧元、美元、英镑、澳元、日元、加元、瑞朗等。本金放大机制可为投资者带来可观的盈利,风险也同比例放大。为此,该行设定警告和强制平仓机制。

二、结售汇

1994年3月,中国人民银行发布《结汇、售汇及付汇管理暂行规定》,开始实行外汇收入结汇制和银行售汇制。当年全省结售汇总额为95.57亿美元,其中结汇60.6亿美元,售汇34.97亿美元。1996年7月起,全省银行大力发展外商投资企业的结售汇业务。1994～1996年,全省累计结售汇达365.64亿元。

1997亚洲金融危机之后,国际金融市场汇率波动频繁。随着中国实行人民币浮动汇率,外币和人民币逐步拉开利差,境内企业在涉及外汇资金的投资、融资以及国际结算等经营活动中,迫切需要银行提供远期结售汇服务,以规避汇率和利率风险,实现避险保值。1997年,中国人民银行允许中国银行首家试点办理远期结售汇业务。从当年4月1日起,中行江苏省分行在省分行本部试点办理远期结售汇业务,并从当年8月起在全辖推开。当年即办理远期结售汇1.04亿美元。同年,建行江苏省分行为宁沪高速公路办理12亿港币的结售汇业务。

2002年5月,中国人民银行发布《做好当前外汇信贷工作指导意见》,允许国有独资商业银行开办远期结售汇业务,增加人民币对外汇的中长期保值手段,降低企业借用外汇的汇率风险。经人民银行批准,工商银行、农业银行、建设银行于2003年分别开办远期结售汇业务。

2004年10月,国家外汇局宣布扩大远期结售汇试点之后,交通银行、中信银行、招商银行相继获准开办远期结售汇业务。此后,华夏银行、浦发银行、兴业银行、光大银行等行也陆续获准开办远期结售汇业务。省内各行积极稳妥地开展相关业务,为客户提供避险保值服务。

2005年7月,中国正式实施人民币汇率形成机制改革,实行以市场供求为基础、参考一篮子货币进行调节、有管理的浮动汇率制度。为适应人民币汇率形成机制改革的要求,8月27日中国银行在全国正式推广"930"即期结售汇一日多价系统,改变过去长期实行的结售汇一日一价业务模式,银行和客户业务操作模式以及经营模式也随之转变。为适应市场的变化,防范市场风险,同时保证业务平稳过渡,中行江苏省分行组织交易员对"930"交易进行专门管理,确保中台运行正常。此后,省内其他银行也陆续实行结售汇一日多价。农行江苏省分行制定《中国农业银行江苏省分行外汇资金管理办法》和《中国农业银行江苏省分行外汇资金及外汇交易业务操作规程》,对结售汇业务作出一系列规定:各业务经办行应根据本行即期结售汇差额情况和所辖机构的即期结售汇平盘申请,分币种进行汇总、轧差,计算出正确的敞口头寸,按照要求及时与上级行平盘;对于超过当日限额的美元和港币敞口头寸必须在当日进行平盘,其他币种原则上不得保留敞口头寸;远期结售汇采取逐笔及时平盘的原则,各行应逐笔及时与上级行办理远期结售汇业务的平盘,各行不得保留远期结售汇敞口头寸。

2007年3月,中行江苏省分行为某企业叙做1.1亿美元超远期结汇业务,有效解决国内一般商业银行提供的远期结汇期限都在一年之内,无法充分满足企业规避更长期限汇率风险需求的问题。中国银行推出的一年期以上的超远期结汇业务,最长期限可达10年,在人民币升值速度明显加快的市场预期下,叙做美元兑人民币的远期结汇业务具有良好的保值效果。同年,建行江苏省分行CCBS系统远期结售汇业务直通式平盘模块上线。

自2001年中国加入世贸组织以来,随着江苏对外贸易规模的快速增长和企业海外资本运作的日益扩大,全省结售汇业务发展很快,并带动其他相关本外币业务的发展。2008年,全省结售汇总额达2 201.31亿美元,是1995年的17.85倍。其中,中国银行590.56亿美元,居第一位,农业银行(389.2亿美元)、建设银行(251.01亿美元)、工商银行(237.6亿美元)、交通银行(143.73亿美元)分列第二至第五位。

三、金融衍生产品业务

1988年,中行南京分行所属的信托咨询公司为徐州面粉厂办理江苏第一笔外汇掉期业务。当年,徐州面粉厂新上总金额为700万美元的等级粉和面筋粉补偿贸易项目。该公司主动承担项目的经济测算,同时考虑到这一项目进口付汇为英镑,出口收汇为美元,汇率风险较大,遂为其叙做外汇掉期业务,防范汇率风险。

1997年8月,中行江苏省分行开始叙做代客外汇债务保值。该行以超远期外汇买卖的方式代省邮电管理局进行26.7亿日元的债务保值。

2002年,国家发展计划委员会、中国人民银行和国家外汇管理局联合出台《国有和国有控股企业外债风险管理及机构调整意见》,鼓励国有和国有控股企业加强外债风险管理和结构调整工作,鼓励商业银行加快发展远期外汇买卖、货币利率掉期等金融衍生工具。工商银行利用金融衍生产品,及时推出外汇代客理财与管理业务,制定《关于加快发展外汇代客理财与风险管理业务的意见》,确定北京、上海、广东、浙江、江苏等11家分行为代客理财与风险管理业务的重点分行。

2004年6月18日,在由多家银行参加的扬巴一体化石化项目长期利率调期保值业务远程招标会上,工行江苏省分行和农行江苏省分行各赢得5 000万美元远期利率掉期业务。这是两家银行取得的历史上最大单笔美元衍生业务,填补江苏省在外汇衍生交易产品库中该项业务的空白。

2005年9月1日,中国银行获国家外汇管理局批准开展对机构客户的外币兑人民币掉期业务。9月14日,中行江苏省分行为省内一家纺织品进出口企业办理国内第一笔外币兑人民币的掉期业务,金额30万美元。

2007年,中行江苏省分行为南京地铁叙做一笔30亿元人民币的债务保值业务,创造该行有史以来交易量和收益最大的单笔资金业务。同年,农行江苏省分行成功办理农行系统内最大一笔35亿元人民币债务风险管理业务,为企业节省财务成本1.5亿元,为该行增加2亿多元保证金存款,并带来280万美元的中间业务收入。

第三节 外汇存款

一、专业银行时期(1978～1993)

1956年,中国人民银行颁布《外汇存款章程》,规定凡由国外或中国港澳地区汇入和携入为存款人所有的外汇,均可在银行开立外汇存款户。因此,中国银行在1957年就开办了外汇存款业务。"文化大革命"期间,外币存款业务陷于停滞状态。1972年4月,财政部公布《华侨(人民币)定期储蓄存款章程》《外币存款章程》《各国驻华外交代表机关、领事机关及其人员人民币特种存款章程》《各国驻华外交代表机关、领事机关及其人员外币存款章程》等4个修订过的存款章程,重新启动外汇存款业务。但由于种种原因,银行对华侨开办外币存款业务迟迟未能实行。

1979年10月,中国银行制定新的《外汇存款章程》。同年11月,中行南京分行从人行江苏省分行分设出来,开始全面办理外汇存款业务。至20世纪80年代末期,全省外汇存款业务一直由中行南京分行独家经营。1983年起,根据中总行颁布的《外币存款章程(甲种)》《外币存款章程(乙种)》《人民币特种存款章程》,进一步开展外币存款业务。1984年7月起,开始办理丙种外币存款。同年8月,对国内金融机构和"三资"企业外汇存款采取灵活措施,增加"一个月定期存款"和"七天通知存款",对100万美元以上的大额定期存款,在利率上给予优惠。至当年末,该行外汇存款余额由1983年末的4 123万美元猛增到9 151万美元。1985年、1987年,中总行两次修订丙种外币存款章程,实行存取自由,降低外币存款起存点,对金额大、期限长的定期存款给予利率优惠,使外币存款更具吸引力。中行南京分行广泛宣传介绍外汇存款业务,并采取提高利率等多项促存措施,使外汇存款特别是个人外汇存款持续上升。1987年,该行一般性外汇存款余额达11 797万美元。

20世纪80年代中期以后,随着外汇业务领域引入竞争机制,省内其他银行也陆续开办外汇存款业务。1988年7月1日起,工行南京市分行在全省工行系统率先开办国际业务,开始吸收企业外汇存款和居民外汇储蓄存款。此后其他市分行也陆续开办外汇存款业务。至当年末,全省工行系统共吸收外汇存款1 018万美元,其中外汇储蓄存款408万美元。1989年,工总行在无锡召开外汇业务工作会议,确定外汇贷款规模不得超过资本金和外汇存款之和的70%。全省工行系统国际业务初办伊始,营运资金不足,制约着业务的发展,争取外汇存款已成为其发展贷款的首要任务。全省各地工行利用基层网点多、人民币资金实力雄厚等优势,大力吸收外汇储蓄存款,并利用工行经营优势积极争取单位外汇存款。1990年,工行江苏省分行国际业务部先后召开三次会议,确立"全行办外汇"的指导思想,明确"扩大网点、增强实力、重点支持"的经营方针,促进全行外汇业务大发展。至1990年末,全省工行共吸收外汇存款8 581万美元(其中外汇储蓄存款2 349万美元),开办外汇储蓄网点58个。全省工行外汇营运资金5 347万美元,是1989年的2.69倍。

农行江苏省分行1988年开始办理外汇存款业务。1989年起,运用在城市的营业网点,开展委托储蓄所代办外币储蓄。截至1990年末,南京、苏州、无锡、南通、常州五市行经当地国家外汇管理局分局批准,共设外币储蓄代办点30个。农行江苏省分行国际业务部委托江都、邗江、丹徒3个县支行的营业部及下属7个营业所成立10个外币储蓄代办所,办理外汇存款业务。至1990年末,全省农行系统共吸收外汇存款1 006.4万美元,其中单位、集体外汇存款910.3万美元(其中"三资"企业外汇存款648.5万美元),个人外汇(币)存款96.1万美元(其中包括美元73.3万元、港币152万元、日元482万元)。

建行江苏省分行1988年9月1日成立国际业务部,开始办理外汇存款业务。至1990年末,建行江苏省分行外汇存款余额已达2 798.8万美元。

1987年以后在江苏陆续成立的交通银行各分行,实行综合性服务,除开办人民币传统银行业务外,还积极开办外汇业务。截至1990年,交通银行系统已有南京、苏州、无锡、常州、徐州5个分行开办外币业务,年末外汇存款余额3 963万美元。

1991~1992年,全省各级银行继续努力增加外汇收入,为支持外向型经济的发展积累外汇资金。至1992年末,全省外汇存款余额达17.38亿美元,当年新增8.63亿美元,是上年的3.38倍。中行江苏省分行推出"外币定期大额"个人外币储蓄,利率上浮0.3个百分点,多吸存近1 000万美元。在外币对公存款中,开办"七天通

知存款",办理单位外汇存款到期本息自动转期续存业务,对金额满50万美元和存期一个月以上的单位外汇存款,可在同档次利率的基础上增加0.25~0.5个百分点。工行江苏省分行将外汇储蓄业务归口到储蓄部门管理,逐步形成全行办外汇的格局。该行外汇业务营业机构已由1991年的15个增至1992年的21个,并有64个储蓄所办理外汇储蓄。农行江苏省分行于1992年初提出"全行办外汇"的指导思想,当年外汇存款增加1.49亿美元,比年初增长309.73%。同年,建行江苏省分行及各市分行全部获准开办国际金融业务,苏南大部分县(市)行也设立了外资机构,外汇业务成倍增长。至1992年末,该行外汇存款余额1.15亿美元,比年初新增0.81亿美元,增长238.24%。

1993年治理通货膨胀期间,全省银行贯彻落实党中央、国务院和中国人民银行关于进一步加强金融宏观调控的一系列方针政策,严格执行各项规章制度,大力组织本外币各项存款。当年全省外汇存款增加6.59亿美元,年末余额达23.97亿美元。

二、商业化转型和股份制改造时期(1994～2008)

1994年,国家对税制、物价、金融、外汇、外贸等领域进行一系列体制改革,中国银行不再享有外汇业务垄断地位,各外汇业务银行在业务拓展方面享有平等地位。各外汇业务银行普遍实行本外币一体化战略,积极开拓外汇存款业务。

1994年以后几年,受实行结售汇制度等因素的影响,全省外汇存款增长放缓。为稳定外汇存款,1995年中行江苏省分行采取继续推行存款责任制等各种激励措施,动员全员吸存,当年新增外汇存款0.72亿美元。1995年新成立的华夏银行南京分行坚持"全行办外汇"的经营思路,将大力吸收外汇存款作为全行国际业务的基础工作,在起步阶段实行"行中行"的管理模式,形成以国际业务部为龙头、各网点为依托的协调联动业务发展机制,带动全行外汇业务的发展。该行利用与德意志银行合作的优势推出欧元速汇产品,开发"华夏汇盈"理财产品,以产品营销

带动存款、结算及其他各项业务的发展。

随着外汇体制改革的逐步深入，人民币与外汇之间的相互联系和相互转化功能不断增强，全省银行开始重视本外币业务的统一计划与协调运作。1996年，工行江苏省分行根据工总行印发的《关于本外币业务归口并表的通知》，将本外币信贷计划、统计、财务会计三项管理职能并轨，实行本外币考核一体化管理，统一经营。当年全省工行各项外汇存款余额达5.08亿美元。农行江苏省分行坚持"全行办外汇"的指导思想，把国际业务作为主体业务对待，实行本外币业务联动发展战略。当年全省农行各项外汇存款余额达4.11亿美元。浦发银行南京分行坚持"全行办外汇"的指导方针，实行本外币一体化经营，以人民币资金为后盾，以国际结算为突破口，全面拓展外汇业务。成立仅一年，该行外汇存款就达3 246万美元。

1998年，受亚洲金融危机和国内经济增长放缓的影响，全省外汇形势变化较大，结售汇顺差以及外贸进出口顺差均比上年下降，非贸易及资本项下的结售汇出现较大逆差，外债余额的增加与上年基本持平，外汇存款上升较快。1998年，全省外汇存款猛增13.49亿美元，同比多增10.22亿美元。中行江苏省分行在全辖进一步明确存款业务在整个业务发展中的战略地位，逐步扭转前几年外汇存款增长不力的局面。当年该行外汇存款增加6.04亿美元，占全省增量的44.77%，年末余额达22.07亿美元。工行江苏省分行在《加快外汇业务发展若干意见》中，把"坚持本外币业务一体化经营"作为发展国际业务的重要原则。该行坚持全行办外汇、本外币配套发展的方向，进一步推进管理与经营相分离，外汇资金由过去长期向总行拆借转为稳定上存。华夏银行南京分行继续坚持"人民币业务办到哪里，外汇业务就办到哪里"的战略部署，不断增强经营外汇业务的实力。该行苏州、无锡支行分别于6月、9月开办自营外汇业务，南京地区的大厂支行、玄武分理处、鼓楼分理处也相继开办存、汇、兑业务。

1999年，全省外汇存款增加8.66亿美元，其中中行江苏省分行增加6.63亿美元，占全省增量的76.5%。该行制定《中国银行江苏省分行存款业务综合评核办法》，对10项存款业务指标综合考评，继续保持在外汇存款业务领域的优势地位。同年8月，华夏银行南京分行进一步贯彻华夏银行总行"本外币一体化"经营战略，将国际业务部的双重职能调整为单一的管理职能，对全行外汇业务发展进行指导、协调和管理，为各网点外汇业务经营提供结算和清算服务。

2000年，全省外汇存款增加17.05亿美元，创历史新高。工行江苏省分行选择100家优质进出口企业作为外汇业务优质客户，向其提供信用评级、综合授信和外汇业务分项授信等多项金融服务，并为其中49家国际知名跨国公司提供本外币一体化金融服务。至当年末，该行外汇存款余额达9.07亿美元，是1988年的近100倍。

2001～2003年，受国内外因素影响，全省外汇存款波动较大。2001年，受B股对国内居民开放、美元利率多次下调的影响，全省外汇存款仅增加7.47亿美元，同比少增9.58亿美元。2002年增加较多，增量达10.61亿美元，但2003年又迅速回落至0.92亿美元。

2004年、2005年，受人民币升值预期导致结汇量增加，银行大量发售高收益外汇理财产品等因素影响，全省外汇存款继续保持低速增长，增速分别为5.13%、2.05%，增量分别为4.86亿美元、2.04亿美元。其中，中行江苏省分行分别减少4.72亿美元和4.4亿美元。至2005年末，该行外汇存款占全省的市场份额已由2003年末的45.62%下降到33.56%。为扭转外汇存款迅速下滑的势头，2005年9月起中行江苏省分行开展个人外汇业务竞赛活动。至当年12月末，该行共有9家二级分行的外汇存款较9月末实现增长，尤其是重点地区分行的下降势头得到明显遏制。

2006年以后，全省外汇存款增长逐渐加快，至2008年达到本轮增长的顶点。2008年，受国际金融危机影响，人民币对美元汇率走势由单边升值变为双向波动，客户的结汇意愿明显降低。同时，国内资本市场、房地产市场出现深度调整，客户投资意愿普遍不强，结汇投资需求明显降低。当年全省外汇存款增加31.48亿美元，比前5年增量总和还多3.8亿美元。

截至2008年末，全省外汇存款余额153.03亿美元，是1983年的373.24倍，年均增长26.73%。

表 6-2　1983～2008 年江苏省外汇存款余额统计表　　　　单位:亿美元;%

年份	外汇存款余额	其中:外汇储蓄存款余额	增速	年份	外汇存款余额	其中:外汇储蓄存款余额	增速
1983	0.41	0.01		1996	33.26	11.83	8.52
1984	0.92	0.08	124.39	1997	36.53	14.04	9.83
1985	0.74	0.05	−19.57	1998	50.02	21.08	36.93
1986	0.91	0.11	22.97	1999	58.68	29.06	17.31
1987	1.18	0.22	29.67	2000	75.73	39.78	29.06
1988	2.27	0.48	92.37	2001	83.20	45.48	9.86
1989	3.06	0.95	34.80	2002	93.81	51.32	12.75
1990	6.20	1.60	102.61	2003	94.73	49.26	0.98
1991	8.75	2.45	41.13	2004	99.59	40.41	5.13
1992	17.38	3.79	98.63	2005	101.63	34.60	2.05
1993	23.97	6.18	37.92	2006	110.42	34.75	8.65
1994	27.64	8.54	15.31	2007	121.49	27.13	10.03
1995	30.65	10.51	10.89	2008	153.03	28.61	25.96

表 6-3　2008 年末江苏省外汇存款余额分机构统计表　　　　单位:万美元

机构＼项目	全省合计	其中:外汇储蓄存款
全省合计	1 530 316	286 127
一、国有商业银行	1 093 276	222 717
工商银行	203 568	26 574
农业银行	226 747	16 406
中国银行	473 726	164 217
建设银行	189 235	15 520
二、政策性银行	7 985	
国家开发银行	1 538	
进出口银行	6 447	
三、其他商业银行	285 564	54 378
交通银行	91 293	16 736
中信银行	49 680	8 204
华夏银行	11 678	1 441
浦发银行	51 395	4 081
招商银行	37 949	13 286
广发银行	11 792	507
光大银行	12 132	5 846
民生银行	8 914	1 863
深发银行	799	430
兴业银行	4 859	1 214
恒丰银行	361	24
邮储银行	704	704
上海银行	3 679	8
宁波银行	329	34

项目 机构	全省合计	其中:外汇储蓄存款
四、地方法人银行	36 387	4 852
省联社	19 940	2 589
农村商业银行	19 237	2 365
农村合作银行	564	204
农村信用社	139	20
江苏银行	11 429	417
南京银行	5 018	1 846
五、外资银行	106 466	4 180

注:本表外汇存款余额总分之间相差 638 万美元,其原因是:根据统计制度规定,全省银行余额汇总时包括各行委托存款,但在统计单家银行余额时不包括委托存款。

第四节　外汇贷款①

一、专业银行时期(1978~1993)

1973 年 5 月,国务院批准转发《短期外汇贷款试行办法》,外汇贷款业务在全国逐步开展。江苏省是开展外汇贷款工作较早的省份之一。由于当时江苏省外贸部门未办理对资本主义国家和地区的自营出口业务,中国银行总管理处和外贸部指示江苏省的外汇贷款项目由中行上海分行和上海外贸局代为办理。1974 年,江苏省成立外贸口岸,开始自营对外贸易。1975 年 7 月,上海市外贸局、人行上海市分行将江苏省原委托办理的部分外汇贷款业务移交江苏省外贸局,由人行江苏省分行办理,账户开设在人行江苏省分行。至 1978 年,全省使用外汇贷款的企业,已遍及 13 个地市 19 个县的 131 个单位。

1979 年 11 月,中行南京分行从人行江苏省分行分设出来,所有的外汇贷款业务由人行江苏省分行移交中行南京分行办理。11 月 26 日,人行江苏省分行、省计委、省外贸局、省财政局联合下达 1979 年各地、市外汇贷款项目计划,共确定 114 个项目,使用外汇指标 1 343.2 万美元,并指定这批项目由中行南京分行办理。但由于对这

些项目缺乏调查,大多是不落实项目,最后批准贷款的只有 76 个项目,金额 877 万美元。这批项目是中行南京分行分设后办理的第一批项目。这期间外汇贷款的种类比较少,批准的都是浮动利率外汇贷款,贷款期限一般是 1~3 年。1980 年,中行南京分行开始办理买方信贷、政府贷款、混合贷款(以下简称"三贷")业务。同年 4 月,召开第一次全省分支行经理会议。会上研究外汇信贷工作和中总行试行外汇信贷资金"统一计划,分级管理,批用衔接,放收挂钩,控制余额,周转使用"的办法,并要求把外汇贷款的重点放在支持轻纺工业的产品出口和老企业的挖潜、革新、改造方面。在贷款的审批权限上,中行南京分行拥有 100 万美元的批准权限。为支持经济发达地区承做外汇贷款业务,向苏州、无锡、常州三支行各拨 100 万美元外汇贷款额度,规定在 5 万美元以下的项目由支行审批。当年全省中行新批外汇贷款项目 54 个、金额 2 612 万美元,其中技改外汇贷款项目 52 个、金额 2 306 万美元。1982 年以后,随着中总行陆续制定优惠利率贷款,甲乙类贷款和外商投资企业贷款办法,中行南京分行外汇贷款业务全面发展起来。

"六五"时期是中行南京分行外汇贷款业务第一个快速发展时期。据统计,从 1973 年试办外汇贷款到 1985 年底,全省共批准外汇贷款 1 334 项,金额 5.96 亿美元,累计发放 4.65 亿美

---

① 自 1985 年中行南京分行首次开办出口押汇业务以来,出口押汇及其后出现的进口押汇、保理、福费廷、发票融资等贸易融资一直是外汇贷款的重要类型。因贸易融资与国际贸易密切相关,已在第一节国际贸易结算中作了记述,本节着重记述贸易融资以外的其他外汇贷款。

元,1985年末外汇贷款余额2.29亿美元。其中,"六五"期间批准的外汇贷款是前八年的4.27倍,实际用汇占开办以来用汇总额的83.3%。在贷款投向上,过去长期以轻纺出口项目为重点的状况在1981年后逐步改变,电子、化工、机械等行业占比开始上升。这一时期批准的外汇贷款,绝大部分用于支持出口创汇项目。同时,为了支持国内市场,对内销生产的技改项目,也适当发放一些外汇贷款。在贷款地区的分布上,1980年以前贷款多集中在苏州、无锡、常州、南京、南通等工业基础较好的城市,苏北基本上提不出项目,苏南的多数县长期也是空白。1985年,全省80%以上的市(县)都有了外汇贷款引进项目,苏州市到1983年已经县县有外汇贷款。使用外汇贷款的技改项目,经济效益普遍较好。据已结清的338个贷款项目统计,平均每1美元贷款可新增工业产值11.65元、税利2.26元,创汇1.5美元。扶植的产品如棉纺织、丝绸、服装、塑料编织袋、柠檬酸、对虾等都已成为江苏省出口的拳头商品。荷花灯舞灯芯绒、湖心亭色织布、行星牌柴油机、金狮自行车、海陵牌乙纶渔网、虹美牌电视机以及NJS-I汉字处理系统等,均获得部、省名优产品称号。

1985年前,为贯彻外汇集中管理、统一经营的方针,中行南京分行一直实行"统存统贷"的外汇信贷资金管理办法,计划规模和资金一致,有了计划即有资金。1986年起,改为差额控制,实行"统一计划、存贷结合、差额管理、相互融通"的管理办法。外汇贷款按计划严控用汇,集中支持出口创汇项目和"三资"企业的发展。1986年,根据中央压缩用汇的方针,中行南京分行在确保结转项目用汇的前提下,发放外汇贷款1亿美元,其中新批创汇、节汇技改项目33个,金额3125万美元,重点支持以沿海为主、轻纺为主、出口为主的"三为主"项目,推进企业的技术改造,增强出口创汇的后劲。1987年,新批项目343个,金额2.05亿美元,其中用于出口创汇和技改的比例均达80%。新批项目用于支持"三资"企业、进料加工和苏北地区项目的比例都大大超过往年。如对苏北经济不发达地区批贷金额从1986年的533万美元跃升到1987年的2275万美元,支持淮阴、泗洪、洪泽等6个贫困

县利用当地资源和劳动密集优势发展一些投资少、见效快的创汇项目。又如,南通分行重点支持的海安丝绸针织厂和如皋纬编厂引进瑞士等国先进设备和技术,生产的丝绸针织品畅销国际市场,使这两个乡镇企业均成为省外贸丝绸公司的重点厂。

1988年以后,随着外汇业务领域实行交叉,省内其他银行陆续进入外汇信贷领域。工行江苏省分行1988年制定《中国工商银行江苏省分行外汇贷款暂行办法》,开始办理外汇贷款;1989年重点支持贷款期限短、经济效益好、创汇率高的企业和项目,如在工总行支持下向仪征化纤公司贷款0.89亿美元,用于进口原材料;1990年3月12日成立信贷业务部,与国际业务部合署办公,为企业提供本外币配套服务;至1990年末,该外汇贷款余额1.43亿美元,仅次于中行南京分行。农行江苏省分行1988年起开办外汇贷款;1989~1990年全省农行系统外汇贷款项目共38个,金额0.15亿美元(其中固定资产贷款0.12亿美元,流动资金贷款0.03亿美元),支持的对象主要是纺织、轻工、电子、建筑、玩具、塑料、服装等行业;至1990年末,该行外汇贷款余额0.15亿美元。建行江苏省分行1988年试办1个外汇贷款项目,金额35万美元;1989年起,根据建总行国际业务项目管理座谈会精神,外汇贷款主要投向外贸公司和"三资"企业,以流动资金贷款为主,最大限度地吸引国际结算业务和吸收外汇存款,当年共发放外汇贷款0.07亿美元,支持8个项目,吸收存款0.05亿美元;至1990年末,该行外汇贷款余额0.06亿美元,外汇存款余额0.14亿美元。交行南京分行1989年5月成立外汇信贷科,重视分析资金动向,使闲置资金的存期可定可活,发放贷款的期限与存款的期限相适应,尽量使资金结构合理,年末外汇存款余额0.13亿美元,外汇贷款余额0.02亿美元;1990年,针对上年外汇存、贷款之间差额较大的情况,在保证外汇资金安全的同时,努力盘活资金,对既符合国家政策又符合资金投向的企业和项目,认真做好贷款"三查"工作,放好每一笔贷款,年末外汇存款余额0.32亿美元,外汇贷款余额0.1亿美元。

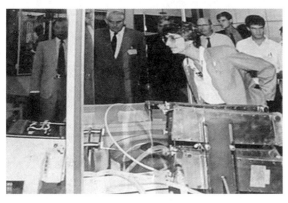

图6-1 中行南京分行组织国际银团贷款支持华飞彩色显示系统有限公司发展生产。图为1991年荷兰外贸大臣范鲁耶夫人参观华飞公司

在其他银行相继开办外汇贷款业务的同时，中行南京分行加大外汇信贷投入，大力支持出口创汇和外向型经济发展，继续保持在外汇信贷领域的领先地位。1988年，为支持江苏外向型经济发展，中总行、港澳中银集团和江苏省签订短期周转外汇贷款2.87亿美元的协议，中银集团和江苏省签订1亿美元一揽子意向性贷款项目协议。当年中行南京分行共发放外汇贷款5.83亿美元，创改革开放以来最高纪录。1988年以后是"三资"企业贷款大发展的时期，该行积极增加对"三资"企业的信贷支持。到1990年末，对"三资"企业的外汇贷款余额达1.39亿美元。"三贷"也是1988年以后发展的主要方向，到1990年末"三贷"余额达1.32亿美元，在整个外汇贷款余额中占有很大的比例。1988年以后，中行南京分行积极开办银团贷款业务，发挥其贷款金额大、风险分散、办理时间快等优点。1988年7月，牵头办理江苏省第一笔银团贷款——南京金陵旅馆培训中心项目银团贷款，金额1 000万美元，其中该行承贷300万美元并担任代理行，利用外资700万美元（香港中芝兴业财务有限公司350万美元，香港东海银行350万美元）。1989年，该行为江苏省最大的中外合资企业华飞彩色显示系统有限公司牵头组织8 000万美元的国际银团贷款，国际上有13家银行参加，该行占10%的份额。1990年，华飞彩色显示系统项目建成并投产，生产出高质量的平面直角彩管，年生产能力90万只，填补了中国彩电工业的空白。截至1990年末，该行外汇贷款余额达7.99亿美元，是1985年末的3.49倍，年均增长

28.39%。其中，流动资金贷款3.15亿美元，固定资产贷款4.84亿美元。贷款种类有"三资"企业贷款、"三贷"、浮动利率贷款、优惠利率贷款、特种贷款、贴息贷款、劳务承包工程贷款等。

为了加强外汇信贷管理，中行南京分行1988年在信贷部设立综合管理科，1989年1月信贷部分设为人民币信贷部与外汇信贷部，外汇信贷部综合管理科专门从事外汇信贷管理工作；1989年5月制定《外汇信贷基础十项工作制度》，8月印发《外汇信贷综合管理奖惩考评意见》，对所属各分支行的管理工作打分评判；1989年组成"高师团"，对辖内8个"老大难"项目集体"会诊"，苏州、无锡分行行长亲自带队上门催收，严格收贷责任制，1990年召开全辖外汇风险资产研讨会，并对南通江海经济发展公司等3个项目现场研讨，推动整个外汇逾期贷款清收工作。1990年，该行顺利通过中总行组织的目标考核。其中，出口创汇贷款占比92.1%（考核目标不低于85%），外汇贷款周转率74.2%（考核目标不低于30%），年末逾期贷款率2.93%（考核目标不高于3%）。

到"七五"期末，全省各银行已普遍开展外汇贷款业务，外汇贷款余额9.73亿美元，其中中行南京分行外汇贷款余额7.99亿美元，占全省外汇贷款余额的80.79%。"七五"时期，中行南京分行累计支持出口创汇企业的技术改造引进项目716个，累计发放外汇固定资产贷款8.2亿美元，累计支持全省外贸出口116亿美元。

图6-2 1991年8月，工总行、江苏省政府领导及英国驻华大使参加全国工行系统首笔外国政府贷款——丹阳铝箔工程奠基仪式，工总行行长张肖参加奠基仪式

1991年，中国实行以取消补贴、自负盈亏为重点的外贸体制改革。全省银行把握国家外贸体制改革的方向，加大外汇信贷投入。当年全省外汇贷款增加3.45亿美元，同比增长34.88%。中行南京分行用好用足计划内贷款指标，并结合江苏"调整工业结构、加快外向开拓"的经济发展战略和"八五计划""十年规划"的要求，开发一批既有经济效益又有社会效益的建设项目和大中型技改项目。此外，在积极拓宽对外融资渠道、加快利用外资方面又有了新进展。一是成功组织中总行和港澳中银集团来江苏考察访问，签署无锡虹宇显像管玻璃有限公司1 600万美元银团贷款项目等一批利用外资协议，达成近2亿美元的投资、融资意向，将江苏向中银集团的短期拆借额度由3 000万美元提高到8 000万美元。二是"三贷"业务不断发展，当年"三贷"新增0.5亿美元，余额1.82亿美元，占全部外汇固定资产贷款的比重由年初的25.5%提高到年末的32.2%，支持南汽依维柯、无锡X光胶片以及苏州、南京、南通、无锡等城市的自来水和污水处理工程项目等一批重点项目和基础工程的建设。同年，工行江苏省分行作出支持国营大中型企业的经营决策，对国营大中型企业的外汇贷款持续增加。该行接受工总行委托，对丹阳铝箔厂转贷英国政府贷款1 680万美元，并发放配套人民币技改贷款2 800万元；与工行厦门分行组织联合贷款2 470万美元。

1992年，江苏经济增长较快，外汇资金需求旺盛。当年全省外汇贷款增加9.35亿元，同比增长70.39%，年末余额突破20亿美元，达22.73亿美元。中行江苏省分行多渠道筹措外汇资金，满足经济发展需要。一是通过国内资金市场融资2.11亿美元；二是加强与海外行的联系，中总行下达的8 000万美元拆借额度已向香港中银集团拆借到位，全部投入使用，另外争取中总行临时指标3 000万美元，争取海外行直接参与苏州、无锡、南通等地的项目；三是大力开展"三贷"业务，当年新批9个项目，金额4 833万美元；四是运用外汇抵押人民币贷款、货币互换、委托放款、反租赁等创新业务为企业融通资金，当年计划外的外汇资金新增2.01亿美元，约为1991年的20倍。当年该行累计发放外汇贷款

9.8亿美元，余额新增2.37亿美元。贷款投向主要有三个方面：一是支持扬子大桥公司、江苏航空公司、省邮电管理局等基础设施建设项目；二是支持"三资"企业发展；三是支持出口创汇效益好的丝绸、服装、机电等行业的技术改造。同年，工行江苏省分行提出外汇贷款要与人民币资金配合，重点支持一些重点大中型企业和"三资"企业，其中对仪征化纤一家就发放外汇贷款1.3亿美元。建行江苏省分行向"三资"企业及出口创汇企业发放外汇贷款5 000万美元、人民币配套贷款11亿元；成功组织和具体承办七家国外银行参加的银团贷款，向中外合资南通醋酸纤维公司提供3 200万美元外汇贷款和1亿元人民币贷款。所属的投资银行完成省环保、化工两个利用世界银行贷款立项工作的预评估和评估，项目总金额2.5亿美元；完成星火项目、常州城改项目、环保项目的子项目评估，并获世界银行贷款1 920万美元。

图6-3 1992年，建总行首次牵头组织有国内外银行参加、向南通醋酸纤维项目提供贷款3 200万美元的国内外汇银团贷款。图为贷款签字仪式

1993年，全省各级银行贯彻执行中央有关文件和金融"约法三章"的要求，大力整顿金融秩序，严肃金融纪律，努力加强和改善宏观调控，集中外汇资金保重点。至当年末，全省外汇贷款余额达26.9亿美元，同比增长18.35%，增速较上年回落52.04个百分点。中行江苏省分行加强与海外分行的联系和合作，通过邀请中行新加坡分行等海外分支机构和外资银行、海外财团到江苏考察访问和出访有关国家地区，推荐一批投向合理、效益良好的融资项目，金额约2.5亿美元。与此同时，该行利用在国际上的良好信誉，累计

为江苏大中型企业、外商投资企业的 13 个重点项目筹集国际商业贷款,金额达 1.7 亿美元,年内资金到位 7 个项目,金额 5 300 万美元;在外汇投向上,把支持国家重点建设,支持重点客户群的技术改造,支持"三资"企业的发展作为重点,全省"三资"企业开户数已达 9 000 余家。农行江苏省分行印发《中国农业银行江苏省分行外汇外资贷款管理办法》,进一步加强外汇贷款的管理。外汇贷款年末余额 4.48 亿美元,比上年增长 49%;配套人民币贷款余额 10 亿元,支持近千家乡镇"三资"企业扩大生产和营销;转贷世界银行"星火计划"贷款项目 30 个,金额 3 887 万美元。建行江苏省分行办理无锡合纤总厂(即无锡太极)扩建涤纶浸胶帘帆布工程项目,转贷国外出口信贷和商业贷款 4 134 万美元;办理金坛纺织厂利用西班牙贴息贷款技术改造项目,转贷西班牙政府贴息贷款 483 万美元。

二、商业化转型和股份制改造时期(1994～2008)

1994 年,国家对税制、物价、金融、外汇、外贸等领域进行一系列体制改革,中国银行不再享有外汇业务垄断地位,各外汇业务银行在业务拓展方面享有平等地位。随着外汇、外贸体制改革的不断深化,江苏省各外汇业务银行积极发展外汇信贷业务,促进江苏外向型经济的发展。

1994 年,由于汇率双轨制的取消,加之实行紧缩的货币政策,企业资金较为紧张,外汇融资需求显著增长。当年全省外汇贷款增加 7.7 亿美元,比上年多增加 3.53 亿美元。中行江苏省分行按照支持发展既要尽力而为,又要量力而行的原则,合理调整结构,对老项目,保结转,保重点;对新项目,优中选优,严格把关,确保计划的严格执行。该行当年共发放专项贷款 5 930 万美元(其中机电专项 2 100 万美元,外汇固定资产专项贷款 3 830 万美元);批准生效"三贷" 1.43 亿美元;担保项下融资到位 8 笔,6 780 万美元。该行与省经贸委紧密合作,支持江苏出口创汇,成效卓著,被全国银贸座谈会评为国家银贸协作一等奖。同年,建行江苏省分行办理宁沪高速公路利用国际商业贷款项目,转贷国际商业

贷款 1 000 万美元。1995 年,中行江苏省分行在外汇资金十分紧张的情况下,通过利用专项贷款、"三贷"、境外融资等多种方式,支持沪宁高速公路、南京新机场、苏州工业园等一批国家和省基础设施建设和其他重点项目。建行江苏省分行办理扬州柴油机厂利用奥地利政府贷款技术改造项目,转贷奥地利政府贷款 2 995 万奥地利先令。

20 世纪 90 年代以来,伴随着江苏经济发展和外汇体制改革,全省外汇贷款快速增长。到"八五"期末(1995 年),全省外汇贷款余额已达 39.74 亿美元,是 1990 年末的 4.02 倍,年均增长 32.07%,比同期人民币各项贷款年均增速高 8.88 个百分点。但由于外汇信贷管理制度建设未及时跟上,外汇信贷风险开始积聚,同时,1997～1998 年亚洲金融危机不断蔓延,人民币面临较大的贬值压力,对江苏对外经贸和利用外资产生较大影响,也进一步加剧了企业的经营困难,银行历年积聚的外汇信贷风险开始集中暴露,表现为银行外汇信贷资产质量下降,进口信用证垫款问题不断发生。

1996 年以后几年,省内各银行采取多项措施,加强外汇风险的防范和化解。中行江苏省分行 1996 年制定《中国银行江苏省分行信贷资产风险监管暂行办法》,明确实行监管的 8 项指标,促进对风险的有效监管。工行江苏省分行 1996 年起执行工总行制定的《外汇信贷资产风险管理暂行办法》,加强对增量风险的事前防范、事中控制和对存量风险的转移消化,以及对已有损失的及时补偿,同时确立分级审批、贷款审查以及三查分离为基础的审贷分离制度,从而在制度上把外汇信贷业务纳入全行统一的风险管理框架;1999 年起根据工总行要求,对本外币信贷业务统一实行授信制度。农行江苏省分行 1996～1997 年先后制定《外汇资金管理暂行办法》《外汇业务审批实施细则》《外汇业务等级管理实施细则》等制度,其中《外汇业务审批实施细则》强调外汇业务审批与管理的指导原则是以经济效益为中心,以当地客观经济发展为前提;1999 年先后制定《外汇担保项下人民币贷款操作规程》《进口信用证业务管理办法和操作规程》《出口打包贷款管理办法》《出口押汇贷款管理办法》等规章制度。建行江苏省分行 1996 年针对部分行工

作中存在的薄弱环节,上收所有办事处和部分资产质量差、管理水平低的县(市)支行贷款审批权,完善审贷分离制度,强化贷款风险度管理,同时加大收贷收息力度,普遍建立收贷收息责任制,积极盘活存量,大力压缩不良贷款;1997年全面实施信贷经营授权等级管理,收回绝大部分县支行和部分县级市支行除个人小额贷款审批权以外的信贷决策审批权,并对二级分行进行信贷转授权,授予不同的信贷管理权限,按照集约化经营的要求,调整信贷管理的职能和机构,逐步建立"大信贷"经营管理体制和前后台业务分开操作、相互支持和制约、服务市场和客户的信贷运行机制。

1996～1998年,全省外汇贷款分别增加4.59亿美元、1.29亿美元、0.31亿美元,逐年递减。省内各行在加强外汇信贷风险管理的基础上,集中有限的外汇资金支持国家和省重点项目的建设。1996年,中行江苏省分行向沪宁高速公路、南京新机场、扬子乙烯、仪征化纤、春兰集团、常柴集团等131个国家和省基础设施和重点企业发放人民币贷款20亿元,外汇贷款1.41亿美元。同年,华夏银行南京分行通过与华夏银行总行联动,向国家重点工程镇江化工厂技改项目发放1 000万美元贷款。1997年,国家实行对企业兼并破产和减员增效试点政策,中行江苏省分行信贷客户中共有56家企业享受国家试点政策,其中破产企业18家。为确保债权实现,该行在试点政策的实施过程中积极与政府有关部门沟通,在支持试点政策实施的同时,坚持慎重细致地做好信贷资产保全工作,尽量减少信贷资产损失。同年建行江苏省分行办理江阴长江公路大桥利用英国政府贷款项目,转贷英国政府贷款0.89亿美元。1998年,中行江苏省分行以中总行信贷政策为指导,重点支持夏普、爱立信、飞利浦等国际著名跨国公司投资项目及规模大、技术含量高、出口创汇大的项目。此外,与全省100家重点企业中的35家签订银企全面合作协议,完成对连云港核电站、苏州华能电厂项目和南通华能电厂项目有关评审工作。重点对金额较大、难度较高的10家企业进行监控,并从13家分行中列出2～3家分行进行重点管理。同年,建行江苏省分行办理徐州观音机场用美国出口信贷

和商业贷款项目,贷款总金额950万美元。华夏银行南京分行向仪征化纤集团发放3 000万美元贷款,是该行成立以来发放的最大一笔外汇贷款。至1998年末,全省外汇贷款余额45.93亿美元,其中中行江苏省分行25.38亿美元,占55.26%。

1999年、2000年,为推动国有商业银行改革,省内4家国有商业银行先后剥离1.14亿美元和13.06亿美元不良贷款。到2000年末,全省外汇贷款余额达27.14亿美元,较1998年末减少18.79亿美元。在此期间,中行江苏省分行坚持"改革、管理、发展、质量、效益"的十字方针,实行"四重"战略,继续做好外汇信贷工作。1999年,中行江苏省分行根据国家产业政策导向和国内经济发展的重要动向,介入一批基础设施项目,如南京地铁南北线一期工程、江宁水厂利用意大利政府贷款700万美元项目。2000年2月21日,中行江苏省分行向江苏核电有限公司发放1亿美元的搭桥贷款。此笔贷款为该行向江苏核电有限公司发放的7亿美元贷款额度的一部分,用于归还2000年2月25日到期的中总行6 000万美元临时搭桥贷款本息以及支付俄罗斯总合同5%预付款部分,用于解决第三国采购融资协议签订时间与实际支付的时间差所造成的资金缺口。

图6-4 2003年3月7日由中国工商银行与美国花旗银行联合牵头的扬子石化—巴斯夫一体化项目融资文件签字仪式在南京举行,工总行副行长王丽丽出席签约仪式

2001年11月11日,中国加入世贸组织,并自当年11月17日起陆续出台放宽外汇管制等一系列开放措施,全省外汇信贷投入逐年加快。2001～2003年,全省外汇贷款余额分别增长

21.89%、43.41%、84.74%，外汇贷款余额从2000年末的27.14亿美元增至2003年末的87.64亿美元。2001年，中行江苏省分行加快对客户结构的调整，积极发展优质客户。对A类客户优先支持、优先审批；对B类客户加强管理、完善担保；对C类客户压缩授信、加强监管；对D类客户全力清收、尽早脱离。坚持向南京、苏州、无锡、常州、南通等中心城市、发达地区倾斜，先后支持爱立信、中国联通、仪征化纤、南京地铁、三星电子、苏州宝洁、江苏电力、镇江国亨等一大批效益好、信誉高的优质客户。工行江苏省分行制定国际业务应对加入世贸组织的策略，提出国际业务发展新思路和重点区域重点发展的战略。建行江苏省分行办理江苏泰兴市污水处理厂利用西班牙政府混合贷款转贷项目，转贷西班牙政府混合贷款481.38万美元；办理常州地区供水一期工程（常州部分）项目，转贷法国政府混合贷款948.1万欧元。2003年，全省外汇贷款增加40.2亿美元，增量为2003年以来的最高纪录。当年，中行江苏省分行贯彻落实"亲政府、争客户、推新品、调资源、均利益"十五字方针，积极发展外汇信贷业务。当年该行外汇贷款新增18.96亿美元，占全省外汇贷款新增额的47.16%。贷款结构进一步优化，A、B类客户贷款余额占比分别由年初的39.4%、39.2%上升到年末的45.3%、42.1%。同年，工商银行与花旗银行联合牵头扬子石化—巴斯夫一体化项目，银团贷款金额14亿美元，其中工商银行的承贷占比为28.7%。当年工行江苏省分行外汇贷款共增加9亿美元，仅次于中行江苏省分行。农行江苏省分行进一步加大对外商投资企业和国际贸易融资业务的营销力度，成功营销扬子石化—巴斯夫有限公司现金管理及电子支付方案。当年该行外汇贷款共增加5.29亿美元。建行江苏省分行办理盐城富奇食品有限公司承建的江苏阜宁县东沟镇向阳农场素菜生产加工基地项目，转贷西班牙政府混合贷款280万美元；办理大丰自来水公司第二水厂利用意大利政府贷款转贷项目，转贷意大利政府贷款362.86万欧元。当年该行外汇贷款共增加3.01亿美元。交通银行等股份制银行也加大对外汇贷款的投入。交通银行、招商银行当年新增外汇贷款超过2亿美

元，广发银行、中信银行外汇贷款超过1亿美元。

2004～2006年，在人民银行既要防止通货膨胀和金融风险、又要支持经济增长的货币信贷工作方针指引下，全省外汇贷款分别增加9.73亿美元、12.42亿美元、5.29亿美元，保持平稳。2004年4月8日，中行上海市分行、江苏省分行与金东纸业江苏有限公司在镇江签订3.24亿美元银团贷款协议。同年，华夏银行南京分行在外汇资金严重短缺的情况下，以控制风险为前提，进一步加强外汇信贷手段和贸易融资手段的运用，制定《出口押汇业务操作规程补充规定》，积极支持重点外贸企业。2005年，中行江苏省分行结合国家宏观经济政策和产业政策的变化，把握主要行业总体授信风险以及政策取向，调整授信的行业投向，在资源配置上向重点地区、重点行业、重点客户、重点产品倾斜，推进大公司业务发展。制定省行级重点客户的准入标准，并以此确定第一批共240家省行级重点客户。这些客户多为行业系统内的龙头企业，主要分布在电力、交通、石化、通信等行业，在整体公司业务中的业务量和效益贡献占比超过50%。同年，华夏银行南京分行推出"华夏贸易宝"等贸易融资产品。在发展中小型客户时，有选择地推介"华夏贸易宝"融资产品；对于进口业务客户，则尽量选择风险低的即期信用证业务和不占用资金的进口代付业务。该行以国外银行代付、保兑信用证等创新形式，解决因外汇资金紧张导致的授信额度使用效率不高等问题。2006年，中行江苏省分行与南京长江油运公司签署战略合作协议。南京长江油运公司是国内第二大专业化油品运输企业，是该行重点客户、战略合作伙伴，其VL-CC（very large crude carrier）超级油轮境内外融资项目被列入总分行联动重点项目清单。11月份，该行向南京长江油运公司发放一年期500万美元流动资金贷款。此外，该行还与中银香港在东风悦达起亚、无锡海力士等项目上开展实质性合作。在一期银团融资中，借助中银香港的力量使中行盐城分行成为代理行，在二期银团融资中，确定该行为二期银团牵头行。为规范做好银团贷款工作，该行制订《中国银行股份有限公司江苏省分行境内银团贷款操作指引（试行）》。

2007年，全省银行体系流动性偏多，货币信

贷扩张动力较强。在海力士—意法半导体超大规模集成电路 7.5 亿美元银团贷款项目等一批大型银团贷款项目的推动下,当年全省外汇贷款增加 45.6 亿美元,创改革开放以来最高纪录。在全部 45.6 亿美元新增外汇贷款中,外汇普通贷款新增 24.25 亿美元,进出口贸易融资新增 21.35 亿美元。海力士—意法半导体有限公司是由韩国(株)海力士半导体和欧洲意法半导体公司在江苏无锡新区出口加工区合资建造的世界一流存储器制造的外商独资公司。该公司一期银团贷款签约于 2006 年,由工行江苏省分行、国开行江苏省分行、农行江苏省分行联合牵头组建,20 多家国内外银行参贷,贷款金额 7.5 亿美元,为当年国内最大的银团贷款之一。二期银团贷款由农行江苏省分行、国开行江苏省分行和韩国产业银行联合牵头组建,9 家国内外银行参贷,贷款金额 7.5 亿美元。中行江苏省分行除与其他银行组建银团贷款外,还与中行上海浦东开发区支行组建行内银团,按 70% 和 30% 比例为塞拉尼斯(南京)多元化工和塞拉尼斯(南京)乙酰衍生物项目提供授信支持。2007 年,中行江苏省分行以中总行联动授信项目以及 2007 年省行级重点储备项目为主体,将授信规模优先投放到重点客户和重大授信项目,当年新增外汇贷款 13.71 亿美元,占全省新增额的 30.07%。

2008 年,受国际金融危机影响,全省外汇贷款余额减少 26.02 亿美元,其中中行江苏省分行减少 6.11 亿美元。为应对危机,中行江苏省分行利用中国银行海内外分行联动的业务优势,向中银香港、中行纽约分行、墨尔本分行推荐南京钢铁、捷安特(中国)、天宇羊毛等公司的项目,提升了服务水平。同年,进出口银行南京分行牵头组建江苏新时代造船 30 亿美元预付款保函银团,成为当时国内最大的银团项目,并突破以直接贷款为主要融资服务手段的局限,在国内首创针对预付款退款保函的银团,实现银团贷款的表外化。面对日趋激烈的贷款市场同业竞争,银团贷款在省内的广泛运用,不仅为借款人提供整体的、一揽子融资服务,而且成为许多银行开拓大型、优质客户和防范贷款集中度风险的重要手段,同时还可以充分发挥各参贷银行的自身优势和品牌特色,促进银行业的良性竞争。

截至 2008 年末,全省外汇贷款余额 134.66 亿美元,是 1980 年的 585.48 倍,年均增长 25.56%。其中,外汇普通贷款 90.26 亿美元,进出口贸易融资 44.4 亿美元。

表 6 - 4　1980～2008 年江苏省外汇贷款余额统计表　　　　单位:亿美元;%

年份	年末余额	增速	年份	年末余额	增速
1980	0.23		1995	39.74	14.86
1981	0.09	−60.87	1996	44.33	11.55
1982	0.56	522.22	1997	45.62	2.91
1983	0.90	60.71	1998	45.93	0.68
1984	1.21	34.44	1999	41.39	−9.88
1985	2.30	90.08	2000	27.14	−34.43
1986	2.94	27.83	2001	33.08	21.89
1987	3.48	18.37	2002	47.44	43.41
1988	5.46	56.90	2003	87.64	84.74
1989	9.30	70.33	2004	97.37	11.10
1990	9.89	6.34	2005	109.79	12.76
1991	13.34	34.88	2006	115.08	4.82
1992	22.73	70.39	2007	160.68	39.62
1993	26.90	18.35	2008	134.66	−16.19
1994	34.60	28.62			

表 6 - 5 2008 年末江苏省外汇贷款余额分机构统计表　　　　　单位:万美元

项目 机构	全省合计	其中:进出口贸易融资
全省合计	1 346 601	444 003
一、国有商业银行	845 157	345 233
工商银行	121 651	67 373
农业银行	161 615	49 418
中国银行	457 307	212 184
建设银行	104 584	16 258
二、政策性银行	176 862	23 343
国家开发银行	109 064	0
进出口银行	67 798	23 343
三、其他商业银行	140 707	61 860
交通银行	47 707	26 581
中信银行	23 383	13 230
华夏银行	5 188	238
浦发银行	23 255	4 506
招商银行	21 809	9 224
广发银行	4 060	2 422
光大银行	11 085	4 901
深发银行	1 200	0
兴业银行	2 131	630
恒丰银行	52	52
上海银行	837	76
四、地方法人银行	12 856	9 996
省联社	5 322	3 817
农村商业银行	4 677	3 457
农村合作银行	448	288
农村信用社	197	72
江苏银行	3 578	2 347
南京银行	3 956	3 832
五、外资银行	171 019	3 571

第七章　非银行金融机构业务

　　20世纪80年代以来,随着金融改革的推进,信托公司、财务公司、金融租赁公司等非银行金融机构在江苏逐渐发展起来,作用不断增强。江苏省各信托机构经过多次整顿,逐步回归"受人之托、代人理财"的本质属性。各财务公司根据职能定位的调整,积极做好对企业集团的金融服务。金融租赁公司在改革发展中逐渐形成自身的品牌和特色。各金融资产管理公司南京办事处切实做好不良资产的接收和处置工作,并积极探索商业化转型之路。2007年,为解决江苏省农村金融体系较为薄弱、"三农"信贷投入不足等问题,省政府在部分市、县开展农村小额贷款组织试点工作,并逐步扩大到全省。

第一节　信托公司业务

一、信托业务整顿与规范（1980～2002）

国内信托业 1980 年恢复以来，对推动金融改革、促进经济发展发挥积极作用。但是，由于定位不明确和缺乏法律规范及相应的制度约束等原因，信托业在发展过程中多次出现混乱局面。为此，国家于 1982 年、1985 年、1988 年、1993 年、1999 年先后 5 次对信托业清理整顿，并于 2001 年基本形成信托公司监管框架。在历次清理整顿中，江苏省撤并了大量信托机构，规范了信托业务的发展。

1980 年，中国人民银行根据国务院关于银行要试办信托业务的指示，开办信托业务。同年，江苏部分地市人民银行试办信托业务，业务种类主要有信托存款、委托存款、信托贷款、委托贷款、信用签证 5 种。此后，省内各专业银行和地方政府也先后试办信托业务，以支持经济联合，搞活地方经济。

1982 年上半年，根据国务院《关于整顿国内信托投资业务和加强更新改造资金管理的通知》和江苏省政府相关文件的规定，全省除人民银行继续试办信托业务外，其他信托机构一律撤销，停办业务。1983 年，根据人总行指示，停办固定资产投资贷款，重点开展设备租赁，办理委托、代理、咨询及票据承兑贴现等业务。

1985 年，国务院发出《关于进一步搞好银行贷款检查工作的通知》，要求银行抽紧银根，上半年暂停办理信托贷款和投资业务，并对信托存款的资金来源和发放的信托贷款加以清理。清理整顿后认为，由专业银行信托部办理信托业务，信托资金和银行资金混用；用短期存款发放信托贷款，扩大固定资产贷款规模，不利于宏观调控，因此决定成立专门经营信托业务的信托投资公司。1986 年 4 月，中国人民银行颁布《金融信托投资机构管理暂行规定》，首次以法规的形式对信托投资公司的机构设置、经营范围、业务管理作了明确规定。1987 年 2 月，中国人民银行发出《关于加强对信托投资机构固定资产投资、贷款和租赁业务管理的通知》，要求各信托投资机构的资金来源和运用，均纳入国家综合信贷计划，严禁办理计划外固定资产投资、贷款和租赁业务。

1986 年以后，在搞活银行的思想推动下，信托业出现新一轮发展高潮。到 1988 年 9 月，全省信托投资公司数量已达 73 家。其中，专业银行（保险公司）所属 47 家，地方政府及其他部门所属 26 家；省级 7 家、市级 42 家、县（市）级 24 家。全省信托投资公司存款余额 32.54 亿元，自有资本金 12.46 亿元，贷款余额 56.2 亿元，拆借资金余额 30.01 亿元。1988 年 10 月以后，根据总行统一部署，人行江苏省分行对信托投资公司进行全面清理整顿。1990 年 5 月，人行江苏省分行向总行上报《江苏省金融性公司撤并留方案》。经总行批准，江苏省共保留、合并信托投资公司 25 家。其中，政府、财政等党政部门所属 18 家，专业银行所属 7 家；省级 7 家、市级 13 家、县（市）级 5 家。

1993 年，为规范信托业的发展，国家进一步对信托业进行清理整顿。1995 年 5 月 25 日，国务院批转中国人民银行《关于中国工商银行等四家银行与所属信托投资公司脱钩的意见》，要求国有商业银行与所属信托投资公司限期脱钩。到 1996 年，全省 4 家国有商业银行及交通银行已全部与所属信托投资公司脱钩。由于信托投资机构难以在短期内实现业务经营模式的转变，更重要的是其市场定位不明确，经营方向模糊，导致其依然存在大量违规问题，潜在风险较大。1996 年，人行江苏省分行在对省内 20 家信托机构 1995 年业务经营和管理情况进行现场稽核中发现，信托机构存在资本金不实、超业务范围经营、账外经营、少缴存款准备金、委托存贷款不合规以及违反利率政策等问题。

1999 年，国家对信托业开始进行力度最大的第五次清理整顿。2002～2003 年，江苏共有江苏省国际信托投资有限责任公司、苏州信托投资有限公司、国联信托投资有限责任公司等 3 家信托公司（以下分别简称"江苏信托"、"苏州信托"、"国联信托"）获准重新登记并更名，实现与证券业、银行业严格的分业经营。在此次信托公司清理整顿期间，国家于 2001 年相继颁布《中华人民共和国信托法》《信托投资公司管理办法》《信托投资公司资金信托业务管理暂行办法》,基本建立了信托公司监管框架,促进信托业务的规范发展。

二、信托职能回归与发展(2003~2008)

2002~2003年江苏省3家信托公司重新登记以后,回归"受人之托、代人理财"的职能定位,利用地处经济发达的长三角地区的区位优势,依托控股股东在金融和实业领域的资源优势,在相关法律制度框架内从事各项业务。2007年,银监会修订并重新颁布《信托公司管理办法》《信托公司集合资金信托计划管理办法》,印发《信托公司治理指引》,推动信托公司从"融资平台"向"受人之托、代人理财"的理财机构转型,面向合格投资者提供资产管理等服务。省内3家信托公司获准换发新的金融许可证,按新的业务范围和规则开展信托业务。截至2008年末,全省3家信托公司信托资产规模达271.87亿元。其中,江苏信托118.53亿元,占43.6%;苏州信托80.04亿元,占29.44%;国联信托73.3亿元,占26.96%。信托资产主要分布于基础产业、房地产业、证券业和实业等领域。其中,基础产业信托102.13亿元,占37.57%;房地产信托46.49亿元,占17.1%;证券信托26.2亿元,占9.64%;实业信托50.49亿元,占18.57%;其他信托46.56亿元,占17.13%。除信托业务外,各信托公司还加强自有资金的运用和管理。截至2008年末,3家信托公司自有资产规模达57.61亿元。其中,江苏信托29.98亿元,占52.04%;苏州信托7.73亿元,占13.42%;国联信托19.9亿元,占34.54%。

(一)信托业务

1. 基础产业信托

基础产业信托是江苏省各信托公司最主要的传统信托产品之一。省内各信托公司通过单一信托、集合资金信托等多种方式,向交通、能源等基础产业提供资金支持,从而建立稳定的业务基础。

2003年3月,江苏信托发起重新登记后的第一个信托产品"投资管理电力信托计划",规模

2亿元,专项用于江苏国信集团下属电厂的建设运营。5月,发起全国第一个由商业银行提供担保并将信托资金投向于高速公路项目的集合资金信托产品"交通控股高速公路项目集合资金信托计划"。7月,发起全国第一个以美元计价的集合资金信托产品"电力项目外汇资金信托计划",期限1年,发行规模300万美元。同年2月,苏州信托发起重新登记后的第一个股权信托产品"苏州苏嘉杭高速公路项目股权信托优先受益权投资计划"。8月,组织苏州市投融资体制改革项目签约仪式,分别与苏州市博物馆新馆、疾病控制中心和殡仪馆新馆3个项目的建设领导小组签订财务代理协议和全面代建协议。同年4月,国联信托发起重新登记后的第一个信托产品"芦村污水处理厂资金信托计划",规模1亿元,专项用于芦村污水处理厂三期工程建设。

2005年8月,苏州信托发起当时融资额最大(5亿元)的信托计划"绕城高速股权投资信托项目"。

2008年12月,苏州信托、苏州市农业担保有限公司和苏州工业园区唯亭镇人民政府在苏州南林宾馆共同举行"镇·保·信"合作签约暨"农利丰首期信托计划"成立仪式,启动促进苏州城乡一体化发展的"镇·保·信"合作新模式。

截至2008年末,省内3家信托公司基础产业信托规模达102.13亿元。其中,江苏信托41.33亿元,苏州信托32.67亿元,国联信托28.13亿元。

2. 房地产信托

2003年以来,随着房地产业的快速发展,省内各信托公司逐步加强房地产信托产品的开发,满足了投资者多样化的风险收益偏好。

2003年9月,江苏信托发起第一个房地产信托计划"江苏国信秦淮绿洲(南地块)房地产项目资金信托计划"。同月,苏州信托、国联信托也分别发起各自第一个房地产信托计划。苏州信托发起"西山古樟苑土地贷款项目资金信托计划",以不超过一年的贷款方式用于苏州天能房地产有限公司支付西山古樟苑开发项目的土地款。国联信托发起"江阴黄山湖别墅集合资金信托计划",信托规模3000万元,期限1年。

2004年11月,苏州信托发起类似于房产出租的信托计划"苏大新校区学生公寓收费收益权集合资金信托计划"。同年12月,江苏信托发起"苏州栖霞建设房地产贷款集合资金信托计划",信托规模2亿元,期限2年,为该公司首个与集团外企业合作发行的房地产信托产品。

2005年1月,苏州信托发起"苏信瑞城'理财通'集合资金信托计划",为该公司推出的首个商铺物业房地产信托计划。同年4月,江苏信托发起"江苏嘉源东城绿洲房地产贷款项目集合资金信托计划",首次为民营企业提供信托资金支持。

截至2008年末,省内3家信托公司房地产信托规模达46.49亿元。其中,江苏信托20.55亿元,苏州信托10.49亿元,国联信托15.45亿元。

3. 证券信托

2003年9月,江苏信托发起第一个以股票、债券为投资对象的证券投资资金信托计划,期限两年,信托规模1亿元。

2004年5月,苏州信托发起首个信贷资产转让信托计划"苏信金实'理财宝'集合资金信托计划",信托资金专项用于定向受让中信银行苏州分行信贷资产人民币1亿元,到期后中信银行苏州分行无条件回购转让的信贷资产。

2006年6月,国联信托发起"国联汇富1号集合资金信托计划",为国内第一个将信托资金全部用于新股申购的信托产品。同年12月,为帮助城市商业银行消化不良资产,加快江苏银行组建步伐,江苏信托为省联社购买江苏银行23.42亿元不良资产发起单一信托计划。

2007年8月,苏州信托发起开放式证券投资基金信托计划"苏信·华安基金优选集合资金信托计划",通过对不同投资风格投资基金的优化组合和专业投资机构对投资基金的精选,在分散投资风险的基础上实现较高的投资收益。

截至2008年末,省内3家信托公司证券信托规模达26.2亿元。其中,江苏信托21.82亿元,苏州信托2.27亿元,国联信托2.11亿元。

4. 实业信托

省内各信托公司通过信托平台,支持实业发展。例如,2008年江苏信托为省内企业提供融资27亿元,受省科技厅委托向省内高科技企业发放扶持贷款2.6亿元,用以支持地方经济发展,服务江苏富民强省战略。

截至2008年末,省内3家信托公司实业信托规模达50.48亿元。其中,江苏信托25.56亿元,苏州信托12.7亿元,国联信托12.22亿元。

5. 其他信托

省内各信托公司积极开展事务管理信托、股权投资信托、股权权益投资信托等其他类型的信托,不断拓展信托业务领域。

2008年5月,江苏信托与英国信托公司Law Debenture达成合作开展事务管理型信托业务协议,开展第三方保管、表决权信托、员工受益权信托等业务,进一步拓展国内外客户群,实现业务的多样化和国际化。

苏州信托发起多项私募股权投资信托计划,投资于金融、新材料等行业。2003年5月,苏州信托发起"苏州精细集团管理层收购融资项目集合资金信托计划",为该公司首个自主开发的信托产品,也是江苏省内首个MBO资金信托计划。2005年12月,苏州信托发起"江苏九鼎新材料公司股权投资项目"。2007年5月,苏州信托与东海证券合作发起规模为5000万元的"苏信·东海股权投资信托计划"。

国联信托开展包括项目融资、企业资产重组、并购等股权投资信托,以及除股权以外的公路收费权、公用事业收费权等其他权益性资产信托业务。2006年1月,国联信托投资宜兴协联热电股权,并对其资产进行整合。同年11月,国联信托发起"惠联热电集合资金信托计划",将信托资金投资于无锡惠联热电有限公司的电力销售收益权,信托规模5000万元,期限1年。

截至2008年末,省内3家信托公司其他信托规模达46.56亿元。其中,江苏信托9.26亿元,苏州信托21.92亿元,国联信托15.38亿元。

(二)固有业务

信托公司的固有业务主要是指自有资金的运用与管理。江苏各信托公司自有资金主要运用于金融股权投资、实业贷款和创业投资等领域。

2003年10月,江苏信托作为牵头单位,联合农行连云港分行、中行连云港分行、工行连云港分行、连云港市商业银行、中信银行南京分行及中电财务公司华东分公司共 7 家金融机构组成贷款金额 9 亿元、期限 10 年的银团贷款,用于江苏新海发电有限公司的扩建工程,为当时国内首笔由信托公司牵头发起的银团贷款。2006 年 12 月,江苏信托出资 10.92 亿元,认购江苏银行 9.1 亿股,占该行总股份 78.5 亿股的 11.59%,为该行最大股东。2007 年 4 月,江苏信托出资 7 200 万元参股设立投资于高科技成长企业的"高投名力成长创业投资基金",持股 19.67%。2008 年 4 月,江苏信托出资 3 800 万元参股成立南京国信金智创业投资中心,持股 38%。该基金立足南京,面向全省,主要投资于软件、新能源和环保等产业。2008 年 7 月,为加强与地方政府的合作,江苏信托出资 4 000 万元参股成立常州国信现代创业投资中心,持股 33.3%。截至 2008 年末,江苏信托自有资产总额 29.98 亿元。

2003 年以后,苏州信托加强对自有存量资产的盘活,同时通过建立健全管理制度,在强化公司内部风险控制的基础上,对市场有前景、发展有潜力、效益有保障的企业予以扶持,促进固有业务的发展。2007 年 3 月 1 日《信托公司管理办法》实施后,苏州信托固有业务的开展发生一些变化。一是业务经营模式由以贷款为主向以投资金融类股权及金融资产为主转变。先后参与东吴证券的增资扩股和苏州高新定向增发项目;以闲置资金参与证券一级市场申购。二是全面清理实业投资,顺应新政调整。先后将苏州中咨工程咨询有限公司、苏州常熟发电有限公司、苏州易通信息工程建设监理有限公司、苏州钢铁股份有限公司、苏州苏信项目投资管理有限公司的股权经国资部门审批后转让;宁沪高速法人股上市流通后实现退出;对江苏德威新材料股份有限公司的持股达到监管部门的要求。截至 2008 年末,苏州信托自有资产总额 7.73 亿元。

2004 年 9 月,国联信托出资 100 万元参股成立无锡市国联产权交易所有限公司,持股比例 20%。该交易所为中央及地方国有企业的各类产权交易搭建平台,从而为科技成果转化、科技企业发展,提供投融资支持以及风险创业投资进入、退出渠道。2006 年 1 月,国联信托与地方龙头企业红豆集团签订融资租赁合同,总规模 3 000 万元,期限三年,拓宽地方企业的融资渠道。2008 年 9 月,国联信托出资 21 550 万元,认购江苏锡州农村商业银行股份有限公司 6 882.75 万股,持股比例 10%,为该行第一大股东。截至 2008 年末,国联信托自有资产总额 19.9 亿元。

第二节　财务公司业务

20 世纪 80 年代,中国企业的发展普遍受到资金短缺的制约。1984 年中国人民银行专门行使中央银行职能后,根据国内几个大企业提出自办金融机构的申请,提出设立社会化程度较低,以服务企业集团为目的的非银行金融机构设想。江苏省内第一家财务公司是成立于 1987 年 9 月的中山集团财务公司(以下简称中山财务),该公司也是国内第二家财务公司。1987～2008 年,江苏省内财务公司的业务发展大致可分为三个阶段。

1987～1992 年　这一时期,由于涉及财务公司业务范围的规定尚未出台,各财务公司根据自身情况,结合集团公司的需要,依据人民银行确定的范围开展业务。作为这一时期江苏省唯一一家财务公司,中山财务提出"走正路、迈小步、坚持改革不停步、三年发展一大步"的发展战略,谨慎开展各项业务。成立前 3 年,中山财务主要办理存款、贷款、结算、担保、代理发行债券、融资租赁、信用签证等业务。1990 年 6 月,开办证券转让业务以及相关的证券抵押和代保管业务,同年开展股权投资业务。1991 年 9 月,开办外汇业务。到 1992 年末,中山财务资产总额达 37 192.52 万元,是 1988 年末的 4.88 倍;当年实现利润 590.36 万元,是 1988 年的 1.63 倍。

1993～2003 年　这一时期,中国人民银行于 1992 年、1996 年、2000 年先后 3 次颁布和修订《企业集团财务公司管理办法》,明确财务公司的职能定位,加强对财务公司的管理,稳步推动财务公司各项业务的发展。在此期间,江苏省于 1993 年成立苏州物资集团财务公司,1999 年成立中国石化财务有限责任公司南京办事处,全省财务公司数量增至 3 家。省内各财务公司根据中国人民银行确定的财务公司职能定位和业务范围开展各项业务。

中山财务实行"稳中求进"的方针,发展战略从过去单纯追求业务扩张向业务发展和风险管理并重转变。通过加强内部控制制度建设,调整内设机构,实行信贷资产五级分类,把风险管理摆在经营管理的重要位置。除继续开展已有业务外,中山财务还于1994年设立证券营业部,从事证券业务(根据银行业、证券业分业经营的原则,证券营业部于1998年并入联合证券有限责任公司)。1988~1994年代理发行、兑付5期"华东电子管彩色显像管项目企业债券";1996年以代理发行债券方式为集团成员企业重点技术改造项目筹集技改资金;1999年开办票据贴现、转贴现和向人民银行再贴现业务;2001年进入全国银行间同业拆借市场和银行间债券市场,开展同业拆借和债券认购、现券交易和债券回购业务。

苏州物资集团财务公司主要开展存款、贷款、投资、结算、担保等业务。1994~2001年,公司累计发放贷款17亿元,累计吸收存款115.8亿元,累计结算量706.73亿元。

中国石化财务有限责任公司南京办事处(以下简称"南京办事处")为江苏、安徽、江西三省的石化企业提供金融服务,业务范围包括存款、贷款、融资租赁、结算、票据承兑与贴现、委托贷款与委托投资等。内部转账结算是财务公司为集团公司和石油石化企业提供金融服务的基本手段。中石化集团一直重视发挥财务公司在内部结算中的作用,如2000年规定汽煤柴油实行统一收购,并通过财务公司办理内部转账结算,随后又将成员企业进口原油及内部跨省、区市的互供产品和劳务逐步纳入统一核算。南京办事处在结算业务中,紧跟总部步伐,及时协调、解决结算过程中的各种问题,不断扩大结算范围。到2000年,南京办事处业务区域内所有石化、销售及油田企业都已在该办事处开设内部结算账户,全年资金结算量达1 489亿元。自成立以来,南京办事处就将吸收存款作为一项基本工作,通过全面推行集团公司内部转账结算、对存款企业适当让利等途径挖掘存款潜力。贷款业务是财务公司经济效益的支撑点,南京办事处的信贷业务主要包括自营贷款、委托贷款、票据业务3类。

自成立以来,南京办事处以"安全第一、服务至上"的原则做好自营贷款业务。1999~2004年自营贷款规模保持稳步增长态势,贷款利息收入占营业收入近一半份额。在做好自营贷款的同时,南京办事处积极开展委托贷款和票据贴现业务,拓展新的利润增长点。截至2003年末,南京办事处存款、自营贷款、委托贷款、票据贴现余额分别为16.45亿元、13.02亿元、6.5亿元、1.22亿元,其中前三项余额均居三家财务公司之首,票据贴现余额仅次于中山财务。

2004~2008年 2004年7月,银监会对《企业集团财务公司管理办法》进行修订,将财务公司定位为"以加强企业集团资金集中管理和提高企业集团资金使用效率为目的,为企业集团成员单位提供财务管理服务的非银行金融机构。"根据新的职能定位,财务公司的业务范围相应进行调整。这一时期,江苏于2008年新成立国联财务有限责任公司和红豆集团财务有限公司两家财务公司(以下分别简称"国联财务"和"红豆财务"),省内财务公司数量增至5家。省内4家财务公司(2005年7月以后中山财务停业整顿)按照监管要求,把握职能定位,加强风险管理,继续推动各项业务的发展。

2002年,苏州物资集团财务公司重组为苏州创元财务集团有限公司(以下简称"创元财务")。重组以后,创元财务遵循积极、谨慎的经营原则,发挥金融服务、财务管理功能,在努力提高集团公司资金整体效益的同时,促进财务公司自身的发展。创元财务在银监会核准的业务范围内开展业务经营活动,吸收成员单位的存款和对成员单位办理贷款及融资租赁是其最主要的两项业务。创元财务把风险管控放在经营管理的重要位置,抓好各项内控制度的落实,确保各项业务按内控制度、操作流程开展。在创元集团审计部门内部审计的基础上,公司稽核部进行内部专项稽核,实行重要岗位强制休假制度,加强问责制度的落实,有效控制操作风险,切实防范金融案件的发生。2008年末,创元财务存款、自营贷款余额分别为4.52亿元、4.04亿元,是2002年重组时的2.42倍、3.35倍;资产总额7.94亿元,负债总额4.56亿元,所有者权益3.38亿元;当年实现营业收入3 356万元,利润总额 2 193 万元。

中国石化财务有限责任公司南京分公司(2007 年由南京办事处更名为南京分公司,为记述方便,以下统称"南京分公司")业务范围已基本覆盖油田勘探、工程服务、炼油、化工、油品销售、管道储运等石化集团全部产业链,所服务的企业包括扬子石化、金陵石化、仪征化纤、安庆石化、九江石化以及三省石油公司在内的数十家特大型、大型企业。资金结算业务继续保持较快增长,2008 年资金结算量已达 10 726.95 亿元,结算范围、结算质量、结算效率都得到大幅提高。在存款业务方面,2004~2005 年,抓住国际原油价格不断攀升,石化上下游企业经营效益大幅提高的机遇,加大吸存力度,2005 年日均存款达到历史最高点的 19.18 亿元;2006 年以后,针对石化集团公司资金集中管理改革等因素造成存款萎缩的局面,将吸存重心转向集团下属单位和合资企业,稳定了存款规模。在自营贷款方面,2005 年以后,针对集团公司重组改革的逐步实施(南化公司和南京化工厂重组改革等)、股份公司结算贷款额度的严格限制,以及集团、股份公司短期融资券的发行等对贷款投放造成的压力,将贷款对象适度向集团存续企业转移,并积极拓展合资企业贷款,2008 年日均贷款维持在 6 亿元。在自营贷款投放受阻的情况下,南京分公司积极发展委托贷款和票据贴现业务,2008 年办理委托贷款 32 笔、金额 108.34 亿元;办理票据贴现 404.19 亿元,实现贴现收入 16 973 万元。2008 年末,南京分公司存款、自营贷款、委托贷款、票据贴现余额分别为 11.18 亿元、10.41 亿元、42.95 亿元、7.97 亿元,除存款余额少于国联财务有限责任公司外,其余各项指标均位居全省财务公司首位。

国联财务有限责任公司(以下简称"国联财务")自 2008 年 9 月开业以后,着力做好存款、结算、贷款、票据等业务。国联财务开业之初即启动资金集中工作,资金归集总额每月都有大幅增长,单月存款日均余额达 7.2 亿元,年末存款余额为 11.88 亿元。在 2008 年正式营业的三个月里,开户成员单位达 61 户,结算业务 4 460 笔,结算金额累计 118.15 亿元。国联财务按照全力支持集团发展、兼顾自身盈利的指导思想,组织资金支持集团项目,开展信贷营销。截至 2008 年末,共发放 10 笔流动资金贷款,余额 38 100 万元,办理委托贷款 19 500 万元。国联财务开展的票据贴现业务当时仅限于银行承兑汇票。至 2008 年 12 月,共为成员单位办理票据贴现业务 23 笔,累计金额 2 285 万元;转贴现业务 16 笔,累计金额 10 708 万元;票据贴现年末余额 1 530 万元。2008 年末,国联财务资产总额 15.07 亿元,负债总额 13.86 亿元,所有者权益 1.21 亿元;当年实现营业收入 708 万元,利润总额 255 万元。

红豆集团财务有限公司(以下简称"红豆财务")自 2008 年 11 月 20 日开业以后,按照集团的发展思路,做到结算业务正常进行、信贷业务平稳起步。红豆财务成立后,红豆集团明确规定成员单位必须在财务公司开户。到 2008 年 12 月底,共有 37 家成员单位开户,归集度 74%,共吸收成员单位定、活期存款 1.75 亿元,资金归集度为 43.7%。由于开业初期公司与银行的直联系统未完全切换,因此当时的归集度并不高。红豆财务根据"依法经营、合规经营、稳健经营"的经营方针和"审慎性、安全性、流动性、盈利性"的经营管理原则,开展各项信贷业务。截至 2008 年末,为 7 家成员单位提供综合授信 2.12 亿元,发放贷款 1.57 亿元,为授信单位到银行开立银行承兑汇票提供担保 0.4 亿元。为加强信贷管理、提高信贷资产质量,成立信贷审查委员会,在总经理的授权范围内,对公司各项风险授信业务发挥审查咨询作用。票据业务取得初步成效,共为成员单位办理贴现业务 8 笔、金额 0.86 亿元;办理转贴现 5 笔、金额 0.84 亿元。2008 年末,红豆财务资产总额 4.76 亿元,负债总额 1.76 亿元,所有者权益 3 亿元;实现营业收入 362 万元,利润总额 1 万元。

第三节　金融租赁公司业务

金融租赁公司在中国出现于 20 世纪 80 年代初期,江苏是国内较早设立金融租赁公司的省份。作为改革开放三十年来江苏省唯一的一家金融租赁公司,江苏金融租赁有限公司的业务以

2000年《金融租赁公司管理办法》出台为界，分为两个阶段。

1985～1999年 这一时期，由于国内没有出台金融租赁管理办法，金融租赁业发展一度较为混乱，公司多次调整经营方向，并按监管要求规范业务发展。成立前两年，公司根据"积极探索，稳步发展，租赁一个成功一个"的指导思想，面向中小企业承办一批租赁项目。公司先后在南京、苏州、昆山、吴江、太仓等地建立6个代理部，并把业务发展到苏南、苏北40多个乡镇。1988～1990年，由于受通货膨胀影响，公司客户普遍面临市场疲软、库存积压、资金紧张的局面，租金回收出现大面积逾期，连续三年未开展一笔新业务。1991年，公司进行市场结构调整，明确把项目基地锁定在苏州、无锡，并根据人民银行的要求撤销5个代理部，保留了交通租赁业务部。1992年，随着苏南乡镇企业的崛起，公司租赁业务得以快速发展。1993年金融宏观调控期间，一些客户借企业改制之机，通过破产、注销等方式逃废债务，导致公司在1991年之后投放的租赁项目大面积逾期，融资租赁业务再次受创，促使经营格局的调整。1993～1995年，公司开展混业经营，票据贴现和证券业务均取得良好收益。1997年，根据国家金融业"分业经营、分业管理"的方针，公司在规定期限内转让证券交易营业部，退出同业拆借市场，回归融资租赁业务。1999年4月，在公司的发起下，由国内5家租赁公司和4家信托投资公司组成的金融考察培训团赴日本考察培训，回国后向中国人民银行非银司提交《日本租赁业考察报告》，提出三条建议：一是广泛开展国际间租赁业的交流，尽快出台租赁管理办法；二是制定促进租赁业发展的财税政策和风险保障制度；三是成立金融租赁业协会。建议得到中国人民银行非银司的重视和采纳。1999年末，公司各项存款余额2.03亿元，其中委托存款余额1.85亿元；各项贷款余额1.07亿元，其中融资租赁余额0.48亿元。

2000～2008年 这一时期，随着2000年《金融租赁公司管理办法》的出台，金融租赁公司的监管有了明确的法律依据，促进金融租赁公司的规范发展。根据《金融租赁公司管理办法》的规定，公司主要开展融资性租赁业务，包括直接租赁和回租赁两种形式，服务领域广泛涉及印刷包装、医疗、教育、交通、工业技改、工程机械等众多行业和领域。2002年，公司进行规范重组，并增资扩股，引入江苏交通控股有限公司等股东单位，注册资本由3 000万元增至5亿元，实力进一步增强。2002年末，公司融资租赁余额达7.52亿元，是1999末的15.67倍，2008年末进一步增至18.3亿元，是2002年末的2.43倍。2008年实现租赁收益12 859万元（占营业收入总额的113.06%），利润总额8 151万元，人均利润159.82万元。

印刷包装租赁 2003年，公司在全国开展印刷包装设备融资租赁业务，为印刷包装企业提供包括胶印机、凹印机、水印机、数字印刷机等印刷设备以及与之配套的瓦楞纸生产线、印前CTP、印后加工设备的融资租赁服务。同年，与海德堡、高宝、罗兰、小森、三菱等世界五大印刷机品牌合作。2005年，与江苏昌昇等国内印刷设备厂商合作，建立起具有公司特色的"商租合作模式"和"厂租合作模式"。至2008年，服务印刷包装客户160个，投放金额7.5亿元，位居全国印刷包装业融资租赁服务商三甲之列。

医疗租赁 2002年，公司开展医疗融资租赁业务，面向全国各医疗机构提供服务。2008年，与包括GE、西门子、飞利浦等国内外主流医疗设备供应商确立合作关系，服务医疗客户超过200家，投放金额逾2亿元，处于全国医疗金融租赁业务领先地位。

教育租赁 2005年，公司开展教育行业融资租赁业务，面向全国普通高校、职业技术学院、地方教育管理部门、重点高中等提供IT设备、多媒体设备、教学仪器等融资租赁服务和基础建设的资金支持。至2008年，服务教育客户50家，投放金额4.4亿元，处于全国教育金融租赁业务领先地位。

交通运输租赁 2002年11月，公司与海南航空股份有限公司签订飞机发动机租赁合同，实现航空业租赁零的突破。2004年，开展涵盖散货船、油船、化学品船、工程船等各类船舶融资租赁业务，并为造船、港口等企业提供吊机等大型港口设备的租赁服务。2007年4月，与中铁隧道股份有限公司签订盾构租赁项目2个。2008

年 3 月底,与中国新华航空有限责任公司签订飞机租赁项目协议,为该公司首个整机租赁项目。

其他租赁(工业技改、工程机械等) 2002年起,公司开展工业技改、工程机械设备融资租赁业务,为工业企业提供数控机床、电子加工设备、化工设备、纺织机械等设备的融资租赁服务,业务范围涵盖机床工具、电子、纺织化纤、汽车零配件等行业。2002 年 5 月,参加人行南京分行营管部组织的南京金融产品交易会,并与江南模塑科技公司举行金额为 5 000 万元的租赁项目签约仪式,为该展示会的重大成果之一。2005年 5 月,与云南宣威磷电有限公司签订"磷电一体化项目热电联产装置四台锅炉设备"融资合同,总标的 1 亿元,创公司成立 20 年来单个租赁合同融资金额之最。

除融资租赁主业外,公司还在国内金融租赁同业率先开展吸收股东存款等业务。2006 年 11月,银监会批准公司提出的"吸收股东存款"和"向商业银行转让应收租赁款"两项新业务申请,在全国 12 家金融租赁公司中首家获准开办上述两项业务。2007 年 9 月,银监会批准公司提出的"同业拆借"新业务申请。2008 年 4 月 11 日,公司正式参与同业市场拆借,成为国内首批进入同业拆借市场的金融租赁公司。

第四节 金融资产管理公司业务

一、政策性业务

(一)国有商业银行不良资产的政策性收购与处置

1979 年经济体制改革以后,受计划经济与市场经济双轨经济体制长期并存、金融监管薄弱、社会信用观念淡薄等原因的影响,4 家国有商业银行积累大量不良资产,难以依靠自身力量消化。为了解决国有商业银行不良资产率居高不下、历史包袱沉重的问题,国家于 1999 年成立华融、长城、东方、信达四家金融资产管理公司,分别接收和处置从工商银行、农业银行、中国银行、建设银行剥离出来的不良资产。

1999~2000 年,四家金融资产管理公司南京办事处先后成立,并从省内 4 家国有商业银行及开发银行接收剥离出来的呆滞、呆账类不良资产(含债转股)共 757.96 亿元。其中,华融南京办事处接收工行江苏省分行不良资产 208.21 亿元;长城南京办事处接收农行江苏省分行不良资产 209 亿元;东方南京办事处接收中行江苏省分行不良资产 188.05 亿元;信达南京办事处接收建行江苏省分行及国开行南京分行不良资产152.7 亿元。

在完成国有商业银行不良资产政策性接收后,各金融资产管理公司创新处置方式,加快处置进度。2001 年,华融南京办事处参加由总公司牵头组织的面向国内外投资者公开招标出售不良资产的第一次国际招标,这是中国首次按照国际惯例对外打包处置不良资产,被评为 2001年"中国十大并购事件"。同年 9 月,长城南京办事处参加在南京召开的华商大会以及总公司举办的全国物权大拍卖等大型营销活动,并多次与市场中介机构在南京、徐州、扬州、南通、镇江等地举行物权资产拍卖活动和不良资产转让项目竞价会。2003 年、2005 年和 2006 年,华融总公司三次采用与资产证券化技术极为接近的信托分层模式处置不良资产。华融南京办事处参与2003 年和 2006 年两次信托分层模式处置,均取得良好成效。至 2006 年底,四家金融资产管理公司南京办事处均完成国家下达的政策性不良资产处置回收考核目标,其中长城南京办事处提前一年完成考核目标,资产处置效益居系统前列。

2006 年以后,各金融资产管理公司继续做好政策性不良资产处置的扫尾工作。至 2008 年底,四家金融资产管理公司南京办事处共处置政策性不良资产 675.96 亿元,回收现金 137.16 亿元,现金平均回收率 20.29%。其中,华融南京办事处累计处置政策性不良资产 193.93 亿元,回收现金 41.43 亿元,现金回收率 21.36%;长城南京办事处累计处置政策性不良资产 203.99 亿元,回收现金 17.83 亿元,现金回收率 8.74%;东方南京办事处累计处置政策性不良资产 145.57 亿元,回收现金 37.2 亿元,现金回收率 25.55%;信达南京办事处累计处置政策性不良资产 132.47 亿元,回收现金 40.7 亿元,现金回收率 30.72%。

二、商业化业务

2004年初,国家明确金融资产管理公司改革和发展的方向,即建立政策性收购不良资产处置目标责任制,允许金融资产管理公司开展商业化收购和接受委托代理处置不良资产业务,走市场化、商业化的路子。同年4月,财政部关于金融资产管理公司商业化收购业务、委托代理业务、投资业务三项新业务市场准入政策的出台,使金融资产管理公司从事商业化业务有了政策依据。同年9月,华融资产管理公司率先获准开办商业化收购不良资产、接受委托代理处置不良资产、对部分不良资产追加投资三项业务。之后,其他三家资产管理公司也陆续开展商业化业务。

(一)不良资产的商业化收购与处置

1. 国有商业银行不良资产的商业化收购与处置

2002年召开的全国金融工作会议决定对国有商业银行进行股份制改造。2003年底,国务院决定首先选择中国银行、建设银行进行股份制改革试点,并通过中央汇金公司动用450亿美元外汇储备注资。2005年,中央汇金公司向工商银行注资150亿美元,开启工商银行股份制改革的进程。进行股份制改革的国有商业银行首先用资本金、准备金和当年利润等核销全部损失类贷款和非信贷资产损失,然后将全部可疑类贷款剥离给资产管理公司。

此次股改核销的损失类资产,由财政部委托资产管理公司处置。剥离的可疑类贷款,则主要采取市场化的运作方式,由中标的资产管理公司处置。2004～2006年,华融南京办事处、东方南京办事处、信达南京办事处分别接收工行江苏省分行、中行江苏省分行、建行江苏省分行损失类贷款87.85亿元、73亿元、42.26亿元。2004年,信达资产管理公司获得中国银行、建设银行全部可疑类贷款的处置权。其中,信达南京办事处分别收购中行江苏省分行、建行江苏省分行69.14亿元和66.57亿元可疑类贷款。之后,信

达南京办事处将建行江苏省分行全部可疑类贷款66.57亿元转让给东方南京办事处。2005年,工商银行以各个一级直属分行或二级直属分行为单位,将可疑类贷款打成30多个包,各省独立发标,向四家资产管理公司公开出售。东方南京办事处共竞得工行江苏省分行214.75亿元可疑类贷款。同年6月,长城南京办事处收购信达资产管理公司苏州中行不良资产包,债权本金5.45亿元,利息2.04亿元,本息合计7.49亿元。

截至2005年,东方南京办事处以商业化的方式直接收购或接受转让的可疑类贷款达280.57亿元,在四家资产管理公司中金额最多。该办事处通过债务追偿、资产置换、转让及出售、债务重组、债转股以及资产证券化等多种手段处置不良资产,并向债务企业提供投资、财务、法律咨询、收购兼并、上市推荐、股票承销等服务。2007年,东方南京办事处创造全年资产总收现31.36亿元的历史最高纪录,被总公司评为先进集体;2008年资产处置总收现19.26亿元,其中可疑类贷款处置收现17.79亿元。其他资产管理公司也采取多种措施加快不良资产的处置。①

2. 其他金融机构不良资产的商业化收购与处置

在对国有商业银行不良资产进行商业化收购与处置的同时,资产管理公司还开展对其他金融机构不良资产的商业化收购与处置工作,其中信达南京办事处业务量较大。2004年,信达南京办事处收购交通银行可疑、损失类资产49.66亿元(其中:可疑类资产25.15亿元)。2008年,收购银建国际等多家金融机构的不良资产。其中,收购银建国际不良资产6.51亿元,收购光大银行不良资产2.06亿元,收购华融南京办事处不良资产19.64亿元,收购浦发银行不良资产9 952万元。

(二)非银行金融机构的受托处置

1. 受托处置"中创"资产

中国新技术创业投资公司(以下简称"中创公司")是1986年由财政部、国家科委等12家单位共同组建的全民所有制非银行金融机构。1998年6月22日,中国人民银行对因经营管理不善不能

《江苏省志》丛书

银行志

---

① 信达南京办事处2004年收购的69.14亿元的中行江苏省分行可疑类贷款,至2010年12月31日已累计处置56.75亿元,处置进度82.08%;累计回收现金28.42亿元,阶段性现金回收率50.08%。

支付到期债务的中创公司,依法实施关闭并组成清算组。2001年3月,华融资产管理公司受中国人民银行和财政部委托,承接、管理和处置原中创公司资产。2003年初,华融资产管理公司决定对原中创资产实行属地化管理,其中包括华融南京办事处。为此,华融南京办事处安排专人负责资产的管理和处置,对原中创资产的接收、处置以及清算费用列支单独核算,与总公司及其他各受托办事处构建一套较为完整的托管体系。原中创公司的受托处置工作包括资产接收、资产管理、资产处置三部分内容,由于其特殊性和复杂性,使资产交接工作难度大、耗时长。华融南京办事处于2005年底完成受托资产的处置,并使处置费用保持在较低水平,托管结果得到广泛认可。

2. 全面参与"德隆系"风险处置

2004年4月,控制着262家企业、涉及十几个行业和产业的大型民营企业"德隆系"由于长期违法违规经营,爆发大规模信用危机,引起金融市场动荡,也引发一些社会不稳定因素。2004年8月,为了化解德隆危机引发的金融风险和社会稳定问题,国务院德隆风险处置小组确定由华融资产管理公司按照市场化、法制化、专业化方式全面参与"德隆系"风险处置工作。华融南京办事处成立第一重组小组和中富证券有限责任公司南京营业部托管经营小组,专门负责江苏省"德隆系"企业和资产的托管工作。

南京市国际信托投资公司(以下简称"南京国投")与南京市信托投资公司(以下简称"南京信托")分别成立于1986年2月和1992年9月,前者是由南京市人民政府全资设立,后者是由南京市财政局控股。2002年9月,南京国投和南京信托引入战略投资者,进行增资重组,组建南京大江国际信托投资有限责任公司(以下简称"大江国投"),由于各出资股东绝大多数由德隆委托出资,大江国投的实际控制人是德隆。德隆借助其重组方的身份,在大江国投重组期间,开展账外违规业务,大量资金通过大江国投流入德隆后不知去向。2005年4月27日,银监会决定对南京国投依法予以撤销。2005年10月31日,华融南京办事处派出南京国投撤销清算组对南京国投开展撤销清算工作。至2006年底,南京国投撤销清算工作基本完成。

2003年,德隆开始收购中富证券有限责任公司(以下简称"中富证券")股权,通过直接出资、委托其他单位出资等方式取得其实际控制权。2004年9月3日,华融南京办事处成立中富证券南京营业部托管经营小组,进驻并托管经营中富证券南京洪武路证券营业部。为了保证各项业务的正常开展,托管经营小组重视做好员工稳定工作,保持证券公司员工队伍的基本稳定,采取一系列措施缓解营运费用紧缺状况,保证证券经纪业务的正常运行。同时,积极推进个人债权收购工作,维护社会稳定;组织专项审计和法律审核,全面清理资产负债和各项业务;努力恢复托管经营环境,确保经济业务正常开展;积极推进客户交易结算资金第三方存管工作。上述措施为中富证券的重组奠定良好的基础。2006年1月6日,经过多次协商谈判,托管经营小组与重组方——首都机场集团办理交接手续。至此,托管经营小组对中富证券南京洪武路证券营业部的托管经营结束。

(三)其他商业化业务

2006年,各资产管理公司完成财政部下达的政策性不良资产处置回收考核目标后,继续探索商业化转轨路径,努力成为真正意义上的市场主体。除开展不良资产的商业化收购与处置业务外,各资产管理公司还涉足其他商业化业务。

华融南京办事处2006年运作华融金融租赁股份有限公司批准的两个项目,项目融资金额达4 200万元。2008年1月,由华融南京办事处组成的原南京国投撤销清算组被南京市中级人民法院指定为南京国投破产管理人。同年5月,华融南京办事处、华融金融租赁股份有限公司、苏州高新区经济发展集团总公司在苏州签订战略合作暨融资租赁项目协议。11月20日,红豆集团财务有限公司成立,华融南京办事处以战略投资者的身份参股财务公司,占注册资本的10%。与此同时,华融南京办事处还通过信托平台实施海航信托项目,完成首单工商银行票据信托项目。2008年,华融南京办事处实现商业化收入2 826.75万元,是上年的2.02倍,超额完成年初确定的商业化收入目标。至2008年,华融南京办事处已初步形成以资产经营管理为主和以证券、租赁、信托、投资为依托的综合性金融服务体系,借助全国近30家兄弟办事处和总公司多元化的业务平台,发挥综合优势和协同效应,满足客户多样化的金融服务需求。

长城南京办事处自2006年以来积极探索商业化转型之路,开展中间业务和代理业务。2006~2008年,该公司共实现财务顾问收入和各类金融服务收入1541.81万元。设立新疆长城金融租赁有限公司南京项目部,开展新疆长城金融租赁有限公司和远中租赁公司租赁代理业务。通过债转股等方式参股或控股江苏嘉仁资产管理公司、江苏长城租赁公司、江苏长城投资担保公司3家平台公司。2008年,该办事处通过债务重组完成对江苏嘉仁资产管理公司、江苏长城租赁公司两家参股公司的股权变更,对江苏长城投资担保公司的持股比例达98.77%。

信达南京办事处自2006年商业化转型以来,一直注重开展财务顾问、上市推荐、委托代理、中间业务、资产证券化等业务,推进业务发展的多元化。2006~2008年,该办事处配合总公司顺利完成连云港港口股份有限公司的上市辅导、增资扩股、上市申报及IPO等工作;与大屯煤电、中核华兴、淮安疏通机械等签订财务顾问协议,与南通江海、中核华兴签订股份制改制、发行辅导及公开发行股票保荐上市协议;完成对辽宁帝豪蚁力神销售有限公司驻省内苏州、常州、盐城等11个城市的分支机构的清理接收工作;实施江苏地区建设银行不良资产证券化项目。

东方南京办事处接收和处置的不良资产较多,商业化业务开展相对较晚。该办事处从2000年成立至2010年的主要工作任务是收购和处置各类不良资产,从2011年开始工作重心才逐步转移到商业化业务方面。①

第五节 农村小额贷款公司业务

一、政策准备

长期以来,江苏省农村金融体系较为薄弱,存在农村金融机构少、竞争不充分、农村资金外流和对"三农"信贷投入不足等问题。针对这些问题,省政府组织有关部门实地调研,发现涉农生产活动对金融服务的需求主要表现为"灵活、小额、快捷"的特点。农村小额信贷组织的组织形式、经营方式符合"三农"实际需求,具有贴近农民、服务农业的优势,有助于逐步培育竞争性农村金融市场,规范引导民间融资发展,把更多的资金直接投入到"三农"领域。

2007年初,省政府决定开展农村小额贷款组织试点工作。同年11月,省政府办公厅研究制定《关于开展农村小额贷款组织试点工作的意见》。这是全国首份关于农村小额贷款组织的省级规范性文件。该《意见》确立江苏省发展农村小额贷款公司的五大原则:一是坚定服务"三农"。要求农村小额贷款公司的营业场所必须设在乡镇,以农业、农村、农户和涉农中小企业、农民专业合作组织为主要服务对象。小额贷款公司用于支持"三农"的信贷资金比例不得低于80%。二是严格把控风险。要求股东必须以自有资金投资农村小额贷款公司。农村小额贷款公司不能吸收社会公众存款,严格控制大额放贷,单户贷款的最高余额不得超过资本金的10%,小额贷款余额之和占全部贷款余额的比例不低于70%。此外,还对农村小额贷款公司的会计核算、从业人员资质、监督管理、风险管理等方面做了详细规定。三是坚持市场化运作。各试点县(市、区)都是通过向社会投资人公开招标的方式确定公司股东,组建有限责任公司,运用公司资本金面向"三农"发放贷款。在符合国家有关法律、法规的前提下,贷款利率由借贷双方自主约定。四是政府组织引导。省政府成立由省委农工办、省财政厅、省农林厅、省国税局、省地税局、省金融办、人行南京分行、江苏银监局等部门组成的试点工作领导小组,办公室设在省金融办,负责对全省农村小额贷款组织试点工作的指导、协调、管理和服务。各

---

① 一是拓宽与各级政府的合作渠道。2010~2011年,先后与盐城、宿迁两市人民政府签订全面战略合作协议。二是加强与各商业银行的合作。与中国银行、招商银行、民生银行、江苏银行、南京银行等省内多家银行加强联系,在信贷资产转让、受托资产管理、同业授信等业务方面取得突破。2012年8月31日,与江苏银行签署战略合作协议。三是加强与平台公司的合作。多次邀请总公司相关部门及平台公司的专业人员到办事处进行行业务交流和培训,协助做好与上海远东、金城评级等公司的商业化业务。

试点市、县（市、区）人民政府也成立相应的领导小组，并确定一个政府部门承担领导小组办公室职责。此外，为了引导农村小额贷款组织切实发挥支农、惠农作用，试点期间的税收政策参照农村信用社改革试点期间的税收政策执行，各地政府还可根据当地实际情况，对农村小额贷款组织给予一定的具体政策扶持。五是积极稳妥推进。要求各地本着因地制宜的原则，根据当地社会经济发展的实际情况，在风险可控的前提下开办农村小额贷款公司，不得一拥而上。试点初期各省辖市设立的农村小额贷款公司不得超过两个。

二、试点启动

《关于开展农村小额贷款组织试点工作的意见》下发后，全省各地区参加试点的积极性很高，先后有 10 个省辖市提出试点申请。省试点领导小组首先批准苏州、无锡、镇江、盐城、淮安、泰州、南通、宿迁 8 个市开展试点，并确定吴江、常熟、宜兴、无锡新区、丹阳、建湖、东台、淮阴区、涟水、兴化、通州、海安、沭阳、泗洪、泗阳 15 个县（市、区）为试点地区。之后，试点工作领导小组进一步明确试点工作程序和审批手续。省工商局出台《关于试点开展农村小额贷款组织登记的通知》，明确农村小额贷款组织的工商登记规定；省财政厅也相应出台《会计制度》和《会计核算办法》，规范全省小额贷款公司的会计核算体系。相关文件下发后，各试点地区认真组织社会公开招标，确定当地农村小额贷款组织股东，同时完善相关组织章程及工作制度。镇江市、泰州市在省内率先完成招标工作，确定农村小额贷款公司的中标股东。

2008 年初，省金融办联合南京审计学院共同研究农村小额贷款组织试点的各项规章制度，结合江苏经济发展实际，制定组织章程、招标文件、内控制度、财务制度、利率定价制度、信贷审批办法等一系列指导文本，并编写近 15 万字的业务指导手册。

2008 年 5 月，省金融办根据省试点领导小组授权，批准首批试点农村小额贷款公司即丹阳

市天工惠农农村小额贷款有限公司、兴化市永泰诚农村小额贷款有限公司进入筹建阶段。6 月，省金融办组织开展首期岗前培训班，首批试点农村小额贷款公司从业人员统一接受业务培训，经考核合格后获得从业资格。7 月，经省试点领导小组验收通过，丹阳市天工惠农、兴化市永泰诚首批两家农村小额贷款公司获准开业。7 月 20日，全省首家农村小额贷款公司——丹阳市天工惠农农村小额贷款有限公司挂牌营业。

图 7-1　2008 年 7 月 20 日，江苏省首家农村小额贷款公司在丹阳开业

三、扩大试点

2008 年 7 月 28 日，省政府召开推进试点工作会议，总结前一阶段试点经验，决定将试点范围扩大到全省每个县（市、区），同时明确年内力争设立 30 家农村小额贷款公司。在省试点领导小组的大力推动下，各市、县（市、区）积极参加试点，社会投资人踊跃参与竞标，梦兰集团、江苏阳光、天工集团、恒力集团、金太阳集团等省内许多知名企业通过社会公开招标成为农村小额贷款公司主发起人。

截至 2008 年末，全省 13 个市 84 个县（市、区）获准参加农村小额贷款组织试点；获准开业农村小额贷款公司 23 家，分布于 22 县（市、区），其中苏北地区 7 家、苏中地区 7 家、苏南地区 9家；总资产 15.49 亿元，贷款余额 9.12 亿元；累计发放贷款 15.82 亿元，其中 90% 以上投向县域经济和"三农"领域。

第八章　内部控制与行业自律

　　金融风险控制体系,通常包括监管当局的监管、金融机构的内部控制、行业自律、社会监督等几个部分。监管当局的金融监管是风险控制的核心,金融机构的内部控制是风险控制的基础,金融机构的行业自律是风险控制的重要环节。20世纪80年代中期,省内各专业银行就普遍设立稽核、审计部门,开展内部稽核、审计工作。其后成立的股份制商业银行等其他银行也重视稽核、审计工作,促进银行业务的规范发展。20世纪90年代以后,随着经济转轨过程的深入以及金融市场的发展,金融业的风险因素增加,风险隐患不断暴露。中央银行的监管重点也开始经历一系列转变,从外部监管开始向强化金融机构内部控制转变是其中重要的一方面。2003年银监会成立后,继续强化银行业金融机构内部控制体系的建设。适应外部监管要求和自身防范风险的需要,江苏省内各银行业金融机构不断加强内部控制制度建设,逐渐形成以内部稽核为基础的较为完善的内部控制体系。作为江苏省银行业自律组织,江苏省银行业协会自成立以来,认真履行"自律、维权、协调、服务"职能,为规范银行业市场秩序,维护银行业合法权益,防范和化解银行业风险,提升为会员服务水平,营造和谐、良好的文化环境,促进江苏经济发展,做出积极贡献。

第一节　内部控制

一、稽核与审计

1982年底以前，国内没有建立统一的审计制度，也没有设立独立的审计机构。1982年五届全国人大通过的《中华人民共和国宪法》确立审计监督制度的法律地位。从1985年开始，省内各专业银行开始建立稽核审计机构，组织开展内部稽核审计工作。1986年国务院颁布的《中华人民共和国银行管理暂行条例》赋予中国人民银行领导、管理、协调、监督、稽核专业银行和其他金融机构的业务工作的职责，并确立专业银行履行信贷监督和结算监督等职责。1993年以后，商业银行改革内部稽核审计制度，逐步建立相对独立、垂直的稽核审计体制。

（一）稽核审计机构的建立

1985年以后，省内各专业银行陆续设立稽核、审计机构，行使内部监督检查职能。工行江苏省分行稽核处成立于1985年10月。稽核机构设到县行、办事处一级，省辖市行配稽核干部4~6人，县行3人。农行江苏省分行审计稽核处成立于1986年1月。省辖市行设审计稽核科，县行（处）设审计稽核股。中行南京分行稽核处成立于1985年12月。省辖市行设立稽核科，部分县支行设立稽核股，未设立股级机构的支行配备兼职人员。建行江苏省分行监察审计处成立于1985年10月，与党组纪检组合署办公。1986年9月，监察审计处改称稽核审计处，与省分行党组纪检组分设。同年11月以后，各市中心支行陆续设立稽核审计科，一些县支行设立稽核审计股或配备专兼职审计人员。交行南京分行稽核室成立于1988年2月。稽核室实行定员、定岗、定编，根据交通银行业务的综合性特点，下设储蓄会计出纳稽核岗、信贷计划稽核岗、外汇资产稽核岗、综合稽核岗等稽核岗位。

（二）稽核审计体制的改革

1993年金融体制改革以后，随着国家专业银行向国有商业银行的转变，稽核审计的职能发生很大变化。商业银行的内部稽核审计已由最初的主要监督财务收支活动，转变为不断完善内部控制建设，全面提高风险管理水平，促进银行健康、高效发展。省内各银行机构推动稽核审计制度改革，逐步建立相对独立、垂直的稽核审计体制。

从1996年开始，工行江苏省分行对县级支行、办事处全面实行稽核派驻制，加强稽核工作的独立性。1997年8月，工总行印发《关于改革稽核管理体制的若干意见》，建立由总行垂直领导、相对独立、直接向法定代表人负责的稽核管理体系。根据改革要求，工行江苏省分行进一步明确稽核工作由行长分管，省市行设总稽核和独立的稽核机构，对县支行继续实行稽核派驻制，并规定稽核工作向上级行和本级行双重负责，主要对上级行负责。1999年，在内设机构调整中，省、市分行设置独立的稽核处、科。2000年，取消县级支行的稽核机构，人员上收至二级分行，省分行营业部成立稽核监督中心，将全部稽核人员上收至该中心，实行集中管理、统一调度，形成稽核处侧重管理、稽核中心侧重检查的格局。2001年9月，根据工总行《关于深化一级分行稽核管理体制改革的通知》，撤销省分行稽核处、营业部稽核处及其所属稽核中心，成立省分行稽核监督部。2002年，制定《中国工商银行江苏省分行稽核专业"下查一级、监控两级"实施方案》，各级稽核监督机构实行向上级行和本级行双重负责。为了适应现代商业银行内部治理结构的需要，2004年底，工商银行将总行稽核监督局改组为垂直管理的内部审计局，并在原南京、广州、沈阳、西安、武汉、成都6个稽核专员办公室的基础上组建内审分局。同时，在总行组建内控合规部，在股份制改造后，内控合规部直接对工商银行管理层负责，各级行稽核监督部门统一改组为内控合规部门。2005年2月，全省工行稽核监督部统一改组为内控合规部。2006年5月，根据银监会对商业银行内控工作的监管要求以及工总行《中国工商银行内部控制规定》等规定，工行江苏省分行修订并印发《中国工商银行股份有限公司江苏省分行内部控制管理委员会暨操作风险管理委员会工作规则》，同时设立内部控制管理委员会和操作风险管理委员会，两会合署，委员会秘书处设在内控合规部，明确委员会为内部控制和操作风险管理的最高决策机构。2008

年,制定下发《业务检查统筹管理办法》和《内控管理委员会内控提案制度》,发挥内控管理委员会的统筹和决策职能。至 2008 年末,全省工行(不含苏州分行)共设立内控合规部门 14 个,内控合规人员 168 人。

农行江苏省分行 2001 年、2005 年先后两次进行审计体制改革。2001 年 8 月,根据农总行关于审计体制改革的总体要求,农行江苏省分行对省以下审计职能进行上收,实行二级分行集中管理。这次改革共上收 131 个县级支行的审计职能,撤销 58 个县级支行审计派驻机构,成立 13 个二级分行(部)审计中心,实行二级分行(部)对县级支行的直接审计监督模式。2005 年 11 月,按照农总行关于继续深化和完善审计体制改革的文件精神,农行江苏省分行拟定审计体制改革实施方案及 4 个配套办法,对省分行以下审计体制进行"上收下派"的改革,即将省分行营业部和各二级分行审计职能上收到省分行,在全省派驻 11 个审计办事处。其中,按区域设立 2 个审计办事处,即农行江苏省分行驻淮安(管辖淮安、连云港分行)、徐州(管辖徐州、宿迁分行)审计办事处;按行派驻 9 个审计办事处,即农行江苏省分行驻南京、苏州、无锡、镇江、常州、扬州、泰州、南通、盐城审计办事处,代表省分行对派驻行直接履行审计监督职能。到 2008 年末,全省农行审计系统在册人数 228 人(其中审计办事处 218 人),占全行总人数的 0.84%。其中,具有本科以上学历 85 人,占 37.28%;具有中级以上技术职称 127 人,占 55.7%。

中总行 1997 年提出建立垂直、独立、科学、有效的稽核体制的构想,即将一级分行辖内的三级稽核管理体制改为一级分行、二级分行两级,撤销二级分行稽核科、县支行稽核股,设立派驻二级分行总稽核办公室。在二级分行设立总稽核办公室,改变市分行和县支行稽核机构"属地化"管理的格局,加大上级行对稽核工作的垂直管理力度。1998 年,中行江苏省分行在辖内 13 家二级分(支)行组建省分行派驻总稽核办公室,在 11 家县级支行建立省分行派驻稽核组。2001~2005 年,进一步改革稽核体制。主要内容包括:一是完善稽核工作领导管理机制,明确一级分行行长为分行辖内稽核工作第一责任人;二是调整机构设置,设立区域稽核中心,一级分

行直接管理辖内稽核中心,稽核中心为一级分行派驻机构,同时撤销原二级分行总稽核办公室;三是辖内稽核人员由一级分行直接统一管理,一级分行总稽核和稽核处长由总行任职考核、任免管理,总稽核向总行负责;四是一级分行对辖内稽核中心所有稽核人事、业务费用上收管理。根据稽核体制改革要求,中行江苏省分行稽核处设立综合科、检查一至三科共四个科,在辖内成立苏州、无锡、常州、扬州、南通、徐州 6 个稽核中心,稽核中心设总稽核。2005~2007 年股份制改革过程中,稽核部门和监察部门合并,成立监察稽核部;撤销常州、扬州两个稽核中心,继续保留苏州、无锡、南通、徐州 4 个稽核中心。2007~2008 年,稽核部门从监察稽核部分设出来,成立独立的稽核部,先后撤销徐州、无锡、南通 3 个稽核中心,苏州稽核中心因苏州分行单列而更名为苏州分行稽核部。至此,一级分行稽核部垂直接受总稽核部领导和管理,并行使对全辖稽核工作检查职能的稽核体制初步形成。中行江苏省分行稽核部下设稽核管理、非现场稽核、公司、个金、财资、运营、其他业务等 7 个团队。

建总行 1994 年提出实行"下审一级"的审计工作新方式,并于 1995 年在全国建行系统普遍推行,以改变"同级审同级"导致独立性和权威性不足等问题。1999 年、2005 年,建设银行两次改革审计体制。1999 年,建总行制定《中国建设银行内部审计体制改革方案》,以建立"总、分行分级监管,向上一级负责"相对垂直的内部审计体系为目标,提出总行按大区设立 8 个审计分部、一级分行设立总审计室、一级分行系统内实行垂直管理体制等三个方面的改革内容。同时,各级稽核审计部门中的"稽核"两字去掉,以突出内部审计的特有职能。根据改革方案,建总行 2000 年在南京成立直属总行的南京审计分部,负责江苏、苏州、山东、青岛、安徽 5 个一级分行的审计工作。建行江苏省分行设立总审计室,并在省内设立 3 个跨区域的办事处,同时撤销二级分行的审计机构,建立相对垂直的内部审计体系,增强内部审计工作的独立性和权威性。2005 年,为适应现代股份制商业银行公司治理的要求,建设银行决定进一步深化内部审计体制改革,建立独立和垂直的新型审计体制,对全辖各级分行审计

体系实施垂直管理。改革从2005年7月1日起执行,其主要内容是:建立内部审计相对独立的管理方式;调整现有一级分行总审计室及其审计办事处的管理关系,由总行直接管理,并逐步优化审计机构布局和人员结构;明确相关关系,为审计工作的独立性、权威性和有效性提供保证。2005年,建行江苏省分行完成内部审计体制改革,做好机构人员、财务费用、业务管理等配套衔接,支持新的审计体制有效运转。2006年7月,建行江苏省分行总审计室与2000年成立的南京审计分部合并,成立新的南京审计分部。

交通银行1994年实行一级法人后,稽核工作由合规性稽核逐步过渡到以合规性、风险性稽核为主,由事后监督过渡到事前预警和事中控制,加强内部控制状况的稽核,从源头上防范经营风险,抓住风险集中环节的稽核检查。2002年,交总行印发《交通银行分支行稽核处(科)长管理暂行办法》,对稽核体制进行重大改革。根据该暂行规定,交行南京分行稽核处长由总行委派,直接向总行负责。此后,稽核处相继更名为审计处和审计部。2004年末,随着股份制改造的完成,交通银行决定继续深化审计体制改革,建立垂直、独立的组织架构,实施各有侧重、互为补充的审计监督模式。改革后,交通银行建立"总行审计部—地区审计部—城市审计部"三级组织架构。交行南京分行审计部在审计体系架构中为城市审计部,专司所在分行基层机构内控情况的检查,协助分行做好合规管理。

华夏银行南京分行等其他银行也不断推进稽核审计体制改革。华夏银行南京分行1995年成立之初就设立稽核审计处,与财务会计处合署办公;1998年稽核审计业务从会计处分出,单设稽核审计处;1999年稽核部门实行总分行双重领导;2007年华夏银行实行总行稽核部、区域稽核分部、派驻稽核办公室三级垂直稽核体制,在华夏银行南京分行设立总行派驻稽核办公室。浦发银行南京分行1997年成立稽核部;2004年浦发银行总行改革审计体制,在浦发银行南京分行设立总行派驻审计特派办。招商银行南京分行1999年设立稽核监督部;2006年撤销稽核监督部,稽核监督职能由新设立的内控合规部行使。广发银行南京分行1998年3月成立稽核

部;2000年5月更名为内审部,同年实行总行稽核派驻制度;2001年11月撤销内审部,恢复稽核部;2010年7月撤销稽核部,稽核审计职能改由法律与合规部行使。光大银行南京分行2000年成立稽核部;2007年撤销稽核部,成立法律合规部。民生银行南京分行2002年成立稽核部;2004年民生银行稽核体制实行垂直管理,民生银行南京分行的稽核工作由设在上海的华东稽核中心负责。兴业银行南京分行2001年设立总行派驻审计室,实行稽核审计工作垂直管理。省联社2001年成立后,创新稽核体制,将县级联社同级稽核监督转变为相对独立、上收一级的稽核监督体制,加大稽核检查工作力度、稽核频率和覆盖面,规范审计稽核工作程序和操作行为。

二、合规风险管理

21世纪以来,随着银行业金融机构的经营活动日益综合化和国际化,业务和产品越来越复杂,合规失效事件不断暴露,银行业金融机构经营活动的合规性面临严峻的挑战,原有合规管理框架的有效性受到质疑,合规风险管理的理念和方法需要改进。2006年10月,银监会制定《商业银行合规风险管理指引》。江苏省最早设立合规部门的银行是中国银行,到2008年,江苏省内各商业银行普遍设立与内部审计机构相分离的合规机构。从合规机构具体设置看,有的与法律事务部门合并设置,如中行江苏省分行;有的单独设置,如工行江苏省分行。

(一)工行江苏省分行

2005年稽核监督部门统一改组为内控合规部门后,工行江苏省分行积极推进内控合规制度建设。2005年,工行江苏省分行转发工总行《关于规范内部审计工作文本和填报〈内控合规综合情况统计表〉的通知》,对9种内部审计工作文本格式进行规范。同时,对原有内部规章制度重新修订并印发《内控合规部八项内部规章制度》等制度。2006年9月,制定《员工违规违章操作行为记分考核办法(试行)》,专门立项开发配套的《员工违规违章操作行为记分考核系统》。该办法和考核系统得到江苏银监局的肯定,并形成专题报告报银监会,银监会要求在全国五大商业银

行推广。2007年4月,制定涵盖11个主要专业的《基层管理人员内控管理纲要》,进一步发挥二道防线自身的管理作用。2008年6月,创新开发投产内控综合管理信息系统(IC2008)。8月,根据工总行《违规积分管理规定(试行)》和《员工违规行为处理暂行规定》要求,对《员工违规违章操作行为记分考核办法》6大类223条记分指标进行修订。12月,制定《操作风险事件监测统计制度(试行)》,强化操作风险监测管理。2008年,工行江苏省分行还制定《中国工商银行股份有限公司江苏省分行反洗钱工作实施细则》等反洗钱工作制度,进一步规范反洗钱工作。

工行江苏省分行的内控合规活动主要包括三个方面。(1)内控主题年活动。自2003年开始,结合不同时期的内控需要,每年突出一个主题抓内控,在全行开展主题年活动并取得实效。2003~2008年,先后开展"内控管理上等级年""内控管理达标年""内控上等级达标年""内控管理推进年""内控管理攻坚年""内控管理创新年"等主题年活动。(2)内控评价工作。以基层行内控评价为着力点,开展基层行内控评价工作。全行内控管理综合得分由2003年的76.99分上升到2008年的89.51分。2007年、2008年工总行对江苏省分行的年度内控评价均达一级水平。(3)重点检查工作。根据工总行统一部署,在做好常规监测审计的基础上,加大重点领域和高风险环节的合规审计力度,加强对易发案部位和关键环节的梳理、排查、监督和检查,组织开展全行性大检查和突击检查。2001年开展廉洁自律教育和依法合规大检查,2002年开展依法合规大检查"回头看"活动,2005年再次组织开展依法合规大检查和操作风险情况检查,2006年开展案件专项治理重点检查工作,2007年组织开展重要经营管理事项全面检查工作,2008年开展突击巡查,保持对临柜业务的高压态势。

(二)农行江苏省分行

2000年开始,农行江苏省分行根据农总行完善内部控制、加强自律监管的要求,逐年开展对县支行级经营机构的内控评价工作。2003年

以后,逐年开展对二级分行的内控评价工作。内控评价坚持现场评价与非现场评价相结合,运用已有的各项业务检查、审计成果进行评价,并运用计算机审计手段进行非现场的审计评价,为现场评价提供线索、做好准备。内控评价的结果与被评价单位有关管理人员和操作人员的切身利益挂钩,与主要领导者的任用资格挂钩。挂钩范围包括:当年综合性业务考评、奖励性费用和效益工资、经营权限、单位和个人的评先资格、干部提拔任免等。到2008年,全省农行13个二级分行中,7个被评为一类行,占53.85%;95个具备系统管理职能的县级支行中,68个被评为一类行,占71.58%。

2006年前,农行江苏省分行没有设立专门的合规部门,合规管理由法律事务部门归口管理,其他职能部门配合。2006年7月,法规处更名为法律与合规部。同年10月,省、市分行全部单独设立法律与合规部,增加规章制度管理、关联交易信息报告等职责。2007年6月,法律与合规部更名为法律事务部。2008年股份制改革中,合规职能从法律事务部分出,设立内控合规部。

(三)中行江苏省分行

2002年,中行江苏省分行法律事务处增加合规管理职能,并更名为法律与合规处。2003年,法律与合规部门直接参与不良资产清收,在资产清收工作中实行资产保全部门和法律与合规部门捆绑式考核。2004年,实行所有新产品、新业务事先法律审查制度。2005年,根据股份制改造和流程改革的要求,法律合规处更名为法律合规部,增加内控管理的职责。同年6月13日,成立以管理层、部门负责人为委员的内部控制委员会,制定《中国银行江苏省分行内部控制委员会章程(试行)》,加强对全辖内控工作的检查和督导。2006年,为控制公司授信业务的法律风险,法律与合规部对公司类业务合同格式文本全面梳理和修订,并于当年8月在全辖下发修订后的公司类业务合同文本库。同年,内部控制委员会审议通过《2006~2008年内控建设规划》。2007年是中国银行内控三道防线①落地、

---

① 中国银行的内控三道防线是指:业务条线自我检查监督为第一道防线;法律合规部门检查监督为第二道防线;稽核监察部门检查监督为第三道防线。

新内控体系运作的关键之年。根据中总行内部控制体系改革的有关文件精神,中行江苏省分行按全行在岗员工总数的1‰配备第二道防线人员。截至当年12月底,全省中行共配备专职合规人员182人,兼职合规人员1 438人,基本形成合规控制网络,为履行新的内控管理职能提供良好条件。2008年,为完善内部控制三道防线体系,中行江苏省分行启动一线自查系统的建设工作,在基层经营性分支机构建立起自我检查、自我评估、自我整改和自我培训相结合的管理流程。法律合规部门作为牵头负责单位,在"自我整改"方面,做到监控条线管理部门、分支行、基层机构各司其职,保证基层单位自查和自改、分支行督促与验证、条线部门对高风险业务环节和屡查屡犯问题跟进等工作的落实,及时发现、解决和反馈问题,确保自查工作有条不紊地开展。

(四)建行江苏省分行

2005年8月,建行江苏省分行设立合规部,主要开展配合审计整改、反洗钱、关联交易、授信责任认定等相关工作,并承担分行落实整改工作领导小组办公室、反洗钱工作领导小组办公室、授信业务经营和审批责任认定工作领导小组办公室等职责。合规部成立后,制定《合规工作考评暂行办法》《合规培训管理办法》《合规风险事项报告制度》《内外部审计、监管工作联系制度》等一批规范性文件,并对《合规政策》《合规工作管理办法》《合规部三年规划(2006年~2008年)》等建总行制定的法规性文件进行细化,基本覆盖法律合规工作的各个方面。2006年5月,为推进风险管理体制改革,建行江苏省分行成立风险管理与内控委员会,负责全行风险管理与内部控制的协调、议事及执行。办公室设在风险管理部,作为委员会的日常办事机构。

(五)交行南京分行

2005年,交行南京分行结合内部控制环境、风险识别与评估、内部控制措施、信息交流与反馈、监督评价与纠正等内部控制要素,建立健全内部控制组织机构,成立交行南京分行全面风险管理委员会,下设子委员会,主要包括:信用风险管理委员会、内部控制委员会、合规管理委员会、反洗钱管理委员会、"三防一保"领导小组、反欺诈领导小组、信息安全保障领导小组等。全面风险管理委员会常设机构为贷款审查委员会和风险资产审查委员会,接受全面风险管理委员会的工作指导,并定期向其报告工作。

(六)其他银行

华夏银行南京分行1995年成立后就重视内部控制工作,到2008年已建立相对独立的稽核审计体制和垂直集中的风险管理体制。2008年,进一步设立合规领导小组和合规部。合规领导小组负责指导全行合规工作,监督日常风险控制和合规管理,研究解决与合规相关的重大事项。合规部具体负责管理合规风险和法律事务工作,业务上接受华夏银行总行合规部和法律事务部指导,直接向分行行长和华夏银行总行合规部报告工作。

浦发银行南京分行1999年成立内控委员会和风险管理委员会,组织开展规章制度执行情况大检查。2005年,开展内控大检查,对各个业务条线、各项规章制度近千个风险点进行全面梳理,修订印章管理办法,对南京市区的行政印章实行集中管理。2006年,成立合规部,开始建立合规管理体系;试行全面风险管理考核办法;推行以城市为区域的事后监督集中和"一行一箱"的库箱管理制度;成立个人银行风险管理部,加强对个人信贷业务的风险管理。2008年,根据《上海浦东发展银行南京分行支行内控管理评价试行办法》,初步建立对分支行风险管理评价体系,加强授信授权管理,对异地分支行实行差异化转授权,完成内控手册和场所文件的编写,内部控制工作得到浦发银行总行的肯定。

广发银行南京分行2003年制定《关于对全辖营业机构进行内控评价暨业务年检实施细则》,对年检评价的依据、目的、内容、对象与范围、程序和方法、时间安排等做出周密的部署和安排,并将检查的内容进行细化,列出102项检查内容。2003年、2004年,先后开展"规范管理年"和"规范管理深化年"活动。2005年,组织实施案件专项治理活动,配合广发银行总行做好重组审计工作。2006年,开展"合规建设年"活动。2007年是广发银行改革重组后的第一年,广发银行南京分行努力做到内控评价、防范案件、稽核检查的有机结合。2008年,开展案件防控"百日大清查"专项活动。2010年,成立法律与合规部。

光大银行南京分行2007年设立法律合规部,制定《中国光大银行南京分行操作风险管理办法及实施细则(试行)》,在各单位设置操作风险负责人和操作风险管理岗,深入推进操作风险管理。2008年,加强授信后管理工作,重点从风险预警及资产质量监控入手,进一步完善风险预警体系。

深发银行南京分行2006年成立合规部。在合规风险管理方面,开展"啄木鸟"风险防控建议行动,开创风险防控新渠道;持续开展新业务、新产品和制度合规审查,促进业务经营活动规范发展;组织实施理财业务和信用卡业务合规检查、反洗钱全面检查,识别内部控制的关键问题与缺陷,跟踪督促落实每项整改要求;开发反恐怖融资"黑名单"系统,开展客户洗钱风险分类,优化反洗钱系统,逐步构建"风险为本"的反洗钱工作体系。

民生银行南京分行2001年设立风险管理部,2004年设立资产监控部,2007年设立法律与合规事务部。为加强合规风险管理,该行成立风险管理委员会,落实民生银行总行要求,构建全面风险管理架构。一是强化风险管理与服务职能,分设资产监控部,充实法律与合规事务部;二是细化分行风险管理委员会、内部控制委员会、问责委员会管理流程;三是推进各类风险管理流程,统筹分行层面信用风险、市场风险、操作风险、声誉风险。四是明确资产监控部为全面风险管理统筹部门,在资产监控部内设置风险统筹岗、评级与限额管理岗等岗位,确保有效落实全面风险管理各项工作职责。

兴业银行南京分行2001年成立由相关管理部门成员组成的内部控制委员会、信用审查委员会、资产负债管理委员会,此后又陆续成立业务管理委员会、大宗物品集中采购委员会、客户经理评审委员会、保密委员会等专业委员会。各专业委员会的设立,完善重大事项决策程序,提高经营决策的准确性。

省联社2001年成立后,按照内部决策系统、执行系统和监督反馈系统相互制衡原则,建立健全责权分明、平衡制约、规章健全、运行有序的内部管理制度,形成部门内部自我约束、部门之间相互制约、上级部门对下级部门有效控制的风险防范和行为约束机制。

江苏银行2007年成立后,重视内控体制建设。条线监督、审计监督、纪检监察、合规管理共同构筑监督评价与纠正系统的多重防线。制定规范的信息报告与披露制度,确保内控合规信息能够真实、透明、畅通地报告与交流。内部控制覆盖运营的各层面和各环节,逐步形成规范的管理体系。

南京银行2004年4月在总行成立风险控制部。7月,下发《关于风险控制部工作职责及内设部门的通知》,明确风险控制部工作职责,并在风险控制部下设综合研究部、信用风险管理部和法律风险管理部三个内设部门,初步构建风险管理框架。2006年4月,下发《关于调整风险控制部及其内设部门工作职责的通知》,调整风险控制部及其内设部门工作职责,在风险控制部内部增设市场风险管理部和内部控制与操作风险管理部,同时对综合研究部、信用风险管理部、法律与合规风险管理部三个原有内设部门的管理职责作出相应调整,将合规风险管理纳入风险管理体系,原法律风险管理部更名为法律与合规风险管理部,持续完善风险控制体系建设。

第二节　行业自律

一、行业自律组织

江苏省银行业协会(JiangSu Banking Association,缩写为JSBA),是江苏省银行业自律组织,其前身是2000年成立的江苏省银行同业公会,2005年更名为现名。江苏省银行业协会由江苏省内银行业金融机构组成,是经江苏银监局批准并在江苏省民政厅登记注册的非营利性社会团体法人。其宗旨是:遵守《中华人民共和国宪法》,依据《中华人民共和国商业银行法》等有关法律、法规和国家政策,加强会员之间的自律和协调,规范会员的经营活动,维护会员的合法权益,促进银行业的健康发展。协会最高权力机构为会员大会,由参加协会的全体会员组成,每个会员享有一个投票权。协会设理事会、监事会和常务理事会,秘书处为日常办事机构。协会另设若干专业委员会和联席会议。

2000年6月28日,江苏省银行同业公会(以下简称"公会")成立大会暨《江苏省银行同业公约》签字仪式在南京举行。会议审议通过《江苏省银行同业公会章程》,选举产生第一届理事会、监事会及其领导成员。公会办事机构秘书处下设综合、维权、规范协调三部。9月13日,召开一届理事会一次会议,审议通过《秘书处工作职责》《秘书处办公制度》。2000年8、9月间,公会先后成立中间业务委员会、资产业务委员会和负债业务委员,作为公会下设机构,具体承担规范、协调行业行为的任务。

公会成立后,积极吸收省内银行业机构会员,并对各市成立同业公会进行业务指导,提供筹建经验和做法。在省内各市陆续成立公会后,及时吸收为省公会团体会员,并加强省、市公会的工作交流,推动全省银行业自律。为理顺银行业自律组织关系,公会2002年制订《全省秘书长联席会议制度》,试行《江苏省银行同业公会团体会员约定》。

2003年11月,公会召开第一届理事会第八次会议,推荐新一届理事会组成人选。根据省民政厅要求,决定撤销监事会。同年11月25日,召开第二次会员大会,并进行换届选举。

2004年5月,公会向省民政厅提交申请,将业务主管单位由人行南京分行变更为江苏银监局。公会还根据登记管理机关的要求,结合江苏经济、金融发展实际,对章程作了修改。同时,将专业委员会调整为7个,分别是:风险管理、公司业务、个人业务、中间业务、国际业务、银行卡业务和法律事务委员会。

2005年,根据银监会颁布的《银行业协会工作指引》,公会二届理事会四次会议通过《江苏省银行业协会章程》修改案,将公会更名为江苏省银行业协会(以下简称"协会"),并对协会组织架构进行改革。协会理事会负责人由理事长更名为会长、副会长。经江苏银监局批准,正、副会长人数核定为4名,同时设立常务理事会和监事会,设9名常务理事、1名监事长和2名监事。专业委员会调整为8个,分别是:公司业务、银行卡业务、个人业务、国际业务、衍生业务、风险管理、价格协调和法律事务委员会。加强秘书处建设,制定《会议管理》《文件管理》《档案管理》《印章管理》《提案管理》《财务管理》等6项管理制度。

2006年4月10日,协会召开第三次会员大会暨诚信建设宣誓大会,并进行换届选举。会议审议通过《关于开展主题为"诚信经营、自律守约、文明服务、共建和谐"的银行业向社会公开承诺活动方案》《信贷诚信企业评选办法》等相关议案,并举行签约和诚信建设宣誓仪式。中国银行业协会、江苏省政府诚信办、江苏省政府金融办、江苏银监局、江苏省民政厅的领导应邀出席会议,南京市各大新闻媒体做了报道。

2008年4月23日,协会召开第四次会员大会,并进行换届选举。吸收江苏银行、上海银行南京分行、东亚银行南京分行、宁波银行南京分行、中国信达资产管理公司南京办事处等11个单位加入协会。至此,协会会员达48个,其中银行业金融机构会员36个,各市协会会员12个。

表8-1　江苏省银行业协会历届会长、监事长、秘书长名单

届 次	会长	监事长	秘书长	任职时间
第一届	易会满	张秉余	陈正方	2000.6~2003.11
第二届	朱洪波		周众先	2003.11~2006.4
第三届	祝树民	郭浩达	于钟海	2006.4~2008.4
第四届	张援朝	祝树民	戴书宁	2008.4~

注:2005年以前为江苏省银行同业公会,负责人为理事长;公会第二届未设监事长一职。

二、行业自律活动

(一)自律与协调

江苏省银行业协会积极制定银行同业公约和规则,加强行业自律,协调业务经营行为,形成良好的银行业市场秩序。

2000年11月14日一届理事会二次会议期间,通过《代收付业务公约》《维护会员债权公约》及《人才流动公约》。此后,又陆续通过《秘书长工作规则》《秘书处工作人员管理规则》《负债业务公约》《国际业务公约》《团体会员约定》《人员流动公约》《关于规范会员银行参与招投标行为的公约》等一系列公约和规则,并于2003年将这些公约和规则汇编成册,印制《江苏省银行同业公会行规行约汇编》。

2001~2003年,公会积极开展各项自律活动。针对个人外汇买卖业务中一度出现的竞争无序、会员投诉、客户上访等问题,公会对基本盘和交叉盘的价差进行规范,并制定违约处理条款,形成《关于进一步规范个人外汇买卖业务的约定》。对客户投诉较多的B股资金转账费率问题,要求各会员单位严格执行中国人民银行《关于境内居民B股交易资金划转手续费问题的通知》,谁违背,谁负责。对外卡收单费率问题,由浦发银行南京分行牵头,相关银行参加,统一费率标准。针对各会员反映较多的国际结算业务中的问题,由中行江苏省分行牵头,协商制定《国际业务公约》,以促进业务规范发展。为防止在省级机关代发工资招投标活动出现不正当竞争,要求省内4家国有商业银行在国家法律框架内规范投标,不能作出违背政策规定和公会相关约定的各种承诺。

2004年4~5月,南京地区在个人外汇买卖业务市场出现一些异常情况。根据会员行的提议,公会秘书处会同国际业务专业委员会个人外汇买卖业务专家小组研究制定相应对策:一是适度调整最低点差,从原来的12点提升到20点左右,并约定对单笔3 000美元以下的交易点差维持不变,对单笔3 000美元以上的交易点差适度向上调整;二是对单笔1万美元以上的交易只限最低点差,各会员行可根据本行控制风险能力可自行分档和上调点差。

2005年,协会参与社会诚信建设,创建良好的金融生态环境。秘书处与省社会信用体系建设领导小组就江苏金融业合作事宜多次进行磋商。6月22日,秘书处参与《江苏省企业和个人信用征信管理试行办法》修订。同年,协会从加强提案管理入手,推动行业自律。秘书处选择"反对不正当竞争""组织银团贷款""发展银行卡跨行业务"等一些涉及共性问题的议案,印发给各位理事征求意见。先后完成《关于对城市建设项目实施银团贷款的约定》《关于进一步加强个人住房贷款管理的约定》《关于进一步加强房地产开发贷款的自律意见》等约定和意见,强化行业自律。

2006年3月2日,为规范中间业务代收费标准,秘书处草拟《江苏省商业银行服务价格协定》,并在协会个人业务专业委员会和价格协调专业委员会会议讨论后,提交三届二次常务理事会审议通过。同年,秘书处在二届四次理事会通过的《关于对城市建设项目实施银团贷款的约定》的基础上,经公司业务专业委员会和专家小组多次磋商,将约定范围由原城市建设项目贷款扩大到各类项目贷款,并对组团金额等部分条款进行修改,制定《关于实施银团贷款的约定》《关于修改〈江苏省银行同业公会关于对城市建设项目实施银团贷款的约定〉的说明》和《江苏省银团贷款合作章程》等3个文件,经江苏银监局审查后提交三届二次常务理事会审议修改通过。银团贷款的实施,加强会员单位之间的协作,规范竞争行为,防范和分散信贷风险,维护同业利益。同年6~10月,为贯彻落实协会第三届一次会员大会暨诚信建设宣誓大会通过的主题为"诚信经营、自律守约、文明服务、共建和谐"的全行业向社会公开承诺书,协会在全省开展江苏省银行业文明规范服务竞赛活动,要求各会员单位把竞赛活动和"诚信建设""荣辱教育""反商业贿赂"等有机结合起来,以竞赛促进文明服务,以竞赛促进业务发展。通过考核评比,共评出25家国家级文明规范服务示范单位和85家省级文明服务规范单位。

2007年初,为贯彻落实《关于实施银团贷款的约定》,秘书处发出《关于进一步落实实施银团贷款的约定的通知》,对银团贷款的组建、备案、统计,作了进一步明确。同年二季度,秘书处根据银监会颁布的《银团贷款业务指引》和江苏银监局相关要求,制定江苏省银团贷款季度统计制度,四季度又开发银团贷款网络报送程序,并投入使用。6月21日,协会召开国际业务专业委员会会议,对专家小组拟定的江苏省商业银行国际结算业务统一服务价格(草案)进行讨论,在提交三届八次理事会审议通过后在南京地区试行。

2008年,根据江苏银监局制定的《江苏省银行业客户投诉处理机制操作办法》,协会对客户投诉受理机制进行梳理,进一步明确对客户投诉的处理程序、目标责任、处理方法,建立与各会员行的投诉热线网络,协助各会员行加快群众再投诉的处理进度,提高应对突发事件和社会敏感问题的处理能力。同时,设立"客户投诉中心",配备专门人员负责客户投诉工作。"客户投诉中心"协助江苏银监局处理公众对一家银行多次投诉不能解决，以及涉及多家银行投诉等问题。当年，协会共接到群众投诉39笔，电话解释处理28笔，向各会员行发送投诉处理单11笔且全部收回处理回复，处理率达100%；接待处理媒体来访3起。同年，中国银行业协会在全国银行业系统开展迎奥运文明规范服务系列活动。协会与各市协会联动，对2008年文明规范服务示范单位验收标准进行细化，共评出江苏省银行业文明规范服务示范单位134家，其中中国银行业文明规范服务示范单位35家。

（二）维权与服务

江苏省银行业协会采取多种措施维护银行权益，组织多层次的银企交流活动，开展行业信息交流和信息发布，切实提高为会员服务水平。

2001～2003年，为加强银行债权管理，有效制止和纠正各种逃废银行债务的行为，公会按照《维护会员债权公约》的要求，统一部署各行上报逃废债企业材料，后改为以人行南京分行为主，公会配合。资产业务委员会进行两次活动，制定《关于维护会员银行债权的补充约定》，并统一由各债权银行上报材料，开展制裁逃废债企业的活动。首次依法维权活动即取得重大突破。自2001年11月对太平商场、糖烟酒总公司（含关联企业）逃废债问题实行内部通报制裁以来，公会经过一年的努力，基本取得胜利。太平商场将一、四、七、八楼资产全部作为抵押物，在7家债权银行的300多份抵押贷款协议上签字盖章，保全有关债权银行的信贷资产。

2005年，协会参与相关政策法规的修订，争取维护同业利益的话语权。秘书处先后组织专家小组对《最高人民法院关于人民法院民事执行中查封、扣押、冻结财产的规定》《中华人民共和国物权法(草案)》《银行贷款管理暂行规定》《中国银行业协会工作指引》等文件进行修改，并将修改意见归纳整理，及时反映给有关部门，协助政府部门完善金融立法，争取银行业应有的话语权，维护银行合法权益。其中许多修改建议被正式文件所采纳，如《中国银行业协会工作指引》中协会职能的表述内容，人民法院执行设定抵押房屋的司法解释等。同年，协会以维护同业权益为重点，解决会员行在经营中的问题。根据各会员行的反映，南京地区中间业务收费标准不统一，普遍存在亏损经营状况。为扭转这一状况，秘书处于2005年7月会同公司业务专业委员会进行专题调查，并形成综合调查报告。同年10月，在江浙沪两省一市秘书长联席会议上，25家协会秘书长重点研讨银行中间业务收费问题，对收费提价提案的设计和改进银行服务质量等问题统一认识。秘书处还起草相关议案，以代收电费手续费为突破口，统一调整收费下限，切实维护银行权益。2005年12月，一些会员行反映南京地区个别保险机构以种种理由不认真履赔车贷险的问题。为保护会员行的利益，秘书处会同法律事务专业委员会起草《致南京市中级人民法院的函》，从建立诚信社会的高度，请求司法部门维护银行合法权益。

2006年初，秘书处走访各行理事，了解到商业银行基层营业网点节假日长期不休业，不仅增加银行柜面压力和经营成本，而且增加一线员工劳动强度，影响员工正常家庭生活。同时，随着科技的发展、金融机构自助设备的不断更新、网上银行的兴起，商业银行节假日仍然开门营业还使各家银行的自助设备得不到充分利用，势必造成资源浪费。秘书处向江苏银监局局长周忠明汇报并派员走访浙江省银行业协会，致电北京等市银行业协会了解节假日休业情况。秘书处向三届二次常务理事会提交《关于银行同业营业网点员工假日统一休息的议案》，经常务理事会讨论，一致同意从2007年起南京市城区各银行在春节、五一、国庆七天长假的前三天，实施银行营业网点长假统一休业和员工统一休息制度。休业和休息期间，要求各银行根据辖区网点数量安排部分中心网点继续对外营业，以保证社会活动正常开展。

2006年6月20日，协会网站开通。网站共享外汇指定银行国际结算业务季报表、江苏省各行银行卡数据统计月报表、江苏省资信不良记录企业同业通报表、个人贷款不良记录同业通报表、江苏省信用卡持卡人恶意透支同业通报表等银行信息。

2006年7月12日，江苏银监局、江苏省中小企业局、江苏省银行业协会联合举办江苏省银企发展论坛暨小企业融资洽谈会。会议分论坛和推介洽谈两个会场。主会场演讲区由江苏银监局局长周忠明、北师大教授钟伟和英国渣打银行专家就"现行银行小企业贷款政策及风险管理创新"等问题作演讲。在分会场的推介洽谈会上，16家银行向参会中小企业介绍各自服务中小企业的产品，并与参会中小企业洽谈，共达成融资意向194个、金额12.99亿元，其中确定的贷款项目49个、金额3.6亿元。此次活动是协会成立以来举办的第一次大规模活动，得到各会员行的鼎力支持。

2007年，为解决银企信息不对称问题，防范集团客户交叉授信金融风险，推进江苏省银行业集团客户交叉授信合作协议的落实和实施，秘书处从工、农、中、建、交5行入手，通过与上述各行风险业务专业委员会委员座谈协商，推荐部分大额集团客户实施重点监控，进行客户信息交流。同年，为落实《银行营业网点长假统一休业和员工统一休息制度》，秘书处在"春节""五一""国庆"前召开会议，制定有针对性的实施意见。休业期间秘书处派人到值班网点巡查，发现问题，及时纠正。

2007年2月6日，协会牵头组织在宁18家省级银行参加在海安举行的"2007年银政合作恳谈会"，南通市及海安县银行的代表也参加恳谈会。会上，海安县成立全省首家"中小企业应急互助基金会"。8月17日，借三届八次理事会在扬州召开之机，协会和扬州市政府联合召开扬州市银政恳谈会。扬州市政府领导介绍银政合作及加强金融生态环境建设取得的成果，并作重点建设项目推介。10月11日，江苏省第二届小企业融资洽谈会在苏州太仓举行。在此次会议期间组织的"外资银行苏南考察行"活动中，协会邀请沪、港、澳20多家外资金融机构，考察苏州环古城三期改造项目、轨道交通一号线项目，并赴部分中小企业现场了解企业的发展和融资项目情况，银企双方达成多项合作意向。洽谈会期间还举行银政合作恳谈会和太仓重点项目推介会，参会中资银行37家、外资银行20家、企业944家（其中带项目企业241家），达成意向协议137个、金额11.36亿元，签约项目45个、金额

3.83亿元。

2008年，一些新闻单位以"开展社会公益活动"为名，对银行机构客户满意度展开调查，热衷于负面报道，对银行整体形象带来不良影响。为此，秘书处领导多次到相关新闻单位沟通，并向江苏银监局和省委有关部门反映情况。同年12月，在广泛听取各会员行意见和已实施《银行营业网点长假统一休业和员工统一休息制度》一年的基础上，发出《关于法定节假日和双休日休业的通知》，根据四届四次理事会研究决定，从2009年1月1日开始，南京地区各银行营业网点春节、国庆七天长假规定休业三天，元旦、五一、清明、端午、中秋和双休日规定休业一天。考虑到双休日休业一天可能会引起社会公众的强烈反响和新闻媒体进行负面报道，因此秘书处在实施双休日休业一天制度前及时与新闻媒体沟通，宣传双休日休业一天制度推出的目的和银行为满足公众需求所采取的服务手段，最终使银行网点双休日轮休一天制度得以顺利实施。

（三）培训与交流

江苏省银行业协会一直致力于教育培训与交流合作工作，不断提高会员竞争力。

2001～2003年，公会开展一系列对外交流活动。2001年，应邀访问上海市银行同业公会，参加2001年北京国际周活动，组织赴广西壮族自治区银行同业公会考察学习，接待安徽省淮南市银行同业公会等其他省市公会来访。2002年11月28至30日，上海市银行同业公会来江苏访问。苏、沪两地公会举行合作交流会，并签订合作协议。2003年2月10日，美国银行家协会和美国银行学院专家对公会进行访问。

2004年3月，江、浙、沪两省一市银行同业公会提出建立长三角银行同业公会互动机制的构想，并决定建立公会秘书长联席会议制度。同年11月初，在镇江召开第一次公会秘书长联席会议，重点对两省一市银行业建立银团贷款公约进行研究。会议认为，要加强江、浙、沪三地大额投资项目的信息交流，打破信贷壁垒，推动跨地区银团贷款的组建，以改变长三角地区金融资本断裂的状况，促进区域经济一体化进程。同年11月，两省一市公会在上海举办"长三角16城

市银行合作和发展与上海国际金融中心建设"高峰论坛,近百名代表围绕"长三角地区银行合作与金融中心建设的宏观思考""合作与发展的探讨""中外资互动推动金融一体化"等议题展开讨论与交流。

2004年,为提高各会员行高级管理人员综合素质,公会接受有关部门委托,开展外汇人员执业资格培训、考试、发证,引进注册财务策划师资格证书培训。公会秘书处与上海财经大学联系,取得该校面向江苏银行同业公会招收EMBA学位教育的资格。4月16日,与江苏银监局在苏州会议中心联合举办一期保理业务研讨会,在出口企业中普及保理业务知识。9月1日,在新加坡中华商会企业管理学院举办一期"商业银行经营管理培训班"。

2005年公会更名为协会后,进一步扩大对会员行的培训和对外交流活动。3月,应《亚洲银行家》杂志邀请,秘书处组织华夏、广发、浦发、省邮储等行领导赴新加坡参加"亚洲银行业发展前景"高峰论坛,美国前副总统戈尔及世界著名专家学者到会演讲。4月,秘书处组织赴台湾交流访问。9月,秘书处组织会员行中层干部15人赴北京参加中国国际风险管理会议。同年底,秘书处组织会员行63名专业人员参加新《公司法》《证券法》培训。2004~2005年,秘书处先后四次组织会员行领导赴上海、北京、新加坡参加亚洲银行家峰会。

2006年上半年,秘书处先后组织近百人次参加中国银行业协会举办的"2005年度银行业监管政策调整""外汇市场监管""银行业突发事件与媒体应对"培训班和《亚洲银行家》在泰国曼谷举办的"2006年度亚洲银行家峰会",会议期间还组织部分会员行领导赴台湾、澳大利亚考察。下半年,牵头组织两期银行网点负责人培训班,共有200个基层网点负责人参加培训;举办三期银行从业人员资格认证考试考前辅导班,共有170名银行员工参加培训;组织部分会员行53名法律及相关工作人员参加"新破产法司法释疑及经济合同审核管理操作实务"高层研习班,指导会员行运用法律程序与手段及时防范、规避、控制和化解合同风险,依法维护自身合法权益。同年11月3日,第三届二次常务理事会审议通过《关于参加江苏省银行家俱乐部的约定》,决定采用俱乐部的形式加强会员单位领导之间的沟通。

2007年,协会与香港银行学会合作,先后三次就"银行中间业务""商业银行信贷风险管理及内控制度""个人金融业务"等课题组织会员行支行正副行长和部门经理109人赴港学习培训。同年5月10日,由南京市政府、省金融办主办,江苏省银行业协会、香港银行学会和上海银行同业公会共同承办的"苏港沪银行家峰会"在南京召开。会议围绕"促进苏港沪银行业交流,打造南京区域金融中心"的主题进行广泛交流,苏、港、沪三地银行业协会专家领导及超过60家中外银行参加此次峰会。会上,江苏省银行业协会与香港银行学会签署合作备忘录。会后,组织外资银行代表参观河西金融CBD,并协助建邺区举办专场金融招商会。

2007年2月9日,中国银行业协会第六次会员大会通过并实施国内银行业首部系统、完整的职业操守规定《银行业从业人员职业操守》。协会要求会员行组织员工学习《银行业从业人员职业操守》,开展自查自律,通过各种岗位培训、技术练兵等途径,提高员工服务技能,并对"从业人职业操守"进行测试。全省从业人员156 723人,参加学习测试140 583人(其中中层以上16 738人,基层人员123 845人),参测率89.7%,平均成绩96.14分。同年,秘书处对2006年各会员行通过《个人理财》和《风险管理》考试的考生进行资格审核,报中国银行业协会批准后发放首批认证证书。7月,江苏省《公共基础》考试报名人数12 380人,通过率72%,名列全国第一。在下半年的《个人理财》和《风险管理》考试中,全省报名7 043人,通过率分别为70%和47%。

2008年4月开始,为配合中国银行业从业人员资格认证考试秘书处联合ATA公司对南京、苏州、无锡、常州、徐州、盐城、南通、泰州8个市30多个考点进行检查、巡考,帮助考生完成报名咨询和证书审核,并为各市协会统一征订教材。2008年全省共参考68 303人次,《公共基础》《个人理财》《风险管理》三门科目通过率居全国前列,其中《公共基础》通过率65%,《个人理财》通过率 54.9%,《风险管理》通过率 48.59%。11 月中旬,由协会选送的 22 名优秀银行专业人员经过中国银行业协会组织的系统培训并通过考试取得两门新开考科目的培训师资格,被授予"中国银行业协会银行业从业人员资格认证考试培训师"聘书。

第九章　银行科技与教育培训

　　改革开放以后,随着现代科学技术的进步,信息技术已广泛应用于银行对公、个人、银行卡、电子银行、结算等各项业务领域。从时间上看,江苏省各银行业务系统的发展大致经历微机时代、大机时代和数据集中时代三个阶段,系统的开发和应用也实现由分散、独立到集中、统一,对银行提高服务效率、促进业务发展和保障信息安全发挥重要作用。与此同时,金融理论研究和专业人才队伍培训等方面也不断取得进步。

第一节　信息科技

一、微机时代

1979年至1993年金融体制改革前后，为江苏银行业微机时代。这一时期，江苏各银行开始在日常业务中引入微型计算机，加强软件的开发和应用，使银行员工特别是一线柜台人员，从繁重的手工操作中解放出来，大大提高了工作效率。由于起步早、发展快，江苏银行业在电子化发展中创下多项全国第一，部分专业银行开发的应用软件具有系统领先水平，被其总行在全国推广。

1978年，人总行成立科技局，领导推动人民银行系统的金融电子化建设工作。1979年5月，人总行购买日本日产公司的11台套M-150中型计算机和一批L-320小型计算机，其中分配江苏1套M-150中型机。作为全国首批使用单位，人行江苏省分行成立计算机应用筹建领导小组，具体由会计处负责。1984年底，人行江苏省分行、工行江苏省分行分设，原有科技机构、人员、设备均归属于工行江苏省分行。1985年7月，工行江苏省分行计算机中心和苏州市分行营业部在ALTOS-986型微机上共同开发的对公业务会计核算系统取得成功。1986年3月，工总行在常州召开工商银行全国第一次微机应用工作会议，对苏州成功使用微机处理对公业务予以肯定，并决定采取大中型机与微机并行的方针，改变柜面业务开户难、存款难、取款难的"三难"状况，并要求在紫金AT多用户机上开发对公业务和储蓄业务。1986年10月，工商银行常州市中山门储蓄所成为全国第一个使用电脑处理业务的储蓄所。1987年3月，工总行科技部在南京召开8/1280小型机论证会，决定分配苏州、无锡各2台（套）系统，解决储蓄分布式网络通兑业务。1987年11月，工行无锡市分行开办通存通兑业务，成为全国第一个使用分布式网络处理储蓄通存通兑业务的市行。1987～1988年，为解决县支行以上对公网点上机问题，工行江苏省分行选用单位成本在5万元以下可以打

入成本的GP0520型机。1989年，开始有计划地用紫金AT-386型机替代GP0520型机，扩大储蓄业务用机面，提高对公业务处理能力。1990年，根据工总行行长办公会1989年作出的"在1990年建成全国金融通信数据交换网络系统，支持全国联行对账改革工作"的决定，指定由电子计算中心负责承办此项工程。5月，从电子计算中心抽调部分人员另建科技处。至此，电子计算中心完成从管理型到经营管理型的职能转换，专司全国联行对账及其他进网业务。至1990年底，全省工行共拥有电脑网点261个，网点覆盖率19%，业务上机率35%，网络覆盖率30%。

1984年6月，农行江苏省分行配备第一批电子计算机，同时筹建与总行进行数据传输的微机远程数据通信网。1985年2月，第一次使用计算机处理行社信贷、现金统计月报表，并向总行准确传输上报。1986年12月，总行、分行两级微机远程通信网推广到市分（支）支行，形成三级通信网络。1986年5月，推广农行上海市分行开发、人总行等单位作技术鉴定的微机对公门市业务处理系统（单用户）。1989年，苏州分行将上海开发的对公业务处理软件行、社独立版修改成行、社合并版，在太仓县支行沙溪营业所、信用社试运行成功，并于1990年获中国农业银行计算机技术优秀成果奖。1987年初，农行江苏省分行决定自行开发单用户电脑储蓄软件，并于当年9月在江宁汤山和常熟徐市营业所试运行成功。1989年4月，开发既适应网络、又适应脱机的网点应用的多用户储蓄软件。1988～1990年，实施分布式储蓄同城联网。至1990年底，全省农行处理对公业务的入网电脑327台，应用多用户储蓄软件处理业务的网点74个，无锡、南京、徐州三市同城网络全部开通，实现储蓄业务的通存通兑。此外，全省94个对账行的联行对账也全部实现电脑化。

1984年，中总行决定1985年为中行南京分行引进IBM4361中型计算机，用于处理银行业务。但由于种种原因，直到1985年底机房问题仍未解决，致使设备引进无法落实。1986年初，中行南京分行电脑部门提出先用微机过渡的设想，并进行可行性研究，接着开展微机设备选型工作。1986年3月，从常州计算机厂自购1台加

拿大产"神笛手"8位微机,同年9月在会计处投入使用。此后,为营业部、贸易处、会计处、信贷处、存汇处等部门陆续购置一批不同型号的微机。1989年5月,中总行电脑部领导到南京、金陵、苏州等行视察,决定这一年在江苏省重点投资,并在金陵、苏州、无锡、常州等行配备S系列小型机。1990年6月又决定在南通分行配备S系列小型机。

1985年11月,建行苏州市分行用BASIC语言编制会计柜台核算程序取得成功。1986年5月,建行江苏省分行购置首批IBM PC-XT及0520微机47台,配备省行及各市行。1987年7月,成立计算机管理处,部分市行亦成立计算机管理部门。同年10月,配备14台MODEM,建成总行—省行—市行三级计算机远程通讯网络。1987年3月,建总行召开建设银行第一次计算机应用工作会议,明确要求全行计算机应用以会计柜台电子化为重点,并决定在集中会计柜台业务处理系统各种版本的基础上,推出统一的优化版本。同年底,建总行委托江苏省分行负责系统的开发,要求于1988年第二次工作会议期间提供定型版本。1988年,建行江苏省分行开发的会计柜台业务处理系统在丹阳试运行成功,并在当年4月召开的建设银行第二次计算机应用工作会议上演示,定名为PC1.0版。1989年11月,在PC1.0版的基础上成功推出PC2.0版。1990年6月,建总行将PC2.0版定为建行系统标准化软件,向全国推广。同年,建行江苏省分行被建总行评为全国建行系统计算机应用先进行,获得七项奖励。至1990年,建行江苏省分行共研制和应用会计柜台核算、联行、机房微机管理、建筑工程预算、储蓄事后监督等十几种软件。计算机队伍和硬件建设也取得很大成绩。至1990年,全省建行系统共有8个市行成立计算机管理科(室)或相应机构,59个县级行亦有专人负责计算机管理工作,共有专业人员206人,小型机1套、微机500台、打印机557台、UPS219台、终端90台。

1987年是交行南京分行成立首年,该行即招聘和调入计算机专业人员4名,成立电脑室。购置1台IBM PC/XT型微机,并开发对公单用户系统,在分行营业部试运行。1987年12月至1988年3月,开发信贷数据处理系统。此后又相继开发存款日报和贷款日报软件。1988年8月,启用改进后的对公单用户系统,结束手工记账的历史。1990年1月,开始独立开发对公多用户系统,并于当年5月在南昌支行营业部试运行。1989年4月,电脑室改称计算机中心。至1990年,全行微机数量已发展到72台,还拥有打印机、UPS、磁带机等大量附属设备。

1989年,无锡市邮电局研制的邮政储蓄微机处理系统通过省邮电管理局组织的技术鉴定。该系统包括邮政储蓄、会计、事后监督等所有储蓄业务的数据处理,系统处理速度快,运行稳定,操作简便、直观。

1991年,国务院总理李鹏在全国计划工作会议上提出,在"八五"计划期间,要加快金融系统的电子化建设。1991年以后,省内各银行纷纷加快电子化进程。

工行江苏省分行1991年实现对苏、锡、常三市行市区储蓄所的全面事后监督电子化,其他市行市区实现部分事后监督电子化。同年,在全省率先推出自动柜员机(ATM)。1992年,实现国际结算业务和会计事后监督电子化,扩大微机储蓄网络应用,进行牡丹信用卡、储蓄和ATM综合运用电脑系统试点,在胥浦直属支行试行房地产业务电子化处理和扬子卡代发工资,进行局域光缆通讯系统应用开发,并开展POS系统开发试点。1993年,在扩大电脑网点的同时,重点加强网络建设。省辖二级网络、省辖联行对账业务系统投入试运行,POS系统、电话银行、自动柜员机等新型服务手段的推广运用,促进服务质量和效率的提高。至1993年底,全省工行电子化网点覆盖率62%,业务量覆盖率72%,网络覆盖率49.5%。

农行江苏省分行1991年向全辖重点推广单、多用户储蓄等6个软件,提高业务处理能力。同时,加强计算机管理,对硬件设备从选型到订购采取由省分行统一集中办理的办法,使全省机型做到相对统一,有利于计算机应用向网络化、深层次方向发展。1992年6月,首先在无锡市分行营业部推出ATM,成为省内第二家推出自助服务的专业银行。1993年,全省农行系统新增电脑业务网点1178个,新开通ATM80台,共有 278 个网点实现通存通兑、代发工资,完成电脑查询系统的开通与试点工作。

中行江苏省分行将 1993 年定为"电脑年",会计、储蓄、信用卡、国际贸易结算等业务的电脑应用水平登上新台阶。一是成功地进行会计核算系统由 B 机到 4361 系统的转换。二是推出 S 机储蓄系统。三是全省信用卡实现 PC 系统的二次开发,在全省金融系统中首家实现"统一规划、统一需求、统一开发、统一版本"四个统一。四是顺利完成国际贸易结算托收系统,使国际结算人员脱离手工操作。五是全省 17 个分支机构的 ATM 投入使用。

建行江苏省分行 1992 年筹集资金 2 100 多万元购置微机及配套设备,重点上储蓄前台 108 个点、会计柜台 50 个点,筹备安装自动柜员机。1993 年,储蓄电算化迈出新步伐,全年新增电脑临柜网点 190 个,总数达 298 个。徐州、仪征等市县行实现 ATM 联网。1993 年 3 月建设银行第六次计算机应用工作会议后,建行江苏省分行积极推广城市综合业务网络系统。

交行南京分行 1991 年根据总管理处的统一部署,实现会计报表与总管理处和辖属分支行的微机联网,推广使用总管理处会计报表联网软件,及时向总管理处报送有关数据。1992 年 1 月,开发储蓄柜台业务处理软件和储蓄通存通兑网络软件。至当年底,白下路、新街口、科巷等 8 个储蓄所联网成功,在交通银行系统内率先实现储蓄联网。同年 6 月,开发储蓄事后监督系统,得到总管理处的确认。此外,还于年内开发国外业务处理软件和综合报表处理软件。

省邮政储汇局 1995 年 4 月通过南京、无锡、苏州三市邮政"绿卡工程"实施方案,为南京配备一套中心主机系统,连接 50 个营业网点和 50 台 ATM,为无锡、苏州分别配备一套中心主机系统,各连接 50 个营业网点和 30 台 ATM。

二、大机时代

经过 20 世纪 80 年代和 90 年代初期的发展,省内各行电子化工作取得初步成效,电子计算机和网络技术已广泛应用于储蓄、对公、信用卡、结算等业务领域。为适应专业银行向商业银行转变的要求,各银行进一步加大科技投入,引入大中型机,逐步实现省域层面的联网联合,借助科技力量促进金融服务水平和市场竞争力的提升。从 1993 年开始,省内各银行陆续步入大机时代。

工行江苏省分行 1993 年首先在无锡分行筹备使用大中型机。至 1995 年,无锡、苏州、常州、南通分行均完成大机的安装调试,并逐步上点运行。1995 年 11 月,工总行首次提出"大机延伸"战略,其目标是将地(市)行的储蓄、对公、信用卡、ATM、POS、实时电子汇兑等主要业务纳入省域大机中心,形成以省为规模的大机中心体系。1997 年初,工行江苏省分行实施"一八五"工程,以省分行为中心,逐步将大机网络延伸到镇江、扬州、泰州、淮阴、宿迁、盐城、徐州、连云港八个市行和胥浦支行,并通过数字数据网(DDN)二级网络与已经部署大中型计算机的南京、无锡、苏州、常州、南通五市相连接,形成覆盖全省的计算机网络。1998 年 6 月,省分行 IBM-9672 主机投产运行。1998 年 8 月至 1999 年 10 月,先后完成对公业务和个人业务的大机延伸,从而基本完成"大机延伸"工程。至 2001 年,随着省分行 IBM 大机应用系统与营业部非 IBM 大机的日立机应用系统联网成功,辖内各市行参加全国储蓄和银行卡业务通存通兑,最终形成全省工行真正意义上的大联网、大结算。"大机延伸"工程的顺利完成,进一步提高工商银行信息化水平,也为工商银行下一步进行数据大集中奠定基础。1994 年,工行江苏省分行实现省辖联行对账、江浙沪鲁三省一市区域电子汇兑。1995年,全省各市县全部实现储蓄同城通存通兑。1996 年,完成新的对公综合业务处理程序的开发和在盐城分行的试点工作。1997 年,开发和完善储蓄综合账务系统、对公和储蓄事后监督系统,实现省内 ATM 机上牡丹卡异地通兑。1998年,全面推广工总行开发的实时电子汇兑业务系统,使异地汇兑业务实现瞬时到账,提高资金的使用效率,赢得更多的客户。

农行江苏省分行 1995 年开展全省集中式大机网络工程建设,并在常熟市支行微机网络上完成对公、储蓄、ATM、信用卡、POS、POB 业务系统的应用集成。1996 年,引进 IBM ES/9000 大型计算机网络系统,在南京市分行建立集中式网络。1997 年,ES/9000 大机已连接南京 138 个网点,实现储蓄同城通存通兑。苏州、无锡两分行 AS/400 中心机当年建成,当年投产。全行已基本完成微机网络改造,实现信用卡、专用卡、ATM 与微机网络的连接。从 1998 年开始,组织技术力量对 ES/9000、AS/400 及微机网络上的门柜应用系统进行改造。至 1999 年底,ES/9000 大机网络已投产活期、定期储蓄、个人零整、国债发售及电卡表、煤气、有线电视、联通等多项代理业务,联网网点达 173 个。2000 年,省域网络中心顺利建成,全行依托新老 AS/400 和集中式微机网络平台的网点联网率达 98.24%,沿江八市银行卡联网工作亦已顺利完成。2001 年,在全省展开以数据上收和中心合并为重点的省域网络建设工作取得突破,建成省—市—县(网点)三级通信主干网,除苏州以外的所有网点,数据全部集中。电子汇兑、卡交换系统等重点应用项目已实现全省联网处理。同年,根据农总行统一安排,完成新一代综合业务处理系统(ABIS)的推广应用。该系统以处理银行柜面业务、满足金融品种创新为基本目标,同时兼顾银行管理和科学决策的长远目标,为银行管理、分析和决策提供数据支撑。利用新一代综合业务处理系统(ABIS),依托省域计算机网络,农行江苏省分行在提升应用功能上也取得突破。金穗卡在 ATM、POS 和柜面交易上实现全省、全国及跨行联网;全省外汇对公结算业务(除苏州外)已全部集中省分行,外币储蓄实现通存通兑;推出代理证券存取款、银证转账、银证通等系列产品,与 80 多家证券公司实现联网;推出金穗 IC 校园卡,开通 IC 卡烟草公司代理收费项目;个人外汇实盘买卖系统进入试运行阶段;建成代理业务平台,并推广到 11 个市分行,新开通代收费项目 35 个;全省各市分行均开通 95599 电话银行;企业银行查询系统已开通电力公司、石油、法院等五个系统;自助缴费机投入使用。

中行江苏省分行 1994 年配备 IBM ES/9000 大型机和 AS/400 小型机,实现设备的更新换代。在省内首家实现 SWIFT 通讯系统试运行,加快结算和数据传输速度。电脑部门为信用卡、储蓄、结算、会计等业务开发软件,开办多媒体技术的电话银行。1995 年,开通辖内二级网,基本形成以总行为网络通讯中心、省分行为分中心的通讯网络的构架。开通连接全球 SWIFT 的第一个应用业务 MERVA/2,实现与全球商业银行间国际相关业务的实时数据传输。开发 AS/400 储蓄系统、FITAS 国际贸易结算系统、长城卡全省清算系统等。1996 年,在实现"一个城市,一个电脑中心"的同时,进一步制定落实全辖电子化建设发展计划,强化电脑应用系统的开发和新系统推广工作。同年,首先在南京市建立同城 DDN 网络(美国 CISCO 路由器),实现全市网点的网络连接,其他各地市也逐步建立当地的同城 DDN 网络。到 1996 年底,全省中行已有用户电传、SWIFT 和 TMCS 三种优势互补的电子通讯方式,初步形成遍布全省各分支行的电子通讯网络。尤其是 TMCS 既能与电传机联网,又能通过中总行 IMX 与 SWIFT 联网,国外银行通过电传机呼叫全辖任何一家有电传机的分支行的电报,省分行 TMCS 均可接收,可由省分行不落地直达中转收报行,无须人工干预,完全由电脑控制完成整个过程。1997 年,省分行办公大楼局域网建成。1998 年 7 月 12 日,进行大机(电脑主机 ES/9000—9672R24)延伸试点,首先在徐州分行营业部投产成功。1999～2000 年,先后完成 RBS/9000 零售系统的主机延伸和数据大集中工作,使全辖所有网点实现对私存款的通存通兑,成为全国中行系统第一家实现零售业务系统一个数据中心的省级分行。2000 年,围绕实现中总行"大清算""大收付"的目标,完成 ES/9000 全国大机试点行系统改造的各项测试工作,利用改造后的收付清算系统办理人民币异地贷记汇划业务居系统前列。积极开发网上银行业务,完成网上银行查询、转账功能的开发任务。2001 年,继零售业务系统之后,又分别完成会计系统和 SWIFT 的大集中,并先后推出消费信贷系统、信贷管理系统、汇划即时通、国际结算代理业务系统等。

建总行 1994 年提出"一面三线"计算机应用工作方针,即加大力度扩大城市行综合业务计算机网络处理系统覆盖"面",开发实施电子联行实时清算"线",适应管理需要实施建设管理信息系统"线",加快政务信息传递速度建设电子邮件

"线"。根据"一面三线"的工作方针,1995年,中小城市综合业务网络系统在苏州、常州、南通开通运行。全省发卡行POS自动授权系统和省分行授权清算中心网络系统开发成功。实现把公用分组交换网(X.25)端口开通到县级行。1996年,全行80%以上的县(市)行实现储蓄通存通兑。城市综合业务网络系统的建设规模进一步扩大,其中苏州、无锡分行网点覆盖面已达100%。信用卡自动化程度进一步提高,初步建立联网的信用卡自动授权清分系统,苏州、无锡分行率先入网运行,并与省"金卡工程"顺利联通,实现建行信用卡的异地跨行使用。电子汇划清算系统自10月7日开通后,汇划业务量约占全国总量的10%,日均处理汇划业务1万笔,资金流量6.6亿元,成为全国建行系统最大的汇划业务发生行。1997年,按照"五统一"(统一领导、统一规划、统一标准、统一开发、统一机型)原则,在扩大联网范围、利用现有设备及开拓新的增值业务方面取得新进展。城市综合业务网络系统的建设规模和覆盖面进一步扩大。开通南通、常州两试点行的跨市储蓄通兑。新的信用卡网络系统在全省推广,并在此基础上实现信用卡沿江七市和徐州的联网工作。利用现有网络系统,开发证券资金转账系统、代收费系统、电话查询系统等有效益的增值业务。1998年,全行计算机网络已覆盖90%以上的网点。城市综合业务网络系统全省联网工作进展顺利,实现信用卡系统与城市综合业务网络系统的转账交易,完成信用卡以二级分行为单位的账务集中,为中间业务发展开发应用软件,推广企业内部网络系统及信贷业务管理系统。2000年,全省建行系统基本实现储蓄业务大联网、储蓄异地换折、定期储蓄通存通兑,在部分行实现对公业务通存通兑;在全国建行系统较早实现城市综合网会计核算系统与资金清算系统的直接联网,结算速度显著提高;开通网上银行业务;推行综合柜员制,已有57个会计机构采取柜员制的服务模式对外营业。

交通银行1994年在全国率先实行全行统一法人体制。交行南京分行在体制改革中加快电子化建设步伐。当年按时开通X.25数据通讯网络,实现会计统计报表的网络传送。省内各行

有152个对公网点和165个储蓄柜(所)上机运行。对公网点上机率各行基本达到总行不低于90%的要求,南京、常州、南通等行已达100%。徐州分行开发的电话银行通过总行验收。南京分行与深圳东南公司合作开发ATMP系统,开始使用自动取款机。该系统先后实现3个平台10余种型号的自动取款机的上联,后期还扩展至部分西门子自动存取款机。1996年12月,开通全国交通银行对公结算电子汇兑系统。该系统实现资金"上午受理,下午到达;下午受理,次日上午到达"的快速汇划,提高交行内部联行资金的管理水平。1997年12月,全面开通同城集中式储蓄通存通兑系统。该系统中心主机选用IBM公司推出的高节点SP并行处理机,在结构上采用先进的"客户—服务器模式",不仅实现全储种、本外币、定活期的通存通兑和多储种约定自动转存,还新增本外币活期一折通、本外币定期一折通等新业务品种。1998年8月,继开通同城储蓄通存通兑系统后,又开通同城对公通存通兑系统。1999年5月18日,湖南路自助银行开业,时为南京市规模最大、设备最先进、功能最齐全的24小时自助银行。2001年,采用南天公司自助设备前置FESA系统,取代1994年开发的ATMP系统。新系统先后整合NCR、西门子、好利获德等十余个品牌多达几十种型号的自助取款机、自助存款机、自助存取款一体机的数据通讯接口。同年,与南京市房产局等单位研制成功国内第一套物业维修基金管理系统。

中信银行南京分行各网点储蓄和对公业务1993年实现以计算机处理代替手工操作,从此进入电子化时代。1996年上半年,分理处以上网点全部实现电脑化;12月8日在南京地区和昆山市区开通储蓄同城通存通兑。1997年,无锡、常州实现市区所有储蓄品种的通存通兑,扬州、仪征与南京市区各网点间还实现跨地区储蓄通存通兑。1998年5月,上线总行开发的二代综合业务系统,统一业务操作程序;推出大客户终端系统、银证电话转账系统和一些代收业务的相关软件,特别是"大客户终端系统"使客户无需出门就可以办理汇票、转账、查询等业务。2001年,开发代收业务软件平台、银证通平台等一批项目,推出网上银行和个人外汇买卖业务。

华夏银行南京分行等1993年金融体制改革后新设立的股份制商业银行从成立之初就重视信息化建设。华夏银行南京分行1997年购置IBM RS/6000-R40主机两台，与香港联想集成公司联合开发新型综合业务系统，实行双机热备份；1998年进行综合业务系统的开发和推广，实现南京同城地区的数据集中和通存通兑，8台ATM投入运营；1999年会计业务新系统上线，外汇业务全部上机操作，全国电子汇兑实现实时到账；2000年综合业务系统主机升级到IBM RS/6000-S80系列，开通企业银行系统。浦发银行南京分行1996年实现储蓄通存通兑，开始安装ATM；1997年在南京地区开办简易自助银行，实现部分对公业务的通存通兑和ATM24小时服务和跨行联网；1998年开发国际业务系统；1999年高校收费系统通过测试；2000年开发中间业务平台、电话银行批处理等程序。招商银行南京分行1996年实现"一卡通"全国通存通兑；1998年实现"一卡通"ATM全国联网；1999年推出"一卡通"自动缴费和打电话等功能，并率先推出"一网通"网上银行服务；2000年推出手机银行服务。光大银行南京分行1999年上线minter大集中系统和SWIFT系统；2000年上线"阳光卡"系统，开始安装ATM；2001年电话银行系统升级，上线验印系统、个人外汇买卖系统、个人信贷系统、"银证通"系统等。

南京城市合作银行1997年5月建成综合业务网络系统。8月，储蓄业务系统投入运行，实现全储种通存通兑。1998年改制为城市商业银行后，进一步重视信息化工作。同年9月，开通SWIFT系统，成为国内第一家启用SWIFT系统的城市商业银行。10月，对公业务系统投入运行，实现对公业务的账务处理、资金清算的自动化。1999年8月，实现对公业务的通存通兑，完成计算机印鉴识别系统的开发和安装。9月，实现储蓄业务系统和对公业务系统日终处理时的自动并账，建立全行人民币业务集中处理体系。2000年6月，国际结算系统和外汇财务会计系统上线，基本实现国际业务审单、结汇、账务的自动化处理。

三、数据集中时代

银行数据实行大集中是世界各大银行适应业务交易全球化、管理信息化、服务快捷化要求的必然趋势。1999年，工商银行在国有商业银行中率先实施数据大集中工程，掀起国内银行数据大集中的浪潮。省内各银行积极配合各自总行实施的数据集中工作，信息化和集约化水平不断提高。

在"大机延伸"工程顺利完成的基础上，1999年9月1日，工总行决定从当日起实施名为"9991工程"的数据大集中工程。工程于2002年10月27日结束，历时3年2个月。其间，工商银行全国37个一级分行及总行票据营业部的数据全部挂接北京、上海两大数据中心。为配合数据大集中工程的实施，1998年工总行开始设计开发新一代综合业务处理系统(CB2000)。它是以系统软件为基础、以客户信息子系统为主链、以会计核算子系统为中心的超大型应用软件系统。其中，新会计核算子系统和客户信息子系统是其核心子系统。2001年8月25日，工行江苏省分行完成CB2000会计核算子系统的投产，信贷台账、国际业务、个人房贷、事后监督、报表系统以及各项外围业务系统也同步投产，走在系统前列。2001年12月6日和12日，首先在营业部和无锡分行完成CB2000整合版的投产，并于2002年9月完成在全省的投产，为全省数据大集中创造条件。2002年8月18日，在将各项主要业务集中到省分行处理，并完成大量数据移行和各类业务测试的基础上，全省工行生产数据成功上挂总行数据中心(上海)，实现全行核心业务应用平台的统一。在实施数据大集中工程中，工行江苏省分行电子银行业务得到快速发展，走在全省的前列。1999年，开通95588电话银行系统。2000年，推出网上银行业务，完成手机银行的开发和试点。2001年，完成手机银行、网上银行向整合版的切换。2003年3月，工行江苏省分行全面投产应用总行在综合业务系统(CB2000)基础上开发的全功能银行系统(NOVA系统)。该系统更加突出以客户为中心的经营原则，强化联网管理信息化功能，实现全行业务数据的实时共享、实时异地交易处理、新一代网上银行等功能。同年,启动辖内科技集中工程,并于2004年3月取得阶段性成果,13家二级分行的网关、柜员终端前置机(CITE)、中间业务平台、NOTES、报表系统、信贷台账系统和会计报表系统等七大应用全部集中到省分行。之后,科技集中工程进入应用系统逻辑整合阶段。2005年,所有中间业务应用系统全部集中到省分行中间业务平台。2006年,分6批将所有特色业务升级到总行中间业务平台。2007年,开始实施网点终端更新工作,并在新终端投入使用后,推出会计流程再造——前后台分离、支票交换影像系统、牡丹卡审核流程等项目。同年,为在原有授权控制模式的基础上运用技术手段实现集中授权,开发远程授权系统,并首先在常州分行试点成功。2008年,全面推广网上销售基金、保险、国债、银行类理财产品和电子客票、贵宾网银、WAP手机银行等电子银行产品。

与工商银行"延伸式"的数据大集中工程不同,农业银行根据自身"点多、面广、线长"的特点,实施"上收式"的数据大集中工程,即从农村到县城支行、地市二级分行,再到省分行,最后上收总行。农业银行数据大集中工程2001年启动,2006年结束,历时5年。其间,农业银行全国37个一级分行的数据分批上收至总行数据中心。2002年,经农总行批准,农行江苏省分行在国内外首次采用AS/400集群方式建网,为全国农行系统AS/400平台建设省域网络提供有效尝试,彻底解决全省物理集中后的逻辑集中问题,形成统一的数据库。主机集群系统于2002年12月13日通过人民银行科技成果鉴定。同年,开通网上银行。2003年,建成连接全省2 022个营业网点和19 496个柜员的统一的计算机网络。2005年8月14日,在完成新旧系统差异分析、数据清理、各系统(前台、应用、前置、金融服务平台、渠道、管理系统)的本地化应用改造、业务培训、实战演练等各阶段工作后,农行江苏省分行新系统按照总行规定的上收计划顺利上线,数据上收总行工程取得成功。2006年,全省集中分布式的自助设备监控管理系统上线。2007年4月,以本外币一体化为目标,实施国际业务系统(BIBS)数据上收,实现本外币会计处理的

"三统一",即会计处理方法统一、核算计量口径统一、编制会计报表统计报表事项规则统一。2008年7月,农总行投产现金管理平台(二期)、新一代网银(企业网银)、对公客户信息系统三大系统。在不到一个月的时间里,农行江苏省分行共修改包括核心业务系统和管理信息系统在内的33个项目211个交易明细,并全部通过技术测试。该工程的实施,推动业务转型和精细化管理工作,提升农业银行金融产品的核心竞争力。

中国银行是中国第一家使用电脑的金融机构,信息技术的应用曾经为中国银行的经营管理乃至中国金融行业的科技发展做出重要贡献。但是,长期以来处于分散状态的信息化建设历程,导致银行内部信息系统平台多样、版本各异、数据分散,难以形成整体合力,逐渐落后于市场的快速变化和不断提高的经营管理要求。2000年,为扭转信息化建设被动落后的局面,中国银行开始实施数据大集中工程,至2001年10月12日将全国原来多达1 040个电脑中心整合为33个。2002年,中总行在华北、华东、华南、西北、西南建立五大区域数据中心。2003年10月,中国银行启动IT蓝图咨询项目,并于2004年确定"两地三中心"的数据大集中模式和"以客户为中心"的核心银行系统建设思路。2002年,中行江苏省分行在完成主机成功上收华东数据中心(上海)的情况下,实现信用卡系统的大集中和联网通用要求,完成RTS系统在全辖所有对公网点的投产上线,开发报表处理系统、事后监督系统、会计二次录入系统并在全辖试运行,推广信贷系统和国际贸易结算系统,扩充企业网上银行系统和个人网上银行的功能。全面更新网络系统,建立以CISCO网络设备为核心的新一代网络系统。为加快电子银行发展,拓宽营销渠道,2004年5月成立电子银行部。2005年1月10日,在全辖投产核心业务系统(一期),实现全省零售业务的通存通兑、实时汇划和对公业务的实时汇划,同时撤销全国电子联行系统,加快全辖资金汇划速度。同年,和省移动、省广电合作,逐步建立到总行及全省的主干和到各网点间的第二条通讯连接线路,确保全省网络连接的安全可靠。2006年,加大对重点地区依附式自助银行和自助服务区的建设力度,ATM网点覆盖率达

80％。对公电子银行推出后台数据统计及落地业务处理系统,个人电子银行推出同名项下的网上卡卡还款及转账、网上购买基金等服务。2007年,对自助系统全面整合,规范代缴费业务,实现动态菜单部署,全省自助系统集中在一个平台上。2008年,使用C/S架构的零售系统在全省13家分行近千个网点的终端,分别部署在省分行5台前置机上,通过OFP前置机连接到省分行的OFP网关,再通过网关连接到ES/9000后台的零售系统。使用C/S架构的新一代国际结算系统(NISS)自2000年前后投产以后,系统运行平稳,为该行2007年国际贸易结算量突破千亿美元发挥重要作用。随着总行蓝图计划的推广,更先进的B/S架构的GTS系统逐渐取代NISS系统。

DCC工程是建设银行在统一业务需求和技术标准的基础上,通过对柜面业务系统改造优化,建立起适合业务发展需要和现代管理模式的技术框架——数据中心、前置(一级分行和二级分行)、前端(网点或各种外部渠道)三级系统架构的全行核心业务应用系统,实现以账务数据为主体的全行核心业务数据的集中处理。DCC工程2002年7月启动,2005年9月结束,历时3年2个月。其间,建设银行全国38个一级分行及总行营业部按照规定时间一次性完成切换上线工作。2002年7月,建总行进行DCC工程一期项目立项。2003年,上海市分行和北京市分行在总行的统一协调下,完成南北运行(分)中心的机房和网络建设工作。同年8月22日,上海市分行首先成功上挂DCC,江苏省分行作为4个试点分行之一,也在随后两个月中成功上挂DCC。在数据集中试点过程中,建行江苏省分行科技开发也取得新进展,开发推广现代化支付、代理省财政国库授权支付、个人购汇、个人理财业务、国内信用证、无线POS、短信服务、票据缩微及事后稽核等系统。2004年,采购第一批日立品牌的存取款一体机。上线ATM功能拓展和后台监控及统计分析系统,实现全行自助设备统一经营、统一管理的目标。2005年,作为总行试点行之一,率先完成总行CALL-CENTER项目试点,95533客户服务中心系统于当年6月在全国建行系统率先上线。2006年,优化和推广上线

"银保通"、"银彩通"、短信银行、集中POS平台等服务系统。

交通银行数据大集中工程始于2002年3月,2006年8月完成,历时4年5个月。工程分为两期,一期工程主要针对对公业务,包括核心账务系统、信贷管理系统、国际业务系统、事后监督暨电子档案系统、综合客户信息系统等。2005年6月,一期工程全面投产。二期工程主要针对个人金融业务,包括个人贷款系统、"外汇宝"系统和基金代销系统等。2005年8月,二期工程首先在苏州分行试点运行,2006年8月全面投产。2002年,交行南京分行在系统内首家完成国际结算业务系统测试环境向生产系统的切换和运行,实现国际结算业务系统与综合业务系统一期、SWIFT系统、TELEX系统、国际收支申报系统、代理行业务系统的自动连接。2003年,企业网上银行上线。2004年,开通"银企通""银保通""银信通"三大业务新系统,以及企业财务POS转账报销系统。2005年以后,交行南京分行作为二期工程试点行,积极做好相关系统上线和测试工作。2005年12月26日,上线新版个人网银,为客户提供"一站式"服务及多种定制方式。同年,先后上线外汇"得利宝"SPOMS系统和管理会计系统。2006年7月,上线"交银自助通",为客户提供以"太平洋卡"为载体的各类24小时自助式金融服务。同年,上线高端客户信息管理系统,为全行零售业务提供信息支持。自主开发对公贷款风险预报系统,开通对即将到期和已经逾期对公贷款的短信提示功能,丰富风险监控手段,提高资产质量。

在国有商业银行实施大规模数据集中工程之际,各股份制商业银行也陆续开展数据集中和应用整合的工作。中信银行南京分行2003年启用新信贷月报系统,为动态进行信贷资产质量控制及数据统计提供支持;2007年8月随着总行数据大集中项目的实施,业务数据全部上收总行。华夏银行南京分行2002年启用总行统一推出的2000版综合业务系统,实现资金在系统内的"点对点"直接汇转;2006年完成财务总账系统的上线。浦发银行南京分行2003年完成包括核心系统、外围系统以及外挂系统三部分内容的大集中工程——"628项目";2005年实现贸易服

务中心、信贷系统、个贷系统、客服中心等 10 多个系统的集中上线。招商银行南京分行 2002 年开发 AS400 会计账务系统与金联安票据验印系统的对接程序,在系统内率先实现同城对公业务通存通兑;2006 年 8 月上线综合业务系统,优化业务流程,提高业务处理效率。广发银行南京分行 2005 年 9 月在系统内第一批上线统一的财务会计系统。光大银行南京分行 2004 年 10 月推出新一代核心业务系统(对公部分),实现事后监督系统、影像缩微系统、信用管理系统、对私信息管理系统升级;2005 年 4 月推出新一代核心业务系统(对私部分),同步完成中间业务系统的移植上线;2006 年完成对公业务上收和对公业务影像平台交换系统的推广。民生银行南京分行 2001 年借助总行开发的大集中综合业务系统,向公司企业、同业机构和个人客户营销"集团网""银证通""联名卡"三大服务品牌。深发银行南京分行 2002 年 1 月上线由总行统一开发的新一代综合客户服务系统,改变银行传统的分布式架构,采取"大集中、大前置"的架构,实现客户综合对账、定期储蓄自动续存、异地结算资金"零"在途、ATM 及 POS 消费 24 小时不间断服务等先进功能。兴业银行南京分行 2003 年上线本外币核心业务系统。

省邮政储汇局 2003 年 5 月启动国家邮政局开发的邮政储蓄统一版本工程,并于 2004 年 11 月 26 日至 12 月 10 日分三次切换成功,是江苏省邮政储蓄历史上规模最大、范围最广、技术含量最高的一次计算机应用系统改造。2006 年 12 月至 2008 年 3 月,实施邮政汇兑结算大集中工程,全省 13 个地市局全部上线,并通过国家邮政局的初步验收,实现全省邮政汇兑业务的集中处理和数据的集中存储。

江苏省各地方法人银行在体制改革中,加快进行信息化建设。省联社 2002 年完成省计算机中心机房、网络、系统集成三大主体工程。2003 年,全省 19 个中心(30 家联社)的机房和网络工程全部竣工,12 个中心(19 家联社)切换至新系统运行。2008 年,全省 64 家农村信用联社实现并网运行,综合业务系统、银行卡系统、信贷管理等系统和中间业务平台优化升级,数据集中、容灾系统构建成功,成为继福建省之后全国农村信用社系统第二家实现省级数据大集中的单位。江苏银行 2007 年 1 月 24 日投产核心业务系统一期,同年 6 月完成数据大集中项目立项,2008 年 6 月实现全行数据上收,并完成项目的需求调研、需求分析、差异分析、系统概要设计、总体设计、详细设计、程序编码、功能测试、集成测试、压力测试、营业部移植测试、模拟演练、跟账测试等工作。南京市商业银行 2004 年 5 月投产新一代核心业务系统,实现数据集中化和业务综合化,形成以客户为中心的多级清算架构。2005 年投产新版综合业务系统。2007 年 6 月上线新一代电子验印系统,提升验印识别的自动化程度和安全性。

第二节 理论科研

一、金融学术团体

(一)江苏省城市金融学会

1991 年 11 月 1 日,江苏省城市金融学会召开第一次会员代表大会,选举产生首届理事会和常务理事会,通过学会章程,工行江苏省分行行长罗玉成当选为学会会长。

1995 年 2 月 17 日,江苏省城市金融学会召开第二次会员代表大会,进行换届选举,罗玉成继续当选为学会会长。

1999 年,在社团重新登记审查工作中,江苏省城市金融学会是江苏省首批通过登记审核的"领导得力、活动规范、管理严格、成果显著"的优秀社团之一。

2000 年 8 月 10 日,江苏省城市金融学会召开第三次会员代表大会,进行换届选举,工行江苏省分行行长易会满当选为学会会长。

2006 年 7 月 21 日,江苏省城市金融学会召开第四次会员代表大会,进行换届选举,工行江苏省分行行长施刚当选为学会会长。

江苏省城市金融学会成立后,联系改革发展大局和经济、金融工作实际,开展多层面、多形式的群众性学习、研究活动,共完成学术论文、重点课题和调研报告近万篇,有十多份调研报告被供省委、省政府领导参阅的内部文件选载,并被省委、省政府领导批示。

（二）江苏省农村金融学会

1980 年 9 月，农行江苏省分行根据中国金融学会 1979 年末召开的第二届理事会第一次会议关于筹建成立专业金融学会的决议精神，成立江苏省农村金融研究室，1981 年成立江苏省农村金融学会筹备小组。

1982 年 4 月 24 日至 25 日，江苏省农村金融学会召开第一次会员代表大会，选举产生首届理事会和常务理事会，通过学会章程，农行江苏省分行行长陈寅生当选为学会会长。同年，江苏省农村金融研究室改为江苏省农村金融研究所，实行研究所与学会秘书处一套人马、两块牌子的组织机构体系。

为加强市、县农行的理论研究工作，全省各市、县农行分批成立市级农村金融学会。1982 年、1983 年成立苏州、盐城、镇江、淮阴 4 市农村金融学会，1984 年成立连云港、徐州、常州、南通、扬州、南京 6 市农村金融学会，1985 年成立无锡市农村金融学会。为推动县级农行的理论研究工作，鼓励具备条件的地区成立县级农村金融学会。到 1991 年，全省 81 个县（市、区）全部成立农村金融学会。

1985 年 12 月 8 日至 12 日，江苏省农村金融学会召开第二次会员代表大会，进行换届选举，农行江苏省分行原行长陈寅生再次当选为学会会长。为加强科研活动，此次大会确定成立 4 个课题组，开展沿海开放地区农村金融发展战略等 4 个课题的研究。

1990 年 2 月 13 日至 16 日，江苏省农村金融学会召开第三次会员代表大会，进行换届选举，陈寅生再次当选为学会会长。为进一步提高课题组的攻关能力，此次大会将 4 个原分散在各市农行的课题组研究成员，改按 3 个科研协作片重新划分，使研究人员相对集中，便于活动。3 个课题组重新确定攻关课题，并实行目标管理，研究任务分解落实到人。

1994 年 11 月 12 日至 11 月 14 日，江苏省农村金融学会召开第四次会员代表大会，进行换届选举，陈寅生再次当选为学会会长。

1995 年 12 月 25 日，为便于与农业银行调研力量形成整体合力，江苏省农村金融研究所（含

学会秘书处）与农行江苏省分行办公室合署办公。1997 年 7 月 14 日，经农行江苏省分行党组研究决定，双方分设，2002 年底又再度合署办公。

1998 年 4 月，江苏省农村金融学会召开第五次会员代表大会，进行换届选举，农行江苏省分行行长嵇华光当选为学会会长。

2002 年 4 月，江苏省农村金融学会召开第六次会员代表大会，进行换届选举，嵇华光再次当选为学会会长。

2003 年，农发行江苏省分行及省联社分别加入江苏省农村金融学会，联合开展农村金融理论学术研究，形成"三位一体"的组织体系。

2007 年 2 月，江苏省农村金融学会召开第七次会员代表大会，进行换届选举，农行江苏省分行副行长孔庆辉当选为学会会长。同年，"三位一体"的组织体系结束，学会仍由农行江苏省分行独家运作。

江苏省农村金融学会成立后，结合全国、全省经济金融形势，围绕农行改革发展中的重点、难点和热点问题，开展金融理论和实务工作研究，指导、协调团体会员和个人会员开展经济金融学术理论探讨和交流，进行金融理论和业务知识的宣传和普及，组织开展金融理论研究优秀成果的评选、表彰和奖励，取得丰硕的农村金融理论研究成果。江苏省农村金融学会经过多年实践，探索出一套"软组织、硬管理"的学会工作经验，走出一条社团发展的成功之路。

（三）江苏省国际金融学会

1983 年 5 月 30 日，由中行上海、南京、合肥、杭州、南昌 5 家分行共同发起的上海国际金融学会在南京成立。中行南京分行还成立上海国际金融学会江苏分会。江苏分会除参加上海国际金融学会和其他兄弟学会的学术交流活动外，还以江苏分会的名义开展活动。1988 年 11 月 8 日，中行南京分行行长吴骏生任上海国际金融学会常务理事、副会长，分管江苏分会的工作。

为推动江苏省国际金融理论研究，中行南京分行决定成立江苏省国际金融学会。1991 年 5 月 8 日，江苏省国际金融学会召开首次会员代表大会，选举产生第一届理事会和常务理事会，通

过学会章程,中行南京分行行长吴骏生当选为学会会长。1995年5月24日,江苏省国际金融学会召开第二届会员代表大会,进行换届选举,会长先后由中行江苏省分行行长周先嵩、黄志伟担任。1991~1995年,是学会快速发展阶段。在这一阶段,学会每年召开一次学术年会。苏州、镇江、无锡等市还相继成立市级学会。

1996年,中总行发文要求中国银行各省分行撤销停办学会,学会随后向省民政厅、省社科联作了专题汇报。根据省民政厅和省社科联的建议,中行江苏省分行行长办公会提出通过暂时采取既不活动、也不注销的"冬眠"办法保存学会,得到学会的认可并实施。1999年,有关部门要求必须对学会注销或是转出挂靠单位表明态度。省民政厅、省社科联听取学会汇报后认为,学会注销容易申办难,而且当时南京大学、东南大学等高校都希望来办这个学会,因此建议学会不要注销,可采取变更挂靠单位的办法予以保留。1999年5月14日,学会召开二届三次常务理事会,研究决定学会改为暂挂靠南京大学。1996~2007年挂靠南京大学期间,学会克服困难,在有限的范围内活动。如与中行江苏省分行及所辖市分行组织小型研讨会,参加省社科联、省金融学会、省经贸易学会、南京市金融学会等单位组织的学会研讨活动,组织优秀论文评选,先后编辑出版《不懈的探索》论文集7辑。另外,学会还积极组织课题调研,并使用"国际金融科研奖励基金"对调研成果进行奖励。

2007年底,江苏省国际金融学会召开第三次会员代表大会,重新明确由中行江苏省分行牵头并恢复活动,中行江苏省分行行长祝树民当选为学会会长。

(四)江苏省投资学会

1986年11月11日,江苏省投资学会召开第一次会员代表大会,选举产生第一届理事会和常务理事会,通过学会章程,制定学会工作计划,建行江苏省分行原行长刘明当选为学会会长。

1995年7月19日,江苏省投资学会召开第二次会员代表大会,进行换届选举,修改学会章程,建行江苏省分行行长周金伦当选为学会会长,聘请10名资深专家担任顾问。

2000年11月11日,江苏省投资学会召开第

三次会员代表大会,进行换届选举,修改学会章程,周金伦再次当选为学会会长。

2008年8月8日,江苏省投资学会撤销。

江苏省投资学会成立22年间,坚持为江苏经济建设和改革发展提供理论依据的办会宗旨,通过对投融资理论、政策、法规和体制等问题的研究与探讨,促进投资建设,改善投资环境,提高企业投资效益,加快江苏经济发展。

(五)苏皖赣社会主义商业银行研究会暨南京地区商业银行研究会

1991年,交行南京分行、中信实业银行南京分行、中国太平洋保险公司南京分公司、交行苏州分行等单位共同发起筹建跨区域的苏皖赣社会主义商业银行研究会。

1992年8月12日,交行南京分行、中信实业银行南京分行向中国金融学会正式提交申请成立苏皖赣社会主义商业银行研究会的报告。

1993年2月9日,中国金融学会秘书处函复交行南京分行和中信实业银行南京分行,"同意成立苏皖赣社会主义商业银行研究会,为中国金融学会团体会员"。

1994年2月1日,苏皖赣社会主义商业银行研究会在南京召开成立大会暨首次理论研讨会,选举产生由37名理事组成的研究会理事会,交行南京分行管委会主任兼总经理李一敬当选为研究会会长。

1996年4月10日,经南京市民政局批准,成立具有独立法人的南京地区商业银行研究会,与苏皖赣社会主义商业银行研究会同一套领导班子。

2005年5月20日,苏皖赣社会主义商业银行研究会暨南京地区商业银行研究会在南京市召开第二届会员代表大会,换届选举产生第二届理事会,李一敬继续担任会长。

二、金融理论与政策研究

省内各商业银行的金融理论与政策研究主要是以自身业务实践为基础,围绕各个时期中心工作,并依托江苏省金融学会以及城市金融学会、农村金融学会、国际金融学会、投资学会等学术交流平台,分析政策走向,谋划未来发展。

（一）工行江苏省分行

江苏省城市金融学会自 1991 成立以来，密切结合改革发展大局和经济、金融工作实际，积极开展多层面、多形式的群众性学习、研究活动。

1991～1995 年是江苏省城市金融学会初创时期，主要开展三个方面的金融理论研究活动：一是组织全省会员开展重点课题调研和学术研究活动，并推荐评比或发表；二是开展群众性学习、科普宣传活动；三是参加工总行、人行江苏省分行、省社科联等组织的学术交流活动。

自 1996 年起，中国城市金融学会每年都组织工商银行系统城市金融学会开展群众性重点课题研究。在 1997～2001 年第二届中国城市金融学会理事会期间，江苏省城市金融学会积极参加"国务院关于国有企业破产、兼并、下岗、分流政策实施对工商银行债权影响分析""取消贷款规模管理后国有银行资产负债比例管理实施中的问题及对策研究""工商银行外汇业务发展研究""银行发展住房金融业务的对策研究""工商银行省市两级分行如何贯彻集约化经营战略""商业银行贷款退出与贷款进入策略研究"等课题的研究。1998 年，江苏省城市金融学会推荐的《信纸化经营——工商银行提高效益的必然选择》研究论文获得江苏省第三届精神文明建设"五个一工程奖"。1997～2000 年，江苏省城市金融学会在全省会员重点课题调研评比中，评出特等奖 5 篇、一等奖 11 篇、二等奖 13 篇、三等奖 18 篇；在工总行第五届全国城市金融优秀论文评比中获二等奖 3 项、三等奖 4 项；在人行南京分行第三届优秀论文评比中获一等奖 2 项、二等奖 5 项、三等奖 6 项，奖项居全省同业之首。

在 2001～2006 年第三届中国城市金融学会理事会期间，江苏省城市金融学会参加"市场化条件下利率风险对商业银行的影响及风险防范机制研究""关于不良资产处置的专业化研究""关于深化大型重点城市行的管理问题研究""商业银行中间业务发展战略研究""工商银行业务流程再造研究""适合区域特点的区域性发展战略与策略研究"等课题的研究。2001 年，江苏省城市金融学会推荐的《建立以城市行为核心的经营绩效评价与约束机制》被人行南京分行收入优秀论文集；2002 年在第六届全国城市金融优秀

论文评比中获二等奖 1 项、三等奖 7 项；在 2001～2004 年度人行南京分行优秀课题评比中，《按照市场原则构建民营企业的金融服务体系》《促进沿江县域经济发展的金融对策》等 5 项课题研究成果分别获得一至三等奖；2004 年在第七届全国城市金融优秀论文评比中有 14 篇研究论文获奖；2005 年有 2 篇研究论文被工总行领导参阅的《经营决策报告》《行长参阅》刊载；2006 年在第八届全国城市金融优秀论文评比中有 11 篇研究成果获奖，在人行南京分行第十三届青年理论研究论文评比中有 3 篇论文获得一、二等奖，在江苏省"社会科学应用研究精品工程"评比中有 5 篇论文获得一、二等奖。

2006 年以后，在工商银行股份制改革的背景下，江苏省城市金融学会围绕如何改革工商银行管理体制、完善治理结构、转换经营机制、促进绩效进步等课题进行深入研究。2007 年，江苏省城市金融学会有 12 篇论文在中文核心期刊及金融业重点期刊发表，1 份研究报告被供省委、省政府领导参阅的内部文件选载，3 篇论文获江苏省"社会科学应用研究精品工程奖"。2008 年，15 篇调研报告或课题研究在第九届全国城市金融优秀论文评比中获一、二、三等奖，11 篇调研报告或课题在人行南京分行组织的第五届优秀金融论文评比中获一至三等奖，14 篇论文在中文核心期刊及金融业重点期刊发表，2 份研究报告被供省委、省政府领导参阅的内部文件选载。

（二）农行江苏省分行

江苏省农村金融学会成立于 1982 年，是省内专业银行中最早成立的金融学会，也是农行江苏省分行开展金融理论与政策研究的重要平台。1983 年，江苏省农村金融学会围绕经济建设这个中心，将全省 11 个市划分为 3 个科研协作片（即苏、锡、常、通片，徐、淮、盐、连片和宁、镇、扬片），每年举办 2 次科研活动。1983 年，徐、淮、盐、连协作片第一次理论探讨会在盐城举行，交流 30 篇学术论文，着重探讨如何引导专业户、重点户开拓新的领域。盐城市社科联还汇集出版农村金融如何支持"两户"的专刊。1984 年，苏、锡、常、通协作片召开以提高乡镇企业经济效益为主题的讨论会，交流 21 篇文章，并组织与会者

参观生产发展较快、经济效益较好的乡镇企业，加深对研究课题的认识。应邀参加讨论的 11 个市分行的信贷干部，称赞这种理论讨论与实践相结合的方法帮他们找到搞好乡镇企业信贷工作的钥匙。

1985 年 12 月，江苏省农村金融学会组成 4 个课题组，开展 4 个重点课题的研究。这 4 个重点课题分别是：沿海开放地区农村金融发展战略、农村资金与货币流通（研究农村资金的方针政策、运动规律等）、农村金融体制改革与经营管理（研究农村金融体制改革和信贷、计划管理体制的改革）、精神文明建设（研究农村金融社会主义物质文明和精神文明建设的关系）。各课题组受省农村金融学会领导。这 4 个课题组都写出有质量的调研报告，其中《关于农村金融支持外向型经济发展研究报告》被江苏省政府经济研究中心刊登于《经济参阅资料》第 41 期。

1985～1988 年，江苏省农村金融学会除了进行上述 4 个重点课题研究外，还推出一批有分量的研究成果。1985 年，人民银行、农业银行、工商银行、中国银行 4 总行联合发出通知，在全国推广由江苏省农村金融学会攻关并由理事薛光文总结的"农副产品收购定额结算办法"。1986 年，江苏省农村金融学会常务理事陈素娟的"农副产品收购实行一条边管理"研究成果被应用于实际工作。1987 年，首届青年笔会关于农业银行信贷资金承受能力的研究报告获全国农村金融优秀科研成果二等奖。1988 年，江苏省农村金融学会关于"国家专业银行资金营运数理分析模型的构建与应用"的研究成果被作为农行江苏省分行信息处软件设计的基础。

1990～2000 年，江苏省农村金融学会围绕市场经济与农村金融改革，重点研究农业银行如何加速企业化改革步伐、转换经营机制和提高经营效益等问题。同时，对提高信贷资产质量的现实途径、处理好支农和向商业银行转轨的关系、促使农业银行城区业务和直属经营快速健康发展、确定有农业银行自身特色的筹资战略、开拓农业银行的中间业务、推进农业银行集约化经营、建立农业银行灵敏高效的调控系统、提高农业银行的经营管理水平、实现农业银行稳健经营等课题进行深度调研。1999 年 10 月，中国农村金融学会在深圳召开理论研讨会，江苏省农村金融学会黄瑞峰撰写的《农业银行一级法人体制下分级经营管理的研究》获中国农村金融学会重点课题征文二等奖，并在大会上交流。

2000 年以后，江苏省农村金融学会就"加入世界贸易对江苏经济金融的影响""江苏经济金融如何加快改革发展"等热点课题进行深入研讨。2000 年，江苏省农村金融学会推荐的《中国加入世贸组织对农业银行的影响及对策》获中国农村金融学会课题招标论文三等奖及江苏省金融学会、安徽省金融学会第二届理论研讨会论文评选一等奖；2002 年，《发展个人金融业务的对策研究》获中国农村金融学会课题招标优秀论文奖；2003 年 9 月，开展"关于有效支持江苏实现两个率先及小康社会建设""金融支持沿江开发区域经济发展""金融支持民营经济发展""有效防范金融风险"等专题研究。2004 年 6 月，举办"江苏金融可持续发展高层论坛"，着重从"金融业落实科学发展观需要处理好几个关系""完善金融服务体系，为农村可持续发展构造体制环境""优化金融资源配置，促进区域经济协调发展"，"加强信贷管理，有效防范化解金融风险""实现金融可持续发展的人才战略"等不同层面进行交流和研讨；2005 年 7 月，围绕"关于银行业与经济社会和谐发展""区域金融和谐发展""银行业务结构的和谐发展""银行企业组织与个体的和谐发展"等主题进行交流和探讨。

（三）中行江苏省分行

1986 年 3 月，中行南京分行综合计划处设立调研信息科。1987 年 1 月 20 日，调研信息科从综合计划处分设出来，组建调研室（处级），负责全行的理论研究、金融体改、课题调研、金融信息、图书资料等工作。1989 年，召开庆祝南京分行分设十周年理论研讨会。1990 年，编制中行南京分行"八五规划"，开展"抓住机遇，为江苏加快外向型经济发展服务""转变职能，省市两级行成立营业部""加强县支行的基础建设""储蓄承包和深化改革""信用证单据外流情况与建议""人民币汇率下调对我省进出口贸易的影响""先进技术型'三资'企业情况和建议"等一系列专题调研。当年发表在省级以上刊物的调研文章共 20 篇。其中，国家级刊物 8 篇，省级刊物 12 篇。

对储蓄承包的专题研究成果在中国银行全国体制改革会议上作了介绍。

1991年,中行南京分行撤销调研室,成立国际金融研究所和国际金融学会。1992年3月,制定《世界各地金融》丛书编撰方案,丛书的编撰者除该行国际金融研究所的员工外,还邀请部分大专院校的教授参加编写。1993年～1997年,先后出版《国际金融总论》《日本金融》《瑞士金融》《德国金融》《东南亚金融》等国际金融丛书。

2001～2003年,根据中总行行长刘明康关于"要加强行业和公司业务与零售业务的调研工作,将调研工作重心进一步转向行业调研和业务发展研究上来,为业务服务,为客户服务"的指示精神,中行江苏省分行及时转变调研工作重心和研究方向。2001年,牵头组织的重点课题《关于人民币企业存款的调研报告》获中总行特等奖,《中国纺织行业研究报告》获中总行一等奖,《从保险发展状况看我行拓展保险兼业代理业务的策略》获中总行二等奖;2002年,牵头组织的重点课题《全国私营企业风险及授信状况调研报告》获中总行特等奖,《关于六家县支行机构改革后经营风险状况的调研报告》获中总行二等奖,《关于江苏省分行"三资"企业授信对存款、中间业务关联情况的调研》《关于江苏省分行公司与零售业务协调发展有关问题的调研报告》《关于加强消费信贷风险控制的调查与思考》等调研报告获中总行三等奖;2003年,牵头组织的重点课题《中国银行激励约束机制的问题与对策》获中总行特等奖,《关注台资、关注IT——台资IT企业授信调研》获中总行一等奖,《2003年房地产行业分析报告》《中国银行苏州分行资源配置的现状与问题分析》获中总行二等奖,《外汇存贷款业务调研分析报告》《TFT面板行业调研》《零售银行业务与银行竞争的国际化》获中总行三等奖。

1999～2007年,江苏省国际金融学会一度挂靠南京大学。在挂靠期间,学会一直未放松理论与政策研究工作。据不完全统计,自1995年至2007年,学会共完成调研报告500多篇,涌现一批既有理论、又有业务实践经验的优秀论文;还承担中总行及中国国际金融学会、江苏省金融学会、江苏省社科联等下达的课题,如"长三角地区中国银行发展战略调研""全国民营企业授信

业务调研""中国银行激励约束机制研究",以及中总行统一组织的"国内结算业务发展的调研""经济资本调研"等,为各级领导决策提供参考。

2007年,江苏省国际金融学会重新明确由中行江苏省分行牵头并恢复开展学会活动。2008年,江苏省国际金融学会本着"理论研究、政策探讨与实务分析相结合,国际最佳实践与中国国情、江苏省情、企业实际相结合,专家学者、政府人员与金融从业人员相结合"的三原则,围绕"信贷市场创新及其风险防范研究""主权财富基金研究""人民币汇率形成机制改革对江苏经济运行环境和企业的影响与对策研究"等15个研究方向,加强国际金融理论与实务的研究。当年选送6篇论文报送省金融学会,有3篇文章获奖,其中二等奖2篇,三等奖1篇。

(四)建行江苏省分行

1987～1990年,全省建行系统组织的理论研讨活动或小型研讨会共11次,聘请专家学者举行的专题报告会3次。先后组织建总行委托的"长江三角洲投资环境调查""江苏省外向型经济调查""江苏省大中型项目调查"以及"江苏省金融问题调查"等。先后出版《资金市场咨询》《固定资产投资管理学》《乡镇企业投资决策指南》《江苏小城镇投资环境综览》等专著。针对国内银行与企业相结合并组建银企集团的趋势,对银企集团问题进行系列研究,先后在《投资研究》《中国投资管理》《经济管理》《金融时报》《亚太经济时报》等报刊上发表相关论文10余篇,并形成"建设银行组建银企集团的思路"上报总行。建行江苏省分行投资研究所完成的"投资体制改革的思路与设想"课题,获中国投资学会优秀论文评选佳作奖。在开展投资方面研究的同时,建行江苏省分行还开展与建设银行业务开拓相关课题的研究,先后完成"江苏省预算外资金问题研究""建设银行资产负债问题研究""建设银行政策性存款变动研究""建设银行改革与发展的战略问题研究""建设银行外向型发展研究""搞活基层行研究"等课题的研究。1990年,建行江苏省分行投资研究所承担并完成总行的国家科学重点研究项目"地方政府投资行为研究"中的3个子课题:"地方政府投资行为的横向关系""发达地区政府投资行为综合研究""地方政府投资

行为与乡镇企业发展",验收合格。同年,建行江苏省分行投资研究所参加国家"八五"社科重点项目"经济发展中的资金积累与集中"课题的研究,并完成其中的2个子课题。至1990年底,共完成各种投资应用理论课题30多个。

1992年初,建行江苏省分行结合房改金融业务实际,对有关房改的政策、措施、方案等进行研究和说明,并以此编辑出版《房改与房改实务》一书,受到建行系统业务人员的广泛好评。1995年上半年,建行江苏省分行"小城镇投资问题研究"经中国投资学会专家评定,获三等奖。课题组为系统、全面地介绍江苏小城镇的投资条件和投资环境,编写出版60万字的《江苏小城镇投资环境综览》,中共江苏省委书记陈焕友为书作序,并将该书作为向其他省份和国外投资者介绍江苏小城镇投资情况的主要推荐书。同时,该行还开展"江苏省投资发展战略问题研究",提出以投资效益为中心,保持适当的规模,改善宏观调控,以市场调节为主,以促进外向型经济发展为主,以突出基础设施建设和突出高新技术产业发展为主导的江苏新的投资发展战略思路,填补江苏区域投资研究、外商投资研究、农村投资研究、第三产业投资研究的空白。该课题研究报告获建总行优秀课题成果奖。

2004~2005年,建行江苏省分行参加江苏省金融学会组织的长三角论文征文活动,有两篇论文收入长三角论文集。2006年,参加江苏省银行业协会组织的"金融业支持地方发展"的调研,完成《中国建设银行江苏省分行支持地方发展情况》调研;完成《中国建设银行辉煌50年》(江苏篇)的编写,由建总行汇集出版。2007年,江苏省投资学会完成江苏省金融学会"县域经济与金融协调发展"青年学术征文论文推选工作,收到各二级分行征文12篇,选报4篇。2008年,在江苏省投资学会组织的论文评选活动中,常州分行的《企业融资渠道多样化对中国商业银行经营的影响》、省分行的《经济资本管理在集团客户统一授信中的应用》分别获得二、三等奖。

(五)交行南京分行

1987年重新组建后,交行南京分行根据创办社会主义商业银行的实践,针对各个时期的中心工作确定调研课题,组织有关部门和人员撰写调研报告或研究论文,供领导决策参考。1987~1988年,先后开展"充分发挥交通银行优势,采用新的结算方式,增强存款吸引力""以服务赢客户,以服务揽业务""发展和搞活资金市场""南京市产业结构和信贷结构情况的调查""实行自我控制,增强经营活力""加强内部管理,为业务发展打基础"等课题研究。

1991年,交行南京分行根据总管理处确定的"交通银行管理体制"专题研究报告的要求,完成"交行南京分行办事处现状的调查与思考"的调研报告,以及"加强信贷综合服务,促进'三资'企业发展""开拓我行储蓄业务的调查与思考"等课题调研。

1992年,根据交通银行改革与发展需要,完成"长江流域经济一体化中南京区域金融服务的发展"的专题研究报告。同时还开展"交通银行内部管理体制建设""支持股份制企业和股票证券市场发展"等方面的调研活动。

1994年交通银行管理体制改革以后,交行南京分行逐步建立五个层面的信息网络:一是建立全辖各分(支)行和分行本部各部、处、室、中心、办事处的信息网络;二是建立交通银行系统内各分支行之间的信息网络;三是建立全国和地区金融界之间的信息网络;四是建立省、市各综合部门、信息中心、学术团体、有关刊物的信息网络;五是建立区域内外有关单位的信息网络。在此基础上,创办《信息摘编》和《金融调研》两个刊物(1992年起更名为《经济金融信息》和《南京分行调研》不定期出刊),为开展业务活动和分行领导决策提供依据。

2005年4月,交行南京分行印发《交通银行南京分行(全辖)发展研究工作综合管理办法》,从组织建设上明确发展研究工作以各辖属分行为基础,建立一支专职和兼职相结合的发展研究队伍,分行发展研究处负责全行发展研究工作的协调和指导,同时从工作职能上对研究工作、信息工作等予以细化。

三、金融刊物

《江苏银行业》 2000年11月,江苏省银行同业公会秘书处首次编印内部刊物《江苏银行公会简报》，向会员单位免费赠送。2004年，公会二届三次理事会创办《江苏银行公会通讯》，设置13个栏目，读者定位为各级行领导，适当兼顾部门精英，刊载内部经济金融信息及会员行动态。2005年江苏省银行业协会成立后，更名为《江苏银行业通讯》。2007年，改版为《江苏银行业》。此次改版从刊物内容、编排形式、印刷质量等方面都作了较大改进。2008年，《江苏银行业》再次改版，在版面设计和杂志风格上进行新的尝试，增加原创采编文章的分量，开始摆脱过去以转载为主的办刊模式。

《江苏省城市金融》　1991年由工行江苏省分行创办，也是江苏省城市金融学会会刊。该刊旨在宣传党和国家的经济、金融方针、政策，刊登江苏城市金融应用理论和金融体制改革的研究文章，反映、分析江苏经济运行中和城市金融活动中新情况、新问题的调查报告，交流各地开展金融改革和发展银行业务的成果及经验等。1998年，根据工总行要求停刊。

《现代金融》　1983年，《江苏农村金融研究》创刊并面向全国发行，是由农行江苏省分行主管、省农村金融学会主办的经济金融理论研究学术性月刊，也是省农村金融学会会刊，大16开本，48页，每月10日出版，国际标准刊号ISS1003－7101，国内统一刊号CN32－1547/F。1999年，更名为《现代金融》，年发行量5 000册左右。截至2008年底，共出刊310期，刊载文章约15 500篇。创刊以来，多次被评为优秀期刊。1996年在江苏省哲学社会科学界联合会系统期刊评奖中获"优秀期刊奖"。2005被江苏省新闻出版系统评为一级期刊，同年被北京大学图书馆、北京高校图书馆期刊工作研究会编撰的"中文核心期刊要目总揽"（第4期）收录，同时被中国学术期刊（光盘版）即"中国知网"全文收录。2007年被江苏省新闻出版局评为全省"期刊编校质量二等奖"。

《江苏农金报》　1987年7月1由农行江苏省分行创办，面向全国发行。该报宗旨是：立足农村金融，面向农村社会。发行对象主要是农金系统、乡镇企业、农村商业系统的单位和个人。报纸为4开旬报，每月一、十一、二十一日出报。1995年3月停刊。

《江苏国际金融》　1991年7月由中行南京分行创办，并为江苏省国际金融学会会刊，初为双月刊，后改为季刊，以研究国际金融理论和实务为主。1997年，因中总行停办各省级国际金融学会而停刊。2008年，随着江苏省国际金融学会恢复活动而复刊，定位为金融理论性和实务性为一体的综合性刊物，并侧重于实务性。主要栏目包括："宏观经济""国际金融""行长论坛""市场分析""业务探讨""银行经营管理""特约专稿""高层论坛""知识讲座""学会动态"等，同时根据来稿内容灵活设置栏目。复刊当年即出版发行5期（含增刊一期）。在2008年江苏省哲学社会科学学术成果展示会上，该刊引起学术界同仁关注。

《财经参考资讯》　1985年，中行南京分行创办《国际金融信息》，不定期出版，1987年起作为内部刊物发行，开始为半月刊，后又改为旬刊，主要内容为路透社提供的专线财经信息、国外财经报纸及杂志的译文等。1994年起，为适应金融体制改革和中行业务发展需要，更名为《金融信息周刊》，内容大大拓宽，设有"宏观经济""金融市场信息""国际汇市评论""金融创新""经营管理"等栏目，每周出版一期，发行面遍及全省中行系统和外向型经济企事业单位，发行量1 500多份。2001年以后，由于网络技术的普及，由印刷刊物改为电子刊物，由周刊改为日刊，并更名为《财经参考资讯》，每日上午出刊，每期约20多页，内容广泛，时效性强，常年挂在中行江苏省分行内部网站上。

《调查与研究》　1989年10月由中行南京分行创办，每月出版一期，必要时出专刊，主要刊载调研报告，以经济、金融体制改革及开拓银行新业务为研究探讨对象。每期容量约7 000～18 000字，发行量从最初的200份增加到360份，逐渐成为干部职工探讨业务、研究问题、交流经验、发表新思想、新见解的园地，促进理论研究和学术交流。

《情况通报》《江苏外汇简报》　两刊由中行南京分行办公室负责编辑出版，每月出版1～2期。《情况通报》以报道全辖各分支行和各部门业务工作动态信息为主。《江苏外汇简报》以向行外有关部门和省政府通报本行外汇业务动态和交流探讨外汇外贸工作情况和经验为主。1989年,《江苏外汇简报》根据省政府压缩内部刊物数量的要求停刊,其内容并入《情况通报》。

《金融信息周刊》《快讯》 1993年由中行江苏省分行创办,为行长室和有关企业提供快捷服务。

《调研参考》 2002年由中行江苏省分行创办,为不定期电子刊物,第一读者是省分行管理层,并根据每期内容或行领导批示确定发送范围,时效性和针对性较强。

《投资经济》 1987年2月,建行江苏省分行创办《江苏投资研究》,为江苏省投资学会会刊。该刊设"改革论坛""乡镇企业投资""建筑经济"等12个栏目。办刊宗旨:以马列主义、毛泽东思想为指导,坚持理论联系实际,贯彻"百家齐放,百家争鸣"的方针,研究社会主义固定资产投资的客观规律和科学管理方法,推动投资管理体制改革,探索提高投资效益的途径,促进投资决策科学化。创刊当年出版8期,每期发行8 000份。同年8月起,由内部发行改为国内公开发行。1990年,更名为《投资经济》,增设"大众投资""江苏建设巡礼""投资经济论坛"等10多个栏目,把宣传建设银行业务,探索建设银行理论和实践作为重要任务。当年出刊6期。1995年,《投资经济》被省新闻出版局、省科委和期刊协会评为江苏省首届"双十佳期刊"、优秀期刊和"江苏省一级期刊"。1996年,被省社科联评为"优秀期刊"。1997年起,根据建总行《关于撤销各分支机构所辖投资研究所(室)有关事项的通知》停办。

第三节 教育培训

一、银行院校建设及改革

(一)南京审计学院金融学院

中共十一届三中全会以后,银行中等教育开始振兴。1978年12月,江苏省革命委员会批复同意恢复江苏省银行学校。学校规模1 200人,学制2年,开设城市金融、农村金融、外汇和保险4个专业。学校恢复初期,校址未定,办学条件

极差。1978年招收200多名学生,最初借读于淮阴地区财经学校,后因淮阴地区财校学生增加,学校迁至南京市江浦县,并在珠江镇北门炮台山筹建校舍。1980年10月,中国人民银行决定,对该校实行总行、省分行双重领导,以总行为主。

江苏金融专科学校于1984年8月经省政府批准成立,1985年7月经人总行批准,更名为南京金融专科学校。该校与江苏银行学校的校务、教务合用一套班子,逐年减少中专招生数,增加大专招生数。经费由人总行拨给,学生由江苏分配。学校设有金融、国际金融和保险3个专业,学制3年。1993年,更名为南京金融高等专科学校。

2002年,南京金融高等专科学校与南京审计学院合并,组建新的南京审计学院。2005年,南京审计学院在金融系的基础上组建金融学院。金融学院的金融学科是江苏省重点学科,金融风险管理研究中心是江苏高校哲学社会科学重点研究基地,区域金融创新研究团队是江苏省"青蓝工程"优秀科技创新团队,复合型应用性金融人才培养模式创新实验基地是省级高等教育人才培养模式创新实验基地,江苏科技金融体系创新研究基地是江苏省高校人文社科校外研究基地。金融学科在发展过程中,形成相互关联、优势突出、特点鲜明的4个本科专业,即金融学、投资学、保险学、信用管理。金融学院依托审计署和中国人民银行的行业资源,致力于金融风险管理、产业金融与科技金融、金融审计与金融监管等特色学科方向的研究,为中国金融人才培养和地方经济金融发展做出重要贡献,被金融业内称为"江苏金融黄埔"。

(二)江苏金融培训学校

江苏金融培训学校是前身是创办于1980年的中国工商银行扬州干部中等专业学校,原系中国人民银行扬州地区中心支行所属干训班。1983年创办电视大学城市金融脱产教学班。人民银行、工商银行分设后,该校划归中国工商银行扬州市支行继续承办。1985年7月更名为"扬州市工商银行干部学校",同年改为"中国工商银行扬州市支行职工中等专业学校"。

1989年,经中国工商银行和江苏省政府批准,该校划归工行江苏省分行领导,并更名为"中

国工商银行扬州干部中等专业学校",升格为县处级建制的省分行直属职工中等专业学校,校址位于扬州市运河东路 95 号。该校坚持多功能、多形式、多层次的办学形式。建校以来,先后举办城市金融脱产电大班,一年半制高中起点、两年制和两年半制初中起点脱产金融中专班,以及一年制中等专业证书班。在努力办好学历教育的同时,该校还充分利用已有办学条件,积极举办各种干部培训班。该校是江苏省会计、稽核专业股(科)长、教育干部以及华东区工商银行商业信贷科长岗位培训的定点学校。除扬州干部中等专业学校外,工行江苏省分行还在南京、无锡、常州、徐州、苏州等 5 个市分行成立职工中等专业学校,每个市分行均设有电视大学分校或学历班,部分市分行还设立地方党校分校。

1994 年春,为适应工商银行向商业银行转变和开展商业银行基础知识普及培训的需要,工总行召开第三次院校工作座谈会,提出转变观念、转换机制,建立为岗位培训服务的运行机制,把院校办成真正的培训中心的思路。1996 年停止大中专学历教育后,工商银行加快所属院校向业务和岗位培训中心转变的步伐。1999 年,按照工总行每个一级分行仅保留省分行培训基地、撤销职工中等专业学校和培训中心的规定,工行江苏省分行所属 6 所职工中等专业学校和 6 个培训中心以及电大分校悉数撤销,在原扬州干部中等专业学校的基础上成立中国工商银行江苏金融培训学校,被撤销的南京、无锡、常州、徐州、苏州 5 所中专学校的人员分流到业务部门或后勤部门工作,还有部分人员提前退休。

至 2008 年,江苏金融培训学校一直为工行江苏省分行直属机构。除培训功能外,该校还承担文化、科研、会议等功能,发挥综合性作用。

(三)江苏省农业银行学校

江苏省农业银行学校的前身是成立于 1984 年的中国农业银行盐城市支行职工中等专业学校。1984 年,经江苏省政府和农总行批准,在江苏省盐城市开办中国农业银行盐城市支行职工中等专业学校(以下简称盐城职工中专),地址位于盐城市解放南路东元南巷 6 号。为适应农村金融事业发展的需要,盐城职工中专由举办成人中专职业层次学历班,发展到举办干部中专进修

班、金融电大班和短期业务岗位培训,再发展到举办全日制普通中专,形成多层次、多功能的办学格局。

1990 年 2 月,经江苏省政府批准,盐城职工中专撤销,改建为江苏省农业银行学校,属全日制普通中等专业学校性质,隶属农行江苏省分行领导。学校规模 640 人,设四个专业:农村信贷、财务会计、信用合作、计算机应用。招收高中毕业生,学制两年,面向江苏省招生和分配。1994 年 9 月 5 日,农行江苏省分行确定江苏省农业银行学校为省分行直属的县(处)级建制单位。2000 年 2 月,江苏省农业银行学校撤销。

二、学历教育与业务培训

(一)专业银行时期(1978~1993)

中共十一届三中全会以后,随着全党工作重点转移到社会主义现代化建设上来,全省银行普遍重视员工的学历教育与业务培训工作。

农行江苏省分行 1979 年恢复后,着手自办职工教育,建立培训基地,培养师资力量,加强对全省农行系统干部职工的教育培训工作。1982 年 3 月,在人事处设立教育科,配备 5~6 名干部,并要求各市农行人事科(处)亦设专人负责。1984 年 2 月,教育科从人事处分出,专门成立教育处。为加强对干部职工的教育培训工作,1981~1987 年,在省分行及各市行先后成立 11 所干部学校、2 所职工中专学校和 1 所职工中专函授学校。为提高干部职工学历层次,该行开展一系列大、中专学历教育。1983 年,在全省开办 10 个江苏省广播电视大学农业银行电大班,学制 3 年,首届电大班招生 307 人,1986 年实际毕业 303 人。1984 年 3 月,为培养农村金融高级专门人才,农总行与南京农业大学(原南京农学院)签订协议,由农业银行一次性投资 75 万元,委托南京农业大学农业经济系,面向全国农行系统(以江苏地区为主)开办 2 年制农村金融干部专修教育,并在此基础上创造条件开办 4 年制本科教育,1985 年首届招生 45 人,修学 23 门课程(其中公共课 7 门,专业基础课和农村金融专业课 16 门)。1984 年,经省政府和农总行批准,在盐城、常州两市农行建立职工中等专业学校,开展农村

金融中专教育。

中行南京分行 1979 年从人行江苏省分行分出时,职工中青年多、新手多,外语基础差,大部分没有做过经济工作,缺乏外汇业务基础知识,人员培训工作因此逐渐提上议事日程。教育培训工作由干部科(人事科)及工会兼管。训练干部的主要渠道是输送干部到中总行学习,或到上海、天津、汉口等老口岸行实习、培训。1981~1982 年间,先后租用江浦县委招待所、南京市汉口路小学等地,举办 3 期规模较大的综合性基础培训班。随后,下属各分行、有关处室也相继自行办班。除了办班之外,中行南京分行还开展以下 3 项培训教育活动:一是开展形式多样的业务学习和培训。主要包括举办专题讲座、组织英语学习、开展岗位练兵、以师带徒等。二是文化补课。根据中共中央、国务院有关干部教育工作的有关规定,有计划、有重点对"文化大革命"期间入学的初、高中毕业生进行文化补课,对工农兵大学生组织"回炉"学习。到 1984 年底 1985 年初,全辖初中文化补课合格 116 人,参加高中文化补课 195 人,工农兵大学生分批去天津财经学院、华东师范大学"回炉"学习 15 人。三是支持学历教育。1983 年,中总行开始委托武汉大学代培国际金融干部专修科学员,学制 2 年。中行南京分行按照中总行规定的条件和名额,挑选、推荐干部报考、深造。同年,委托江苏省农业银行电大代培金融专业大专生 2 名,学制 3 年;委托南京大学哲学系代培大专生 1 名,学制 2 年。

建行江苏省分行 1980 年从省财政厅分出,当年 9 月即委托常州财经学校举办为期半年的首次县行行长、办事处主任培训班,开设政治经济学、基本建设拨款与贷款、基本建设会计等课程。1981 年 4 月,召开全行第一次干部培训工作会议,提出要创立干部培训基地,组建常规教学班子,研究培训方法。8 月,在常州成立干部训练班,培训规模 100 人。1982 年 5 月,接管常州财经学校。1984 年 4 月,投资 50 万元,参与南京财贸学院筹建。学院每年向该行输送 20~30 名大学毕业生。1981~1984 年,先后举办建设银行会计、建筑企业财务、建设单位会计等短期业务培训班 54 期,培训 2 592 人次。与此同时,还举办电大、函大班,开展学历教育,并选送部分业务骨干进入高等院校深造。为加强教材和师资力量建设,该行自编讲义 500 多万字,选送 4 名专职人员到有关院校深造,有 6 名专职人员走上讲台,承担大部分基础课和专业课的讲授。此外,还从业务部门选拔具备教师素质的人员担任兼职教师。

1985 年以后,随着人民银行出台"专业银行业务可以适当交叉"和"银行可以选择企业、企业可以选择银行"的政策措施,专业银行之间实行严格专业化经营的格局逐步改变。省内各专业银行适应经济金融的发展变化,进一步重视员工的教育培训工作。

工行江苏省分行 1985 年与人行江苏省分行分设后,对全省上年招进的 948 名新职工普遍进行为期 3 个月左右的培训,各市行还举办电子技术、储蓄、信贷计划、会计等专业培训,培训 1 344 人次。1986 年,举办行长培训班 2 期,培训 42 人。1988 年 3 月,发出《关于开展岗位培训试点的通知》,对岗位资格培训试点工作的开展步骤作了明确布置。1989 年,举办首期县支行行长及办事处主任岗位资格培训班,参加培训 40 人;扬州和苏州中专学校各开办两期会计股(科)长岗位资格培训班,共培训 127 人,办班质量有所提高。1990 年,专门制定岗位资格培训管理程序,下发《关于完善规范化岗位培训管理程序的通知》,从办班审定到结业证书颁发作了一系列明确规定,促进干部教育的规范化、制度化。该行创建初期,员工学历、文化程度较低(中专及中专以上学历不到 15%),除加强业务培训外,还注重提高员工学历层次。学历教育主要以成人中等专业(脱产、业余)、电视大学大专学历教育为主。南京、无锡、徐州、常州、苏州、扬州 6 个市分行成立有职工中等专业学校(经过省教委正式批准的成人中专学校),职工中等专业学校与地方普通中等专业学校联合举办普通中专和职业中专,招收应届毕业生。每个市分行均设有电视大学分校或学历班,部分市行还设立地方党校分校。

农行江苏省分行在做好学历教育的同时,开展形式多样的短期培训。在学历教育方面,1985 年与上海财经大学签订协议,在太仓举办干部进修班,学制一年,开设政治经济学、货币银行学、工商信贷学等12门必修课。1986～1988年先后招收3批学员,共148人。第三批招收后,由于农行系统的干部培训任务已基本完成,干部进修班随之撤销。1986年,经农总行同意,在南京财贸学院开设农金专修科,面向全省农行在职干部和职工招生,学制两年。当年招收1个班,共50名学员。举办第一期后,因南京财贸学院改办南京审计学院,农村金融专修科停办。该行举办的短期培训班有两种。一是行长统考培训班。1985年9月至1987年9月,先后完成5期,培训96名学员,其中市行行长15名,县(市)支行行长81名。该培训班主要学习中共十一届三中全会以来我国社会主义经济的基本方针、政策,以及银行经营管理基础知识。在连续5期的行长统考培训班中,有19名学员取得"双优"成绩。二是国际金融专业培训班。1989年5月,委托中国人民大学经济学院国际经济系举办国际金融专业证书培训班,共招收180人。此外,根据实用性、针对性、时效性、可操作性等原则,开展岗位培训。1992年,制定下发《岗位培训实施细则(试行)》,要求"八五"期间原则上完成县支行长、所社主任及信贷、会计、出纳、储蓄、微机等基层主要领导岗位和专业岗位人员的培训。

中行南京分行建立专职教育机构和培训基地,全面开展教育培训工作。1985年4月,中行南京分行在人事处设立教育科,此后各市也陆续设立教育机构,配备专(兼)职教育人员。1988年6月,在教育科基础上成立教育处。1985～1991年,先后建立南京、连云港、苏州三个培训中心。1987年11月中国银行第二次全国教育工作会议后,该行职工教育工作的重点由文化知识、学历转向岗位培训。1988年,为解决新进职工缺乏业务知识的问题,下发《关于对新进职工必须坚持先培训后上岗的通知》,明确规定对专业不对口人员必须先经过3个月左右的岗位基础培训,培训合格后才能上岗。专业对口的大中专毕业生和商调人员也须接受一周左右的岗前培训。1989年8月中国银行基础培训班教学计划和教学大纲颁布后,该行岗前培训逐步走向制度化、规范化。1985～1990年,通过征订、编印、翻印等各种渠道,筹集教材、讲义5万余册,其中自编国际贸易结算、计划、资金管理等23种教

材,约100万字;先后有200多人在南京分行培训中心授过课,逐步形成一支以系统内部选聘为主的专兼结合、以兼为主的教师队伍。1991年,新建成的苏州培训中心承办中国银行全国分支行行长培训班任务。此后,该行不断改善南京、连云港、苏州等3个直接管理的培训中心的软、硬件环境,提高培训能力。到1993年,全辖技术能手已达2 779人次。

建行江苏省分行贯彻"适应、超前"的方针,开展以金融专业为重点的教育培训工作,为建设银行职能转变和业务拓展提供知识和技能保证。1985～1988年,共举办电子计算机、证券投资、金融、审计等新业务短训班65期,受训4 297人次。随着新业务的开拓,部分业务部门还派员赴日本、菲律宾、澳大利亚等国进行专业培训。为提高员工学历层次,从1984至1988年,全省建行系统通过电大、函大、干部专修、高等自学考试等形式,有820余人完成大专及大专以上学历教学。1988～1990年,开展以自学考试为主要形式的在职岗位培训,全面进行政治思想、职业道德、专业知识、技能等综合性教育。六大岗位系列共13门课程,参考人数达22 257人次,有18 540人次获单科结业;利用现代化电教手段,摄制电声教材5门课程,共78小时,向全省公开发行录像带690盒,编写数十种教学复习资料,总计发行35 216册。1989年,组织编写《银行业务教程》《货币银行学教程》《经济法基础》等岗位培训教材,约80万字。1991年开始,采取由省分行统一制定考试计划、统一教材,各市分行负责考试具体组织实施的办法,开考《商业银行法律实务》《计算机基础》《商业银行经营与管理》《建设银行会计》《建设银行信贷管理》等21门课程。

交行南京分行1987年10月成立培训中心(处级),专司干部、职工业务培训工作。培训中心系初级培训机构,下设教务科,在编工作人员4名,有完备的培训条件和硬件设施,采取人事部门和相关业务部门联合办学的形式。1987～1990年,岗位培训主要以岗前班为主,共举办33期,培训910人次。1991～1995年,岗位培训遵循"干什么,学什么,缺什么,补什么"的工作思路,对会计、储蓄、信贷等4个岗位11个项目实

施培训,培训 20 多个部门的 510 名人员。

(二)商业化转型和股份制改造时期(1994~2008)

1993 年以后,国家不断深化金融领域的改革。省内各国有商业银行在商业化转型和股份制行改造过程中,探索建立符合现代商业银行发展方向的教育培训体系。其他银行也从自身实际出发,结合业务发展需要,不断加强教育培训工作。

1. 工行江苏省分行

1996 年 2 月,根据国家改革成人教育的有关规定,工总行决定全行系统不再举办大中专学历教育,教育工作完全转入以岗位培训为主的轨道。全省工行系统教育培训工作围绕全行改革发展中心,以建设一流人才队伍为重点,以提高员工的岗位履职能力为核心,分层次、多渠道、大规模开展对管理层、专业层、销售层、操作层的培训,确保员工的知识、技能和观念与全行经营转型与业务发展相适应。全辖平均每年举办各类培训班 1 000 余期。教育培训工作主要包括以下七个方面:

一是重点抓好管理人员的战略转型培训。为适应工商银行综合化、国际化发展的需要,加强对管理人员的现代金融企业经营管理综合能力的培训,重点抓好市行行级干部、省行机关正副总经理、县(城区)支行行长等管理人员战略转型培训工作。同时,针对网点负责人的业务技能结构和素质特点,收集网点负责人工作中成功的经验案例,形成典型经验案例教学课件,组织全行网点负责人轮训。

二是加强专业人员的培训。采取行内外专业资格认证培训和各类岗位适应性培训相结合的方式,着力培养一支数量充足、门类齐全、梯次合理,具有核心专业优势、较强创新能力和市场竞争力的专业人才队伍。

三是分类别、多渠道开展营销人员的培训。针对客户经理、大堂经理、产品经理、营业经理开展新知识、新业务、新产品以及银行市场营销能力的培训,着力提高客户关系管理能力和营销实战能力。抓好国际金融理财师培训,加强对国际金融理财师和金融理财师的后续培训工作。

四是抓好基层员工的技能培训。围绕业务流程整合和网点功能转型,依托培训学校的模拟银行培训平台,对全辖一线柜面人员进行全程模拟化、规范化、标准化柜面业务操作培训。专项开展中年员工的适岗和转岗培训,加快提高其岗位适应能力,帮助他们迅速适应新的工作岗位要求,顺利实现职业生涯转型。

五是加强高级专业人才队伍建设。组织中青年骨干人员参加注册金融分析师、注册国际金融风险师、国际注册特许公认会计师、金融理财师、银行风险与监管国际证书等 12 个领域的国际专业资质认证的培训,并参加全球认证考试。

六是建立专业资格培训认证制度。根据工总行关于专业资格培训与认证制度的要求,对专业资格培训与认证的序列、种类、考试频率和范围、组织实施作出统一规定,逐步开展每个岗位序列资格认证培训和考试,实现员工持证上岗。

七是大力发展网上培训和考试工作。通过建立省市分行之间上下联动、教育培训部门与信息科技部门相互合作的推进机制,使每一位员工都可以登录网上学习系统学习所有专业的知识、业务和产品,并开展各种类型、专业、岗位的考试。

2. 农行江苏省分行

1995~2004 年,农行江苏省分行从经营管理的实际要求出发,进行各类应急性、扩散性专业培训。重点实施的培训项目有:一是以计算机业务操作管理及办公自动化推广培训为主要内容的计算机技术人员培训;二是以资产分类、信贷风险管理、客户经理制等市场开发为主要内容的业务骨干培训;三是以中间业务、衍生金融产品、电子商务为主要内容的新知识、新业务、新技能培训。这一时期,全省农行共有 41 868 人次参加由省分行举办的 698 期业务培训。

2005 年~2008 年,农行江苏省分行根据把农业银行建成学习型银行的总体要求,以高级管理人员、专业管理人员和中青年技术骨干培训为重点,以更新知识结构、提高工作技能和管理能力为宗旨,开展多层次、多渠道、多形式的员工培训。一是抓好以组织行为学、管理学、市场营销、财务管理、金融投资为主要内容的行级领导干部培训。二是抓好以现代管理理论、计算机网络知识和外语运用能力为主要内容的后备干部、中青年干部培训。三是抓好以强化客户管理基础知识、综合产品知识、营销技巧及职业道德为主要内容的客户经理培训。四是抓好以 ABIS 内控管理和适时上柜各种新业务知识为主要内容的柜面操作人员培训。五是抓好以办公自动化、资产负债新统计制度及新统计操作系统、信贷审查和贷后管理、科技新知识为主要内容的后台管理部门和后勤保障部门人员培训。这一时期，全省农行共有 68 956 人次参加省分行举办的 789 期业务培训。

3. 中行江苏省分行

1994 年，中行江苏省分行贯彻中总行教育工作会议精神，把该年定为"教育年"，进一步加大业务培训的力度、广度和深度。一是省市二级行投入较多经费，修建教室，配备电脑、语音等现代化的教学设备，改善培训条件；二是采取多种形式、多渠道、多层次开展培训，采用走出去和请进米相结合、脱产和业余培训相结合、省市县三级行相结合等多种方式，扩大培训面，当年全辖共办班 717 期，参训人数 21 883 人次；三是教育部门采用普及和提高相结合、专业和基础相结合的方法，收到良好效果。1995～1996 年，重点抓好县支行行长、办事处主任、储蓄所主任等岗位资格培训，加强电脑、结算、县支行信贷风险防范等适应性培训。1997 年，经中总行批准，开始建设江宁培训中心。2000 年 1 月 8 日，江宁培训中心教学基地建成并投入使用。当年全辖共举办培训 1 281 期，参训员工 43 393 人次，同时选派 25 人次参加中总行举办的国外培训 20 期。

进入 21 世纪，中行江苏省分行教育培训工作的形式和内容更为丰富多样。2001 年，按照中总行"四个留人"（事业留人、感情留人、适当待遇留人、高质量培训留人）的要求举办各类培训班 435 期，同时举办 3 期处（科）级党员领导干部进修班，培训党员领导干部 163 人次。2002 年，组织、指导并参与管理苏州、南通培训基地承办的支行行长培训班和四期基层网点负责人培训班，培训 239 人次。2003 年，指导协助苏州、南通两培训基地办班 15 期，当年被评为"2003 年度中国银行教育培训先进集体"，是中行系统内唯一获此殊荣的省级分行。2004 年，摄录 8 类近 800 张业务基础知识教学光盘，提供给非业务

人员培训学习。建立 3 大门类共 5 180 题的题库，供各级行组织考核和员工自测。2005 年，提出"授业育人、实践育人、机制育人、作风育人"的工作要求，成立培训中心，负责全辖教育培训工作。培训中心内设教学培训管理团队、服务保障团队和财务与综合管理团队部 3 个科室。2006 年，通过员工职业生涯规划、交流、培训以及建立激励约束机制等方式，促进全行人力资源结构的调整。组织全辖 3 200 多名零售贷款客户经理和南京地区 500 多名理财经理的资格准入培训及认证考试，加强一线销售力量。截至 2008 年末，该行培训中心（省分行及各二级分行）共配备专兼职师资 88 人。当年组织各类培训班 112 期，培训 5 496 人，累计实施培训天数 467 天。

4. 建行江苏省分行

1995 年起，建行江苏省分行围绕建设银行改革对员工素质的要求，重点开展以商业银行经营管理为主要内容的领导干部及业务骨干的培训。1995～1997 年，共组织开展各类短期培训班 1 103 期，参训员工 43 941 人次。1998 年开始，根据《1998～2000 年中国建设银行员工教育培训规划》，对各级管理人员实行制度化培训。一级分行正副行长、正副处长和二级分行正副行长三年轮训一遍，县支行正副行长、城区科级办事处正副主任任期内至少轮训一遍。加强对后备干部的培训，选拔部分 40 岁以下的后备干部，到国内重点大学进行脱产学习；对"三千人工程"人员，除挂职锻炼外，还加强培训、交流力度，提供多种机会促其成才；对新提拔的后备干部，进行有针对性的岗前培训。2002 年 7 月，印发《关于加强和规范干部学历、学位管理工作的通知》，鼓励干部在职学习，并规定干部参加学历教育须进行事前备案。

2004 年以后，建行江苏省分行改革培训体制，逐步形成较为完善的培训管理保障体系。2004 年，印发《中国建设银行江苏省分行培训体制改革实施办法（暂行）》，确定培训体制改革的总体目标：突出一个核心（以岗位能力为核心）、强化四大类培训（岗位资格培训、履岗能力培训、岗位职务提升培训和职业生涯发展培训）、健全三大类培训管理保障体系（责任体系、考评体系和支持体系）。按照总体目标要求，2005 年底前

基本形成较为完整的培训管理保障体系,2006年底前组织实施履岗能力培训,确保完成各项培训任务。2008年起,根据建总行《关于在全行实施新一轮大规模员工教育培训的意见》,开展新一轮大规模员工教育培训工作。中高级管理人员每年累计参加脱产培训时间不少于110学时,一般员工每年累计参加脱产培训时间不少于25学时。每年确保一二级分行行级、一级分行部门级、基层机构负责人和二级分行部门级等管理人员至少参加一次脱产培训。各级后备管理人员3年轮训一遍。同年,根据《中国建设银行岗位资格培训管理办法(试行)》和《中国建设银行岗位培训考试实施细则(试行)》,进一步理顺岗位培训和岗位资格培训之间的关系,明确岗位资格考试、资格确认及后续培训要求,规范岗位资格考试的组织实施流程。2004~2008年,该行共组织实施各类培训项目3 899期,培训各级员工215 977人次。

5. 交行南京分行

1996~1997年,交行南京分行举办六期储蓄人员电脑中型机业务操作轮训,培训205人次;举办会计职位培训,全辖共有1 706人次参加交总行组织的考试,及格率99.2%。2002年,移植武汉分行的模拟银行培训系统中的网络教学培训考试系统,并在原系统上增加个人消费贷款和基层内控管理知识题库,题库量达3 193题,满足各个层面的员工达标上岗考试、任职资格考试等需要。当年利用该系统开展综合柜员培训23期,培训744人次。2003~2005年,举办各类培训班198期,培训员工18 743人次。2007年,分两批组织全辖新行员进行为期一个月的岗前集中培训,除进行行史教育和业务理论知识学习外,还外聘专家进行职业礼仪和职业心态培训,增强新员工的归属感;举办客户经理季度考试,重点提高客户经理的业务水平和综合能力;组织等级柜员考试,考试成绩作为派遣制员工转正和会计人员晋升的依据。当年共举办各类培训班24期,培训、考试2 533人次。2008年,利用远程培训系统中的课件资源在网络教室举办各类培训班,实现培训工作的网络化、电子化。持证上岗培训工作重点由A、B职等员工转到C、D职等员工任职资格培训上,推进员工持证上

岗培训及巡回培训。交行南京分行的学历教育以在职学习为主,采取业余学习或自学考试方式,学费自理,所学专业应与其从事专业工作一致,取得教育部门认可的学历证书,且高于其原学历者,可按标准一次性获得奖学金或报销学费。该行成立以来,有极少数干部由组织推选,参加非全脱产的全日制教育。

6. 其他银行

华夏银行南京分行作为1993年金融体制改革后最早进入江苏的股份制商业银行,教育培训工作起步较早,也较为系统。一是与高等院校联合办班。1996年,与南京理工大学联合举办金融专业证书班,80多人次参加培训学习。1999年,委托南京大学举办金融专业英语证书班,选拔68名员工参加学习。2000年,与南京大学联合举办研究生进修班,全行45岁以下的副处级以上干部全部参加学习。2007年,与南京师范大学联合举办第一期全国出国培训备选人员外语考试(BFT)培训班,37人分别获得BFT高、中、初级证书。二是业务培训与竞赛。1998年、2000年、2002年,先后举办三届业务技能比赛,提高了员工业务技能。2004年,为40名处级领导和150名授信工作相关人员各举办一期授信工作尽职指引培训及考试。2005年,分别开展信贷新系统、营销技巧等培训,800余人次参加培训。2006年,以华夏银行总行组织上岗资格证书考试为契机,大力开展岗位专业理论学习。296人参加12个专业的资格考试,保证储蓄、出纳、会计等专业人员的持证上岗率。组织10多次客户经理培训,1 850人次参加培训。三是出境(含港、澳、台地区)考察与培训。1998年,抽调部分业务骨干参加华夏银行总行与意大利银行组织的业务培训41人次。2003年,派出43名助理以上干部赴美国、德国和中国香港地区进行学习考察。2004年,组织16人次赴香港考察学习。2006年,组织一类后备人才参加华夏银行总行组织的新加坡培训。2007年,抽调4名高级管理人员赴香港、新加坡培训。2008年,选派一批工作能力和敬业精神突出的年轻干部赴德意志银行培训。

浦发银行南京分行1995年筹建期间就组织两期电脑培训班,开办国际业务知识等10个专

题的系列讲座,组织柜面人员业务技能比赛。1997 年,对新入行员工进行入行教育和岗前培训,举办柜面英语、会计、信贷管理等十多期培训班,选派 13 名员工出国培训。1998 年,在浦发银行总行组织的第二届业务技能比赛中,获得团体第一的优异成绩。2003 年,邀请国内培训专家对中层干部、新员工进行管理和团队建设培训。2007 年,启动"331"工程,选拔、交流一批青年干部,引进一批业务骨干,畅通基层员工的晋升渠道。2008 年,采取培训、研讨、座谈等方式,加强业务培训和交流,分批次晋升年轻干部、业务骨干和三级行员,进一步激发员工活力。

招商银行南京分行 1996 年成立初期,教育培训工作由办公室主管,2000 年 2 月起改由人力资源部主管,配备专(兼)职培训管理人员 1～2 名。该行教育培训工作分为三个层次:一是选派人员参加招商银行总行举办的一级培训;二是分行举办的二级培训;三是分行各部门组织的三级培训。培训形式主要有集中培训、总行远程培训和员工自选培训等三种。2007 年,为提高管理干部的综合素质,选送管理干部参加北京大学职业经理人课程学习,鼓励骨干员工参加南京大学 MBA 或 EMBA 课程学习,与上海金融学院联合举办 AFP 资格认证培训班。举办多期新员工入行教育培训班,并实行辅导人制度,使新员工尽快融入团队。组织二级培训 95 期,参训员工 6 148 人次。2008 年,安排干部分别参加招商银行总行举办的支行行长培训班、北京大学高级经理人培训班和江苏省银行业协会举办的支行行长高级研修班,举办 AFP、CFP 资格认证考试周末培训班。举办 8 期新行员入行教育培训班,

并对入行教育课程设置进行调整优化。结合网上培训问卷调查结果,制定二级培训计划。当年组织二级培训 137 期,参训人员 9 613 人次,比上年分别增长 44.21%、56.36%。

广发银行南京分行 1997 年成立以后,一直将教育培训工作作为开发员工潜能的核心机制,致力于培养适应市场经济发展和银行业竞争需要的应用性人才,以提升全行综合竞争实力。培训工作遵循人力资源管理部门归口管理、其他部门配合实施的原则,以提高员工职业能力和综合素质为准则,以员工绩效考核结果为导向,以各类别、各层次人员的培训需求为基础,做到全员培训、重点提高,逐步形成集在职培训、职业开发培训、奖励培训、新行员培训于一体的综合性培训体系。为提高培训工作的计划性和系统性,自 1999 年以来,该行每年底都由各业务部门制定次年培训计划,综合形成全行总体培训计划,然后按月实施,人力资源部逐月统计培训落实情况。1999～2008 年,该行年均培训 2 000 多人次。由于教育培训工作成效显著,该行于 2005 年获得"中国银行业协会金融教育先进集体"称号。

省联社 2001 成立后,以制度、政策和业务技能为主要内容,不断加大人员培训和人才培养力度,有效提高干部职工综合素质和经营管理水平。2002～2008 年,共举办高管人员、各类专业人员培训班 77 期,参训人员逾 5 000 人次。同时,积极引导干部职工进行学历教育。截至 2008 年末,全省农村信用社在编员工 35 271 人,其中大专以上学历员工 23 404 人,占 66.35%。

附　录

一、大事年表

1978 年

3 月 15 日　中行南京分行开办进口结算业务。

7 月 14 日　建行江苏省分行、省基建局联合发出通知,开展财经纪律大检查和加强成本管理工作。

1979 年

6 月 20 日　农行江苏省分行恢复成立。

9 月 10 日　中行南京分行为南通国棉二厂与美国国际织物公司的来料加工补偿贸易项目向瑞士联合银行开出 924 万元瑞士法郎、向伦敦大通曼哈顿银行开出 870 万美元的担保信用证。这是中行南京分行为补偿贸易项下出具的第一份银行担保。

11 月 17 日　中行南京分行从人行江苏省分行分设出来。

12 月 19 日　江苏省革命委员会同意建行江苏省分行为省局一级机构。

12 月　人行江苏省分行和农行江苏省分行联合转发两总行《关于做好供销社等单位信贷业务交接工作的联合通知》,规定供销社等单位将 1979 年末的实际贷款余额划给农业银行。农业银行从 1980 年 1 月 1 日起办理这项业务。

1980 年

1 月 1 日　全省中行与人行账务分开,自成体系。

4 月 1 日　全省中行开始发行外汇兑换券,供来中国大陆的外宾及港、澳同胞在规定的范围内使用。

4 月 23 日　省政府同意中行南京分行为局一级机构,并同时建立国家外汇管理局江苏分局。中行南京分行和国家外汇管理局江苏分局为同一套机构,但对外挂两块牌子。

4 月　农总行在苏州召开全国农业银行分行行长参加的支持商品生产、活跃农村经济经验交流会。会议提出"因地制宜地支持商品生产,讲求经济效益,活跃农村经济"的农村金融工作指导方针。

5 月 1 日　建行江苏省分行从省财政厅分出,独立办公。

8 月 11 日　中行南京分行发出通知,决定自 1980 年 8 月起试行将部分留成外汇的额度管理工作下放给各行就地实行。

10 月 9 日　中国银行在南京等 12 个分行试办外汇调剂业务。

11 月 1 日　全省开始试行限额结算。

11 月 18 日、19 日　中行南京分行与香港汇丰银行签订 VISA、Master Card 信用卡取现业务,首次代理国外信用卡业务。

1981 年

1 月 1 日　建行江苏省分行开始对人民银行与建设银行之间的基本建设资金供应和清算,取消现行的"上存下支",改由建设银行根据基建资金用款需要逐级调拨。

3 月 25 日　建行江苏省分行发出通知,要求下属机构在国家控制基建规模和执行国家基建计划中负起财政监督的责任。

4 月 14 日　中行南京分行与美国运通公司签订协议,受理凭运通信用卡保兑私人支票的业务。

4 月 20 日　中行南京分行向南京电信局承租国产 55 型电传机两部,连通电传线路,开通与境外银行之间的电信联系。

10 月　江苏省国际信托投资公司经国家外资管理委员会和江苏省政府批准正式成立。

12月29日　农行江苏省分行转发《国务院批转中国农业银行关于处理农贷积欠,加强农贷管理的报告》,同时印发《处理农贷积欠实施办法》。

1982 年

1月7日　扬中县公安局破获一起 10 万美元假钞案,同时在主犯家中搜出很多伪中央银行钞票、50 美元假钞及印刷工具。

2月16日　农行江苏省分行决定开办"存贷结合"优惠储蓄。

3月2日　省编制委员会批准成立中国投资银行江苏省分行(县处级)。

3月　农行江苏省分行决定,在不改变信用社所有制性质的前提下,实行农业银行营业所与信用合作社联营,即"统一领导,联合经营,利润分成",简称所社联营。同月,建行江苏省分行开办商品房贷款业务,从施工企业短期贷款中下达首批贷款指标 780 万元。

4月3日　中行南京分行批准中国电子技术进出口分公司南京办事处特种外汇甲类贷款 12 万美元。这是该行办理的第一笔特种甲类外汇贷款。

4月22日　建行江苏省分行开始办理施工企业钢模贷款业务,当年从施工企业短期贷款中下达各行钢模专项贷款指标 300 万元。

4月27日　中行南京分行批准南京汽车制造厂特种乙类外汇贷款 5 000 美元。这是该行办理的第一笔特种乙类外汇贷款。

8月28日　中行南京分行发放 4 055 万美元外汇贷款,支持金陵饭店建设,为当时江苏省最大的浮动利率贷款。金陵饭店曾是中国第一高楼,南京标志性建筑。

10月　建行江苏省分行首次试编全行信贷收支计划。

1983 年

2月26日　农行江苏省分行制定下发执行《双包户、专业户(重点户)贷款暂行办法》,以适应农村联产承包责任制后双包户、专业户发展商品生产和商品流通的需要。

3月12日　省委办公厅、省政府办公厅转发农行江苏省分行《关于信用社体制改革试点工作的意见》。

3月　中共江苏省委批转农行江苏省分行的报告,明确规定:为恢复和加强信用社组织上的群众性、管理上的民主性和经营上的灵活性,把原所社联营改为分营。

6月18日　建行江苏省分行转发财政部、建总局《关于地方国营建筑安装企业实行利改税有关问题的通知》,并对江苏地方国营企业实行利改税有关问题作出补充规定。

1984 年

1月1日　人民银行与工商银行分设后,因省以下机构未分设,采取人员不分、账务分开的方式,会计上用两套账分开核算。

1月21日　中行南京分行下发《关于外汇贷款试行项目评估报告的通知》,要求各分支行从 1984 年 2 月 1 日起对 100 万美元以上的外汇贷款项目和 200 万元以上的人民币中短期贷款项目进行评估。这是该行成立后第一次提出项目评估要求。

2月28日　根据国务院规定,中行南京分行着手将外汇管理科划归人行江苏省分行。

4月23日　农行江苏省分行发出通知,规定各市分支行 1983 年收回的 1978 年前旧农贷,可将其中 50% 用于 1984 年"开发性贷款"。

7月1日　全省农行 83 个对账行和 2 029 个基层营业单位开办农行系统省辖往来联行业务,从而结束农业银行参加人民银行省辖往来的历史。同日,省内各地中国银行开始办理丙种外币存款。

7月6日　建行江苏省分行、农行江苏省分行联合下发《第二次商品粮基地试点县投资管理工作座谈会纪要》和《建设资金管理办法》。

7月10日　中行南京分行向下属各分支行发出《关于省内各分支行办理进出口结算业务的暂行办法》。

8月　中国人民银行批准江苏省国际信托投资公司为国有非银行金融机构。

9月1日　中行南京分行开始将对公和对私批汇业务下放至下属各支行办理,并于 9 月 21 日经中总行同意在各分支行开办代售国外银行外币及香港地区港币旅行支票业务。

10月15日　农行江苏省分行下发《关于信用合作社管理改革的实施意见》,要求加快信用合作社改革步伐。

12月　农行江苏省分行印发《关于所、社分营账务处理的意见》，规定1984年12月31决算终了为所、社分营时间。

1985年

1月1日　从省、市人民银行中分设出省、市工商银行。县成立工商银行，人民银行暂不设县级机构，委托县工商银行代理。同日，全省农村信用社与农业银行基层营业所由联合营业改为分开营业。农行江苏省分行根据农总行《关于做好代理放款改为自营业务工作的通知》要求，将国营工业贷款改为自营业务。

4月　农行江苏省分行继建立自身的省辖联行体系之后，又根据中国人民银行规定，从当月起建立农业银行自身的全国联行体系，进一步完善联行核算功能。

5月3日　中行南京分行开办江苏同波兰和捷克斯洛伐克两国之间地方易货贸易的结算业务。

6月　江苏省租赁有限公司成立。

8月1日　中行南京分行所属机构开始对省轻工、土畜产、丝绸、纺织品4家进出口分公司试办出口押汇。同日，建行江苏省分行转发中国人民银行决定，对利用信贷资金安排的固定资产投资贷款实行统一的期限差别利率。

8月21日　建行江苏省分行对信贷资金管理体制实行改革，并下达1985年各行信贷资金计划。

10月底　农行江苏省分行对1978年底以前信用社的积欠贷款全部清理结束，经农总行同意，信用社核销贷款1 579 535元。该核销部分，由信用社冲减公积金（包括当年盈余），冲减不足部分，由农业银行作为贴补信用社亏损解决。

1986年

1月1日　全省一切外汇额度的开户、收支、调拨业务开始由各地外汇管理分局办理。是日，中行南京分行成立本系统人民币联行往来系统，采取"直接往来，分别核算，集中对账"的办法。

2月7日　江苏省第一个邮政储蓄网点——南京水西门邮局对外营业。

3月11日　中行南京分行下发《关于丙种外币存款业务核算手续及有关事项的通知》。

4月30日　工行江苏省分行在常州开展储蓄所经营承包责任制试点工作，并逐步在全省推开。

6月19日　建行江苏省分行、省财政厅、省水利厅联合下发《江苏省水利基本建设投资包干试行办法》，对省水利建设项目的投资包干内容、范围、形式、依据、包干结余资金的处理及责任的仲裁作出具体规定。

7月1日　中行南京分行开办代客远期外汇买卖业务。

7月17～19日　南京地区相继发现4起共6张50元面额外汇券假票。这是江苏省首批截获的外汇券假票。

10月15日　建行江苏省分行转发建总行制定的《基本建设贷款暂行办法》，自颁布之日起执行。

12月26日　农行江苏省分行与省供销社联合发出通知，决定在全省供销合作社系统中逐步建立农业银行储蓄代办所，代办银行储蓄业务。

1987年

1月1日　建行江苏省分行开始将信贷计划与信贷资金脱钩，把原由建总行统筹调拨的办法改为各行自筹调剂轧存上缴、轧差下拨的办法。

3月24日　建行江苏省分行制定下发《江苏省住宅储蓄（存款）贷款试行办法》。

4月1日　交行南京分行开始试营业。

5月3日　中行南京分行开始使用东海0520C型电脑开立进口信用证。

5月15日　建行江苏省分行首次在省内代理发行重点建设债券和金融债券共计3 200万元。

7月17日　中行南京分行开始对外贸信贷资金实行目标管理，并提出考核试行的具体办法。

9月21日　中行南京分行下发通知，规定所属分支行可以发放出口打包贷款。

9月24日　全国第二家、江苏省第一家财务公司——中山集团财务公司成立。

10月　全省农村储蓄余额超过100亿元。

省政府颁发嘉奖令,农总行发来贺电,人民日报等8家新闻单位作了报道。

11月11日 建行江苏省分行下发《固定资产投资贷款内部管理规程实施细则》和《信贷工作考核办法》,规定自1987年10月起在全省执行。

12月7日 经农总行批准,农行江苏省分行开始办理外汇业务和代为对外承担债务。

12月23日 交行南京分行开始发行首批金融债券。

1988年

3月15日 交行南京分行正式开业。

3月29日 中行南京分行在南京、苏州、无锡、常州四市推出省内首批长城信用卡。

3月底 全省建行储蓄存款超2亿元。

4月25日 经国家外汇管理局批准,农行江苏省分行成立国际业务部。

5月4日 交行南京分行开始办理国际贸易结算业务。

8月24日 农行江苏省分行印发《江苏省农村信用社承包经营试行办法》,实行包存款增长、包资金运用、包贷款回收、包资金损失、包利润增长,职工奖金与经济效益挂钩的"五包一挂"办法。

9月12日 建行江苏省分行停止执行"多存多贷"和"捆起来"考核的做法,一律按核定的年度计划发放贷款,并分项考核。

10月15日 建行江苏省分行转发建总行《个体经济户开户结算管理试行办法》,要求各市中心支行选择一两个行处进行试点。

11月 工行江苏省分行大力开展代发工资业务,从联办、代办单位本身的代发工资业务做起。

12月14日 建行江苏省分行发出《省辖联行往来基本规则》,自1989年1月1日起在该行系统内执行。

12月 经农总行批准,南通、苏州、无锡、常州、南京5市分行成立国际业务机构,办理除贸易和非贸易结算以外的各项外汇业务。

1989年

1月1日 建行江苏省分行开始执行建总行制定的《固定资产管理办法》和《固定资产折旧

实施细则》。

4月10日 建行江苏省分行开始在全省发行累进利息、浮动期限(最短1年,最长3年)、面向城乡个人的金融债券3 500万元。

5月15日 建行江苏省分行制定《技术改造贷款办法实施细则》《技术改造贷款内部管理规程实施细则》和《工交企业流动资金贷款暂行办法实施细则》,规定于1990年3月印发全省执行。

9月21日 建行江苏省分行、省财政厅转发财政部《关于委托中国人民建设银行代行部分财政职能的通知》,并结合江苏地方基建情况制定5条补充规定。

10月4日 工行江苏省分行建立贷款呆账准备金制度。

10月15日 工行江苏省分行发行牡丹信用卡。

10月16日 建行江苏省分行转发建总行、国家计委、国家原材料投资公司等6个部门《关于国家专业投资公司债券资金管理的暂行规定》。

11月16日 建行江苏省分行在全国建行系统中率先制定下发《内部往来核算办法》。

1990年

1月1日 建行江苏省分行开始执行建总行制定的《中央级基本建设储备贷款管理暂行办法》。

2月22日 人行江苏省分行批准交行南京分行发行新的大额可转让定期存单。自3月1日起停办大额储蓄存单(包括对公)业务。

8月23日 工行江苏省分行提出"全行办外汇"的指导思想。

1991年

3月20日 省政府常务会议明确江苏省房改金融业务由建行江苏省分行住房信贷部承担。

3月25日 交行南京分行独家发行东方石油化工公司债券5 000万元。

5月16日 中信实业银行南京分行成立,2005年更名为中信银行南京分行。

6月4日 工行江苏省分行成立住房信贷部,全面参与房改房及房改金融工作。

11月20日 江苏省住房制度改革工作会

议在南京召开,各市建行分管房改金融的行长由各市分管市长带队出席会议。

1992 年

1月1日　中行南京分行宝来B系列计算机上的第一代信用卡电脑系统投产运行,改变信用卡业务手工记台账的模式。

5月　农行江苏省分行在苏州、无锡、常州、南通、南京5行发行金穗信用卡。

7月1日　中行南京分行更名为中行江苏省分行。同日,江苏省城镇住房制度改革方案开始在全省11个省辖市的市区正式实施。

9月8日　建行江苏省分行在无锡发行信用卡。

11月10日　人行江苏省分行、农行江苏省分行印发《江苏农村信用社资产负债比例管理实践办法》,明确实施资产负债比例管理后,要发挥行、社支持农村经济发展的整体优势,相互配合,团结协作。

11月20日　工行江苏省分行实行柜员制改革。

12月　中行江苏省分行已在全省64个县设立支行并开业,成为当时全国中行系统唯一实现县县有中行的省份。渣打银行南京分行成立,为改革开放后江苏成立的第一家外资银行。

1993 年

1月1日　中行江苏省分行开始发行外汇长城卡(公司卡),主要发卡对象为外国在华常驻机构、"三资"企业及经常有外派任务的国内单位。

3月　农行江苏省分行印发《关于进一步完善农村信用社经营责任制的意见》,规定应遵循的4条原则,采取以利润为中心的经营目标责任制和综合承包经营责任制的形式。

7月1日　农行江苏省分行加入农业银行全国联行往来计算机对账系统。

9月起　工行江苏省分行在全省开办定期储蓄到期自动转存、存本取息定期储蓄、整存零取定期储蓄、个人通知存款4项储蓄业务。

12月26日　交行南京分行发行太平洋信用卡。

1994 年

3月1日　中行江苏省分行辖内各行信用

卡业务开始实行24小时授权服务,节假日正常工作,为辖内各县支行及时办理代授权的有关事宜。

7月26日　交行南京分行与南京市电信局联合开办"电信费代付"储蓄业务。同日,中行江苏省分行获准成为省内首家开办个人外汇买卖业务的银行。

7月　江苏省投资公司并入江苏省国际信托投资公司,江苏省国际信托投资公司注册资本变更为人民币6.6亿元。

10月　农行江苏省分行转发农总行《关于进一步加强县(市)联社建设的意见》,明确要完善县联社功能,1995年要做到真正独立运转。

1995 年

3月29日　交行南京分行在南京市推出"太平洋彩照卡"。

4月19日　中行江苏省分行对部分内部机构设置和业务划分及其部门职责作出调整,其中包括两个信贷部合并成一个信贷部;存汇处改称存款处;国际贸易结算处改称国际结算部;撤销省行出纳兑换处;会计处改称财会处。

6月6日　华夏银行南京分行成立。

6月22日　上海浦东发展银行南京分行成立。

9月　农行江苏省分行在常熟召开全省农行城市新业务经验交流会。

11月　浦发银行南京分行向宁沪高速公路发放1亿元建设贷款。

12月6日　交行南京分行在南京市率先推出优质服务创新工程"外币一折通"业务。

12月12～14日　由国务院组织召开的全国房改工作经验交流会在上海召开,建行江苏省分行作为全国唯一的省级分行参加会议。

12月底　农村金融体制改革取得重要进展。全省1792个乡镇的农业银行和农村信用社机构分设工作全部结束,对县联社的管理权限上收至市分行,对83个县联社全部配备正副主任,各县联社均可独立运作,并经人民银行批准组建57个县联社营业部。

1996 年

2月8日　南京城市合作银行成立,成为继深圳、上海、北京之后全国第四家城市合作银行。

3月　中国人民建设银行江苏省分行更名为中国建设银行江苏省分行。

5月10日　中行江苏省分行在南京实现"一个城市一个电脑中心"。

6月28日　建行江苏省分行作为主办行，成功为国家重点工程——南京禄口国际机场组织由全省8家商业银行参贷、贷款总额为3亿元的银团贷款。

9月　全省农行与农发行分设工作全面完成。9月22日，南通市成立全省第一家农发行市级分行。

11月29日　招商银行南京分行成立。

12月5日　交行南京分行加入全国交行对公结算电子汇兑系统。

12月　全省农行与农村信用社完全脱离行政隶属关系。

1997 年

3月　农行江苏省分行对资金组织工作作出重大调整：一是由过去的"总量结构并重"向"在拓宽总量的前提下积极优化结构"转变，确立"存款就是经营，总量就是实力"的指导思想；二是调整由考核任务为主向考核市场份额转变，按季排名监测。

4月1日　中行江苏省分行本部开展人民币远期结售汇业务试点。同年8月，试点工作在全辖推开。

4月22日　工商银行与仪征化纤、春兰集团、扬子石化等特大型企业举行合作签字仪式，同时成立全国工行系统首个结算网络。

4月　农行江苏省分行召开"防范化解信贷风险、全面提高资产质量"工作会议，提出力争用3年左右时间使全省农行系统防范化解信贷风险的能力和资产质量上一个新的台阶。

5月　农行江苏省分行提出"存款立行"的指导思想和"巩固农村、开拓城市、增加总量、优化结构"的发展策略，制定储蓄网点三年发展规划。同月，对全行电子化建设总体思路进行重大调整，决定突出重点城市重点区域网络建设和重点项目网络运用，加快网上应用开发，加快全省"双卡"工程建设，加快办公自动化进程。

8月1日　中行江苏省分行开通个人外汇买卖24小时自动报价服务系统，为客户提供全天候服务。

9月22日　招商银行南京分行与江苏省交通厅签署"九五"期间银企合作协议，将向省重点交通建设项目提供30亿元贷款，并将在担保、结算等方面提供全方位的服务。

10月　日本东京三菱银行无锡代表处成立，2006年12月升格为无锡分行。

11月10日　广东发展银行南京分行成立。

12月1日　交行南京分行南京市内105个营业网点全面开通同城集中式储蓄通存通兑系统。

12月　日本住友银行苏州分行成立，为改革开放后江苏成立的第一家日资银行，也是苏州市第一家外资银行。

1998 年

2月8日　华夏银行南京分行向仪征化纤集团发放3 000万美元贷款，为该行成立以来发放的最大单笔贷款。

2月　工商银行与春兰集团签订全国工行系统第一份集团网络结算协议。

3月　在工行江苏省分行省辖汇差改革成功的基础上，工总行决定对全国联行资金清算进行改革。

4月28日　南京城市合作银行更名为南京市商业银行。

5月1日　建行江苏省分行在全省各市分行统一设立"龙卡服务中心"。

9月28日　招商银行南京分行与南京市电信局合作的一卡通电话"自助缴费"系统进入应用推广阶段，成为南京地区首家实现电话自助缴费服务的商业银行。

9月　南京市商业银行国际业务部正式开通SWIFT系统，成为国内第一家启用SWIFT系统的城市商业银行。

11月12日　交行南京分行太平洋卡"一卡通"系统开通使用。

11月17日　农行江苏省分行召开接办粮棉油附营业务工作会议，讨论并明确接收工作应严格把握的14条原则。

12月　国家开发银行南京分行在原中国投资银行江苏省分行的基础上组建成立。

1999 年

3 月 15 日　工行江苏省分行颁布营业网站规范化服务标准。

4 月 14 日　工行江苏省分行出台第一个中小企业信贷工作指导文件。

4 月 19 日　广发银行与金光纸业(中国)投资有限公司举行贷款协议签约仪式。广发银行总行与金光纸业签订 12 亿元贷款授信,广发银行南京分行与金东纸业签订 1.5 亿元贷款协议。

4 月　招商银行南京分行在省内率先推出"一网通"网上个人银行,同年 9 月又在省内率先推出"一网通"网上企业银行,成为省内同业唯一一家同时为企业和个人提供在线金融服务的商业银行。

5 月 18 日　光大银行南京管理部成立。交行南京分行湖南路自助银行开业,为南京市规模最大、设备最先进、功能最齐全的一家 24 小时自助银行。

5 月 25 日　中行江苏省分行与苏州工业园区华能电厂举行 9.3 亿元贷款合同签字仪式。

5 月 30 日　中国石化财务有限责任公司南京办事处成立,2007 年 6 月升格为南京分公司。

5 月　招商银行南京分行在江苏金融系统中率先引入 ISO9000 质量管理体系国际认证标准,并于当年 8 月通过由英国 BSI 公司、中国船级社专家组成的具有国际质量认证资格的认证小组的评审认证,成为省内首家获得国际质量认证证书的商业银行。

6 月 23 日　建行江苏省分行信用卡加入全国龙卡网络。同年 10 月 28 日,储蓄卡也加入全国龙卡网络。

9 月 15 日　交行南京分行开办个人外汇买卖业务。

9 月　中国信达资产管理公司南京办事处成立。

2000 年

1 月 12 日　招商银行南京分行举行网上企业银行服务推广演示会,南京熊猫集团等 3 家企业与该行签订企业银行服务协议,成为南京地区首批使用该行网上银行服务的客户。

1 月 18 日　中国银行连云港市核电站支行开业,并与江苏核电有限公司举行 3 亿元短期贷款合同签字仪式。连云港田湾核电站是当时中俄两国最大的经贸合作项目,总投资 32 亿美元。

3 月 18 日　中国长城资产管理公司南京办事处成立。

3 月 20 日　中国民生银行南京分行成立。

4 月 21 日　中国华融资产管理公司南京办事处成立。

4 月 26 日　中国东方资产管理公司南京办事处成立。

6 月 28 日　建行江苏省分行在无锡举行建行无锡市分行、无锡市商业银行支付结算代理业务签字仪式,在全国建行系统率先开办代理中小商业银行签发全国银行汇票业务。同日,江苏省银行同业公会成立,2005 年更名为江苏省银行业协会。

6 月　农行江苏省分行省域数据处理中心建成。

7 月 1 日　工行江苏省分行确定苏州、无锡、南通为首批发行牡丹贷记卡试点行。同月 12 日,工行江苏省分行首先在南通分行开办信用卡个人消费贷款业务。

7 月 18 日　交行南京分行与南京华浦电子有限公司在金陵饭店举行彩色显像管项目 11 亿元贷款合同签字仪式。

8 月 22 日　经国务院批准,人总行和江苏省政府决定在江苏进行农村信用社改革试点工作。

11 月 14 日　光大银行南京管理部更名为光大银行南京分行。

11 月 20～22 日　农行江苏省分行召开业务城市化工作会议,进一步推进业务城市化进程。

11 月 28 日　工行江苏省分行在南京开通"汇市通"个人外汇买卖业务。

11 月 29 日　深圳发展银行南京分行成立。

12 月 31 日　招商银行南京分行"一卡通"发卡量突破百万张,成为南京地区发行数量最多的银行卡。

12 月　南京市商业银行在全国银行间债券市场债券年结算额首次突破 1 000 亿元。

2001 年

1 月 8 日　福建兴业银行南京分行成立,

2003 年 3 月更名为兴业银行南京分行。

2 月 7 日 中国农业银行与南京市政府合作签字仪式在南京举行。

3 月 15 日 建行江苏省分行在全国建行系统一级分行中第一家开通联网联合跨行交易,所有发卡行加入省金卡网络,实现 ATM 资源跨行共享。

4 月 28 日 在人行南京分行倡导下,由南京市商业银行牵头、省内 9 家城市商业银行共同发起成立江苏省城市商业银行协会。

4 月 农行江苏省分行实现金穗借记卡、信用卡在 ATM、POS 和柜面交易上全省、全国及跨行联网。

5 月 31 日 中国进出口银行扩大与交行南京分行的业务合作,将金陵船厂的转贷额度由上年的 2 500 万元提高到 1.6 亿元。

6 月 1 日 省电力公司银行户集中管理改革推广工作全面展开,电费户资金全部通过工行江苏省分行归集。

6 月 光大银行南京分行在光大总行部署下,大力开展"一柜通"业务推广工作。当年办理"一柜通"业务超过 5 000 笔,金额超过 14 亿元。

8 月 4 日 交行南京分行与南京市房产局等单位研制开发国内第一套物业维修基金管理系统。

8 月 省政府决定对江苏省国际信托投资公司和江苏省投资管理有限责任公司进行集团化重组改制,组建江苏省国信资产管理集团有限公司。

9 月 14 日 福建兴业银行南京分行推出"在线兴业"网上银行服务。

9 月 18 日 交行南京分行首家"外汇宝"交易中心开业。

9 月 19 日 江苏省农村信用合作社联合社成立。

11 月 28 日 经国务院和人总行批准,国际金融公司(IFC)投资参股南京市商业银行协议签字仪式在北京港澳中心举行。

11 月 张家港、常熟、江阴市农村信用联社在全国首批改制为农村商业银行。

12 月 3～4 日 华夏银行总行在南京分行召开华夏银行创建一流商业银行经验交流现场会。会议宣读华夏总行关于学习推广南京分行先进经营管理经验的决定。

12 月 28 日 工行江苏省分行与省联社签订业务合作协议。

2002 年

1 月 23 日 交行南京分行被评为 2001 年度全国银行间同业拆借中心优秀交易成员单位,为交通银行系统 13 家授权分行中唯一受表彰的分行。

1 月 25 日 工行江苏省分行召开个人贷款超百亿元新闻发布会。

2 月 建行江苏省分行在全国建行系统中第一家开办福费廷业务。

2 月 苏州物资集团财务公司重组,并于当年 9 月更名为苏州创元集团财务有限公司。

3 月 1 日 中行江苏省分行开发的"网上银行"(对公业务)运行。

3 月 7 日 建行江苏省分行首次为比利时联合银行南京分行办理其 50% 的外汇生息资产定期存款业务,成为《外资金融机构管理条例实施细则》颁布以后,全国建行系统第一家争取到外资银行生息资产业务的分行。同日,交行南京分行与南京供电公司(南京供电局)合作研制成功国内首套电卡表自动售电系统,使太平洋卡又添一项新功能。

3 月 农行江苏省分行在全省开展"信贷资产质量万里行"活动。

4 月 4 日 工行江苏省分行召开金融服务恳谈会,省、市行有关领导和来自世界 36 个国家和地区的 64 名企业代表参加。

4 月 8 日 农行江苏省分行网上银行开通,并向社会开放。

6 月 1 日 工行江苏省分行开始代理光大银行银行汇票兑付业务。至此,工行江苏省分行已为 13 家股份制和政策性银行等金融机构开办代理兑付、代理签发银行汇票等业务。

6 月 11 日 民生银行南京分行推出无指定经销商的汽车贷款——"民车计划"。

6 月 14 日 工行江苏省分行企业网上银行直连模式首家用户投产。

7 月 1 日 工行江苏省分行与中国网通有限公司合作,在全国工行系统率先开通"牡丹卡网通自助缴费业务"。

7月24日　建行江苏省分行国际业务部向台湾上海商业储蓄银行台北分行办理全国建行系统第一笔对台信用证业务。

8月18日　工行江苏省分行生产数据成功并入总行数据中心（上海）SYSPLEX环境运行，完成总行下达的数据挂接任务。

8月　江苏省国际信托投资公司获准重新登记，并更名为江苏省国际信托投资有限责任公司。

9月13日　交行南京分行国际部为南钢股份公司开出一笔金额为1 621万美元的即期信用证，为该行成立以来开出的单笔金额最大的美元即期信用证。

9月20日　中行江苏省分行、中银国际与苏州市政府签订授信200亿元全面合作协议。

9月30日　工行江苏省分行在全国工行系统率先开通对公异地通存通兑业务。

9月　由南京市商业银行作为副理事长单位发起组建的全国城市商业银行资金清算中心在上海成立。同月，苏州市信托投资公司获准重新登记，并更名为苏州信托投资有限公司，为江苏省第一个获准保留的市级信托投资公司。

10月　招商银行南京分行与江苏省进出口检验检疫局联合推出"检疫通"电子缴费系统。

11月9日　广发银行南京分行举行成立五周年答谢招待会暨银企合作签约仪式，共与南京十大企业签订31亿元贷款协议。

12月18日　光大银行南京分行与南京市首家民营投资担保公司——南京百富投资担保服务公司达成授信10亿元的合作协议。此项合作被称作江苏金融行业向民资开放的一次大胆尝试，在江苏省内乃至全国都引起较大反响。

12月20日　交行南京分行、南通分行贷款支持的国内最大的30万吨超级油轮正式命名并举行交船仪式。

2003年

1月20日　民生银行南京分行实施的秦淮河环境综合治理工程"多对一"个人委托贷款被2003年第一期《银行家》杂志评为当年中国十大金融事件之一。

1月　省联社探索扶贫小额贷款管理的新

模式被国务院副总理温家宝批示。同月，无锡市信托投资公司获准重新登记，并更名为国联信托投资有限责任公司。

3月3日　南京市商业银行与韩国韩亚银行在国际会议中心签署《业务合作备忘录》，与国外银行的合作正式启动。

3月7日　工行江苏省分行举行扬巴一体化项目一揽子融资协议签字仪式。

3月22日　交行南京分行企业网上银行系统正式投入运行，首批企业成功上网。

3月26日　招商银行南京分行创新推出公司金融产品品牌与服务体系——"点金理财"。

4月28日　银监会挂牌成立。同年10月16日，江苏银监局挂牌成立。到当年底，全省12家银监分局均已组建完毕并顺利运转，县（市、区）监管组的组建工作也已基本完成，成为国内较早将三级分级机构建成的省级银监局。

4月　国开行南京分行更名为国开行江苏省分行。同月，江苏省租赁有限公司更名为江苏金融租赁有限公司。

6月8日　建行江苏省分行与东京分行开展托收项下无追索权的融资业务合作，办理全国建行系统第一笔托收项下无追索权的融资业务。

6月15日　中行江苏省分行推出"内地—香港快汇"清算新产品。该产品主要涉及业务种类为SWIFT MT100、MT103汇款报文，清算货币为港币和美元。

6月　国务院明确江苏为全国第一批8个深化农村信用社改革试点省份之一。

7月28日　工行江苏省分行取得江苏利港电厂三期工程项目银团贷款牵头安排行的资格。

8月26～28日　南京市商业银行承办"全国城市商业银行工作会议暨全国城市商业银行发展论坛第四次会议"。

8月29日　工行江苏省分行为熊猫通信发展有限公司成功开立全国工行系统首笔国内信用证。

9月16日　工行江苏省分行为江苏交通产业集团有限公司发行15年期18亿元企业债券出具担保函。这是该行在省内成功营销的首笔为企业债券发行提供担保的业务。

9月　农行江苏省分行移植开发农总行现

金管理系统上线应用成功。该系统是为大型企业集团客户，特别是为跨省市的集团公司开发的一种网络支付系统。

9月　恒生银行南京分行成立，为改革开放后江苏成立的第一家港资银行。

10月28日　中国进出口银行南京分行成立。

11月21日　工行江苏省分行担保的江苏交通产业集团有限公司18亿元企业债券发行。

11月28日　兴业银行南京分行与南京市商业银行、无锡市商业银行举办"两地三行银行卡柜面通"业务签字仪式，在江苏地区首次推出银行卡柜面通业务。

2004年

1月起　江苏银监局指导经营管理好、资产质量较高的吴江等6家县市（区）联社组建农村商业银行。

2月12日　广发银行南京分行成功办理一笔3.2亿元的资产转让（买断）业务。这是广发银行系统内办理的首笔资产转让（买断）业务。

2月20日　工行江苏省分行首笔"银关通"业务在镇江市分行开办。

3月26日　华夏银行南京分行召开"华夏卡自助贷款"个人金融产品首推新闻发布会。

4月6日　江苏银监局会同地方政府和有关部门迅速平息南通如皋、如东两地部分邮政储蓄机构挤兑风波。

4月10日　工行江苏省分行开展"牡丹贷房卡发卡超二十万张"办卡促销活动。

4月20日　江苏银监局召开第一次银行业监管季度例会，此后按季召开。

4月23日　兴业银行南京分行推出公司业务品牌——"兴业财智星"。

5月20日　江苏银监局出台《江苏省农村信用社进一步完善法人治理结构试点工作指导意见》，提出农村信用社法人治理的目标、总体要求和基本内容。

9月16日　工行江苏省分行作为全国工行系统两家试点行之一，在全辖范围内率先实现信用卡业务授权集中。

9月29日　交行南京分行在丁山香格里拉酒店举行交通银行产品路演活动。

9月　农行江苏省分行借记卡理财系统投产运行。

10月8日　交行南京分行中标江苏输变电工程项目融资贷款18亿元。

10月　香港上海汇丰银行苏州分行成立。

11月12日　江苏银监局制定《江苏银监局大额客户授信风险分析制度（试行）》，强化对单户大额贷款、关联交易和高风险行业贷款的监控。

12月中旬　工行江苏省分行与亚洲环保控股有限公司签订项目融资协议。

12月28日　工行江苏省分行"联通工行——捷银移动支付业务"开通。

2004年　江苏银监局对原同级人民银行分支行自行设定的银行业监管许可文件进行清理，共停止执行或废止、修改文件43件。

2005年

1月10日　中行江苏省分行在全辖投产核心业务系统（一期），实现全省零售业务的通存通兑、实时汇划和对公业务的实时汇划。

1月　苏州市农村信用社全部成功改制为农村商业银行，苏州市成为全国首个县级联社全部改制为农村商业银行的省辖市。

2月　省联社在2004年度全国农村合作金融机构综合评价中得分名列全国第一，被评为A＋级。

4月1日　江苏银监局印发《关于落实案件专项治理工作贯彻意见的通知》。

4月　省联社在全国农村信用社系统率先发行借记卡。

5月18日　交行南京分行为英国OSKA-REEN公司叙做该行首笔出口托收项下的离岸业务。

6月20日　工行江苏省分行举行南京城市内环线快速化改造项目30亿元银团贷款签字仪式。

6月　兴业银行南京分行在系统内首家成功操作"BT"项目融资——南京城市内环改造九华山隧道项目5亿元项目融资。

7月11日　工行江苏省分行与太平洋建设集团、华西集团公司等9家知名企业签订财务顾问协议。

7月22日　江苏银监局提出省内南京以外10家城市商业银行合并重组为江苏银行的框架性方案。

7月　经银监会同意,江苏银监局对中山财务公司作出整顿并停止业务的决定。

8月1日　工行江苏省分行全球快汇产品和全额到账产品对外推广。

8月27日　中行江苏省分行在全辖推广930即期结售汇一日多价系统,改变长期以来实行的结售汇一日一价业务模式。

8月30日　江苏银监局制定下发《行政处罚实施程序规定和行政处罚听证程序规定》。

9月1日　江苏银监局借鉴CAMELS评级体系,制定《国有商业银行分支机构监管实施细则》,实现监管评级从无到有的突破。

10月12日　南京市商业银行与法国巴黎银行(BNP)签署战略联盟合作协议和业务合作协议。

10月13日　招商银行南京分行举行"3144"工程表彰大会。该行用三年时间完成全行资产翻一番、存款超400亿、利润4亿的"3144"工程。

10月　英国渣打银行苏州分行成立。

11月21日　兴业银行南京分行作为唯一一家中资商业银行,参加由法国巴黎银行为主牵头行,由11家银行组成的中国水泥厂8亿元银团贷款项目。这是该行开办的首笔银团贷款项目。

11月24日　由民生银行南京分行承揽的首只短期融资券——淮南矿业(集团)有限责任公司短期融资券在银行间债券市场成功发行。

11月　南京市商业银行发行总额为8亿元的10年期固定利率的次级债券,成为国内首家通过公开招标发行次级债券的城市商业银行。

2005年　江苏银监局将贷款五级分类推广到全省所有农村合作金融机构,比银监会的要求提前1年;会同各方力量妥善处置南通宝港油脂、江苏阪神、扬州格林柯尔、江都亚海造船公司等大额授信风险事件;开发推广监管统计信息电子交流平台系统;推广机构与业务准入和董事及高管人员管理信息系统。

2006 年

1月14日　浦发银行南京分行在南京市湖南路狮子桥开通江苏首个"自助银亭",同时开通的还有位于珠江路未来城的全国第一家多功能升级版自助银行。

1月19日　广发银行南京分行借助江苏银联与江苏移动搭建的通用支付平台支付通上线开通。

1月30日　工行江苏省分行银行卡集中制卡系统在全辖试运行。

3月1日　兴业银行南京分行推出自然人生"自在增利"储蓄理财创新产品。

3月4日　工行江苏省分行在宿迁分行成功试点投产新终端平台,成为全国工行系统第一个采用完全集中模式投产新终端平台的省级分行。

3月　星展银行(香港)有限公司苏州分行成立。

4月15日　中行江苏省分行举办全辖首届外汇宝、黄金宝实盘交易大赛。

4月21日　江苏银监局制定《江苏银监局行政许可操作规程》,同年8月15日编印《江苏省国有商业银行分支机构市场准入操作手册》,规范行政许可注销手续的办理程序和格式。

4月25日　交行南京分行办理首笔3.4亿元买方付息票据贴现业务。

5月15日　江苏银监局在全国率先推出《异地集合资金信托业务操作指引》,进一步明确相关业务的标准和流程,有效稳定了江苏信托市场。

6月1日　交通银行数据大集中工程"交银自助通"系统在交行南京分行试点成功。

6月18日　招商银行南京分行第一家零售业务专业支行——龙江支行开业。

6月　日本瑞穗实业银行无锡分行成立,为无锡市成立的第一家外资银行。

7月7日　工行江苏省分行办理的南通天生港发电有限公司资产证券化项目通过中国证监会审批,该行承办的第一笔资产证券化项目取得成功。

7月12日　江苏银监局会同省中小企业局和省银行业协会举办银企发展论坛暨小企业融

资洽谈会,一次签订贷款项目 49 个,金额 3.6 亿元。

7 月　工行江苏省分行与省财政合作,在公安厅等四家单位进行公务用卡试点,年底前在省级预算单位全面推开。

9 月 5 日　江苏银监局对国有银行、部分股份制银行、资产管理公司、邮政储蓄机构、外资金融机构的监管职责进行调整,实现非现场监管与现场检查的适度分离。

9 月 15 日　恒丰银行南京分行成立。

10 月 30 日　农行江苏省分行在南京举办以"加强银企合作,促进南北对接,助推共同发展,服务两个率先"为主题的银企南北合作融资洽谈会。同日,中行江苏省分行对公外汇资金业务交易量首度突破 100 亿美元,位居系统第一。

10 月　江苏银监局开发小企业授信违约客户信息分析预警系统,建立小企业贷款违约信息通报机制。

12 月 30 日　工行江苏省分行开通网上银行个人质押贷款业务。

12 月 31 日　江苏银监局率先根据 ROCA 评级体系对《国有商业银行分支机构监管评级实施细则》进行修订。

12 月　江苏银监局指导省银行业协会制定《江苏省银团贷款合作章程》,促进银团贷款市场的有效运作和有序发展。

2006 年　江苏银监局督促全省银行业金融机构开展案件专项治理"回头看",全面开展业务操作风险大检查,督促各机构打造案件防控长效机制。

2007 年

1 月 9 日　银监会批复同意江苏银监局上收监管办事处,除 8 个经济发达、业务量大的监管办事处暂时保留外,其余 44 个监管办事处工作人员全部集中到银监分局办公。

1 月 24 日　江苏银行成立。

1 月　江苏银监局组织开展第一次"飞行检查"。

3 月 18 日　南京市商业银行更名为南京银行。

3 月 20 日　浦发银行南京分行与南京大学经济学院举行全省第一家金融企业硕士工作站

签约授牌仪式。

3 月 22 日　海力士—意法半导体有限公司 12 英寸和 8 英寸超大规模集成电路制造项目荣膺工商银行"2006 年度投行业务十佳项目奖"。

3 月 29 日　江苏银监局召开首次直达基层的农村合作金融机构案件专项治理工作(电视电话)会议。

3 月 31 日　由银监会发起的全国银行业"送金融知识下乡"活动江苏分会场启动仪式在泗洪举行。

4 月 11 日　农行江苏省分行召开全省农行股改工作会议,启动股份制改革相关程序。

4 月 20 日　江苏银监局建立资产管理公司监管联席会议制度,推动资产管理公司加快改革,积极开展金融产品和服务创新。

5 月 14 日　工行江苏省分行成功办理首笔人民币 Quanto 理财产品。

5 月 16 日　江苏银监局制定下发《关于江苏省内农村商业银行投资入股苏北和苏中农村合作金融机构的指导意见(试行)》,鼓励省内农村商业银行投资入股苏中、苏北农村合作金融机构。

5 月 20 日　建总行指定镇江分行作为全国唯一试点机构,引进具有国际先进水平的淡马锡/富登小企业业务模式,自主创新具有建行特色的"小企业业务镇江模式"。

6 月 26 日　江苏银监局出台《关于进一步推进小企业金融服务工作的意见》,进一步强化小企业贷款"六项机制"建设。

6 月 30 日　兴业银行南京分行与江苏省经贸委联合推行"江苏省企业节能减排技术改造项目计划"。

6 月　经银监会批准,江苏省国际信托投资有限责任公司更名为江苏省国际信托有限责任公司,同时变更业务范围。

7 月 9 日　江苏银监局核准靖江市长江城市信用社增资计划,并积极推动该社改制为江苏长江商业银行。2008 年 10 月 11 日,江苏长江商业银行开业。

7 月 10 日　由工行江苏省分行牵头的"江苏洋口港 LNG 配套基础设施项目"9.6 亿元银团贷款成功签约。

7月19日　南京银行A股在上海证券交易所上市,成为全国第一家在主板上市的城市商业银行。

7月　韩国友利银行苏州分行成立,为江苏省成立的第一家韩资银行。

8月18日　由常熟农村商业银行等作为主发起人发起设立并控股51%的咸丰村镇银行在湖北省恩施州咸丰县对外挂牌营业。

9月21日　农行江苏省分行举行存款超5 000亿元新闻发布会。

9月28日　上海银行南京分行成立。

10月1日　中行江苏省分行自行开发的"银行卡综合管理系统(一期)"投产并在全辖投入使用。

11月8日　江苏省第一家股份制银行县域机构民生银行昆山支行开业。

11月　证监会受理张家港农村商业银行首次公开发行股票的申请;江苏银监局在沭阳县和宜兴市开展设立新型农村金融机构的试点。同月,韩国中小企业银行苏州分行成立。

12月10日　第一家经济紧密区支行——兴业银行苏州支行批准筹建。

12月20日　江苏银监局编印《江苏银监局监管手册》。

12月25日　中行江苏省分行国际贸易结算业务量成功跨越千亿美元大关,全年结算量达1 022.41亿美元,成为全国首家国际贸易结算量超千亿美元的省级分行。

12月　东亚银行(中国)有限公司南京分行成立。

6至12月　常熟、张家港等4家农村商业银行与苏北、苏中农村信用社签订合作框架协议。

2007年　江苏银监局推动银行发放全国首笔纯知识产权质押贷款。同年,总结工行江苏省分行业务操作人员违规违章记分考核办法和系统的经验,经银监会向全国推广。

2008年

1月20日　中国邮政储蓄银行江苏省分行成立。

1月　江苏银监局成立江苏银行业案件防控工作领导小组,有序推进全省案件防控工作。

3月11日　江苏银监局发出《关于进一步做好商业银行个人理财业务风险提示工作的通知》,对商业银行理财业务中存在的问题进行风险提示。

4月10日　江苏银监局批准筹建苏北第一家农村商业银行——江苏射阳农村商业银行。同年9月26日,江苏射阳农村商业银行开业。

5月20日　江苏银监局指导苏州信托引进苏格兰皇家银行和联想控股作为战略投资者,成为全国第二家获批引进外资的信托公司。

6月24日　江苏银监局出台《关于规范江苏省内农村合作金融机构股权设置的指导意见》,要求农村信用联社、农村合作银行坚持以股份制为导向加快产权改造。

6月27日　宁波银行南京分行成立。

7月20日　全省首家农村小额贷款公司——丹阳市天工惠农农村小额贷款有限公司挂牌营业。

8月13日　江苏东恒集团进出口有限公司与华夏银行南京分行签订215万美元的远期结售汇业务委托书,为华夏银行系统办理的第一笔远期结售汇业务。

8月　江苏银监局建成江苏银行业金融专网,全省银行业金融机构实现与监管部门的电子化传输。

9月11日　江苏银监局制定《江苏银行业大额授信客户风险监测预警制度(试行)》,明确大额授信风险监测预警的职责分工、内容、流程以及配套监管措施。

9月　国联财务有限责任公司成立。

10月8日　江苏银监局调整监管组织架构,设立外资银行监管处,统一负责对全省外资银行的监管,全省非银行金融机构的监管职责也集中到省局。各银监分局不再履行对两类机构的监管职责。

11月17日　在2008年度中国银行业文明规范服务示范单位评选中,华夏银行南京分行作为江苏省银行业唯一一家代表进京接受表彰。

11月中旬　工行江苏省分行获得中国第二重型机械集团"重大技术装备出海口基地一期建设"项目14亿元银团贷款的牵头委托。

11月29日　中国农业银行与江苏省政府举行全面合作备忘录签字仪式。此后,无锡、常州、南通、泰州、淮安、镇江等市分行相继与当地政府签订总额达 1 500 亿元的战略合作备忘录。

11 月　红豆集团财务有限公司成立。

12 月 4 日　招商银行在苏州成立小企业信贷中心,为国内第一家拥有金融许可证的小企业金融服务专营机构。

12 月 18 日　江苏银监局制定《2008～2012 年江苏银行业发展与监管规划》,对今后五年江苏银行业发展与监管的方向、目标及措施做出统筹规划和部署。同日,浙商银行南京分行成立。

12 月 19 日　工行江苏省分行累计实现国际结算量 1 001.88 亿美元,在工行系统内率先突破千亿美元大关,并实现国际结算量全国工行排名五连冠。

12 月 20 日　农行江苏省分行召开本外币存款超 6 000 亿元新闻发布会暨 2009 年“金钥匙春天行动”启动仪式。

12 月　新韩银行(中国)有限公司无锡分行成立。

2008 年　江苏银监局开发客户风险监测分析报表体系并推广到各银监分局;推动“南水北调”工程,鼓励符合条件的苏南农村商业银行到苏中、苏北设立异地支行,苏南常熟、张家港农村商业银行于年内率先在南通地区设立全国首批两家农村商业银行异地支行。

二、重要文件辑存

(一)重要文件题录

1.《中国人民建设银行江苏省分行转发〈关于颁发《基本建设贷款实施细则》的通知〉的通知》(苏建〔79〕114 号)

2.《中国银行南京分行转发〈关于积极开展外币存款和人民币储蓄业务的几点意见〉的通知》(〔86〕宁中非贸 023 号)

3.《中国人民建设银行江苏省分行关于印发〈江苏省住宅储蓄(存款)、贷款试行办法〉的通知》(苏建企〔87〕19 号)

4.《中国人民建设银行江苏省分行关于印发〈江苏省建设银行承办房改金融业务的意见〉的通知》(苏建经〔88〕13 号)

5.《关于江苏省财政厅收回原委托中国人民建设银行江苏省分行代行的财政职能的通知》

(苏财预〔94〕138 号,苏建银发〔1994〕188 号)

6.《中国农业银行江苏省分行关于当前进一步深化信用社改革的几点意见》(苏农银发〔1995〕242 号)

7.《中国农业银行江苏省分行关于上报 1996 年江苏农村金融体制改革工作总结的报告》(苏农银发〔1996〕236 号)

8.《中国农业发展银行江苏省分行“九五”改革与发展思路》(苏农发行函〔1998〕144 号)

9.《中国银行江苏省分行转发中国银行总行〈关于做好远期结售汇工作的通知〉的通知》(苏中银结〔1998〕6 号)

10.《中国建设银行江苏省分行关于进一步做好全省储蓄联网组织工作的通知》(建苏函〔1999〕229 号)

11.《中国银行江苏省分行关于开展银行新业务的情况报告》(苏中银零〔2001〕93 号)

12.《江苏银监局大额客户授信风险分析制度(试行)》(苏银监办〔2004〕241 号)

13.《关于中国进出口银行南京分行积极支持辖区内民族汽车工业发展情况的报告》(进出银宁〔2004〕54 号)

14.《中国进出口银行南京分行“双大”客户金融服务方案》(进出银宁〔2005〕119 号)

15.《江苏省人民政府办公厅关于进一步加快全省银行卡产业发展的通知》(苏政办发〔2006〕25 号)

16.《中国农业发展银行江苏省分行关于印发〈2006～2010 年发展规划纲要〉的通知》(苏农发银发〔2006〕77 号)

17.《中国工商银行江苏省分行关于开展中小企业结算营销推广活动的通知》(工银苏办 2006〔291 号〕)

18.《中国农业银行江苏省分行关于“两网”建设 2006～2008 年发展规划》(苏农银发〔2006〕146 号)

19.《江苏银监局关于江苏省内农村商业银行投资入股苏北和苏中农村合作金融机构的指导意见(试行)》(苏银监发〔2007〕63 号)

20.《中国农业银行江苏省分行关于“面向三农、商业运作”调研情况的报告》(苏农银发〔2007〕334 号)

21.《江苏省人民政府办公厅关于当前金融促进经济发展的若干意见》（苏政办发〔2008〕135号）

22.《江苏银监局关于进一步推进小企业金融服务工作的意见》（苏银监发〔2008〕134号）

23.《江苏省教育厅、江苏省财政厅、国家开发银行江苏省分行关于印发〈江苏省生源地信用助学贷款实施办法（暂行）〉的通知》（苏教助〔2008〕9号）

（二）重要文件选录

江苏银监局大额客户授信风险分析制度（试行）

（苏银监办〔2004〕241号）

第一章 总 则

第一条 为加强对辖内银行机构客户大额授信的风险监管，有效控制和防范信贷集中风险，推动银行机构建立贷款风险控制长效机制，根据银监会有关文件精神，制定本制度。

第二条 本制度中所指的大额客户是指在单家银行机构授信额度或贷款余额超过1亿元（含1亿元）的客户。

第三条 大额客户授信风险分析制度由监管部门组织相关授信银行机构共同实施。

第二章 职责分工

第四条 统计信息部门应于月后16个工作日内向监管部门提供主要银行机构客户大额授信排名情况表（分别按贷款行别、贷款余额、授信额度降序排名）、不良贷款客户统计表、风险预警信息统计表；随时为监管部门提供主要银行机构对指定客户授信和指定银行机构对指定客户授信明细的查询服务。

第五条 授信银行负责本机构辖内大额客户授信风险分析工作，并在每季度后16个工作日内向所在地监管机构的相应监管部门提交分析报告。

第六条 监管部门负责对被监管机构的大额客户授信风险分析工作，并在每季度后20个工作日内向国有银行监管一处提交分析报告。

第七条 国有银行监管一处负责辖内大额客户授信风险分析的综合汇总工作，原则上于每季度后1个月内将汇总后的主要情况及突出问题向局领导报告。

第八条 局领导根据大额客户授信风险分析中存在的突出问题，组织监管部门进行深入调查分析和跟踪监测。

第九条 跟踪监测工作由监管部门牵头，会同授信银行机构共同进行。若大额客户只有一家贷款银行，则由贷款银行与监管机构相应的监管部门共同负责；若有多家贷款银行，则由企业的基本开户银行与相应的监管部门共同负责，其他监管部门和银行机构积极配合。

第三章 季度分析

第十条 授信银行按季度对大额客户授信风险情况进行分析，主要包括以下内容：

1. 辖内大额客户授信管理、客户分布、授信总量、贷款余额及质量等方面的基本情况；

2. 辖内授信或贷款余额（新增额）较大的重点大额客户所处的行业和实际经营能力、资产负债总额、盈利水平、流动性、贷款本息偿还和主要管理人员信用等情况；

3. 对列入风险预警信息报告表中的大额客户存在的公司治理结构重大缺陷、关联企业较多且结构复杂、核心主业偏离度较大、盲目跨地区跨行业扩张、现金流量波动性太大、负债率过高等风险情况进行分析和识别；

4. 其他需要分析的内容。

第十一条 授信银行必要时可聘请会计师事务所、资信评估公司等外部中介机构对大额客户进行审计和信用风险评估分析。

第十二条 监管部门按季度对被监管机构的大额客户授信风险情况进行分析，主要包括以下内容：

1. 被监管机构的大额客户授信总额、贷款总额、贷款质量和风险状况；

2. 对列入风险预警信息报告表中的大额客户情况进行分析，提出风险关注点。

第十三条 国有银行监管一处按季度对大额客户授信风险情况进行汇总分析，主要包括以下内容：

1. 辖内大额客户本期授信、贷款总额、不良贷款总额和比例、关联企业授信额度、关联企业贷款余额等异常变动情况；

2. 对辖内列入风险预警信息统计表中的大额客户情况和风险状况进行分析,提出需要跟踪监测和重点调查的建议。

第十四条　监管部门之间要加强大额客户授信情况及相关信息的沟通和交流,提高风险分析工作质量。

第四章　监测和报告

第十五条　监管部门要督促被监管机构加强对大额客户授信风险的日常监测,控制和防范对大额客户多头和过度授信的风险。

第十六条　监管部门要对大额客户授信风险分析中发现的新情况、新问题进行重点调查和跟踪监测。

第十七条　授信银行要及时了解和掌握列入风险预警信息统计表中的大额客户的授信业务品种和授信使用变动情况、经营情况及财务状况,对单笔1 000万元(含1 000万元)人民币以上的信贷资金划付使用要实行重点监测,严防贷款被违规使用。

第十八条　各银监分局和授信银行要将监测中发现的可能引发风险的突出问题和突发事件,及时向银监局和所在地相关的监管部门报告。

第五章　附　则

第十九条　本制度执行过程中,要严格按照保密法和统计法的有关要求,保证信息安全。

第二十条　农村信用社、信托投资公司、财务公司、金融租赁公司的大额客户授信风险分析工作可参照本制度执行,并可根据实际修订大额客户起点标准。

第二十一条　银监分局负责组织辖内大额客户授信风险分析工作,并可结合当地实际修订大额客户起点标准,制订实施细则。

第二十二条　本制度由江苏银监局负责解释。

第二十三条　本制度自印发之日起施行。

江苏省人民政府办公厅关于进一步加快全省银行卡产业发展的通知

（苏政办发〔2006〕25 号）

银行卡产业是现代服务业的重要组成部分,对于促进消费、扩大税收、降低交易成本和提升

城市形象具有积极作用。为切实贯彻中国人民银行等九部委《关于促进银行卡产业发展的若干意见》(银发〔2005〕103 号)精神,进一步加快我省银行卡产业发展,现提出如下意见。

一、总体要求

按照国家银行卡产业发展的指导思想和原则,加强组织领导,加大政策扶持力度;坚持网络统一,大力推进银行卡联网通用;引入竞争机制,扩大银行卡受理市场;培育用卡习惯,积极推广使用公务卡;规范银行卡市场秩序,最大限度地降低风险,有效提升我省银行卡产业的竞争力,实现我省银行卡产业的良性健康发展。

二、工作目标

从现在起到 2008 年,逐步建立门类比较齐全、市场化程度比较高的银行卡产业体系。力争到 2008 年末,全省年营业额 100 万元以上的商业零售类商户受理银行卡的比例达到 65%;各地区重点商务区和商业街区、星级饭店、重点旅游景区均可受理银行卡;全省持卡消费额占社会消费品零售总额的比例提高到 20%,其中南京市力争达到 30%,苏州、无锡、常州、南通等城市力争达到 20%以上。从现在起到 2008 年,三年内全省持卡消费额年均增长 60%左右、POS 机具布放年均增长 40%左右。

三、主要措施

（一）大力推广使用公务卡。各级政府部门及其所属预算单位要积极带头使用银行卡,利用银行卡办理各种公务支出,如差旅费、培训费、会议费、招待费、各种代扣费用及 5 万元以下小额采购费等,努力减少现金的使用。2006 年底前,省、市有关部门要制定相应的办法和措施,逐步推广使用银行卡,使其作为公务支出的主要支付工具。

（二）加大对银行卡受理市场建设的扶持力度。财政部门要研究出台推广使用公务卡的措施和办法。税务部门要加强金卡、金税工程合作,积极配合做好具有受理银行卡功能的金融税控收款机的试点和推广工作。通信管理部门要鼓励、支持电信运营企业采取积极措施,逐步降低银行卡通信费用。公安部门要积极会同人民银行、银监局、外汇管理局和商业银行等单位,建立防范和打击银行卡犯罪的信息交流机制和案

件合作机制。信息产业部门、银联及各发卡金融机构要积极拓展银行卡应用领域,促进以银行卡为介质的网上支付、移动支付等电子支付业务的发展。各有关部门要积极引导、鼓励商业、旅游、餐饮等零售和服务行业受理银行卡,推动铁路、航空售票以及加油站、医疗、教育、保险、房地产、汽车、烟草等与人民群众生活密切相关、现金使用量较大的领域和单位受理银行卡。与此同时,工商、税务、公安、海关等部门的服务窗口也要积极受理银行卡。

(三)坚持网络统一、市场放开。坚持网络统一,严格遵守"一柜一机""一机多卡"原则,采取有效措施,切实保证银行卡交易网络的通信质量。坚持市场放开,在银行卡受理、机具布放等方面引入市场竞争机制,鼓励社会各方积极参与受理市场建设,鼓励收单机构选择POS直联接入方式,但不得通过恶意降低手续费或以投资等方式争抢客户。积极培育市场主体,做大做强我省银行卡收单市场。为维护市场秩序,对已形成的网络接入格局和存量市场保持相对稳定,新增市场资源主要投入到增量市场的开发和建设。建立银行卡业务评价制度,定期通报或披露评价结果和相关信息。

(四)建立联合宣传机制。建立健全全省银行卡联合宣传机制,围绕银行卡产业发展中的重点工作,加大银行卡宣传力度,增强银行卡的使用意识和安全意识。各新闻单位要加强正面宣传和引导,提高社会各界和消费者持卡、用卡和商户受理银行卡的积极性。

四、组织领导

为进一步推动我省银行卡产业的发展,在省"金卡工程"协调领导小组的统一领导下,建立省银行卡产业发展联席会议制度,主要职责是:研究制定推动我省银行卡产业发展的总体思路、发展规划、相关政策和措施;协调解决银行卡产业发展过程中的突出问题;组织推动和检查督促银行卡产业发展中各项工作任务的落实。联席会议办公室设在人行南京分行,负责联系和沟通各有关部门的银行卡工作,推动落实省银行卡产业发展领导小组的各项部署,以及其他促进银行卡产业发展的各项日常工作。各地也要尽快建立健全银行卡工作的领导和协调机制,统筹规划和

指导本地区银行卡产业发展,制定并落实相关措施,协调解决银行卡产业发展中的突出问题,指导和推动本地区银行卡产业加快发展。

江苏银监局关于江苏省内农村商业银行投资入股苏北和苏中农村合作金融机构的指导意见(试行)

(苏银监发〔2007〕63号)

为促进江苏省内农村合作金融机构加强合作,支持农村商业银行逐步实现跨区域经营,改善苏北、苏中地区农村合作金融机构股权结构,防范和化解部分农村合作金融机构经营风险,江苏银监局鼓励辖内农村商业银行作为战略投资者入股苏北、苏中农村合作金融机构,以股权为纽带,实现共同发展,通过金融合作推进经济合作,更好地支持全省社会主义新农村建设。现就江苏省内农村商业银行投资入股苏北、苏中农村合作金融机构提出如下指导意见:

一、基本原则

合作共赢。农村商业银行与其投资入股的农村合作金融机构应在自愿、互利、平等的基础上进行合作,双方应注重长期利益,结成利益共同体,相互促进、共同发展。

市场运作。投资入股应按市场原则进行运作,切实保障各方权益。投资入股双方应在法律法规框架内作为平等的主体通过充分协商确定入股的有关事项,必要时可聘请专业机构对被投资入股机构的净资产进行评估,以合理确定入股价格。

增强活力。农村商业银行入股苏北、苏中农村合作金融机构,应发挥战略投资者的作用,改善被投资入股机构的股权结构,完善法人治理,促进经营管理的改进,推动化解历史包袱,增强被投资入股机构的业务创新能力和抗风险能力。

有利支农。农村商业银行投资入股苏北、苏中农村合作金融机构,要促进被投资入股机构增强金融支农服务功能,更好地支持农村经济发展。

二、基本条件

(一)江苏省内农村商业银行对外投资入股应具备以下条件:

1. 主要监管指标达到监管要求,包括资本充足率、拨备充足率、不良贷款率等主要审慎监

管指标应符合监管部门要求。

2. 公司治理较为完善，经营较为稳健，内部控制较好；具有较强的管理团队，高级管理人员业务素质较高，自身经营业绩良好。

3. 具有较大的资产规模和较强的资本实力。

（二）苏北、苏中地区农村合作金融机构均可作为农村商业银行投资入股的对象。具有以下情况之一的，可优先吸收农村商业银行投资入股：

1. 有意愿引入战略投资者。

2. 股本规模较小，股权结构不尽合理，在当地吸收合格的法人股股东较为困难。

3. 完全依靠自身努力难以在规定期限内达到专项中央银行票据兑付标准。

二、合作内容

农村商业银行投资入股苏北、苏中农村合作金融机构，不仅是要增强被投资入股机构的资本实力，更重要的是要改善其资本结构，推动被投资入股机构改进经营管理，促进管理模式和经营理念的提升。双方合作的内容应包括以下几方面：

（一）农村商业银行至少向被投资入股机构派出2名具备相应任职资格和能力的人员分别担任被投资入股机构的理事和高级管理人员，参与被投资入股机构的决策和经营。

（二）加强合作双方的对口交流，双方在管理、技术、产品、服务及员工交流等方面，应有具体的安排。

（三）农村商业银行除自身向苏北、苏中农村合作金融机构投资入股外，经批准后，还可带动、推荐农村商业银行的法人股东和农村商业银行所在地其他符合条件的优质工商企业共同投资入股，从而进一步改善被投资入股机构的股权结构，加强两地的企业联系，推动经济合作。

四、具体要求

（一）农村商业银行对苏北、苏中农村合作金融机构投资入股，及苏北、苏中农村合作金融机构吸收农村商业银行投资入股，双方均应履行必要的法律程序；异地工商企业入股应具备相应的条件且入股比例应在1％以上，并经监管机构核准。

（二）应以货币资金入股，不得以实物资产、债权、有价证券等形式作价入股，入股资金必须是自有资金。

（三）每家农村商业银行投资入股的农村合作金融机构不得超过2家，其权益性投资余额合计不得超过农村商业银行自身净资产的50％；投资来源限于超过8％以上资本金部分。

（四）农村商业银行投资所占股份比例原则上为被投资入股农村合作金融机构股本金的20％。经批准后，农村商业银行可以提高投资入股比例。

（五）为发挥农村商业银行作为战略投资者的作用，农村商业银行投资入股苏北、苏中农村合作金融机构，其所持股权在5年内不得转让，转让应经过监管机构批准。

农村商业银行入股苏南农村信用合作联社以及江苏省内农村合作银行入股苏北、苏中农村合作金融机构，参照本意见办理。

江苏银监局关于进一步推进小企业金融服务工作的意见

（苏银监发〔2008〕134号）

近年来，江苏省内银行业金融机构认真贯彻落实银监会《银行开展小企业授信工作指导意见》《商业银行小企业授信工作尽职指引（试行）》和《关于在从紧货币政策形势下进一步做好小企业金融服务工作的通知》等文件精神，积极推进小企业金融服务，取得了较为明显的工作成效。今年以来，国内外经济环境发生了明显变化，对小企业金融服务工作提出了新的更高的要求。为深入贯彻银监会《关于认真落实"有保有压"政策，进一步改进小企业金融服务的通知》精神，进一步推进我省小企业金融服务工作，更好地适应小企业对银行业金融服务的需求，现提出如下意见：

一、推进小企业营销战略研究，明确工作思路

各银行业金融机构要对近几年开展小企业金融服务工作情况进行全面的回顾，总结好的经验和做法，查找主要问题和不足。在全面总结的基础上，应结合自身实际，对小企业营销发展战略进行研究，建立和完善小企业金融服务的长效

机制,选择合适的经营模式推进小企业金融服务工作。地方法人银行机构应致力于县域和社区金融服务,董事会、理事会要对小企业营销发展工作进行战略规划,制订小企业营销发展长远目标;高管层应负责全面组织落实董事会、理事会的小企业营销发展战略规划,拟定小企业营销发展推进工作计划,明确工作思路,采取具体措施,实现小企业营销发展战略规划。非法人银行机构的高管层也要从优化资产结构、分散贷款风险、提升综合竞争力的高度对小企业营销工作进行研究,制订工作计划和目标,并组织实施。

二、转变体制和机制,专业服务,单独管理

各地方法人银行机构要按照董事会、理事会对小企业金融服务的战略规划进行内部机构的重组,改造流程和核算体制,推进机制和体制的转换,提高对小企业金融服务的专业化水平。一是重组内部机构,建立专业化的机构和工作队伍。辖内具备一定经营规模、分支机构在城区集中度高的地方法人银行机构要在管理层成立专门的小企业授信管理部门,负责对本机构小企业贷款进行组织管理;鼓励在经营层成立专门服务于小企业的专业支行,专司小企业金融服务职能;单独配备充足的小企业信贷管理人员、营销人员和其他服务人员,专门从事小企业贷款的管理、营销和服务。二是改造小企业授信流程,建立一套区别于大中型企业、适合于小企业特点的授信管理体系。紧密结合本地实际,制定小企业的授信准入标准、小企业授信评级制度和小企业授信调查制度;制订适应小企业融资需求特点的高效的授信审批制度,简化程序,提高审批效率;制订小企业贷后检查制度及小企业授信退出标准。三是改革内部核算体制,建立小企业授信的分账核算、单独考核体系。有条件的机构要将小企业授信业务的核算从其他业务中分离出来,分账核算,单独考核。四是健全激励约束机制,建立适应本机构小企业营销发展导向的奖惩制度。对小企业授信管理部门、营销机构及其人员要单独制订具有可操作性的业务考核制度和奖惩制度,激发小企业授信管理、营销人员的积极性。

非法人银行机构要结合各自实际,建立适应本机构发展需要的小企业授信管理体制和机制。要认真总结自身在开展小企业金融服务方面的成功实践、试点经验,积极学习和借鉴小企业金融服务工作有特色、有创新的先进行的做法,在此基础上扎实推进小企业金融服务工作。要在省、市分行设立专门的小企业授信管理部门,在各市、县设立专门服务于小企业的特色支行或小企业贷款推广中心等专业机构,专司小企业金融服务职能,提高对小企业的专业金融服务水平。

三、改进工作方法,创新金融服务

改进工作方法,提升服务水平,自觉维护银行业的良好形象。一是要区别对待、有保有压。各银行业金融机构要加强对辖内小企业发展状况和信贷情况的调查研究和深入分析,分门别类摸清情况,建立小企业的信息资料库。在此基础上,要认真贯彻落实"区别对待、有保有压"的信贷政策要求,对有市场、有技术、有发展前景的小企业,要给予重点支持;对生产经营正常、能够还本付息的小企业的贷款需求,要努力保证;用好用足小企业信贷规模,确保小企业信贷投放增速不低于全部贷款增速,增量不低于上年。二是要合理确定小企业不良贷款的容忍度。各银行业金融机构要根据自身信贷管理和风险防范的特点和需要,在科学测算的基础上合理制定小企业不良贷款控制指标和不良贷款比例,防止因个别小企业贷款出现不良而停止该银行机构全部小企业贷款的"一刀切"做法。三是要合理确定小企业贷款利率。要在防范风险的同时支持小企业可持续发展,在提高自身效益的同时履行好社会责任,对小企业贷款利率在风险定价的基础上合理浮动。不得借发放贷款之机搭售保险、基金等产品,不得变相收取不合理的费用。四是改进完善小企业授信追究制度,及时核销小企业贷款损失。当前重点要根据银监会《商业银行小企业授信工作尽职指引(试行)》的要求,进一步完善、细化小企业授信尽职免责操作办法,以切实调动基层经营分支行和客户经理营销拓展小企业客户的积极性,消除其后顾之忧。同时,按照新的金融企业呆账核销管理办法,对小企业贷款损失依法及时核销。

创新金融服务,满足多层次的小企业金融需求。一是要进一步创新小企业金融产品。各银行业金融机构要根据小企业融资需求的特点及本地区小企业的产业特点,加大对小企业金融产

品的创新力度,创建具有本机构特色的小企业金融服务品牌,以满足小企业个性化、多元化的融资需求。二是要进一步创新小企业贷款担保抵押方式,力争在各类权利质押、动产质押、企业联保、集体土地使用权抵押等方面取得突破。三是要进一步加强与担保机构的合作,创新合作方式。各银行业金融机构要在风险可控的前提下,适当降低与担保机构合作的限制性条件,增加合作的担保机构数量;创新与担保机构的合作方式,拓展合作领域。

四、建立监管的激励约束机制,促进小企业贷款工作的开展

银监局、银监分局要建立小企业金融服务工作的监管激励约束机制,鼓励、引导和促进小企业贷款工作的深入开展。一是建立对银行业金融机构小企业贷款工作情况的年度考核评价制度。对小企业贷款组织推动有力、业绩突出的机构、个人在全辖范围内予以通报表彰,并将其作为典型进行宣传,推荐至银监会参加全国小企业贷款工作先进单位、先进个人的评选。二是将小企业金融服务工作的开展情况与银行业金融机构的机构和业务的市场准入挂钩。对小企业贷款工作"六项机制"较为健全且运作良好、市场拓展力度较大、贷款增长较快的银行业金融机构,对其分支机构的设立、新业务的开办,监管部门在审批上积极给予支持,否则将限制其分支机构的设立、新业务的开办。三是将小企业贷款工作开展情况纳入监管评级、高管人员履职情况评价。视银行业金融机构对小企业贷款工作的重视程度、"六项机制"是否健全、贷款增长等情况,适当调整其监管评级和高管人员履职情况评价中相关项目的评分。四是加大对各银行业金融机构大额授信集中度的监管力度。要督促银行业金融机构将增加对小企业的信贷投入作为调整和优化信贷资产结构和客户结构的有效手段,对授信集中度超过监管标准的法人银行业金融机构,要督促其调整,限期压缩至监管标准以内;对授信向大客户集中趋势明显的非法人金融机构,也要督促其采取措施逐步改善,防止授信向大客户的进一步集中。五是进一步促进农村小企业金融服务。根据银监会的部署,扩大村镇银行等新型金融机构的试点范围。对农村小企业

金融服务薄弱的地区,要加快试点步伐,增加试点机构数量。

五、加强监管服务,为小企业贷款工作的深入开展创造良好的条件

一是进一步健全小企业授信违约信息通报机制。通过银行业金融专网实现银行业金融机构小企业授信违约信息的共享,各银监分局要及时上挂、更新辖内小企业授信违约信息,充分发挥小企业授信违约信息的作用。二是进一步改善银、企之间的沟通联系机制。会同有关部门利用网络资源的优势,组织银行业机构、小企业之间进行银行小企业授信产品信息、小企业融资需求信息、担保机构信息等互换与共享,为银行和小企业搭建一个稳定、及时、有效的信息沟通平台。三是推动地方政府有关部门全面落实《江苏省微小企业贷款风险补偿专项资金管理办法(试行)》,充分发挥财政杠杆对银行增加小企业贷款的撬动作用和放大效应。四是主动协调政府有关部门用好政府对银行业的有关奖励扶持政策,将小企业贷款工作情况与政府对银行业的奖励扶持政策挂钩。将银行业金融机构的小企业贷款工作情况纳入政府奖励扶持政策的考核范围,把银行监管部门对银行业金融机构小企业贷款工作的年度考核结果作为地方政府对银行业机构奖励扶持的重要参考,最大限度地发挥地方政府奖励扶持政策对银行业金融机构主动调整信贷结构、增加小企业贷款投放的导向作用。五是推动地方政府及有关部门进一步完善担保体系、信用体系。推动地方政府及有关部门采取措施,进一步加大对中小企业信用担保机构的扶持政策,重点培育由政府主导、主要为中小企业信用担保服务的担保机构,支持其增加资本、扩大担保规模;推动设立省级再担保公司,为部分目前资本实力较弱的中小担保机构提供再担保,为其与银行开展合作创造良好的条件。推动诚信社会建设,加大维权执法力度,保护银行债权,进一步改善小企业贷款业务发展的外部环境。

江苏省人民政府办公厅关于当前金融促进经济发展的若干意见

(苏政办发〔2008〕135 号)

为贯彻落实党中央、国务院关于进一步扩大

内需、促进经济平稳较快增长的政策措施,认真执行积极的财政政策和适度宽松的货币政策,根据《国务院办公厅关于当前金融促进经济发展的若干意见》(国办发〔2008〕126号)精神,经省政府研究,提出如下意见:

一、保持信贷总量较快增长

(一)明确信贷增长目标。根据2009年全国广义货币供应量增长将高于GDP增长与物价上涨之和2～3个百分点的计划安排,要加强政银企协作,加强财税政策和金融政策配合,畅通适度宽松的货币政策传导机制,努力实现我省2009年人民币各项贷款增幅高于全国平均水平2～3个百分点,年末人民币贷款余额突破3万亿元。

(二)积极推进银企对接。各地人民银行要会同经贸委等部门进一步组织多层次、多种形式的银企洽谈活动,排出重点融资项目,向金融机构推荐。当前要切实抓好"百企千亿银企对接项目"的组织实施,跟踪签约项目进展,加强签约项目服务,加快审贷进度,提高贷款落实到位率。

(三)坚持区别对待的信贷原则。积极支持符合国家产业政策的行业加快发展。积极支持符合产业政策导向、有订单、有效益、有信用的企业加快发展。同时,对限制类行业中的生产技术先进、产品适销对路、经济效益较好的企业,也要积极给予支持,避免按产业和行业实行"一刀切"。

(四)加大对困难企业的帮扶力度。各金融机构对基本面比较好、信用记录较好、有竞争力、有市场、有订单但暂时出现经营或财务困难的企业,也要给予信贷支持。增强贷款利率下浮弹性,在政策允许的范围内尽量给予利率优惠,减轻企业负担。

二、积极支持重点信贷需求

(五)力保大中型企业生产经营稳定。各金融机构要在当地政府的统一组织下,对于当地的重点大中型企业,实行主办银行制度,组成债权银行小组。加强对企业的跟踪监测,及时了解企业生产经营动态,真实把握企业财务状况。对产品销路好、生产有利润的企业,要增加贷款支持;对生产经营有一定困难,但能按时偿付利息的企业,要稳定贷款存量,不收回或压缩贷款;对财务

风险较大的企业,由当地政府统一组织制定风险处置方案、采取相应的对策措施。

(六)加大对中小企业的支持力度。各金融机构要设立专门的中小企业信贷部门,开发适应中小企业融资需求的金融产品,建立中小企业信贷审批机制、风险定价机制、激励约束机制,推广"阳光信贷"工程,加大对中小企业的支持力度,确保中小企业贷款增长水平不低于各项贷款的平均增长水平。抓紧组织实施"百亿元中小企业担保贷款项目",确保在2009年春节前全省增加100亿元中小企业担保贷款。

(七)加大对外贸出口的支持力度。进出口银行要加快出口卖方信贷业务发展,并将优惠利率范围扩大到具有自主知识产权、自主品牌和高附加值出口产品。各金融机构要积极开办人民币出口买方信贷业务,并对出口退税质押贷款和出口信用保险下的保单融资给予积极支持。充分发挥出口信用保险在支持金融机构开展出口融资业务中的积极作用。

(八)加大对外资和台资企业支持力度。各金融机构要积极支持外资、台资企业稳定生产经营,特别要增加对总部设在我省的外资和台资企业的信贷支持。对信用良好、技术先进、产品有竞争力、能按期付息,但由于外需下降、订单减少而暂时出现流动资金周转困难的企业,要适当给予贷款展期;对抵质押物充分的企业,不压缩贷款,努力帮助外资、台资企业克服暂时困难。

(九)支持房地产市场健康发展。各金融机构要加大对廉租房、经济适用房、普通商品房、旧城改造以及农村集中居住地建设的信贷支持力度。在风险可控的前提下,适当增加对房地产开发企业的信贷支持。对已贷款购买一套住房但人均面积低于当地平均水平、再申请购买第二套普通自住房的居民,比照实行首次贷款购买普通自住房的优惠政策。

(十)支持产业转移和企业并购重组。各金融机构要积极支持苏南产业向苏中、苏北转移,对转移项目在当地贷款给予优先支持。积极支持国内过剩产能向境外转移,积极开办对境内外企业的并购贷款业务。鼓励金融机构创新发展针对产业转移和企业并购的信贷产品、审贷模式和多种抵押担保方式。

（十一）支持扩大消费。各金融机构要根据不同消费阶层特点，开发出多样化的消费信贷产品，在继续发展住房、汽车等主导消费信贷产品的同时，努力拓展旅游、婚庆、非义务教育、耐用消费品和信用卡消费等领域的消费信贷业务。积极扩大农村消费信贷市场，促进推动工业品下乡。

三、积极增加农村有效信贷供给

（十二）加大对"三农"支持力度。政策性银行要拓展支农领域，商业银行要大力发展县域业务和涉农业务，地方银行要尽快将机构网点和信贷业务向县域延伸。对各金融机构的"三农"贷款，实行单独统计、单独考核，确保"三农"贷款增长不低于各项贷款增长水平，确保县域内金融机构新吸收存款主要用于当地发放贷款。建立健全政府扶持、多方参与、市场运作的农村信贷担保机制，扩大农村有效担保物范围，推行多种信用保证方式，开展农村小额贷款保证保险。

（十三）提升农村合作金融机构发展水平。完善农村信用社、农村合作银行、农村商业银行等农村合作金融机构法人治理，巩固县（市）一级法人管理体制，继续推进产权制度改革，推动农村金融资源整合，鼓励和支持农村合作金融机构互相参股，相互促进，做优做强，充分发挥为农服务主力军作用。

（十四）推进新型农村金融组织试点。积极推进村镇银行试点，按照试点规划，加大推进力度，鼓励和支持省内银行业金融机构作为主发起人，争取尽快实现村镇银行对各县（市）全覆盖。在规范管理的基础上，加快推进农村小额贷款公司试点，尽快实现全省组建100家农村小额贷款公司的试点目标。积极稳妥地开展农民资金互助组织试点。

四、努力扩大直接融资规模

（十五）推动企业上市和再融资。加强对各项准备工作就绪、等待上市企业的跟踪服务，保持企业生产经营稳定，做到市场行情好转后能尽快上市。鼓励和促进现有上市公司进行再融资。继续做好拟上市企业以及创业板拟上市企业培育工作，支持有条件的企业利用资本市场开展兼并重组，促进上市公司行业整合和产业升级。

（十六）扩大各类债券发行规模。组织和推动我省的国家重点项目以及重大基础设施、民生工程、生态环境项目等通过发行债券筹集建设资金。组织和推动具备条件的企业充分利用企业债、公司债、短期融资券和中期票据等债务融资工具，增加直接融资规模。探索开展中小企业集合债券、集合短期融资券试点。

（十七）创新融资方式。积极开展股权投资基金试点，促进股权投资基金行业规范健康发展。开展房地产信托投资基金试点，拓宽房地产企业融资渠道。

（十八）推动期货市场稳步发展。积极稳妥地推进我省期货市场发展，探索农产品期货服务"三农"的运作模式，推动我省更多企业利用期货市场功能有效规避农产品、能源和工业原材料价格波动风险。

五、充分发挥保险保障和融资功能

（十九）健全政策性农业保险制度。巩固发展水稻、小麦等主要种植业品种保险，大力推进经济作物、养殖项目、高效农业以及农机具、渔船渔民保险试点，不断扩大保险覆盖面。切实加强政策性农业保险的规范管理，统一保险条款费率，建立巨灾风险基金，强化理赔服务。鼓励保险公司开发农业和农村小额保险及产品质量保险。

（二十）积极发展个人、团体养老等保险业务。鼓励和支持有条件的企业通过商业保险建立多层次养老保障计划，用足用好对养老保险投保人给予延迟纳税等税收优惠政策。推动健康保险发展，支持相关保险机构投资医疗机构和养老实体。提高保险业参与新型农村合作医疗的水平，发展适合农民需求的健康保险和意外伤害保险。

（二十一）发挥保险资金投融资功能。积极吸引和鼓励保险公司以股权、债权等方式投资我省重大民生工程、重点基础设施和大型龙头企业项目。加快紫金财产保险公司组建步伐，发挥地方保险公司在投融资功能方面的积极作用。

六、改善外汇管理和支付结算服务

（二十二）大力促进对外贸易和投资便利化。改进贸易收结汇与贸易活动真实性、一致性审核，便利企业特别是中小企业贸易融资。加快进出口核销制度改革，简化手续，适当提高企业预收货款结汇比例，将一般企业预收货款结汇比例从10％提高到25％，对单笔金额较小的出口预收货款不纳入结汇额度管理。调整企业延期付款年度发生额规模,由原来不超过企业上年度进口付汇额的10%提高为25%。简化企业申请比例结汇和临时额度的审批程序,缩短审批时间。

(二十三)推进外汇管理创新。积极争取境外投资项下股东贷款在全省试点,以推动民营企业资金在更大范围内的优化配置。适时将现行贸易进口异地付汇备案改革拓展至全省的特殊经济区域。进一步支持更多符合条件的中外资企业集团实行外汇资金集中管理,提高资金使用效率。支持和鼓励中外资金融机构创新外汇服务,引导各类经济主体提高防范汇率风险的能力

七、加强财税政策与金融政策配合

(二十四)放宽对中小企业贷款和涉农贷款的呆账核销条件。各金融机构要积极支持对符合一定条件的中小企业贷款和涉农贷款进行重组和减免。借款人发生财务困难、无力及时足额偿还贷款本息的,在确保重组和减免后能如期偿还剩余债务的条件下,各金融机构可对债务进行展期或延期、减免表外利息,并进一步减免本金和表内利息。

(二十五)加大税收政策支持力度。简化税务部门审核金融机构呆账核销手续和程序,加快审核进度,提高审核效率,促进金融机构及时化解不良资产,防止信贷收缩。涉农贷款和中小企业贷款税前全额拨备损失准备金。用好用足国家对农户小额贷款、农业担保、农业保险、金融机构抵债资产处置和融资租赁等方面的税收优惠政策。对符合条件的中小企业信用担保机构免征营业税。落实和完善促进创业投资企业发展的税收优惠政策。

(二十六)加大财政政策支持力度。通过财政奖励的方式,鼓励银行业金融机构到乡镇设立具有信贷功能的营业机构,鼓励发展村镇银行、农村小额贷款公司和农民资金互助组织等新型农村金融组织。通过财政给予贴息和一定比例风险补偿的方式,鼓励金融机构增加对中小企业、“三农”和外贸出口的信贷支持,鼓励县域内金融机构把吸收存款主要用于当地发放贷款。通过财政注入资本和给予风险补偿等方式,支持中小企业信用担保公司发展。加快省信用再担保公司组建步伐,构建全省信用再担保体系。

八、切实维护金融安全稳定

(二十七)加强对金融运行的分析监测。密切关注国际金融危机发展动态,加强国内经济金融运行分析研究,高度关注国内金融市场流动性状况、金融机构流动性及资产负债变化。特别是要高度关注大中型企业资金链断裂和关停倒闭等突发事件对银行信贷资产安全造成的不利影响,研究制定应急预案,及时采取应对措施。

(二十八)强化金融监管。各级人民银行和金融监管部门要进一步强化金融监管,规范金融市场秩序,促进金融机构建立健全内部控制和风险防范机制。金融监管要体现适度宽松的货币政策要求。各地政府要加强与金融监管部门的沟通联系,协力防范和处置各种金融风险。

(二十九)加强金融生态环境建设。各地要在保护银行债权、防止逃废银行债务、处置抵贷资产、合法有序进行破产清算等方面营造有利环境。深入开展“诚信江苏”和“金融生态县”建设,培育诚实守信的社会信用文化,促进地方金融生态环境改善,为金融业改革发展创造良好条件。

三、附表

表一:1978～2008 年江苏省人民币各项存款、各项贷款余额分项目统计表(一)　　　　单位:亿元

年份	各项存款	企业存款	储蓄存款	其他存款	各项贷款	工业贷款	商业贷款	建筑业贷款	农业贷款	乡镇企业贷款	固定资产贷款	基本建设贷款	技术改造贷款	地方经济开发贷款	其他贷款
1978	60.72	15.96	12.40	32.36	115.29	32.17	75.06		5.53	2.64					−0.11
1979	78.31	21.47	16.68	40.16	129.70	34.81	86.03		5.57	3.59	0.02	0.02			−0.32
1980	95.55	33.50	23.72	38.33	159.11	41.71	100.24	0.10	5.68	8.70	3.04	0.88	2.16		−0.36

年份	各项存款	企业存款	储蓄存款	其他存款	各项贷款	工业贷款	商业贷款	建筑业贷款	农业贷款	乡镇企业贷款	固定资产贷款	基本建设贷款	技术改造贷款	地方经济开发贷款	其他贷款
1981	124.54	44.05	30.42	50.07	195.33	49.46	117.34	0.08	5.57	11.79	6.10	1.33	4.77		4.99
1982	146.21	52.05	40.60	53.56	217.87	54.98	129.85	0.22	5.94	13.03	11.48	2.55	8.93		2.37
1983	171.12	60.20	56.93	53.99	242.28	61.26	140.02	0.23	6.18	16.64	14.80	4.56	10.24		3.15
1984	221.68	86.76	74.76	60.16	333.40	85.10	164.66	1.32	13.46	36.60	22.56	6.93	15.63		9.70
1985	247.12	80.61	99.35	67.16	387.06	100.31	177.06	3.43	13.97	43.18	31.45	10.87	19.58	1.00	17.66
1986	372.62	105.60	139.59	127.43	528.83	148.45	202.25	4.88	18.18	70.16	43.43	14.94	25.96	2.53	41.48
1987	443.44	124.40	193.68	125.36	359.29	177.97	235.27	6.62	20.65	88.60	55.09	19.51	32.19	3.39	75.09
1988	517.81	143.50	231.85	142.46	742.10	210.48	260.11	8.48	24.13	99.06	66.84	23.09	39.46	4.29	72.97
1989	640.84	153.53	331.86	155.45	835.56	248.76	301.42	10.70	31.12	111.25	71.99	25.07	41.87	5.05	60.32
1990	860.33	213.51	471.18	175.64	1 013.45	309.95	357.90	13.30	39.68	131.02	84.49	31.57	47.53	5.39	77.11
1991	1 136.51	292.03	617.61	226.87	1 230.49	375.09	407.02	17.10	52.52	162.31	121.13	50.40	64.04	6.69	95.32
1992	1 422.61	405.00	766.11	251.50	1 480.80	417.48	488.27	19.85	64.59	199.22	159.56	68.50	84.50	6.56	131.27
1993	1 797.33	509.58	964.22	323.53	1 777.80	490.85	558.31	24.31	76.89	247.88	216.97	98.33	110.51	8.13	162.59
1994	2 181.10	880.37	1 352.57	248.16	2218.15	594.22	599.25	29.63	62.61	316.97	281.52	125.74	148.05	7.73	333.95
1995	3 500.49	1 164.92	1 922.33	413.24	2875.39	704.78	739.70	36.08	89.09	355.09	347.09	150.53	188.85	7.71	603.56
1996	4 706.36	1 715.80	2 581.06	409.50	3840.74	974.80	890.05	80.79	127.15	450.96	453.02	194.76	250.94	7.32	863.97

注：1978～1980 年其他贷款为负数,原统计资料如此。

表一：1978～2008 年江苏省人民币各项存款、各项贷款余额分项目统计表（二）　　　　单位：亿元

年份	各项存款	企业存款	储蓄存款	其他存款	各项贷款	短期贷款	工业贷款	商业贷款	建筑业贷款	农业贷款	乡镇企业贷款	其他短期贷款	中期流动资金贷款	中长期贷款	基本建设贷款	技术改造贷款	其他中长期贷款	票据融资	其他贷款
1997	5 674.94	2 200.84	3 101.89	372.21	4 452.46	3 629.13	1 076.75	1 052.12	93.17	164.73	511.88	730.48		594.80	231.58	259.69	103.40	91.08	137.45
1998	6 578.80	2 484.29	3 656.46	438.05	5 063.57	4 094.19	1 197.71	1 113.08	112.56	235.12	557.89	877.83	62.34	651.45	281.47	262.49	107.49	85.76	169.83
1999	7 470.43	2 767.62	4 131.98	570.83	5 535.15	4 304.76	1 221.32	1 052.15	120.17	224.99	609.03	1 077.10	119.51	835.63	410.55	247.18	177.90	105.28	169.97
2000	8 400.75	3 207.93	4 456.83	735.99	5 967.66	4 588.17	1 190.94	945.73	129.46	232.51	621.00	1 438.53	159.85	1 007.28	516.70	242.44	248.14	175.86	66.50
2001	9 700.68	3 610.72	5 172.83	917.13	6 671.74	4 613.91	1 295.46	974.32	151.41	283.50	669.85	1 239.37	156.34	1 521.86	671.91	269.31	580.64	258.57	121.06
2002	11 881.19	4 280.42	6 276.20	1 324.57	8 234.58	5 388.35	1 388.48	961.85	234.25	368.39	792.36	1 643.02	178.12	2 158.29	1 158.03	115.00	885.26	420.94	88.88
2003	15 378.49	5 718.02	7 638.18	2 022.29	11 299.55	6 873.52	1 729.14	1 014.39	266.64	494.04	1 014.95	2 354.36	216.55	3 419.56	1 790.69	130.03	1 498.84	700.24	89.68
2004	18 211.02	6 749.58	8 863.10	2 598.34	13 480.98	7 337.82	2 118.55	959.53	278.01	574.58	1 129.01	2 278.14	227.61	4 743.21	2 525.54	144.88	2 072.79	1 082.58	89.76
2005	22 001.44	7 531.73	10 581.27	3 888.44	15 396.59	7 809.97	2 265.98	993.42	282.46	672.58	1 254.10	2341.43		5 689.27	2 887.94	136.65	2 664.68	1 738.47	158.88
2006	25 860.47	9 011.29	12 183.47	4 665.71	18 485.02	9 281.57	3 330.94	1 117.73	318.26	745.92	1 160.33	2 608.39		7 395.33	3 668.26	111.49	3 615.58	1 763.61	44.51
2007	30 450.54	11 526.97	13 014.92	5 908.65	22 092.10	11 046.37	3 961.05	1 198.57	378.20	846.90	1 437.62	3 224.40		9 611.14	4 333.43	118.91	5 158.80	1 347.84	86.75
2008	37 017.48	12 895.27	16 721.18	7 401.03	26 160.72	12 245.48	4 143.98	1 164.17	402.63	1 009.73	1 596.72	3 928.25		11 628.93	5 179.96	136.19	6 312.78	2 203.14	83.17

表二：1990～2008 年江苏省人民币各项存款、各项贷款余额分地区统计表（一）　　　　单位：亿元

年份	全省存款合计	南京	无锡	徐州	常州	苏州	南通	连云港	淮安	盐城	扬州	镇江	泰州	宿迁
1990	648.98	135.38	70.57	56.08	44.34	91.09	68.31	22.67	30.47	39.67	62.46	27.94		
1991	919.17	210.82	100.60	74.66	63.67	135.63	87.19	31.21	37.43	50.91	87.06	39.99		
1992	1 145.52	253.87	134.29	87.23	80.93	178.16	106.11	37.16	44.89	60.33	111.45	51.10		

年份	全省存款合计	南京	无锡	徐州	常州	苏州	南通	连云港	淮安	盐城	扬州	镇江	泰州	宿迁
1993	1 457.95	327.90	162.04	106.99	98.92	227.94	136.46	44.68	58.94	80.83	141.43	71.82		
1994	1 876.20	469.86	197.68	125.24	119.64	303.86	169.54	59.17	72.95	90.15	186.08	82.03		
1995	2 606.45	662.91	280.28	164.59	168.10	420.93	238.82	74.89	98.05	132.49	255.66	109.73		
1996	3 582.25	886.68	400.99	243.57	230.47	599.69	324.76	101.59	127.00	169.30	346.92	151.28		
1997	5 674.94	1 387.36	674.44	345.69	405.39	930.47	534.18	146.00	138.98	287.44	342.22	223.11	215.62	44.04
1998	6 578.79	1 580.63	808.76	371.45	480.76	1097.73	620.54	161.02	145.26	317.23	341.18	263.38	317.09	73.76
1999	7 470.43	1 725.97	962.95	410.00	560.06	1 293.87	698.15	175.66	160.07	344.67	403.38	298.58	356.09	80.98
2000	8 400.75	1 963.04	1 078.35	461.62	629.37	1 477.04	771.57	192.90	179.62	375.01	454.03	337.24	389.21	91.75
2001	9 700.68	2 293.22	1 269.12	529.71	735.25	1 731.76	872.71	214.58	197.23	428.03	506.02	385.36	431.47	106.24
2002	11 881.19	2 794.82	1 626.81	618.00	904.71	2 232.18	1 035.33	249.52	239.49	510.86	592.74	457.53	488.61	130.56
2003	15 378.49	3 622.55	2 156.85	727.72	1 170.56	3 149.79	1 279.29	293.55	297.31	623.84	720.98	580.89	596.33	158.68
2004	18 211.02	4 234.01	2 585.16	841.46	1 360.33	3 812.91	1 523.40	357.92	355.35	735.00	839.70	676.51	701.17	192.58
2005	22 001.44	5 083.30	3 222.40	1 010.90	1 638.94	4 730.05	1 800.03	426.82	427.25	850.84	952.70	803.94	824.90	229.35
2006	25 860.47	5 802.21	3 772.06	1 193.72	1 974.01	5 797.95	2 113.95	506.11	511.37	939.73	1 085.26	928.20	953.87	281.99
2007	30 450.54	6 996.97	4 276.60	1 403.82	2 263.82	7 068.83	2 384.84	633.93	589.98	1 071.63	1 253.84	1 023.56	1 126.95	355.75
2008	37 017.48	8 392.89	5 319.87	1 719.14	2 819.46	8 340.78	2 966.11	796.84	694.54	1 302.10	1 551.90	1 262.68	1 401.81	447.45

表二：1990～2008 年江苏省人民币各项存款、各项贷款余额分地区统计表（二）   单位：亿元

年份	全省贷款合计	南京	无锡	徐州	常州	苏州	南通	连云港	淮安	盐城	扬州	镇江	泰州	宿迁
1990	823.16	170.81	78.50	64.70	57.77	97.86	73.21	37.83	59.40	57.96	85.31	39.82		
1991	1 045.41	224.68	100.40	82.03	77.35	130.76	84.95	48.13	70.00	70.99	104.45	51.68		
1992	1 242.36	277.86	122.76	91.35	88.71	162.21	100.80	55.68	79.58	77.95	124.86	60.60		
1993	1 469.35	356.00	147.10	105.52	102.36	199.36	113.97	62.84	98.15	92.15	126.62	64.79		
1994	1 778.47	627.19	164.05	106.95	108.03	216.51	124.94	61.67	81.48	79.42	133.83	74.40		
1995	2 191.72	809.36	201.19	127.60	129.11	264.94	151.18	69.00	92.05	94.07	166.18	87.04		
1996	3 023.58	712.59	323.83	213.31	201.07	432.96	222.91	144.62	158.91	178.58	297.71	137.09		
1997	4 452.46	1 127.07	502.53	293.48	302.58	615.62	339.93	149.09	151.26	276.86	270.64	195.83	169.72	57.85
1998	5 063.57	1 325.59	586.92	317.53	342.12	716.06	368.88	164.52	163.37	298.17	257.3	219.29	231.37	72.72
1999	5 535.17	1 492.43	662.51	330.69	369.07	811.69	377.19	163.56	167.64	308.41	300.80	238.49	236.49	76.59
2000	5 967.66	1 704.33	712.39	324.99	389.26	970.59	394.34	151.70	150.26	301.84	300.76	252.14	241.28	73.78
2001	6 671.74	1 962.54	809.29	374.26	444.55	1 059.84	426.56	163.85	159.95	323.30	320.95	281.74	260.77	84.17
2002	8 234.58	2 450.53	1 046.98	398.24	559.85	1 490.96	511.00	179.38	183.29	347.03	356.22	328.03	287.58	95.54
2003	11 299.55	3 375.34	1 435.82	461.42	799.14	2 359.28	702.27	210.72	220.98	414.42	433.87	425.07	348.70	112.51
2004	13 480.98	4 062.10	1 802.45	475.12	956.37	2 915.74	853.23	235.63	251.88	439.50	470.68	489.26	397.73	131.80
2005	15 396.59	4 452.54	2 183.42	491.19	1 113.16	3 478.30	995.71	263.32	274.69	476.20	513.33	560.50	446.95	147.25
2006	18 485.02	5 098.13	2 632.72	565.06	1 348.60	4 429.70	1 211.74	325.90	332.78	534.10	597.25	668.03	545.55	195.53
2007	22 092.10	6 046.04	3 097.46	684.20	1 590.10	5 343.91	1 459.11	400.25	396.31	623.95	750.77	789.02	653.96	257.15
2008	26 160.72	7 171.69	3 723.10	796.56	1 851.68	6 301.79	1 728.24	490.48	451.74	717.05	889.41	920.96	792.87	323.08

注：本表 1990～1996 年统计范围为人民银行、国有商业银行、政策性银行以及交通银行、中信银行，共 8 家银行，1997 年以后统计范围为全部银行业金融机构（含人民银行）。

表三:1978~2008年江苏省人民币各项存款、各项贷款余额分机构统计表(一)

单位:亿元

年份	全省存款合计	国有商业银行					其他商业银行													
		工行	农行	中行	建行	交行	中信	华夏	浦发	招商	广发	光大	民生	深发	兴业	恒丰	浙商	邮储	上海	宁波
1978	60.72																			
1979	78.31		29.04																	
1980	95.55		28.29	0.27	9.65															
1981	124.54		42.80	0.64	12.83															
1982	146.21		46.95	1.11	18.52															
1983	171.12		51.73	0.99	19.59															
1984	221.68		53.66	4.02	24.80															
1985	247.12	114.36	63.20	3.34	27.38															
1986	372.62	158.73	90.36	5.17	30.04													0.31		
1987	443.44	188.63	103.92	7.88	34.22													2.34		
1988	517.81	198.53	124.79	13.64	40.40	18.67												3.48		
1989	640.84	223.88	141.37	25.93	54.20	31.27												5.91		
1990	860.33	289.60	191.59	40.63	82.88	46.47												9.33		
1991	1 136.51	360.69	238.99	58.85	121.20	68.74	3.71											21.56		
1992	1 422.61	425.79	292.60	85.34	167.67	91.82	8.77											40.39		
1993	1 797.33	492.25	386.53	133.12	213.95	123.34	13.94											53.16		
1994	2 481.10	617.41	429.83	201.06	312.85	179.62	28.85											78.99		
1995	3 500.49	800.67	608.10	283.98	436.58	233.49	49.53	14.68	13.49									137.29		
1996	4 706.36	1 034.58	780.65	384.68	726.64	311.34	83.92	42.48	44.69	5.08								193.15		
1997	5 674.94	1 240.34	960.24	459.34	910.24	331.24	103.59	65.30	67.61	25.85	1.37							244.78		
1998	6 578.80	1 406.94	1 115.59	554.89	1 053.71	362.33	118.98	80.27	85.61	45.26	14.86	31.31						287.25		
1999	7 470.43	1 511.31	1 310.33	662.42	1 192.07	403.18	140.45	95.94	107.88	64.71	21.51	42.27						333.10		
2000	8 400.75	1 616.20	1 473.98	741.11	1 307.92	482.28	166.79	106.87	124.60	91.11	42.33	56.42	20.58					402.76		
2001	9 700.68	1 818.43	1 667.85	886.62	1 431.09	553.95	201.99	127.74	144.33	118.91	64.93	74.63	39.26	19.46	17.01			516.51		
2002	11 881.19	2 149.71	2 023.49	1 132.43	1 675.91	685.67	237.94	160.76	210.58	169.68	97.29	108.04	66.01	36.09	54.96			675.53		
2003	15 378.49	2 629.14	3 006.23	1 579.15	2 016.04	884.09	337.28	220.21	291.86	232.62	181.18	153.74	101.41	64.38	86.39			802.57		
2004	18 211.02	2 913.99	3 612.87	1 923.66	2 231.23	1 045.46	432.85	301.96	371.40	305.96	232.19	207.85	162.87	97.42	137.91			947.12		
2005	22 001.44	3 277.39	4 271.37	2 377.02	2 617.89	1 282.54	537.60	393.76	477.37	423.10	265.13	264.63	254.71	121.50	178.79			1 203.74		
2006	25 860.47	3 686.54	4 946.88	2 752.85	3 167.56	1 517.78	669.92	458.90	580.68	509.70	268.05	326.62	324.75	134.55	209.23	39.71		1 407.92		
2007	30 450.54	4 127.04		2 954.29	3 766.48	1 896.04	843.94	559.73	740.43	643.29	287.54	374.36	408.13	146.21	257.75	110.45		1 508.31	35.36	
2008	37 017.48	4 960.70	5 838.73	3 851.51	4 601.01	2 307.23	989.98	622.19	925.08	775.40	299.48	407.68	495.47	191.50	297.81	134.32	17.67	1 876.24	43.30	25.46

单位：亿元

表三：1978～2008年江苏省人民币各项存款、各项贷款余额分机构统计表（二）

年份	政策性银行			城信社	城商行	地方法人银行			农信社	农商行	农合行	外资银行
	国开行	进出口	农发行			江苏	南京	长江				
1978									16.58			
1979									24.73			
1980									26.86			
1981									20.27			
1982									24.14			
1983									44.77			
1984									52.17			
1985				0.14					55.86			
1986				1.93					75.59			
1987				6.26					93.52			
1988				9.36					104.42			
1989				13.31					128.14			
1990				20.90					167.14			
1991				38.24					207.53			
1992				69.23					253.32			
1993				136.57					302.02			
1994			4.29	196.02					403.61			
1995			6.74	199.95					522.30			
1996			8.04	181.03	53.40				658.11			
1997			9.15	252.03	120.75				792.56			
1998			11.71	119.26	107.76				887.60			
1999	5.31		7.33	54.96	296.09				998.32			
2000	13.63		9.02	7.62	359.07				1 170.47			
2001	7.25		7.54	7.10	477.05				1 334.08			
2002	15.08		12.91	5.45	606.13				1 338.90	255.26		
2003	30.06	0.10	14.18	6.30	902.19				1 718.23	342.83		
2004	38.42	0.94	18.45	7.62	1 154.19				1 884.59	495.46		
2005	63.16	1.97	27.16	9.26	1 441.94				1 582.92	1 157.47	59.09	2.11
2006	53.84	11.48	41.37	14.57	1 763.39				1 652.05	1 412.02	271.69	32.23
2007	48.79	21.49	85.78			1 616.88	505.31		1 724.12	1 656.97	583.15	45.04
2008	102.14	26.15	79.54			1 985.16	579.37	17.30	1 884.91	1 983.14	903.15	76.54

表三：1978～2008年江苏省人民币各项存款、各项贷款余额分机构统计表（三）

单位：亿元

年份	全省贷款合计	国有商业银行					其他商业银行													
		工行	农行	中行	建行	交行	中信	华夏	浦发	招商	广发	光大	民生	深发	兴业	恒丰	浙商	邮储	上海	宁波
1978	115.29																			
1979	129.70																			
1980	159.11			19.16	2.23															
1981	195.33			26.86	4.26															
1982	217.87		42.24	30.97	6.17															
1983	242.28		43.82	31.27	6.90															
1984	333.40		102.27	34.68	9.53															
1985	387.06	180.26	116.14	39.13	17.55															
1986	528.83	255.30	145.25	55.76	24.28															
1987	659.29	296.11	173.11	70.16	32.31															
1988	742.10	316.65	176.41	73.62	35.69	20.41														
1989	835.56	336.76	204.71	94.07	43.73	29.65														
1990	1 013.45	383.61	249.28	118.18	60.51	43.43														
1991	1 230.49	441.39	302.40	136.56	87.83	59.33	3.59													
1992	1 480.80	502.22	360.43	158.82	121.43	75.20	7.26													
1993	1 777.80	577.48	401.25	184.85	163.76	98.12	8.57													
1994	2 218.15	635.18	328.40	227.74	211.73	122.49	12.79													
1995	2 875.39	732.26	415.47	273.47	273.87	152.07	24.45	7.37	8.07											
1996	3 840.74	928.37	569.18	362.92	518.35	201.57	54.19	27.92	29.18	1.01										
1997	6 279.37	1 016.82	666.23	390.12	644.65	214.07	61.70	38.58	43.86	15.73										
1998	6 908.75	1 149.42	904.76	443.86	755.67	245.38	73.37	46.07	54.58	29.19	5.31	15.56								
1999	7 389.93	1 215.90	1 019.65	509.22	761.92	292.17	89.77	49.04	65.92	41.30	7.54	20.24								
2000	7 844.91	1 238.96	1 000.39	526.08	861.35	343.02	109.55	64.96	86.93	59.28	32.65	34.22	10.46							
2001	8 563.49	1 367.52	1 031.04	607.41	966.86	400.06	128.12	72.11	91.60	81.49	40.22	51.57	21.54	8.76	18.56					
2002	10 139.66	1 594.48	1 237.13	870.55	1 150.88	490.96	173.19	87.36	137.54	123.34	55.03	70.65	44.48	20.12	49.22					
2003	13 108.83	1 939.36	1 683.04	1 238.25	1 436.41	637.17	253.38	157.49	246.45	166.18	126.45	137.95	80.81	50.26	73.10					
2004	15 379.23	2 262.15	2 041.75	1 478.17	1 620.91	770.22	356.31	209.36	300.28	239.81	175.79	160.37	127.07	93.73	100.18					
2005	17 217.39	2 325.18	2 333.20	1 570.30	1 833.88	879.43	458.29	261.49	367.47	247.91	194.30	211.13	209.27	92.32	119.43					
2006	20 424.02	2 730.49	2 738.50	1 870.24	2 342.90	1 039.94	572.24	331.14	477.73	389.26	186.92	284.13	286.65	108.52	159.26	32.95				
2007	23 996.11	3 160.46	3 139.12	2 137.85	2 768.93	1 247.59	682.46	416.10	575.62	495.51	205.15	365.33	349.41	127.14	195.43	82.81		4.61	28.34	
2008	28 064.63	3 614.23	3 329.75	2 616.04	3 190.37	1 560.83	804.38	494.50	713.46	692.53	245.60	451.51	451.62	159.77	269.13	114.27	7.40	22.40	72.73	16.83

表三:1978～2008年江苏省人民币各项存款、贷款余额分机构统计表(四)

单位:亿元

年份	政策性银行			城信社	城商行	地方法人银行			农信社	农商行	农合行	外资银行
	国开行	进出口	农发行			江苏	南京	长江				
1978									2.81			
1979									3.45			
1980									7.63			
1981									4.13			
1982									5.32			
1983									13.56			
1984									31.37			
1985									33.81			
1986				0.16					48.63			
1987				1.69					63.85			
1988				5.44					72.23			
1989				8.50					85.74			
1990				12.39					106.65			
1991				16.85					133.73			
1992				25.27					171.63			
1993				44.01					217.37			
1994			211.71	83.02					309.70			
1995			293.18	116.49					403.62			
1996			363.20	125.94	30.58				494.13			
1997			465.62	122.81	74.72				527.46			
1998			380.40	75.59	161.85				569.94			
1999	90.94		341.46	83.03	195.26				607.47			
2000	125.62		329.71	38.91	237.14				745.68			
2001	160.47		331.09	6.57	322.64				854.86			
2002	263.16		301.59	4.43	393.33				925.22	145.00		
2003	421.23	59.34	302.21	3.71	597.43				1 244.54	205.07		
2004	651.00	75.54	333.94	3.92	749.14				1 318.46	306.83		
2005	784.22	88.14	394.49	5.42	942.09				1 110.95	736.50	45.06	1.62
2006	868.90	113.43	490.69	6.10	1 103.64				1 165.05	905.79	200.86	12.69
2007	971.91	140.51	591.68	6.97		1 062.34	302.28		1 265.72	1 096.58	435.35	85.41
2008	1 112.84	180.48	654.89			1 340.63	363.58	11.75	1 406.47	1 365.24	670.89	122.51

注:本表统计范围不包括人民银行和信托、财务、租赁等非银行金融机构,全省合计不等于各银行之和。

编纂始末

根据国务院《地方志工作条例》、省政府办公厅《关于做好新一轮地方志编纂工作的通知》和省地方志编纂委员会办公室的要求,人民银行南京分行于2009年上半年与江苏银监局、证监局、保监局对第二轮修志工作进行了研究和分工:人民银行南京分行总牵头并和江苏银监局负责《银行志》的编纂工作,江苏证监局负责《证券志》的编纂工作,江苏保监局负责《保险志》的编纂工作,分别组建三个班子开展编纂工作。

2009年12月18日,人民银行南京分行召开《银行志》编纂工作会议,成立《银行志》编纂委员会,研究制定编纂工作方案,从而正式启动《银行志》编纂工作。人民银行南京分行行长孙工声任《银行志》编委会主任,人民银行南京分行副行长刘兴亚、江苏银监局副局长李玉平和各政策性银行、国有商业银行江苏省分行、江苏银行、江苏省农村信用社联合社主要负责人任编委会副主任,其他在宁省级银行业机构主要负责人任委员。编纂委员会卜设编辑办公室,负责具体编纂工作,办公地点设在人民银行南京分行。

2010年12月10日,人民银行南京分行召开《银行志》编纂情况交流会。会议通报一年来的编纂情况,并针对各单位质量、进度不一的情况,要求各单位高度重视志书编纂工作,严格按志书编纂方法和体例开展编纂工作,在保证质量的基础上有序推进。

2011年3月,人民银行南京分行组织《银行志》编辑办公室和省工行、农行、中行、建行、交行、农村信用联社共9名修志人员,赴广州考察学习《广东省志·银行志》编纂情况。考察组与人民银行广州分行金融研究处和编辑办公室座谈,详细了解其编纂情况,各省级机构编纂人员分头与对口单位学习交流编纂经验和体会。

2011年11月,人民银行南京分行对《银行志》编纂委员会进行了调整。孙工声不再任编纂委员会主任,由新任人民银行南京分行行长周学东继任。

2012年,人民银行的发展情况从《银行志》中分离出来,独立编纂《央行志》。同年,商请省金融办参加《银行志》的编纂工作,为副主任单位。省金融办主要负责编纂农村小额贷款公司的业务和管理情况,其机构和职能情况不在《银行志》中反映,而在政府相关分志中反映。

为切实做好《央行志》分出后的《银行志》编纂工作,人民银行南京分行于2012年8月30日召开《银行志》编纂工作推进会。会议总结了《银行志》编纂工作启动以来的工作情况,并对卜一阶段的工作作了部署。编辑办公室对各单位编纂人员进行了培训。会议还对编辑办公室重新拟定的《银行志》篇目和如何做好下一步编纂工作进行了讨论。经过修改完善,《银行志》篇目最终定为9章39节,各章名称分别是:银行业机构、银行业监管、存款业务、贷款业务、中间业务、国际业务、非银行金融机构业务、内部控制与行业自律、银行科技与教育培训。

2013年1月,人民银行南京分行再次对《银行志》编纂委员会进行了调整。人民银行南京分行行长周学东任编委会主任,省金融办副主任查斌仪、人民银行南京分行副行长李文森、江苏银监局副局长丁灿和各政策性银行、国有商业银行江苏省分行、江苏银行、江苏省农村信用社联合社主要负责人任编委会副主任,其他在宁省级银行业机构主要负责人任委员。

为确保如期完成编纂任务,编辑办公室一方面督促各单位尽快撰写资料长编,一方面对各单位已上报的资料长编，按照篇章结构、横排竖写的要求进行修改。同年11月，提请省地方志办公室专家对资料长编中的部分内容进行了审稿。12月，省地方志办公室专家向编辑办公室反馈了审稿意见。根据省地方志办公室专家的审稿意见，编辑办公室对资料长编进行了修改和完善。

2014年7月，人民银行南京分行调整充实编辑办公室力量，要求在志稿的编纂质量和进度上尽快实现新的突破。编辑办公室加强同各单位的联系和沟通，并进一步重视资料工作，除了针对不同单位分别提出资料补充要求外，还围绕银行业改革发展的历史，通过档案、年鉴、文献、网络等途径主动征集了大量资料。参考的重要文献主要有：《中国发展和改革蓝皮书(1978～2008)》《中国金融体制改革30年回顾与展望(1978～2008)》《中国工商银行史》《中国农业银行史》《中国银行史》《中国建设银行史》，等等。经过近一年的努力，到2015年6月，编辑办公室基本完成《银行志》第一稿的编纂工作。

2015年7月，编辑办公室组织初审并根据初审意见修改，形成第二稿。

2015年8月，编辑办公室向各承编单位征求了意见，并根据反馈意见修改形成第三稿。

2015年10月，编纂委员会组织开展复审工作。根据复审专家的意见，编辑办公室修改后形成送审稿，报省地方志办公室组织终审。

2016年4月，人民银行南京分行再次对《银行志》编纂委员会进行了调整。人民银行南京分行行长郭新明任编委会主任，省金融办副主任聂振平、人民银行南京分行副行长高爱武、江苏银监局副局长丁灿和各政策性银行、国有商业银行江苏省分行、江苏银行、江苏省农村信用社联合社主要负责人任编委会副主任，其他在宁省级银行业机构主要负责人任委员。同月，省地方志办公室召开终审会议，《银行志》通过终审。

江苏省是经济大省，也是金融大省。江苏省银行业在金融业中居于主体地位。如何充分反映改革开放以来江苏省银行业对全省经济社会发展所做出的贡献和自身取得的成就，是始终摆在编志人员面前的重要课题。在编纂过程中，编志人员坚持实事求是的记述原则、突出重点的记述方法和灵活多样的记述手法，力求科学、合理地解决这一问题。

一是坚持实事求是的记述原则。实事求是是编纂志书的基本要求。改革开放三十年来，江苏省银行业所取得的成就是主要的，但不可否认，改革不是一帆风顺的，也会遭遇曲折。根据弘扬时代主旋律的要求，编志人员深入分析正反两方面的资料，切实把握事物的主流和问题的实质，力求全面、客观、准确地反映全省银行业发展的历史。

二是坚持突出重点的记述方法。二轮省志时间跨度大，记述事物多，不可能也不必要事无巨细、面面俱到。在编纂过程中，编志人员坚持"两个突出"，合理裁剪，力求达到主次分明、详略得当的效果。一方面突出重点内容。由于银行是江苏省间接融资的主要工具，且主要通过贷款业务来实现，因此用较多篇幅详细记述各类贷款业务和贷款管理情况。另一方面突出重点机构。国有商业银行是江苏省银行业机构的主体，是志书重点记述的对象。

三是坚持灵活多样的记述手法。江苏省银行业机构和业务类型众多，如何在反映全省银行业整体发展情况下兼顾各个银行的不同特点，是修志工作的一个难点。编志人员没有采取完全按机构分类的常见编纂办法，而是采取首先从整体上把握全省银行业发展的概貌，然后按年或分阶段集中记述各个银行的做法。从纵向上反映了不同时期的特点，从横向上展现了不同银行的特色。

《银行志》的编纂，得到方方面面的关心支持。省地方志办公室副主任方亚光、省志编纂指导处副处长黄静给予精心指导；评审专家组提出宝贵意见和建议；江苏省档案馆和人民银行南京分行档案室、调查统计处提供珍贵资料和数据；省金融办、人民银行南京分行、江苏银监局、全省各银行业金融机构编纂人员参加搜集资料或撰稿、修改工作。谨致深深谢忱！

《江苏省志丛书(1978～2008)·银行志》编纂委员会

2017年8月